労働者人格権の研究

上 巻

謹しんで
角田邦重先生に捧げます

Festschrift für Kunishige Sumida zum 70. Geburtstag

一　同

─〈執筆者一覧〉（掲載順）─

1 角田邦重（すみだ くにしげ）　　　中央大学法学部教授
2 高橋賢司（たかはし けんじ）　　　立正大学法学部専任講師
3 辻村昌昭（つじむら まさあき）　　淑徳大学コミュニティ政策学部教授
4 田口晶子（たぐち あきこ）　　　　中央労働災害防止協会　国際センター所長
5 小俣勝治（おまた かつじ）　　　　青森中央学院大学経営法学部教授
6 名古道功（なこ みちたか）　　　　金沢大学人間社会学域法学類教授
7 朴　承斗（ぱく すんどぅ）　　　　清州大学法学部教授
8 ハインリッヒ・メンクハウス（Heinrich Menkhaus）　明治大学法学部専任教授
9 山内惟介（やまうち これすけ）　　中央大学法学部教授
10 鎌田耕一（かまた こういち）　　　東洋大学法学部教授
11 米津孝司（よねづ たかし）　　　　中央大学大学院法務研究科教授
12 向田正巳（むかいだ まさみ）　　　駒澤大学法学部准教授
13 根本　到（ねもと いたる）　　　　大阪市立大学大学院法学研究科教授
14 ロルフ・ヴァンク（Rolf Wank）　　ボーフム大学教授
15 新谷眞人（あらや まさと）　　　　日本大学法学部教授
16 中村和夫（なかむら かずお）　　　静岡大学法務研究科教授
17 勝亦啓文（かつまた ひろふみ）　　桐蔭横浜大学法学部准教授
18 野川　忍（のがわ しのぶ）　　　　明治大学法科大学院専任教授
19 畑中祥子（はたなか ようこ）　　　白鷗大学法学部専任講師
20 河合　塁（かわい るい）　　　　　宝塚大学講師
　　　　　　　　　　　　　　*　　　　　*
21 毛塚勝利（けづか かつとし）　　　中央大学法学部教授
22 長谷川聡（はせがわ さとし）　　　中央学院大学法学部准教授
23 榊原嘉明（さかきばら よしあき）　専修大学講師
24 山田省三（やまだ しょうぞう）　　中央大学大学院法務研究科教授
25 川田知子（かわだ ともこ）　　　　亜細亜大学法学部准教授
26 帆足まゆみ（ほあし まゆみ）　　　東京国際大学講師・東京女学館大学講師
27 小西啓文（こにし ひろふみ）　　　明治大学法学部准教授
28 奥貫妃文（おくぬき ひふみ）　　　杉野服飾大学講師
29 星野　智（ほしの さとし）　　　　中央大学法学部教授
30 ハイケ・アルプス（Heike Alps）　　弁護士
31 清水弥生（しみず やよい）　　　　中央大学講師
32 マルティン・ボルメラート（Martin Wolmerath）　弁護士
33 原　俊之（はら たかゆき）　　　　横浜商科大学講師
34 藤原稔弘（ふじわら としひろ）　　関西大学法学部教授
35 石井保雄（いしい やすお）　　　　獨協大学法学部教授
36 山﨑文夫（やまざき ふみお）　　　平成国際大学法学部教授
37 近藤昭雄（こんどう あきお）　　　中央大学法学部教授
38 和田　肇（わだ はじめ）　　　　　名古屋大学大学院法学研究科教授
39 春田吉備彦（はるた きびひこ）　　沖縄大学法経学部教授
40 佐久間大輔（さくま だいすけ）　　弁護士

Ⓒ 2011, Printed in Japan

角田邦重先生(中央大学学長室で)

労働者人格権の研究
上　巻

角田邦重先生古稀記念

Studien zum Persönlichkeitsrecht des Arbeitnehmers, Band I

山田省三　編
石井保雄

信山社

は　し　が　き

　I　角田邦重先生は，在学中に司法試験に合格され，司法修習中には，裁判官や検察官に任官するようにと勧められたとのことである。もっとも，角田先生は弁護士を希望されていたようであるが，故横井芳弘教授（中央大学法学部教授・当時）から，法学部の助手試験を受験するよう勧められたことが，研究者生活の契機となった。角田先生が助手試験受験を決意された動機が，「助手は研究に専念していればよい」という横井先生の言葉であったというのが，角田先生らしいところである。

　ところが，角田先生が助手をされていた時期（1967年～1970年）は，全国的に学生運動の嵐が吹き荒れていた時期と一致しており，このことは中央大学でも同様であった。角田先生も，身分は教員であるが，学生と大学とのパイプ役として奮迅の活躍をされていた。

　1971年に法学部助教授に昇任されて以来，角田先生は，中央大学において労働法の講義を担当され，これは旧西ドイツ・ブレーメン大学に留学された1976年度～77年度の2年間と，客員教授としてドイツ・ミュンスター大学に赴任された1997年の2か月間を除き，約40年の長きにわたるものであった。この間，角田先生は，中央大学法学部長（1991年～1995年），中央大学学長（2002年～2005年）という要職を務められながら，法学部や大学院法学研究科において，学生や大学院生の指導にあたり，数多くの研究者，法曹そして有為な社会人を養成されてきた。また，学外においても，角田先生は，日本労働法学会代表理事（1996年～1997年），日独労働法協会会長（2002年～2005年）という学術団体のトップに就任されたほか，法務省司法制度改革協議会委員として，わが国の司法制度改革にも携わってこられた。このほか，中央大学学長時代には，故阿部三郎理事長（当時）とともに，法理論と法実務との架橋を目指す中央大学法科大学院の創設にあたられ，2008年度には，法科大学院の兼担講師として，法科大学院生を指導されていた。

　このような経歴をみても，角田先生が，研究者としてだけでなく，有能なア

はしがき

ドミニストレーターであることを何よりも雄弁に物語っていよう。

　歴史にifはないとはよく言われることであるが，もし角田先生が研究者ではなく，法曹になっていたら，どのようなご活躍をされたかを想像することもとても興味深い。

　Ⅱ　本書の執筆陣は，中央大学労働判例研究会と日独労働法協会の会員が中心となっている。

　まず，中央大学労働判例研究会は，1970年代前半から開催され，これは現在でも継続した活動を続けており，角田邦重先生の大学教員生活の時期とおおむね一致している。同研究会は，横井芳弘先生を中心として，角田先生のほか，近藤昭雄，故佐川一信（のち水戸市長），辻村昌昭，林和彦，石田省三郎（弁護士），毛塚勝利等の諸先生が当時の主要メンバーであり，中村和夫，遠藤隆久（現熊本学園大学商学部教授），青野覚（現明治大学法学部教授），山﨑文夫，石井保雄，新谷眞人，鎌田耕一の各氏は全員が駆け出しの大学院生であった。これらのメンバーも現在では還暦前後の年齢となっているが，角田先生の学恩に報いるためにも，まだまだ研鑽を積む必要に迫られていよう。

　また，日独労働法協会の日本側の主要メンバーでもある，名古道功，根本到，野川忍，和田肇各教授，そしてドイツからも，ハインリッヒ・メンクハウス，ロルフ・ヴァンク両教授，マルティン・ボルメラート，ハイケ・アルプス両弁護士（アルプス弁護士は，中央大学大学院で角田先生から，直接ご指導を受けられておられる）にもご執筆いただけたことにお礼を申し上げたい。これにより，ドイツや日本における労働者人格権をめぐる議論が，より多彩に検討されることとなった。

　Ⅲ　本書は，「労働者人格権の研究」と題するように，職場における労働者人格権の現状を，総合的に分析・追究することを目的とすると同時に，本年3月15日に古稀を迎えられる角田邦重先生の古稀記念論文集としての性格を有している。

　もっとも，角田先生ご自身も，「労働者人格権論の射程」との論文を執筆されており，これは，本書全体の見取り図を提示するものであるとともに，長年角田先生が追究されてきた，労働者人格権論の集大成ともいうべき論稿である。

はしがき

　本書では，わが国における労働者人格権の問題状況が主に取り扱われているが，日本人研究者による比較法的検討（ドイツ，イギリス，カナダおよびアメリカ）やドイツ・韓国の労働法研究者による論考も含んでおり，国際的側面も有している。

　また，執筆者の中心は，前述したように，1970年代初頭から現在まで継続されている中央大学労働判例研究会のメンバーであるが，角田先生が会長を務められた日独労働法協会の会員，先生が四十数年にわたって所属された中央大学法学部の教員および実務法曹まで，幅広い執筆者が結集している。さらに，前述したように，国内のみならず，海外（ドイツ4本，韓国1本）を含め，内外の40名の研究者・実務家による多彩な執筆陣となっていることは，角田先生のフレンドリーなお人柄と，幅広い学問的交流を何よりも雄弁に物語るものであろう。

　Ⅳ　本書では『労働者人格権の研究』（上）（下）という主題の下に，労働者人格権の総論的課題（第1章）に引き続き，労働者人格権の各論的課題として，労働契約と労働者人格権（第2章），雇用平等と労働者人格権（第3章），ハラスメントと労働者人格権（第4章），および労働災害と労働者人格権（第5章）という構成が採用されている。また，本書では，外国法研究（比較法）の論文が多く，約半数（19本）を占めているのが特徴の一つになっている。なかでもドイツ関連の論文が圧倒的であるのは，角田先生の研究領域や，日独労働法協会のメンバーが多数参加しているためでもあるが，アメリカ，カナダ，イギリスといったアングロ＝サクソン系の国の論文も含まれている。また，韓国からは，朴承斗博士に，ハングルによる最新の韓国労働法の動向をご寄稿いただいたのみならず，日本の読者のために日本語訳をしていただいた。あらためて謝辞を申し上げたい。

　そして，本論文集は，労働契約や雇用平等といったいわば普遍的なテーマと並んで，労働災害や企業年金といった新しい課題も取り上げられている。ハラスメント（モビング）に1章が割り当てられていることは，ドイツにおいても，わが国においても，この問題が職場における重要な問題として理解されていることを示していよう。

　以上のように，本論文集では，「労働者人格権」という概念を広く定義して

はしがき

いることをお断りしておきたい。すなわち，英米法には，人権という法概念はあっても，人格権という法概念は本格的には議論されておらず，人格権といえば，主に大陸法や日本で論じられてきたものであるが，本書では，差別禁止や集団的労働法を含めて，労働者人格権と広くとらえられているのである。

最後に，本書が，角田邦重先生の古稀記念を祝賀するに相応しいものであり，かつ，日本労働法学会に対し新たな学問的貢献を果たすものであることを期待してやまない。

2011（平成23）年3月15日

編者を代表して
山田省三

角田邦重先生古稀記念 発起人
山田省三
石井保雄
青野　覚
小西啓文

上巻目次

はしがき　　　　　　　　　　　　　　　　　　〔山田省三〕

第1章　労働者人格権の総論的課題

1　労働者人格権の射程……………………………〔角田邦重〕… 3
2　労働法学における新たな法思想「社会的包摂」の可能性
　　　　　　　　　　　　　　　　　……………〔高橋賢司〕…25
3　公法・私法一元論と団結権・人格権
　　――団結活動に対抗的な業務命令をめぐる判例を素材として
　　　　　　　　　　　　　　　　　　　　　　　〔辻村昌昭〕…49
4　ディーセント・ワークと労働者人格権
　　――特に女性労働者に焦点をあてて　……………〔田口晶子〕…71
5　法的パターナリズムと労働者保護
　　――ドイツの議論を中心に　…………………………〔小俣勝治〕…89
6　ドイツにおける最低生活保障システムの変化
　　――労働協約の機能変化と関連して　……………〔名古道功〕…141
7　2010年韓国労組法の改正の意義と展望　………〔朴　承斗〕…161
8　Zwingende Vorgaben für grenzüberschreitende Arbeitsverträge im transnational operierenden Unternehmen nach dem Recht der Rechtsträger im deutsch-japanischen Rechtsverkehr
　　超国家的に活動する(transnational operierende)企業における国境を越えた労働契約に対する強制的な準則――法的主体法の観点からの独日間交流に関して
　　　　　………〔Heinrich Menkhaus（ハインリッヒ・メンクハウス）〕…177

上巻目次

9　国際労働法の体系的位置付けについて
　　——国際私法の存在意義に関する内省的一考察 ………〔山内惟介〕…191

第2章　労働契約と労働者人格権

10　労働者の人格的利益と差止請求 ………………………〔鎌田耕一〕…243

11　ドイツ労働法における集団自治と契約自治 …………〔米津孝司〕…269

12　契約の自由と競業避止義務について
　　——イギリス法における営業の自由と営業制限の法理に即して
　　……………………………………………………………〔向田正巳〕…307

13　労働契約における危険負担法理の法的課題
　　——ドイツと日本の給付障害法と賃金請求権論 ……〔根本　到〕…329

14　Das Fragerecht des Arbeitgebers in Deutschland
　　ドイツにおける使用者の質問権 …〔Rolf Wank（ロルフ・ヴァンク）〕…355

15　降格と労働者の人格権 …………………………………〔新谷眞人〕…377

16　企業における服装等規制と労働者の人格権 …………〔中村和夫〕…389

17　懲戒処分における適正手続の意義 ……………………〔勝亦啓文〕…413

18　解雇と被解雇者をめぐる法的課題 ……………………〔野川　忍〕…435

19　企業年金制度における「使用者」の責任
　　——米国ERISA法を手掛りとして ……………………〔畑中祥子〕…459

20　自社年金減額法理の再構築
　　——受給者に対する減額をめぐって …………………〔河合　塁〕…477

――(下巻目次)――

第3章　雇用平等と労働者人格権

21 労働法における差別禁止と平等取扱
　　――雇用差別法理の基礎理論的考察 ……………〔毛塚勝利〕…下巻 3

22 差別的構造と性差別禁止法の法的性質 ………〔長谷川聡〕…下巻 39

23 ドイツにおける労働協約上の差異化条項
　　――その適法性をめぐる議論の新動向とその社会的背景
　　　　　　　　　　　　　　　　　　　　　　〔榊原嘉明〕…下巻 59

24 イギリスにおける宗教を理由とする雇用差別禁止の法理
　　　　　　　　　　　　　　　　　　　　　　〔山田省三〕…下巻 75

25 雇用形態間の均等待遇の特質 …………〔川田知子〕…下巻 99

26 パートタイム労働者の平等処遇 ……………〔帆足まゆみ〕…下巻 119

27 ドイツ障害者政策のパラダイム転換論からみた障害者
　　雇用政策の展開―― Anna-Miria Fuerst の見解を踏まえて
　　　　　　　　　　　　　　　　　　　　　　〔小西啓文〕…下巻 145

28 日本における外国人労働者と労働法
　　――労働判例から考察する傾向と展望 ………〔奥貫妃文〕…下巻 181

29 1990年代のドイツにおける外国人労働者 ……〔星野　智〕…下巻 203

30 Die Antidiskriminierungsstelle des Bundes
　　―― Streitbeilegung durch die Verwaltung?
　　連邦反差別局――行政による紛争の解決？
　　　　　　　　　　　〔Heike Alps（ハイケ・アルプス）〕…下巻 219

31 「ワーク」・ライフ・バランスと新卒非正社員
　　――ワークのライフにおける確立を目指して ……〔清水弥生〕…下巻 249

下巻目次

第4章　ハラスメントと労働者人格権

32　Mobbing und Allgemeines Gleichbehandlungsgesetz
　　いじめと一般平等取扱法
　　　………〔Martin Wolmerath（マルティン・ボルメラート）〕…下巻 271

33　職場における「いじめ」概念の意義
　　──ドイツ法における議論を素材に　………〔原　俊之〕…下巻 293

34　ドイツにおける「職場のいじめ」と職場保持権の法理
　　　………………………………………………〔藤原稔弘〕…下巻 315

35　ケベック州（カナダ）における心理的ハラスメント法規制
　　　………………………………………………〔石井保雄〕…下巻 339

36　セクシュアル・ハラスメントと報復行為　……〔山﨑文夫〕…下巻 369

第5章　労働災害と労働者人格権

37　労災保険の社会保障化と適用関係
　　──「労働者」概念論議に即して　…………〔近藤昭雄〕…下巻 391

38　安全（健康）配慮義務・注意義務と予見可能性
　　　………………………………………………〔和田　肇〕…下巻 413

39　新入社員の「新しいタイプのうつ病」罹患と
　　使用者の安全配慮義務
　　──富士通四国システムズ事件を契機として
　　　………………………………………………〔春田吉備彦〕…下巻 431

40　医師過労死訴訟と因果関係論　………………〔佐久間大輔〕…下巻 445

ご略歴・主要著作目録（下巻巻末）

● 執筆者紹介（上巻）●
（執筆順）

角田邦重（Sumida Kunisige）
　下巻巻末（角田邦重先生「ご略歴」・「主要著作目録」）参照。

高橋賢司（Takahashi Kenji）
　1970年1月生まれ。2003年中央大学大学院法学研究科博士課程後期課程単位取得退学，2003年チュービンゲン大学法学博士号取得。現在，立正大学法学部専任講師。
　〈主要著作〉『成果主義賃金の研究』（信山社，2004年），「ドイツ法における内部告発Whistleblowingの法理」角田邦重・小西啓文編『内部告発と公益通報者保護法』（法律文化社，2008年），「福祉職の労働条件のあり方」大曽根寛編『現代の福祉政策』（放送大学教育振興会，2010年）。

辻村昌昭（Tsujimura Masaaki）
　1944年3月生まれ。1981年明治大学大学院法学研究科博士課程満期退学。現在，淑徳大学コミュニティ政策学部教授。
　〈主要著作〉『現代労働法学の方法』淑徳大学総合福祉学部研究叢書（信山社，2010年），「争議中の使用者の操業の自由と業務命令権」労働判例323号（1979年），「労働協約による労働条件の不利益変更と公正代表義務」日本労働法学会誌69号（1987年）。

田口晶子（Taguchi Akiko）
　1955年3月生まれ。1978年京都大学法学部卒業。現在，中央労働災害防止協会国際センター所長。
　〈主要著作〉「一般労働者とパートの賃金20年」旬刊賃金・労務通信57巻30号（2004年），「格差社会とディーセント・ワーク」季刊労働法217号（2007年），「障害者雇用の現状と法制度」季刊労働法225号（2009年）。

小俣勝治（Omata Katsuji）
　1952年7月生まれ。1985年國學院大学大学院法学研究科博士課程単位取得。現在，青森中央学院大学経営法学部教授。
　〈主要著作〉「使用者概念の変化と法」日本労働法学会編『講座21世紀の労働法』第1巻（有斐閣，2000年），「労働者像の変容と法――ドイツの労働力事業主に関する議論を中心に」横井芳弘他編著『市民社会の変容と労働法』（信山社，2005年），「ドイツにおける従属的自営業者の法的保護に関する議論について」佐藤俊一他編『労働保護法の再生――水野勝先生古稀記念論集』（信山社，2005年）。

名古道功（Nako Michitaka）
　1952年7月生まれ。1983年京都大学大学院法学研究科博士課程単位取得退学。現在，金沢大学人間社会学域法学類教授。
　〈主要著作〉「人事異動」西谷敏・根本到編『労働契約と法』（旬報社，2011年），「労働者の生活保障システムの変化――ドイツにおける低賃金労働・ワーキングプア」社会保障法24号（2009年），「ドイツ労働市場法改革立法の動向」金沢法学48巻1号（2005年）。

執筆者紹介

朴　承斗（Park Seung Du）
　1957年6月生まれ。1987年釜山大学校大学院修士課程卒業（法学博士）。現在，清州大学法学部教授。
　〈主要著作〉『労働法概論』（中央経済社，1995年），『労使関係ロードマップ』共著（法律SOS，2010年），「韓国における倒産企業労働者の賃金請求権に関する研究」比較法雑誌37巻1号（日本比較法研究所，2003年）。

ハインリッヒ・メンクハウス（Heinrich Menkhaus）
　1955年12月生まれ。1980～1983年ミュンスター大学助手，1984年博士号取得。1989～1994年在日ドイツ日本研究所法律担当研究官などを経て，2001～2008年マールブルク大学教授。現在，明治大学教授。
　〈主要著作〉「ドイツ語圏における日本法への学問的取り組み」法政大学国際日本学研究所・ボン大学近現代日本研究センター編『ドイツ語圏における日本研究の現状』法政大学日本学研究センター（2006年），「ドイツにおける日本法教育」一橋大学編『日欧交信型法学研究者養成プログラム発足記念シンポジウム ──日欧交信型の高等法学教育に向けて』一橋大学（2007年），「ドイツの大学における日本研究の構造的諸問題」国際日本文化研究センター編『日本文化研究の過去，現在，未来──新たな地平を開くために 創立20周年国際シンポジウム』国際日本文化研究センター（2009年）。

山内惟介（Yamauchi Koresuke）
　1946年8月生まれ。1973年中央大学大学院法学研究科修士課程修了（法学博士）。Reimer-Lüst-Preis（Alexander von Humboldt Stiftung）受賞（2007年3月）。現在，中央大学法学部教授。
　〈主要著作〉『国際公序法の研究』（中央大学出版部，2001年），『国際会社法の研究』第1巻（中央大学出版部，2003年），『比較法研究』第1巻（中央大学出版部，2011年）。

鎌田耕一（Kamata Koichi）
　1952年8月生まれ。1985年中央大学大学院法学研究科博士後期課程退学。現在，東洋大学法学部教授。
　〈主要著作〉編著『契約労働の研究』（多賀出版，2001年），「雇用，労働契約と役務提供契約」法律時報82巻11号（2010年）「私傷病休職者の復職と負担軽減──復職配慮義務をめぐって」山口浩一郎・菅野和夫・中嶋士元也・渡邊岳編『経営と労働法務の理論と実務──安西先生古稀記念論文集』（中央経済社，2009年）。

米津孝司（Yonezu Takashi）
　1960年9月生まれ。1986年立命館大学大学院法学研究科博士前期課程修了，1992年ケルン大学法学博士号取得。現在，中央大学大学院法務研究科教授。
　〈主要著作〉「解雇法理に関する基礎的考察」西谷敏・根本到編『労働契約と法』（旬報社，2010年），「企業の変化と労働法学の課題」日本労働法学会誌113号（2009年），『国際労働契約法の研究』（尚学社，1997年）。

執筆者紹介

向田正巳（Mukaida Masami）
　1967年6月生まれ。2001年一橋大学大学院法学研究科博士後期課程単位修得退学。現在，駒澤大学法学部准教授。
　〈主要著作〉「雇用，請負，委任の区別についての一考察——イギリス職人規制法からの示唆」季刊労働法231号（2010年），「いわゆるライダー契約とレースライダーの労働者性について——国・磐田労基署長事件，東京高判平成19・11・7労判955号32頁に即して（1）（2完）」駒澤法学9巻2号，同9巻3号（2009～2010年），「労務サービス契約法について」季刊労働法215号（2006年）。

根本　到（Nemoto Itaru）
　1967年10月生まれ。1998年大阪市立大学大学院法学研究科後期博士課程修了（法学博士）。現在，大阪市立大学大学院法学研究科教授。
　〈主要著作〉『労働法Ⅱ——個別的労働関係法』共著（法律文化社，2010年），「高年齢者雇用安定法9条の意義と同条違反の私法的効果」労働法律旬報1674号（2008年），「解雇事由の類型化と解雇権濫用の判断基準」日本労働法学会誌99号（2002年）。

ロルフ・ヴァンク（Rolf Wank）
　1943年4月生まれ。1974～1983年ケルン大学助手，1977年博士号取得，1983年教授資格取得。現在，ボーフム大学教授。
　〈主要著作〉"Die juristische Begriffsbildung", C. H. Beck, 1985, "Arbeitnehmer und Selbständige", C. H. Beck, 1988,「高齢世代の雇用：ドイツ労働法における高齢被用者」（皆川宏之訳）手塚和彰＝中窪裕也編集代表『豹変する労働と社会システム——手塚和彰先生退官記念論集』（信山社，2008年）。

新谷眞人（Araya Masato）
　1951年11月生まれ。1986年中央大学大学院法学研究科博士後期課程単位取得退学。現在，日本大学法学部教授。
　〈主要著作〉『労働法』共著（三和書籍，2010年），「降格命令権の根拠と限界」日本法学76巻2号（2010年），「従業員代表制と労働組合」横井芳弘他著『市民社会の変容と労働法』共著（信山社，2005年）。

中村和夫（Nakamura Kazuo）
　1951年3月生まれ。1981年中央大学大学院法学研究科博士後期課程単位取得退学。現在，静岡大学大学院法務研究科教授。
　〈主要著作〉「母性保護」『講座21世紀の労働法』7巻（有斐閣，2000年），「転勤をめぐる判例法理の再検討」法政研究5巻3・4号（2001年），「期間雇用労働者と人員整理」法政研究13巻3・4号（2009年）。

勝亦啓文（Katsumata Hirofumi）
　1973年3月生まれ。2000年中央大学大学院法学研究科博士後期課程単位取得退学。現在，桐蔭横浜大学法学部准教授。
　〈主要著作〉「違法派遣における派遣先の雇用責任の範囲と課題」労働判例997号（2010年），「非常勤職員をめぐる裁判例の検討」日本労働法学会誌110号（2007年），「フランスにみる組合機能と従業員代表制度の調整」季刊労働法216号（2007年）。

執筆者紹介

野川　忍（Nogawa Shinobu）
1954 年 4 月生まれ。1985 年東京大学大学院法学政治学研究科単位取得。現在，明治大学法科大学院教授。
〈主要著作〉『新訂労働法』（商事法務，2010 年），『働き方の知恵』共著（有斐閣，1999 年），『外国人労働者法』（信山社，1993 年）。

畑中祥子（Hatanaka Yoko）
1978 年 5 月生まれ。2008 年中央大学大学院法学研究科博士後期課程単位取得退学。現在，白鷗大学法学部専任講師。
〈主要著作〉「米国従業員給付制度における受認者の信認義務――使用者の情報提供義務に焦点を当てて」比較法雑誌第 39 巻 3 号（2006 年），「厚生年金基金制度の性質をめぐる法的問題点」労働法律旬報 1620 号（2006 年），「企業年金制度における受給権保障の法的枠組み――米国 ERISA 法と日本の企業年金法制をめぐる日米比較」日本労働法学会誌 112 号（2008 年）。

河合　塁（Kawai Rui）
1975 年 11 月生まれ。2007 年中央大学大学院法学研究科博士課程修了（法学博士）。現在，宝塚大学非常勤講師。
〈主要著作〉「物言う株主時代の労働者保護法理」日本労働法学会誌 113 号（2009 年），「わが国公的年金制度の公平(性)に関する法的一考察」宝塚造形芸術大学紀要 23 号（2010 年），「企業年金の受給権保護法理構造と企業年金評価――『参加権』の観点から見えてくるもの」厚生労働科学研究費補助金政策科学推進研究事業　老後保障の観点から見た企業年金研究　平成 21 年度　総括研究報告書（2010 年）。

労働者人格権の研究

上　巻

第1章
労働者人格権の総論的課題

1 労働者人格権の射程

角 田 邦 重

1　問題の所在
2　憲法における労働者人格権の保障
3　労働者人格権保護の法的方法
4　労働者人格権保護の展開
5　展望と課題——結びに代えて

1　問題の所在

(1)　精神的人格価値の法的保護

(a)　労働者人格権の主張は，使用者によって設定された他律的な企業秩序のなかで発生している人格権侵害とりわけ精神的人格価値への侵害に対して法的保護を及ぼそうというものであった。使用者の支配する空間である企業内部の出来事に，公共的空間として法の適用を可能にする試みであると同時に，労働関係においては労働者の人格的権利の制限なしに労働力の管理と企業秩序の維持は成り立ち得ないという伝統的考え方への疑問でもあった。

もちろん，労働法の伝統的保護が人格的権利に及んでいないというわけではないが，念頭におかれているのは，生命・身体・健康などの根源的でプリミティヴな保護であり，精神的人格価値の保護については労働基準法の憲章規定による自由と差別禁止などいくつかの限定的対象にとどまっている。しかし，これらに包摂されない形態のさまざまな侵害行為とその脅威から労働者の精神的人格権を守る必要性に応えるためには，保護領域が始めから限定的に特化されているわけではなく，包括的で開かれた性格をもち，侵害の形態に対応して具体的保護法益を生み出していく母権的性格（Muttersrecht）をもつ人格権がもっともふさわしいと考えられたからである。もっとも，当初は「労働者の人格権」を正面から掲げるというより，「人格的利益の保護」の必要性を強調す

第1章　労働者人格権の総論的課題

るところから出発したのは[1]，労働者にとって人格権概念が何を意味するのかという問題よりも，保護法益として受け入れられることを優先すべきとの考慮からであった。

しかし現在では，労働者の人格権保護の必要性は，当然のことと受け入れられるようになっている。もはや労働関係で労働者の人格権の制限は当然のことで，その保護は問題になりえないという正面からの反論というよりも，それを前提にして企業の利益保護の観点からの人格権に対する制約はどの範囲で可能なのか，またその際の利益衡量の基準のあり方はどうあるべきかが現実的な問題関心になっているというべきであろう。

(b)　しかし，残された課題も少なくない。第1に，人格権侵害の形態が多様化し深刻化するに伴って，保護の対象と範囲も拡大している。人格権がもともと特定の保護対象や侵害形態を想定して構成された権利ではなく，包括的かつ開放的性格をもつ権利であることから生じているものであるが，この権利のダイナミックな性格に注目し保護対象の展開の跡を追い，具体的保護対象の拡大と，それに伴う救済方法の検討も必要とされている。これまでの法的救済のほとんどは，侵害行為を不法行為として位置づけ，損害賠償による司法的救済が想定されてきたといってよいが，不法行為の成立には，権利の侵害のみならず法的保護に値する利益を違法に侵害する行為があればよいのであって，特に人格権という構成が必要とされるわけではない[2]。人格権の救済方法が，司法救済やまして損害賠償に尽きるものではないとすれば，どのような法的手段と方法が必要とされているのかが検討されなければならない。労働者人格権の権利性を，現行私法の解釈による救済対象の類型化や具体的救済方法にとどめてしまわないためにも，どのような内容と性格をもつものなのかが改めて問われている。

(2)　労働者人格権検討の出発点

労働者人格権の性格と救済方法の検討は，労働者人格権をどのレベルで論じ

---

[1]　拙稿「労使関係における労働者の人格的利益の保護1〜2」（労判354号4頁，355号4頁，1981）。正面から労働者人格権を掲げるようになったのは「労働者人格権の保障」争点・新版152頁（有斐閣，1990）が最初であった。
[2]　島田陽一「企業における労働者の人格権」日本労働法学会編『労働者の人格と平等』21世紀の労働法6巻2頁（有斐閣，2000）は，不法行為による救済のためだけなら，労働者人格権という権利構成は必ずしも必要ではないという。

〔角田邦重〕

るのかとかかわっている。憲法における基本的人権には，信条の自由や言論・集会，結社の自由などの精神的自由権，あるいは経済的基本権などの個別の人権とならんで，個人の尊重や生命・自由・幸福追求権などの一般的・包括的な基本権の保障の存在が承認されている。このレベルで位置づけてみれば，労働者人格権は，個人の尊重と生命・自由・幸福追求権，さらには生存権，労働権，平等原則の保障から導かれる「労働者の人間に値する生存」の保障を意味しているということができる。それは，単に公権力による侵害からの保護にとどまらず，国に立法や行政による必要かつ適切な具体的施策を要請するとともに，一般私法による権利・義務の解釈を通じて司法救済の保護が図られなければならないことを要請しているはずである。

本稿では，まず労働者人格権を憲法上の基本権として位置づけてその法的構成の意義を検討し，その上でこれまでの法的保護がどの分野に及ぼされてきたか，その展開のプロセスを追い，依然として残された課題を明らかにすることで，改めて労働者人格権の射程を検討することにしたい。

2　憲法における労働者人格権の保障

(1)　憲法上の基本権としての労働者人格権

(a)　憲法13条と労働者人格権

労働者人格権の法的救済が不法行為にもとづく損害賠償から始まったというものの，労働者人格権は不法行為上あるいは私法上の権利にとどまるものではなく，憲法上の基本権としての性格をもち，公権力による侵害からの保護のみならず，国に対して救済のために必要な立法・行政的施策を義務付けていると理解することで，その保護ははじめて現実的で効果的なものになりうる。

憲法のレベルで考えれば，人格権が憲法13条の個人の尊重と幸福追求の権利に基礎を置く包括的権利として承認されていることは周知のとおりである。通常，名誉，プライバシーのほか，積極的プライバシー権や個人の人格的生存にかかわる私的事項を権力の介入なしに自律的に決定できる自由を含む自己決定権として含める見解が多い[3]。労働者人格権は，この普遍的な個人の基本権として保障されている人格権を労働関係の場における労働者の特性に合わせて

---

(3)　たとえば芦部信喜＝高橋和之補訂『憲法〈第4版〉』115頁以下（岩波書店，2007）。

第1章　労働者人格権の総論的課題

具体化された権利として構成されるべきである。

(b)　労使関係観の転換

しかし，普遍的個人を念頭においた人格権の保障が，労働関係のなかでの労働者にも適用されなければならないという出発点は，当然のように見えながら，労働関係の現実と法理の両面から立ちはだかる厚い壁の克服が必要であった。

労働関係を，労働者の人格を丸ごと包摂する擬似共同体とみなしてきたわが国の伝統的労使関係では，長い間，労働共同体ともいうべき企業にその一構成要素として取り込まれた労働者に市民相互間で認められる人格権の保護は想定できないし，制約されるのは当然という理解が支配的であった。法理の上でも，当事者間で人権を制約する合意を契約上も有効とした判決に典型的に示されているように契約法理の形をとりながら正当化されてきたといえるであろう[4]。また，労働関係が「単なる物理的労働力の提供の関係を超えて，一種の継続的な人間関係として相互信頼を要請するところが少なくない」という理由で，採用にあたって労働者の思想信条を含む全人格に及ぶ事項について調査することに相当の理由があると認めた三菱樹脂事件最高裁判決[5]も，このような労働関係の実態の追認を意味しているとみることができる。

人格権の保障が労使関係においても適用をみなければならないという命題は，こうした考え方とは対極的な，人格的能力の発現を意味する労働力が企業の優越的力の支配下で管理される現実があるからこそ，人格権侵害の脅威から保護する必要性が高いという認識への転換を意味している。

(c)　労働者にとっての労働と職場

その上で，労働条件の処遇と労働力管理にまたがる労働関係の各局面で，労働関係の特質と労働のもつ性格にふさわしい人格権の具体的内容が検討されなければならない。労働の内容は契約によって決められるものの，現実的には使用者の指揮監督下で行われる他律的労働であって，しばしば3K労働や過酷なノルマを課される労苦を意味していることはいうまでもない。また職場という上司や同僚との人間関係からなる社会では，自らが選択したわけではなく，相互に協力と競争，場合によっては敵意といった必ずしも好意的でない人間関係のなかで組織の一員として位置づけられることを意味している。しかし労働者

---

[4]　十勝女子高校事件最高裁判決（最2小判昭27・2・22民集6巻2号258頁）。
[5]　三菱樹脂事件最高裁判決（最大判昭48・12・12労判189号16頁）。

にとっては，そのなかで遂行される日々の労働をとおして経済的自立と職業的能力の向上，さらには精神的充足感や人格的成長を図る他はないという立場におかれている。労働者にとっての人格権は，このような労働者のおかれている現実から出発しなければならない。

(2) 労働者人格権の具体化

憲法 13 条で保障されている人格権の保障を労働者人格権として具体化し，その内容と性格を考えるにあたっては，生存権（同25条）と労働権（同27条），さらに平等権（14条）の保障をあわせて考慮に入れなければならない。

(a) 生存権保障の今日的意味

戦後の労働法学が，生存権理念と団結権に代表される集団的規制の過剰な優位性に立脚してきたことへの反省から，労働法の規整理念を生存権から自立した労働者個人の意思の尊重へと労働法における規整理念のパラダイム転換が主張されている。生存権は敗戦直後の深刻な窮乏生活に直面し，ギリギリの最低生活の保持を切望していた多くの労働者に社会的にも共有されたものの，高度成長を経て「豊かな社会」が実現し中流意識が広がるとともに現実的基盤を失ったという認識に支えられているというべきであろう[6]。

しかし，生存権の内容は当初から社会保障分野における健康で文化的な最低限度の生活の保障という狭い意味に限定して理解されてきたわけではない。19世紀的経済的自由権の無制限な行使によってもたらされた貧富の拡大と社会的混乱を克服するために登場した 20 世紀的基本権を総称するものと理解され，労働によって自らの生存を支える労働者にとって，労働権と労働基本権は生存権的基本権の中核をなすものと位置づけられてきた[7]。それ以来，生存権の権利内容も，時代の直面する現実の要求に応え国民の規範意識による承認に支えられながら拡大[8]と質的進化を遂げ展開していくことになったが，それは社

---

[6] 労働法学会の創立 40 周年記念特集号（日本労働法学会誌 77 号，1991）が，戦後労働法学の再検討をテーマにしている。とりわけ戦後労働法学の代表的論者の一人であった籾井常喜「労働法学に問われているもの」(151 頁) が，正面から転換の必要性を強調している。

[7] 我妻栄「基本的人権」国家学会編『新憲法の研究』63 頁以下（有斐閣，1947）。

[8] たとえば大阪空港の夜間飛行差し止めを求める裁判では，人格権とならんで生存権が「環境権」の法的根拠として主張され，大阪高裁判決もそれを認めていた（大阪高判昭

会権のもつ性格からみて当然のことであったというべきであろう[9]。生存権は，かっての生理的生存や経済的生存の国家による配慮という時代的制約を脱して，労働者の人格と自由を内包する精神的・文化的要素を含んだ「人たるに値する生存」の保障として理解されなければならない。

もっとも，1990年代半ばから続く長期不況のなかで，効率的市場原理の追求と自己責任が強調されるようになった結果，ワーキング・プア層の拡大に代表される社会的格差の増大と，久しく忘れられていた深刻な貧困問題の存在が明らかになるとともに，ギリギリの経済的生存の確保が再び生存権保障の切実な課題となっていることは周知のとおりである。

(b) 労働権の保障

労働権の保障（憲法27条）が労働者にとって生存権保障の中核をなすことはいうまでもない。その内容も，かっての緊急失対事業のような最終的な国による雇用機会の提供が大きな関心の的であった時代を経て，今日では，単に仕事の機会を仲介すれば足りるというものではなく，労働者の資質にふさわしい適職選択権の尊重と職業能力の開発・向上を含むキャリアの形成による職業的人格権を保障し，あわせて労働者にとって労働が社会的存在としての自己確認の意味をもつことを念頭に展開されなければならない[10]。

労働者の処遇と管理にあたっても，労働者の人格が尊重されなければならないのはいうまでもない。憲法27条2項を受けて制定されている労働基準法が，労働条件について「労働者の人たるに値する生活」の保障を求めているのは生存権の理念を謳ったものであることはいうまでもない（1条1項）。一般に，労働基準法の性格は，行政取締りと刑事罰による最低労働基準を確保することにあると理解されているが，同条2項では「人たるに値する生活を充たすため」に，最低基準にとどまらず生存権理念にふさわしい労働条件の向上を当事者に

50・11・27判時797号36頁）。

[9] 菊池高志「わが国における生存権の展開」荒木誠之還暦論集『現代の生存権―法理と制度』（法律文化社，1986）。

[10] EUにおける差別や貧困を生み出している構造的問題を社会的排除（social exclusion）ととらえ，その克服に向けた社会的包摂（social inclusion）のための施策の中心におかれているのは雇用による差別のない社会参加である（石田信平「イギリス労働法の新たな動向を支える基礎理論と概念」『イギリス労働法の新展開』36頁（成文堂，2009），長谷川聡「社会的包摂と差別禁止法」同297頁）。

〔角田邦重〕　　　　　　　　　　　　　　　　　***1*** 労働者人格権の射程

求めており，冒頭の位置を占める憲章規定（3条～7条）が，最低基準ではなく限定的とはいえ自由と平等という労働者人格の保障を意図していることも見逃されるべきではない。

　労働条件は市場における労使の対等な合意によって決められる（合意原則と称される）ことを強調するだけでは，人たるに値する労働条件の保障は望めないどころか，「より安いコスト，より長い労働時間」を追求する企業の要求を受け入れざるをえない結果であっても「自己責任の原則」として正当化されてしまうことになる。市場は競争と高い効率を生み出すことはできても——それがグローバル競争に晒される企業にとって重要であることは否定できないとしても——，それだけでは公共的善や社会的正義にもつながるわけではない。「労働者の人たるに値する生活」の確保を要求する労働権の保障は，雇用と労働条件の最低基準のみならず，労働者の人格の尊重に値する労働条件と労働管理のあり方を要求しているというべきである[11]。

　(c) 平等と人格権

　平等の理念（憲法14条）も人格権の尊重と不可分の関係にある。平等が主観的権利なのか，客観的法原則を意味しているのかについては争いがあるものの，正当な理由のない恣意的差別は人間の固有の価値を無視し，人格に対する蔑視を意味するというべきだからである。また憲法14条であげられている差別禁止の具体的事由が限定列挙ではなく例示規定と解すべきだという理解も共通したものとなっている[12]。

　憲法の規定が私人間に適用を予定したものではないと一般的に理解されてはいるが，公序良俗や不法行為などの一般条項の解釈のなかに憲法の人権保障の

---

[11] ILOの1999年第88回総会で打ち出されたディーセント・ワーク（decent work for all）の概念が参照されるべきであろう。世界的経済危機のなかで追求されなければならない経済成長は，労働者の物質的貧困からの脱出のみならず，労働者の自由，公平，保障，そして人間的尊厳の前進を伴わなければ持続可能な社会をもたらすものではないことを強調している。厚生労働省によれば「働きがいのある人間らしい労働」と訳され，生計に足りる収入が得られる仕事，権利の保障と職場での発言権の確保，仕事と家庭の両立，公正な処遇と男女の平等など多様な内容を含むものと理解されている。開発諸国への援助の文脈で語られることが多いが，わが国にとって具体性をもつ課題として捉えられるべきである。ディーセント・ワークを特集している"world of work, 2006, 2"（ILO駐日事務所）のなかでそのことを強調しているのは当時の経団連副会長・岡村正氏の論稿である。

[12] 芦部＝高橋・前掲注(3)129頁。

第1章　労働者人格権の総論的課題

理念が流れ込むことを通して，労働関係への規整を及ぼしていることは周知のとおりである。雇用機会均等法制定以前に結婚退職制（住友セメント事件[13]）や男女差別定年制（日産自動車事件[14]）を労基法に違反するとはいえないが，性による不合理な差別であり公序良俗に反して無効とした判決は，その後の立法を先導することになったし，同一の仕事をしている女性間の正規社員とパートタイム社員の一定限度を超える賃金格差を労基法4条に違反するものではなく，また同一（価値）労働・同一賃金原則も実定法上は認めがたいとしながら，「人格の価値を平等と見る市民法の普遍的原則である均等待遇の理念から公序良俗に違反する」とした判決は，平等原則が人格権に支えられていることを端的に承認している（丸子警報器事件[15]）。この判決が2007年のパートタイム労働法改正につながったことは間違いないと思われるが，パートタイム労働法改正による均等待遇原則適用の前提となる要件は極めて厳しいものとなっているため（同条8条），この要件を充たさない者への判例法理の適用可能性は依然として残されているというべきであろう。

(d)　労働者人格権の内容

上に見てきたように，憲法13条で保障されている人格権を労働者の社会的存在にそくして具体化していくためには，「人たるに値する生存の保障」（同25条）とそれにふさわしい「労働権ならびに労働者の処遇と管理」（同27条），そして「雇用における平等」（同14条）をとおしてその内容を具体化し構成する作業が不可欠であり，生存権や労働権，平等権の内容も人格権保障の照射を受けることによって今日的な時代の要請に応えうる内容をもつことになる。「雇用の安定」，「均等待遇や公正処遇」，「仕事と家庭の調和」，「人たるに値する生活を充たす労働条件」，「労働の管理に際しての人格権の尊重」などの内容が，そこから導き出されるべきであろう。

3　労働者人格権保護の法的方法

(1)　人格権保護の法的手段・方法

労働者人格権の保障を憲法上の権利として位置づけるとして，次に検討を要

---

[13]　住友セメント事件（東京地判昭41・12・20労民集17巻6号1407頁）。
[14]　日産自動車事件（最3小判昭56・3・24労判360号23頁）。
[15]　丸子警報器事件（長野地上田支判平8・3・15労判690号32頁）。

〔角田邦重〕　　　　　　　　　　　　　　*1*　労働者人格権の射程

するのは，その法的保護はどのような手段・方法をとおして行われるべきかという問題である。公権力による侵害からの保護が図られなければならないのは当然としても，それにとどまるものではない。人格権の内容が，情報技術の飛躍的な進展や社会の高度化と組織化に伴う侵害の形態と手段の多様化に対応して，具体的な権利内容と保護の手段を発展させてきたことは周知のとおりである。侵害の脅威が国や自治体など行政上の措置によって生じることはもちろんであるが，むしろ圧倒的多くはビジネスを始めとする私的な社会関係のなかで発生している。憲法の人格権保障が，直接に私的社会関係にまで適用されるとは考えられてはいないものの，少なくとも国は，このような私的社会関係のなかで生じている人格権侵害の脅威を防ぐための効果的で適切な措置を講じる義務[16]を負っていることは疑いのないところであろう。

　人格権が，プライバシーや性に関する自己決定のような私的領域の保護から，社会的評価や人格的個性とその表出物に対する侵害などにまで拡大されるようになると，これらが労働者にとっても重要な意義をもっていることを否定できないばかりか，労使関係ではもっと濃密な人格的接触のなかで侵害の危険に晒されているというべきであろう。労働者のプライバシーに関する情報は，健康・家族構成と収入・職業上の経歴・人事評価などを含めて企業の人事管理にとって欠かせない人事資料であろうし，ビデオカメラを使用した労働の監視（肖像権の保護），盗聴やメールのモニタリング（声や言葉の保護）などの例を想起するだけで十分であろう。このような人格権の内容の拡大と侵害形態の多様化を考えれば，個人情報保護法の制定（2003・5制定，2005・4施行）にみられるように，立法や行政による保護の必要性とその比重は格段に高くなっているといわなければならない。そして，このような特別の法令が存在しないところでは，一般的私法の解釈による適用を通して行われることになる。実際，結婚退職制や差別定年制を違法とする人格権保護の流れは，私法上の一般条項の解釈にあたって憲法上の基本権保障の趣旨を考慮しなければならないという間接適用の道を開いた判決によって導かれ，それを追認する形で立法化が図られたことは記憶に新しいところである（雇用機会均等法・1985）。

―――――――――――――
[16]　ドイツ法でも，基本権保障を防御権（Abwehrrecht）と保護義務（Schutzpflicht）からなるものとして構成されている（Dieterich, Müller-Glöge, Preis, Hanau, Schaub Hrsg., Erfurter Kommentar zum Arbeitsrecht, 6. Aufl., Beck, 2006, S. 33ff.（Dieterich））

第1章　労働者人格権の総論的課題

(2)　立法による保護の進展

　立法による労働者人格権の保護で求められているのは，事後的救済の途を明確にする必要性が高いことはもちろんであるが，それ以上に侵害の危険性を事前に防止する予防法制の整備であろう。

(a)　労働者人格権の保護立法

　近年の立法についてみると，雇用機会均等法のなかに取り込まれたセクシュアル・ハラスメントに関する規定（雇用機会均等法第1次改正1997，1999・4施行で導入，第2次改正2006，2007・4施行で強化された）は，事前の啓発活動と相談体制，適切な救済措置とプライバシーの保護，事実確認への協力を理由とする不利益取扱いの禁止などの措置義務を課した予防体制に重点をおくものとなっている（指針平18・10・11告示514号）。実効性の保障は，都道府県労働局長による行政指導と従わない場合の企業名の公表（同法17・30条），紛争調整委員会による調停案の作成とその受託の勧告（同法20・22条）であって，性的自己決定権と人格の尊重に値する労働環境の確保を目的としているとはいうものの，労働者個人の権利救済はもっぱら司法に委ねられており，そこでは私法的人格権の侵害として扱われることとなる。

　職場における人格権侵害の類型として同様の性格をもつ深刻な職場いじめについては，いじめによる精神疾患や自殺の多発という事態を受けて精神疾患にもとづく自殺の労災認定基準の見直しが行われたものの[17]，事前の予防体制を義務付ける法制度の制定までには至っていない。職場におけるいじめの明確な定義が困難という問題があるのは確かであるが，すでにILOのレベルでもその深刻さと予防体制の重要性に関する認識が共有され，いくつかの国で刑事罰を含む法制の整備がなされていることを考えれば[18]，せめてセクシュアル・ハ

---

[17]　2008年に「心理的負荷による精神障害等の業務上外の判断指針」が改正され，上司のいじめ（パワー・ハラスメント）が精神疾患の強度の要因となることを明示することとされている（2008・2・6 基労補発0206001号）。

[18]　ILOは職場における暴力の広がりに対して2002年に対策のガイドライン"workplace violence"を，2003年には専門家の会合をもちサービスセクターにおけるコード"code of practice on workplace violence in services sectors and measures to combat this phenomenon"を作成している。フランスの精神的ハラスメント禁止立法については石井保雄「フランス法における『精神的ハラスメント』とは何か—その概念的理解について」季労218号74頁（2007）。

ラスメント類似の措置義務を労働安全衛生法のなかに創設することなど立法的整備が考慮されるべきであろう。

(b) 個人情報の保護

　労働関係における個人情報の保護も進展のみられる分野となっている。職業安定法の改正（1999・7）によって，求人労働者の個人情報の保護を義務付ける規定がおかれたのは（5条の4），もちろんILOを始めとする国際的基準を受け入れる必要性に直面したからではあるが（民間職業仲介事業所に関する条約ILO181号，批准は1999・7），人材派遣元事業主が作成・保管していた，登録している派遣労働者9万人の容姿にランクをつけていた資料が売買されネット上に流失した事実が明らかになったからであった（1998年のテンプスタッフ事件）。

　しかし，労働者の自己にかかわる情報のコントロールの必要性という点では，企業が人事管理のために収集し利用している労働者に関する人事情報の扱いこそが中心的位置を占めている。労働者の給与の支払いと税・社会保険の適正な控除のためには家族構成から収入に関する正確な情報が必要であり，労働安全衛生法で義務付けられている健康診断によってえられる健康情報や，さらに労働者の適正配置と賃金・昇進などの人事処遇に反映する人事評価にかかわる資料など，労働関係には労働者に関する多様な個人情報が集積している。しかし，放置しておけば暴走する危険が高いことは，日本航空の労使と対立する複数組合のなかで，これらの人事部に集積された個人情報がさまざまに加工され，狙いをつけた相手方組合員への攻撃の手段に用いられた事件に見られるとおりである[19]。

　このような個人情報の収集や悪用に対する保護のために制定された個人情報保護法（2003・5）は労働関係にも適用されることになっているし，これを受けて「雇用管理に関する個人情報の適正な取り扱いを確保するために事業者が講ずべき措置に関する指針」も制定されている（2004・7 厚労省告示259号）。しかし，その義務の範囲と救済方法についての立ち入った検討が十分になされているとはいい難い。

---

[19] 船尾徹「働く者の市民的自由を求めて──JAL監視ファイル事件訴訟から」労旬1726号6頁（2010）。東京地裁判決（平成22・10・28）は，会社の関与を認めなかったものの，対立する組合の役員にプライバシー侵害の責任を認めている。

第 1 章　労働者人格権の総論的課題

(c)　労働契約法と人格保護

　労働契約をめぐる紛争に関する紛争の増大に対応するため，これまで判例法理に依拠してきた法的解決ルールの明確化と透明性を高めることを目的として制定された労働契約法（2007・12制定，2008・3施行）は，検討開始時点の意気込みと異なり竜頭蛇尾の結果に終わったものの，労働者人格権保護の観点からいくつかの条項が付け加わったことは留意されてよい。労働契約の原則について労使対等による「合意原則」を謳いながら，労働者の構造的な従属性から生じる力の不均衡を是正すべき法理念やシステムについては沈黙したままであるが，契約内容を説明して理解を深めるようにする（同法4条）との情報開示モデルで済ませられる問題でないことは明らかであろう。その意味では，労働基準法が冒頭で謳った生存権の理念こそ労働契約法を含め労働法全体を貫く基本的理念としての地位を占めているというべきであろう[20]。

　「合意原則」の修正のよりどころは，従来の判例法理に従って，民法の一般的原則である信義誠実の原則と権利濫用規定の導入に求める他，労働者人格の保護に配慮した規定として，すでに判例で確立されていた「安全配慮義務」（同法5条）と，新たに「就業の実態に応じた均衡待遇の配慮」ならびに「仕事と生活の調和」（同法3条2・3項）の2つが付け加わっている[21]。不十分ながら，今日的な労働者の「人たるに値する生存」の保障の内容をなす「公正処遇の原則」や「人間らしい働き方と労働の管理」の保障に歩みを進める意味をもつことは疑いないというべきであろう。これらは，文言からみて，直ちに具体的効果を導き出せるものではなくとも，就業規則の合理的の判断や，私法の一般条項を通して契約内容の司法的審査にあたって考慮されなければならないことはいうまでもない。

---

[20]　三井正信『現代雇用社会と労働契約法』234頁（成文堂，2010）以下は，労働基準法を保護法として理解するだけでなく，労働契約法の根本的理念（2条）として位置づけ，さらに，労基法の規定から「企業の社会的権力」をコントロールする私的効力を導くことも提案されている。

[21]　この3条2・3項は，ねじれ国会審議の終盤で民主党の要求を入れる形で設けられた経緯をもつ。それにしても民主党の労働契約法案にあった，使用者に労働者の就業環境が害される言動を防止する配慮義務（職場いじめの防止義務15条）の規定が見送られたのは残念という以外にない。

〔角田邦重〕　　　　　　　　　　　　　　　*1*　労働者人格権の射程

(3)　一般私法による保護

　このような立法の状況から考えると，労働者の人格権の救済が裁判を通してなされる必要性は高いといわなければならない。そして裁判による救済は，原則として一般的私法の解釈と適用を通して行われることとなる。原則としてと，若干の留保をつけたのは，周知のように公法的義務規定を私法上の義務に転化させることの可否について争いがあり，それぞれの名宛人の違いを理由に，両者を同視することへの疑問には依然として強いものがあるからである。たとえば，個人情報保護法の規定が，労使間における人事記録の閲覧請求を根拠づけることができるかといった問題を想起するだけで十分であろう。

　もちろん，「公序良俗」(民法90条)，「信義則上の付随義務」(同1条2項)，「権利濫用」(同3項)あるいは不法行為上の「権利又は法律上保護される利益の侵害」(同709条)といった一般条項の解釈にあたって労働者人格の保護が顧慮され，法律行為の無効や損害賠償を認めうることについては争いがないし，判例法理の定着がみられることも周知のとおりである。しかし，それにとどまらない法的救済策のあり方については，労働者人格権の私法上の権利の性格ともあいまって依然として検討の課題となっている。

　ドイツにおける労働者の人格権の保護は，若干の立法を除けば，基本法上の「人間の尊厳の不可侵」(1条1項)と「人格の自由な発展への権利」(2条2項)を基礎に，しかし，いわゆる基本権の第三者効とは異なる私法上固有の主観的権利として理解されている一般的人格権 (ein einständiges subjektives privates Recht) の適用を通して行われている。わが国のように生存権や労働権保障の規定を有するわけではないものの，一般的人格権そのものが，学説と判例の協働によって民法上に定められた個別的人格権の範囲を超えて創設された法形成の成果であることから，進展する時代の要請と侵害の形態にそくした(労働関係にふさわしい)適用を可能にしている(22)。

　救済方法も損害賠償にとどまらない。一般的人格権の保障そのものが，民法を狭い財産権の保護という枠を超える開かれた体系へと変貌を遂げることを意味しており，不法行為における「その他の権利」(BGB823条1項)侵害にあたるのはもちろん，所有権に認められている差止め請求(BGB1004条1項2文)と

---

(22)　拙稿「西ドイツにおける労働者人格権の保障」横井芳弘編『現代労使関係と法の変容』375頁以下(勁草書房，1988)。

第1章　労働者人格権の総論的課題

並んで，労務提供の拒絶権（BGB273条）や，信義則上の労働者の人格権尊重義務を根拠に，人事資料の開示・除去・訂正・反論の添付などの他，労働の受領義務のような付随的給付義務（Nebenleistungspflicht）も承認されている。これに対比すれば，わが国では依然として人格権の法的性格とあわせて検討課題にとどまっていることが分かる。

4　労働者人格権保護の展開

　ここでは，これまでの労働者人格権保護の展開過程を素描しながら，どのような類型にまで及び，依然として何が残されているのかを明らかにして今後の課題と展望を試みる。

(1)　人格権侵害の諸類型

　労働者人格権の法的保護は，一般私法で承認されている人格権の保障を労使関係や閉ざされた空間であった企業内にまで及ぼすことの重要性から始まったといってよい。労働関係ではむしろ労働者人格の制限は当然と考えられ，使用者の支配下で管理・運営されてきた閉鎖的空間に，法の公共的支配を及ぼす手がかりを与える意味をもつものであった。

(a)　不当労働行為と市民的名誉の侵害

　もちろん，労働者の人格権侵害に該当する使用者の行為に違法評価を与えるケースがなかったわけではない。しかし，当初は民法による人格権の保護ではなく，使用者が労働組合の組織対策として行われる組合員への威圧や監視などの行為を権利性の有無にかかわらず不当労働行為として認めるものや（たとえば，中外電気工業不当労働行為事件[23]），例外的に労働者の名誉の侵害を認めたケースでも，懲戒処分としたことを対外的に新聞広告で告示したり，全従業員宛ての社内報で知らせるなど明らかに市民的名誉の侵害と評価されるケースであった（たとえば，日星興業事件[24]）。

---

[23]　行動監視の必要性と称して女子組合員を至近距離から撮影したり，席を離れるとトイレまで追いかけて写真撮影を行った行為を不当労働行為にあたるとしている（中外電気工業事件，東京地判昭55・3・19労判339号39頁）。

[24]　会社の信用を害する言辞を弄したとして解雇した労働者の名前を広く同業他社に郵送し新聞広告に掲載したことを名誉毀損にあたるとした（日星興業事件，大阪高判昭50・3・27判時782号48頁）。

〔角田邦重〕

(b) 労働者にとっての職場

しかし，中央観光バス職場八分事件[25]で注目されたのは，伝統的な村落共同体のなかで発生し名誉毀損に当たると考えられてきた村八分のような行為が，今日の企業組織のなかで発生していることであった。もちろん企業の意思を受けた管理職主導の形を取って行われており，だからこそ参加した従業員も従わざるを得なかった側面をもっているが，企業内という社会が労働者にとって濃密で重要な生活環境を形成しており，だからこそ職場から排除する有効な手段として採用され有効性を発揮していることを認識したうえで，一般的市民としての人格権の保護を職場に生きる労働者にとっての人格権へと，より具体的な形をとって展開されているというべきであろう[26]。

このような理解は，職場の人間関係から特定の労働者の孤立化を図る行為を「自由な人間関係を形成する自由を不当に侵害するとともに，その名誉を侵害するもの」とする関西電力事件・最高裁判所[27]によってより一般的な形で定式化されることになった。それは，労働者にとって職場が人間的交流とそれを通して人格的成長が期待される空間であるとの認識に立って労働者の「人格権の保護」を認めたものと理解されるべきである。

(c) プライバシーの侵害

関西電力事件では，同時に，職場におかれた労働者のロッカーや退社後の私生活領域の行動を監視する行為についてもプライバシーの侵害にあたるとした点でも注目されるものであった。

労働の監視とプライバシーの侵害も古くて新しいテーマに属しているが（たとえば，広沢自動車事件[28]），電子機器を用いた仕事の監視，秘密裏の電話の盗聴

---

[25] バス会社の違反行為を告発した労働者に対する共同絶交を自由および名誉を侵害する不法行為に該当するとして50万円の慰謝料を命じた（中央観光バス事件，大阪地判昭55・3・26労判339号27頁）。

[26] 拙稿「職場における労働者人格的利益の保護1～2」労判354号4頁，同5号4頁（1981）は，この事件の判例研究を出発したものであった。

[27] 関西電力事件（最3小判平7・9・5労判680号28頁）。拙稿「労使関係における精神的人格価値の法的保護について」労旬1279・80号47頁（1992）は，この事件の控訴審に提出した鑑定書を収録したものである。最高裁判決については同「職場における労働者人格権の保護」労判688号6頁（1996）を参照。

[28] 秘密裏にテープレコーダーを設置して労働の監視のために利用したことを違法とした（広沢自動車学校事件，徳島地決昭61・11・17労判488号46頁）。

第1章 労働者人格権の総論的課題

やメールの閲覧（たとえば，F社Z事業部事件[29]）といった技術進歩に伴う労働過程の監視，あるいは労働者の健康に関する情報の無断入手や漏洩（たとえば，東京都・警察学校事件[30]）などもっとも今日的課題となっている。

(d) 仕事差別と人格権侵害

労務指揮権の行使という形態をとりながら，意図的に仕事をとりあげたり無意味な仕事を命じる，あるいは労働者の能力と適性にふさわしくない仕事を与えることで，労働者への屈辱感や他へのみせしめにするといった仕事差別が人格権の侵害として評価されるためには，文字どおり労働者にとって仕事のもつ意味を抜きにして考えることはできない。同僚や家族など労働者の属する社会のなかでの人格的評価はその職業的力量と能力によって量られるし，同時に，労働者自身にとっての自己評価の尺度でもある。仕事差別は，このような労働者の人格的評価を毀損するものであり，人格に対する蔑視として評価されるのである[31]。この流れは，退職に追い込む意図でキャリアにふさわしくない仕事を命じたり[32]，苦痛を与えるための意味の無い作業を命じる[33]などを人格権の侵害とする判例によって確実なものとなった。

(2) 職場いじめの蔓延と人格権の保護

(a) 職場いじめの蔓延

少数派の労働組合員や思想・信条などを理由に特定の労働者をターゲットにしていた人格権侵害行為は，経済が長期不況に陥った90年代後半以降，一般の労働者を対象として蔓延し，量的拡大と質的変化に見舞われることとなった。この現象は，行政相談によって「職場いじめ」と総称され分析されることと

---

[29] 社員の業務用パソコンを利用した私用メールを監視のため閲覧していたというもの（F社Z事業部事件，東京地判平13・12・3 労判826号76頁）。
[30] 応募者の同意をえずに行われたHIV抗体検査を違法なプライバシー侵害に当たるとした東京都(警察学校)事件（東京地判平15・5・28 労判852号11号）。
[31] バス会社で対立する複数組合の一方に属する労働者を新しいバスの運転から排除する配車差別を人格権の侵害としたサンデン交通事件判決（山口地判下関支判平3・9・30 労判606号55頁）がその嚆矢をなす。控訴審における鑑定書（拙稿「組合所属を理由とする配車差別の不法行為性ならびに損害賠償のあり方について」労旬1345号32頁，1994）では人格権侵害とともに慰謝料算定のあり方に主眼をおいている。
[32] バンク・オブ・アメリカ・イリノイ事件（東京地判平7・12・4 労判685号17頁）。
[33] JR東日本（本庄保線区）事件（最2小判平8・2・23 労判690号12頁）。

〔角田邦重〕　　　　　　　　　　　　　　　　　*1*　労働者人格権の射程

なった⁽³⁴⁾。それによれば，解雇や退職の強要などを目的としたものとならんで，被害者に心あたりがない「いじめそのもの」，女性に対しては性的なものが多く（雇用均等法にセクシュアル・ハラスメントの規定が設けられる以前である），仕事を与えない・逆に強要する，集団的・個人的無視，脅迫や侮辱的言辞，ときには暴力を伴う行為などが，事業主や上司（5割強），あるいは同僚（2割弱）によってなされている。人格権の侵害は，リストラ促進の手段として，そうでなくても非正規雇用の差別的処遇や過度の効率と競争が支配するようになった職場環境のなかで，誰もが被害者になりうるものにまで普遍的となり，それだけに深刻化していったことを意味している。

　同じ現象の広がりは，ヨーロッパでも，若干早い時期に労働心理学の立場から職場における心理的テロ行為に等しいネガティヴなコミュニケーションの一形態として Mobbing の名で注目を浴び，対策の重要性を認識させられることになった。そして人格権侵害の独自な類型として保護のあり方が論じられている⁽³⁵⁾。

(b)　セクシュアル・ハラスメントとパワー・ハラスメント

　人格権の概念は，権利の内容があらかじめ限定されているわけではなく，むしろ包括的で開かれた容器の役割を有している点に特徴を有していることから（母権的性格），その時々の要請に応じて新しい人格権侵害の類型が生み出されていくことになった。その点からみて大きいのはセクシュアル・ハラスメントとパワー・ハラスメントの類型であろう。

(i)　セクシュアル・ハラスメントは，アメリカに倣って労使関係における性差別の一類型として取り上げられた経緯から，雇用機会均等法の改正（1997）にあたって「性差別を生み出す労働環境の改善」の観点からおかれることとなった。しかし，所管する厚労省による救済は，防止のための啓発活動と相談

---

(34)　東京都労働経済局は，1995～97年の事例の分析を踏まえ，98.4に防止に向けた対策の検討を開始している（「職場におけるいじめに関する労働相談事例集」（1999）は600件のケースを分析した初めての試みである）。

(35)　H. Leimann, Mobbing, Rowohlt 1993. それ以来，労働法学の立場からも，Mobbing の法的定義や救済についての検討が進んでいる。早くからこの問題に取組んできたマルティン・ボルメラート弁護士がドイツの現状を寄稿している「職場いじめ―ドイツ労働世界における深刻な問題」（訳・根本到）季労218号85頁（2007）。わが国の職場いじめとパワー・ハラスメントの事例をもっとも網羅的に扱っているのは，水谷英夫『職場のいじめとパワハラ・リストラ QA150』（信山社，2009）である。

第1章 労働者人格権の総論的課題

体制の整備，加害者への処分を含む救済措置などを使用者に求めているものの，これに応じようとしない者には助言・指導・勧告と，最終的な手段としては企業名を公表するにとどまっていることは先に述べたとおりである。それ以上の権利侵害としての救済は司法的手続きを取る以外にはなく，その場合は労働者人格権の侵害の一類型である性的自己決定権（対価型）や人たるに値する労働環境で働く権利の侵害ということになる。

　(ⅱ)　パワー・ハラスメントも，職場いじめの一類型として大きな注目を集めるようになっている。期待した成果をあげられない，仕事上の些細なミス，チーム内での協調性が不足しているなどの理由から，使用者や監督者が，職務上の優越的地位を利用して，仕事上の指示や叱責の程度を著しく超え，言葉，ときには暴力的手段を行使して執拗に人格的攻撃を繰り返し精神的に追い込む行為である[36]。多くは労務指揮権の行使という形をとって行われるだけに，人格権侵害の判断基準が微妙であることは否定できないが，パワー・ハラスメントによる精神疾患や自殺が相次ぐという深刻な事態を受けて，労働者災害補償保険法による事後的救済の道を容易にするため，労災認定基準の見直しが行われたものの，肝心の予防法制にまでは至っていない。

5　展望と課題──結びに代えて

　人格権侵害の事後的救済もさることながら，事前に防止する環境整備の重要性は大きいにもかかわらず，未だ不十分なままに放置されているといっても過言ではない。結びに代えて早急に検討されるべき課題を指摘することにしたい。

(1)　立法上の課題

　職場いじめに属する類型のうち，雇用機会均等法によってセクシュアル・ハラスメントに関しては予防策を講じなければならないとされているものの，そ

---

[36]　仕事の成果があがらないことを理由に人格を全否定する上司の暴言に耐えられず自殺した労働者に労働災害を認定した日研化学事件（東京地判平19・10・15労判950号5頁）や，接客態度が悪い・仕事のミス・無断で休んだなどを理由に，殴る・蹴るなどの暴行を加え，労働者の自宅にまで押しかけ人間教育のためと称して肋骨を折る暴行に及んだヨドバシカメラ事件（東京地判平17・10・4労判904号5頁，東京高判平18・3・8労判910号90頁）など，労働者がいかにも買い入れた「商品の消費」として取扱われ，おおよそ「人格の主体」として尊重されることのない事例が増えている。

れ以外の類型については何らの措置も採られていない。労働契約法の制定に際しても、すでに判例法理で確立されていた「安全配慮義務」の条文化（同法5条）にとどまったことは先に指摘したとおりである。しかし、それ以外の人格権侵害類型が蔓延し深刻な事態を生み出していることはさまざまな報告のなかに示されており、不法行為や債務不履行（職場環境整備義務）を理由とする損害賠償による事後的救済で事足りるものでないことは疑いのない事実であろう[37]。

立法による措置として重要なのは、使用者による予防体制の整備であろう。基本的にはセクシュアル・ハラスメントの場合と同様、防止に向けた啓発、相談の体制、適切な対応、事実調査とプライバシーの保護などを使用者の管理責任として定めることに尽きる[38]。性差別とは別個であることを考慮すれば、労働安全衛生法のなかに位置づけるのが妥当であろう。職場いじめの有無が精神疾患や自殺の労働災害認定にあたって考慮されるようになっている以上は、その防止体制の整備が労安法の課題であることは明らかであり、それとならんで、労働安全委員会で防止体制への労働者代表の参加が期待できると思うからである[39]。

---

[37] 2001年に始まった個別労働紛争解決促進法にもとづく相談中、「いじめ・嫌がらせ」に関するものは例年12～3％を占めている（2009年度の厚労省の施行状況報告によれば24.7万件の民事紛争中12.7％となっている）。濱口桂一郎「労働局個別労働関係紛争処理事案の内容分析」（ジュリスト1408号56頁）は、2008年に4都道府県労働局が取扱ったあっせん事案1144件を対象にしたものであるが、いじめ・嫌がらせはそのなかで260件（22.7％）を占め、会社への相談は役に立っていない、精神的後遺症で医者の診断を受け、退職あるいは相談したことで退職せざるをえなくなったという厳しい現実となっている。

[38] ドイツもMobbingの禁止と予防に関する特別規定をおいていないものの、EU指令を受けて制定された一般平等取扱法（AGG2006・8）では、人種と民族的出自、性別、信条および世界観、障がい、年齢、性的指向を理由とする不利益取扱いを禁止し、不利益取扱いのなかには労働条件とならんで、威嚇や敵視、屈辱、侮辱、中傷などで人間の尊厳を傷つけるいじめ・嫌がらせ（Belästigung）が含まれることを規定し（3条3項）、これにセクシュアル・ハラスメントを加えている（同条4項）。さらに訴訟における証明責任の軽減（同22条）と、使用者に同僚や第三者、顧客による不利益取扱いから従業員を保護するために適切な予防措置を講ずる組織責任を課している（同12条）。Schwerdner, Arbeitsrechts-Handbuch, 13. Aufl., Beck, 2009, S. 227f.

山川和義「ドイツ一般平等取扱法—包括的差別禁止立法の影響」（日独労働法協会8号79頁2007）に条文の全訳が掲載されている。わが国でも、すでに7つの県でパワー・ハラスメントの防止に関する規定や指針が策定されていると報告されている（圷由美子「職場内の人格権侵害」季刊労働者の権利286号49頁，2010）。

第1章　労働者人格権の総論的課題

(2)　人事資料の開示請求

　労働者の個人情報の収集・保管・利用は，使用者の採用，配置と処遇から健康管理などの適正な人事管理全般にとって不可欠であるといってよい。しかし，それだけに労働者の個人情報の悪用によって生じる深刻な脅威は，先にあげたテンプスタッフ事件や日本航空監視ファイルの事案の例をみるだけでも明らかであろう。かっては，労働者の内面を含む全人格的な企業への同調を求める観点から，労働者に関するあらゆる情報を収集しようとする人事管理のあり方が問題とされてきたとすれば，これに加えて今日では，成果主義的賃金の普及による個別賃金の格差が客観的で公正な人事評価によるものかどうかに関心が高まっている。

　情報化社会の進展によって高まったプライバシー侵害の脅威を受けて制定された個人情報保護法（2003・5，国・公共団体の責務を除き施行は 2005・4）を受けて，「雇用管理に関する個人情報の適正な取り扱いを確保するために事業者が講ずべき措置に関する指針」が制定されている（2004・7 厚労省告示259号）。これに先立って，OECD 理事会の勧告「プライバシーと個人データの国際流通に関するガイドライン」(1980) を受けて旧労働省からより詳細で多岐にわたる内容を含んだ「人事・労務管理に伴う労働者の個人情報の保護に関する行動指針」（2000・12）が示されている。両者の関係は必ずしも明らかではないが，相互に補完する関係にあるとみるべきものであろう。

　これらによれば，個人情報収集の範囲と方法・保管・利用，第三者への提供の制限などとならんで，自己情報のコントロール権にもとづく本人からの開示請求，内容の訂正と削除，利用の停止請求権が認められている（同法25, 26, 27条）。個人情報保護法は違反に対して主務大臣の助言と勧告，中止命令が予定されているものの（同法33, 34条），労使関係上いかなる権利・義務を生じさせるのかは明らかではない。しかし，労働者の自己に関わる情報のコントロール権を具体化する意味をもつものであって，労働契約上の労働者人格尊重義務の内容をなすものと考えるべきであろう。もっとも，人事評価に関する資料に

---

(39)　ドイツの経営協議会法（BetrVG）は 1972 年の改正で，使用者と経営協議会に「労働者の人格の自由な発展の保護と促進」を義務付けたことから（75条2項），これを受けて，Mobbing の予防体制整備に関する経営協定が結ばれている（A. Esser, M. Wolmerath, Mobbing 4. Aufl., 2001, S. 328f. に経営協定のモデル案が掲載されている）。

関しては，例外的に「業務の適正な実施に著しい支障を及ぼすおそれがある場合」開示を拒めるとする規定（25条2項）の該当性が問題となる[40]。この規定は，労働者人格尊重義務の範囲を確定するために不可欠な使用者側法益との比較衡量にあたって相当性判断の基準としての性格をもつものと理解されるべきであろう。いずれにせよ，労働者の給与や手当の決定，昇格などの処遇に直接あるいは基礎資料として甚大な影響をもつ人事評価資料について，開示されれば管理者は被評価者に不利な評価をためらうようになり適正な評価を期待できなくなる，人事評価は主観性を免れないため不利な評価を受けた者との見解の相違から生じる対立・混乱を無視できないといった一般的理由が開示拒否を正当化しうるとは考えられない[41]。

(3) 労働受領義務（就労請求権）

労働することが，労働者にとって単に賃金をうるための手段にとどまるものではなく，能力を高めキャリアの形成（職業的人格権）や社会的評価にとって重要な意味をもっている。それだけでなく，仕事と職場のコミュニケーションから正当な理由なく隔離されることによる屈辱と自己喪失感は，労働者人格への蔑視を意味するものというべきであろう。このような労働の特性から，使用者には賃金支払義務のみならず，労働者から就労の請求がなされれば，これを拒む相当の理由がなければ労務を受領する義務を負うとの主張（就労請求権）に対して，原則として否定してきたわが国の判例法理は，ほとんど進展しないまま

---

[40] この規定を受けて作成されている指針では，非開示の範囲の決定についてあらかじめ労働組合等と協議し労働者等に周知する努力義務を（第3・6），ガイドラインでも，請求者の評価，選考等に関する情報で開示によって業務の適正な実施に支障が生じるおそれがあると認められる場合には応じないことができるとほぼ同趣旨の定めとなっている（第3・1 (2)）。

[41] 拙稿「個人情報保護条例にもとづく人事考課の開示義務について」（労旬1506号6頁，2001）は個人情報保護法制定以前に高槻市の個人情報保護条例にもとづき勤務評定資料の開示請求事件で大阪地裁に提出した鑑定書であるが，裁判所（大阪地判平12・12・8労旬1506号55頁）は開示を認めなかった。「人事考課資料の開示請求」（労旬1503号4頁，2001）も参照。類似の論点で争われている学校教育における学習指導要録の開示請求事件では，全面的開示（西宮市個人情報保護条例事件，大阪高判平11・11・25判タ1050号111頁），あるいは主観的記述の部分を除いた部分の開示を認める判例が相次いでいるのと対照的である（大田区公文書公開条例事件，最3小判平15・11・11判時1846号3頁）。

第1章　労働者人格権の総論的課題

今日に至っている。

　もちろん，この判例法理に修正を促そうという動きは無くなったわけではないし[42]，バラエティに富んだ主張が見られることにも注目すべきであろう[43]。見逃せないのは，解雇無効にもとづく地位保全と賃金仮払いを命じる仮処分が本訴や上級審で取消された場合には，その全額の返還を求められる[44]とされていることから，仮払賃金で生活を支えていた労働者にとって深刻な事態が生じていることである。それはさらに，賃金の支払いを命じる判決自体に，取消された場合に返還に応じられる範囲内の救済にとどめる萎縮効果を生み出しているようにみえる。このような悪循環を断ち切るためには，一般的な労働受領義務とは別個に暫定的労働受領義務の承認が不可欠であろう。

---

[42]　たとえば，大沼邦博「就労請求権」（争点〈3版〉143頁，2004），唐津博「労働者の就労と使用者の労働付与義務論」『労働契約と就業規則の法理論』79頁以下（成文堂，2010）。

[43]　解雇禁止を定める特別の規定違反の解雇に限って就労請求権を肯定する渡辺章『労働法講義（上）』231頁（信山社，2009），就労を拒否されたことによる精神損害・スキルの低下による損害の債務不履行による賠償請求を提案する土田道夫『労働契約法』122頁（有斐閣，2008）など。

[44]　宝運輸事件（最3小判昭63・3・15労判523号16頁）。この判決に付けられた伊藤正己裁判官の少数意見には説得力がある。

2 労働法学における新たな法思想「社会的包摂」の可能性

高橋賢司

1 はじめに
2 現在の労働法学の見直しの必要性
3 労働法学の新たな地平を開くために
4 社会的包摂と平等取扱い義務の具体的な諸相
5 終わりに

1 はじめに

現代における雇用社会の不平等は,「新卒採用」から開始される。新卒・既卒,障害の有無,性別によって,採用される可能性は異なるが,これで差別が終わるわけではない。いったん,これらの属性によって学生が労働市場に参入できない場合,ニートになるか,あるいは非正規従業員に陥らざるを得ない。しかし,いったんこれらの地位になると,十分な職業訓練は施されず,マニュアル化された単純な労働を繰り返し,昇進・昇格の可能性も乏しく,賃金も上昇しない。その上,非正規従業員の雇止めに関する緩やかな規制により,非正規雇用者は容易に労働市場の外に放出され,無業者へと転換する。ある調査によれば,非正規雇用しか選べなかった彼らの勤続年数は2年をこえる者がわずか31％しかおらず[1],賃金も技術などの報いも,働くことで感じる誇りも,十分得られないまま,「働き損で終わる」[2]。秋葉原の通り魔事件で,派遣労働者であった被告人は,自分が認められないなら,勝ち組はみんな死んでしまえ,とブログで語ったといわれる。人生に意味や希望を与えず,そして社会的希望を配分しようとしない社会を,人々は,自分とは無関係で,無意味なものとみな

---
(1) 社会経済生産性本部「ニートの状態にある若年者の実態及び支援策に関する調査研究報告書」(平成19年) 70頁。
(2) 城繁幸『若者はなぜ3年で辞めるのか』(光文社, 2006年) 44頁。

第1章　労働者人格権の総論的課題

すであろう[3]。人間としての生存の意味を見出してくれる「希望」と「承認」が下層の人々に対して公正に分配されていない，というオーストリアの人類学者，ハージ教授の思想的観点[4]がこの指摘の根底にある。これに経済的生存を脅かす社会保障と住宅をめぐる政策の貧困さが加わることになる。社会保障が乏しいところに，雇用保障が解体されることで，不平等の爆発が生じているのである[5]。

　かつては，同じ会社内，同じ学校内，同じ業界内など，「閉じた共同体的空間」のなかで競争が繰り広げられ，平等の問題は処遇の画一性に目を向けられた[6]。就業規則における画一的な処理，リストラの段階における正規従業員の雇用の確保がそうである。また，有休の不取得，服務規律違反事件等に代表されるように，日本の雇用社会は，画一性から逸脱する労働者の個の主張を認めない社会でもあった。その結果，平等の問題としては，閉ざされた競争空間のなかでの処遇の微小な差違が問題にされてきたのである[7]。しかし，現在は，個々の会社や学校や業界を超えたところにある，「閉じた共同体空間の外部」にある大きな不平等が問題になっている。現代における不平等の爆発を止め，貧困社会を改善すべく，日本の労働法学の力量が問われているといえるが，上のような構造的な雇用社会の問題を解決しようとする論稿に乏しいと思われる。これには，最低賃金のアップ（フランスの1,000円レベル），登録型派遣・製造業派遣の禁止，非正規雇用の入り口規制[8]といった改革は最小限の対処療法にすぎない。生活保護の再編，年金・健康保険制度の拡充（具体的には無年金者や健康保険無給者の解消），雇用保険の長期化も，重要なテーマとなる[9]。しかし，本稿で問おうとしているのは，雇用社会が希望を分配するメカニズムを再生するために，新卒採用から始まる一連の不平等（特に非正規雇用に関して）を解消することが不可欠であるというものである。同時に，労働市場から放出されやすい

---

(3) 宇野重規『〈私〉時代のデモクラシー』（岩波書店，2010年）150頁。
(4) ガッサン・ハージ『希望の分配メカニズム』（御茶ノ水書房，2008年）30頁以下，38頁。
(5) 宮本太郎『生活保障』（岩波書店，2009年）49頁以下。
(6) 苅谷剛彦『階層化日本と教育危機』（有信堂，2001年）175頁。
(7) 苅谷剛彦・前掲書175頁。
(8) 大曽根寛編『ライフステージ社会福祉法』（法律文化社，2008年）（高橋執筆）62頁。
(9) 大曽根編・前掲書（高橋執筆）61頁，66頁，71頁。

層の教育と教育訓練の機会を提供する欧州型の積極的労働市場政策への転換が不可欠であるというものである。未熟練な労働者ほど労働市場の外部へ放出されやすく，そこに滞留するからであり，従来日本の内部労働市場で形成された「熟練」が，今までとは異なった形で（企業内外を含めて），異なった労働者層を対象として（正規従業員ではなく非正規従業員を対象としても），形成されなければならないからである。これらの施策が日本の雇用社会の強さと安定性を形作っていくと考えている。そのためには，いかなる労働法上の理念が必要とされるのかを改めて問う必要があり，その際，90年代以降労働法の理念として重視された自己決定権の射程と妥当性さえも，再検討が要請される。本稿では，現在進行しつつある貧困社会と不平等の連鎖を止めるべく，「社会的包摂」という新たな労働法上の理念を提唱しようとするものである。

2 現在の労働法学の見直しの必要性

(1) 規制緩和，貧困と労働法

80年代以降，労働時間のフレキシビリティーを推進する目的で労働基準法の規制緩和が進められてきた（変形労働時間，フレックスタイム，裁量労働制，事業所外労働）。労働時間規制の柔軟化，規制緩和というヨーロッパの立法に即応して進められてきたものである。政府は，日経連の労働法的規制の撤廃・緩和要望にも沿った形で，労働時間規制の柔軟化以外にも，労働契約の期間の上限延長，女子保護規定の撤廃，労働者派遣のネガティブリスト化，派遣期間の見直し，有料職業紹介の自由化等という規制緩和を実行した。労働分野の規制緩和は，基本的に日経連などの経営者団体の強い要望に沿った形で推進されてきた。ドイツなどの他の先進国と比較して，最も弾力的な部類に入る労働法体系をもつ日本において，なぜ規制緩和が必要なのかという疑問はこの当時から提起されている[10]。国家的規制をミニマムにし市場原理を最大限利用するという思想に依拠する規制緩和は労働法の領域を超えて行われた。しかし，規制緩和政策の拠り所となる新自由主義に対抗する説得力ある理念を雇用社会に提示しなければならない責任が労働法学には今なお存在する。

労働法は，日本で進行しつつあった規制緩和を妨げる役割を果たすどころ

---

[10] 西谷敏「労働法規制緩和論の総論的検討」季刊労働法183号6頁（8頁），角田邦重「労働法における規制緩和」法律のひろば1997年・8月号4頁（5頁）。

第1章　労働者人格権の総論的課題

か，それをサポートする機能を果たしてきた。有期労働契約について，日経連の報告書「新時代の『日本的経営』」を経て，2003年の労基法の法改正により，有期労働契約の上限規制を原則3年に延長した。労働者派遣についても，1985年に労働者派遣法が制定され，その後の同法改正により，現在四業種を除いて自由に労働者派遣が認められ，2003年の同法改正により，3年までの派遣も可能となり，製造業務への派遣も解禁された。平成21年度版労働経済白書によれば，全雇用者に占める非正規の従業員は33.4％と（派遣労働者数は2.3％），非正規労働者は増加してきた。雇用保険の期間も極めて限定され，不況が繰り返されるたびに，雇用保険が受給できず生活保護に移行できない長期失業者は，その生存を脅かされている。労働法学は，この間，ヨーロッパ並みのフレキシブルな非典型雇用，職業紹介事業の民営化，派遣法の規制緩和をめぐる法規制を探求するあまり，期間の定めのある労働契約や派遣契約の成立と雇止めを厳格に規制する法律を制定させることもできなかった。資本主義社会における人間の生存の基礎を確保するのが現代の社会国家の本質的な任務であるとすれば，日本の労働法制は，その任務を果たすための十分正当化されうる規制とはなっていない。

　かつて，労働法では使用者と労働者との間の平等という垂直的な平等の発展を団結権や生存権法理によって図ろうとしてきたが，その反面で，従業員間の水平的平等に関して平等法理の形成が十分ではなかった。派遣切り，リストラ，非正社員の契約打ち切りを通じて，労働者が労働市場から比較的容易に退出させられ，標準より低い生活を強いられ，非正規従業員であるために失業給付は受けられないことがあり，生活困窮に陥ったとしても，事実上生活保護を受けるのは難しい。一度雇用のネットからこぼれ落ちたが最後，どこにも引っかかることなく，どん底まで落ち込んでしまう[11]。内閣府の調査によれば，ニートの状態にある若者のなかには職歴のない者もいるが，むしろ何らかの職歴がありながら，離転職，失業，ニート状態を繰り返している方が一般的である[12]。子供の貧困，貧困の連鎖の兆候がみられる。国家の保護的機能，特に，非正規労働者に関する規制強化（雇止めに関する解雇法理の類推適用の内容の拡充）や教育

---

[11]　湯浅誠『反貧困』（岩波書店，2008年）33頁。湯浅誠氏は，これを「すべり台社会」と呼ぶ。

[12]　社会経済生産性本部・前掲報告書（平成19年）70頁。

〔高橋賢司〕　**2　労働法学における新たな法思想「社会的包摂」の可能性**

訓練制度の再編なくして，雇用社会における安定性の確保は不可能である。今後のあり方としては小さな国家・新自由主義的な思想に基づく社会国家の否定ではなく，社会国家の反省的な発展が必要である。

(2)　労働法の理念としての平等法理と社会国家の問題点

　近時の労働法学は，憲法13条に基礎を置く自己決定権の理念を基軸とし，従属状態を自らの主体的な努力によって克服し，可能な限り契約内容に対して実質的な影響を及ぼそうとした[13]。いわゆる中流意識の浸透を通じ，従属労働概念は実感から遊離するものと断じ[14]，もはや食えないという戦後ではないとの出発点からその自立を説き[15]，労働者の従属性を否定し自己決定権を強調していった[16]。しかし，自己決定権や自立の概念は，貧困社会の進行，期間雇用者等不安定雇用の増大，戦後最悪の失業率といった現代の労働法に問いかける深刻な問題に対処しうるだけの法理念ではありえなかった。労働法も，日本で進行しつつある貧困社会を妨げる役割を果たすどころか，その進行をサポートする機能を果たしてきた。このため，貧困社会の進行する日本においては，自己決定権を補完し，また制約する別の法原理，法理論が必要とされる。つまり，昨今の自己決定権強調の傾向，新自由主義の潮流に対して，これに対抗できる何らかのオールタナティブ（代替案）を追求しなければならないのである。90年代以降の労働法学は，この状況に対処しうる理念の創造をできず，グローバル資本主義に対しては無力であったといっても過言ではない[17]。

　自己決定権は，自らの意思に基づいて生活関係や法律関係を決定し実現し

---

[13]　西谷敏『労働法における個人と集団』（有斐閣，1992年）69頁，82頁以下。ただし，西谷教授によれば，単に自己決定権の強調から保護法や団体法を否定するものではなく，労働者において，真正の自己決定と従属性の考慮にもとづく二次的自己決定との間に乖離が存在するため，第一次自己決定の実現に助力を与えるという視点からの司法的コントロールを要求し，一次的な自己決定の制度的担保を「労働保護法」と「団結権保障」も必要とする（西谷敏『労働法における個人と集団』（有斐閣，1992年）82頁以下）。

[14]　籾井常喜「プロレイバー労働法学に問われているもの」前田達男・萬井隆令・西谷敏『労働法学の理論と課題』（有斐閣，1988年）75頁（83頁以下，85頁）。

[15]　道幸哲也『職場における自立とプライヴァシー』（日本評論社，1995年）4，163頁。

[16]　土田道夫「労働保護法と自己決定」法律時報66巻9号（1994年）56頁。

[17]　拙稿「なぜ労働法学は規制緩和と貧困社会に無力だったのか」労働法律旬報1711号・1712号（2010年）57頁（58頁）。

第1章　労働者人格権の総論的課題

ていくという自己実現モデルを前提とする。確かに，雇用社会において自己決定権が顧慮されないという国家や集団のあり方は問題である。しかし，自己決定・実現すべき主体であるはずの現代の若者に共通する特徴は，自己に対する無価値感であるとされ[18]，前述の秋葉原の無差別殺傷事件の被告人にみられるように，社会における個の位置づけが失われ，「自分は見捨てられている」，「誰からも顧みられていない」という思いを抱く若者は少なくない。社会は，雇用社会も含め基本的には他人同士が集まっている集合体であり，他人から承認されることが人間としての存立には不可欠であると考えられる[19]。社会化された個人は，自らのアイデンティティを相互承認関係の中でしか安定することがないため，その不可侵性はとりわけ傷つきやすく，特別な保護を必要とする。個人は互いに平等待遇を期待しているのであり，それは誰もがすべての他人をわれわれのうちの一人として扱うところから始まるのである[20]。この場合のあるべき共同体は，排他的共同体に備わる倫理的束縛を脱却する[21]。こうした観点をより発展させれば，現代社会においては，人間の尊厳の確保のため，社会のつながりの中での相互承認がなければならないといえて，国は，孤立しアトム化した個人を社会のなかに再び位置づけ編入・参加させ，個人を社会のつながりの中に包摂していくことを保障し，促進しなければならないといえる。貧困社会の根底をなすこれらの人々の実層を見るとき，自己実現モデルを機軸とする自己決定権を雇用社会において適用することには，労働法学的にも社会政策的にもその妥当性に疑いがもたれる。むしろ，現代の雇用社会における焦点は，個人を社会の紐帯に結びつけ，包摂させ，社会的に保護させることではないか，また，それが社会国家の中で貧困社会を解消させていく鍵になるのではないかと考えられる。

---

[18]　朝日新聞2010年9月14日〔香山リカ〕。
[19]　姜尚中『悩む力』（集英社新書，2008年）122頁。鷲田清一『〈弱さ〉のちから』（講談社，2001年）201頁も，自己の行為や存在が，別の人の中である意味を持っていると確認できること，そのことが生きる意味をもはや自分の中に見出せなくなっている人がなおもかろうじて行き続けるその力を与えるということとともに，そのことの逆のことも，つまり他人に関心をもたれている，見守られているのではなく他人への関心をもちえているということもまた，人に生きる力というものを与えてきたのではないであろうかと述べる。
[20]　ユルゲン・ハーバーマス『他者の受容』（法政大学出版局，2004年）39頁。
[21]　ハーバーマス・前掲書40頁。

3 労働法学の新たな地平を開くために

(1) 社会国家原理と雇用社会における社会的包摂

　現在の雇用社会では，まず，新規一括採用からもれると，とたんに無業者（ニート）やフリーターとなり，そこから，不安定雇用である非正規雇用者の労働契約は容易に終了し，正規従業員として採用されることなく，アルバイトと失業を繰り返す，というサイクルが存する。人々が不平等に感じるのは，このサイクルの中にあって，このサイクルから逃れることがないことによってである。また，派遣村の問題で提起されたのは，扶養義務者が雇止めを受け，職のみならず住所を失うということであった。さらに，ニートとの関係でも，引きこもりや長過ぎる無業，進学猶予により，労働市場への入り口に到達せず，いったん労働市場に参入しても，職場での人間関係のつまずき，ミスを許容しない職場の雰囲気，就労能力の不十分さにより，雇止め・解雇を通じて，労働者は労働市場から比較的容易に締め出されている。正規雇用への移行を期待する若者が，無業状態を含め非典型雇用の周辺に滞留し続けている。彼らは，高校，学校中退，卒業時に就職活動をせず，いくつかの段階で正規就業への経路から離れ，その過程で期間の長短はあれニートの状態を経験している[22]。学卒後のジグザグで非典型雇用との行きつ戻りつの職歴の中で，貧困化と「社会的排除」にいたっている[23]。

　さらに，平成不況において，多くの場合，希望退職・リストラ案を拒否した者や中高年，勤務態度不良とみなされた者が整理解雇の対象となり，ごく数人（多くて10数人）を対象とした少数者を狙い撃ちにした解雇が日本の労使関係では最も多く行なわれている[24]。特に，高齢，リストラ拒否，疾病，勤務態度不良，組合活動，部門の閉鎖，パートタイム等を理由として，解雇・整理解雇が行なわれている。日本型リストラの特徴としては，数人のみが整理解雇の対象となり，大量解雇という形態をとらないことが挙げられる。こうした特定の社会的に排除された者に対する社会的な保護や平等規制が及んでいないのである。これらは，日本の画一的な労使関係・整理解雇法理双方において抜け落ちてい

---

[22] 小杉礼子編『フリーターとニート』(勁草書房，2005年) 21頁以下，71頁。
[23] 小杉・前掲書19頁。
[24] 拙稿「甦る解雇の自由(四)」立正法学論集40巻2号 (2007年) 155頁 (162頁)。

第1章　労働者人格権の総論的課題

るといえる。

(2)　社会的包摂の議論

　EU のレベルでも，欧州共同体設立条約 137 条において，共同体が加盟国の活動を支持し補足する事項として，「a) 労働者の健康および安全を保護するため，とりわけ労働環境の改善，b) 労働条件，c) 労働者の社会保障および社会的保護，d) 労働契約終了の場合の労働者の保護，e) 労働者の情報および協議，f) ……合同決定を含む，労働者の利益の代表および共同防衛，(…) j) 社会的排除に対する闘い」を規定している。アムステルダム条約の中で，加盟国と強調して社会的排除と闘う旨を明記し，2000 年のニース欧州理事会では，社会的統合を実施するよう加盟国に要請することを決定した。仕事，所得，住宅，医療サービス，教育にアクセスができない人々が増加し，社会的統合を脅かしていることに対する取り組みの必要性が生じたからであった。

　一口に社会的包摂といっても，論者によって力点が異なっている。社会的包摂のためのアクティベーションのために，雇用と社会保障を連動させることを提唱し，雇用のモデルには，①参加支援（生涯教育，高等教育，職業訓練，保育サービス，就労カウンセリング等），②働く見返りの強化（最低賃金制度，均等処遇，給付付き税額控除，負の所得税等），③持続可能な雇用創出（新産業分野・「第六次産業」育成，公共事業改革等），④雇用労働の時間短縮・一時休職（ワークシェアリング，期間限定型ベーシックインカム，ワーク・ライフ・バランス）という四つのモデルがあるとされる[25]。これに対し，同じ社会的包摂でも，岩田教授は，包摂の基礎には労働への参加よりも，「社会への帰属の現実的な基点となる住宅・住所の保障と市民としての権利義務の回復にある[26]」としつつ，労働への参加と並行した所得保障あってのワークフェアでありアクティベーションであると説いている[27][28]。宮本教授も，②のように，所得保障を考慮に入れており，岩田教授も，労働への参加をまったく必要ではないと捉えているわけではない。スウェーデン型の

---

[25]　宮本太郎『生活保障』（岩波書店，2009 年）144 頁。
[26]　岩田正美『社会的排除』（有斐閣，2008 年）175 頁。
[27]　岩田・前掲書 176 頁。
[28]　労働法学上イギリス法上の社会的包摂を考察するものに，長谷川聡「社会的包摂と差別禁止法」イギリス労働法研究会編『イギリス労働法の新展開』（成文堂，2009 年）297 頁。

雇用社会を前提として宮本教授が，上記の①〜④のように分類して雇用と社会保障のアクティベーションを説くのに対し，岩田教授は，労働への参加よりも，住所地のないことから社会保障上の不利益を被っているホームレスを主に念頭に置いて，社会での帰属の保障とこれに伴う権利義務の保障，および，所得保障を強調している。両者は相対立しているというよりも，両者の包摂の概念が異なった射程を前提としており，相補っているといえる。

しかし，日本の雇用社会において問われなければならないのは，社会的包摂と貧困をいかに捉え，どこに力点を置いてこの問題の解決策を得るのかという点である。これについては次の諸点が重要である。第一に，労働市場の入り口（採用），出口（解雇）のいずれの段階でも，新卒・既卒，年齢，疾病，障害を理由とした不利益取扱い（不採用を含め）が日本法では禁止されていない。また，労働市場の出口において，高齢，疾病，障害，産業生活への不適応を理由として解雇され，パート，派遣労働者については労働契約終了を根拠として労働契約が更新されず，労働市場の外へ放出され，再び労働市場の中へ入ることも困難な事態が生じている。資本主義諸国において，年齢，障害，不健康，勤務態度・能力不良，少数者グループに関わる差別などが労働への参加の機会を奪い，貧困を生み出す原因となっている。

経済学者ガルブレイス教授によれば，現在の貧困社会において重要な点は，低成長時代の先進資本主義諸国においては，国民総生産の増加によっては現代の貧困を除去できないということである[29]。現代の貧困の大半は，個別的な貧困だからであるとされる。つまり，個別的な貧困に導くのは，精神薄弱，不健康，産業生活の規律への不順応，アルコール中毒，少数者グループに関する差別，教育上のハンディキャップ，失業，老齢であり[30]，これらの者は，国全体の国民総生産が増大しても，島のように取り残され，貧困から脱出できないままとなる。ノーベル賞を受賞した経済学者のセン教授も，貧困を「受け入れ可能な最低限の水準に達するのに必要な基本的な潜在的な能力が欠如した状態」ととらえ，「所得が不十分であるとは，それが外部より与えられた貧困線よりも低いということではなく，その所得が特定の潜在能力を発揮するのに必要な水準に達していないことだ」と述べていた[31]。身体障害，病気など所得を得る

---

[29] ガルブレイス『ゆたかな社会（決定版）』（岩波書店，2006年）379頁。

[30] ガルブレイス・前掲書376頁。

能力を低下させるハンディキャンプが貧困を導くとする[32]。こうしたハンディを背負った者が，就労から社会的に排除されたまま，雇用社会に参加できないままとなる場合，雇用社会においてこれらの者が競争することも不可能となるばかりか，これにより，彼らは就労を通じた生計の手段を奪われ，ハンディと貧困という二重苦を味わわされることとなる。

このため，社会国家原理においては，先天的にあるいは後天的に恵まれない者が社会的に排除されないよう，契約の自由を制約し，これらの者を社会的に包摂するのが任務となると考えられる。元来，社会国家原理は，歴史的には，20世紀になって登場した憲法原理であり，資本主義と私有財産制が生み出したさまざまな矛盾と病理現象——構造的な失業，貧困，飢餓，疾病など——の解決・克服は国家に求められていき，消極国家から積極国家へ転換してきた，という経緯がある[33]。「社会国家（福祉国家）の理想に基づき，特に，社会的・経済的弱者を保護し実質的平等を実現するために保障されるに至った[34]」のである。資本主義社会におけるこれらの矛盾と病理を解決・克服すべき責務と使命を有する現代憲法秩序においては，ハンディある個人を社会の中に参加させ，編入させ，包摂させる，という「社会的包摂」も，現代の社会国家原理の一内容となると考えられる。ここでは，労働契約の成立，展開，終了の各段階におけるこれらの事情による社会的排除の禁止が要請されるのである。

第二に，消極的に差別を禁止しても，職業能力が成熟しない限り，パートはパートのまま，派遣社員は派遣社員のままとなり，無業者は無業者にとどまる。社会的に排除された状態にある長期失業者や無業者が増加していくのに対して，若者をはじめとする長期失業者や無業者を社会の構成員・市民として明確に位置づける必要がある。根本的な問題は，使用者がなぜパートタイム労働者やフリーターを雇用しないかということであるが，厚生労働省の調査によれば，「正社員転換を実施する上での支障」について，「正社員としてのポストが少ない」（20.8％）に次いで，「正社員に転換するには能力が不足している」が17.1％と多い[35]。つまり，職業能力が十分でない限り，パートタイマー等非正

---

[31] アマルティア・セン『不平等の再検討』（岩波書店，1999年）174頁以下。
[32] セン・前掲書126頁。
[33] 野中俊彦＝中村睦男＝高橋和之＝高見勝利『憲法Ⅰ』（有斐閣，1994年）443頁参照。
[34] 芦部信喜＝高橋和之（補訂）『憲法』（第三版）（岩波書店，2003年）242頁。
[35] 厚生労働省「平成21年有期労働契約に関する実態調査結果について」。

規労働者を正規従業員として雇用する意思はないということである。こうした状況を踏まえると，国の任務は，社会保障や住宅政策にとどまらず，パートタイマーや無業者，学生の職業的能力の形成のための職業訓練・教育を補完・拡充する積極的労働市場政策を改めて議論すべき時に来ている。

第三に，現代の派遣切りやパート切りといった雇止めの対象となる者には，単身者や一人親等自ら生計を立てる必要がある者が多く含まれている事実が重要である。かつては，パートや契約社員の問題は，主に，扶養義務のない者（女性など）が中心であり，均等処遇も雇止めの考慮の対象もこれらの者を中心に議論されたといえる。しかし，現在問題になっている非正規雇用の中心的課題は，夫という扶養義務者が家庭内にいる非扶養者に限られず，自ら生活を支え生きていかざるをえない扶養義務者（単身者，一人親）にある。扶養義務者が労働市場の入り口から展開（均等処遇），そして出口まで，社会から受容されない結果，望み薄な出口の見えない明日をみつめながら鬱屈した生活を営んでいる。これまでとは議論の性格が異なり，扶養義務者（単身者，一人親）の社会的排除と貧困というより困難な問題が突きつけられている。

(3) 平等取扱い義務と社会的包摂

理念としては上のように憲法上社会的包摂が社会国家原理の一内容であると考えられたとしても，次に，実定法上の根拠としては私法上いかなる根拠によるべきなのかという点が問われる。さまざまな根拠がありうるなかで[36]，労働法上の平等取扱い原則は一般的人格権に拠るという見解が最も説得力があると思われる。コーイング教授は，「恣意的な差異は，同時に，そのように扱われる者の人間の独自の価値を侮り，無視すること[37]」を意味すると述べている。「差別は，いわゆるネガティブな語の意味からは，特別に下品な社会的な現象である。例えば，過小評価や軽蔑，偏見または嫌悪のように，いかなる観点からも正当に評価されない動機から，他の人間を異なって処遇し排除する場合には，差別は，道徳的には排除されなければならない。そして，その場合，同時

---

[36] 拙稿「ドイツ労働法における一般的平等取扱い原則」立正法学論集44巻1号（2010年）147頁（151頁）。

[37] Coing, Festschrift für Hans Dolle, Bd. 1, 1963, Tübingen, S. 112. Vgl. Schwerdtner, Fürsorgetheorie und Entgelttheorie im Recht der Arbeitsbedingungen, Heidelberg, 1970, S. 99.

第1章　労働者人格権の総論的課題

に，無条件に，撲滅されなければならない。個人や集団の差別は，ある者が，他の者に比して人としての同価値性を疑い，これによって法的な共同体ないし社会的な共同体における構成員としての一つの同ランク性を持ち込む態度を表明する場合には，常に，社会的な尊重をこえて，法的な防御を必要とする[38]」。労働法上労働者の一般的人格権の保護は，こうした差別とこれに随伴する侮蔑，軽視，嫌悪（つまりはハラスメント）をも包含すると考えられる。最高裁は，被上告人らを職場で孤立させ，退社後尾行したりし，特に被上告人の一人については，ロッカーを無断で開けて私物である「民青手帳」を写真に撮影したりしたという場合に，「これらの行為は，被上告人らの職場における自由な人間関係を形成する自由を不当に侵害するとともに，その名誉を毀損するものであり」，また，被上告人らに対する行為は「そのプライバシーを侵害するものでもあって，同人らの人格的利益を侵害する」と判断し，労働法における人格的利益の保護を不法行為において認めている[39]。こうした観点を発展させ，一定の属性を理由として，ある労働者（場合によっては応募者）を比較しうる他の労働者と比して，有利でない取扱いを受けない場合には，信義則上の人格に配慮しその発展を促進すべき義務にもとづき，平等取扱い義務に違反するものと考えるべきである。

労働契約関係において，その具体的な内容としては，「（……）人種，民族に特有な出自，性，宗教，または，世界観，障害，年齢，性的なアイデンティティを理由とする不利益的取り扱いは，阻止され，または，除去されなければならない」というヨーロッパ法における定義を参照すべきものとする。特に，障害や年齢を理由とした差別類型については法律が存在しないことから，これらについては，判例法理の発展によることになる。障害や年齢により，労働契約の開始から終了までの間使用者により不利益な取扱いを受ける場合には，その労働者または応募者の人格の尊厳を奪い，これを否定することにもなりかねず，名誉感情を傷つけることになる。このほか，障害者について差別禁止法の

---

[38] Picker, ZfA 2005, S. 172.
[39] 最三小判平7・9・5〔関西電力事件〕労働判例680号28頁。労働法に対する一般的人格権の適用を考察した先駆的研究は，角田邦重「労使関係における労働者の人格的権利の保障」季刊労働法143号（1987年）20頁，同「企業社会における労働者人格の展開」日本労働法学会誌78号（1991年）5頁である。

制定を政府は検討し始めているが，現在はその法律がない法の欠缺を生じていることになるため，この欠缺を法理によって埋める必要もある。同時に，障害や年齢という労働者が自らの選択の結果ではない事態により，労働市場の外側に放出されると，無業者として，労働市場の中に再び編入されることは難しいという結果も加わることになる。労働者または応募者は，障害や年齢を理由として，無業と貧困という二重苦もあわせて味わうことになる。これが企業によって理不尽に恣意的に不利益な取扱いを受けた場合の社会的排除の帰結である。このため，障害・年齢を理由とした差別的取り扱いから国が保護すべき実質的な根拠は，当該労働者の一般的な人格権を保護し促進すべきことから生じるとともに，障害や年齢を理由とした不利益を受ける者が労働市場の中に社会的に包摂されるべきという理由に基づくといえる。先に述べた社会国家における社会的包摂の要請がこれらの社会的排除の根絶に寄与することになるのである。

これらの差別禁止と社会的包摂は，労働契約の開始（採用）から終了（解雇や雇止め）にまで及ぶと考えるべきである。かかる平等取扱い義務の違反の効果は，損害賠償（信頼利益の賠償）や慰謝料にとどまらない。平等取扱い義務は，契約上の（信義則上の）付随義務からの具体的帰結であるから，同義務の違反は，不作為請求権，および，労務給付拒絶権をも包含することになろう[40]。前者は，平等取扱い義務違反の効果の排除を請求するもので，将来にわたって，使用者に対しこれを為さないよう平等取扱いを請求しうるものと解すべきであるというものである。

4　社会的包摂と平等取扱い義務の具体的な諸相

(1)　新卒採用の問題性

ネットでの応募を見る限り年齢制限を設けている企業が少なくない。その場合，年齢差別の問題が直接的あるいは間接的に問題になる。

その上，日本企業では応募の条件として「新卒」をあげるケースがほとんどである。

年齢を気にする企業は多く，ある程度年齢が高くなってからの就職・転職が

[40]　Vgl. MünchArbR Bd. I., München, 2000, §14 Rn. 38 (Richardi).

第1章　労働者人格権の総論的課題

難しいのが現実である。新卒採用の場合,「3月に学校を卒業する予定の者」という意味に過ぎず, 一見すると, 年齢を理由とした差別にはあたらないようにみえる。しかし, その新卒採用を要求する理由とその実態を前提にする必要がある。

新卒採用を条件とする理由として, 年齢や入社年に応じて, 人間関係上も上下関係が形成され, 年齢が比較的上の者が新人として入ってきた場合, 上司・先輩は自分よりも年上の人間を部下にすることになり,「周りが扱いづらい」などの問題を考慮しているといわれる。また, 日本の雇用慣行上, 企業が学歴, 年齢に応じて賃金を支払う年功序列型の賃金制度を前提とする限り, 年齢がこれらと一致していない場合, 給与を決めにくいという問題も生じうる。OJTを前提として, 企業内において教育訓練している日本企業では, 一から育てるには, 新卒でないと難しいという意見もある。

しかし, これら三つの問題のうち, 前二者の問題は, まさに年齢を理由とした不利益な取扱いを結果としており, 年齢を理由とした間接差別となる可能性がある。仮にそうでなくても,「新卒」を応募の基準とする限り, 既卒の者は門前払いとなり, 失業に至る可能性を強めることとなり, その基準自体の恣意性もあらわになる。厚生労働省は, 従来, 学校等の卒業者についても, 学校等の新規卒業予定者の採用枠に応募できるような募集条件を設定することに事業主が努めるべきであるとしていたが, 同省は, 雇用対策法7条に定める事項に関し, 青少年の雇用機会の確保等に関して事業主が適切に処理するための指針を改め, 採用の募集条件の設定に当たっては「学校等の卒業者が学校等の卒業後少なくとも三年間は応募できるものとすること」と定め,「学校等の新規卒業予定者等を募集するに当たっては, できる限り年齢の上限を設けないようにするとともに, 上限を設ける場合には, 青少年が広く募集することができるよう検討すること」と定めている(41)。しかし, そもそも, 既卒者に対するこうした扱いは, 応募者の人格の尊厳を奪う可能性が強く, 人格権侵害となりうると考える（今後は不法行為の損害賠償の対象となると考える）。

さらに, 34歳を上限とする派遣労働者・パートタイム労働者の採用条件とすることが社会問題となっているが, かかる扱いは年齢を理由とした直接差別

---

(41) 青少年の雇用機会の確保等に関して事業主が適切に対処するための指針（平成19年）。

〔高橋賢司〕　　　　　2　労働法学における新たな法思想「社会的包摂」の可能性

となると解すべきである。

　近年障害者に対する採用差別が他国においては問題になっているが，日本においてもその直接差別と間接差別が今後問題になってこよう。

(2)　積極的労働市場政策への転換

　学生が企業等に採用されなかった場合に，ニートとなり，またはフリーター，パートとなっていくのが現在の労働市場の実情である。その場合，採用段階での不利益な取扱いを消極的に禁じただけでは，これらの者の救済が十分ではないのは，すでに述べた。そこで，提言したいのは，日本の労働市場政策の欧州型の積極的労働市場政策への転換である。

　日本の職業訓練は，民間企業が自社の正規従業員を対象として行なうものの割合が高く，職業能力開発校や職業能力開発大学校，職業能力開発促進センターなどの公的な職業訓練機関，および民間の職業訓練機関が民間企業の要請に応えられているとは必ずしもいえなかった。ニートやフリーター，パート，派遣社員の職業能力開発の今後を見据えて，規範的に捉えるならば，社会的包摂を通じた社会的国家の維持・発展に関して責務を有する国は，原則的に，労働者の現存の職業的な能力や潜在能力の向上と開発に関して，政策的な責務を有しているといえる。しかし，これにとどまらず，労働者の職業的能力が労働契約関係に即して発揮され，職場においてこそ，その能力を開発・発展する事柄の性格上，使用者も，労働者が行う職業能力の形成と開発に対して協力すべき立場にあるといえる。そうだとすれば，国は，公的な職業訓練機関を通じた職業能力開発にとどまらずに，民間企業に対する一定期間の補助金を支給する体制を整え，民間企業ないし公的部門でのジョブトレーニングを促進すべき要請があるといえる（職業訓練受講給付金制度[42]）。サポートステーション来訪者は，職場でのトラブルなどから退職したケースが多く，いわゆる「つまづき型」が多い。ニートの若者には，「仕事を覚える」「仕事で失敗をくりかえさない」「教えてもらわなくても周囲のやり方を見て仕事を覚える」等仕事に関して苦

---

[42]　厚生労働省は，現下の雇用失業情勢をふまえ，職業安定分科会雇用保険部会において，平成22年2月より，求職者支援制度の導入の検討を行っている。平成23年2月厚生労働大臣は「職業訓練等による特定求職者の就職の支援に関する要綱」をとりまとめ，審議会の答申を受けた。政府は，平成21年より，「緊急人材育成・就職支援基金事業」を行ってきたが，この事業は，緊急の時限措置であった。これについては別稿で論じる。

第1章　労働者人格権の総論的課題

手意識を持つ者も多い[43]。このため，対人関係でのサポート，精神医学・心理カウンセリングのサポート以外に，基本的な職業能力や技術に関するサポートも不可欠である。

(3)　労働市場の退出規制の問題——雇止め——

従来最高裁は，東芝柳町工場事件において，「労働契約が期間の満了毎に当然更新を重ねて実質上期間の定めのない契約と異ならない状態にあったこと，及び上記のような上告会社における基幹臨時工の採用，雇止めの実態，その作業内容，被上告人らの採用時及びその後における被上告人らに対する上告会社側の言動等にかんがみるときは」「期間満了を理由として雇止めをすることは，信義則上からも許されないものといわなければならない[44]」と説示していた。下級審においてもこの判断枠組みが踏襲されている[45]。しかし，解雇権濫用法理を類推させる場合の基準について，最高裁の判断枠組みに従った場合，雇止めの実態，その作業内容のみならず，採用時及びその後における会社側の言動が考慮されるため，更新時に（場合によっては採用時）会社側がいったん次回は更新する意思がない旨を表明したり，あるいは，更新時に次回は更新しない念書や契約文書を作成したりしさえすれば，契約の更新をせずにすむという結果を招きかねない。つまり，このことは，契約を更新しないという使用者の意思は容易に実現できることを意味する[46]。

翻って，平成不況時の更新拒絶事件を類型的に整理すると，a）経営事情型[47]，b）公益通報者保護型[48]，c）勤務態度・能力型[49]，d）不当労働行為型[50]，e）独

[43]　厚生労働省委託研究・社会経済生産性本部「ニートの状態にある若年者の実態及び支援策に関する調査研究報告書」（2007年）8頁。「人間関係が苦手」，「手先が不器用」，「計算や字を書くことが苦手」などの事情が，職場の人間関係のトラブルといったネガティブな体験につながり，苦手意識がさらに増幅されて就労が困難な状態に追い込まれていく様子がうかがわれる（同調査66頁）。

[44]　最一小判昭49・7・22判例時報752号27頁〔東芝柳町工場事件〕。

[45]　京都地判平13・9・10労働判例818号35頁〔全国社会保険協会連合会〕ほか多数。

[46]　現にこうした事件は少なくない（大阪地判平19・11・16労経速1993号22頁〔みおつくし福祉会事件〕）。

[47]　大阪地判平18・7・13労働判例933号57頁〔大阪府住宅供給公社事件〕，東京地判平21・9・30労経速2058号30頁〔高嶺清掃事件〕等。

[48]　東京地判平21・6・12労働判例991号64頁〔財団法人骨髄移植推進財団事件〕，東京地判平21・3・18判例時報2040号57頁〔日本美術刀剣協会事件〕。

立行政法人化型[51]，f) 試用期間[52]型などがある。現行法上，判例法理では，解雇権濫用法理が類推適用されるとされている。しかし一言で解雇権濫用法理の類推適用といっても，解雇権濫用法理自体，特に整理解雇法理自体，その内容が定かではない。本件雇止めの効力を判断する基準は，期間の定めのない雇用契約の解雇の効力を判断する基準と同一ではなく，そこには自ずから合理的な差異があるというべきであると判断する判決も少なくない[53]。その法理の内容に関して，学説において精緻な法理が再検討される必要がある。

(4) 雇止め法理における社会的包摂と社会的な保護

ここでは，特に雇用社会においてクローズアップされる a) 経営事情型の場合について考察する。

これについては，上の判決とは異なり，整理解雇と同様の考慮が必要というべきである。労働者の責に帰すべからざる理由によって労働契約の効力を一方的に失わせるものであって，その結果は，賃金のみによって生存を維持している労働者およびその家族の生活を根底から破壊し，しかも不況下であればある程労働者の再就職が困難で，解雇が労働者に及ぼす影響が更に甚大なものとなるのである[54]点も，整理解雇の場合と同様であるからである。このため，雇止めが有効であるというためには，①雇止めの必要性があったかどうか，②雇止めを回避するための努力をしたかどうか，③雇止めの人選の合理性，④雇止めに至る手続が適正であったことを要すると考える[55]。

特に，③の人選にあたっては，社会的に保護に値する者を回避して，雇止めを行われなければならないと解する。こうした社会的な考慮が必要となるのは，雇止め法理が，非正規労働という不安定雇用を対象としながら，ひとたび

---

(49) 東京地判平 19・3・5 労働判例 939 号 25 頁〔理化学研究所事件〕，東京地決平 17・7・29 労経速 1914 号 43 頁〔ノヴァ事件〕等。
(50) 東京地判平 19・3・16 労働判例 945 号 76 頁〔スカイマーク事件〕等。
(51) 東京地判平 18・12・27 判例時報 1960 号 155 頁〔国立病院事件〕。
(52) 浦和地判平 12・3・17 労経速 1756 号 14 頁〔開智学園事件〕，福岡地久留米支判平 13・4・27 労経速 1775 号 3 頁〔久留米信愛女学院事件〕。
(53) 東京高判平 14・11・26 労働判例 843 号 20 頁〔日本ヒルトンホテル（本訴）事件〕，大阪地決平 14・12・13 労働判例 844 号 18 頁〔三陽商会事件〕。
(54) 長崎地大村支判昭 50・12・24 判例時報 813 号 98 頁〔大村野上事件〕参照。
(55) 大阪地判平 18・7・13 労働判例 933 号 57 頁〔大阪府住宅供給公社事件〕参照。

第1章　労働者人格権の総論的課題

労働市場の外に放出されれば，貧困の中にあえぐことになる労働者について特別な保護を図る必要があるからである。従来，非正規労働者になる者も学生や主婦が多いといわれ，世帯のなかで扶養義務者（父や夫）がいるといわれていたため——これは事実ではない——，非扶養者が雇止めの対象になる者となるかどうか，あるいは，扶養者（例えば，一人親）がその対象となるかどうかについて，法的な判断の必要性が十分認識されてこなかった。しかし，現代の派遣切りやパート切りといった雇止め（場合によっては解雇）の対象となる者には，単身者や一人親等自ら生計を立てる必要がある者が多く含まれているため，その労働契約の終了の結果，これらの労働者が不平等にも生計や住居を失い，厳冬の中都市をさまよい，派遣村等という社会問題を生じさせていた。したがって，雇止め法理が，恣意的な雇止めを抑止する機能を果たすだけではなく（恣意の抑止機能），同時に，社会的包摂の思想から，貧困を克服し，潜在能力に乏しい者に対して国家が平等に助力し保護すべきであり，雇止め法理がこれらの個別的貧困の一因も排除する機能を発揮すべきところなのである（社会的包摂の機能）。雇止め法理としては，本来，労働契約の終了にあたって使用者の恣意を防止すべきことを使命とするはずである。このため，日本の雇用関係において類型的に使用者の恣意や差別により，雇止めの対象者とされた者を平等に取り扱い，社会的に保護すべき要請が内在するはずである。このため，日本の雇用関係において類型的に使用者の恣意や差別により雇止めの対象者とされた者を平等に取り扱わない場合，信義則上の平等取扱い義務に反し，社会的に保護すべきである（社会的保護の法理）。問題はいかなる者が，社会的に保護に値するかである。

例えば，扶養義務者，特に，一人親の場合[56]，パート等の労働の収入だけに依存して生計を立てる場合，その雇止めは子の福利に反する。一人親の場合，兼職する家庭も少なくなく，親とともに子も貧困に陥ることは少なくない。この場合に，ひとたび雇止めにあうと，一層貧困の度を増すこととなる。同じく，独身のパートについても，ひとたび雇止めの対象となり，失職すれば，十分な職業能力を有しないこれらの者は，再就職するのも困難となり，貧困に陥りやすい。このため，扶養義務のある非正規従業員を雇止め対象者から排除しなければならないと解する[57]。

[56] 静岡地浜松支判平17・12・12労働判例908号13頁〔三共（寡婦嘱託雇止め）事件〕。
[57] 反対に，夫が他社において正規従業員であり扶養義務をおっており，妻が非正規従業

〔高橋賢司〕　**2　労働法学における新たな法思想「社会的包摂」の可能性**

　また，外国人を雇止めするケースが裁判例にも少なくないが[58]，この場合，雇入れ先の不存在がただちに，強制的にあるいは半強制的に帰国せざるを得ない結果を招きかねない。外国人の移住の自由がより制約されることになりかねないのである。貧困の中ぎりぎりの生活をしている外国人を雇止めにすることは，一層の貧困に陥れる可能性もある。したがって，外国人も雇止めから社会的に保護に値する者であるといえよう。

　障害者が雇止めの対象から保護すべき要請がある[59]。障害者の失業率は常に高く，就業先は健常者よりも顕著に少ないばかりか，日本社会における障害者に対する社会的偏見や差別の強さを考えるとき，企業からの放逐が障害者に「社会的な死」という結果を招きかねず，差別を一層助長する結果も生むことになりかねない。また企業に就労されない多くの障害者は，障害年金の約8万2千円（1級），あるいは約6万6千円（2級）というわずかな収入を頼りにぎりぎりの生活を強いられることとなる。社会的包摂の見地からは，経営事情に基づく雇止めにあたって，障害者を除外すべき義務が使用者にはあるというべきである。

　年齢を理由とした合理的な理由のないと思われる雇止めもみられる。清掃業の従業員は高齢になるほど作業能率が低下し，労働災害などの危険が増大し，企業の職務の停滞を引き起こすおそれが高くなるという理由から，雇止めが行われ，これを裁判所は有効と判断したが[60]，適切ではない（根拠からして正当化されえない年齢差別であると思われる）。

　こうした社会的保護の法理は，独身者，一人親等扶養義務者，障害者等を対象とするため，その射程は広く，その意義は決して小さなものではない。ドイツにおいて，整理解雇にあたって，平等の要請として，①勤続年数，②年齢，③扶養義務者，④障害者を除外すべきとの社会的選択の法理が存在するが，――

　　員の場合，妻は社会的に保護に値するとは直ちには言いがたい。妻を雇止めとしたからといって，夫婦で貧困に陥る危険は比較的少ないからである。但し，その妻が再就職が困難である点は考慮に値する。
[58]　大阪地判平17・5・13労経速1906号24頁〔清和ウエックス事件〕，大阪地決平13・11・14労働経済判例速報1792号25頁〔大阪西マツダ事件〕。
[59]　東京地判平21・9・28労経速2061号17頁〔藍澤證券事件〕。本件のように，障害者がなすミスを理由として雇止めされることもあり，企業の障害者に対する職場での協力体制が不十分なのを等閑視して，裁判所において保護されないこともある。
[60]　浦和地川越支決平12・9・27労働判例802号63頁〔雪印ビジネスサービス事件〕。

第1章　労働者人格権の総論的課題

整理解雇ではないが——日本の雇用関係においてこれを雇止めの法理に応用しようとするものでもある。

こうした解釈に対しては，非正規従業員を雇用する最大の理由は，景気の調整弁だからであり，正規従業員と同様の整理解雇法理が適用されるのでは，そうした経済的な作用を逸してしまうという批判がありうる。しかし，根本的には，なぜ，景気の調整弁だからというだけの理由で，法規範として，正規従業員と異なった柔軟な解釈が容認されるべきなのかという問題がある。本件契約は有期契約である以上，その更新拒絶の基準は，「期間の定めのない従業員を解雇する基準よりは緩やかなものであると解され」，被告のした更新拒絶には有期雇用契約の更新を拒絶できる客観的に合理的な理由が存したとして，その終了が認められるとする裁判例すらみられる[61]。従来，「非正規従業員だから」「景気の調整弁だから」というだけの理由で，法的な根拠もなく，正規従業員に対する厳格な解雇規制とは異なった雇止め法理を形成させてきた，裁判例や労働法学における思考停止にこそ問題があるのではないか。非正規従業員に対する上のような差別（不利益的取扱い）が，結果的には，派遣切りの場合と同様，従業員の生活の途を奪い，貧困に陥らせるのを容認してきた。そうしたことに正当性があるとは言いがたい。

(5)　解雇法理における社会的保護

中高年，（精神的な疾病を含む）疾病者，障害者等が選別され，整理解雇・希望退職の対象となっているが，これに対応した差別禁止法理を十分には形成されなければならないのは上述の通りである。グローバル経済化，労働コストの削減，雇用形態の多様化のなかで，これらの社会的に保護を必要とされると思われる労働力が排出されているからである。ヨーロッパ法とは異なり，障害，老齢を理由とした差別さえ禁止されていない場合，労働市場とその法の不公正さが顕になっている。そうである以上，社会国家原理において，能力に先天的にあるいは後天的に恵まれない者が，資本主義社会において排除されないよう，これらの者の社会的包摂が宿命であると考えられるのである。個別的貧困を取り除くための社会的包摂が，現代においては，社会国家原理の具体的な内容と

---

[61]　名古屋地判平17・10・28判例タイムズ〔A大学事件〕1233号225頁。

なるのである。疾病や障害等があったとしても，また中高齢であったとしても，労働者が誇りを持って安定した暮らしが可能となる社会を創造すべきところである。

そのためには，第一に，ハンディキャップや疾病を抱えながらも雇用を維持できる法制や法理のさらなる発展が不可欠であり，貧困を克服し，潜在能力に乏しい者に対して国家が助力し促進・保護するという，社会的包摂の思想から，解雇法理との関係で，これらの個別的貧困の原因も取り除くのが説得力のある解決方法であると考える。

第二に，これらの少数者の雇用喪失を回避するため，解雇法制においては日本の雇用関係において類型的に排除されがちな者を解雇し得ないという社会的な保護が必要である。ここから帰結されるのは，高齢，リストラ拒否者，疾病，勤務態度不良，組合活動，部門の閉鎖，パートタイム等を理由として，解雇・整理解雇は許されないということである。解雇法理は，元来，使用者は，随意に取り扱うことは許されないという恣意性の排除という機能を有していた。これは，現代の日本の雇用関係においては，特に保護に値する労働者が優先的に解雇されることは許されないという特有の意味を包含すべきであると考える。社会国家原理は，使用者の選択の諸利益に対して優先的なえり好みを認めることを禁じると構想すべきところである。選択の決定が，理性的で客観的な観点にしたがって行われ，かつ，それに対して正当な裁量の制限が付与されるべきである。

これらの理由から，中高年，疾病者，障害者，勤務態度不良者，労働条件引下げ拒否者，外国人，閉鎖される部門に属する者，パートタイマーに対する恣意的で差別的な整理解雇は，信義則上社会的に保護に値する者を配慮し保護すべき義務に反する，または，平等取扱い義務に反すると解され，無効であると考える[62]。

5 終わりに

現在，雇用社会への入り口，新規一括採用からもれると，とたんに無業者（ニート）やフリーターとなり，そのうえ，労働市場の出口規制の薄さのため

---

[62] これについては，別稿にて詳細に検討する。

第1章　労働者人格権の総論的課題

に，非典型雇用との行きつ戻りつの職歴を繰り返し，失業を繰り返す，というサイクルがある。本稿はこのサイクルを止めようとするものである。雇用社会からの「社会的排除」をなくし，個を社会の中へ再び編入・統合することを可能にしようとするものである。これには，新規採用における雇用差別を撤廃し，雇用社会内外における職業訓練・教育を可能にし，場合によっては地域社会（NPOや市町村）の支援・あっせんを受け，いったん雇用された場合の労働契約の終了の問題を解消する必要があったのである。人間を社会的な排除から救済し，社会からの接続の可能性を付与し，社会における個の位置づけとそのなかでの個を生かすスキル（職業能力）をつけさせることが要請される。冒頭で引用した外国人問題の研究者でもあるハージ教授は，差別と排斥の後神経衰弱となったオーストラリアの外国人が，歩行者として横断歩道で車を止め続けることに喜びと優越感を感じつつ，オーストラリアに滞在し続けたという事実をふまえて，車の運転手が歩行者であるその外国人に対して『承認』の瞬間を提供してくれたのだと解釈する[63]。先住民族，移民，入国を許可された難民，年金生活者，シングルマザーも，道徳的倫理的に価値のある承認と尊敬という見返りに，何かお返しを社会に対してなそうとするのであり，反対に，倫理的に価値のある承認と尊敬という見返りなしに，何かお返しを社会に対してなそうとはしない。現代国家において，公共サービスの提供という国家の義務を低減させており，尊敬，承認，共同体，社会性，人間性などを空虚にしていると説く[64]。この理は，日本の雇用社会においてこそ通用しなければならず，社会的に排除された者を承認し包摂し，社会的希望の不公正な分配を止めることこそが問われている[65]。労働者の生活はその大部分を労働関係によって規定されており，労働者の自尊心や家族・仲間からの尊敬もその仕事のありようによって決まってくるもので，労働契約関係に基づく労働は，労働者にとっては，身体的，肉体的能力の発展，したがって，人格の発展を可能ならしめる。そうであるからこそ，労働契約の終了によってひとたび，失業者となり社会的に排除されれば，労働契約関係を通じた尊敬を失いかねず，労働を通じた人格の発展を妨げることになりかねないのである[66]。雇用社会が相互承認の場である性格を喪失させ

---

[63]　ハージ・前掲書256頁。
[64]　ハージ・前掲書262, 263頁。
[65]　宇野・前掲書144頁。

〔高橋賢司〕　　　**2**　労働法学における新たな法思想「社会的包摂」の可能性

たとき，人々が追い込まれかねない状況にある。こうした雇用社会においては，社会的包摂の理念が，現在の「うすい社会[67]」に対する処方箋になるものと考える。

---

[66]　Vgl. BAG Beschluss v. 27. 2. 1985, AP Nr. 14. zu §611 BGB Beschäftigungspficht.
[67]　見田宗介・朝日新聞 2008 年 12 月 31 日は，秋葉原の事件は，濃い時代から薄い時代に移ったことを示唆すると述べている。

3 公法・私法一元論と団結権・人格権
——団結活動に対抗的な業務命令をめぐる判例を素材として——

辻 村 昌 昭

1 はじめに——対象の限定
2 労働基本権の私権的性格をめぐる議論
3 人格権に関する判例の動向
4 団結活動に対抗的な業務命令の是非が争われた労働判例の論理
5 おわりに——公法・私法一元論の新たな試み

1 はじめに——対象の限定

本稿では，使用者が組合活動に対し対抗的な反組合的業務命令を下したり，あるいは，同じく組合活動を理由に差別的な業務人事考課査定（新車配車等当然取るべき人事措置を取らない等＝不作為の不法行為）を行うことにより，結果的に違法に団結活動を侵害し，同時に「人格権」毀損がなされたと法的に評価された判例を主たる素材として，その法的問題点を検討する。なお，労働者の名誉毀損のみが問題とされた場合，同じく労働者の思想・信条の自由が問題とされた場合，採用差別，あるいはまたセクハラ等自体が人格権法益の次元で争われる場合も多いが[1]，本稿では，若干の例外を除きこれらの法的争点は考察から除外する。なお，稿を進めるにあたり以下の点をあらかじめお断りしておく。まず第一に，かつて約16年前に，私は，「複数組合併存下における配車差別と不法行為」という論稿[2]で，本稿と関連するテーマを考察したことがある。し

---

(1) 島田陽一「企業における労働者の人格権」日本労働法学会編『講座21世紀の労働法 第6巻 労働者の人格と平等』（有斐閣, 2000）2頁。また，道幸哲也「職場における人権保障法理の新たな展開」（日本労働研究雑誌441号）2頁。
(2) この論稿は，紛争が最高裁まで争われたサンデン交通事件（控）・広島高判（平6・3・29労判669号74頁）の判例解説である。この事案では，(1)行政救済と司法救済との関係，(2)不法行為（この事件の場合は不作為の不法行為）にともなう被侵害利益である保

第1章　労働者人格権の総論的課題

がって，本稿の内容が，私の旧稿のそれと重複する点があることをあらかじめお断りする。そして第二に，本テーマは，通常の民事裁判でも問題とされる「市民」の人格権毀損に関する紛議とも相関する問題点が多く，この点の考察を部分的に行った。そして，第三に，不当労働行為の行政救済の法的位置と絡んで，私法及び公法の法的位置をめぐる議論が本テーマでは必然的に要請されるが，本稿では筆者の能力もあり部分的な考察にとどまらざるを得なかった。そして，第四に，不当労働行為である団交権をめぐる問題も原則考察の対象としなかった。

2　労働基本権の私権的性格をめぐる議論

(1)　ところで，憲法の基本権条項を私人間に適用することの是非に関し，伝統的にいわゆる「第三者効力論」が語られてきた。無適用・無効力説はともかく，直接適用説や間接適用説等が論じられてきた。間接適用説も，民法1条，90条及び709条を介して私人間に基本権の適用を認めているし，労働基本権に関しても，無適用説[3]はともかく，他の自由権的基本権の間接適用論者も，憲法28条に関しては私人間には適用されることは，社会権の象徴でもある労働基本権と自由権との法的性格の相違から認めていることも，あえて今ここで指摘するまでもない[4]。だが，労働基本権の私人間への適用が肯定されるという論に立脚しても，それだけですべての問題が片付くわけではない。というのも，労働基本権を私法上いかなる性格や内容を持つ権利として理解すべきかに関して種々の論議があるからである。旧来の直接適用説[5]が，憲法28条は，法（国家意思）の介入のあり方において，たんなる「市民的自由としての団結の自由」とは異なる「労働者の団結の自由」を保障しているとして，労働基本権の私権的性格づけを行う。この具体的内容に関しては，直接的適用説内でも

護法益，つまり団結権と人格権の関係の是非，(3)不当労働行為が不法行為に該当するとした場合の立証方法の問題，そして(4)損害賠償としての慰藉料の法的性格等が争点とされた。これらの問題は，2010年の今日でも学説上及び判例法理上論議が未解決なまま残されている。最近この点を考察したものとして道幸哲也『労働組合の変貌と労使関係』（信山社，2010年）。以下，この書を他の書と区別するため「道幸・2010書」と略記。

(3)　三宅正男「不当労働行為と不法行為責任」『現代労働法講座第7巻　不当労働行為Ⅰ』（総合労働研究所，1982年）366頁以下。

(4)　西谷敏『労働組合法（第2版）』（有斐閣，2006年）46頁以下。

(5)　沼田稲次郎『団結権擁護論』（勁草書房，1952年）138頁。

〔辻村昌昭〕　　　　**3**　公法・私法一元論と団結権・人格権

すべて同じというわけではないが（例・ユニオンショップと消極的団結権あるいは団体行動権と争議権との関係等），本稿のテーマとの関係では，「団結権を侵害する約定」は憲法違反で無効，「団結権等を侵害する使用者の行為」は，憲法違反・不法行為で違法，さらに「使用者の団結権や団体行動権の侵害」に対し，妨害排除・予防請求，被保全権利の仮処分等が認められるとする。また，労組法7条各号規定を「私法的強行規定」と解し，各号違反を私法上の違法性評価規範と解することとなる。当然，不法行為としての評価規範でもあることになる。

しかし，これらの議論を詰めないままに経緯した流れに竿さすかのように，昭和53（1978）年に憲法28条の私人間への直接適用を否定し，労組法第7条を強行法規とは見ない「公序」を媒介とした「間接適用論」が展開された。この石川吉右衛門教授の理論は，「団体交渉の円滑な実現」を「公序」としての法評価規範とし，円滑な団交否定する正当な組合活動否定の使用者の解雇は，民法90条の公序に反し無効となり，理由なき団交拒否に関しても，不法行為（民法709条）により使用者は損害賠償を負うこととなる[6]。ところで，この労働基本権の「公序」論を介する間接適用論が主張され始めた1980年前後から，不当労働行為に関する「行政救済と司法救済」をめぐる論議が，当時の研究者の世代間を超えて議論がなされ始めたことは注目に値しよう。たとえば，①三宅正男「不当労働行為と不法行為責任」『現代労働法講座第7巻　不当労働行為Ⅰ』（総合労働研究所，1982年），②下井隆史・保原喜志夫・山口浩一郎『論点再考　労働法』（有斐閣，1982年）[7]，③手塚和彰「労働組合法7条の私法上の効力（一）（二）（三）（四）（五）（六）（七・完）」（判例時報974，978，981，984，1019，1021，1022号，1980～1982年），④菅野和夫「団体交渉拒否および支配介入と司法救済」（『新実務民事訴訟法講座11（労働訴訟）』所収，日本評論社，1982年），⑤角田邦重「団結権と損害賠償の法理」（季刊労働法112号，1979年）等がそうである。その意味で，それまでの労働法理論で論議があまりされていないか，法理上未解決な領域に各論者がそれぞれの労使関係への時代認識を踏まえながら鋭く切り込んで行ったともいえる。そして，これらの諸見解を分析すると第一に，労組法7

---

(6)　石川吉右衛門『労働組合法』（有斐閣，1978年）412頁以下。
(7)　なお，山口浩一郎教授は，2000年刊行の『講座21世紀の労働法第8巻　利益代表システムと団結権』でこのテーマを再論している。同書「第8章　行政救済と司法救済」を参照。

第1章　労働者人格権の総論的課題

条を行政取締規定とのみ限定的に解釈するもの（①＝公法・私法完全二元論）。この理論を象徴するのが，三宅教授の「不当労働行為は労組法で違法とされても，不法行為ではない」という考えである[8]。第二に，基本的には，労組法7条を憲法28条の団結権保障を私人間に効力を有することを具体化した私法上の違法性評価規範とする考えである（③⑤）。この考えは，公法・私法の一元論とも評し得る[9]。その意味では，①の見解の対極に位置する。第三に，公法上の取締規定と解する点では①と同じ考えであるが，「公序」論を介して，私法上の効力を認めるもの。いわゆる「創設規定論」である（②④）。これらの見解は，団交応諾請求，妨害排除請求，差止請求等は認めないものの，法律行為的不当労働行為を無効とし，7条違反の不法行為の成立を不利益取扱い，団交拒否，支配介入などに認める。この見解は，公法・私法に関して①のように完全に二元的に分離するものではないし，また③⑤のように労組法7条が公法上・私法上の効力を併有するとする見解とも異なり，憲法28条の法的評価規範とその私法的法効果から見て，「中間的見解」または「折衷的見解」ともいうべきであろうか。

　このように，労働基本権の私権構成の方法には，各種の見解があり導き出す私法上の権利の是非に関しても種々様々であるといえる。だが，ここで留意する必要があるのは，第二の類型に入る③⑤の論者の論拠づけにドイツ法の影響が濃厚に読み取れる点である。

　たとえば，角田教授の場合，上記⑤論文及び注(9)で引用紹介したサンデン事件鑑定書の論文（労旬1345号論文）等を検討すると，まず第一に，労組法がドイツ型と団交拒否を不当労働行為としたアメリカ型の二重の団結救済システム

---

(8)　これを三宅教授は，「不法行為法を含めておよそ民法(の)制度や理念を，不用意に労働組合運動に関する事件にあてはめ，団結保護の機能を果たさせようとすれば，民法の解釈，引いては労働組合運動の，根底を掘り崩すことになる」と当時の通説を論難した。三宅注(3)論文354頁。

(9)　ただ，角田教授は，これを他の労働法学者にはあまり見られない「重層的法規範の適用」と表現する（「組合所属を理由とする配車差別の不法行為性ならびに損害賠償のあり方について」（労旬1345号32頁）。この論稿は，サンデン交通事件・山口地下関支判（平3・9・30労判606号55頁以下）に関する鑑定書である＜以下，これを角田・サンデン事件鑑定書と略記＞。手塚教授は，「労組法7条は，あくまでも同法27条を前提とした規定であると解することは（法体系上も判例上の論点からも）とりえない」と明言する（判例時報974号4頁）。

を採用している結果，侵害される権利ないし被侵害利益の性格を画一的に取り扱うことが困難となり，その結果「多くの判例が，被侵害利益に関して必ずしも明確な言及がない」という判例法理上の問題点を指摘する。第二に，市民法が単なる財産権秩序の法ではなく，そして団結権を「免責＜immunity＞的な権利」ではなく「団結権を市民法上の人格権主体」として位置づけるべきであるとする。そして，第三に，これらの論拠を導き出す論拠の一つとして，ドイツ基本法2条1項の「人格の自由な発展」を謳う一般的人格権や公法・私法を一元的に主張するNipperdeyの戦後の理論である「一般的人格権を憲法上の基本権のみならずBGB823条1項の意味での権利でもある」とする考えを積極的に評価する。まさに「統一的権利」＝母権（Mutterrecht）としての「一般的人格権」の積極的な評価である。これを，日本法へ適用する論拠づけに，Nipperdeyの旧理論が，憲法の団結権保障が，「一般的禁止規定」を意味するものでしかなかった点を指摘しながら，間接的に日本の「公序説」を批判している[10]。さらにこの理論の背景には，こと不法行為法の適用にあたり，団結活動の「被侵害利益」を「団結権侵害」一般論から導き出す「権利侵害から違法性」の私法判例法理では，救済し得ない労使関係上の法益の存在を認識したものと思われる。この主張の核心がまさに判例法理上も検証されるべきこととなる。ただ，留意すべきは角田教授は，日本国憲法13条の私人間への適用論議から，同教授の人格権結論を導き出しているわけではない。

他方，手塚教授の場合も上記論文中で，とりわけ「7・完」（判例時報1022号）の中で，ドイツ法を含めた比較法の検討の中で，角田教授と同様に，ドイツ基本法2条1項の「人格の自由な発展」を謳う一般的人格権やNipperdeyの主張を紹介している。さらに同教授は，ドイツ基本法9条3項の「第三者効力（Drittwirkung）」の論議に留まらず，日本国憲法28条との異同を検討することから，労組法7条を公法上及び私法上の効力を有する団結権侵害に対する禁止規範であると結論づける。しかも，「公序」理論等をドイツの19世紀半ば以前に論じられた公法・私法の二分論議論と受け取られ兼ねないとする[11]。ただ，

---

[10]　角田・サンデン事件鑑定書36頁。
[11]　手塚和彰「労働組合法7条の私法上の効力について（七・完）」判例時報1022号11頁。また，渡辺章「団結権にもとづく妨害排除の仮処分申請が却下された事例——（東大労働判例研究会・第367回）」（ジュリスト570号）147頁も参照。

第1章　労働者人格権の総論的課題

人格権をその主張の中で，核心的な論理として主張しているわけではない。

(2)　だが，問題の核心はこのような労働基本権の私人間効力論や行政救済及び司法救済論議につきるわけではない。というのは，労使関係，とりわけ団結活動において新しい人権とされる人格権という法益を私法上の法益としていかなる法的視角から導き出すかがまさに問われている。上記の学説中，労組法7条を行政救済規定とのみ見る①の三宅説においては，このような設問自体が成立しないことはいうまでもない。問題は，「公序説」にせよ，労組法7条を憲法28条の確認規定とする見解にせよ，労使関係に結果的に私法上の権利義務関係を認める結果，結論的には，公法・私法の法的枠組をどう組み立てるかにおいて，保護されるべき法益の「対象」論議も絡んで，さらなる論議が求められる。これは，第一に，人格権毀損をとことん私法上の法規範である不法行為救済によって解決しようとする見解である。これに関しては，「権利侵害から違法性」という伝統的な判例法理によるためもあり，基本権である人格権という法概念を駆使することなく，人格的利益とか，人格的価値とか，社会から受ける名誉等がきわめて包括的なかたちで，この権利内容を概念化する手法が取られる場合が多い。他方，もう一つの見解は，この人格権をあえて公法規範の頂点に立つ基本権，しかも憲法13条から導き出しながらこの権利の概念化をはからんとする，主として民法研究者からの主張がある。この点の解明もまた本稿では求められる[12]。

3　人格権に関する判例の動向

ところで，このような労働基本権の私権的性格の議論が，労組法7条の不当労働行為規定と関連づけながら労働法学界で1980（昭和55）年前後を機に百家争鳴的に論じられ，私権の契約違反の対抗措置としての損害賠償論議もそうであるが，さらに不法行為上の法益論議が，損害賠償議論と絡めて論議され始めた[13]。

---

[12]　山本敬三「基本権の保護と不法行為法の役割」（民法研究第5号信山社，2008年）77頁以下。

[13]　たとえば，山川隆一「不当労働行為と不法行為」（日本労働協会雑誌341号21頁以下，1987年）や少し時代は下るが，道幸哲也『不当労働行為の行政救済法理』（信山社，

3 公法・私法一元論と団結権・人格権

　ただ，第一に留意すべきことは，1980（昭和50）年より以前においても，労働判例の事案で，人格権という明確な法概念が法評価の中心的位置を占めたわけではないものの，使用者の団結活動に対抗的な業務命令が，労働者の人格的法益（例・プライバシー）と絡んで論議されていたことが指摘できる。

　たとえば，交通運輸会社の所持品検査と労働者がこれを拒否したことにより生じた以下の紛議である。労組と会社間で合意が成立していた所持品検査の一方法である「脱靴検査」を，組合員が拒否し業務命令違反での懲戒解雇の是非が争われた西日本鉄道事件・最二小判（昭43・8・2民集22巻8号1603頁）が代表的事例である（これは，組合の意思に異議を唱える組合員の自発的組合活動という側面あり）。判旨は，労働者の該検査受忍義務を認め懲戒解雇無効の主張を認めなかったものの，被検査者（労働者）の「人権侵害のおそれ」を理由に，労使合意や就業規則上の規定から当然に適法とされるわけではない点を論じた[14]。また，方法に関し労使合意のあるチャージ検査の際に，被検査者である組合員のマイカー検査までした使用者の所為を，「自家用車内は，完全に個人の領域であるから，原則的には検査対象（外）」という点から，該検査を拒否した組合員の行為は就業規則の懲戒事由にあたらないとした芸陽バス事件・広島地判（昭47・4・18判時674号104頁），あるいは，チャージ検査の一手法である「確認行為（＝ボディチェック）」等の是非が争われたサンデン交通事件・山口地下関支判（昭54・10・8労判330号99頁）[15]等がそうである。後者の場合には，少数派労組は，この「確認行為」に反対をしていた。判旨は，該確認行為を拒否した労働者の懲戒処分を無効とし，不法行為責任が会社にあることも認めた（ただし，不当労働行為の成立は否定）。これら三判例は，「労働者に不当な羞恥心，屈辱感を与える業務命令，名誉侵害的なそれは基本権侵害のおそれ（あり）」と認定するものである。つまり，労働者の懲戒処分の前提である「調査方法」の相当性の法的是非を問いかけた事案である。判旨中に「人格権」という法概念が，使われてはいないものの，かつて公権力の行使による侵害の脅威の下にあった「自由で理性

1998年）90頁以下，同じく注(2)の道幸・2010書第2部第3章「団結権侵害を理由とする損害賠償法理」等。
[14]　東京大学判例研究会による本件「最高裁判所民事判例研究」（法学協会雑誌86巻12号86頁）は，「判示の論理は，基本権の第三者効力論に，ドイツの通説とされているHueck-NipperdeyやNikischの考えをそのまま取り入れたもの」と評する。
[15]　拙稿「所持品検査の合理性と『確認行為』」（労働判例340号4頁）。

第1章　労働者人格権の総論的課題

的な個人」の人権が，資本に代表される「社会的権力」下で，換言すれば「対等」で結ばれたとされる労働契約による労使関係の中で，労働者に如何に確保されるべきであるかという，すぐれて「現代的な人権」についての法的問題を提起したといえる。その意味で，労使関係における労働者の人格権論議の先駆をなす議論が昭和40（1965）年代前後からなされていたことに留意すべきであろう。「宴のあと」事件・東京地判（昭39・9・28下民集15巻9号2317頁）に見られる「プライバシー」という新たな法益の認識が不法行為の損害賠償論議をも絡めて旧来の財産法の中のみならず，こと労使関係の法領域でもある労働法内で認められ始めたことの徴表であろう。

そして，第二に，この人格的利益を一般「市民」の重要な法益，しかも不法行為法上救済されるべき重要な法益であるとして法概念として積極的に認め，しかも人格権という概念で具体化して来た私法判例の主たる流れの中に，「民法によって体現される憲法的価値」[16]とも評してよいような，元来私法上の法益と評されてきた人格的利益を憲法条項，とりわけ憲法13条の幸福追求権を論拠の中心として結論を導き出す傾向が，1980（昭和55）年頃から顕著になってきたという事実にも留意すべきである。たとえば，大阪国際空港公害事件・大阪高判（昭50・11・27民集35巻10号，とくに599頁以下）は，「個人の生命，身体，精神および生活に関する利益」である「人格権の内容をなす利益は──中略──実定法の規定をまたなくても当然に承認される基本的権利」であるとして，この法益の救済根拠を直接憲法13条及び同25条に求めた[17]。そして，最高裁ではじめて人格権という法概念に言及した北方ジャーナル事件・最大判（昭61・6・11民集40巻4号872頁）は，人の品性，名誉，信用などの人格的利益の「社会から受ける客観的評価」として人格権を定義づけ，そして憲法13条にこの権利の保護されるべき根拠を求めながら，一地方出版社に対する出版差止請求を原告に認めた。このように人格権の私法上の法益（差止請求，損害賠償請求論拠）の概念定義への模索と同時にこの法益の論拠として憲法13条に代表される公法規範を「導きの糸」として求める傾向にもこれまた留意すべきある。労働法学界では，社会権条項である労働基本権（憲法28条）の私権的性格をめぐって直

---

[16] 河上正二『民法学入門（第二版）』（日本評論社，2009年）183頁以下。

[17] 自衛官合祀事件・最大判（昭60・6・1民集42巻5号277頁）の伊藤正己判事の反対意見も，信教の自由という基本権を「心の平穏」という私人の法益として構成した。

〔辻村昌昭〕　　　　　　　　　　**3**　公法・私法一元論と団結権・人格権

接適用説等が論議されてきたが、これが元来自由権であるとされる憲法13条に関しても直接説適用説的論議がされ始めたといえる。

　そして、第三に公法・私法一元的上記法理が各審級ごとにあらわれた労働判例事案として関西電力事件・最三小判（平7・9・5労判680号28頁）を挙げることができよう。この最高裁自体の判断は、上記の第二番目の傾向の流れの中に必ずしもあるとはいえない思想・信条の自由という基本権が労使間で問われたものだが、第一審及び控訴審との判示内容を検討するとまさにこの傾向は明らかである。本件事案は、組合活動をめぐるものではなく、ましてや使用者の団結活動に対する業務命令権の是非それ自体が争われたものではない。従業員の企業内・外の「市民」活動を会社が「企業内非行」として人事管理権を行使したことの是非が争われたものである。通例の「市民」としての人格的法益と相共通する要素がある事件である。第一審・神戸地判（昭59・8・18労判433号43頁）及び控訴審・大阪高判（平3・9・24労判603号45頁）は、思想・信条の自由という憲法上の基本権を不法行為法上の保護法益（職場における自由な人間関係の阻害、名誉毀損、プライバシー侵害等）を導き出す論拠としながら労働者の損害賠償請求を認めた。しかし、上告審では、基本権である思想・信条の自由を不法行為法上の保護法益として導き出すことを慎重に避けながら、上告人（会社）の一連の人事管理上の所為、つまり、「職場での監視と孤立化」という所為に関しては、(a)「職場における自由な人間関係を形成する自由（を不当に侵害）」し「その名誉を毀損」し、退社後の尾行や私物であるロッカー内の私物調査などを、(b)「プライバシー侵害」し「人格的利益の侵害」にあたると評した[18]。その意味で、上述した交通運輸労働者のチャージ検査の是非が問われた西日本鉄道事件最高裁判決や芸陽バス事件・広島地判決及びサンデン交通事件・山口地下関支判決の法理を受け継ぎながら、最高裁は結論を下したと評し得る。そして、いうまでもなくこの判例の保護法益の構成の特徴は、基本権の私人間適用を慎重に避けながら不法行為の保護法益を「権利保護から違法性」という戦前

---

[18] これは、著名な「村八分判決」と評される熊本地人吉支判（昭45・3・24判時599号72頁）と同じように、部分社会である企業内の「職場八分」の存在を認めた判決である。なお、最高裁の結論を、労働者の企業に対する保護法益の実質化を図ったものと肯定的に評価するものとして、遠藤隆久「人格権の尊重」（『労働判例百選〈第七版〉』2002年）44頁。

の大審院からの判例法理を継受しながらなされたものといえよう。

　これら三点のプライバシーまたは人格的利益の保護が問題にされた著名判例の論理からいえることは，まず何よりも，①人格権でもってなす保護法益構成をする対象がきわめて広く，かなり包括的である。そして，次にいえることは，②加害者（侵害者）が公的主体か私人かに関係なく，そして人格権の保護法益を論拠づけるに関し，公法・私法の領域区別があまりない傾向にあるといえよう[19]。何故なら，必ずしも労使関係，しかも業務命令権と団結・組合活動権の法益が直接衝突する事案がすべてでないこともあって，不当労働行為事案のごとくに労働基本権の法的性格に関して行政救済規定と絡めた詰めた論議がなく，さらに自由権か社会権かという「人権の出自自体」をめぐる議論を介さずに，直に不法行為の保護法益論及び違法性評価の是非論がなされているという傾向の存在が指摘できる。とくに，不法行為法上の「被保護法益」の定義内容から見るならば，「権利生成過程にある人格権」[20]という評価は，まさに的を得たものといえよう。

4　団結活動に対抗的な業務命令の是非が争われた労働判例の論理

　(1)　以下の論点に限定しながら本稿のテーマを展開する。まず第一に，通例の「市民」活動ではなく「労働者の団結活動」が，使用者の対抗的な業務命令によって毀損された場合の保護法益が，「人格権・人格的利益・名誉・期待権・社会的評価等」とされたか否かが主たる争点となった近時の判例を素材に検討した。不当労働行為は，私法上も違法とされる場合，したがって，1で紹介した理論中，①以外の説が労組法7条をその私法（不法行為法）評価の是非の論拠となる。法的救済の前提として不利益取扱い，支配介入等に該当するか否かが問題とされる場合も当然ある。第二に，そしてこの毀損されたかどうかの保護法益が，いかなる規範をその根拠づけとしているか，つまり基本権の直接適用（28条または13条）か，それとも「公序論」を介しながら私法上の救済法理を結論づけているかどうかである。これら，両者は相関連する問題でもある。

---

(19)　五十嵐清『人格権法概説』（有斐閣，2003年）18頁。
(20)　加藤雅信「『人格権』とその承認」（星野英一編『判例に学ぶ民法』有斐閣，1994年）12頁。

(2) ところで，不法行為は，成立要件（(a)故意・過失，(b)他人の権利または違法に他人の法的利益侵害，(c)加害者の責任能力，(d)損害の発生，(e)加害行為と結果との因果関係）の五要件すべて充足して成立する。ただし，法人の場合は，(c)要件は問題とならない。

不当労働行為が不法行為として損害賠償責任を生ぜしめるには，これら一般的な成立要件中，(a)(b)(d)が問題とされる。本稿では，以下の類型から判例を分析をし，そして(b)の要件を中心的に検討し，そしてその法理を検証する。

(A) 労働者の懲戒処分の前提をなす処分事由の調査方法の相当性が問題とされた場合

① 日立物流事件・浦和地判（平3・11・22 労判 624 号 78 頁）

3 で紹介した西日本鉄道事件・最二小判（昭43・8・2）等の系譜を引く事件で，顧客の財布紛失にかかわる嫌疑を理由とする交通運輸労働者（労組員）への所持品検査（ポケット検査，ボディチェック，運転席検査等）の是非が争われた。ただし，直接的な検査拒否行動はないし，身体検査拒否の組合指令はない。被検査状況が職場の同僚や下請労働者に知れわたる検査の手法が，プライバシー毀損等に当たるか否かが争点。

判示は，「原告の社会的評価・名誉及び信用毀損」「プライバシー」「身体的自由」等の毀損による原告（労働者）の損害賠償請求を認む。不当労働行為に関する論議なし。

(B) 懲戒的教育訓練の内容自体が問題とされた場合

② JR東日本（本荘保線区）事件・秋田地判（平2・12・14 労旬 1311 号 60 頁）

本件は，組合名入りのバックル着用したまま就労した組合員に対して，教育訓練の一環として，就業規則全文を管理職の面前で一日半にわたり書き写す業務命令の是非が争われた。なお，このバックルの着用には，組合の組織的な指令はなく，各組合員の判断に任されていた。原告は，労働者のみ。

判示は「（この）教育訓練の方法は，原告の人格を著しく侵害」し，「業務命令の裁量の範囲を逸脱」と判断して，損害賠償請求を認めた。なお，バックル着用という組合活動は，労働契約上の義務違反を構成しないとの判断をしている。

③ ②（控）・仙台高秋田支判（平4・2・2 労旬 1311 号 51 頁）の判示も，ほぼ同一

第1章　労働者人格権の総論的課題

の判断に立ち、「(被控訴人＝労働者)の肉体的、精神的苦痛を与えてその人格権を侵害」との判断を下した。

④　JR 西日本（可部鉄道部・日勤教育事件・広島高判（平 18·10·11 労判 932 号 63 頁）原告（＝労働者及び JR 西日本労組・JR 西日本労組広島地本）、被告（＝会社及び管理職 2 名）。原告労働者（運転手）は、列車を運転中に義務づけられていた白手袋の着用をしていなかった等の指導を上司より受け、これに反抗的態度を取ったとして、69 日間のいわゆる日勤教育を受けたことが契機となったものである。原告が、この教育は業務上その必要がなく、しかもそのさ中に、上司が原告が属する労働組合を脱退するよう働きかけたことが不利益取扱であり、かつ組合への支配介入にあたるとして、損害賠償等を求めたもの。控訴人は、会社及びその管理職。日勤教育（乗務停止・日勤勤務に指定して教育を行う）は、中学生等の職場研修用の部屋で、勤務時間中監視状態で、自責ノートの作成（就業規則等の書き写し、反省文の作成等）、部長面談、キーワードの読み上げ、知悉度テスト等が含まれていた。判示は、後半の日勤教育に関して、教育目的からしてその必要性がなく、「不当労働行為意思による（業務命令権の濫用）」とし、また、前半部分において組合脱退を慫慂する上司の言動も「支配介入」にあたるとし、前者に関しては「（組合の）団結権を侵害（する）不法行為が成立し」「（労働者には）不利益取扱いであって（同人の）人格権を侵害」、後者に関しても、「（組合の）団結権を侵害し、（労働者の）人格権を侵害」と判断。

(C)　嫌がらせ配転等の業務命令等が問題となった場合

(1)　懲罰的業務命令

⑤　国鉄鹿児島自動車営業所事件・鹿児島地判（昭 63·6·27 労判 527 号 38 頁）

　　組合員バッジの取り外し命令を拒否した労働者に、10 日間、一人で一日中火山灰除去命令下した業務命令の是非が争われた。原告は労働者。

　　判示は、組合バッジ取り外し命令の合理性を認めながら、「肉体的、精神的苦痛をともなう（懲罰的作業）の業務命令」は、不法行為にあたるとの判断をした。「組合員に対する見せしめ」という原告（労働者）の主張には、積極的判断はない。

⑥　⑤（控）・福岡高宮崎支部判（平元·9·8 労判 582 号 83 頁）も、⑤と同じ判断であったが、最二小判（平 5·6·11 労判 632 号 10 頁）は、火山灰除去の業務命

令自体を適法なものとした。
(2) 嫌がらせ隔離配転・担当はずし・自宅研修等
⑦　ネッスル（専従者復職）事件・神戸地判（平元・4・25労判542号54頁）
　　原告3名（少数派の第一労組員）の内2名は，組合専従終了後の配属先が，原職復帰という協約に反し，工業高校卒の組合員は，コーヒー豆回収作業等の単純肉体作業及び大学商学部卒のそれは，廃棄用金券等の裁断作業へ，しかも他の労働者とは隔離配属されたことは，「精神的・肉体的苦痛（の）嫌がらせ（配転）」であり「労働者としての人間の尊厳及び人格権を侵害」したとして損害賠償を求めた。
　　判示は，「およそ人の身体・自由等の人格権が侵害された場合」「慰藉料を請求」し得るとし，「（当該配転）は人格権侵害」と判断し請求を是認。会社側の協約違反を認定したが団結権毀損に関しては，何ら判断していない。
⑧　⑦（控）・大阪高判（平2・7・10労判580号42頁）は，「自由，名誉等」は「不法行為法上の保護法益である人格権」に当たるとし，さらに「（協約に反する）いやがらせといえる著しい隔離的，差別的取扱いにあたる作業への従事（命令）」に「被用者がこれに応じて屈辱的な就労を余儀なくされた場合，被用者は，自由，名誉等に準じた個人の人格権が侵害（されたこと）」になるとした。単なる自由，名誉とは異なる「屈辱的業務命令への就労」を（被用者）の人格権侵害と法評価したことに留意すべきである。不当労働行為に関する言及はない。
⑨　松蔭学園事件・東京地判（平4・6・11判時1430号125頁）
　　原告（労働者）は，私立高校の教師である。企業内労組の結成の中心となりかつ産別労組である私学労組加入後，学園より一切の校務分掌からはずされ，職員室内で他の教師より隔離配置され，さらにその後物置を改造した第三職員室に配属され，最後には特別の課題もない自宅研修と，これら一連の業務命令はトータルで13年及んだ。このため，該労働者が，学園のこれらの措置は，原告及び組合へのイ・不当労働行為であり，ロ・労働契約上の業務命令権の範囲を逸脱する不法行為であるとして慰藉料の支払いを求めた。
　　判示は，校務分掌はずしには不当労働行為を認めなかったが，業務命令

第1章　労働者人格権の総論的課題

としては違法と判断し，他の隔離及び自宅研修には，「差別的取扱いの不当労働行為で違法」なもので，「仕事はずし」は「精神的苦役」にあたり，かつ「隔離」は，「原告（労働者）の名誉及び信用を著しく侵害」したとした。ただし，支配介入は認めず。

⑩　⑨（控）・東京高判（平5・11・12判時1484号135頁）

判示は，学園側の一連の措置を「懲戒解雇以上の過酷な処分」として不法行為と評価をしたものの，原告の労組員としての不利益は認めず。

⑪　愛集学園愛集幼稚園事件（控）・大阪高判（平16・3・12労判833号71頁）

原告・被控訴人は，労組と労働者（＝女性教諭）。該労働者は，私学教組に加入し，分会を結成したため，担任換え，組合脱退強要，自宅待機命令（2回），吊し上げ，隔離，一人で食事することを強要されたため，労働者がこれら一連の業務命令を「（不利益取扱い及び支配介入）の不当労働行為で不法行為を構成」するとし，他労働者の組合脱退は，該労働者及び組合への同じく「（支配介入）の不当労働行為で不法行為」にあたるとして損害賠償を請求。なお，無効確認訴訟もあり。

判示は，(1)自宅待機命令（一回目）は，「（分会長への見せしめ）」と「組合弱体化を企図」したもので，「労組法7条1号3号該当」し，「労働者の人格権侵ないし労働基本権侵害」の不法行為を構成，(2)脱退強要は，支配介入（労組法7条3号違反）で，「労組の団結権侵害の（不法行為）」であり，「（労働者の）人格権ないし労働基本権侵害」の不法行為を構成，(3)譴責処分などの嫌がらせは，「労組法7条1号違反」で「（労働者）の人格権ないし労働基本権侵害」の不法行為，(4)障害児加配担当及び自宅待機命令（二回目）は，「懲罰的なもの」で，不利益取扱いで「人格権ないし労働基本権侵害」の不法行為とした。その他の嫌がらせ等にも同様の判断[21]。

⑫　全税関東京支部事件・最一小判（平13・12・13労判818号12頁）

複数組合併存下における少数派組合員の組合活動を理由とする賃金差別の是非が，当局側の少数派組合員を職員のレクリエーション活動などから「隔離」＜特別派出所勤務＞策など取ったことの是非とともに争われた。

---

[21] なお，類型(B)及び(C)の複合事案である国鉄清算事業団（JR九州）事件・福岡地小倉支判（平2・12・13労判575号11頁）がある。原告は，労働者17名。本稿のテーマと関係する法理上の特色はない。

[辻村昌昭]　　　　　　　　　　　　　　**3**　公法・私法一元論と団結権・人格権

原告は，組合及び組合員である。国家賠償事案でもある。第一審・東京地判（平7・2・22労判682号105頁）は，賃金差別だけには，組合に団結権侵害，組合員の一部には違法な差別査定により生じた精神的苦痛に関し，慰謝料の支払いを認めた。ために原・被告双方が第一審敗訴部分につき控訴。第二審・東京高判（平13・1・26労判803号38頁）は，レクリエーション活動における差別的行為等に関し，「支配介入にあたり，その程度，内容からみて」「組合の団結権に象徴される団体としての法律上認められた利益」を侵害する不法行為に該当するとして，損害賠償請求を是認。ただし，組合員個人の請求は認めず。双方上告するも，最高裁棄却。控訴審の判断を採用。

(3)　強制的退職勧奨

⑬　エールフランス事件・千葉地判（平6・1・26労判647号11頁）

　　経営不振のため希望退職者募集等を中心とする再建計画が労使で結ばれたが，原告（労働者・組合員）は，これを拒否。このため業務からはずされたり，嫌がらせを受けたり，閑職に回されたりした上，退職をも求める上司から暴行まで受けたので，「快適で安全に就労する権利，生命，身体の安全，名誉権等の人格的利益侵害」を理由に損害賠償を請求。

　　判示は，「労働契約上の信義則」から，会社等に「安全で快適に働けるよう，その就労の権利，生命，身体及び名誉等の人格的利益保護義務」があり，また「これの侵害を防止する職場環境調整義務」の存立を認め，これを怠ったことを理由に，不法行為及び債務不履行を理由に，労働者の請求を認めた。

(D)　勤務評価・査定による差別の場合

この種の事案は，複数組合が併存し，一方組合所属の組合員が差別的取扱いを受けた場合である。使用者の差別的所為が，「不当労働行為で不作為の不法行為」との法評価の下に損害賠償を請求するケースである。バス会社の配車差別事案が多い（なお，賃金差別事案については，本稿では検討を割愛した。）。

⑭　山陽急行バス事件・山口地下関支判（昭52・1・31判時847号95頁）

　　原告・少数派組合及び組合員11名が，会社の配車差別が不当であり不当労働行為に該るとして慰籍料の支払いを求めた。

　　判示は，「（配車差別）は，従業員の個人の人格及び名誉を毀損」「労組

第1章　労働者人格権の総論的課題

には，他労組より不利益な取扱いを受けないという法律上の利益」があり，「被告（会社）の行為は，労組法7条1号・3号違反の不当労働行為」で「民法709上の不法行為にあたる」「（配車差別は）労組員の精神的苦痛」，「労組（には）団結権侵害（＝無形侵害）」をもたらしたとした。

⑮　サンデン交通事件・山口地下関支判（平3・9・20労判606号55頁）

　　原告・少数派労組と組合員6名が，会社の配車差別が不当労働行為で労組の団結権及び組合員の期待権・人格権を侵害したとして損害賠償の支払いを求めた。判示は，「（配車差別）により，組合員は，新車担当の期待権を奪われ」「運転手仲間或いは社会において低い評価を受ける等して人格権を侵害された」「組合は，団結権が侵害」され，「被告（会社）の行為は，労組法7条1号に該当し，故意による原告らの権利を侵害する不法行為にあたる」とした。

⑯　⑮（控）・広島高判（平6・3・29労判669号74頁）

　　控訴人（附帯被控訴人）会社。判示は，「担当車両如何が，運転手の人格的評価（技能，能力等）のバロメーター」「（配車差別）は，労組法7条1号・3号に該当する違法行為」で「民法709条の不法行為」にあたるとした。なお，最三小判（平9・6・10労判718号15頁）は，直接判断をしないで，会社側の上告を棄却。

⑰　道後温泉観光バス事件・松山地判（平21・3・25労判983号5頁）

　　原告・労組及び組合員9名が，新会社所属の非組合員に，貸切バスを優先的に配車した会社の方針は組合員にとっては賃金減少という不利益取扱いで組合活動に対する支配介入でもあるとして，損害賠償の支払いを求めた。判示は，「（配車差別）は，労組法7条1号違反であり，組合には，同条3号違反」である。くわえて，「（本件配車は，）組合員に（不利益な）取り扱いとなり，精神的苦痛・屈辱感」を与え，しかも「平等な配車をされるという期待権」を侵害したと判断。「職場におけるプライバシーや人間関係形成の自由を侵害した」という原告の主張は正面からは認めず。

(E)　職場仲間・上司等からの嫌がらせ

　このケースは，団結活動に対する具体的な業務命令はないが，職場の上司等の暗黙の「了解」，しいていえば「黙示の業務命令」とでも評すべき事実が認められる場合である。

⑱ 中央観光バス事件・大阪地判（昭55・3・26労判339号27頁）

　原告である労働者2名（第一組合員であるが，組合結成直後少数派になる）が，職制が退職を強要したり，「職場を明るくする会」を介して，原告等との共同絶交＜勧告書等＞を配布させたことに対して，精神的慰藉の損害賠償を求めた。判示は，「共同絶交により＜原告等＞の自由と名誉が（毀損）の精神的苦痛」が惹起されたとして，請求を認める。なお，管理職の幇助を認定。

⑲ U福祉会事件・名古屋地判（平17・4・27労判895号24頁）

　原告（女性職員）は，地域合同労組に加入したところ，所長等の上司のみならず，企業内労組役員3名から，職員会議で日中「組織ぐるみ」で非難され，PTSD症候群に罹患したため，法人をも含めて慰藉料を含めた損害賠償を求めた。判示は，「職員及び企業内労組員の（所為）は，正当な言論活動の範囲を逸脱」し「（原告の）人格権を違法に侵害」と判断した。不当労働行為の判断は，原告の主張がこれにを主張していないせいもあり，判断はない。

(F)　団結自体に対する使用者側の対抗措置

団結権侵害に対する損害賠償を認めた事案としては，新潟放送事件・新潟地判（昭53・5・12労判299号46頁）等があるが，人格権法理に珍しい課題を提起した次の判例がある。

⑳ 東春事件・名古屋地判（平6・2・25労判659号68頁）

　原告（労組）は，会社専務等が労組不満分子に資金援助等をして組合分裂させたことにつき，支配介入を理由に会社及び役員に損害賠償を求めた。

　判示は，（組合費の減収に対する損害賠償請求につき）「団結権は，財産権と異なり一種の人格権」「不当労働行為（支配介入）が不法行為を構成する場合（は）団結権侵害」とした。ただし，組合員減少にともなう組合費の賠償は認めず。

(3)　それでは，これら団結活動に対抗的な業務命令の是非が，名誉権・人格権毀損あるいは団結権毀損を理由として争われた判例法理の特徴を検討しよう。

　まず，第一に，これら団結活動に対抗的な業務命令の是非，とりわけ不法行為救済による損害賠償を求めた事案では，労働者個人が訴訟当事者である場

第1章　労働者人格権の総論的課題

合，不当労働行為と不法行為との関係を論じながら判断を下したものは少ないといえる。⑨は，隔離配転等を「差別的取扱いの不当労働行為で違法」としたが，同控訴審⑩は，不法行為の成立を認めたが，不当労働行為との関係づけた判断はない。しかし，第二に，労働組合と組合員個人がともに訴訟当事者となった，④日勤教育，⑪隔離ならびに配車差別の是非が争われた⑭⑮⑯⑰の場合は，不当労働行為と不法行為の論議はなされている。労組のみが，原告となった⑳もそうである。ただ，司法救済と行政救済に関するそもそも的議論はない。最高裁判例法理上の結論が下されているためともいえる[22]。第三に，労働者個人と労組が訴訟当事者となった場合でも，労働者個人には，「不利益取扱いで人格権侵害の不法行為に該る」とした④日勤教育，⑮配車差別等がある一方で，「不利益取扱い（が）人格権侵害ないし労働基本権侵害に該る」とした⑪隔離・担任換え等があるが，組合に関しては，「支配介入で団結権侵害」とするものが多い（④日勤教育，⑪隔離・担任換え，⑭⑮配車差別等がある）。中には，組合にのみ支配介入の団結権侵害を認めたが，組合員個人には，請求自体を認めなかった⑫隔離の判断もある。総じて，組合には，「支配介入で団結権侵害の不法行為」の成立を認め，組合個人には，「不利益取扱いで人格権毀損の不法行為」の成立を認めるという，法対象により不法行為の保護法益を使い分ける傾向にあるともいえよう。しかし，必ずしも明確ではない。第三に，本類型事案で下された「保護法益」の定義に関しては，以下の特色が指摘できる。まず，(イ)この「保護法益」を憲法規範を直に導き出している判例はない。とくに，憲法13条論を論拠としている判例はない。(ロ)労働者が個人で訴訟を提起した場合，おしなべてほとんどの判例が，保護法益を「社会的評価・名誉・信用」「プライバシー」「肉体的・精神的苦痛」「期待権」等が論じられ，「人格権」自体を正面から論じているものは少ない。④日勤教育は，業務上必要性のない教育研修，⑦専従復帰後の閑職配転は，「人の身体・自由等」を侵害する「人格権侵害」，⑧「屈辱的就労（命令）は，自由，名誉等に準じた個人の人格権（侵

---

[22] この点を指摘するものとして，道幸・2010年書171頁。最高裁判例中，不利益取扱いと法律行為との関係が問われた医療法人新光会事件・最三小判（昭43・4・9民集22巻4号845頁）のみが下されていた頃には，「不当労働行為の成立即不法行為の成立とはならない。」旨のそもそも論を判決文で展開した社会保険診療報酬支払基金事件・大阪地判（昭50・4・28労判237号57頁）などがあった。

〔辻村昌昭〕　**3**　公法・私法一元論と団結権・人格権

害)」、⑮が、「新車担当の期待権」「運転仲間や社会の評価」を「人格権」と内容定義をした。⑲は、保護法益の定義抜きに、職場の上司や同僚からの長時間にわたる吊るし上げ的非難を「人格権侵害」と評した。その意味で、人格権の意味づけに関して「人格的利益」と法的に評しても構わないほどに包括的であるといえよう。第四に、変わった判断をしたものでは、⑳組合分裂をさせた使用者の所為を「支配介入による団結権侵害の不法行為」、「団結権を財産権と異なる、一種の人格権」として、不当労働行為（支配介入）を私法の不法行為成立要件評価をした。⑪では、不利益取扱い（自宅待機命令等の隔離）と支配介入（脱退強要）ともに「人格権ないしは労働基本権侵害」の不法行為とし、さらに支配介入に関しては「団結権侵害の不法行為にあたる」と法評価の上乗せまでもしている。その意味で、団結権と人格権の法的関係は、不分明な点がある[23]。以上の判例法理の特色からいえることは、人格権は、3で指摘したように一般私法領域のみならず労働法領域でも「権利生成過程」に位置するものといえるし、労使関係における人格権の法益を、こと団結活動に対抗的な業務命令との関係において議論されている事案においては、保守的ともいえる傾向にあり、他の不利益取扱い、団交拒否あるいは支配介入等と法律行為の効力論議のような詰めた議論がない[24]。ただ、⑬が、使用者は、「就労の権利、生命、身体及び名誉等の人格的利益保護義務」を「労働契約上の保護義務」から原告労働者（組合員）の損害賠償請求を認めた。結局、団結活動にともなう対抗的な業務命令による労働者及び組合の人格権毀損を理由とする損害賠償請求をよしんば認めても、結局のところ「権利侵害から違法性へ」という伝統的な判例法理を今なお継受しながらの判断にとどまっている傾向にあるといえよう。

5　おわりに──公法・私法一元論の新たな試み

(1)　今まで論じた労働法学界の論議とは別に、私法領域では、旧来の不法行為学に対して、不法行為法で保護される法益は、憲法の基本権、たとえば、人格権、宗教活動の自由、名誉、プライバシー、髪型・服装の自由等と相重なるので、これらの権利が私人によって侵害される場合は、憲法の間接適用説の私

---

[23]　この点を強調するものとして、道幸・2010年書186頁。
[24]　2で上述した④菅野論文や③手塚論文と比べても、こと不法行為法益の論議は、判例法理上十分とは思われない。

第1章　労働者人格権の総論的課題

法一般条項（民法90条，709条）では不十分で，国家は，個人の基本権を他人による侵害から保護するために積極的な措置を取るべきである，国家が立法によって十分な保護措置を用意していない場合は，裁判所が国家機関として保護与える責務を負う。この視点から，旧来の「権利侵害から違法性」という判例法理は，個人の自由より社会の秩序を重んじるための法理であり，これに対して個人の権利を強調し，加害者の自由と被害者の権利の相互調整は，これらの権利を憲法の基本権として，国家と個人のみならず私人間でも保護されるべき義務とする「基本権保護義務論」が山本敬三教授により論じられている[25]。同教授の主張の基本には，憲法の基本権条項の間接適用説が，私的自治を尊重するあまり，憲法原理が不明瞭になるとの批判があるが[26]，私法解釈原理において主流をなしている比較衡量論への疑念と相俟っての主張といえよう[27]。とくに旧来の理論は，人格権の法益を論ずる場合にも，その保護が限定化されてしまうとする。例えば，3で取り上げた北方ジャーナル事件最高裁判決の人格権の考えは，権利利益説に従った，「権利」を「法律上保護された利益」という判例法理の流れに添う中でのものでしかないとするし，そして，同じく関西電力事件最高裁判決の「職場における自由な人間関係を形成する自由」という法理も，人格権の領域を明確に画定し得ないで，権利としての保護範囲が限定的なものでしかなくなると批判する。そこで，憲法13条から，自己決定権，つまり「決定主体としての人」が，「自己の在り方を決める権利」「基底的な権利」としての「人格権」であるとする。そして，この自己決定権には，社会における自己（これには，集団構成員等も含まれる）の在り方を決める権利でもあるとする[28]。この法理が，団結権をどう法的に評価するかは，必ずしも明確ではない。団結権をも含む包括的な基本権として憲法13条を考察されているとも読める構成である。「集団構成員の自己決定」を明確に言及はしていないが労働組合のそれと読み込むことも可能ともいえる。その意味で，「権利侵害から違法性」というある面では保守的ともいえる私法・労働法への判例法理への問い掛け的意味を有することは間違ない。この山本教授の企図は，2で紹介した

---

(25)　注(12)引用・山本敬三論文参照。
(26)　石村修『基本論点　憲法』(法学書院, 1988年) 21頁以下。
(27)　山本敬三・前掲論文95頁以下。
(28)　山本敬三・前掲論文128頁以下。

68

〔辻村昌昭〕　**3　公法・私法一元論と団結権・人格権**

　三宅論文が，公法・私法二元論の立場から，日本の不法行為に関する判例法理がドイツ民法とは異なり，憲法と無関係に，きわめて開放的に人格的利益の新たな類型を生み出すことができるのは，この「権利侵害から違法性へ」という法理によることが大きいと論ずるのを見ると一層明らかといえよう。

　ただ，この基本権保護義務論の手法は，民法学者のみならず西谷教授からも主張されている。「規制が支える自己決定」（法律文化社，2004年）がそうである。主として，私的自治，法律行為に単に民法90条による「公序論」だけではなく，ある種基本権の第三者効力論における直接効力論よりも以上に，憲法の基本権保護義務論から国家（立法府や裁判所）の積極的関与を提起している。集団法理においても労使自治の現実には問題が多すぎるという視点から，国家的に規制に代替法理を求めて行く手法である（同書312頁以下）。もとより，これには憲法13条に基づく自己決定論がそのベースとなっていることはいうまでもない。その意味で，これら民法学及び労働法学研究者の理論提起は，私人間における人権の保障に関する新たな法的試みといえよう[29]。ただ，とくに後者の西谷教授の場合，団結権（憲法28条）と人格権の法的関係をどう組立てるのか，とくにこの理論による場合，本稿で取り上げた団結対抗的な使用者の業務命令の是非事案では，不法行為法上の保護法益の構成は，結局のところ組合規制のネガティブな面を事案ごとの解決を提唱する個別的検討をすることと同様，人格権を介しながら「基本権が，いかなる性格の私的行為との関係で，いかなる範囲・程度において妥当するかを個々的に検討する」[30]ことになるのか。例えば，団結活動に対抗的な配転は"一般的には団結権毀損"とされ，"いじめ・隔離"となると組合員の人格権毀損となるのかこの点は不分明である[31]。

---

[29]　両教授とも，ドイツ法の一般的人格権をもその論拠づけとしていることは，ここで指摘するまでもない。

[30]　佐藤幸治「現代国家と人権」（有斐閣，2008年）145頁以下，中村睦男「私法関係と人権」（ジュリスト500号判例展望，1972年）26頁以下も，人権の直接適用とか間接的適用という抽象的議論ではなく具体的類型論を提起する。

[31]　たとえば，労組及び組合員の損害賠償請求を認めた長崎生コンクリート事件・長崎地判（昭62・8・24労判506号94頁）は，配転を，不当労働行為で団結権を侵害する公序違反の不当行為にあたるとしたが，人格権毀損の法評価はない。

第 1 章　労働者人格権の総論的課題

(2)　これらの主張に若干の疑問点を提示しておく。第一に，人権は対国家的関係の中で要求されて来たため，公法・私法という二元的構造は近代法体系の特質であり，この二元論が基本権保護義務によると法理的に解消することになるのかという疑念がある。人権の歴史的な変遷は，労働基本権や生存権に代表される社会権及び自然権（奴隷的拘束の自由や家庭生活の自由等）において，部分的にこの二元論の修正を求めて来たが，この「人権の私人間の効力論」の中で，この基本権保護義務論は，如何なる位置を占めるのか。人権は，自由権や社会権を問わず私人間へ直接的に適用されうるのか[32]。そして，第二に，基本権保護義務により法律行為の権利義務及び不法行為の保護法益の確実な画定は，憲法訴願を採用しているドイツの制度は，不当労働行為制度を併有している日本の裁判システムに相応するものなのかという問題も提起されている[33]。そして，第三に，もとより西谷教授自身も一部認めておられるが，基本権条項を謳う憲法条項は，現実社会（市民社会）に対する国家意思の実践的評価のあらわれであるとするならば，この条項をさらに私人間の法的関係の法的評価基準とすることに難しさがあるのではないか[34]。いずれにせよ，これらの疑問点については，別稿を用意したい。

　1979 年に，角田教授が当時の労使関係の時代認識に立脚しながら「団結権を市民法上の人格権主体」とする理論提起をされたが，約 30 年を経ても，新たなる公法・私法一元論を巻き込みながら，不当労働行為における司法救済と行政救済，団結権と人格権の法的位置関係，とくに本稿のテーマでは損害賠償法理の構成のあり方等労働基本権の第三者効力問題も巻き込んで，労働法理上今なお未解決な課題が残されているといえよう。

（2010 年 12 月 10 日了）

---

[32]　石村修・前掲書，永田秀樹・松井幸夫編著『基礎から学ぶ憲法訴訟』（法律文化社，2010 年）100 頁。もとより，西谷教授は，「規制が支える自己決定」の 192 頁以下の中で，この基本権保護義務が持つ国家介入の程度議論に関する疑念に答えている。

[33]　永田秀樹・松井幸夫・前掲書 102 頁，中村哲也「憲法の視点からの民法？ ─基本権保護義務論の中の民法をめぐって─」（林信夫・佐藤岩夫編『法の生成と民法の体系』（広中俊雄先生傘寿記念論集・創文社，2006 年）499 頁以下。

[34]　基本権保護義務論に対して疑念を呈するものに，高橋和之「「憲法上の人権」の効力は私人間に及ばない」（ジュリスト 1245 号 137 頁），また私法の自己決定論に批判的論考として，淺野有紀「権利と秩序」（民商法雑誌 134 巻 4・5 号）525 頁参照。

4 ディーセント・ワークと労働者人格権
―― 特に女性労働者に焦点をあてて ――

田口 晶子

1 は じ め に
2 国際労働基準と日本の対応
3 ディーセント・ワークと労働者人格権
4 女性労働とディーセント・ワーク
5 お わ り に

1 は じ め に

　国際労働機関（ILO）は2009年に創設90周年を迎え，世界各地で盛大な記念式典が行われた。ILOは創設以来，国際労働基準を採択し，監視手続を設置し，その適用を確保することに力を注いできた。さらに第2次世界大戦後は，開発途上国が加盟国の半数以上を占めるようになり，国際労働基準に関わる活動のほかに，1950年代前半から技術協力をその取組に加え，労働者の権利の向上につとめてきた。

　そのILOは，1999年に「『ディーセント・ワーク』をすべての人に（Decent Work for all）」という概念を掲げた。「ディーセント・ワーク」の概念には，国際労働基準の尊重に加えて他の課題の達成も含まれ，労働者人格権への包括的なアプローチとも言える。「職業生活における人々の願望」と表現することができるディーセント・ワークの概念がILOで掲げられた後，比較的短期間のうちに，「生産的な雇用とディーセント・ワークが，公正なグローバル化と貧困削減を達成するための重要な要素である」との国際的な合意が，政労使や市民社会組織の間で形成されていった。労働問題関連の会議のみならず，G8やG20をはじめ，2008年の国際的な経済金融危機への対応策を模索する各種国際会議においても，ディーセント・ワークの確保の必要性が取り上げられている。

第1章　労働者人格権の総論的課題

本稿では，国際労働基準，「ディーセント・ワーク」を中心にしたILOの活動及びわが国の取組について紹介し，ILOがその創設以来一貫して取り組んできたテーマで，ディーセント・ワークの欠如が問題になりやすい女性労働者に焦点を当てて，労働者の人格権を考察してみたい。

2　国際労働基準と日本の対応

(1)　国際労働機関（ILO）と国際労働基準

(a)　ILOの創設と労働者人格権

ILOは，第1次世界大戦後の1919年に，ベルサイユ条約によって国際連盟と共に誕生した。創設には，人道的動機，政治的動機，経済的動機があったと言われ，ILO憲章[1]に具体化されている。その前文に，「世界の永続する平和は，社会正義を基礎としてのみ確立することができる。そして，世界の平和及び協調が危くされるほど大きな社会不安を起こすような不正，困苦及び窮乏を多数の人民にもたらす労働条件が存在し（中略），いずれかの国が人道的な労働条件を採用しないことは，自国における労働条件の改善を希望する他の国の障害となる。」と謳っている。また，第2次世界大戦の終結間際の1944年に，憲章の付属書として採択されたフィラデルフィア宣言では，以下のことを掲げている。

- 労働は商品ではない。
- 表現及び結社の自由は，不断の進歩のために欠くことができない。
- 一部の貧困は，全体の繁栄にとって危険である。
- すべての人間は，人種，信条又は性にかかわりなく，自由及び尊厳並びに経済的保障及び機会均等の条件において，物質的福祉及び精神的発展を追求する権利をもつ。

(b)　国際労働基準の採択

ILOはその設立以来，労働者の人格権を重視し，それを体現するために，国際労働基準を設定する条約及び勧告を採択してきた。条約には議定書が付属しているものもある。条約が加盟国の批准により，その規定の実施を義務付ける拘束力を生じるのに対し，勧告は加盟国の政策，立法，慣行の指針となる。条約，勧告は政労使三者構成からなるILO総会[2]で通常2回討議の上採択され

---

[1]　http://www.ilo.org/public/japanese/region/asro/tokyo/standards/constitution.htm

[2]　国際労働基準は，1年に1回開催されるILO総会において，加盟国1カ国あたり政

〔田口晶子〕　　　　　　　　　　　　　　　　　　　　**4**　ディーセント・ワークと労働者人格権

るので，基準採択の起草から実際の採択まで3年以上かかるのが一般的である。総会での議論がまとまらず，国際労働基準の採択が行われなかったり，条約採択の構想が勧告の採択に留まったりする場合もある。条約の採択に関し，緩やかな基準では多数諸国が批准可能だが，特に先進国では自国の労働条件の改善につながらず，逆に厳しい内容を含んだ条約は採択されても批准国が限定される。2010年までに188条約と200勧告が採択されている。その中で，特に全面的な批准をめざしている8基本条約[3]及び国際労働基準全体のシステムがうまく機能する上で重要な4優先条約[4]が指定されている。また1985年以前に採択された条約・勧告については，その内容が現在でも適用できるものかどうか[5]検討が行われた。

　なお，国際労働基準は，加盟国によって文化的・政治的背景，法制度，経済発展レベルが異なるという事実を反映し，国内の法や慣行に適合できるよう十分に柔軟性を有するように設計されている。基準の中には，いわゆる「柔軟条項」，すなわち加盟国が一時的に低い基準を設定したり，一定のカテゴリーの労働者への条約の適用を除外する，あるいは文書の一部のみ適用することを認めたりする内容を持つものもある。

　さらに，広義の国際基準には，「多国籍企業及び社会政策に関する原則の三者宣言」，「ILO労働力移動に関する多国間枠組み：労働力移動への権利に基づく取り組みのための拘束力のない原則とガイドライン」，「HIV／エイズと働く世界　ILO行動規範」なども含まれる。これらは拘束力のない点では勧告と同じであるが，勧告は条約と同じ採択手続きによるのに対し，時宜にあった機

　　府代表2人，労働者代表1人，使用者代表1人が投票権を持ち，3分の2の多数決によって採択される。
(3)　中核的労働基準（後述注11参照）ともいわれる。結社の自由及び団結権保護条約（1948年，第87号），団結権及び団体交渉権条約（1949年，第98号），強制労働条約（1930年，第29号），強制労働廃止条約（1957年，第105号），最低年齢条約（1973年，第138号），最悪の形態の児童労働条約（1999年，第182号），同一報酬条約（1951年，第100号），差別禁止（雇用及び職業）条約（1958年，第111号）。
(4)　労働監督条約（1947年，第81号），労働監督（農業）条約（1969年，第121号），三者の間の協議（国際労働基準）条約（1976年，第144号），雇用政策条約（1964年，第122号）。
(5)　1995年から2002年にかけて，ILO理事会において，85年以降に採択されたものも含め，現在でも通用し批准を促進する条約は約70で，それ以外は改正あるいは撤回が必要であるものに分類された。

動的な策定が可能である。

(c) 国際労働基準の役割

ILO事務局[6]は，社会正義を伴うグローバル経済の構築のためには，国際労働基準が必要で，国際労働基準は公正な立場での競争を可能とし，経済活動を向上させる手段で，経済危機の際のセーフティネットであり，しかも貧困を削減するための戦略となりうるとしている。政府や使用者は，労働水準を引き下げれば国際競争力が高まると考える傾向があるが，国際労働基準を遵守して労働者の人格を尊重することは，自己研鑽やリスクを負うことをいとわず，仕事への満足感の高い高技能の良質な労働者を育成し，低離職率，保健医療費の減少，安定した労使関係を生み出し，結果的に生産性と経済活動の向上につながると指摘している。

また，ILO事務局は，国際労働基準は国内法や政策決定のモデルやガイドラインになっている他，グローバル企業や他の国際組織等にも直接間接の影響を与えているとしている。さらに，批准条約が自動的に国内で適用される国については，国内裁判所は，国内法が適切でないまたは法の欠缺（けんけつ）がある事例の判断のために国際労働基準に依拠したり，あるいは「強制労働」や「差別」といった国際労働基準に示された定義を援用したりできると解釈している[7]。

(d) 国際労働基準の適用と推進

条約について，ILOはその批准を加盟各国に求めているのみならず，各国の法律慣行への国際労働基準の適用を確保するため，監視手続を設けている。これはこの種の国際手続の中で比類のないものである。加盟各国の政府は法律及び慣行をとおして実施してきた措置についてILO事務局に詳細な報告をしなければならない。8基本条約及び4優先条約については2年ごとに，その他のすべての条約については，「棚上げ」されたものを除き，5年ごとに報告を出すことになっている。政府は，報告書の写しを使用者及び労働者団体に提出する義務があり，これらの団体は政府報告書にコメントすることも，条約適用についてILO事務局に直接意見を送ることもできる。

---

[6] ILO事務局　監訳　吾郷眞一・グローバル経済のためのルール－国際労働基準の手引き（ILO駐日事務所，2006）7～10頁．

[7] ILO事務局・前掲注[6]　18～19頁．

政府報告書を評価する機関は2つ設置されている。条約勧告適用専門家委員会は、理事会で指名された20人の著名な法律家によって構成され、各国政府の義務履行状況について公平で技術的な評価を行い、年次報告を出す。専門家委員会は、意見（ある国における特定の条約の適用に関する根本的な問題についての見解）及び直接請求（より技術的な質問、あるいはさらなる情報提供の要請）というコメントを出し、前者のみ年次報告に記載される。基準適用総会委員会は政労使三者構成によるILO総会の常設機関で、専門家委員会の報告を検討し、特に議題とすべきコメントを選び、関係政府を召喚し、情報提供を求める。多くの場合、総会委員会は、政府に対し問題を改善するための特定の措置を講ずるか、あるいはILOの代表団もしくは技術協力を受け入れるよう勧告する判断を示す。

また、未批准条約についても、加盟国は定期的にまたは理事会の要請により、条約または勧告の規定を実効的ならしめるべく取った措置、条約の批准が妨げられているか、遅れている場合には、その障害となっている事情について報告することを求められている（ILO憲章第19条）。

通常監視手続以外に、申立て手続（ILO憲章第24条及び第25条）、苦情手続（同第26条～34条）、さらに結社の自由及び団体交渉に関する第87号及び98号条約に関しては、条約批准の有無にかかわらず、権利の侵害を調査する「結社の自由委員会」などの特別監視手続も重要な役割を果たしている。

(2) 日本の国際労働基準に対する対応

(a) 条約批准についての姿勢

我が国が批准しているILO条約は48（2010年12月現在、うち7条約は批准を破棄）で、条約の批准に対して極めて慎重であり、米国（同、批准は14）以外の先進国（同、フランス124、英国87、ドイツ84）に比較すると非常に少ない。わが国の批准条約の中にはその内容が時代にそぐわないと判断された[8]ものも含まれている。8基本条約についても、第111号条約（批准国169カ国、アメリカは未批准）、第105号条約（同169カ国、アメリカは批准）を批准していない。

---

(8) 注(5)に同じ。

(b) 条約の適用

このように条約の批准に非常に慎重な日本国政府であるが，批准したILO条約についてはどのように適用されているであろうか。日本においては，日本国憲法第98条第2項において，「日本国が締結した条約および確立された国際法規は，これを誠実に遵守することを必要とする」と規定している。国内法化するための特別な法令が必要であるという規定は設けられておらず，同様の規定のない他の多くの諸国と同じく，批准した国際条約は特別の立法なしに国内で法として適用されると解されている。しかし，条約が「国内的効力」を持つことと，条約が一般国民に直接適用されるかは同じ問題ではない。政府は，条約・協定の全ての条項に自動執行力があるのではなく，そのうち一部の条項が詳細な規定内容を有しており，国内法令の整備がなくとも，直接適用できるとしている。

実務的には，政府が条約の批准の検討を始める場合（国内外の政治的な圧力による場合があることも否定できないが），現行国内法との整合性—現行法の規定が条約の明文規定と齟齬がないか，条約の趣旨と異なった解釈がなされていないか，条約が要請している法的措置は整備されているか，そして問題点がある場合は通達等行政手続で解消可能か，立法措置が必要か—等が検討される。条約締結に必要な国会の承認手続きが始まる前（あるいは同時）に，必要な国内法の整備も完了するのが通常である。ILO条約についても，批准の際には国内法に条約の趣旨と異なる明文規定は存在せず，また異なる解釈は行われず，条約が国内法令で措置をとることを要請している場合には，条約批准のための立法措置が完結していることになる。しかし，後述のように，多くの裁判例では，ILO条約に自動執行力を認めておらず，また，法規について条約の趣旨と異なった解釈が行われている。

3 ディーセント・ワークと労働者人格権

(1) グローバルな観点からみたディーセント・ワーク

(a) ディーセント・ワークの概念とその発展

国際労働基準は，グローバル経済の時代にすべての人に平等に繁栄の機会をもたらすような基礎的なルールである。しかし労力と時間をかけて国際労働基準を採択しても，ILO条約の適用には加盟国の批准が必要であり，批准国数が

増加しない条約も多く，批准しても国内適用が進まない国もある。また，未批准条約や勧告は加盟国の国内法の整備や政策策定に利用できるが，拘束力はない。

　経済発展が人間の生活と尊厳を改善することを主眼としたものになるためには，国際労働基準の尊重以外にも，解決すべき課題が他に数多く存在する。このような状況下で，ILO が「『ディーセント・ワーク』をすべての人に」の概念をはじめて掲げたのは，1999年3月に就任したフアン・ソマビア ILO 事務局長が就任直後の第88回 ILO 総会に提出した事務局長報告においてである。同事務局長は，「今日，ILO の最重要目標は，自由，公平，保障，人間としての尊厳が確保された条件の下で，人々にディーセントで生産的な仕事を得る機会を促進することである」とした。

　ディーセント・ワークは一律的普遍的なものを指すのではなく，経済の発展レベルやグローバル化の度合いによって変わってくる。ILO 事務局は，「『ディーセント・ワーク』を一言で言えば，職業生活における人々の願望，と表現することができる。それは，生産的で公正な所得をもたらす仕事の機会，職場における保障と家族に対する社会的保護，個人としての能力開発と社会的統合へのより良い見通し，人々が不安や心配を表現する自由，自分たちの生活に影響を及ぼす決定に団結して参加すること，すべての男女のための機会と待遇の平等，などを意味する。」と説明している。

　ディーセント・ワーク課題（アジェンダ）は，ILO において，総会をはじめ，各種会議で達成目標として承認され，2000年以降のすべての文書で言及されている。2008年の第97回 ILO 総会では，ディーセント・ワーク課題を公式に ILO の憲章目的達成に向けた政策の中核に位置付ける「公正なグローバル化のための社会正義に関する ILO 宣言」[9]が採択された。

　労働関係以外の分野においても，比較的短期間のうちに，「生産的な雇用とディーセント・ワークが，公正なグローバル化と貧困削減を達成するための重要な要素である」との国際的な合意が政労使や市民社会組織の間で形成されてきた。2005年の国連世界サミット，2006年の国連経済社会理事会のハイレベル会合，2007年のハイリゲンダム・サミット，2008年の第63回国連総会等で，

---

[9] http://www.ilo.org/public/japanese/region/asro/tokyo/downloads/2008declaration.pdf

第1章　労働者人格権の総論的課題

国際社会から広く支持を受けている。2009年6月の第98回ILO総会で採択された「危機からの回復—仕事に関する世界協定　グローバル・ジョブズ・パクト」[10]は，2008年の国際的な経済金融危機に対し，ディーセント・ワーク課題を基礎として仕事の危機に取り組むことを提案しているが，この文書もその後のG20などで支持が表明された。

　(b)　ディーセント・ワークの実現に向けた戦略目標

　ILOでは，ディーセント・ワークの実現に向けて，4つの戦略目標を立てている。ジェンダーの平等は，横断的目標として，すべての戦略目標に係わっている。

① 仕事の創出：そもそも仕事がなければ，権利も保護も対話もありえない。失業者，質の低い低所得の仕事に就いている人々を減少させるために，投資の促進，企業の振興，仕事の創出，持続可能な生計の機会を作り出す経済が必要である。

② 仕事における基本的人権の保障：基本的人権の保障はディーセント・ワークの根幹をなす。働く人々の権利に関する条約はILOを中心に多数採択されているが，ILOでは，以下の4分野からなる「仕事における基本的原則および権利に関するILO宣言」[11]とそのフォローアップを1998年6月に採択し，毎年1分野について，世界の現状と今後の課題を報告書（グローバル・レポート）にまとめている。

　　a　結社の自由及び団体交渉権（ILO第87号，第98号条約）
　　b　強制労働の禁止（ILO第29号，第105号条約）
　　c　児童労働の撤廃（ILO第138号，第182号条約）
　　d　雇用職業における差別の廃止（ILO第100号，第111号条約）

③ 社会的保護の拡充：安全な職場環境，適切な自由時間と休息，家族や社会的な価値観への配慮，所得の喪失や低下に対する適切な補償，医療へのアクセス，などの労働条件を確保することにより，すべての人々の社会的統合を達成し，生産性を向上させる。

④ 社会対話の推進と紛争解決：不利な立場に置かれた人々も，交渉により事態を改善しうると理解しており，対話が諸課題を平和的に解決する手段であ

---

[10]　http://www.ilo.org/public/japanese/region/asro/tokyo/downloads/09pact.pdf
[11]　http://www.ilo.org/public/japanese/region/asro/tokyo/standards/declaration.htm

〔田口晶子〕　　　　　　　　　***4***　ディーセント・ワークと労働者人格権

ることを知っている。労使による社会対話は，生産性の向上につながり，労働紛争を解決し，一体性のある社会を構築する上で中心的な役割を果たす。

(c)　ディーセント・ワークの欠如

現実の仕事の世界では，ディーセント・ワークの欠如は多くの場面でみられる。世界的には，失業者は世界経済金融危機前より 3,400 万増加し，2 億 1,000 万人に達し，特に若年失業者は 8,100 万人で，その失業率は年長者の 3 倍に達している。不完全就業，質の低い非生産的な仕事，所得が不安定な仕事，権利が認められていない仕事，危険な仕事，男女不平等，障害者への差別，移民労働者の搾取，代表性や発言権の欠如は世界各地で見られ，世界人口の約 8 割は社会的保護の対象になっておらず，病気や傷害・高齢に対し十分な保護が得られない。児童労働（2008 年に全世界で 2 億 1,500 万人）や強制労働も撤廃されていない。ディーセント・ワークの欠如の結果，世界の労働者の約 4 割に相当する推計 12 億近くが 1 日 2 ドル未満で生活しており，業務関連の負傷や疾病による死亡者数は毎年 230 万人，1 日平均約 6,300 人に達している。と ILO 事務局は指摘している。

(d)　ディーセント・ワークの測定

その尊重のためにユニークな監視手続が設けられている国際労働基準と異なり，ディーセント・ワーク課題の実現については加盟国次第である。加盟国はディーセント・ワークの実現のための優先分野を選定したディーセント・ワーク国別計画を策定し，ILO はその達成に向けて支援することになっており，80 カ国以上が計画を策定または策定作業中である。なお，先進国にも国別計画を作成したところがあるが，その作成は義務ではない。ディーセント・ワークの欠如がみられないためでなく，技術協力の対象国ではないからである。

ILO はディーセント・ワークの実現を抽象論に終わらせず，何らかの形で数値化できないか，その概念を掲げて間もない 2000 年からディーセント・ワークの測定の試みを開始した。「公正なグローバル化のための社会正義に関する ILO 宣言」[12]では，「国内におけるディーセント・ワークの実現に向けた取組みの実施は，国内のニーズ及び優先事項に合わせて行われ，また，当該責務をどのようにして果たすかの決定は，加盟国が代表的な労使団体と協議した上で行

---

(12)　前出注(9)。

第1章　労働者人格権の総論的課題

うものである，そのために，『必要に応じて ILO の支援を得ながら，進捗状況を監視し評価するための適切な指標または統計を策定すること』を検討する」よう加盟国に提案している。

　2008 年に開催されたディーセント・ワークの測定に関する政労使三者構成の専門家会議では，統計指標のリストを検討し，権利の重要性を強調し，ILO の基準適用監視システムと一致した形でディーセント・ワークの法的枠組み及び労働における権利に関する体系的な情報を提供することや国の順番付けを行わないなどといった具体的な提案が出された。これを受けて同年の国際労働統計家会議で検討が続けられた。現在，ディーセント・ワーク測定のための包括的な枠組みが限られた国で試行中で，ILO 事務局は 2015 年までにディーセント・ワーク課題に向けた歩みを測定する手段を全加盟国に普及させることを計画している。これが実現すれば，労働者の人格権の達成度合いの数値化につながる。

　(2)　わが国におけるディーセント・ワークへの取り組み
　(a)　ディーセント・ワークの訳語
　国際的にはディーセント・ワークの実現に向けた取組みが比較的短期間のうちに前進してきたのに対し，我が国では，「ディーセント・ワーク」の概念は，主にスローガンとして用いられ，政府の具体的な施策や企業で直ちに取り入れられたわけではなかった。その理由の1つとしては，ディーセント・ワークの訳語がなかなか定まらず，具体的に何をさすのか明確ではなかったことがある。我が国が 2007 年に最初の批准国となった「職業上の安全及び健康促進枠組条約（2006 年，第 187 号）」における政府公定訳は「適切な仕事」であるが，現在は「働きがいのある人間らしい仕事」という訳語が用いられている。
　(b)　ディーセント・ワーク達成のための行動計画
　我が国において，ディーセント・ワークの実現に向けた取組が具体化した契機の1つは，2006 年に韓国で開催された ILO アジア太平洋地域会議である。同会議では「2015 年までの期間を『アジアにおけるディーセント・ワークの実現に向けた十年』（Asian Decent Work Decade）とし，この期間に，多様性をもつ我々の大陸のすべての国が，ディーセント・ワークの実現に向け，一致団結して持続的な努力を行うことを誓約する。」という文書が採択された。ディー

〔田口晶子〕　　　***4*** ディーセント・ワークと労働者人格権

セント・ワークの課題の中で各国で何が優先課題なのか，政労使やILOなどの関係者で議論して合意を図っていく必要があるとした。

　先進工業国である我が国はディーセント・ワーク国別計画の策定義務はないが，この地域会議を受け，2007年度に政労使，ILO駐日事務所，日本ILO協会の五者で，日本でディーセント・ワークを目指すに当たり，優先課題は何か，また，他のアジア太平洋諸国にどのような技術協力ができるのかについて，政労使ILOの取組み，優先課題を盛り込んだ「ディーセント・ワーク達成のための行動計画」の策定が行われ，改訂も行われている。現在の日本においてディーセント・ワークの欠如がみられ，労働者の人格権が侵害されている場面があることを認識し，五者がつねに連携をとること，ディーセント・ワークの概念の普及のための啓発活動やシンポジウム開催などが盛り込まれている。

(c)　ディーセント・ワークの概念の普及

　「ディーセント・ワーク」は日本国内では一部の労働関係者以外にあまり知られていないと思われているようだが，実はその概念も含めて政労使の諸活動の中に取り入れられている。

　政府においては，厚生労働省が2010年4月に発表した「平成22年度 厚生労働省の目標」[13]において，個別政策及び制度改革の方向に関して，「就業率の向上とディーセント・ワークの実現に向けて取り組む」という目標が設定されているなど，各種施策に取り込まれている。

　日本労働組合総連合会（連合）は，ディーセント・ワークの概念がはじめて掲げられたときから行動指針などに取り入れ，啓発活動等も熱心に行ってきたが，2008年から毎年10月に，国際労働組合総連合（ITUC）が呼びかける，ディーセント・ワークを求める世界一斉行動に賛同し，ディーセント・ワーク世界行動デーの催しを実施している。

　使用者団体である日本経済団体連合会（日本経団連）については，「豊かで活力のある国民生活を目指して─経団連 成長戦略2010」など各種文書にディーセント・ワークの概念が取り込まれている。また，日本企業における適用や参加が拡大しているGRIガイドライン[14]や国連のグローバル・コンパクト[15]等，

---

[13]　http://www.mhlw.go.jp/stf/houdou/2r98520000005w68-img/2r98520000005w7q.pdf
[14]　GRIはオランダに本部を置くNGOで，CSR（企業の持続可能性レポート）ガイドラインづくりを目的とする国連環境計画（UNEP）の公認協力機関。事業者が，環境・社

国際的な企業のCSR活動を推進しているイニシアチブにも，ディーセント・ワークの概念が取り入れられている。

4　女性労働とディーセント・ワーク

(1)　ILOにおける男女平等に対する取り組み
(a)　仕事の世界における男女平等の取り組みの進展

ILOは，仕事の世界における男女平等について熱心に取り組んできた。設立当初は女性労働者の保護が中心で，1919年の創設の年に採択された6条約のうち，2条約（母性保護　第3号，夜業（婦人）　第4号）がこれにあたる。ILO憲章，国際労働基準，「仕事における基本的原則及び権利に関するILO宣言」，さまざまなILO総会決議及び理事会の決定，「公正なグローバル化のための社会正義に関するILO宣言」にいたるまで，共通の目標は仕事における性差別の撤廃と男女平等の促進であった。

男女平等をしっかり根付かせるための基本条約としては，同一報酬条約（1951年，第100号），差別待遇（雇用及び職業）条約（1958年，第111号）がある。それ以外の男女平等の促進に結びつく基準としては，パートタイム労働条約（1994年，第175号），在宅形態の労働条約（1996年，第177号）が採択されている。先進国，途上国を問わず，どこの国でも大半のパートタイム労働と在宅労働は女性が担っており，しばしば意に反して行われていたり，1人世帯の世帯主であったりする。また，家族的責任を有する労働者条約（1981年，第156号），妊娠中や出産後の女性労働者の保護を目的とした母性保護条約（2000年，第183号）

会・経済的な発展に向けた方針策定，計画立案，具体的取組等を促進するための国際的なガイドラインを策定している。その中に「労働慣行とディーセント・ワーク（公正な労働条件）」パフォーマンス指標として，雇用，労働安全衛生，研修及び教育及び「人権」パフォーマンス指標として，結社の自由，児童労働，強制労働が含まれている。

(15)　http://www.ungcjn.org/aboutgc/glo_01.html
　　国連グローバル・コンパクトは，1999年に開かれた世界経済フォーラムの席上，コフィー・アナン国連事務総長が提唱し，2000年1月に国連本部で正式に発足した国際的なイニシアチブで，国連機関，労働，市民社会と共に人権，労働，環境の分野における10原則を支持するというもので，企業のリーダーの参加を求めている。特に労働に関する4原則はディーセント・ワークの戦略目標に示されている国際労働基準の尊重が盛り込まれている。この国連のグローバル・コンパクトには日本企業は2010年5月現在112社参加している。

〔田口晶子〕　　　　　***4*** ディーセント・ワークと労働者人格権

なども採択されている。しかし，基本条約以外の条約の批准数は少ない[16]。

　ディーセント・ワークの概念が掲げられて以降，ジェンダーは4つの戦略目標の横断的目標として，すべての戦略目標に係わっており，どのILO文書にも必ずとりあげられてきた。そのため，国連女性の10年最終年にあたる1985年のILO総会で「雇用における機会均等と平等待遇」について討議され，決議が採択されて以来，独立して議題とされることはあまりなかった。2009年6月に開催された第98回ILO総会で，第6議題の「ディーセント・ワークの中心にある男女平等 (Gender Equality at the heart of decent work)」として，20数年ぶりで男女平等が独立した議題として取り上げられ，議論の結果決議が採択されたのである。なお，ILOは2008年6月から男女平等に関し，月替わりでテーマを決め，1年間にわたる広報キャンペーンを展開した。

(b)　ILOの男女平等に対するアプローチ

　ILOの男女平等についてのアプローチは，権利に根ざした議論と経済効率の論理的根拠に基づくものである。すなわち，仕事の世界における男女平等は，労働者にとって人権であり正義であるばかりでなく，すべての行動主体の社会参加がかなうことは，使用者にとってはビジネスの観点から十分に意味があり，国レベルでは経済成長と貧困削減の達成に役立つとしている。この「すべての行動主体の社会参加が，ビジネスの観点からも国の経済成長にも資する」というのは，女性労働者のみならず，障害者等社会的弱者と言われている人たちの社会的包摂 (social inclusion) に関するILOの基本的な考え方である。そして，経済危機の時代にあっても，男女に機会と待遇の均等を達成することは，加盟国が経済政策と社会政策の整合性に取り組んでいるかどうかを示すリトマス紙となるであろうと決議の中でも述べている。

　ILOは，権利の平等は一生涯を通じて適用するものであり，幼年期から高齢期にいたるまで，男性と女性はさまざまな形の性差別に直面するとしている。ILOの加盟国は開発途上国が大半を占めているので，男女差別についても開発途上国，特に農村の事例が数多く含まれている。

(c)　残された課題とその解決に向けて

　ILOは，過去数十年のこの分野の進展を評価し，男女平等は，今日，持続可

---

[16]　批准国数，156号41カ国，175号13カ国，177号7カ国，183号18カ国。

83

第1章　労働者人格権の総論的課題

能な成長，男女双方のための貧困削減，そして，すべての人にとっての生活水準を改善する上で必要不可欠であることが，世界中で広く受け入れられている，とした上で，残っている課題をあげている。

　女性は，インフォーマル経済や農村における労働者，移民，先住民，マイノリティー，若年者を含む多様なグループで成り立っており，各々が特有のニーズを抱えている。開発途上国，先進国を問わず，貧困はますます女性化する傾向を示し，男女の賃金格差は存続し，フルタイムの仕事を含むあらゆる形態の仕事が不足している。妊娠・母性に関する差別はなくならず，労働市場においては水平的・垂直的な仕事の分離が続いている。ディーセント・ワークの欠如が最も深刻なインフォーマル・セクターでの労働や不本意なパートタイム労働に携わるのは女性が圧倒的に多い。女性は教育水準が向上したにもかかわらず，低賃金の仕事の大部分を占め，役員や管理職及び技術職は少なく，多くの女性が劣悪な労働条件に苦しんでいる。企業や地域社会への義務も果たしつつディーセント・ワークを追及し，家族を養い世話をすることは非常に困難である。高齢期になると，拠出制の年金制度では勤続年数の短さや生涯を通じての低賃金の結果，女性は男性より不利益を受けやすい。ジェンダーに基づく暴力は女性の人生のあらゆる段階において起こっていることなどを指摘している。

　これらの課題に対し，安全な出産と乳幼児の生存のために母性保護を社会経済政策の一部として統合すること。子ども時代については，特に少女を児童労働から解放し，教育を受けさせること。教育を受けた少女は，より多くの収入を得て，資源・資金を自ら管理する力を得，早婚の可能性が低くなり，より少ないより健康な子どもを産み，家庭内での意思決定の力が大きくなり，さらに自らの子どもに教育を受けさせ，貧困の悪循環を断ち切る可能性が高くなる。性別が適性の指標とされることがないような制度づくり，女性に対する教育訓練の充実と適切な職業紹介サービス，高い「給与」が払われる男性の職業につく機会の拡大など賃金格差の解消，高齢期に経済的に不利にならない施策などが必要であると提案している。また，仕事と家庭を両立させる措置は女性だけでなく男性にも関係するものであると強調している。

(2) わが国における男女平等と ILO 第 100 号条約
(a) ILO の指摘した課題と我が国の現状
　第 98 回総会の結論として採択された男女平等に関する文書でとりあげられた課題のうち，女児に対する児童労働以外の部分——男女の賃金格差，不本意なパートタイム労働への就労，役員や管理職の少なさ，職場におけるセクシュアル・ハラスメントなど女性に対する暴力等——はほとんど現在の日本にそのままあてはまる。どの課題も労働者人格権に関連するものといえるが，枚挙に暇がないため，本稿では，ILO 第 100 号条約に絞って，政府の報告書と ILO 評価機関の指摘等を紹介するにとどめたい。
(b) ILO100 号条約の執行状況に関する ILO の審査
　100 号条約の批准国は 168 カ国で，日本は 1967 年に比較的早く批准した。先進国ではアメリカ合衆国は未批准である。条約批准に極めて慎重なわが国が同条約を批准したのは，政治的意思によるものが大きいと言われている。100 号条約は基本条約で，原則的には 2 年に 1 回履行状況報告を ILO 事務局に提出することが義務付けられている。
　最近の日本政府の報告書はそれに付された労使の意見も合わせて厚生労働省のホームページ[17]で，ILO 条約勧告適用専門家委員会で出された意見等については ILO のホームページ[18]で閲覧可能になっている。
① 統計情報
　専門家委員会は，条約上の男女同一価値労働同一報酬が履行されれば（男性の多い賃金の高い職種と女性の多い賃金の低い職種が同一価値なら同一報酬にする），統計上の男女間賃金格差が縮小するはずであるとして，各国に賃金情報の提供を求めている。わが国は，厚生労働省の賃金構造基本統計調査[19]による一般労働者[20]の男女間所定内給与格差等を提供している。職種別，産業別，勤続年数を加味した比較も行っており，労働者平均の場合より格差は縮小している。
② 男女同一価値労働同一報酬の法的根拠
　日本政府報告書においては，「条約においては，『同一価値の労働について

---

[17] 最新の報告書　http://www.mhlw.go.jp/shingi/2009/10/dl/s1002-10f.pdf
[18] http://www.ilo.org/ilolex/english/iloquery.htm
[19] http://www.mhlw.go.jp/toukei/list/52-21.html
[20] パートタイム労働者は含まない。所定内給与は時間外労働を除いたもの。

第1章　労働者人格権の総論的課題

の男女労働者に対する同一報酬』とは，『性別による差別なしに定められる報酬率』と定義しているところ，労働基準法第4条は同条約上の同一価値労働同一報酬の原則を反映している。」と明記している。これは専門家委員会からの「労働基準法第4条は男女同一価値労働同一報酬を明文化した法令というには不十分ではないか」というたび重なる指摘に対する回答で，日本国政府は，「労働基準法第4条があるので，新たな立法措置は不要である。」と答え続けている。

③　男女の賃金格差を縮小するために政府が行った施策

政府報告書では，男女の賃金格差が縮小しないのは，男女同一価値労働同一報酬が法制化されていないためではなく，男女の平均勤続年数や管理職比率の差異によるもので，それをもたらす企業の長期雇用慣行を前提とした賃金・雇用管理によるところが大きいと理由付けている。そして，男女の賃金格差を縮小するためにとった施策を毎回報告している。最新の報告では，パートタイム労働法の改正，父親の育児休業の取得促進策や短時間勤務制度等の拡充を盛り込んだ育児・介護休業法の改正，企業に対するポジティブ・アクション促進のための施策，雇用管理制度および賃金制度が女性の給与に与える影響の研究等を紹介している。

④　労働基準法4条に関する裁判例

ILO専門家委員会は，労働基準法第4条がどのように解釈されているか，男女賃金差別が争われた事例の報告を求めている。内山工業㈱損害賠償事件（最高裁2007年7月13日決定），兼松損害賠償等請求事件（東京高裁2008年1月31日判決），昭和シェル石油事件（東京高裁2007年6月28日判決，最高裁2009年1月22日決定）の男女賃金差別の存在を裁判所が（一部）認めた判例を紹介している。

5　おわりに

労働者の人格権の実現に関して，ILOの活動と日本における取組を，国際労働基準の尊重とディーセント・ワークの実現という2つの側面からみてきた。特にディーセント・ワークの欠如しやすい女性労働者に関し，日本においては解決すべき課題が山積している。日本国政府は，本稿に紹介したように，「労働基準法第4条は同条約上の同一価値労働同一報酬の原則を反映している。」という見解を取っており，裁判例では，「労働基準法4条の解釈として，同条

〔田口晶子〕　　　　　　　　*4*　ディーセント・ワークと労働者人格権

が同一価値労働同一賃金の原則を定めたものと解することはできない。」[21]としているものが多い。しかし，日本の男女間賃金格差は2つの面でのディーセント・ワークの欠如－正社員特に男性若年労働者の長時間労働と家庭との両立のために非正社員としての働き方や，正社員であっても，あえて管理職への昇進を望まない道を選択する女性労働者の存在－の実態を反映しているといえ，法解釈のみで，事態が改善するとは思いにくい。なお，この報告書が出された後の2010年に，厚生労働省は男女間賃金格差解消に向けた労使の取組支援のためのガイドライン[22]を策定した。これが企業の啓発や，さらに現行の男女の働き方を見直す契機になることを期待している。

---

[21] 京都市女性協会事件　大阪高判平21・7・16 他。
[22] http://www.mhlw.go.jp/stf/houdou/2r9852000000ned3.html

5 法的パターナリズムと労働者保護
――ドイツの議論を中心に――

小俣勝治

1 問題の所在
2 パターナリズムの概念とその正当化
3 契約法における「自由最大化のパターナリズム原理」の具体化――動的体系の活用――
4 労働者保護とパターナリズム
5 まとめに代えて

1 問題の所在

　差別禁止法制など，最近の労働立法には労働者全体を一律に保護する法制とはいえないものも増えている。とはいえ，今日でも労働法の目標は何かと問われれば，「使用者による他者決定に対する労働者保護」[1]が中核課題といってよいであろう。この点に関し，チューシンクは，1日10時間を超えて任意で働くことを禁止する法律を憲法違反とする，有名なアメリカのロックナー判決[2]と今日のドイツの法律状況（疾病に基づく6週間を超える賃金継続支払を放棄する合意は法律上認められないため，結局病気がちな被用者が整理解雇となった事例）を比較して，

---

(1) Gregor Thüsing, Gedanken zur Vertragsautonomie im Arbeitsrecht, Festschrift für Hebert Wiedemann zum 70. Geburtstag. München 2002, S. 559, 562. 以下には，この論文は本文に記す。わが国でも，西谷敏「21世紀の労働と法」日本労働法学会編集『21世紀の労働法　第1巻』（有斐閣，2000年）2頁以下によれば，「労働法は，使用者による労働条件の一方的決定への規制の体系である。」（17頁）しかし，浅倉・島田・盛『労働法』第3版（有斐閣，2008）によれば，「労働法は本来的には労働者保護のための法としての性格を有するものである。」としつつ，男女平等などの新しい理念や規制緩和などの新立法政策により，「労働法の根本理念そのものが，今改めて問われている。」とも表現されている。

(2) Lochner v. State of New York 198 US 45（1905）同判決のアメリカ法における意義と影響について，水町勇一郎『集団の再生――アメリカ労働法制の歴史と理論――』（有斐閣，2005年）70頁以下。

第1章 労働者人格権の総論的課題

一方は、被用者に対する保護水準があまりに低く、自己傷害に対する形式的承認を憲法上保護された自由の表現として評価し、その合意を是認しているのに対し、他方は、被用者にあまりに多く善（保護）を与えており、客観的理由に基づく承認（合意）を無視しかつ契約的合意に対してあまりに敬意を払っていない、と評価する。そして後者では、保護は負担に、慈善は苦痛となっている。したがって、今日の労働法においては、一体その保護は被用者のその意思に反してまで実現されうるものか、もしそうであるならそれはどの程度までかが、課題となる。すなわち、労働法による被用者保護の下限と上限が問題となる、としている。(Thüsing, a. a. O., S. 561.)

少なくとも労働者保護法制における労働者保護のレベルは日独でも相当の差異がある。ドイツでは、公法的規制としての労働保護法規と私法的規制の労働者保護法（強行的労働契約法）に区分され、前者が生命・健康などの保護のための最小限規制なのに対し、後者は独自に発展を示している。わが国では、労基法が行政的監督取締法規である（国家による使用者に対する規制）面を基礎に、同時に私法的側面（労使の権利義務関係）が認められている。前者が実効性確保手段として罰則を伴うため罪刑法定主義による法適用の慎重さ（類推解釈や拡大解釈の禁止）が求められることにより、労働者に対する権利付与においても抑制的影響が見られる[3]。また、政策目的の多様化に伴い、必ずしも強行的禁止規範ではなく緩い努力義務規定が登場している。このような行政立法的性格の労働保護は、その法的発展についても限界があろう。しかし、今日ではその意味では、司法による権利救済を旨とする強行的労働契約法の成立によって、私法レベルでの労働者保護が問題となりうる基盤が生まれているともいえる。

チュウシンクは、ドイツの法律状況を明確化するために、私的自治並びに契約自由について、ロックナー判決とドイツの憲法裁判所の判例とを対比する。彼によれば、ロックナー判決は契約自由を「形式的自由」の意味で理解しているとする。形式的自由は契約の締結を契約の内容やその成立状況にかかわらず保護しようとする。(Thüsing, a. a. O., S. 563.)[4]これに対して、連邦憲法裁判

---

(3) 西谷敏「労働者保護法による自己決定とその限界」松本博之＝西谷敏編『現代社会と自己決定』（信山社、1997年）223頁以下228頁、同「労働基準法の二面性と解釈の方法」伊藤博義・保原喜志夫・山口浩一郎編『労働保護法の研究―外尾健一先生古稀記念―』（有斐閣、1994年）1頁以下。

所[5]によれば，私的自治は立法者によって形作られるべきであって，とりわけ一方当事者の契約自治と他方当事者のそれとの融和が立法者によって図られねばならない。「契約当事者の一方が過度に優位（強力）となって，契約内容を事実上決定している事態になれば，他方当事者にとってそれは他者決定となる。」この帰結は正当化を要する場合がある。すなわち，「ある契約当事者の構造的優位性を認識せしめる類型化可能な事例形成が問題となり，その契約の帰結が劣位の契約当事者にとって特別の負担を課すものであるときは，私法秩序はこれに反応しかつ，修正を可能にしなければならない。」チュウシンクは，その修正は弱者の当事者の契約自由を制約するのではなく，むしろその修正が契約を無効にするにもかかわらず，まさに弱者の契約自由を発展させる，と理解する。この点がロックナー判決との根本的な立場の相違である。(Thüsing, a. a. O., S. 564.)

---

(4) 同所に引用されている Claus-Wilhelm Canaris, Wndlungen des Schuldvertragsrechts, AcP 200 (2000) S. 273, 300 によれば，「契約自由の形式的局面ではそれは法律効果の設定のための権限にある，その実質局面ではそれは実際の決定の自由の実現に資するものである。」

(5) 代理商決定（Beschluss v. 7. 2. 1990, BverfGE81, 242）では，「私的自治は自己決定の原理に基づいている，したがって，自由な自己決定の諸条件が事実において存在していることを前提にしている。もし契約の一方の当事者が契約上の規律を事実上一方的に設定しうるほどに過度に強力であるならば，これは契約の他方当事者にとっては他者決定である。」(S. 255) そして，連帯保証決定（Beschluß v. 19. 10. 1993, BverfGE89, 214）は代理商決定のこの最後の部分をそのまま引用した後に，「しかしながら，そこにおいて交渉力の均衡が多少なりとも侵害されているあらゆる状況に対して，法秩序は配慮することはできない。法的安定性の理由に基づいてさえ，交渉力の均衡のいかなる障害がある場合にも契約が事後的に問題にされたりあるいは修正されてはならないのである。それにもかかわらず，契約の一方当事者の構造的劣位性を認識せしめる類型化可能な事例形成が問題となる場合であって，かつ，その契約の諸帰結が劣位の契約当事者にとって異常なほどの負担となる場合には，私法秩序はこれに反応し，かつ修正を可能ならしめなければならない。このことは，基本法による私的自治の保障（基本法2条1項）及び社会国家原理（基本法20条1項，28条1項）より生ずる。」と判示している。

代理商決定については，押久保倫夫「職業の自由と私法関係」栗城壽夫他『ドイツの最新憲法判例』（信山社，1999年）242頁以下，連帯保証判決については，國分典子「民事裁判所による保証契約の内容統制と基本法規定の私人間効力」同著306頁以下参照，全般的に，ヨーゼフ・イーゼンゼー著ドイツ憲法判例研究会（栗城壽夫他）翻訳『保護義務としての基本権』（信山社，2003年）321頁，とくに339頁以下，ボード・ピエロート，ベルンハルト・シュリンク著（永田秀樹他訳）『現代ドイツ基本権』（法律文化社，2001）28頁以下，49頁以下。

第1章　労働者人格権の総論的課題

　チュウシンクは続けて，労働法分野について次のような主張に至る。すなわち，労働法上の保護法規の正当化並びに労働契約の内容規制の正しい拠点は第一に，別の法益のために被用者の契約の自由を制約するのではなく，被用者自身の契約自由を発展させることである。したがって，労働契約への介入の正当化は第三者の利益の保護ではありうるとしても，被用者の自身からの保護はありえない，とする。(Thüsing, a. a. O., S. 568.) その帰結として，Thüsing は，前記保証決定の要請とは逆の方向への結論に至る。すなわち，契約が不平等な交渉(勢)力に基づいて締結されてはいなかったという類型化可能な事例形成がある場合には，その契約は修正すべきではない。被用者の決定が実際に自由に行われていることが想定される類型的状況が立法者によって把握されるのであれば，ここでは他者決定より自己決定（Eigenbestimmung）を優先させることが，労働法の効率に資するし，かつ憲法によって与えられた私的自治にも合致する。(Thüsing, S. 585.)

　このチュウシンクの見解は，使用者による他者決定が前提視される労働者保護法にとって，労働者に対する一律の強行的保護という規制方式並びにその正当化根拠について疑問を呈するものである[6]。特に，「一方当事者による他者決定」という（従属性の）想定は労働法においても自明の理ではなく逆な方向での類型的事例が登場すればむしろ保護・介入は抑制すべきことになる。このことに伴い，契約への介入の正当化として第三者の保護はありえても，労働者自身（の決定）からの保護はありえないとする。この最後の自身からの保護（Schutz vor sich selbst）の問題は，基本権放棄の問題だけでなく，労働法等の契約に対する強行法的規制についても，法的パターナリズムの問題の範疇として，論じられている。

　ところで，パターナリズム（Paternalism）の語は一方において，福祉国家の「過剰な法規制」，「余計な法介入」を批判するための否定的含意がこめられた「家父長主義」「専断的権威主義」の意味合いで用いられる。他方において，刑事法や少年法の分野をはじめ法規制の新たな正当化根拠として論じられてきた[7]。

---

(6)　ドイツの研究者レベルのこの方向について，西谷・前掲（注3）論文〔二面性〕18頁参照。

(7)　瀬戸山晃一「現代法におけるパターナリズムの概念――その現代的変遷と法理的含意――」阪大法学47巻2号233頁（1997年）以下238頁，芹沢斉「公的規制とパターナリ

最近では法的レベルだけでなく国家的介入・保護が関係するところではほぼ同様な論議が見られるようである。とりわけ，その概念と正当化根拠が論ぜられている[8]。

　他者を侵害しない限り本人の意思に反して法的介入を受けないという危害原理（他者危害防止原理—あるいは侵害原理ともいう—）のみが支配する古典的自由社会に比して高度に複雑多様化した現代社会では，私法上の契約自由に対する法的規制・制約などの正統性が求められる。このような自由制約原理として注目されるのが，本人の自己決定が他者に対してではなく本人自身に対して与える影響（自己加害・自己傷害）を法的介入の根拠とする『パターナリズム』である[9]。

　そこで本稿では，国家的規制の正当化根拠のひとつとして論議される法的パターナリズムを取上げ，これが労働法，特に労働者保護法規において，規制の正当化根拠足りえているか及びその程度（限界）について，ドイツの議論を中心に検討しようとするものである。

2　パターナリズムの概念とその正当化

(1)　アイデンミュラーの見解

(a)　概　　念

　ドイツでは英米圏で発展してきたパターナリズムの論議[10]は，Horst Eidenmüller の著書[11]の第 9 節において，その概念と正統化問題が言及された

ズム」公法研究（日本公法学会編）第 60 巻（1998 年）133 頁以下。わが国におけるパターナリズムの論議全般について，中村直美『パターナリズムの研究』（成文堂，2007 年），澤登俊雄編著『現代社会とパターナリズム』（ゆるみ出版，1997 年）参照。

(8)　宮崎真由「パターナリズムの正当化基準について」人間社会学研究収録 1（大阪府立大学大学院人間社会学研究科）（2005 年）73 頁以下，石川時子「パターナリズムの概念とその正当化基準—『自律を尊重するパターナリズム』に着目して—」社会福祉学（日本社会福祉学会）第 48 巻第 1 号（2007 年）5 頁以下，桶澤吉彦「『同意』は介入の根拠足りうるか？ —パターナリズム正当化原理の検討を通して—」新潟青陵大学紀要第 5 号（2005 年）77 頁以下。

(9)　瀬戸山・前掲（注 7）論文 234～235 頁。

(10)　瀬戸山・前掲（注 7）論文 240 頁では，法的パターナリズムを本格的に定義付けた G・ドゥオーキン（Gerald Dworkin）の定義が考察の出発点にされている。そこではパターナリズムは，「その強制を受ける人の福祉，善，幸福，必要又は価値ともっぱら関係する理由によって正当化されるようなある人の行為の自由への干渉」と定義される。詳しくは，中村・前掲書 49 頁以下，とくに 52 頁以下。

第1章　労働者人格権の総論的課題

のが最初ではないかと思われる。

　そこでは，その行為に係る者（被関与者）の幸福（有益）のために，かつその被関与者の同意がない場合でも行われる行為（その意味で「強いパターナリズム」を含む）がパターナリスティックであるとする。(Eidenmüller, a. a. O., S. 359.）しかも「倫理的に動機付けられたパターナリズム」として対象限定された「法的パターナリズム」は，「価値パターナリズム」[12]とも呼ばれ，「他のものより良き生活形式が存在しかつそれなるがゆえにわれわれはそれを希求すべきであろう」との観念によって構想されている。したがって，それは，「すべての個人の自律的選好（autome Präferenz）を最大限に発揮させているか否か」で法的原則を評価する考え方（選好の自律性）と鋭く対立する。(Eidenmüller, a. a. O., S. 361.）

　アイデンミュラーは，価値パターナリズムに基礎を置く法規範は先ず第1に基本権保護の不可放棄性（基本法）に求める。すなわち，連邦憲法裁判所[13]によれば，基本法が基本権の章において定立する価値秩序は客観的なもので，その妥当は，個人がそれを主観的に承認していることに依存しない。それはむしろすべての者に対して平等に妥当するのであって，被関与者がこれを欲しない場合，すなわち，彼の選好が基本法の基本権の諸規定において具現されている「客観的価値」に合致しない場合でも，妥当するのである。(Eidenmüller, a. a. O., S. 361.)[14]

---

[11]　Horst Eidenmüller, Effienz als Rechtsprinzip, 3. Auflage, Mohr Siebeck. 2005. 但し，初版は1995年4月に刊行されている。以下では，この論文の引用は本文にその頁数を記す。

[12]　ミルはパターナリズムを被関与者の物質的幸福の改善志向（physical good）とその道徳的幸福（moral good）を促進するものに区分したが，ハートは後者についてパターナリズムと呼ばないとして，これを排除した。Eidenmüller, S. 360, Fn. 8

[13]　BVerfG 15. 1. 1958, BVerfGE7, 198（205）（リュート判決）について，木村俊夫「言論の自由と基本権の第三者効」『ドイツの憲法判例』（第2版）157頁，BVerfG 25. 2. 1975, BVerfGE39, 1（41）第一次堕胎判決について，嶋崎健太郎「胎児の生命と妊婦の自己決定—第1次堕胎判決—」『ドイツの憲法判例』（第2版）67頁，BVerfG19. 10. 1993, BverfGE89, 214 前掲連帯保証決定。

[14]　ドイツでは，このような考え方から基本権の私人関係における間接的効力説が基礎付けられる。山本敬三「契約関係における基本権の侵害と民事救済の可能性」田中成明編著『現代法の展望　自己決定の諸相』（有斐閣，2004）3頁以下7頁。しかし，その問題点について，同著9頁。詳しくは，シュテルン『ドイツ基本法Ⅱ基本権編（翻訳：井上典之他）』（信山社，2009年）45頁以下，三並敏克『私人間における人権保障の理論』（法律文化社，2004年）109頁以下。

この見解は，連邦行政裁判所[15]のピープショウの経営が女性演技者の人間の尊厳を侵害すると判示する判決にも現れている。「ピープショウに登場する女性が任意で行動していることによって，この人間の尊厳の侵害は一掃され又は正当化されることはない。人間の尊厳は客観的で，不可譲渡の価値であって，個人はその尊重を有効に放棄することはできない。被関与者の承認が人間の尊厳の侵害を排除しうる場合は，人間の尊厳の侵害がまさに問題となっている行為又は不行為への被関与者の承認の欠如によってのみ理由付けられる場合に限られる。」本件はそのような事案でないとされた[16]。

　その第2は，特定の法的財の不可処分（譲渡）性である。私法領域においては，「客観的価値秩序の放射効果」は一定の事例グループに限定される。契約自由に対する価値パターナリズムに基づく介入としては，いかなる財を商業化するかについて各人の自己決定できる権能への根本的な介入が問題となる。すなわち，私法においては，基本法の客観的価値秩序によって，一定の（法的）財が市場における合法的な取引の機会を剥奪される。この（法的）財は人（人格）の構成要素とみなされ，かつそれゆえに不可譲渡であるのである。具体的には，ベニスの商人の1ポンドの肉，奴隷契約，売春契約などが挙げられている。（Eidenmüller, a. a. O., S. 363.）

(b)　正　当　化

　ある人にとって何が「良い」ことであるか又は何が「道徳的に正しい」ことであるかを他者・第三者が決定するとなれば，被関与者は決定（権）を奪われ，その結果は「決定の自由に対する介入」である。したがって他者・第三者によ

---

[15]　BVerwG 15. 12. 1981, BVerfG64, 274〔279〕——そこでは，BverfGE 45, 187, 229（日笠完治「終身自由刑と人間の尊厳——終身自由刑判決」前掲ドイツの憲法判例25頁）が引用されている）。

[16]　ドイツでは，80年代以降判例上，そのような自己加害行為（自傷行為）に対する行為者自身の保護のために国家・法の介入が許されるかの問題が争われ，学説でも1992年にChristian Hillgrüberが「Der Schutz des Menshen vor sich selbst」を著わして以降，私法領域にまで論議が及んでいる。詳しくは，Reihard Singer, Vertragsfreiheit, Grundrechte und der Schutz des Menschen vor sich selbst.Juristen Zeitung, 1995, S. 1133ff. Derselbe, Die Lehre vom Grundrechtsverzicht und ihre "Ausstrahlung" auf das Privatrecht. in: Rechtstheorie und Rechtsdogmatik im Austausch-Gedächtnisschrift für Bernd Jaend'Heur, Berlin 1999, S. 171ff. なお，わが国労働法学においてもこの問題は既に紹介されている。西谷敏『規制が支える自己決定』（法律文化社，2004年）180～183頁参照。

第1章　労働者人格権の総論的課題

る決定には，それを検証しうる基準が必要になる。(Eidenmüller, a. a. O., S. 365～366.)

　法的（価値-）パターナリズムの正統性（Legitimität）についてアイデンミュラーは，第1に，「選好に対する許容される法による影響力行使」の特定の事例範囲を明確化する「内容的基準の方式化」が必要であるとする。これによりあること「をよりよく知っている」者による「価値独裁」の氾濫の危険性は，統御されうる。そして第2に，これらの基準は「合意可能」である必要があるとする。もとより常に仮説的にのみ考えられたものであるが，すべての被関与者の同意は唯一の支持されうる価値判断の理由付けのための基礎であるとされる。(Eidenmüller, a. a. O., S. 374.)

　従来，選好自律の原理が自由思想を代表しパターナリズムは自由の制約を結果すると考えられてきたが，アイデンミュラーは，これを逆転して，むしろパターナリスティックな法は特定の事例では自由と自律の削減ではなくその増大をもたらすことがありえないかの視点から出発する。そこで彼は，2つの基準または原理を提案する。すなわち，パターナリスティックな法の正統性判断が問題となる場合の基準として，(1)パターナリズムは自律を促進しうる（自律性原理 Autonomieprinzip）かつ，(2)パターナリズムは人の処分し得ない属性を保護する（属人性原理 Personalitätsprinzip）。(Eidenmüller, a a. O., S. 374.)

（i）　自律性原理

　「法的パターナリズムが自由促進的効果を有するとき，正統である」との自律性原理について，アイデンミュラーは，被関与者の自律性を促進する法的パターナリズムの事情として，集団的なパターナリズム，内生的［endogen］選好及び不可逆的自由喪失の阻止を挙げているが，以下には最後の不可逆的自由喪失のみ取上げる。(Eidenmüller, a. a. O., S. 375.)

　他者侵害防止原理の主導者であるミルでさえ無効とする奴隷契約や最近の連邦憲法裁判所により違憲とされた保証契約において，「それら契約は任意（自由意思）で締結されたことから出発することができる」場合には，その無効は自律及び自由を侵害することにならないか，逆言すれば，法的パターナリズムはいかにして，被関与者にとって自律と自由の増大を結果しうると主張しうるかが問題であるとする。アイデンミュラーは奴隷契約に関するミルの見解を検討しながら，奴隷として売られることが不可逆的な自由の喪失につながるとの

〔小俣勝治〕　　　　　　　　　　　　*5*　法的パターナリズムと労働者保護

ミルの指摘を重視する。すなわち，その決定はもはや取り消すことができない，後になって奴隷としての自分の存在を受入れ難いとしても，どうにもならない。失敗から学ぶことができないのである。(Eidenmüller, a. a. O., S. 383～384.)[17]

　そして，選好の自律性に関する基本原則を支持すべきおそらく最強の論拠は，まさにこの種の学び効果の存在である，とする。すなわち，ある「失敗」の帰結が限定されている場合にのみ，人はこの失敗から学ぶことができ，かつそのことによってその人格を展開することができる。損害から賢くなることができる者は，セカンド・チャンスを取得する者のみである。これに対して，「実験者」の死の場合には，まるで不可逆的な自由喪失のように，学習効果がほとんどない。失敗の修正が不可能な程その決定の諸帰結が深刻であるがゆえに，奴隷契約は無効である。それは不可逆的な自由喪失であって，法秩序は奴隷意思のある者をこれから保護する。(Eidenmüller, a. a. O., S. 384.) アイデンミュラーは，一定程度類似の状況が，家族に事実上生涯にわたり財政的に過度な負担を課す保証契約についても生ずる，とする。「客観的価値秩序」はこの不可逆的自由の喪失から保護する。(Eidenmüller, a. a. O., S. 384～385.)

　(ⅱ)　属人性原理

　アイデンミュラーは，契約の無効を帰結するものが上記の信用契約に伴う自由の喪失であるとの論証は，実際には，自律思想にとっては過重な負担である，とする。その中心に位置すべきはむしろ「属人性原理」の類であろう。すなわち，われわれが人と名づけるものを構成する一定の特性があるのであって，その特性を規範化することは法の必然的な任務である。経済学は原則としてすべての人間的特性ならびに属性を取引可能な財として理解することによって，それは個人というものを商取引可能な財のいつでも交換可能な集積に縮減する。そのことはしかし，人の個性 (Individualität) 及び完全性 (Integrität) のわれわれの理解に矛盾する。自己の肉体から1ポンドの肉を切り出すことを他者に許容することは，それによれば不可能である。このような取り扱いは，人の人としての法的に規範化された尊厳を侵害する，とされる。(Eidenmüller, a. a. O., S. 386.)

　ドイツの場合，基本権保護の価値秩序が客観的に妥当するとして，基本権放棄の禁止が従前から判例上確立していたために，パターナリズムによる（特に

---

(17)　中村・前掲（注7）書96頁以下。

第1章　労働者人格権の総論的課題

人間の尊厳に由来する）基本権放棄の禁止[18]の説明はドイツ法との整合性を得て導入されているように思える[19]。また，奴隷契約の例から保証決定の例の説明まで，自由の不可逆的喪失の回避によるその正当化も比較的素直に理解しうるものになっている。このアイデンミュラーの見解に関しては，ドイツにおいて，パターナリズムがあまり抵抗感なく（その意味で合意可能な形で）受け容れられるものではないかと思われる。

(2) エンダーラインの見解
(a) 概　　念

労働契約を含む（強行的）契約法による契約自由の制約の正当化について，パターナリズムを活用するエンダーライン[20]によれば，パターナリズム問題の核心は次の点にある。すなわち，人または法的な決定機関が，一体又はいかなる仕方で人々の幸福は促進されるかについて，これらの人自身に決定させないことである。問題は，パターナリスティックに規整された人の幸福の促進に関する諸事項における「他者の決定活動の簒奪」[21]である。この問題視角が彼の契約法の分析の基礎にもなっている。(Enderlein, a. a. O., S. 7.)

エンダーラインの定義では，ある人の「行動の諸選択肢の中で選択しうる自由に対する，理由付けを要する以下のような侵害」がパターナリズムの特

---

[18] 赤坂正浩「基本権放棄の観念と自己決定権」神戸法学年報第18号（2002年）1頁以下19～20頁。一般に，自己決定権と同様に一般人格権もパターナリズムの対極に位置づけられる。Kai Möller, Paternalisumus und Persönlichkeit, Berlin 2005, S. 45ff.

[19] この点に関する連邦憲法裁判所の見解は「パターナリズムに友好的（Paternalismus-freundlich）」と解釈される余地がある。Kai, a. a. O., S. 109.．但し，Kai自身は異なる見解であるが。

[20] Wolfgang Enderlein, Rechtspaternalismus und Vertragsrecht, Beck München 1996. 以下，本稿では同書の引用は本文に記す。

[21] ここでは，Gerald Dworkin, Some second thoughts, in: Rolf Sartorius, Paternalism 1983, S. 107が引用されている。すなわち，「他者をパターナリスティックに取り扱うためにはその人について（私は自由の観念とは異なるものと考える）人格の自律性の侵害が存在しなければならない。人々が決定したことをなすことを妨げることを通じてにせよまたは人々がその決定に到達するその手段・方法を妨げることを通じてにせよ，意思決定の簒奪が存しなければならない。」詳しくは，服部高宏「『自律』概念とパターナリズム—ジェラルド・ドゥオーキンの見解を手がかりに—」岡山大学法学会雑誌第49巻3・4号（2000年3月）345頁以下374頁参照。

徴である。すなわち，その選択が，（少なくとも介入者の見解によれば）その人の幸福にとって有害（abträglich）であるか又は幸福を最大化するものでない場合であって，この自由の侵害がその（本人の）選択によって発生しうる自己傷害（Selbstschädigung）を阻止するという目的に少なくとも貢献する限りにおいて，である。そして，そこでは法的パターナリズムが問題となっている，すなわち，法的決定機関の活動，とりわけ法規範の定立がパターナリズムのメルクマールを示す場合である。(Enderlein, a. a. O., S. 8.)

　このパターナリズムの定義における自由の概念は「思慮分別のある又は合理的な行動」への自由に限定される必要はなく，「非合理（理性）的な自己傷害的な行動によって自らを傷害する自由」も含まれ，まさにこの自由に対する介入が問題となっている。また，ここでは，現存の選好又は目的に合致するか否かに係りなく，選択肢の間を選択する広範な自由が重要である。この種の選択の自由は，「開かれた可能性の選択」として表示されうる。パターナリズムの問題の中核である前記「他者の決定活動の簒奪」の本質は，「自ら決定せしめない」ところ，すなわち，まさに現前の目的及び選好に合致しない選択肢に決定せしめないことに存する。(Enderlein, a. a. O., S. 9.)

(b)　パターナリズム批判の指針（自由最大化の諸理由による正当化）

　エンダーラインは，パターナリズムの論議における伝統的な重要人物として，ミル並びにカントを挙げ，しかも彼らが反パターナリズムの立場でありつつ，自由最大化のパターナリズムの論拠と解される見解を表明していたとする。(Enderlein, a. a. O., S. 19 – Fuß. 38.)[22]彼は，パターナリスティックな法規範の評価にとって根本的な規範的指針として，7つ提示するが，本稿では以下の項目に限定する。

第1の指針

　ある人の幸福（善）の促進に関するその人の選択可能性を，彼らが最良でない選択肢を選択することによってその幸福を害することがないように，そのような選択肢の選択を阻止又は困難にする仕方と目的で，侵害することは，法制定機関には原則として禁止されている。（反パターナリズムの原則）ただし，上記のパターナリスティックな目的での選択可能性の侵害は，次の三種類の理

---

[22]　中村・前掲（注7）書97頁。

由に基づいて，正当化されうる。すなわち「決定権限の欠如の理由」，「自由最大化の理由」及び「合理性促進の理由」に基づく場合である。(パターナリスティックな介入の例外的許容) (Enderlein, a. a. O., S. 20.) ただし，「選択可能性の侵害が集中的・広範であれば，他の人の利益の侵害は，それが自由の侵害に関する正当化として考慮されるのであれば，重大でなければならない。」(第2の指針) (Enderlein, a. a. O., S. 21.)

第5の指針：自由最大化の諸理由による正当化

パターナリスティックな自由の侵害は，それが以下のことを阻止する目的に役立つ場合には，一応「prima facie」要請されている。すなわち，決定者は，それを選択することによって決定者の将来の人生の局面における自由の領域がより高い程度で侵害されることが予測されるか，または，それを選択すると，他の開かれた選択肢を選択する場合よりも，その種の侵害の危険性がより大きくなる場合である。そのような選択肢を選択すべきではない。そのための条件は，決定者の自由の領域が現在及び将来の人生の局面において総体として考察すると，このパターナリスティックな自由の侵害によって最大化されることである。」(Enderlein, a. a. O., S. 52.)

第5の指針の説明

エンダーラインによれば，介入によって被介入者の自由が最大化されるか，すなわち，介入が自由の最大化をもたらすかは，評価的な比較 (der wertende Vergleich) によらねばならない。すなわち，個人の行動選択の自由に委ね＝問題の選択肢の選択の結果として生じる将来の自由の侵害状況 (程度) によって成立する自由領域と，個人の行動選択を規制する＝問題の選択肢の選択をさせない結果として生じる将来の自由の確保によって成立する自由領域とが比較されねばならない。(Enderlein, a. a. O., S. 53～54.)

エンダーラインは，自由最大化の基準の具体化に関して中心となる思想は，反パターナリスティックな基本評価であるとして，その特別の尊重が求められる。すなわち，第一の指標である「原則的なパターナリズムの禁止」は，合理 (理性) 人としての他者に対する尊重，並びにそこから帰結される自己の幸福の諸事項においては自ら決定できることの重要性に支えられている。この自ら決定できることは将来に関連する。(Enderlein, a. a. O., S. 56.) なるほど，将来の自由の自己侵害から個人を保護するためのパターナリスティックな介入は一

般的には許されない。しかし，そのような介入は例外的事例に限定すれば許容されているのであり，ただ，その介入を支持する者には特別の理由付けの負担が課せられる。すなわち，例外的事例においては，介入は個人を彼の将来の人生の局面においてその自由の「重大な自己傷害」から守るものでなければならない。この基本評価を尊重する介入のみが，自由最大化の基準を充足できる。(Enderlein, a. a. O., S. 56～57.)

　パターナリスティックな保護の要請（命令）がどの程度実現されるべきかは，具体化されるべき諸規範が当該の要請と対立状況にあるときは，当該要請のそれら規範との序列関係に従う。具体化されるべき規範（反対理由）が適切かつより重要である場合にはパターナリスティックな介入は禁止を維持する。パターナリスティックな介入が保護しないどころかむしろそれに巻き沿いを食わされる人々の利害から反対理由が生じることがある。したがって法制定機関はその種の利害も一緒に尊重しなければならない。まさに契約法の領域においては，パターナリスティックな介入が他の人，とりわけ被保護者の契約の相手方の利益を侵害することが通例である。パターナリズムにより理由付けされた契約の無効の諸事例などが想起される。この無効は保護されない契約当事者の契約自由をも侵害する。(Enderlein, a. a. a., S. 57.)

　(c)　第5の指針の理由付け
　(i)　現在の自由の最大化・被関与者の意思

　自由最大化的なパターナリズムの論拠には同調者よりも反対論者が多く出ている。多くの反パターナリストは，ある人の将来の自由が「一体又はいかなる仕方で」形成ないし侵害されるかについて他者すなわち法的機関が決定して差し支えないとすることに，同意しない。他者が自己の自由の最大化の問題においてもはや自ら決定しえないことは，人としての他者に対する自律と尊敬に対するその権利を侵害することにならないか。「他者の決定活動の簒奪」の疑念が提起される。(Enderlein, a. a. O., S. 58.)[23]エンダーラインは，他者（他の人）の諸事項についてある人がその他者の意思如何にかかわらず自らなしうる決定が少なくとも存在する，とする。しかも，そのことによってその他者を人格として無視したり又は違法にその他者の決定活動を簒奪することもない。想定されて

---

(23)　ここでは，Joel Feinberg, Harm to Self（Oxford/1986）76 以下が引用されている。

第1章　労働者人格権の総論的課題

いるのは，他者の現在の選択可能性が最大化されるように振舞う決定である。この決定さえも他者に委ねることが要求されている，しかもその他者が自己の現在の選択可能性が最大化されるか否かを自ら選択すべき態様においてである。

エンダーラインは，他者の決定活動の簒奪の回避の理由として以下のとおり述べる。すなわち，人が他者に，その他者の現在の選択可能性が最大化されるか否かについて決定させる場合には，その他者はより高いレベルにおいて自ら選択できるし，その現在の選択自由は大きくなる。しかし，他者の現在の自由の最大化をその意思に係らしめるのは，そのことによって彼の選択の自由が促進されるからである。したがって元来他者が行うべき決定は既になされている。すなわち，他者の現在の選択の自由が最大化されるように振舞う決定を行っているのである。略言すれば，他者に現在の選択自由の最大化について決定を委ねようとする者は，そのことによってその他者の選択の可能性が促進されるがゆえに，その他者の現在の選択の自由を最大化するという決定を（実は）既に行っている。──しかもその他者の意思に係らずである。(Enderlein, a. a. O., S. 59.)[24]

これに対し，反パターナリストは，ある人の将来の自由のために現在の自由へ介入することへの禁止を主張する。エンダーラインによれば，しかしこの禁止は自明ではなく，パターナリスティックな介入からの現在の自由が将来の自由の保護に対して優先すべきことを表現しているだけである。(Enderlein, a. a. O., S. 61.)

(ii)　自由最大化原理に対する予想される反論

自由最大化による正当化（Rechtfertigung）は，ある人の様々な自由が個別に又はその全体において様々な人生の局面を超えて相互に比較・評価されうることを前提にしている。そのような自由の比較可能性・評価可能性については疑念が出されている。これに対し，エンダーラインは以下のとおり反論する。事実上の障害からの自由が法的な禁止からの自由よりはるかに重要性が劣ることを否定するものはほとんどいない（重要性の差異）。また，法律家の分野では，様々な自由（例えば，基本権的自由）の相互の関係並びに他の価値（Große）との

---

[24]　筆者は，この部分に関しては，必ずしもよく理解できているわけではない。他者（法的機関）による決定がある人の現在の選択可能性を最大化するような決定となりうるかである。要するに，自己決定よりも他者決定のほうが本人の現在の選択可能性がより大きくなる理由は，明確とはいい難い。

102

関係において重要性を判定することは，日常的な実務である。(Enderlein, a. a. O., S. 63.)

(3) 若干の検討

英米における「パターナリズム概念」の最近の展開においては，「全ての論者の定義に共通する要素」として，被介入者の自己決定・選択・それに基づく行動や行為の他者・社会道徳への影響を問題にするのではなく，その「本人自身」への影響を問題として，被介入者自身のためという，「愛他的，善行的動機付け」を法介入の目的とすることが指摘されている[25]。また，パターナリズムは個人の自己決定を否定するため「個人主義的リベラリズムとの衝突」が現れるが，最近のパターナリズムの展開は個人の利害を「本人自身の自己決定の自らに対する影響（危害）の観点」から問題として，個人の利害を他者や社会公共の利益と比較考量するのではなく，本人自身における個人内利益をもっぱら問題にして正統性を批判的に検討する点において，個人主義的リベラリズムとの整合性が得られるようになってきている，とされる[26]。これらの点に関しては，エンダーラインの見解もほぼ共通する傾向を示している，といってよいだろう。他方，法的モラリズム（英米ではリーガルモラリズム）と称し，モラリズムと峻別しない点からは，価値中立的な幅広いパターナリズム概念を標榜する英米の議論傾向との差異を示している[27]。

自由・自律とパターナリズムの調和については，公的規制も規制の態様から見れば，自由への干渉を内容とするところに特性を認め，干渉が「正当と評価される条件」は被干渉者の自由が最大限確保されるように図られねばならない，との指摘がある[28]。しかし，自由の最大化モデルは「より大きな自由の擁護のために」という正当化論であるが，難点は自由の計量の可能性であるとされる[29]。

---

[25] 瀬戸山・前掲（注7）論文 241 頁。
[26] 瀬戸山・前掲（注7）論文 251 頁。
[27] 瀬戸山・前掲（注7）論文 248〜249 頁。ただし，前掲の Kai によれば，基本権の客観的次元がパターナリズムを正当化しえないと同様，自由最大化の思想もパターナリズムを正当化し得ないとする。Kai, a. a. O., S. 108ff., 123.
[28] 芹沢・前掲（注7）論文 151 頁。
[29] 芹沢・前掲（注7）論文 152 頁。但し，芹沢は，逆の見方，すなわち，失われる自由の最小限化を目安に，自由を制限することの最も少ない選択肢が優先されるべきとして，

とりわけ，自由最大化原理の唱道者であるリーガン[30]について，何が「害」であり，「誰に対する影響まで考量するか」が不明確であり，また「行為の重要性」と「行為が他者に与える影響」との比較衡量が直感に基づいているので，正当化できるかの疑問も出されている[31]。この点については，エンダーラインが自ら述べているように，民法や労働法における利益考量等においてまさに法的実務として行っている事柄であるので，この分野に限定する限り，右の批判は当てはまらないのではないか。

但し，エンダーラインは自由最大化の原理をそのまま契約規制の正当化に利用するのではなく，その原理の具体化された考慮基準を設定した上で，これを行う。

3　契約法における「自由最大化のパターナリズム原理」の具体化
　　——動的体系の活用——

エンダーラインによれば，強行的契約法の規定の諸目的の中に，自由最大化のパターナリズムの抽象的な思想が定着しているかという問題は重要である。だが，それに基づき自由最大化の原理が具体化されるべきより抽象性の

その有用性を認めている。（同所）

[30]　D. H. Regan, "Justification for Paternalismus," in The Limits of Law: Nomos 15, ed. J. Roland Pennock & John W. Chapaman（New York, 1974), 192-193）,：Paternalism, Freedom, Identity, and Dommitment, in Rolf Sartorius, Paternalism, 1983, 113-138. 宮崎・前掲（注8）論文75頁。

[31]　動的体系（システム）について，エンダーラインは，その創始者である Walter Wilburg の ① Entwicklung eines beweglichen Systems im bürgerlichen Recht, Graz 1951, ② Die Elemente des Schadensrechts, Marburg a. d. Lahn 1941, Fanz Bydlinski の Bewegliches System und juristische Methodenlehre, in: Das bewegliche System im geltenden und künftigen Recht, Wien, New York 1986, 及び，Claus-Wlilhelm Canaris の Systemdenken und Systembegriff in der Jurisprudenz, 2. Aufl., Berlin 1983 を中心に論述を進めている。なお，Wilburg の①は，熊谷芝青〈翻訳〉ヴィルブルク「民法における動的体系の展開」として翻訳されている。また，Canaris の著作も，木村弘之亮代表訳『法律学における体系思考と体系概念——価値判断とトピク法学の架け橋——』慶應義塾大学法学研究会刊（1994）として翻訳されている。動的体系論の紹介検討しているものに，山本敬三「民法における動的システム論の検討——法的評価の構造と方法に関する序章的考察——」法学論叢138巻1～3号（1995.12）208～298頁，大久保邦彦「動的体系論と原理理論の関係に関する一考察」神戸学院大学31巻2号（2001.9）189～239頁，石田喜久夫「ひとつの動的体系論」京都学園法学1998年第2号1～22頁などがある。

[小俣 勝治]　　　　　　　　　　　　*5* 法的パターナリズムと労働者保護

少ない基準を求めることの方が、より啓発的である。一方で自由最大化のパターナリズムの原理に比してより具体的かつ啓発的な基準が問題なのであって、しかもこれらは多様な適用領域に係らず、ある「評価の連関」を表現する。と同時にこれら基準は、具体的なパターナリスティックな評価を分割したり又は体系化する可能性を認識せしめる。そのような基準の方式化に当たって、エンダーラインは、諸評価要素のある動的体系 (ein bewgegliches System von Wertungselementen) の思惟形象 (Denkfigur) を利用する。(Enderlein, a. a. O., S. 286.)[31]

(1) 動的体系における思考——エンダーラインの説明

ヴィルブルクの関心事は、民法の多くの建築物からその硬直性を取り払い、そして統一的原理と多数の評価要素の無秩序との「仲介手段」を見出すことである。この仲介手段を示すのが動的体系の思考であるとする。そして、エンダーラインは、ヴィルブルクの動的体系論の構造を次のように限局する。すなわち、「ある一定の法領域において、どのような法律上の効果が基礎付けられるかは、多数の評価要素に従う。そしてその時々判断されるべき事案ではそれは、これらの要素がどれほどの数、結合（組み合せ）及び緊張で係っているかに従う」。(Enderlein, a. a. O., S. 286.)[32]エンダーラインは、動的体系の評価要素等について、9点に分けて説明しているが、本稿では以下の点のみ言及する。

(a) 様々な理由付けの地平

エンダーラインは、理由付けの地平を法的規定 (Regelungen) と、これら規定についての諸理由の間で区別する。動的体系の諸要素においても、それらがいかなる理由付けの地平に属するかが問題である。ここでは、パターナリスティックな規定の目的の分析、すなわち、法的諸規則 (Regeln) の理由付けの地平が問題である。動的体系の諸要素に興味があるのは、それらに法的諸規定のための諸理由の機能が割り当てられる限りにおいてである。各規範の目的論的解釈にとって基準となる諸理由である。この動的体系の理由付けの要素が法的規定を正当化するのは、次の程度においてである。すなわち、当該規定の構成要件の諸条件が充足される事例では、同時に動的体系の要素が次の程度において係っている。すなわち、それらの評価の結果がまた各法律上の効果を支持

---

[32]　Wilburg, Entwicklung, S. 4, Elemente, S. 28.

するほどの数，組み合わせならびに緊張度において，である。実際にはそれは適用事例の一部，とりわけ，一定の「類型（典型）的事例」又は「平均的事例」において認められるに過ぎない。動的体系の諸要素が当該規定の法律上の効果を一定の適用事例では正当化し得ない場合，他の理由，例えば，法的安定性や取引の安全などによって正当化されることもある。(Enderlein, a. a. O., S. 287.)

（b）評価要素の限定

ヴィルブルクにとって重要なことは，ある法律上の効果に対して唯一の原理と，無数の理由の甘受との間に中庸を見出すことである[33]。当該の法律上の効果を動的体系の諸要素として理由付ける，任意で増やすことの出来ない「極く限定された数の評価要素」を確定することが問題となる。(Enderlein, a. a. O., S. 288.)

（c）構造ないし構成要件の形成

固定的な構成要件形成の放棄が動的体系の思考の重要なメルクマールとみなされている。ここで興味を呼ぶのは，強行的契約法の法律上または裁判官法上の構成要件のための諸理由としての機能における動的体系の諸要素である。これら動的体系の要素は，固定的すなわち動的でなく方式化された構成要件の形成と最初から全く一致しないわけではない。しかしながら，動的体系の諸要素が第1（様々な理由付けの地平）の意味における法律上の規定（Regel）を完全に理由付けるとの観念は非現実的である。そうでなければ，理由付けされた規範の構成要件が充足される場合には，常に理由付けられた評価要素が，その法律効果を登場せしめることを正当化する緊張度，数及び組み合わせにおいて関与していなければならなくなる。

それが否定される場合には，より柔軟な理由付けないし構成要件形成が考慮される。むしろ動的でなく方式化された平均規則（規範）の理由付けが想定される。それら規則はなるほど「すべて」ではないが「類型（典型）的」な適用事例では，動的諸要素の基準に従い基礎付けられうる。しかもこの類型的な適用事例では，動的体系の評価要素による理由付けに加えて，他の理由（例えば，法的安定や取引の安全）に基づいて理由付けられるべき規範も承認される。

また，動的体系の思考は，理由付けの評価要素の重要度に直接的に関連せし

---

[33] Wilburg, Elemente, S. 28.

められうる,別の種類の構造と合致しうる。そのような構造は,動的体系の思惟形式が何らかの方向付けの助成を提供しうることに貢献する。その構造は比較命題の形態で呼ばれうる。すなわち,「当該の法律上の効果が理由付けられるべき場合には,その特定の法律上の効果に反対する評価要素がより多数かつ集中的に関与しているのであれば,それだけ一層その法律効果を支持する評価要素の重要性がより増大していなければならない。」また,別の構造によれば,「一定の評価要素は単独で損害賠償請求権を理由付けることができるが,別の一定の評価要素はしかしそうではない。」(Enderlein, a. a. O., S. 290.)

④諸原理による理由付けのための限界設定(限定)とそれらの考量

動的な体系の諸要素による,ある規律(規定)または法律効果の理由付けは,諸原理又はそれらの衡量に基礎を置く理由付けと類似している。ある原理の衡量では,動的体系の思考と類似して,いかなる評価基準が,そのどれほどの多くが,どれほどの緊張度において関係しているかが重要である。諸原理とその理由付けの仕方と,動的体系の諸要素とその理由付けの仕方の間に,全く相違がない場合には,そうである。両者間に相違があるか,そしてどのような相違があるかは,もとより使われる原理の概念に依存する。ここ(本稿)で使用されている原理概念を基礎にする場合には,動的体系の思考は若干の点において原理のモデルよりも広く理解される。動的体系の諸要素は諸規則に関する理由としてではなく,法律上の規則の構成要件のメルクマールとみることもできなくはない。原理はこの種の解釈を許さない。原理はもっぱら諸規則の理由付けの地平のみにかかわる。原理には規則のための理由の地位が相応しい。さらに,動的体系の評価要素には規範的な独自性が欠如し,それは他の評価要素と関連してのみ重要な規範的帰結を理由付けることができるに過ぎない。これに対し原理規範は,裁判官又は立法者に対して一定の法規範又は行為指示を理由付けるに相応しい。そのような行為指示には無制限の拘束力が帰せしめられるわけではない。むしろ原理規範は,対抗的原理又は他の実定法上の抑制からは何も反対の事柄が生じない限りにおいて,実現されるべきものである。(Enderlein, a. a. O., S. 292.)

他方において,動的体系の思考形態は原理のモデルよりは狭い。原理規範の適用範囲は,内容に応じて,一定の限定された問題領域ないし法律上の効果に関与せしめられてはならない。これに反して,動的思考は少なくとも類型的に

第1章　労働者人格権の総論的課題

はまさに言及された法律効果又は問題関連を指示する。(Enderlein, a. a. O., S. 292.)

(2)　若干の比較検討
　前掲山本によれば，動的体系論のポイントとして，次の点が指摘される。
　(a)　要素の二つのタイプ[34]
　動的体系論における要素は，観点なしファクターと原理の二通りに用いられている。
　一方において，ヴィルブルクが損害賠償法の「要素」ないし「力」として掲げていたものは前者の例である（ⅰ侵害又は危殆化による他人の権利領域の利用，ⅱ責任負担者の領域に生じた事情による損害事実の惹起，ⅲ責任負担者の領域に対して加えられる瑕疵の非難，ⅳ責任負担者の経済力ないし付保可能性）。他方において，ビドリンスキーが法律行為法の要素としてあげているものは後者の意味である。すなわち，①個人の意思的自己決定の思想（私的自治），②取引安全の思想（特に信頼保護の要請としてはたらく），③契約上の給付と法的地位の内容的等価性の思想，④契約遵守の倫理的力。これらは規範の性格を持つ。
　「この観点ないしファクターと原理とは密接に関連している。」つまり，両者の関係は，原理がどの程度実現ないし侵害されているかを計るためのポイントとして，観点ないしファクターが設定されている，と見ることができる。その意味で，動的システムは，原理を基礎としつつ，そのそれぞれの実現ないし侵害度を図るための観点ないしファクターから構成されている。
　(b)　動的体系＝内的体系[35]
　法概念や法制度の体系（物権と債権などの）は外的体系と呼ばれる。これに対し，そのような外的体系を支える価値的な評価，つまり，それぞれの法素材や具体的な問題について行われる評価をその背後において支え，それらの間に内的統一性を生み出すような秩序，これが内的体系と呼ばれる。そして，この内的体系を構成するのがそのような評価の基準や根拠となりうるところの，原理なのである。内的体系とは，特定のないしすべての法領域において妥当すべき原理の体系である。

---

(34)　山本・前掲（注31）論文245頁，247頁，249頁，251頁。
(35)　山本・前掲（注31）論文251頁。

(c) 動的体系における原理＝比較命題[36]

固定的構成要件システムの特徴は，要件充足により効果が発生するというオール・オア・ナッシングの性格である。これに対し，動的システムは，比較命題（「より多い」「より少ない」「よりありそうだ」「よりありそうでない」など）で表現される。

原理はルールと違い充足されるかされないかのどちらかではなく，どの程度充足されるかという程度を観念しうる[37]。それゆえ，動的体系の原理は比較命題で定式化される。

(d) 若干の分析

エンダーラインにおいては，パターナリスティックな規定の目的の分析を対象とするので，動的体系の要素は法的規定の理由付けとして使用される。それはヴィルブルクと同じく，いわゆるファクターとして要素が用いられている（①）。他方で，動的体系の要素による理由付けと原理による理由付けの類似性と差異を問題にする。後者には動的体系の要素と異なり規則に対する理由の地位のみが与えられ，規範的意味を生み出す点などに相違があるとしている（④）。

そうすると，内的体系としての動的体系の原理としてパターナリズム＝自由最大化原理を位置づけた場合，次にどのような具体的評価要素が提示されるべきかが問題となる。

(3) 具体化の評価要素とその構造

問題は，自由最大化のパターナリズムの原理が動的体系を通じて諸評価要素によって具体化されうるか否かである。具体的なパターナリスティックな諸評価が有意義に分類されかつ体系化されるその基礎となる視点を，この動的体系は同時に提供する。契約法における自由最大化のパターナリズムの原理という抽象性の高い基準にあっては，複数の具体化の段階が可能でありかつ妥当である。第一に，動的体系の範囲内における具体化の評価要素とその構造が問題となる。第二に，それら評価要素自体も，更なる具体化が必要なのである。(Enderlein, a. a. O., S. 292〜293.)

---

[36] 山本・前掲（注31）論文253〜254頁，255頁。
[37] Robert Alexy, Theorie der Grundrechte, Suhrkamp 1985, S. 75ff.

第1章　労働者人格権の総論的課題

(a)　3つの評価要素
(i)　将来の自由の侵害
　評価の対象の第一は，自己の選択に基づく目的追求の諸可能性である。これら諸可能性は，自己傷害的として論議された契約選択の結果として，将来の生活局面において程度の差はあれ大きな蓋然性をもって侵害されることになろう。これら自由の侵害が第一の評価要素を形成する。これらの自己侵害なしには最初から，自由最大化的なパターナリスティックな保護に対する契機は存在しない。(Enderlein, a. a. O., S. 293.)
(ii)　自己の将来について決定することへのパターナリスティックな介入からの自由（解放）
　上記の諸選択自由に対して，場合によっては，被介入者が自己傷害として論議された契約を選択する場合，むしろ促進されることになるだろう別の将来の自由が対峙する。この場合問題は，保護の対象となっている「目的追及の将来の諸可能性」(a)は，それが侵害された場合のその規模と蓋然性を考慮して，その時々自己傷害として論議された契約選択がもたらす利益及び将来の自由の増大 (b-1) に比して，より重要かどうかである。論議されたこの契約選択によって侵害されようとしている保護対象の将来の自由がその契約選択から生ずる自由の利益よりも高く評価されるのでなければ，パターナリスティックな保護の契機はまったく存在しない。
　しかし，この異議を付された契約の選択によって促進されるであろう将来の自由は，第二の評価要素ではなく，第二の評価要素を評価するに当たって共に考慮すべきものに過ぎない。では，第二の評価要素はどのようなものかというと，次のような自由の侵害である。すなわち，将来の自由の保護に資するパターナリスティックな介入から侵害されずに，自己の選択に基づく目的追及の将来の可能性について自ら決定することができる被介入者の自由の侵害 (b-2) である。この自由が重要度を獲得するのは，当該の契約の選択が利益ももたらしかつ将来の自由も部分的には促進する場合である。もしパターナリスティックな介入がなされると，契約締結の時点でこの自由は消失するであろう。(Enderlein, a. a. O., S. 293〜294.)
(iii)　パターナリスティックな介入の付随現象である不利益
　この第二の評価要素には第三の評価要素が加わる。第三の評価要素では，被

〔小俣勝治〕　　　　　　　5　法的パターナリズムと労働者保護

保護者の不利益が問題となる。法秩序は，自己傷害的と性格づけられる行動選択を回避するために，パターナリスティックな法的装置を投入するが，その際の付随現象がそれである。第二の評価要素が関係するパターナリスティックに排除された選択可能性の中には存在しない不利益である。例えば，ある契約が個別の場合においてパターナリスティックな規範に該当するか否かについて不確実であることにある不利益である。その不利益は，法的な機関のパターナリスティックな介入を用意するのに入用な費用・コストの中に存する。(Enderlein, a. a. O., S. 294.)

(iv)　帰結される動的体系

上記の3つの評価要素は（抽象的に記述された）動的体系の要素として理解されうる。いずれにせよ言及された動的体系のメルクマールはこれらに当てはまる。

このように略述された抽象的な動的体系は，構造をも示唆する。そのうちの若干は例えば，次のような比較命題によって記述されうる。すなわち，「あるパターナリスティックな介入が理由付けられるべきであるとするならば，契約選択による将来の人生の局面について法的に侵害されないで決定する自由（第2の評価要素）が重要であればあるほど，それだけ一層自己の選択に基づく目的追及の将来の可能性の侵害（第1の評価要素）は重大でなければならない。」(Enderlein, a. a. O., S. 294〜295.)

(b)　反パターナリスティックな基本評価

前記の反パターナリスティックな基本評価に従えば，将来の選択の自由の保護のためのパターナリスティックな制約は「例外的な事例においてのみ」許される。パターナリスティックな制約はそれを支援する者に「特別の理由付けの負担」を課す。

この抑制は厳格な方式において語られている動的体系の中心的構造を示す。すなわち，自由最大化的パターナリスティックな侵害は次のことを前提にしている。すなわち，問題となっている契約の選択の結果としての将来の自由の侵害の重要度が，将来におけるその契約選択が切り開く利益と可能性の重要度を単に僅かにではなく大幅な範囲で凌駕すること，である。そこにおいては将来の自由侵害の重要度が利益と自由獲得の重要度を上回るこの規模は，重大（gravierend）でなければならない。あまり重大でない将来自由の喪失のみが問

題となる場合には，パターナリスティックな介入における，自分の将来の自由を契約の締結によって決定する可能性の重大さに対し矛盾する。反パターナリスティックな基本評価に基づく第二の評価要素である自由に割り当てられる重要度が想定されている。その僅かな喪失では，被関与者の自己責任的な生活形成に対するパターナリスティックな介入を，この基本評価に直面して，正当化し得ない。

自己傷害として論議された契約選択の結果として生じうる利益又は自由の増大が考慮されない場合には，将来の自由の侵害が決して深刻ではないならば，その介入は最初から自由最大的なパターナリズムによっては理由付けられない。すなわち，それ自体をとれば重要ではない将来の自由の侵害が問題となっている場合には，自由最大化的パターナリスティックな保護は考慮されない。
(Enderlein, a. a. O., S. 295.)

(c) 評価の下位要素

第一の評価要素である自己の選択による目的追求の将来の諸可能性の「重大な」侵害というメルクマールは，なお不確定的である。「将来の自由の切迫する重大な侵害」に対する要件が最終的にはどれほどの水準であるかは，契約によってその将来の自由について決定する自由の重要度，すなわち，第二の評価要素の重要度いかんに依存する。この重要度は再び様々な評価要素から生ずる。これらは動的体系の下位の要素として特徴付けられる。以下のものが挙げられる。a) 諸選択可能性の意義と規模，b) 合理性の危殆化，c) 強制の強度，d) 事後の自己傷害的決定を理由とする規整，e) 目的追求の手段の獲得理由の時間的状況。

4　労働者保護とパターナリズム

(1) エンダーラインの見解

(a) 形式的意味における契約自由

エンダーラインによれば，労働法ほど私法領域においてかくも様々な関連において「自身からの保護」の思想が規制根拠として挙げられるものはない。もとよりそのことに対する批判は従来からある[38]。しかし，エンダーラインの

---

[38] Ulrich Preis, Grundfragen der Vertragsgestaltung im Arbeitsrecht, Luchterhand, 1993. S. 258 によれば，私法秩序の意義は，契約当事者に，個人の意思をあるべきとこ

立場では，「労働法の諸規定が強行法によって契約自由を制約するならば，パターナリズムの原理と反パターナリステリズムの基本評価がこれら規定に適用される。」ただ，注意を要するのは，エンダーラインの問題とする「契約自由」とは，法的—形式的意味におけるものである。(Enderlein, a. a. O., S. 438-439.)

では，法的—形式的契約の自由とはどのようのものか。それはエンダーラインによると，契約自由のある変種であって，自由の対象もその障害も純粋に法的に決定されている，とされる。すなわち，一体かついかなる仕方で，人が他の人との法的関係を契約上の合意によって規律するかを「選択できること」に関して，その人の「法的障害からの自由」が考えられている。そこでは，交渉の相手方が（勢力的に）圧倒しているか又はその同意を拒むために，人が希望する契約を惹起できないとしても，その契約の自由は侵害されてはいない。そこでは「事実上の障害」が問題なのであって，法的障害ではない。(Enderlein, a. a. O., S. 78.) これに対して，契約上の規律の選択肢の実現の「事実上の障害」も契約自由の概念に含めるとらえ方は「実質的・現実的意味」における契約自由と呼ばれる。(Enderlen, a. a. O., S. 80.) 両者の相互の関係は，一定の契約上の決定に関しては，法的—形式的意味における「権限に関する (komptentiell) 契約自由」が存在する場合にのみ，実質的契約自由は存在する，というものである。実質的契約自由でも単に自己の選択による目的実現の「事実上の障害からの自由」が問題となっているのではなく，自己選択による契約上の形成を通じて諸目的の実現又は不実現の間で，選択しうるための自由が問題となっている。例えば，強行的被用者保護規範が，被用者が交渉手段では貫徹し得ない望ましい契約条件を提供される場合，それにより不利な条件が排除されている限り被用者は不利な条件を選択できない，すなわち除外された形成と許容された最低条件との間での選択に関しては，法的・形式的意味でもまた実質的意味でも，契

ろに指定する「更なる他者決定」に服せしめることではない。そのような「自分自身からの保護」は，立法者の強行的秩序政策的決定を必要とする。そこには，「事前に方式化」された個別契約と「商議」された個別契約との間の差別化を断念することによって，正しいことが証明された私法秩序の諸原則から逸脱する大きな危険性が存在する，とする。また，Eberhard Dorndorf, Das Verhältnis von Tarifautonomie und individueller Freiheit als Problem dgomatischer Theorie, in: Festschrift für Kissel, S. 139f. によれば，「社会国家原理は『自分自身からの保護』ではなく，むしろ精神的に正常な成人において社会的環境からの自己決定の可能性の保護を意味する。」

第1章　労働者人格権の総論的課題

約自由は存在しない，とされる。(Enderlein, a. a. O., S. 80.)

　そこで，例えば，約款や一般的労働条件について，「他者の命令に服従することをいかなる点においても契約としては扱う」[39]とか，「労働契約上の統一的規制は私的自治の表現ではなく使用者による規範設定行為と性格づけられるべきである。」の表現にあるように，契約上の規律の内容に影響を与えるか又はこの規律から外れるかの選択可能性が被用者側にないことが強調されることがある。これらの見解では，ある合意の私的自治的性格を契約当事者の形成及び交渉の実際の機会に係らしめるため，不十分な交渉力の場合に強行法による規制が介入しても，契約自由はなんら影響しない，とみる[40]。(Enderlein, a. a. O., S. 439.) 形式的自由の観点からは，約款による契約自体では問題なく契約自由があり，むしろ強行法による規律において契約自由がないということになる。

　(b)　パターナリスティックな保護目的と非パーナリスティックな保護目的の区別

　尤も，エンダーラインは，労働法領域においてはパターナリスティックな目的・要保護性以外のものが前面に現れていることを認める。被用者の保護目的に資する強行規範のすべてが，パターナリスティックであるわけではない。保護目的がパターナリスティックか否かの区分が重要となる。(Enderlein, a. a. O., S. 464.) その際，被用者の要保護性・従属性の理由などが問題にされる。しかし，使用者の指揮命令に従って人的な労働を提供するという人的従属性は，労働契約の締結の帰結たる法的状況である。そこには使用者の利益の一方的追求の危険が随伴するとしても，被用者の選択の可能性がどれほど与えられているか，あるいはどのような不利益がその選択に付随するのかが明らかでないとする。(Enderlein, a. a. O., S. 465.)

　また，エンダーラインは，大多数の被用者保護規定がパターナリズムに依拠しない被用者地位の改善を目的とすることを承認する。そこで目的とされるのは，保護規定がなくてはたとえ被用者が分別ある行動をしても到達し得ないか又は相当の不利益の追加を甘受しなければ得られない地位を被用者に与えることである。この場合問題となるのが，保護規定が存在しない場合には被用者に

---

[39]　Alfred Söllner, Einseitige Leistungsbestimmung im Arbeitsverhältnis, 1966, S. 55.
[40]　Vergl. Andreas Nebel, Die Normen des Betriebsverbandes am Beispiel der ablösenden Betriebsvereinbarung, 1989, S. 272., Reuter, SAE 1983, S. 197ff. 202.

はどのような法律行為上の選択可能性が残されているか，である。(Enderlein, a. a. O., S. 465.) ここでは，被用者の「経済的従属性ないし劣位性」に関する仮設が想起される。経済的劣位性の根拠をいかなる点に求めるかに差異はあるとしても，この見解に従えば，被用者には使用者によって事前に決定された契約形成の内容を承諾する以外に選択の余地はなく，類型（典型）的にはそれと異なる個別契約上の形成は貫徹しがたいとする。(Enderlein, a. a. O., S. 466.)

結論的には，被用者の要保護性のために挙げられる通常の理由については，通例強行的被用者保護法の非パターナリスティックな解釈が許される。すなわち，被用者の選択可能性の欠如によって，経済的従属性又は劣位性の思想によって動機付けられた保護規範が想起される。そのような保護理由には非パターナリスティックな地位改善の目的が前面に現れる。しかし，境界確定が困難な事例も存在する。(Enderlein, a. a. O., S. 469.)

(c) 労働関係の終了時又は終了後における放棄自由の制限

しかし，エンダーラインによれば，パターナリズムに依拠しない要保護性に関する諸論拠，すなわち，使用者の用意する条件を承諾する以外に方法がないとかそれを拒否すれば相応の不利益を覚悟せざるを得ないという諸論拠は，労働関係終了と同時に又はその後では少なくとも妥当性を失う。それにもかかわらず，この状況においてもなお被用者を保護するためその契約の自由を制約するのであれば，パターナリズムに依拠しない地位改善の更に別な論拠が証明されねばならない。もしそれができなければ，「パターナリズムの疑い」が成立する，としている。(Enderleima. O., S. 474.) 具体的には，放棄の自由の制約，すなわち，労働関係から生ずる諸請求権を労働関係終了時又は終了後に放棄する被用者の自由への介入が問題となる。BGB397条の免除契約（又は債務承認契約）が想定されている。和解におけるその種の契約として，保証金協定の放棄も含まれる。(Enderleima. O., S. 475.)

(i) 休暇清算請求権の放棄

連邦休暇法7条4項には，「休暇が労働関係の終了に基づいてその全部又は一部においてもはや付与されえない場合には，それは清算されねばならない。」とある。そして同13条1項3文には，協約によって異なる定めができる場合以外には，この法律の規定を被用者の不利に異なった定めをすることはできない，とある（不可変的効力の規定）。

第1章　労働者人格権の総論的課題

　判例及び支配的学説によれば，被用者は労働関係終了後においても原則として法定の休暇清算請求権を放棄しえない。その放棄が裁判上または裁判外の和解に含まれている場合でもである。その理由づけとして先ず，清算請求権が労働関係終了後に成立するからである。清算請求権の実現が可能になる場合即ち労働関係の終了後においても，法律は清算請求権を把握しているのであるから，その放棄は同法により無効である。(Enderlein, a. a. O., S. 476.)[41]

・立法目的におけるパターナリズムの有無

　年休権制度の意義と目的は，上記のBAGによれば，働く者の休養（Erhohlung）と静養（Ausspanung）に対する最低基準の保障であるとすれば，被用者は清算金をこの目的の実現のために活用することが立法者によって求められている[42]。この種の目的規定ではそれがパターナリスティックか否かは分からない。この区分にとって重要なのは，休養と静養ないしそのための財政的な手段を，被用者がもし放棄自由であれば，分別ある行動をしても獲得し得ないか，又は，無効〔強行〕規定によって免れられる追加的な不利益を被用者が覚悟する場合に初めて獲得しうるのかである。これが肯定されれば，場合によってはパターナリズム以外の地位改善が理由付けられる。それが否定されれば，その介入はパターナリズムの疑いのもとにある。(Enderlein, a. a. O., S. 478.)

　そして，上記BAGは，「休暇請求権及び休暇清算請求権の完全なる不可変性の本質的な理由は一般的ないし個別的な圧力状況ではない。その理由はむしろ，働く人間のための静養の強行的必要性にある。」としている。(Enderlein, a. a. O., S. 478.) 特にBAGが「合理的に行動する被用者は自己の決定に基づいて清算金を休暇目的が達せられるように活用することが通例」[43]とみるのが立法者意思であるとしている点を，エンダーラインはパターナリスティックなモチーフとして重視する。したがって放棄自由への介入は，被用者を無分別な（不合理な）行動及びその帰結から保護することに資する。そのようなパターナリスティックな介入は自由最大化の基準，とりわけ反パターナリスティックな基本評価を満足させねばならない。(Enderlein, a. a. O., S. 479.)

・自由最大化によるパターナリスティックな正当化

---

(41)　BAG 31. 7. 1967 AP Nr. 2 zu §13 BUrlG.

(42)　BAG 31. 7. 1967 AP Nr. 2 zu §13 BUrlG Abgeltung（2a）.

(43)　BAG 31. 7. 1967 AP Nr. 2 zu §13 BUrlG Abgeltung（2a）.

先ず，清算金放棄が「将来的な目的追求の可能性の重大な侵害」を結果するかである。清算金の額自体は，それほどの侵害とは認めにくい。また，この将来の自由の侵害という評価要素の価値を軽減する，「過度の合理性の危殆化」も認められない。裁判上の和解の諸事例においては，このことは特に明瞭になる。パターナリスティックな介入根拠として十分なものは，休養を財政（金銭）的に可能ならしめるという清算請求権の目的に配慮する場合にも，生じない。被用者はその放棄によって休養の可能性を失うわけではなく，たとえ事後において休暇目的を実現する可能性が財政的に奪われる場合でさえ，なおパターナリスティックな介入根拠は存在しない。清算金を休養目的以外のために支出することも被用者は法的に自由である。また彼は旧労働関係終了後新たな労働関係を結び，そこで休養目的の実現を図ることもできる。したがって，被用者は休暇清算を休養目的で利用するか否かは自ら自由に決定できるのに，放棄の特殊事例についてだけ制約するのはあまり一貫性がない。むしろ，清算請求権は事後の休養に関する財政上の可能性を付与又は財政的に確保すべきであるが，しかし休養目的に関する手段の利用に関する決定は被用者に委ねるべきである。したがって，労働関係終了後の放棄による休養に関する手段の放棄もまたなんらパターナリスティックな介入根拠を提供することを許さない，と帰結する。(Enderlein, a. a. O., S. 480.)

(ⅱ) パターナリズム以外の目的承認

BAG の見解によれば，賃金継続支払法 9 条（現在では同 12 条 - 4 条 4 項を除いて，この法律の諸規定は被用者又は同 10 条により資格を与えられた者の不利に異なる定めをすることはできない。）は，その放棄が労働関係の終了後に表示される場合には，支払期限の到来した賃金継続支払請求権の放棄を妨げない[44]。賃金継続支払法 9 条に基づく不可変性の理由である「圧力及び従属性」は，労働関係の終了後には存在しない[45]。これに反対する学説の論拠として，先ず特に「保護の考慮」がある。それによれば，被用者は病気のために経済的な困難に陥りその財政的な圧力のゆえに病気の報告をしないか又は遅きに失するようになることを阻止するのが，賃金継続支払法（現在では EFZG）の目的である[46]。(Enderlein, a. a. O.,

---

[44] BAG 20. 9. 1980 AP Nr. 11 zu § 6 LohnFG（Ⅲ 2a）．
[45] BAG 11. 6. 1976 AP Nr. 2 zu § 9 LohnFG（Ⅱ 3）．
[46] Dieter Heckelman, SAE 1977, S. 257, S. 262.

第1章　労働者人格権の総論的課題

S. 484.)

　これに対し，エンダーラインはその目的は全く抵触されない。というのは，被用者が病気回復後になって継続支払請求権を放棄する場合には，その放棄は疾病の経緯や疾病中の被用者の行動に対しなんら影響するものではないからである。(Enderlein, a. a. O., S. 484.)

　①　自由最大化的なパターナリスティックな保護

　賃金継続支払請求権の放棄に関する議論において，しばしばパターナリズムの疑いのある言説が認められる。エンダーラインによれば，休暇清算金について述べたことが，賃金継続支払請求権の一般的な放棄可能性のパターナリスティックに動機付けられた仮設については，より一層強く当てはまる。(Enderlein, a. a. O., S. 489.)

　自由最大化的パターナリスティックな保護が考慮されるのは，例外的な場合においてのみである。例えば，そこでは被用者はまだ健康を回復しておらずかつその放棄によって，強い財政的な圧力すなわち，疾病の状態における重大な健康上の危険にもかかわらずすぐにも再び働かざるをえないという財政的圧力にさらされている場合のみである。そのような例外はなお一般的な不可放棄性を正当化しない。そこには特別にパターナリスティックな要保護性が存在する個別事例において，BGB138条1項の一般的な自由最大化のパターナリスティックナな保護規範が既に保護を提供している。また，雇用清算証明書の諸事例における合理性の危殆化に関しては，必要とあれば，それらは限定された合理性向上的保護を正当化する。(Enderlein, a. a. O., S. 489.)

　エンダーラインは，（勤務）成績証明書交付請求権の放棄，企業年金法における保証金の制約について言及した後，賞与合意における償還条項の規制（34節），在社プレミアム（35節）について，同様の観点から考察している。

(2)　チュウシンクの見解
(a)　憲法上の規準——パターナリズム論
(i)　善意の他者決定と基本権放棄の限界

　チュウシンクも，一方において，憲法上パターナリスティックなモチーフが不知ではないことを認める。ある法益は，それを有する者〔の意思〕に反しても保護されうる。(Thüsing, a. a. O., S. 565.) 人間それ自身からの保護並びにその

118

固有の，不合理な意思からの保護は，たとえ限界にあるとしても，憲法上正当化される。連邦憲法裁判所[47]は，そのことによって被関与者が自分自身に「より大きな人的な損害を加えること」を阻止される場合には，立法者には，法律によって人格の自由な発展に対する基本権を侵害する権能があるとみなした。チュウシンクは，この一般的な行動の自由と教義学的には同じ基礎に立脚しかつ同じ条項から導出される契約自由についてもなんら別のことが妥当するわけではない，とする。すなわち，自分自身を害する自由は，そのことによって他の法益が擁護されるのであれば，最初に放棄されうる自由であろう。(Thüsing, a. a. O., S. 566.) いわば，この最小限の範囲では，チュウシンクもパターナリズムを容認している。

しかし，他方において，憲法は「基本権放棄による基本権行使の法的像」を知っている。その「基本権的自由を自ら制約する」ことは正当化される，なぜなら，何ものにも拘束されない自由は自由放棄の自由でもある。彼もまた基本権保護を享受している。ある許される基本権放棄の前提が示される場合には，右の二つの評価は融和しうる。それは，特に二つの決定因子によって決定される。すなわち，① 放棄は自由意思でなされねばならない〔詐欺・強迫があれば該当しない〕，そして②その基本権は当該基本権の担い手のみの処分下にある〔人間の尊厳にかかわるか，制度的保障となれば該当しない〕，である。(Thüsing, a. a. O., S. 566.) ①はアイデンミュラーの言う自律性原理あるいは選好の自律性の尊重であり，②はアイデンミュラーの言う属人性保護というものであろう。しかしこれについてチュウシンクはパターナリズムとは呼んでいない。そして，チュウシンクは，これらの条件が成立するならば，基本権の担い手の意思がまったく非合理的と思われるかどうかは重要ではない，とする。他方において，放棄が任意 (freiwillig) に行われない場合には，契約自治は，その契約自治を内包する者の意思に反しても，契約自治のために制約されうる。実質的な契約自由の「発展」と形式的な契約自由の「制約」が，将来的には，相異なる側からここで遭遇する。(Thüsing, a. a. O., S. 567.) おそらくこの局面が定型化・類型化されるのであれば，強行法規の存在も認められるのであろうか。

この憲法上の理解は現行契約法に反映される。すなわち，第三者の利益また

---

(47) BverfG 16. 3. 1982, BverfGE60, 123, 132.

第1章　労働者人格権の総論的課題

は公共（一般）の利益が作動しない場合であっても，常に当事者の意思がある拘束の妥当の最後の言葉であるわけではない。(贈与，土地売買，訪問販売における要式性の例)（Thüsing, a. a. O., S. 567.）

(ii)　労働法における規制根拠

チュウシンクは，労働法上の保護法規の正当化並びにまた労働契約の内容規制（コントロール）の正しい拠点は第一に，前述のとおり，保護を要する他の法益のために被用者の契約自由の制約ではなく，むしろ被用者の契約自由の発展である。被用者を，（おそらく裁判官の眼にのみ映る）非合理的な，しかし自由に欲せられた行為の帰結から保護しようとする〔立法者〕意思は，したがって原則としてなんらの正当化ではありえない。そうであればこそ，ある合意の単なる不適切性（不妥当性）だけではその修正の理由足りえないのである。決定的なのはその合意が自由な意思の結果であるのかあるいはそれが本当に欲せられていたのかである。(Thüsing, a. a. O., S. 568.）

労働契約の内容規制についてもその条件は常に，チュウシンクは，連邦憲法裁判所の保証決定に準拠して，そこでは両契約当事者の合致（合意）が一方の側においてのみ契約自治の行使を意味するところの「崩壊した契約対等性」とみる。その際，売買契約，賃貸借契約または請負契約におけるとまったく同様に交渉の不均衡性を「事前方式化の基準」で確定することが有意義である。なぜなら，「契約内容の一方的な決定の明白な事例」はほとんど想像できない。労働法において異なった評価をすべきであるとの理由は，見出しがたい，とされる。(Thüsing, a. a. O., S. 568.）

そうすると，チュウシンクにあっては，労働関係においても契約内容の一方的決定＝経済的劣位性は否定され，その帰結として，均衡状態における合意が原則であり，不均衡＝崩壊した契約対等性は例外ということになろうか。

チュウシンクは，その他の労働法上の保護立法についても，介入の正当化は，それが法律によって直接であるかまたは協約当事者または事業所当事者の相応の権能により間接的であるにせよ，第三者の利益からの保護ではありえても，被用者自身からの保護ではありえない，とする。(Thüsing, a. a. O., S. 568.）この点からすれば，チュウシンクは，労働法においてはパターナリズムによる規制を基本的に認めない立場をとっている。

120

〔小俣 勝治〕　　　　　　　　　　*5*　法的パターナリズムと労働者保護

(b)　経済学的論拠（経済的傾斜）

　チュウシンクは，契約の修正のための理由の検討の結果，契約に対する介入は常に非効率的であるとのテーゼは，正しくない，との結論に至る。この見解は第一に，市場並びに幸福に敵対する法分野を擁護する範疇的な批判から労働法学者を解放する。第二に，契約への介入に当たっては最広義における決定の不自由に着目すべきことは経済学的にも有意義である。この不自由は，情報の非対称性，知的な傾斜または非合理的な行動において基礎付けられる，とする。ところが，経済的傾斜〔経済的劣位性〕については，検討した後除外されている。(Thüsing, a. a. O., S. 574.) その理由は大要次のとおりである。

　チュウシンクは，先ずシュミット－リンプラー (Schmidt-Rimpler)[48]を引用して，他方当事者にとってはどんな契約条件でも承認してしまうほどに契約締結に依存しているため，契約を思い止まることができない場合に，はじめてこの傾斜は重大である，とみる。ここには競争なくしてその価格を単独で決定しうる独占者の諸事例と同じ状況（経済学的な正当性保障としての競争の欠如）が存在する。被用者にとっては賃金とパンなしに生活するよりも劣悪な条件で働くほうが常にましであるから，被用者は契約に同意する。たしかに，自己の職場を得んがために，その労働賃金において相互に安売り競争をした。しかし，産業無産階級は19世紀の社会的貧困 (pauparisumus) の現象であり，今日の高い失業率にもかかわらず，賃金継続支払法や解雇制限法の下においては，大衆の貧困化の阻止は現代的状況には合致しない。別の選択を不可能にする使用者のカルテルが存在しない限り，被用者は厳格な意味で否ということができ，別の使用者に応募することもできる。確かに，職業能力の形成が劣る人は交渉力も弱く国家の保護・最低労働条件を必要とする。しかし最低賃金は失業に対する本質的な要素ではないが，全人口の層の社会的編流 (Abdriften) を阻止するには

---

[48]　Grundlagen einer Erneuerug des Vertragsrechts, AcP147 (1941), 130, 149ff., 157, Zum Vertragsproblem, Festschrift Raiser, 1974, S. 3ff., Zum Problem der Geschäftsgrundlage, Festschrift für Hans Carl Nipperdey, Beck, 1955., S. 1ff. シュミット－リンプラーの「契約メカニズム説」と呼ばれる。すなわち，契約の正当性は，当事者双方にとって納得の行く利害調整を促がすという契約締結過程に内在する利害調整メカニズムにより担保されるが，そのような利害調整が適切になされなかったり，契約内容自体に不当性がある場合には，正当性を欠き，高権的コントロールに服するとするものである。山本顕治「契約交渉と市場秩序―シュミット－リンプラー再読―」神戸法学雑誌58巻4号（2009年3月）29頁以下，33頁。

第1章　労働者人格権の総論的課題

適している。ただそれは，分配的正義の問題であり，その再配分が契約法を通じてではなく，直接国家の出捐を通じて達せられるべきかは，明らかではない，とする。(Thuesing, a. a. O., S. 571.)

(c)　労働契約の内容規制

労働法において具体的に問題となるのは，次の三つの事例グループ，すなわち，①労働契約の内容規制（コントロール）に関する判例，②事業所組織法における新規定及び③協約違反の事業所協定に当たっての労働組合の差止め請求である。本稿では，労働契約の内容規制の一部のみに触れる。(Thuesing, a. a. O., S. 574.)

チュウシンクが注目したのは，事前方式化されたものである。事前に方式化されたものは，労働法においてもその妥当性（Angemessenheit）に関して検討されねばならない。BGB310条4項の新規定すなわち約款規制法理を労働法の中に持ち込むという立法者の根本的決定は，歓迎されるべきである。(Thuesing, a. a. O., S. 574.)

彼の分析によると，以前の判例[49]をより詳細に考察すると，償還条項と，競業避止・兼職禁止条項の有効性を検討するにあたって，それらが個別契約上「商議」されたか又は使用者によって「事前に方式化」されたか否かは，なんらの役割をも果たさないようである。それらの判例は，被用者の利害が不当な形で主張されている労働契約上の合意であればいかなる場合でも，裁判官による衡平性コントロールが予定されていた以前の法案（1977年の労働法典委員会の提案3a条）と符合する。そのような裁判官への契約修正の委任は，契約自治の発展の要請からは推知されえない。なぜなら，パイロット，サッカー選手，ITの専門家，トップクラスの弁護士などを想起すれば分かるように，崩壊した契約の対等性はすべての被用者においてかついかなる状況においても承認されうるものではないからである。(Thuesing, a. a. O., S. 575.)

かくて，上記の判例の事例における内容規制のための理由付けは「契約自治及び契約締結の正当性保障」に着目していない，と結論付ける。それはむ

---

[49]　チュウシンクが取上げる判例は以下のとおりである。BAG 10. 5. 1962, AP Nr. 22 zu § 611 BGB Gratifikation, BAG 21. 12. 1970, BB 1971. S. 522, BAG 22. 12. 1970, AP Nr. 2 zu § 305BGB Billigkeitskontorolle, BAG 31. 10. 1969, AP Nr. 1 zu § 242 BGB Ruhegehalt.

〔小俣勝治〕　　　　　　　　　　　　*5* 法的パターナリズムと労働者保護

しろ「立法上の保護の欠缺」と裁判官による修正を免れない「法律回避の危険」を示唆する。そうすると, Thuesing 自身の前記の原則を考慮すると, 次のようになる。すなわち, 被用者の他の法益の保護または正当な第三者の利益または公共の利益の保護は修正を要求するのであるから, 決定が不自由である場合か, または契約自治が優先されていない場合に限って, 法律の欠缺が承認されうる。だが, この二つの条件は存在しないかもしれない。年次特別給与 (Jahressonderzahlung) がどれほどの額になるかについて使用者と詳細に商議した者は, まったく自由にそれを行っている。また解雇や保証金について正確な規律を作っている者は, その交渉において彼固有の利益を主張している。正当な第三者の利益が作動しうる状況ではない。にもかかわらず, 判例はこの合意に妥当性規制を行っている, とする。(Thuüing, a. a. O., S. 576.)

しかし, これは, 軽率な者の, 誤った評価の危険がとりわけ大きい, 最初から「悪く」評価されるべき事態に関係する諸規制であることが注意を引く。したがって, 立法者が使用者と被用者との間に適切・妥当な法律上の調整を提示することによって, 効率を向上させる, 軽率に対する保護を創設することは承認されるかもしれない。しかし立法者はそのような行動はとらず, しかもそれは必ずしも絶対的な要請ではない。かくては契約自由が優先する。(Thuesing, a. a. O., S. 576.)

(3) シュバルツェの見解
(a) パターナリズムによる契約自治の制限

シュバルツェ[50]によれば, 契約自治の制約（限界）を正当化する論拠として, ①契約が崩壊された意思の所産の場合（詐欺, 悪意＝BGB123条, 一方当事者の優位な契約勢力＝BGB138条2項など）, ②不当な自由放棄, ③第三者または共同体の利益の侵害（労働法では, 母性保護, 差別禁止など）が挙げられ, 第2の不当な自由放棄がパターナリスティックな保護である。但し, その原理的な困難さは, 自治（自律）の制約の必要性の根拠を「自由と評価される意思」に向けて主張することにある。これは「自身からの保護」とか「自身の無分別（Thuesing, S.

---

[50] Roland Schwarze, Arbeitnehmerbegriff und Vertragstheorie -Der paternalisitische Kern des Arbeitnhemerschutzes-. in: ZfA 2005, S. 81ff. 以下, この論文の引用は本文に記す。

第 1 章　労働者人格権の総論的課題

568）又は自傷行為（Enderlein, S. 8）からの保護」と同視されているが，これはパターナリスティックな保護を軽率，無思慮，無分別からの保護として把握する誤解[51]を招くとする。(Schwaraze, a. a. O., S. 83.)

　かくて，パターナリスティックな保護では関係する人の実際の意思にかかわりなくその人の幸福のために自由を制約すること，という定義が妥当だとする。そこでは，その人の意思の実現よりもその意思の法的制約が関係者の幸福のためにはより資するものと評価される，のである。(Schwarze, a. a. O., S. 83.)[52]

（b）被用者概念と劣位性パラダイム

　ライヒ労働裁判所の当初の判例は，被用者概念の決定的な基準を，求職者の経済的従属性（労働力の換価への依存性の意味＝劣位性（Unterlegenheit））[53]としてい

---

[51]　その例として、Lorenz Fastrich, Vom Menschenbild des Arbeitsrechts, FS Kissel, 1994, S. 193.; Thuesing, FS Wiedemann, S. 576 を挙げている。ファストリッヒ（S. 196, 200.）は、賞与償還条項判決（BAG, AP BGB611Nr. 22Gratifikation）に関連して、「被用者は賞与における拘束条項の危険を自己扶助を通じて免れることが出来る。したがってその限りでは、使用者の過剰勢力からの保護のみが問題となっているのではなく、むしろ被用者の自分自身からの保護が問題となっている。」また「被用者保護の多様な様相では、……すべての生活状況において無制限に自己責任的に行動する市民ではなく、従属的で、使用者の交渉の優越性からの保護（のみならず）、しかしまた自己の無思慮及び無分別からの保護をも必要とする被用者がわれわれの前に現れた。」としている。

[52]　この定義は、アイデンミュラーの定義（Eidenmueller, a. a. O., S. 359.）に依拠している。

[53]　これと区別されるものに、労働契約に基づく被用者の使用者に対する経済的従属性がある。すなわち、被用者は（自立的な役務提供者と異なり）1人の委託者のみを有し、したがってある個別の契約に従属するのに反し、自営業者はひとつの契約並びに1人の委託者へのその種の従属性を典型的には諸委託者の多数によって回避しうる、という事実に基づいている。(Schwarze, a. a.. O., S. 85. Fun. 22.)

　わが国では、労使間の経済的な力関係のかなりの相違、交渉力の不均等によって、「使用者側の提示した条件をうのみにせざるを得ない状態」が「経済的従属」と呼ばれる。蓼沼謙一「労働法の対象」日本労働法学会編『現代労働法講座第1巻　労働法の基礎理論』76頁以下、94頁　角田邦重・毛塚勝利・脇田滋『新現代労働法入門』（第4版）（法律文化社、2009）11頁（担当角田邦重）。しかも、この経済的従属が附合契約の現象と結び付けて捉えられると、古典的市民法の規制の弊害・修正が要請され、かつ、（特に集団的）労働法出現の契機となっている点が強調されていた。蓼沼・前掲論文96頁。

　そうすると、わが国の経済的従属性はドイツでは現在経済的劣位性と呼ばれ、ドイツで経済的従属性と呼ばれる現象はわが国では専属性（労働者概念の補助的構成要素）に近いのではないかと思われる。拙稿「ドイツにおける従属的自営業者の法的保護に関する議論について」水野勝先生古稀記念論集『労働保護法の再生』（信山社、2005）91頁以下、とくに95頁以下。

たが，その後判例はこの端緒から決別していった。そして，ジンツハイマー及びロトマールによって刻印される支配的学説[54]と判例は，人的従属性（とりわけ集中的な指示への被拘束性または場所的及び時間的拘束）を被用者性の指導基準として強調する。(Schwarze, a. a. O., S. 85～86.)

その点では，今日重要な「代替的見解」も同じである。すなわち，決定的基準が企業者的活動への放棄ないし他者活用性（ヴィーデマン，リープ）[55]または企業者的リスクの引受け（ヴァンク）[56]のいずれであるにせよ，被用者の概念では常に「契約内容の評価」が問題となるのであって，「契約の成立した状況の評価」ではない。言い換えれば，人はその労働力の換価に依存しているがゆえに被用者であるのではなく──それは自営の手工業者または役務給付者でもそうである──，むしろその労働力を一定の（「従属的」，「非企業者的」な）態様において換価するがゆえに被用者であるのである。(Schwarze, a. a. O., S.86.)

そこで，ある背理（パラドクス）が確認される。すなわち，劣位の契約勢力が契約自治介入の中心的な契約理論上の論拠であるのに，それを（法的に）取り上げる構成要件（被用者概念）においてはその要素は存在しない。(Schwarze, a. a. O., S. 86.) 中庸な見解[57]は，劣位性を被用者概念に組み入れることを次の理由から放棄する。すなわち，従属的労働と経済的劣位性との間には典型（類型）的には重なり合う（契約内容から先行する劣位性を逆推）。しかしこれが支配的見解の「理性」であるとすると，被用者概念における人的従属性は，経済的劣位性のための複数の状況証拠のひとつに過ぎないことになろう。それは決してもっとも強力な証拠ではなく，たとえば，低い報酬の方がはるかに強い状況証拠になろう。人的従属性が実際被用者概念について有する決定的な地位はこれでは説明されえない。(Schwarze, a. a. O., S. 87.)

だからといって，被用者の（構成）要件に劣位性を組み込むことは，（被用者

---

[54] Hugo Sinzheimer, Das Wesen des Arbeitsrechts, in: Arbeisrecht und Rechtssoziologie, 1976, S. 111., Lotmar, Der Abeitsvertrag, S. 10f. 今日，支配的学説としてあげるのが，Hanau, Freiheit und Gleichheit bei der Gestaltung des Arbeitsrechts, FS Rechtswiss. Fakultät der Universitaet zu Köln, 1988, S. 183, 201, BVerfGE81, 242, 255f., 260, 261, Schwarze, a. a. O., S. 85, Fn. 20.

[55] Herbert Wiedemann, Das Arbeitsverhältnis als Austausch- und Gemeinschaftsverhältnis, 1966, S. 10, 14ff., Manfred Lieb, Arbeisrecht, 8 Aufl. 2003, Rn. 11f.

[56] Rolf Wank, Arbeitnehmer und Selbständige, 1988, S. 116.

[57] Wank, a. a. O (55)., S. 102.

第1章　労働者人格権の総論的課題

性の）目的（Telos）と要件との間の間隙を埋めるであろうが，その帰結は有益とはいえない。すなわち，強行的労働法が任意（規定）化可能になろう。被用者が代替案を提示することができるように十分な契約勢力を有する場合や，放棄が被用者の自由な意思に基づいている場合には，劣位性のパラダイムの説得力には限界があることがわかる。(Schwarze, a. a. O., S. 87.)

さらに，協約に対する強行性（Tariffestigkeit）である。協約自治はいうまでもなく被用者の不十分な契約勢力を団体結成（集団化）によって調整するという理念に基づいている。ここには，当事者の対等性と自治（自律）が存在している。もし労働法規の不可変性の理性が契約上の過剰勢力からの保護にあるとするならば，労働法の保護法規は協約任意規定でなければならないであろう。実際にはそうなっていないか，または周辺領域においてのみそうなっているにすぎない。すなわち，賃金継続支払法の核心部分は協約強行的である（賃金継続支払法12条），同じことは連邦休暇法，パートタイム及び有期法または解雇保護法にもいえる。これら規定の強行的性格は従って求職者の劣位性では基礎付けることはできない。労働協約への強行性は，国家が使用者に対する労働組合の交渉地位を確固不動の被用者権の創設によって強化しようとするものだとして，説明することはできない。国家は，協約当事者間において「圧倒的な不均衡」が支配しないよう（何のために労働争議は存在するのか）に苦慮しなければならないが，しかし紛争に内容的に介入してはならず，ましてや一方または他方に対する「贈与」によってしてはならない。(Schwarze, a. a. O., S. 88.)

(c) 強行的労働法とパターナリズム
(i) 自由制限のとしての労働法上の保護

シュバルツェによれば，労働法の主要な保護法規（特に疾病の場合における賃金継続支払，休暇，営業令106条〔労働給付の内容，場所及び時間などの労働条件が労働契約，事業所協定，適用されうる労働協約の諸規定又は法律上の諸規定によって確定していない限りにおいて，使用者は衡平な裁量に基づきより詳細に指定することができる。〕・BGB315条による指揮権の司法的コントロール）の強行的性格のための第一理由は，求職者の「劣位性」ではなく，契約締結で被用者によって行使された「自由放棄」である[58]。被用者は従属的労働への義務付けによって，ある程度において，その人

[58] シュバルツェは，エンダーラインが，労働法におけるパターナリスティックな保護目的を周辺領域すなわち放棄の禁止においてのみ認めている点を批判する。すなわ

〔小俣　勝治〕　　　　　　　　　　　　**5**　法的パターナリズムと労働者保護

的ならびに経済的な自由を放棄するのであって，その程度は法秩序によって無条件では許されず，限定と調整を必要とするものである[59]。したがって被用者が契約締結にあたり十分な契約勢力を有する場合にも，中心となる労働法上の保護法規は強行的である。(Schwarze, a. a. O., S. 88～89.)

　このようにみるならば，被用者保護の中核は，パターナリスティックである，すなわち，被用者保護は被用者の契約自由を被用者の（自由な）意思にかかわりなく被用者自身の幸福のために制限する。被用者は自身の幸福のために，そのような中心的な保護規定なしには従属的労働を義務付けられることはない。(Schwarze, a. a. O., S. 89.)

　このような理解をシュバルツェはジンツハイマー〔労働法の目的は人間の尊厳を維持することにある。〕[60]に求め，労働法の保護法規の強行性の正当化の第1の理由はパターナリズムであり，第2の理由が経済的劣位性であるのに，19世紀の窮乏化の経験が優先順位を逆転させたとみる。(Schwarze, a. a. O., S. 89.)

　(ⅱ)　被用者の問題のある自由放棄

　被用者概念において把握された自由放棄の問題性並びに規制の必要性はどこにあるのか。自由放棄の問題を考えるに当たり，シュバルツェは，あらゆる労働法上の保護のない状態での労働関係の締結を出発点とする。すなわち，被用者はさながら自らを使用者に引き渡す。彼は，売主が物を売るように，使用者に役務給付を売るだけではない。彼は使用者の広範な命令権力に服するのであり，かつその労働の果実を自分のために獲得することが許される自然権を，その全体的な経済遂行についての広範な帰結とともに，放棄するのであ

　　ち，個別契約における放棄の可能性並びに協約任意性の問題の中に，全体としての強行的労働法の契約理論上の目的に関する問題が結びついていることを見逃している，とする。Schwarze, a. a. O., S. 88. Fun. 33.

(59)　シュバルツェは，その限りにおいてエンダーラインの分析は簡略すぎる，とする。すなわち，労働法上の保護は契約内容に付着するが，契約締結の状況には付着しない，してそれゆえに，パターナリスティックな目的を有しない，としている。しかし，労働法上の保護は被用者によってなされた契約決定の内容に付着するのであって，かつ強行法によって労働契約の締結に当たっての形成の可能性を制約する，とする。Enderlein, a. a. O., S. 8, Schwarze, a. a. O., S. 89 Fn. 34.

(60)　ここでシュバルツェが引用するジンツハイマーの文献は，注54に記載された論文集における所掲論文，及び，同書における"Über den Grundgedanken und die Möglichkeiten eines einheitlichen Arbeitsrechts für Deutschland, S. 41"である。

労働者人格権の研究　上巻　　　　　　　　　　　　　　　　　　　　　　　　*127*

第1章　労働者人格権の総論的課題

る。シュバルツェは，自由放棄の問題を経済的並びに人的な側面から考察する。(Schwarze, a. a. O., S. 91.)[61]

① 経済的部分

労働契約の締結に伴う被用者の自由放棄の経済的側面は，次の点にある。すなわち，その労働力の企業者的換価を放棄してそれを使用者に委ねること，すなわち，被用者は他者活用的に労働すること[62]である。被用者は企業者的チャンスを放棄すると共に，市場における労働力の換価を通じて，この換価の自然の限界が要求する程度において，労働力の換価への経済的強制から解放しうる程の資産状況になるチャンスを放棄するのである。〔換価すなわち労働に求められる人間の自然的限界〕とは要するに，静養目的での休暇取得，疾病に当たって治療の専念，そして倒産に当たっての扶助などである。労働力の企業者的換価の放棄は，被用者をして，典型的な企業者的なリスク（特別の責任，需要不足）に対する備えを可能にする資産状況〔の形成〕をも阻む。自身を経済的に処分する可能性の喪失が話題となる。被用者責任に関する裁判官法上の諸規則並びに解雇保護は，このことから説明されうる。労働関係への決定は個人の全ての経済遂行にとって決定的な結果をもたらす。したがって，労働法上の保護は，企業者的な自由の放棄に当たり設定されるのであって，経済遂行に対するこの放棄の（典型的な）結果において設定されたものではない。それゆえに例えば，被用者の資産状況は重要ではない。(Schwarze, a. a. O., S. 92.)

かくて，法律上予定された保護のない従属的労働への義務付けを引き受けることは被用者には禁ぜられていることが，自律性（自治）の制約であるとする。この自律性の制約が正当化されるのは，それに結合された被用者の実質的自由の促進を通じてであって，この自由は，保護なき労働関係の重大な不利益の結

---

[61] このことはアイデンミュラーによって挙げられたパターナリスティックな保護の正当化に関する諸原理に一致する。すなわち，属人性原理と自律性原理である。肉体的な不可侵性（Unversehrtheit）の危殆化は大部分において人的及び経済的な自由喪失の（長期の）結果である。それはしかしまた労働の特別の危険性から直接生じることもあり，その場合にはしかし大抵の場合労働給付の形式（従属的か自立的か）に結び付けられないし，被用者概念にとって重要ではない。肉体的不可侵性を保護する規範は大抵個人の保護に奉仕するだけでなく，健康維持への公共的な利益にも奉仕する。(Schwarze, a. a. O., S. 91, Fn. 47.)

[62] 被用者性にとっての他者活用性の意義については，Wiedemann, a. a. O., S. 14ff., Lieb, a, a, O., S. 3. Rdn. 1 1 ff.. (Schwarze, a. a. O., S. 91, Fn. 49.)

② 自由放棄の人的部分

労働関係は典型的には，被用者に関する使用者の内容的にほとんど拘束性のない「命令権力」を創設する。被用者は典型的には，この関連において公法上の支配関係に類似した状況に置かれる。被用者は，独立者（自営業者），例えば，弁護士が顧客の引き受けで行うように，一定の役務の提供・給付を義務付けられるわけではない。被用者はその役務を提供しかつ使用者の指示に服する義務を負う。自身の労働義務は使用者の指示——したがって命令によって——創設されることが少なくないことで，自由放棄の程度が明らかである。被用者は自由な人間の理念とは正反対に対抗する状況に赴く。(Schwarze, a. a. O., S. 93.)[64]

自律性の制約はここでも，被用者の実質的自由への総体的にポジティブな影響に基づいて，しかしまた部分的には人の処分できない属性を決定する思想に基づいて正当化される。(Schwarze, a. a. O., S. 93.)[65]

③ 被用者が放棄する自由はしばしば形式的にのみ存在するといいうるかもしれない。放棄のこの自由譲渡の性格にとってはにもかかわらず形式的な自由の喪失で十分である。そうでなければ個人の自由のアプリオリな相対化がなされるであろう。すなわち，自由が現実に存在するか否かそして自由行使の事実の障害が法的に非常に重要ものとして妥当するはずであるのか否かは，常に（倫理的，法的，経済的）評価の（文脈に従い）問題であり，かつ介入する第三者（立法者・裁判官）による評価の問題である。形式的自由をはじめから真剣に受けとめないならば，その評価及びそれに引き続く正当化の強制という干渉は免除されるだろう。(Schwarze, a. a. O., S. 93.)[66]

(iii) 自由放棄のパターナリズムによる制約

① 個人の自由を義務付けられた法秩序は，従属的労働の行使に付帯する自由の譲渡を許容しえない。従属労働を契約法から切り離し，固有の種類の特別

---

[63] 自律性の促進の目的でパターナリスティックな保護の正当化について，アイデンミュラー，エンダーラインが引用されている。

[64] Rolf Birk, Die arbeitsrechtliche Leitungsmacht, 1973, S. 70ff.（Schwarze, a. a. O., S. 93, Fußn. 54.）

[65] ここでも，Eidenmüller, Enderlein, a. a. O., S. 361. が引用されている。

[66] Enderlein, a.a.O., S. 8., Eidenmüller, a.a.O., S. 361f.（Schwarze, a.a.O., S. 93, Fn. 58, 59.）

第1章　労働者人格権の総論的課題

法の関係として理解する教義学的試み[67]はなるほど失敗した。そのことは，しかし労働関係における契約的拘束の対象並びにそれと結びついた自由放棄の程度は問題があるという認識を支える。そうはいっても従属的労働は必要である。われわれは従属労働をせざるを得ない。そこで，自由放棄を負担可能な程度に限定し，これを条件付ける法律上の諸規制が必要である。これらの規制が労働法の保護の中核を形成する。これらの規制は―大雑把に言えば―自由放棄の人的側面に関しては指揮権の司法的規制，そして―経済的側面に関しては―不適切な経済的なリスク（労働力のより早い磨耗，補償なきリスク負担）を回避する諸規定において存在する。(Schwarze, a. a. O., S. 94.)

②　いかなる法律並びに裁判上の原則が被用者の自由放棄を彼の固有の幸福のために制限しかつ条件付けるであろうか。（パターナリスティックな法分野）完全性の要求なしに，ここでは次のような規制があげられるべきある。すなわち，企業者的換価（チャンス）の放棄に直接に結びついて，及び使用者の命令権限への服従に対して，反応する諸規制である。これは，最初に挙げられた放棄に関して，企業者的な機会の放棄から生ずる不利益な結果を調整する規制である。すなわち，特に，賃金継続支払法3条（疾病の場合における賃金継続支払），連邦休暇法1条，就業リスクの完全な負担に対する保護（解雇保護法1，2条，短時間就業促進法14条による）及び過度の責任リスクに対する保護（被用者責任の裁判官法上の諸原則）。第2の放棄に関連しては特に営業令106条，BGB315条による使用者の指揮の裁判官による規制である。(Schwarze, a. a. O., S. 95.)

（d）労働法にとっての劣位性の意味

（i）労働法の特殊な問題核心としての経済的劣位性

チュウシンクによって労働契約規制の中心的地位が認められる，使用者により事前準備され書式化された契約の利用に基づく被用者の要保護性は，シュバルツェによれば，（劣位性と呼ぶべきか問題であるが）書式契約を結ぶ消費者や事業主に対すると同レベルであって，いかなる者も契約締結前に事前に方式化された条件をその妥当性について検証する組織的手段を有しないことから生ずる。

---

[67] Reinhard Richardi, Der Arbeitsvertrag im Zivilrechtssystem, ZfA 1988, 221, 229ff. が引用されている。要するに，ドイツでは，オットー・フォン・ギールケに由来する役務（雇用）契約について被用者の服従義務と使用者の配慮義務とから成る人的支配関係の構想，さらには労働関係を人法的共同体関係ととらえる見方を指す。

〔小俣勝治〕　　　***5***　法的パターナリズムと労働者保護

だが，事前に方式化された契約の活用から生ずる〔対等性〕崩壊は，被用者概念において把握されるべき「被用者の特殊な保護の必要性」を明らかにするものではない[68]。したがって，過剰に有利な普通取引約款（AGB）からの保護は特殊労働法的な保護法規によってではなく，（労働法規以外と同じように）責任を負担させるような条項の禁止によって成し遂げられる，とする。(Schwaraze, a. a. O., S. 96.)

同じ理由に基づいて，被用者の情報上のまたは知的な劣位性は除外されるべきである。

(ii) 被用者の経済的劣位性の反証可能な推定

① 労働法に内在する劣位性の推定

シュバルツェは，労働法の建築様式が「使用者の優越する経済的な契約勢力に対する被用者の保護」に基礎をおいていることは疑うべくもないことから出発する。

劣位性の根拠は，被用者のその労働力の換価への「生存に関する依存性」並びにそのことから生ずる競争の背理の中に認められるというのが支配的である[69]。すなわち，被用者はその労働力の換価に生存に関係して依存しておりかつ価格（賃金）の引き下げに対しては－商品市場における提供者とは異なり－提供物の削減ではなくむしろ拡大（更なる報酬の引き下げを伴って）で反応せざるを得ないので，集団的な対抗勢力の形成（カルテルの形成）または直接的な国家の介入なしには，窮乏化の循環が発生するであろう[70]。

この劣位性は流布された見解によれば，被用者は求職して得られた職場の維持に依存しているので，またその限りで，「労働契約の締結にあたって」存在する。被用者は職場の維持に依存（そしてそれゆえ例えば，彼の権利の不利益な放棄の締結に誘引される）しているが故に，かつその限りで，現存の労働関係中にあってもこの劣位性は原則として存続しているはずである。(Schwarze, a. a. O., S. 97.)

---

(68) 但し，若干異なる見解として，Preis, Grndlagen der Vertragsgestaltung im Arbeitsrecht, 1993, S. 225ff., Thuesing, FS Wiedemann, 2002, S. 559, 568ff. が挙げられる。

(69) Eduard Picker, Die Regelung der ≫ Arbeits- und Wirtschaftsbedingungen ≪ -Vertragsprinzip oder Kampfpriznzip? ZfA 1986, 199, 251ff., Dorndorf, Mehr Individualvertragsfreiheit im Arbeitsrecht? FS Gnade, 1992, S. 39, 41ff.

(70) Dorndorf,, FS Gnade, 1992, S. 39, 41ff., Reuter, Das Verhältnis von Individualautonomie, Betriebsautonmie und Tarifautonomie, RdA 1991, 193ff.

第1章　労働者人格権の総論的課題

しかし，この劣位性のパラダイムに対しては最近異議が出されている。シュバルツェは，劣位性に対する異議を4つ挙げて再批判している。すなわち，第1に有効な契約が前提視しかつその正当性をそこから引き出す当事者の対等な交渉力に対する異議（ツェルナー）[71]，第2に労働市場における個別契約の機能不全に対する異議（ツェルナー），第3に今日の社会国家の最低保障の条件下での，窮乏化理論の正当性への異議（ロイター），第4に自営業者の劣位性との類似性（ロイター），である。

異議の第3は前記チュウシンクの見解にほぼ近い。シュバルツェはこれに対し次のように反論する。すなわち，確かに19世紀のような窮乏化状態は社会扶助その他の給付によって排除されている。しかしそのことは，交渉力の評価を修正が必要なものとして排除するものではない。生存は社会的生存であり，社会的価値（Soziale Geltung）の要求は経済状態にそして，多くの場合従属労働への入口に密接に結びついている。社会的価値はしかし，求職者並びに被用者の交渉力に対して極めて大きな否定的影響を与えるほど，「生存に関する」ものと感じられている。しかし社会国家の最低保障によって保証される交渉力は，労働関係における適切な正当性の水準には達していない。というのは，社会扶助水準を超えた賃金は，社会扶助によって決定される交渉力のベースではほぼ達成し難いからである。(Schwarze, a. a. O., S. 99.)

また，異議の第4は次のとおりである。すなわち，自営業者（独立者）もまたその労働力の換価に生存に関して依存しているけれども，委託者との関係において彼が典型的には劣位でありかつそれゆえに保護を要するとはみなされてはいない[72]。これに対してシュバルツェは，被用者と自営業者との間の個別契約の締結の意義・重要性の差異を無視していると批判する。

「劣位性」は立法または裁判上の介入にとっての構成要件である。介入を惹起する「劣位」の程度は，その法的コントロールが問題となる決定の質や意義とまったく無関係ではない。自営業者と従属的就業者との間では，契約決定はこの観点で相違がある。すなわち，独立者は商品及び役務提供の市場に登場しかつその労働力を典型的には多数の契約を通じて換価する。労働力の換価への「依存性」は（具体的な市場の状態と結びついて）ここでも顕著な不均衡を生み

---

[71] Zöllner, Flexibilisierung des Arbeitsrechts. ZfA 1988, S. 267ff., 269.
[72] Reuter, RdA 1991, S. 193, 195.

出すことがあるとしても，しかし典型的には，個々の不利益な契約を早晩有利な契約によって，市場チャンスの活用を通じて補償することができるという見通しが成立する。一般的な限界（BGB138条）を超える個別契約のコントロールは，したがって典型的には必要ない。これに反して従属的就業者は典型（類型）的には一人の委託者とのみ契約を結び，したがって劣位性から生ずる契約の不利益性が根本的に異なって関わる。このことが，異なったそして厳しい補償のレジームを正当化する。(Schwarze, a. a. O., S. 99.)

　結論において，求職者または被用者の事業主・使用者との関係における劣位な契約勢力の，労働法及び労働協約法の基礎におかれている推定はいずれにせよ正しいとする。
　②　個別の場合における反証可能性
　以上のように「推定された劣位性」はしかし反証可能である，とする。劣位性の推定は粗雑な考察，類型化に基礎を置く。したがって，個別事例において個別被用者にとって不利な規定（定め）は劣位な経済的契約勢力の表現ではない可能性がないとは言えない。使用者にこれを具体的に（in concreto）に証明せしめえないとする説得力ある理由は存在しない。すなわち法的安定性は劣位性の推定への固執を求めるわけでもない。事例グループの形成及び反対の類型化によって法的安定性に十分に配慮することができる。特に次の状況を想起すべきである。すなわち，

　第1に，その失効（廃止）が問題となる条件を被用者に与える，1つまたは複数の選択肢の申込があるために，その被用者は個別事例においては十分な契約勢力を有することができる。（複数の言語を操れる最高点を取った法律家が弁護士事務所または企業において職員のポストに応募する場合）

　第2に，関係する規定（定め）が被用者の自由な意思に基づいているとの証明をなしうる。そのための状況証拠として，イニシアティブが被用者から発していること，または被用者の特別の利害状況が存在すること，またはその協定・合意が労働関係終了後になされている，従って被用者は労働関係へのなんらの利害も有しないことなどである。例えば，労働関係の有期化が被用者の希望及び／又は十分に自由な意思に起因する場合には，判例は特別の客観的な理由なくしてもそれを承認する[73]。

　かくて，被用者の劣位な契約勢力について推定が存在する，しかしその推定

第1章　労働者人格権の総論的課題

は使用者によって反証されうる。(Schwarze, a. a. O., S. 100.)

(e) 労働法における契約自治についての帰結

(i) 劣位性パラダイムの相対化

支配的見解[74]によれば，労働法の強行的性格をその核心において基礎付けるのは被用者の劣位性であるので，自治（自律）の議論は劣位性に関する議論として行われた。そのことは劣位性（同時に自律）のテーマに対する図式的なそして包括的な位置づけを誘った。

すなわち，そのひとつは——労働法上の保護（例：法定の休暇請求権）の完全な任意化（komlette Verfügbarmachung）に対する恐れから——劣位性の推定をタブー視する[75]。そこでは，高度の専門労働者が交渉において使用者に圧力を加えられるケースなどについて，対等な当事者という法的評価は困難であるとの主張が展開されている。実際，法定の休暇請求権の強行性（不可処分〔譲渡〕性）のための説明として劣位性のみが与えられている場合，しかもその請求権が事前に廃棄できないとすべき場合には，劣位性の推定を絶対的に（反証可能でないものとして）設定する途のみが残されている。たとえそれが個別事例の明らかな現実に反しているとしても。

別のそれは，労働契約における自律（自治）的な形成の余地に関する労苦から，その支持者によって方式化されてきた包括性によって，劣位性のパラダイムを拒否する[76]。これによると，逆に，明らかに劣位性のパラダイムに基づく労働法上の諸現象を説明することができない困難に陥り，かつ強行的な法律の効果を説明するためにほとんど無条件に問題のある秩序政策的理論に手を出すことになり，その理論は契約を長期的視点で国家の介入に「疑わしく広く」道を開いている，とする。(Schwarze, a. a. O., S. 102.)

(ii) 自律の領域の確定に関する指針

強行法規としての労働法の「契約による変更可能性」，とくに，強行的法律

---

[73] BAG AP Nr. 91 zu § 620 BGB Befristeter Arbeitsvertrag.

[74] ここでは，チュウシンク論文の，S. 559, 563, 568, 571. を参照させている。実際には，チュウシンクは経済的傾斜の否定を論証しているので，いわゆる強行性の根拠の経済的劣位性が否定された場合の労働法の性格〔任意法化〕が問題にされている。

[75] Dorndorf, FS Gnade, 1992, S. 39, 44f.

[76] この見解の代表として，Zöllner, AcP 176, 221, 230, ; Reuter, RdA 1993（1991の誤記？）, 193, 194f. が挙げられている。

から生ずる諸請求権を放棄することができるかは，自律の制約の「目的の確定」を前提にする。すなわち，(1)労働関係に結びついた被用者の自由放棄を制約する強行的労働法については，その目的と合致する場合に限り，その合意による失効は考えられる。(2)自律の制約（強行的効果）が〔使用者の〕優越する契約勢力からの保護のみに奉仕する場合には，そしてその〔被用者の〕劣位の契約勢力の推定が反証された場合には，異なった定めをすることが許される。(3)強行的効果が公共的利益（にも）奉仕する場合には，その失効はこの利益と一致しなければならない。さらには，(4)劣位性の推定は反証されうるものでなければならない。(Schwarze, a. a. O., S. 102.)

(iii) 実務的意義

シュバルツェによれば，強行法規を失効させうる諸条件については，たしかに（法律及び裁判官法上の）労働法上の保護規定の包括的かつ調整なき事前における失効（Abbedingung）は，原則として問題とならない，とする。しかし，教義学上の議論が示すように，すでに成立している諸請求権（例えば，疾病の場合における賃金継続支払）の放棄，保護規定の部分的な失効または財政的調整に基づいた失効（例えば，リスク手当てを供与して被用者責任を強化）は問題となりうる。この現前の分析は決定的な基準を提供する。すなわち，これらの規定（規制）の大多数は，労働契約の締結において存在する問題ある自由放棄を制限しかつ条件付けることを目標とする。結論的には失効はこの目的と両立しうるものでなければならない。(Schwarze, a. a. O., S. 103.)

5 まとめに代えて

(1) ドイツの議論

ドイツでは，法的パターナリズムの概念はアイデンミュラーによって，最初から，自律促進の視点の下に導入されている。ドイツでは「自分自身からの保護」に関する問題は，基本権放棄に関する連邦憲法裁判所の判例の展開と符合する面もあるので，その立場の相違はともかく，憲法レベルでの整合性が第一の課題となる。そして労働法におけるパターナリズムの論議も，自由権＝基本権放棄に対応して，労働契約諸法における被用者の諸権利の放棄（不可変性の修正）の問題として，論議されている。被用者を未成年者や精神疾患のある者と同様に扱うものとして，これを否定する見解（プライス，チュウシンク）がなお

第1章　労働者人格権の総論的課題

支配的とは思われるが，エンダーラインによって問題が意識化され，シュバルツェによってまた独自の展開を見せている。

　また，ドイツでは労働法における諸規制の正当化根拠として，被用者の経済的劣位性が措定されている。すなわち，強行法規は被用者の契約自由を切り詰めるにもかかわらず，伝統的に被用者の自由の保障，すなわち，搾取及び恣意による解雇からの保護とみなされる[77]。労働協約や事業所協定に対する強行的労働法の優越には疑念が投げかけられつつも，労働契約は経済的並びに専門的―知的劣位性のゆえに原則として「交渉の対等性と被用者保護」をよくなしえず，それゆえ強行的労働法による規制を必要とするとの考えは従来揺るぎなかった[78]。にもかかわらず，強行的労働法の適用については既に前世紀の80年代後半には疑問が提起されていた。とりわけ，個別の場合において，一方的に設定されたのではなく，現実に商議された申合せは，強行的労働法を修正し得ないかが問われた。通例そのような商議は，強行法に合致した定めと，被用者にとってなるほど強行法よりは不利に逸脱されているが総体としてみればむしろ有利であるような，強行法規と異なる定めとの間で，自由な選択が被用者に委ねられていることを前提とするからである[79]。チュウシンクの問題意識はかかる認識に基づいているといえる。具体的には，病気がちで過去に何回も疾病に基づく有給の休暇を取得している高齢の被用者が，整理解雇の対象となることを怖れて，これ以上の疾病休暇を取らない協定を結ぼうとしたケースである。このような権利放棄の自由を認めないパターナリスティックな保護を批判しているのである。但し，チュウシンクの場合，経済的劣位性の否定が出発点となっているためか，いかなる条件・基準の下にそのような自由な意思決定の成立（商議）する場が認められるかが明確ではない。そうなると，無原則の任意法規化の懸念が生ずる。

　これに対して，パターナリズムを正面から労働法の規制根拠としてとらえる立場では，むしろその許容条件・基準が議論されている点が特徴的である。エンダーラインの場合は，契約に対するパターナリスティックな介入を原則禁止

---

[77]　Hanau, a. a. O.（54）, S. 194.
[78]　Hanau, a. a. O.（54）, S. 204.
[79]　Hanau, a. a. O.（54）, S. 205. この見解は社会保障法上の保護水準を上限として，一定の被用者の保護からの除外を想定しているようである。S. 207.

5 法的パターナリズムと労働者保護

し，自由最大化原理による正当化が可能な限りで，保護を認めるものである。しかも自由最大化原理の適用に当たっては，しっかりとした枠組と考慮要素・基準を提示している。しかし，労働法においては，経済的劣位性が規制根拠の中心的であり，パターナリズムは補助的・補完的役割を認められるに過ぎない。しかもその例外部分の多くは，退職時及びその後の契約関係の設定についての労使の立場である。そこでは，ほぼ対等な関係が成り立つのに，被用者保護の必要性を前提に規制・議論するのはどうかということである。論議されている事項の多くは，少なくとも日本の労基法には規定のない事項であり，しかも退職に当たっての権利放棄のケースに限定されることからすると，わが国における労働法にとってはほとんど影響力をもちえない議論ともいえる[80]。

　これに対し，シュバルツェの見解は，経済的劣位性を否定するものではないがこれをむしろ第二義的とし，第一義的な正当化根拠はパターナリズム（自由放棄の制限）であるとみる。そうすることによって，経済的劣位性を否定される場合にも，パターナリズムによる正当化が必要なので，改めて判断しなければならなくなる。このようなとらえ方は必ずしもドイツ法に限らず，強行的労働契約法を有する国の労働法にとっても関心事である。その主張の基礎は，被用者保護の必要性（要保護性）をどこに認めるかに関するドイツの労働法学の古典的課題である。被用者性の要件としての人的従属性は，経済的劣位性抜きには語れず，むしろ後者の随伴現象として，正当化される見解を重視している。そして，被用者概念に経済的劣位性を持ち込む場合の危険性に配慮して，ヴィーデマンによって提唱され，リープ，ヴァンク等に発展的に引き継がれてきている，「被用者の要保護性に関する他者活用性」の説明に注目する。すなわち，被用者は労働契約の締結によって，労働力の企業者的換価（企業者的リスクとチャンス）を放棄して，労働力を使用者に委ねる，つまりは使用者のために働く（その代わり自分の事業者的な展開を否定）ことになる。ここに自由＝自律性の放棄が認められ，パターナリスティックな保護・介入の余地が生まれる[81]。

───────────
(80) 若干類似するケースとして，労基法24条の賃金全額払いの原則と退職金の合意相殺に関する判例――日新製鋼事件・最二小判平2・11・26民集44巻8号1085頁，大内伸哉「従属的労働者と自営労働者の均衡を求めて――労働保護法の再構成のための一つの試み――」『中嶋士也先生還暦記念論集　労働関係法の現代的展開』（信山社，2004）47頁以下，61頁参照，退職時になされる退職後の競業避止特約の合意などもそうであるが，ここには法的規制がなく判例法理に委ねられている。

第1章　労働者人格権の総論的課題

　このような労働法のパターナリズムによる理解はともかくとして，経済的劣位性（推定）は一般的に否定できないものの，個別の場合における反証は可能であるとして，①複数の選択肢のある十分な契約勢力を有する被用者，②イニシアティブが被用者側の意思に基づいているケース，③被用者の特別の利害状況がかかわっているケース，④労働関係終了後の合意，が挙げられているが，これらは十分参考になると思われる。しかしこの結論のために労働法の正当化にパターナリズムを必要とするかはなお検討の余地があろう。要するに，経済的劣位性は個別には反証可能であり，その精緻な基準が提示されてそれに合致する場合には強行性が否定されるケースも出てくる，ということであろう[82]。

(2)　わが国の状況との関連

　刑罰と監督取締による実効性確保を旨とする公法上の労働者保護は生命や健康確保のための最低限保護の側面があるため，合意を媒介として規制を外す形式にはなじまないであろう。これらについては，一定の労働者（企業内における一定の地位・役割を基準に）を適用範囲から除外する方式（例えば，管理監督者に対する労働時間規制の除外・裁量労働者について規制の柔軟化）が従来から存在しており，その方向での拡大（例えば，ホワイトカラー・エグゼンプション）が検討されたりし

---

[81]　ドイツでは，ワイマール時代からナチス時代において，忠実義務・配慮義務をも生み出すいわゆる人法的共同体関係に基づいてかあるいはそれに関係して様々な被用者保護（法）が確立し定着していく。戦後において労働関係を債権関係として再構成する場合，法定の諸基準・保護水準は維持しつつ共同体関係を否定するための法律構成が望まれた。そのような背景の下に，ヴィーデマンはいわゆる被用者の他者活用性に注目して，使用者の扶助義務を論証しようとした，と思われる。（Widemann, a. a. O., S. 13ff.）
　　これに対しシュバルツェは，被用者によって（本来の労働給付以外の）「給付」としてなされた放棄に対する反対給付（双務契約的構成）は，労働法の強行性を説得力を持って説明できない，とする。本来の価格（賃金）は（協約）当事者の自由な合意に委ねられたままであれば，その高権的価格規制は変更可能であろう。そうすると，求職者は自立性（企業者性）を現実には選択肢としては持ち合わせていないのであるから，多くの場合には現実には放棄ではない放棄に対して，どうして使用者は周辺的な給付（休暇や賃金継続支給）を支払わなければならないのか，（経済的には）説明がつかないとする。（Schwarze, a. a. O., S. 95.）

[82]　チュウシンクの見解に沿うモノグラフィとして，Sarah Versteyl, Die Obergrenze arbeitsrechtlichen Schutzes, Nomos 2005. また，シュバルツェの見解に沿うモノグラフィとして，Uwe Simon, Unabhängikeit und Vertragsfreiheit im Arbeitsrecht, Duncker & Humblot, 2008. がある。

ている。したがって刑罰によって禁止されている行為を契約によって承認していくことを認めるわけにはいかないので，この局面における労使の当事者による規制からの逸脱は考えられない。この点はわが労基法においても同様であろうから，労基法による規制を対象とする限り，契約合意による法規制の修正は問題としえないであろう。

これに対し，労働契約法制定以前にも，当事者間の自主的紛争解決の手段・基準として「私法的な労働者保護（契約労働条件保護）に力点」をおくべきこと，並びにそれに伴い個別労使紛争処理システムの構築が望まれていた[83]。一応そのようシステムが成立した今日では，今後具体的労働条件の基準を労働契約法によって実現させようとの立法政策が展開されないともいえない。そのような意味での（強行的）労働契約法による労働者保護においては，適用対象者の限定・除外は難しくなる。採用されて企業内の地位も確定している上級管理者に対する労働保護の除外ではなく，労働契約の締結の段階が問題となるからである。この局面においても使用者と対等に交渉しうる労働者をどう想定するかであるが[84]，この点はでは，シュバルツェのいうような，労働市場における労働能力の高い評価と複数の申込を受けている労働者については，締結段階で法定基準を逸脱する規定を設けることの許容性が論議されよう。

チュウシンクの言うように，当事者間で本当に合意がなされたかを基準にする場合，どこまで考慮範囲を認めるかによって，労働者保護自体・全体が無に帰することも考えられるので，慎重であるべきだろう。チュウシンクの冒頭の問題提起は，雇用維持を目的とする疾病休暇取得の放棄のケースである。かかる問題状況についても，シュバルツェの提案する，個別意思の真意性の判定に当たり，労働者側からの発意や被用者の特別の利害状況などを考慮することによって，決定する方式の方がよいであろう。その限りでの，例外化の許容が検

---

[83] 毛塚勝利「労働基準の規制緩和をめぐる議論と課題」ジュリスト1082号（1996）110頁以下114頁。
[84] わが国でも従前から，「自己の責任でリスクを引き受けながら取引を行うという労働者像」，「自己決定に力点をおいて，もっと選択の余地を拡張することを考慮すべき新しいタイプの労働者層」の増加が強調されていた。菅野和夫・諏訪康雄「労働市場の変化と労働法の課題」日本労働研究雑誌418号（1994）2頁以下，8頁。かかる捉え方に対する批判については，西谷敏『規制が支える自己決定』（法律文化社，2004年）125頁以下。

第1章　労働者人格権の総論的課題

討されることになろう。

6 ドイツにおける最低生活保障システムの変化
――労働協約の機能変化と関連して――

名 古 道 功

1 はじめに
2 ドイツにおける低賃金労働・
　ワーキングプアの現状及び労働
　協約の機能低下
3 新たな最低賃金規制
4 社会保障法との接点
　〜賃金への上乗せ〜
5 総　　括

1 はじめに

　長い間ドイツは，先進国の中でも，日本と並んで貧富の格差が小さい国であった。国際的な傾向とは異なり，ドイツにおける所得の不均衡は減少していた[1]。スカンジナヴィア諸国のみがドイツよりも所得格差が少なく，また低賃金労働者の割合も低かった。さらに，より高い賃金の職場への移動の機会は，アメリカやイギリスよりも明らかに有利であった[2]。しかし，特に2000年以降，所得の不均衡と貧困率は，他のOECD諸国と比べて急速に上昇しており，貧困率（中位所得の50％未満で生活している者の割合）は，1985年に6％であったのが2005年には11％にまで増加した[3]。その主因は，90年代半ば以降，低賃金労働者の割合が増加してEU諸国の平均を超え，ドイツの就労モデルがもはや低賃金労働の拡大を阻止し得なくなっているためである[4]。東西ドイツ統一後に顕著になった大量失業を克服するために，これまでにさまざまな施策が講じ

---

(1) OECD, *Outlook 1996*, S. 1997.
(2) OECD, *Outlook 1997*, S. 31.
(3) OECD, *Growing Unequal? Income Distribution and Poverty in OECD Countries, 2008, Country notes (Germany)*.
　　(http://www.oecd.org/document/53/0,3343,en_2649_33933_41460917_1_1_1_1,00.html)
(4) G. Bosch/T. Kalina, Niedriglöhne in Deutschland – Zahlen, Fakten, Ursachen, in : G. Bosch/C. Weinkopf, *Arbeiten für wenig Geld*（2004）, S. 20.

第1章　労働者人格権の総論的課題

られたが，その一つとして低賃金労働の促進が挙げられる。些少労働（ミニジョブ）や第二市場労働などが典型例であるが，第2期シュレーダー政権下（2002年〜2005年）で実施されたハルツ改革でもこれがいっそう採りいれられた。

失業者のみならず低賃金労働者・ワーキングプアの増加，さらに格差社会・貧困の広がりはドイツにおいても深刻な問題と捉えられ，最低賃金に関する議論が活発化し，労働者送出し法（正式名称：「国境を越えた役務給付における強行的労働条件に関する法律」1996年制定）及び最低労働条件決定法が改正された（2009年4月施行）。こうした最賃制の動向は，低賃金労働者・ワーキングプアあるいは失業者の労働条件ないし最低生活保障に関わるだけではなく，ドイツにおける労働条件決定システムの変化をも示し，興味深い。すなわち，最低労働条件を規制するにあたって歴史的に重要な役割を果たしてきた労働協約の機能低下を意味しており，集団的労使関係の転換をうかがわせる。

ドイツ最賃規制に関してはすでにすぐれた研究[5]が存するが，本稿では，低賃金労働とワーキングプアに焦点をあててドイツの実情を紹介し，これと密接に関連し，ドイツ労働法の骨格をなす労働協約の機能変化と法的議論，並びに雇用労働者への賃金補填制度を紹介・検討して，労働者の人権保障の基礎をなす最低生活保障システムの一断面を論じたい。

2　ドイツにおける低賃金労働・ワーキングプアの現状及び労働協約の機能低下

(1)　低賃金労働とワーキングプアの異同

ドイツでは，2000年前後から低賃金労働に注目が集まり始め，調査研究の対象となる。これに対してワーキングプアに関しては，2002年以降，低賃金領域での長期失業者の就労を促進する政策が重視され，とくに失業手当Ⅱ（「求職者の基礎保障」）の制度化後（2005年1月1日施行），就労しつつこれを受給できるようになってからである[6]（後記4参照）。

---

(5)　橋本陽子「ドイツにおける最低賃金法制定の動き（上）（下）」国際商事法務34巻12号1585頁以下・35巻1号39頁以下（2006年・2007年），同「最低賃金に関するドイツの法改正と協約遵守法に関する欧州司法裁判所の判断」学習院大学法学会雑誌45巻1号（2009年）1頁以下，根本到「ドイツにおける最低賃金規制の内容と議論状況」日本労働研究雑誌593号（2009年）84頁以下。

(6)　Vgl., K. Bruckmeier/T. Graf/H. Rudolph, Working Poor: Arm oder bedürftig ?, *IAB-*

〔名古道功〕　　　　　　　　**6** ドイツにおける最低生活保障システムの変化

　低賃金労働（者）とは，労働者個人を単位とし，一定の水準以下の賃金しか得ていない場合（者）をさす。多くの現状分析が公表されているが，低賃金労働者数は，「低賃金」とする賃金水準，対象とする「労働者」の範囲（フルタイムのみか，パートタイムやミニジョブなども含むのか，社会保険加入義務のある労働者か，一定の継続雇用されている労働者のみを対象にするのか，など）によって異なってくる。ただし，「低賃金」であるからといって，世帯を基準とすると必ずしも「貧困」であるわけではない。たとえば，低賃金労働者の配偶者が高い所得を得ておれば当該世帯は貧困とはいえず，他方，世帯構成員が多い場合，世帯主の賃金が高くても「貧困」な場合があるからである。このように，世帯を基準にしてワーキングプアを捉えると，低賃金労働とは必ずしも一致しない点に注意が必要である。

　ワーキングプアに関する一般的な理解に従い，また低賃金労働とは異なった独自の意義を持たせるには，ワーキングプアは，世帯を基準にして捉えるのが妥当である[7]。ただし，この場合でも，貧困の基準をどこに設定するのか，就労形態はフルタイムに限定するのか，パートタイマーやミニジョブ等も対象にするのか，貧困及び就労状態の継続期間をいかに設定するかなどで内容が異なる。

(2) 低賃金労働及びワーキングプアの実情

　低賃金労働及びワーキングプアに関しては，IAB (Institut für Arbeitsmarkt- und Berufsforschung. 連邦労働エージェンシー設置の研究所) や SOEP (Sozio-oekonomische Panel. ドイツ経済研究所が実施する代表的な調査の一つ) の分析が有益であるが，これについては別稿[8]で取り上げたことがあるので，本稿では最近の連邦統計局の分析[9]を紹介しておく。

　(a) 低賃金労働

　就労形態別の平均時間給（税込）は，標準的労働関係 (Normalarbeitsverhältnis)[10]

Discussion Paper, 34/2008, S. 5.
(7) ワーキングプアの定義に関しては，駒村康平「ワーキングプア・ボーダーライン層と生活保護制度改革の動向」日本労働研究雑誌563号（2007年）48頁以下参照。
(8) 拙稿「労働者の生活保障システムの変化」社会保障法24号（2009年）136頁以下参照。
(9) Statistisches Bundesamt, Pressegespäche, Niedrigeinkommen und Erwerbstätigkeit, S. 4ff. (2009).

第1章 労働者人格権の総論的課題

の労働者で18.04ユーロに対し、非典型雇用労働者（atypische Arbeitnehmer）で11.98ユーロである（2006年10月時点）。後者においてパートタイムは15.05、有期雇用13.08、派遣労働9.71、そしてミニジョブ8.98ユーロとなっている。こうした相違は資格などに起因するが、低賃金労働の割合では、さらに顕著な違いが見られる。低賃金労働をOECD及びILOによって推奨されている基準（中位所得の3分の2未満の者）に基づき算定すると、2006年時点でのそれは9.85ユーロになる。これによると、標準的労働関係では11.1％であるのに対し、非典型雇用では約半数（49.2％）が低賃金労働に属する。そしてパートタイム19.5％、有期雇用36.0％と相対的に低いのに対し、派遣労働67.2％、ミニジョブは大部分（81.2％）がこれに該当する。男女別にみると、標準的労働関係では、男性7.7％に対し女性は16.7％と倍以上であり、女性の方が低賃金の割合が高い。他方、非典型雇用では、男性52.9％、女性47.2％と男性の方がやや高い。

(b) ワーキングプア

連邦統計局の調査は、世帯の手取り収入が十分な生活水準に達しているかを検討するために、EUの社会報告分析（Sozialberichterstattung）での「貧困危険概念」を用いてワーキングプアの現状を明らかにする[11]。それによると、等価可処分所得として算定された世帯の手取り収入がすべての世帯収入の中位の60％未満しかない世帯において生活する者を貧困のおそれがあると定義する[12]。こうした貧困ライン以下の者（2008年時点）は、標準的労働関係では3.2％に対し、非典型雇用では14.3％と約4倍に達する。後者では、パートタイム15.3％、有期雇用16.5％、派遣労働8.5％、さらにミニジョブ23.2％である。10年前（1998年）と比較すると、標準的労働関係ではほとんど変化がない（3％

[10] 連邦統計局は、「標準的労働関係」にある労働者を、①フルタイム（週21時間以上）、②無期契約、③直接雇用、④社会保険（失業、年金、疾病）への完全な加入との要件をすべて満たす者と定義する。これに該当しないパートタイム、派遣労働、有期雇用などを「非典型雇用」とする。統計では、原則として15〜64歳を対象としている（http://www.destatis.de/jetspeed/portal/cms/Sites/destatis/Internet/DE/Presse/abisz/Normalarbeitsverhaeltnis,templateId=renderPrint.psml）。

[11] Statistisches Bundesamt, a.a.O. (Anm. 9), S. 4ff..

[12] その際、上記低賃金労働とは異なり、すべての世帯構成員の所得及びすべての所得の種類が考慮される。すなわち、給与のほかに社会給付あるいは財産からの所得も算入される。他方、税金と社会保険料は控除される。そして世帯構成員の人数との関係も考慮される。

余り)のに対し，非典型雇用では9.8％から14.3％へと増加している。男女別では，非典型雇用では女性(12.0％)よりも男性(19.8％)が多い。特にパートとミニジョブでは約25ポイント高い。この理由は，女性では他の生計維持者(標準的労働関係)の世帯に属している場合が少なくないのに対し，男性ではこれがまれなためである。

(c) まとめ

第一に，低賃金労働及びワーキングプアとも非典型雇用労働者の増加と軌を一にして増えている点が注目される。第二に，低賃金労働者層は固定している。IABの分析[13]によると，1998/99年にフルタイムで低賃金であった労働者のうち，2005年時点でより高い賃金ポストに移行できたのは13.3％にすぎず，他方同じく低賃金労働に留まっているのは，34.1％である。上昇できたのは，男性，若年者(34歳未満)，そして高い(職業)教育を受けた者である。第三に，低賃金労働者は，半数以上はサービス産業や小企業で働いている。比較的組合の組織率が高い製造業での低賃金労働の割合は低いのに対し，多くのサービス産業ではその割合が高い[14]。

(3) 低賃金労働者・ワーキングプア増加の背景・要因

第一に，長期に及ぶ経済不況と大量失業の常態化である。最近は改善を見せているとはいえ，ドイツ経済が停滞を続けてきた点が挙げられる。そして，失業者も依然として多い。第二に，低賃金労働が多い産業ないし業種での国際競争の激化・EU拡大による外国人労働者の流入である。第三に，パートタイマーや派遣労働者等の増加による雇用構造の変化，第四に，低賃金労働政策の推進，第五に，企業横断的労働協約の機能低下を挙げることができる。ここでは，本稿のテーマとの関係で第三，第四そして第五についてのみ触れておく。

(a) 雇用構造の変化

雇用形態が多様化し，伝統的な標準的労働関係の下で就労する労働者が減少する一方で，パートタイマーや派遣労働者の増加傾向が見られる。1998年に全就労者(単独及び労働者を雇用する自営業者を含む)のなかで標準的労働関係の

---

[13] T. Schank/C. Schanabel/J. Stephani/S. Bender, Sackgasse oder Chance zum Aufstieg, *IAB-Kurzbericht*, 8/2008, S. 5.

[14] Ebenda, S. 2f.

第1章　労働者人格権の総論的課題

労働者の割合は72.6％であったが，2008年には66.0％にまで低下する一方，非典型雇用労働者は22.2％を占め，6.0ポイント増となっている。非典型雇用労働者のうちパートタイムは64％を占める[15]。後述するミニジョブはパートタイムの一形態であるが，これも増加傾向にある。パートタイムには均等処遇が義務づけられているが（短時間有期雇用契約法4条1項），時給が同一でも短時間である点で賃金が少なく，また必ずしも均等に取り扱われていないケースも少なくない。

ドイツでは派遣労働に対する規制が厳しく，従来はそれほど利用されていなかった。しかし，労働者派遣法の改正（2002年）によって大幅に規制緩和されたこともあり，派遣労働者は徐々に増加傾向にある。2003年約33万人であったのが，2008年には79万人（リーマンショックの影響で2009年は61万人に減少）と大幅に増加している[16]。派遣労働においても派遣先労働者との均等処遇が義務づけられているが，労働協約によってこれを下回ることができるため（3条1項3号），十分な賃金でないケースも見られる。

(b)　低賃金労働政策の推進

些少労働と呼ばれていた短時間就労は，ハルツ改革において2003年4月以降ミニジョブと名称を変え失業を克服する手段として，その範囲を拡大・推進されることになった。月額400ユーロ未満（2003年以前は325ユーロ）の賃金の労働者は，社会保険料の拠出義務を免る。使用者は，2006年7月以降，賃金の30％（それ以前は25％。疾病保険に13％，年金保険に15％，そして2％の税金）を支払っている。ミディジョブの使用者負担割合はミニジョブよりは低く，他方，労働者は一定割合を負担する（図表1参照）。

(c)　企業横断的労働協約の機能低下[17]

労働協約は，法律上はこれに拘束される者のみ（労使双方が使用者団体・労働組合の構成員）に適用されるが，一般的拘束力宣言によって拡張適用され，また一般的拘束力宣言されなくても労働契約による援用などにより事実上の基準となり，いわば最低労働条件法として機能し，伝統的に労働条件規制にあたって

---

[15] Statistisches Bundesamt, a.a.O. (Anm. 9), S. 3.
[16] Bundesagentur für Arbeit, Arbeitsmarkt 2009, S. 85.
[17] 拙稿「大量失業・グローバリゼーションとドイツ横断的労働協約の危機」金沢法学43巻2号（2000年）55頁以下参照。

図表1 ミニジョブ・ミディジョブ労働者の社会保険料及び税負担（2006年7月より）

総収入 （ユーロ）	使用者負担割合（％）					労働者負担割合（％）			
	計	年金 保険	医療 保険	失業 保険	税	計	年金 保険	医療 保険	失業 保険
～400 （ミニジョブ）	30.0	15.0	13.0	0	2.0	0	0	0	0
400.01～799.99 （ミディジョブ）	20.5	9.75	7.5	3.25	0	負担割合は賃金の上昇と共に段階的に引き上げられる （上限21.4％）			
800～						21.4	9.75	8.4	3.25

資料出所：厚生労働省編『世界の厚生労働2007』78頁。
(注1) いずれも労働者の賃金に対する割合。
(注2) 医療保険には介護保険料（労使とも賃金の0.85％）を含む。
(注3) 年金及び失業保険料は労使折半だが、医療保険料には労働者のみ負担する追加保険料（賃金の0.9％）があるため、労使の負担に差がある。

重要な役割を果たしてきた。このため、1952年に制定された最低労働条件決定法（日本の最賃法と類似の機能を果たす）は一度も発動されることはなかった。

しかし、最近、こうした労働協約の機能が低下している。第一に、規制レベルの下降化である。従来は連邦ないし州レベルで賃金等が規制されていたが、これを下回る労働条件を認め、また企業レベルでの協約も締結されている。それは「企業に接合的な協約政策（Betriebsnahetarifpolitik）」と呼ばれ、開放条項（Öffnungsklauseln）を用いて当該企業の経営状況にふさわしい労働条件が設定される。また、「横断的労働協約は硬直的である」との経営サイドからの批判に対する労働組合の対応策との意義を有する。他方、労働協約の社会的影響力を低下させる側面があることは否定できない。第二に、90年代の初頭以降生じた使用者の「労働協約からの逃避（Flucht aus dem Tarifvrtrag）」である[18]。これには、①使用者団体から脱退する、②新規に設立された企業が使用者団体に加入しない、③協約に拘束されないとの条件で使用者団体の構成員資格を有するなどのタイプがある。いずれにしても、「協約からの逃避」は横断的労働協約システムの弱体化を招き、労働組合をして、企業レベルでの協約締結を余儀なく

---

[18] 辻村昌昭「協約に拘束されない使用者団体メンバー（OTM：ドイツ）」『現代労働法学の方法』（信山社、2010年）所収（395頁以下）参照。

させる。第三に，一般的拘束力宣言される協約数の減少である。95年に新たに宣言された一般的拘束力は136協約，有効な一般的拘束力は627協約であったが，その後，徐々に減り2006年には同16協約，446協約と大幅に減少している[19]。特に，労働者数が増加しているサービス産業ではこれが顕著である。第四に，労働協約で定めるもっとも低い協約賃金が下がっている点である。これまでに提案された有力な法定最賃額は7.50ユーロ（税込み）であるが，これを下回る最低協約賃金は多い[20]。

3 新たな最低賃金規制

(1) 既存の最賃規制

ドイツでは法律によって最低賃金が決定されていないため，下限の法規制は存しない。ただし，労務給付と賃金との関係が顕著に不均衡であれば，公序良俗違反（BGB 138条）になる。刑法291条1項1文でも賃金「搾取」は罰せられる[21]。連邦労働裁判所の最近の判例[22]によると，当該業種と地域において通常支払われる協約賃金の3分の2に達していない場合には，「公序良俗に反する法律行為」に該当して無効となる。協約賃金は，当該地域での使用者の50％以上が協約に拘束されている，ないし組織された使用者が当該地域において50％以上の労働者を雇用している場合，「通常」と判断される。公序良俗違反に該当すると，通常の協約賃金を請求し得る（BGB612条2項）。

このほかに最賃に関わる法規制として協約遵守法が存する。これは，競争制限防止法97条4項に基づき，州が，州法を通じて，公共事業の受託企業に対して，その地域に適用されている協約上の労働条件の遵守を義務付けるものである。2008年4月，EC司法裁判所は，ニーダーザクセン州の遵守法がEC条約49条及びEC送出し指令において保障する「サービス提供の自由」に違反

---

[19] Bubdesministerium für Arbeit und Soziales, "Faire Löhne-Gute Arbeitsbedingungen"（April 2008), S. 9.

[20] Vgl., R. Bispinck/T. Schulten, Aktuelle Mindestlohndebatte, *WSI-Mitteilungen*, 2008, S. 151.

[21] 詳細は，根本・前掲論文（注5）85頁以下参照。

[22] BAG vom 22. 4. 2009, NZA2009, 837. これは，ポルトガル出身でドイツ語能力が不十分な者が造園業での補助労働者として就労していたが，時給は6DMないし3.25ユーロ（手取り）であったケースである。

すると判断した[23]。その後，これらに適合する州法が改めて制定され（ベルリン，ブレーメン，ハンブルグ，ニーダーザクセン＜建設産業のみ＞，ラインランド・プァルツ，ザールランド，近々制定の州も含めると約3分の2に達する（2010年12月現在）。ここでは，労働者送出し法によって最賃規制がなされるすべての業種の労働協約の遵守が義務付けられる（ただし，ニーダーザクセン州は建設産業のみである）。また，EC条約に規定されたその特別の地位に基づき，交通部門（Verkehrssektor）において包括的な協約遵守の宣言を求める州が多く，さらに公共事業の受託企業すべてに適用される最低賃金を定める州も存する（税込時給7.5ユーロ＜ベルリン，ブレーメン，ブランデンブルグ＞，同8.5ユーロ＜ラインランド・プァルツ＞）[24]。

(2) 最賃規制の必要性

上記「搾取」賃金を超えていても，また州での協約遵守がなされたとしても，労働関係にかかわる具体的かつ継続的に機能しうる法的枠組みを，国が連邦全体において維持・形成するには，長期的にみて問題であるとされる。というのは，そもそも賃金は労働者及びその家族の生存を確保するために日常的に必要な支出をまかなえるだけの水準に達していなければならず，また失業・疾病などに伴う社会的危険から防護するための社会保険制度等を将来的に維持していくには，一定水準以上の賃金額が確保されねばならないからである。年金・失業・医療・介護保険の受給金額と拠出金は就労時間・期間や賃金額と関連しており，これが短いないし低いと，保険制度を存続させるために公的資金の投入が不可避となる。したがって，社会政策上，公序良俗違反の賃金額を超えていても低賃金を法律によって排除することは推奨されるだけではなく，不可欠と指摘される[25]。

協約の拘束力の低下は，特に比重を増しているサービス産業において顕著である。そしてここでは非典型雇用が多いのが特徴である。また，労働力移動の進展が見られ，さらにEU域内において27か国中20か国が法律による最低賃

---

[23] EuGH vom 3. 4. 2008, NZA 2008, S. 537.
[24] Comeback der Tariftreue, *Böcklerimplus* 12/2010, S. 3; WSI-Tariftreuegesetze in Deutschland (http://www.boeckler.de/pdf/wsi_ta_tariftreue_uebersicht.pdf).
[25] R. Waltermann, Abschied vom Normalarbeitsverhaltnis ?, *Verhandlungen des 68. DJTs* (2010), B. 77f.

第1章　労働者人格権の総論的課題

金の設定をしている点も考慮され，ドイツでの議論が活発化した[26]。

　全国一律最賃法の制定については，旧大連立政権（SPD及びCDU/CSU）の時期から導入の是非をめぐる論争がなされるようになった。労働組合内でも議論があったが，特に低賃金労働が深刻なサービス産業労組（Ver. di）と食品・栄養・飲食労働組合（NGG）が制定を主張し，SPD（社会民主党）及びDGB（ドイツ労働組合総同盟）は時給7.5ユーロ（税込み）を要求した。しかし，これには経済界や連立与党のCDU/CSU（キリスト教民主同盟・社会同盟）が強く反対したため，連立与党内では，労働者送り出し法及び最低労働条件決定法の「現代化」で合意に達し，2008年7月に改正法案提出が閣議決定された。その後，議会における修正を経て2009年2月に成立し，同年4月に施行された。

　2009年9月の連邦議会選挙の結果，CDU/CSUとFDP（自由民主党）との連立政権が誕生した。連立協定書では，基本的にこうした最賃規制を維持することになったが，SPDが政権に加わっていた時期に比べて，それによる雇用喪失や失業率の上昇を危惧するFDPの意向を反映して，最賃制にやや消極的な対応が看取される。以下，改正された2つの法律の内容を簡単に紹介する。

(3)　労働者送出し法の改正
(a)　制定の経緯

　労働者送出し法制定の契機は，国境を越えて送り出される建設関連労働者が増加し，国際私法の法理によると，その労働条件は母国の基準によるので，ドイツ労働者よりも低い場合，ドイツ建設企業と労働者に深刻な影響を与えたことによる。すなわち，労働者送出し法は，外国人建設関連労働者の流入によるドイツ人労働者の労働条件低下を防ぐことを目的とし，外国人建設関連労働者に対しても労働協約の強行的適用を図ったのである。また欧州委員会においてドイツと並行的に審議され，1996年12月16日に公布された「EC送出し指令（Directive 96/71/EC of the European Parliament and of the Council of 16 December 1996 concerning the posting of workers in the framework of the provision of services）」も労働

---

[26]　低賃金労働・ワーキングプア対策として活発に議論されているのは，新たな最賃制度であるが，これ以外には，パートタイマーや派遣労働者の平等取扱義務の徹底，職業訓練を通じたより高い資格取得や職業紹介の充実，就労労働者への失業手当Ⅱの受給が挙げられる。

〔名古道功〕　　　　　　　　**6**　ドイツにおける最低生活保障システムの変化

者送出し法制定に寄与した。

　制定当初は，建設業において一般的拘束力宣言された最低賃金協約を対象とし，これが外国に所在を置き，ドイツ国内で事業を行う使用者とその労働者間にも適用されることになった（対象労働条件は，賃金のほか休暇日数と休暇手当）。その後，一般的拘束力宣言の手続要件である協約委員会（労使各3名と関連大臣で構成）での同意が使用者側委員の反対で得られなくなったため，法規命令によっても一般的拘束力宣言をなし得るとの改正がなされた（1998年12月）。法規命令での拡張適用を通じて，一般的拘束力宣言されていない場合でも，国外企業のみならず国内企業に雇用されるドイツ労働者にも適用されることになり，また最低賃金等級のみならず，すべての賃金等級も対象にされたので，当該業種における最低賃金法としての性格を有することになった。さらに副次的建設事業所，港湾労働，ビル清掃業そして郵便事業も対象業務に追加された[27]。

　(b)　2009年改正の内容

　(i)　改正前は不明確であった立法目的が新設され，上記EC送出し指令を参考にして「相当な最低労働条件の設定と実施」及び「公正かつ機能力ある競争条件の保障」とともに，これらを通じて社会保険義務ある就労が維持され，かつ協約自治の秩序機能と平和機能を擁護すると定められた（1条）。

　(ii)　最低労働条件の設定は，労働協約に一般的拘束力宣言された場合，ないし協約委員会で一般的拘束力が決定されないときに法規命令が発せられる場合（7条）の2つがある。いずれにおいても，対象となる業種は4条に列挙される。

　(iii)　労働者送出し法は特定の業種を対象にした法律である。このため，建設業と同様の状況にある場合，法律改正によってその適用範囲が拡大されることになった。現在では，建物清掃業務，郵便配達業など8業種が列挙されている（4条）。特別規定が置かれている介護（10条）に関しては，2010年8月1日に対象とされ，合計9業種になった。

　(iv)　対象となる労働条件は，①最低賃金（超勤手当を含む），②年休，③労働時間・休憩時間，④安全・健康保護・衛生などである（2条）。②と③を除き，連邦全土を適用対象とする労働協約が締結されていなければならない（3条2文）。

---

[27]　以上，橋本・前掲論文(注5)，根本・前掲論文(注5)　参照。Vgl., A. Hänlein, Mindestlöhne nach dem Arbeitnehmerentsendegesetz, KJ 2009, S. 185ff..

第1章　労働者人格権の総論的課題

　(v)　その名称とは異なり，同法の適用対象者は，外国に本拠を置く企業に雇用されてドイツに送り出されて就労している労働者のみならず，ドイツ国内外の使用者の下で就労しているすべての労働者である（8条）。したがって，同法は，純粋な国際私法の規制ではなく，国内最低労働条件規制との性格を有する。

　(vi)　当該業種において，複数の協約が，少なくとも部分的に同一の職種に適用されている場合，法規命令者は，立法目的も勘案した総合考慮の下で，関連協約の代表性を考慮して適用する協約を決定する。この代表性の決定にあたっては，特に①それぞれの協約に拘束される使用者に雇用されている労働者数，そして②各組合員数を基準にする。また複数の協約につき一般的拘束力の申し立てがなされた場合，特別な慎重さでもって，選択決定によって侵害される基本上の法益を考量し，対立する基本権の利益調整をしなければならない（7条2・3項）。ここでは，別協約の適用を受けている使用者及び労働者にも代表性が認められた協約が適用されることになる（8条2項）。後述する通り，従来の複数協約の適用原則を排除する内容であり，基本法9条3項で保障された協約自治との関係で議論を呼ぶことになった。

(4)　最低労働条件決定法の現代化
　(i)　本法は，労働者送出し法によって最低賃金が設定できない時，すなわち，連邦全土において，当該産業ないし業種に労働協約が存しない場合，あるいは当該協約に拘束される使用者に雇用される労働者が全体の50％未満である場合に適用される。
　(ii)　現行法との大きな違いは，「賃金その他の労働条件」ではなく，「賃金」の決定に限定された点である。
　(iii)　最低賃金は二段階の手続を経て決定される。まず中央委員会（Huptausschuss. 委員長を含めて7名構成）において，当該産業ないし業種での社会的歪み（soziale Verwerfungen）が存し，最低賃金を設定・変更・廃止する必要があるかを審議して決議がなされる。その際，連邦政府，使用者団体，労働組合及び州政府は書面にて意見を述べ得る。次に，専門委員会（Fachausschusse. 委員長のほか関係使用者及び労働者団体の代表各3名で構成。さらに専門委員も加わり得るが，議決権はない。）において最低賃金額が決定される（3条，4条1・2・3項）。最低賃金は，労働者の職務の種類・資格そして地域毎に異なって決定され（4条4項2号），

152

また適切な労働条件を創設し，公正かつ機能しうる競争条件を保障し，社会保険義務を維持し得る水準でなければならない（4条4項）。

(iv) 連邦政府は，上記最低賃金を法規命令として公布する。これは，当該産業ないし業種においてその適用下にある限り，国内外の使用者に適用される（8条1項）。

(v) 同法案の閣議決定がなされた時点（2008年7月16日）以前に締結された協約並びに更新された後継協約がある場合に限り，これが優先適用される（8条2項）。

(5) 最賃法と協約自治

新しい最低労働条件規制に対しては，厳しい批判も加えられ評価は必ずしも一致していない。また不明確な概念などの解釈論上の課題も提起されている[28]。ここでは，特に協約自治に関わる基本法9条3項に関する議論を紹介する[29]。

(a) 他組合の協約自治の尊重

最賃関連二法の改正前は，他の組合が労働協約を締結している場合，その協約自治を尊重して当該構成員には拡張適用されないと考えられていた。具体的には，(旧)最低労働条件決定法8条2項は，（他組合の）協約規定は同法によって確定された最低労働条件に優先すると定めていた。また(旧)労働者送出し法は，一般的拘束力宣言された労働協約及び法規命令での拡張適用を規定しているところ，前者では，当該協約が自動的に適用されるのではなく，協約競合ないし多元性の原則に従い，特殊で当該状況により近接した労働協約が優越すると考えられていた[30]。後者では，法規命令によって拡張適用される協約規範は，

---

[28] Vgl., H. Sodann/M. Zimmermann, Die Beseitigung des Tarifvortrags gegenüber staatlich festgelegten Mindestarbeitsentgelten auf dem Prüfstand der koalitionsfreiheit, ZfA 2008, S. 539ff.; Willemsen/Sagan, Mindestlohn und Grundgesetz, NZfA 2008, S. 1216ff. usw.

[29] 職業遂行の自由（基本法12条1項）との関係もあるが，本稿では9条3項に絞って論じる。

[30] 労働者送出し法に基づき，ドイツポストを中心とする事業者連合とサービス産業労組（Ver. di）との間で締結されて労働協約が最低賃金とされたのに対し，これよりも低い，他の事業者と労働組合との賃金協約が排除されたことに関して，ベルリン上級行政裁判所は，労働者送り出し法の規定は賃金協約に拘束されない使用者及び労働者を対象としており，一般的拘束力宣言を受けた最低賃金は他の賃金協約を排除することは，授権の

第1章　労働者人格権の総論的課題

すべての「協約に拘束されていない使用者及び労働者」に適用されると定められ（旧1条3項a），協約の拘束力は及ばないと解された[31]。

改正二法は，こうした他組合の協約自治の尊重及びその労働協約の優越性を原則として否定した。すなわち，最低労働条件決定法において優越が認められるのは，同法案の閣議決定がなされた時点（2008年7月16日）以前に締結された協約並びにその後継協約に限られる（8条2項）。労働者送出し法でも，一般的拘束力宣言された協約ないし法規命令は，その適用下にあるすべての使用者及び労働者を拘束すること（7条1項，8条2項），また協約が競合する場合，①当該適用領域内において複数の労働協約が適用されていても，人数等を考慮して，代表制に基づき一つの協約が決められねばならないとされる（7条2号・3号）。立法趣旨は，労働協約の秩序機能に基づくこと，社会保険制度の財政的安定を図ること，及び相当な労働条件を保障することである[32]。

(b)　学説の論争

基本法9条3項は，個人の団結の自由及び団結体の存続・活動を保障するとの二重の基本権を含んでいる。連邦憲法裁判所によると，9条3項は「労働組合がそのために組織され，かつ維持されるために不可欠とみなされねばならないような活動を保障している」と判示し，「中核的領域」に保障を限定する[33]。もっとも，その後の判決において，「9条3項の保障は，団結の維持及び存続確保のために不可欠である行為に制限されない。：それは，すべての団結に特有なあらゆる行為態様を含む。そして団結及びその構成員による組合員勧誘活動も含まれる」とし，その範囲を広げた[34]。協約自治に関しては，以下の通り判示する。「国家は，法設定の権限を広範に抑制し，規律に必要な，労働契約の詳細な規制を原則として団結に委ねている。自由に結成された団結には，9条3項によって，公益性のある任務が与えられ，中核的領域において，とりわけ賃金その他の実質的労働条件を国家の法設定から開放された領域において自

範囲を超えており，違法と判示した（OVG Berlin-Brandenburg vom 18. 12. 2008, AuR 2009, S. 46）。
[31]　Vgl., H. Sodan/M. Zimmermann, Tarifvorrangire Mindestlöhne versus Koalitionsfreiheit, NJW 2009, S. 2001.
[32]　BR-Dr. 542/08, S. 17.
[33]　BverfG vom 17. 2. 1981, BverfE 57, S. 246.
[34]　BverfG vom 14. 11. 1995, BverfE 93, S. 359f.

己責任に基づき，本質的に国家の干渉なしに，規範的効力を有する団体協定によって意義深く規制することを保障されている」[35]。

改正二法では「代表的」でない少数組合の協約の効力が否定され，基本法9条3項で保障された協約自治を侵害することになるので，その正当化事由の存否の検討が必要である。この点で判断基準になる連邦憲法裁判所判決は，以下の通り判示する[36]。基本法9条3項は，労働協約の規制対象たり得る事項に関する規範設定権限は与えているが，規範設定の独占までは認めていないがゆえに，対象事項の規制を立法者から事前に剥奪しえない。こうした領域への国家規制は，①第三者の基本権ないし他の基本法上付与される権利・法益の擁護をめざし，かつ②比例原則が守られている場合，正当化される。比例原則との関係では，協約当事者が最もよく規制し得る賃金その他の実質的労働条件だと，団結の自由の効力が増す，と。

以上の連邦憲法裁判所の判断基準との関係において，改正二法が基本法9条3項に違反するかに関して学説は分かれている。違憲とする見解は，まず協約当事者の交渉力を弱める以上団結の自由を侵害し，これはたとえ最低基準を上回る協約を締結できるとしても，自由を剥奪している点には変わりはないとする。そして第三者の基本権ないし基本法上の権利・法益との調整及び比例原則との関係での正当化を否定する。まず相当な労働条件確保のために排除的効力が必要かについては，競合する協約が存すればこそ，こうした労働条件を締結するとのその本来の任務を果たすことができ，また最低賃金規制を協約に開放した場合の濫用を防止するとの目的については，協約当事者能力（Tariffähigkeit）の要件によってすでに確保されている。さらに生存確保のために最低賃金規制が必要との点に関しては，改正二法は「相当な労働条件」と規定し，これより高い水準をめざしており，適合的でないと指摘する。失業克服との目的も，最低賃金規制を行うと逆の結果をもたらす。そして不相当な（unverhältnismäßig）侵害にも該当するとする。というのは，最低賃金は最下限のそれではなく，職務の種類，資格及び地域を考慮した「相当な賃金」であり，これは本来協約当事者の任務に属するからである[37]。

---

[35] BverfG vom 24. 5. 1997, NJW 1997, S. 2256.
[36] BverfG vom 24. 4. 1996, BVerfGE 94, S. 297.
[37] H. Sodan/M. Zimmermann, Die Beseitigung des Tarifvorrangs gegebüber staatlich

第1章　労働者人格権の総論的課題

これに対して合憲との立場は，協約自治への侵害は，基本法に適合する適用である限り，相当と位置付けられるとする。まず確認すべきは，独自の労働協約が最低賃金を上回る場合，これが優先するので，実際上問題となるのは下回るケースである点である。こうした場合でも基本法9条3項に違反するかが議論されるのは，当該協約に関わる協約自治との関係のためであり，この点でドイツの特徴が認められる。まず上記①（第三者・基本法上の他の権利・法益）に関して，基本法12条1項（職業遂行の自由）による相当な労働条件への労働者の利益保護，社会国家原理に基づく人間の尊厳の保障（1条1項），社会保障分野での財政支出（例，低賃金による低年金のため生活費補填）の抑制等の公益目的などから正当な目的が存するとする。次に上記②（比例原則）に関しては，文字通りの絶対的最低賃金であれば問題ないが，これは相対的な最低賃金であるので，少数の労働者が加入する組合が締結した協約と抵触することがありうる。ただし，ここでの協約自治は，設定最賃を下回る賃金を規制するにすぎず，労働条件形成にあたって「影響力のある意義」を有しない。また当該法律が協約に開放されていないとしても，連邦年休法での最低年休日数（3条1項）や疾病時の賃金継続支払（賃金継続支払法），労働時間の上限（労働時間法）などのように，協約の任意性を排除する法律が存している。さらに協約自治の侵害は，存続する協約の優越性の維持（最低労働条件決定法8条2項）により相対化される[38]。

(6)　まとめ

新たな最賃規制が基本法9条3項に違反しないかに関しては上記の通り争いがあるが，協約自治との関係で議論されること自体，集団自治へは国家といえども介入を差し控えるべきであるとの伝統的な考えが看取される。また雇用労働者の生活保障にあたって企業横断的協約が重要な役割を果たしてきたドイツにおいて，最賃制度の現代化が議論されることは，ドイツ労働法の基本原理の一つである協約自治の弱体化，さらに生活保障システムの変化との点で注目される。ただし，最賃額決定にあたって協約ないし労使両団体が関与する制度を

---

festgelegten Mindestarbeitsentgelten auf dem Prüfstand der Koalitionsfreiheit, ZfA 2008, S. 539ff.

[38]　Vgl., R.Waltermann, a.a.O.（Anm. 25), B96ff.; F. Bayreuter, Einige Anmerkungen zur Verfassungsmäßigkeit des Arbeitnehmer-Entsendegesetzes und des Mindestarbeitsbedingungengestzes 2009, NJW 2007, 2024f.

維持しようとする点にも留意を要する。いずれにせよ，労働協約ではカバーされず，低賃金で就労する労働者の増加との現状には危機感があるといってよいであろう。

なお，EU法に定めるサービス提供の自由（EUの機能に関する条約56条）に抵触しないかにつき，結論のみ触れておく。最賃規制が国内企業と外国企業に無差別に適用されない場合（例，国内企業には労働協約による最賃規制からの逸脱を認めるが，国外企業には認めない。）には差別禁止に該当するが，改正二法ではこうした点は問題にならない。また国外企業がドイツでの最賃規制を拘束されると自由に参入して活動できないことから，サービス提供の自由や指令に反しないかについては，労働者保護との公益目的によってその制限は正当化されると考えられている[39]。

4 社会保障法との接点～賃金への上乗せ～

大量失業の克服をめざし大胆な労働市場改革を断行するために，2002年2月，「労働市場における現代的サービスのための委員会（Kommission für moderne Dienstleistungen am Arbeitsmarkt）」（15人の委員で構成。委員長の名前から「ハルツ委員会」と呼ばれる。）が設置された。その報告書の基本理念は，失業者の「自助努力を呼び起こし，かつ保障を約束する（Eigenaktivitäten auslösen, Sicherheit einlösen）」ことである。従来の雇用促進政策の原則は「支援と要請（Fördern und Fordern）」であり，その後に成立したハルツ四法では，失業者等への「要請」に重心が移ったといえる[40]。

一連の改革の中で本稿のテーマとの関連において指摘すべきは，社会法典が改正され，セーフティネットの仕組みが大幅に変更された点である（2005年1月施行）。それまでは，失業手当（日本の雇用保険に相当），失業手当を受給できない者（例，受給期間の満了，資格要件未充足）を対象にする失業扶助手当，そして最後のセーフティネットと呼ばれる社会扶助（日本の生活保護に相当）の3つの制度が設けられていたが，問題は，稼働能力を有する失業者の多くが社会扶助

---

[39] F.Bayreuter, a.a.O. (Anm. 38), S. 352ff.. 拙稿「ドイツ労働者送出法とサービス提供の自由」国際商事法務36巻1号（2008）80頁以下参照。
[40] 詳しくは，拙稿「ドイツ労働市場改革立法の動向―ハルツ四法と労働市場改革法を中心に」金沢法学48巻1号（2005年）25頁以下参照。

を受給していた点であった。これを改善するために，失業扶助を「求職者基礎保障」に改め，稼働能力ある失業者で失業手当Ⅰ（旧，失業手当）を受給できない者を対象とする制度となった（社会法典第2編参照）[41]。「求職者基礎保障」を受ける者には，失業手当Ⅱの支給のほか，職業訓練，ケースマネージメント，債務相談などの施策が講じられ，労働市場への復帰が期待される。

　最近注目を集めているのが，就労して賃金は取得しつつ失業手当Ⅱを受給する者であり，「上乗せ受給者（Aufstocker）」と呼ばれる[42]。これは，低賃金労働であっても失業手当Ⅱのみの受給よりも所得が多くなるように制度設計され，上乗せにより社会的文化的な最低限度の生活の確保がめざされている。簡潔に述べると，需要共同体（日本の「世帯」と類似した概念）を構成する人員を基準にして「需要」金額が決定される。そして，総収入から税金，社会保険料，必要経費，所得に応じた控除額などを差し引いた所得が算定され，これが「需要」金額を下回っておれば，差額が失業手当Ⅱとして支給される。上乗せ受給者の主たる特徴は，以下の通りである。第一に，2010年5月時点で約140万人がこれを受給しているが，多くはミニジョブ従事者であること[43]，第二に，フルタイムでは子供を有する夫婦が半数を占めること，パートタイムでは単身者と子供を有する夫婦がそれぞれ約30％，ミニジョブでは単身者が40％を占め，割合が異なる。第三に，上乗せ期間が長期に及ぶほど滞留率が高まることである[44]。

　こうした上乗せは，最低限の生活を維持する上で重要な役割を果たすといえるが，そのデメリットは低賃金労働を増大させるおそれがあることであり，否定的な見方も有力に主張されている。現実には制度の目的通りにはいっておらず，失業者の滞留などの問題が生じている。

5　総　括

　ドイツにおいて雇用労働者の賃金等の労働条件を下支えするのに重要な役割

---

[41] 求職者基礎保障については，嶋田佳広「最低生活保障制度の変容〜就労支援型公的扶助の特徴と課題」社会保障法24号（2009年）109頁以下，拙稿「ドイツの求職者支援制度」季刊労働法232号（2011年）参照。
[42] 従来，一部の州において「コンビローン」として実施されていた。
[43] K. Bruckmeier usw., Was am Ende übrig bleibt, *IAB-Kurzbericht*, 24/2010, S. 2f.
[44] 拙稿・前掲論文（注7）144頁以下参照。

を果たしてきたのは労働協約であった。最低賃金に関しては，従来は労使の領域に属し，パートタイマーなどの非正規雇用労働者についてもその支配圏内にあった。しかし，協約の影響力の低下とともに，その支配圏外に置かれる低賃金労働者やワーキングプアが増えてきた。他方，特に長期失業者を減少させるために，ミニジョブ・ミディジョブのような低賃金労働への就労が促進されることになった。こうした中でEU諸国の中で最低賃金を規制する法律が存しない少数の国であったドイツでも，最低賃金等を実質的に規制する法律が生まれた。ただし，これは，ドイツ労働法の根幹を形成する協約自治との軋轢を生むことになり，違憲とする見解も有力に主張されているように，一つの転換点といえるが，少なくとも雇用レベルにおいて最低労働条件を設定することは，低賃金労働者の最低生活保障との観点から意義を有するであろう。

次に，こうした低賃金労働者が一定の所得以下だと失業手当Ⅱを受給できる点には留意を要する。ただし，これに対しては低賃金労働を増加させるのではないか，国による実質的な賃金補填が妥当かとの批判がある。また正規労働の代替となり，その賃金アップが抑制されるとの負の効果も指摘されている。いずれにしてもベクトルを上に働かせ，滞留させない施策が肝要である。

さらに重要なのは，最低賃金と賃金上乗せとの関係に端的に表れているように，労働法と社会保障法とを関連づけて考察することである。最賃改正二法において「社会保険義務のある就労を維持する」（労働者送出し法1条，最低労働条件決定法4条4項3号）と触れられているが，最近，ドイツではこの観点からの理論的研究が重要な課題であると考えられており，第68回法曹大会（der 68.Deutsche juristentag, Berlin 2010）では，こうしたテーマが取り上げられ，議論された[45]。要点だけを紹介すると，低賃金労働・ワーキングプアの増加は，非典型雇用増と軌を一にしているが，非典型雇用で働く者が多くなると，社会保障ないし社会保険の問題が現在及び将来において発生することになる。すなわち，低賃金労働者が増えると，社会保険料や税金が全くないし少額しか支払われず，このことは当該労働者の失業保険・介護保険・年金等につき不十分な備えとなるのみならず，将来的に見ても社会保障の財源に重大な欠損を生み出し，その維持が困難になる。これを避けるには，現行制度を大胆に見直す必要があ

---

[45] Vgl., R. Waltermann, a.a.O. (Anm. 25), B1ff..

第1章　労働者人格権の総論的課題

り，具体的には，（柔軟化された）標準的労働関係を基本にしつつ，①一般的横断的な最賃法の制定，②ミニジョブ及びミディジョブでの税金・社会保険料の免除・軽減措置の廃止，③派遣労働者の同一労働同一賃金原則の徹底（協約での逸脱可能性の廃止）などが提案されている。

　最後に日本との関係を指摘すると，現行制度でも，就労して所得を得ていても生活保護水準以下だと一定額を受給できるが，現実にはこうしたやり方は活用されていない。当面この普及が必要と考えられる。またドイツのような求職者基礎保障の新設の是非の議論がなされているが，制度自体は肯定的に捉えられるので，充実した職業訓練・教育などと併せて導入に向けた議論が必要である。さらに，ドイツ同様，労働法と社会保障法を融合させる法政策が不可欠と考えられる。いずれにしても，人間の尊厳を具現化するために，セーフティネットを完備して最低生活を保障しつつ良質の雇用保障のための法政策を検討することが喫緊の課題といえる。

7 2010年韓国労組法の改正の意義と展望

朴　承斗

1　序　　論　　　　　　　3　今後の展望
2　2010年改正の意義　　　4　結　　論

1　序　　論

　2010年1月1日，韓国労組法[1]が改正された。2010年新年の祝日であるにもかかわらず，国会ではこの法律の改正案が議決され，同日公布されたが，これはまれなことである。2009年，同法の改正のための努力がなされたが，利害関係者である政府，労働側，経営側の意見が調整されないまま改正案が国会に提出され，与党と野党の非常に激しい対立の中で議決されず，2010年を迎えることになり，慌てて改正することになった。
　そもそも，韓国労組法の跛行は，金泳三元大統領の時代から始まった。その経過をみると，1993年2月25日に就任した金泳三元大統領は，1994年4月24日に「新労使関係の構想」を発表し，続いて大統領直属の「労使関係改革委員会」が設けられ，関係部署の長による「労使関係改革推進委員会」が設けられた。しかし，1996年12月26日未明に，新韓国党の議員だけで労組法の改正案[2]を成立させたが，同日から労働側は同法の無効を主張して，全国的にストライキを行った。この後，辛うじて1997年3月10日与党と野党の合意が成立し，新しい労組法案が国会で議決され，同年3月10日に公布された[3]。

---

[1] この法律は，1997年に制定された「労働組合及び労働関係調整法」で，以下「韓国労組法」と表記する。
[2] この法案は改正案ではなく，「旧労働組合法」と「旧労働争議調整法」を合わせて，新しく「労働組合及び労働関係調整法」として制定された法案である。

第1章　労働者人格権の総論的課題

　しかし，これで問題が解決したのではなく，むしろ新しい問題点が明らかとなった。同法の問題点は，韓国労組法で一番の争点となる，①労働組合の専従者の給料支払い禁止と，②複数労働組合の許容を規定し，2001年12月31日までに施行を猶予した点である（2001年には，あらたに2006年の12月31日まで猶予された）。

　これを要約すると，①新労使関係構想の発表（1994）→ ②労組法を慌てて立法（1996）→ ③労働側の反対闘争（1996～1997）→ ④与党と野党の合意で立法（1997）→ ⑤争点事項の施行延期 → ⑥労使関係のロードマップの推進（2003）→ ⑦争点事項の施行延期 → ⑧政府の施行の強行推進（2009）→ ⑨労働側の反対闘争（2009）→ ⑩立法強行の失敗（2009）→ ⑪立法強行および争点事項の施行延期（2010）という悪循環を繰り返してきた[4]。

　このように3回も施行を延期し，1997年3月から2009年12月までに13年近い時間が経過した。しかしこれをまた猶予するのか，それとも施行するのか，という問題に決着がついたのが，2010年の改正労組法である。

　改正労組法は，労組専従者の給料支払い禁止は2010年7月1日から施行し，複数労働組の許容は2011年7月1日から施行されることになった。以下，こ

---

(3) 1996年に制定された「労働組合法及び労働関係調整法」を廃止して，同じ名称の新しい法律が制定された。そして，この法律の施行のための施行令が2010年2月12日に公布された。同法で初めて労働組合の専従者制度が立法された。同法第24条第1項は，「労働者は労働協約で定め，あるいは使用者の同意がある場合，労働契約所定の労働を提供しないで，労働組合の業務にだけ専従することができる」と規定し，同条の第2項は，「労働組合の業務にだけ専従する者は，その専従期間の間，使用者からどのような給料も支払われてはならない」と規定し，次に，第81条第4号は，「労働組合の専従者に給料を支払う行為」を不当労働行為と規定し，これに反する者には第90条により2年以下の懲役または2千万ウォン以下の罰金に処することを規定している。

(4) 金泳三元大統領は，1998年2月24日の任期を終了する日まで，ほとんどを労使関係の先進化のために努力していた。そのくらい労使関係の重要性を認識していたが，その結果は失敗で終わった。力を入れてきた国政課題が失敗したというのは，単純にそれにかかった時間と努力，費用の損失だけではない。またその機会費用と効果に限定されない。新しい労使関係の構想が労使合意と与野党合意でなく，これを強行改正で解決すると考えた。これは，さらに大きいストライキと与野党の対立に及び，それによって国力損失は大変大きいものであり，韓国が1997年外貨危機を招いた重要な要因であったとみられる。これは，野心に始まった改革が失敗することによって，結果的に国家を泥沼に陥らせる無謀な試みであったと評価される（朴承斗外「労使關係ロードマップ」法律SOS，2010，387頁）。

のような韓国で長い間，論難をもたらした2つの大きな争点に関する改正法の内容とこれからの展望について考えてみよう。

2　2010年改正の意義

(1)　意　　義

2010年改正法の内容は，①労組専従者に対する給与支払いの禁止を2010年6月30日まで猶予して，2010年7月1日から施行し（附則第8条），その代わりに労働時間の免除制度が導入するというものであり，また，②複数労働組合の許容は2011年6月30日まで猶予して，2011年7月1日から施行するというものであった（附則第7条第1項）。ただし，2009年12月31日現在，1つの事業または事業場に組織の形態にかかわらずに，労働者が設立したり加入した労働組合が2つ以上ある場合には，2012年6月30日まで猶予される（附則第6条）。

また，労働協約に関する経過措置を設け，この法律の施行日当時に有効な労働協約は，この法律によって締結されたとみなし，労働協約に保障された労働組合の専従者には，この法律が施行されても，該当する労働協約の締結の有効期間までは効力があるものとした（附則第3条）。また，複数の労働組合を許容することによって生じる団体交渉の混乱を防ぐため，団体交渉窓口の単一化制度が導入された。

(2)　労働時間免除制度の導入

改正労組法は，労働組合の専従者への労賃の支払いを禁止[5]する代わりに，労働組合に関する活動の時間を保障する「労働時間の免除制度」[6]を導入した[7]。

---

(5)　労組法第24条（労働組合の専従者）は，次のように規定している。①労働者は，労働協約で定め，あるいは使用者の同意がある場合には，労働契約の所定の労働を提供しないで労働組合の業務だけに専従することができる。②第1項の規定によって，労働組合の業務だけに専従する者（以下「専従者」とする）は，その専従期間の間使用者からどのような給料も支払われてはならない。

(6)　これを英語で，Time-Offとするので，「タイムオフ制度」とも呼ぶ。

(7)　労組法は，第81条（不当労働行為）を次のように規定している。「使用者は，次の各号の一の行為（以下「不当労働行為」とする）をしてはならない。1.－3.（省略）4.労働者が，労働組合を組織または運営することを支配またはこれに介入する行為，労働組合の専従者に給料を支援したり運営費を援助する行為。ただし，労働者が労働期間中第24条第4項によって活動することを使用者が許可すること，また労働者の厚生資金また

第1章　労働者人格権の総論的課題

　すなわち，労働組合の業務だけに従事する者はその専従期間，使用者からいかなる給与も支給されないが，労働協約で定められ，あるいは使用者が同意する場合に，事業または事業場別に組合員の数などを考慮して労働時間の免除限度を超過するか，または給料の損失なしに，使用者との協議，交渉，苦情処理，労働安全の活動など，この法律または他の法律で定める業務と健全な労使関係の発展のため労働組合の維持，管理業務ができることとした（第24条第4項）。また，労働組合は，これに反する給与の支払いを要求し，これを貫くためのストライキはできないとしている（第24条第5項）。

　ここで解釈上問題となる点は，ストライキの準備という労使の対立と葛藤の要素が含まれている業務も，含まれるのか否かである。これに関して，政府（雇用労働部）は否定説を採り[8]，学説は肯定説[9]を採っている。労働組合の専従者に対する給料の支払いを禁止しながら，その補完策として導入された労働時間の免除制度では，このような基本的な労働組合の活動を認めないとすれば，憲法上保障された労働3権を制限することになり，違法・無効とみなす肯定説が妥当である。

　また，労働時間の免除限度を定めるために，労働時間免除審議委員会（以下，「委員会」とする）を雇用労働部に設け（第24条の2第1項），労働時間の免除限度は委員会の審議，議決によって，雇用労働部長官が告示し，3年毎にその適正性を再審議し，決定することができるようにした（第24条の2第2項）。

　また委員会は，労働側と経営側が推薦する委員各5名，政府が推薦する公益委員5名で構成され（第24条の2第3項），委員長は公益委員のなかで委員会が選出する（第24条の2第4項）。なお，委員会は在籍委員の過半数の出席と，出席委員の過半数の賛成で議決し（第24条の2第5項），委員の資格，委嘱，委員会の運営で必要とされる事項は，大統領令で定められる（第24条の2第6項）。委員会は2010年5月1日，労働時間の免除限度を審議，議決し，5月11日労

　　は経済上の不幸，その他の災厄防止と救済等のための資金の寄付と最低の労働組合の事務所の提供は，例外とする。5．(省略)．」

(8)　労働部「労働組合法の改正の説明資料──労働組合の専従者，複数の労働組合の法の内容──」2010，33頁。

(9)　李承昱「労組専従者の労働時間免除制度の争点と課題」労働法研究第28号，2010，132頁以下；兪聖在「2010年改正労働法に関する立法論的評價」韓国労働法学会，「労働法学」第34号，2010.6，6頁。

使合意を通じて，労働部長官（現在，雇用労働部長官）により5月14日に告示されたが，その内容は以下の<表>のようになっている。

<表> 労働時間免除限度の告示内容

組合員の規模	時間限度	使用可能な人数
50人未満	最大1,000時間以内	○組合員数300人未満：パートで使用する場合，その人数はフルタイムで使用する人数の3倍を超えることができない。
50人～99人	最大2,000時間以内	
100人～199人	最大3,000時間以内	
200人～299人	最大4,000時間以内	
300人～499人	最大5,000時間以内	
500人～999人	最大6,000時間以内	
1,000人～2,999人	最大10,000時間以内	
3,000人～4,999人	最大14,000時間以内	○組合員数300人以上：パートで使用する場合，その人数はフルタイムで使用できる人数の2倍を超えることができない。
5,000人～9,999人	最大22,000時間以内	
10,000人～14,999人	最大28,000時間以内	
15,000人以上	2012年6月30日まで：28,000時間＋毎3,000名つき2,000時間ずつ追加した時間以内 2012年7月1日以降：最大36,000時間以内	

注）組合員規模は，事業または事業場の全組合員数である。

この制度の解釈上問題となる点は，労組法施行令第11条の2が，「法律第24条の2第1項による委員会は，同条第2項による労働時間の免除限度を定めるとき，法律第24条第4項により事業または事業場の全体の組合員の数と，該当する業務の範囲などを考慮し，時間とこれを使用できる人数に決めることができる」と規定しており，これが法律の委任範囲に反する規定であるのではないか，ということである。これに関して，無効説[10]は，労組法では労働時間だけが規定されているが，施行令では時間と人数を制限しているということは，

---

(10) 兪聖在・前掲論文10頁；文武基「労働時間免除（Time-off）制度の法理と運営方向」法学論叢第30輯第2号，全南大学校法学研究所，2010. 232頁．

第1章　労働者人格権の総論的課題

委任の限界を超えているので無効とされる。

　この点に関して，労働時間の免除限度を実際に使用する主体は人であり，結局，労働時間の免除は，これを使用する者の各自の使用時間の合計になる。使用人数に関して，一定の範囲を提示し，労働組合の自主的な活動を制限しないならよいのかが問題となるが，これを制限することにより，労働組合の自主性を侵害するのであれば，これを無効としなければならない。

　また，もう1つ問題となるのは，この法律の附則第3条で「本法の施行日当時，有効な労働協約は本法によって締結されたとみなす。ただし，本法の施行によりその全部または一部の内容が第24条に反する場合は，本法の施行にかかわらず，労働協約は締結当時の有効期間まで効力を有するものとする。」と規定している点である。

　また，附則第1条は，「本法は2010年1月1日から施行する。ただし，第24条第3項，第4項，第5項，第81条第4項，第94条の改正規定は，2010年7月1日から……施行する」とし，附則第8条は，「第24条第2項及び，第81条第4号（労働組合の専従者に対する給料の支援に関する規定に限る）は，2010年6月30日までに適用しない」としている。2010年1月1日から同年6月30日の間に，締結された労働協約における労働組合の専従者の給料支払いに関する規定は，2010年7月1日以降にも効力があるのかという疑問が残る。なぜかというと，改正労組法は2010年1月1日から施行される（附則第1条）が，附則3条の「本法の施行により，その全部または一部の内容が第24条に反する場合」との規定は，第24条第2項が施行される2010年7月1日以降に効力が発生するからである（附則第8条）。

　これに関して，学説はほとんど効力不定説である。すなわち，附則の経過規定は，法律の改正などで既得の権利が侵害されないようにするのが望ましいため，2010年1月1日以降に締結された労働協約に対しては，附則第3条の経過規定を適用する必要がないからである。

　また，改正労組法によって改正された労働組合の専従者の給料に関する規定には，施行日が2010年1月1日の規定と，施行日が2010年7月1日である規定があり，この規定の原則的施行日は2010年1月1日で，例外的に一部の規定の施行日が2010年7月1日である。したがって，改正労組法の附則が特定規定（例：改正労組法第24条）の施行日ではなく，「この法律の施行日」と定め

ているので，改正労組法の原則的である施行日は，2010年1月1日当時有効な労働協約に対して附則第3条が適用されると解釈する。

　しかし，これは妥当ではない。附則第3条は，この法律が施行されることによって労働組合の専従者に給料を支払う労働協約を締結できなくなる（第24条に反するため）が，本法の施行前に，このような労働協約がある場合には，その効力を認めるという趣旨である。したがって，附則第3条の「本法の施行によってその全部または一部の内容が，第24条に反する場合」は，労働組合の専従者に対する給料の支払いに関する第24条の第4項が施行される2010年7月1日としなければならない。なぜかというと，それ以前には違反する事実が起きないからである。このような立法精神は，附則第6条でも「2009年12月31日現在」という表現を使わないということから類推することができる。

(3) 複数労働組合の許容

　韓国では，1963年旧労組法の改正時，複数労働組合の設立を新しく禁止して以来[11]，1997年まで複数労働組合の設立が禁止された。1997年法で，複数労働組合の設立が許容されたが，2001年12月31日まで，次に2006年の12月31日まで，さらに2009年の12月31日まで，施行が猶予された。

　2011年の法律も，複数労働組合の許容の施行を2011年6月30日までに猶予とし，2011年7月1日から施行する（附則第7条第1項）。しかし，例外的に2009年12月31日現在，1つの事業または事業場に，組織形態にかかわらず，労働者が設立または加入した労働組合が2つ以上ある場合に，該当する事業または事業場には，2012年6月30日まで猶予される（附則第6条）。

(4) 団体交渉窓口の単一化

　この法律は，「1つの事業または事業場に組織形態にかかわらず，労働者が設立または加入した労働組合が2つ以上ある場合」に「使用者が，本条で定める交渉窓口の単一化の手続をしないことに同意した場合」を除き，交渉窓口を単一化するように規定している。すなわち，1つの事業または事業場に組織形態にかかわらず，労働者が設立または加入した労働組合が2つ以上ある場合，

---

(11) 朴承斗『労働法概論』中央経済社，1995，159頁。

第1章　労働者人格権の総論的課題

労働組合は交渉代表の労働組合（2つ以上の労働組合の組合員を構成員とする交渉代表機構を含む。以下，同じ）を決め，交渉を要求しなければならない（第29条の2第1項本文）。

ただし，交渉代表となる労働組合が自律的に決める期限内で，使用者が本条が定める交渉窓口の単一化の手続をしないと同意した場合には，この限りではない（第29条の2第1項但書）。

交渉代表の労働組合の決定手続に参加したすべての労働組合は，14日以内（労組法令第14条の6第1項）に自律的に交渉代表の労働組合をきめる（第29条の1第2項）。その期限以内に，交渉代表の労働組合を決められず，使用者の同意を得ていない場合には，交渉窓口の単一化の手続に参加した労働組合の全体の組合員の過半数で構成される労働組合（2つ以上の組合の委任または連合などの方法で，交渉窓口の単一化の手続に参加した労働組合の全体の組合員の過半数になる場合を含む）が，交渉代表の労働組合になる（第29条の2第3項）。

また，交渉代表の組合を決定できなかった場合には，交渉窓口の単一化の手続に参加したすべての労働組合は，共同で交渉代表団を構成して使用者と交渉しなければならない。この場合，共同交渉の代表団に参加できる労働組合は，その組合員の数が交渉窓口の単一化の手続に参加した労働組合全体の全組合員の100分の10以上の労働組合となる（第29条の2第4項）。

そして，共同交渉の代表団の構成が合意できなかった場合，労働委員会は当該労働組合の申請によって，組合員の割合を考慮してこれを決定できる（第29条の2第5項）。交渉代表の労働組合を決定するにあたって，交渉要求の事実，組合員の数などに関して異議がある場合に，労働委員会は，大統領令の定めに従い，労働組合の申請により，その異議に関する決定をすることができる（第29条の2第6項）。以上の労働委員会の決定に関する不服がある場合，その手続き及び効力は，労働争議の仲裁に関する規定（第69条と第70条第2項）が準用される（第29条の2第7項）。

また，労働組合の交渉の要求，参加方法，交渉代表の労働組合の決定のための組合員の数の算定基準などの，交渉窓口の単一化の手続と交渉費用の増加防止などに関して必要な事項は，大統領令で定められる（第29条の2第8項）。交渉代表の労働組合を決定しなければならない単位（以下，「交渉単位」とする）は一の事業または事業場とする（第29条の3第1項）が，一の事業または事業場で

の労働条件の差，雇用形態，交渉の慣行などを考慮し，交渉単位を分離しなければならないと認定された場合には，労働委員会は，労働関係の当事者の両方または一方の申請で交渉単位を分離することが決定できる（第29条の3第2項）。以上の労働委員会の決定に関する不服手続き及び効力は，労働争議の仲裁に関する規定（第69条と第70条第2項）が準用される（第29条の3第3項）。また交渉単位の分離申請及び，労働委員会に関して必要な事項は大統領令で定める（第29条の3第4項）。

そして，交渉代表の労働組合と使用者は，交渉窓口の単一化に参加した労働組合またはその組合員を合理的な理由なしに，差別してはならない（第29条の4第1項）。労働組合は，交渉代表の労働組合と使用者がこれに違反した場合，その行為があった日（労働協約の内容の一部または全部がこれに反する場合には，労働協約の締結日）から3カ月以内に，大統領令が定めた方法と手続きによって，労働委員会はその是正を要請することができる（第29条の4第2項）。

また，労働委員会は以上の申請に対して，合理的な理由なしに差別したと認めた場合には，その是正に必要な命令を下さなければならない（第29条の4第3項）。以上の労働委員会の命令または決定に対して，不服手続きなどに関しては，不当労働行為に関する救済手続き（第85条及び第86条）を準用する（第29条の4第4項）。このような交渉窓口の単一化に関して，憲法違反ということが提起されているが，これに関しては，以下（3(1)）で詳しくみることにする。

3 今後の展望

(1) 意　義

韓国の2010年改正法が施行された以後の展望としては，①立法の憲法違反の論難，②労使関係の不安定性，③労働組合活動の方向などの，3つの面から考えることができる。

①　まず，複数労働組合を認めながら導入された交渉窓口の単一化に関して，憲法違反ではないかとの論点が提起されているが，学説は合憲説と違憲説に分かれている。合憲説の主張は妥当性を欠いており，これからも論難が続くことが予想される。

②　2つ目の労働時間の免除制度に関して，雇用労働部は安定的に定着しているとみているが，これから期間満了が到来する労働協約の改訂時，労働組

第1章　労働者人格権の総論的課題

合がどのような姿勢で臨むのかによって，労働者と使用者の不安定性を潜めているとみなければならない。また，正常に施行されたとしても，既存の専従者制度と同様に運用されたり，この法律の施行中，労働協約あるいは使用者の同意がある場合に許容される業務の解釈をめぐって対立が起こる可能性も高い。

③　最後に，2010年の労組法の改正によって，同年7月1日から労働組合の専従者に対して給料の支払いが禁じられ，同日から複数労働組合の設立が許容されるため，労働組合間の競争も予想され，新しい労働組合の活動方向の模索が必要となるものと考えられる。

(2)　立法の違憲性の論難

複数の労働組合を許容し，導入された交渉窓口の単一化制度に関して違憲であるとの主張が提起されている。以上で述べたように，労組法は「1つの事業または事業場での組織形態に関係なく，労働者が設立または加入した労働組合が2つ以上の場合，使用者が本条で定める交渉窓口の単一化の手続きを取らないことに同意した場合」を除き，交渉窓口として単一化された特定の労働組合だけに交渉権を与えている。

これに関して，学説では，合憲説と違憲説とが対立している。まず，前者は「労働3権の保障の核心は，効果的で合理的な労働協約の締結にあり，同一事業場の2つの労働組合，2つの労働協約を認めないで排他的な交渉団体を認定するからといって，それが違憲だとは限らない。現行の労組法も一定の要件を満たせば，特定の労働組合が締結した労働協約の効力を非組合員に拡大適用することを認めていることを考慮した場合，労働基本権の保障は民主，自主労組の協約自治とその拡大を基本趣旨としている。以上のような論拠から，企業別を維持している韓国の労働組合の組織の特性に照らし，原則的には1つの労働組合を通じて労使自治の実現を認定し，既存の労働組合が自主性と民主性を喪失し，新たな第2労働組合の出現が問題となる場合に，排他的な交渉代表の制度を実施しても違憲ではない」[12]とする。また，「選挙に参加した労働組合

---

[12]　金亨培「労働組合の代表性と労組の問題」労働法学第2号，1989, 27頁，呉文玩「複数労組並存時団体交渉権に関する研究—アメリカと日本の団体交渉制度—」韓国労総中央研究院，1997, 58頁以下，文亨男「複数労働組合体制のおける団体交渉窓口単一化方案に関する研究」大田大学校博士論文，1999, 44頁以下，金裕盛『労働法Ⅱ』法文社，1997, 32頁。

は、選出された交渉代表に交渉権を委任したことになり、参加していない労働組合は交渉権を放棄したことになり、この制度は団体交渉権の侵害にはならない」[13]としている。

しかし、後者は、「韓国とは違って、団体交渉権が憲法ではなく、下位法によって保障されているアメリカにおいて、長い間アメリカ特有の労働政策と法理論によって確立されてきた団体交渉制度を、一夜で導入することは、法理的にも現実的にも無理である」[14]としている。また、「法律を通じての行政的な交渉窓口の単一化は、少数の労働組合の団体交渉権を本質的に侵害し、違憲だとみることができる。特に組合員の過半数で組織された労働組合が存在する事業または事業場の少数の労働組合は、使用者の別途の同意があるか、他の労働組合と自律的に共同交渉団体を結成できる場合を除き、団体交渉に全く参加することができなくなり、団体交渉権の本質的な部分を侵害することになる。」[15]としている。

また、「交渉窓口の問題は、原則的に労働者と使用者が自律的に決定することであり、法律で強制することは、労使自治を侵害することとなり、少数の労働組合であっても独自的な交渉権が否認されてはならない。（省略）団結選択の自由の十分な保障、全教組・韓教組とは違う、労働組合の人為的な交渉窓口の単一化の過程でみられる現実的な問題点、交渉窓口の単一化を理由にした交渉拒否など使用者側の支配介入の可能性を考慮するとき、少数の労働組合の独自の交渉権を否認してはならず、窓口の単一化は複数の労働組合が自治的に決定、選択する問題である。」[16]としている。

これに関して、合憲説が根拠として提示している主張は、妥当ではない。まず、労働3権の核心は、「効果的で合理的な」労働協約の締結にあるという主張は、労働3権の根本的な趣旨を理解しないものである。労働3権は、労働者個人が自分の人間らしい生活のために、自主的に労働組合を結成し、その代表を通じて、自ら労働条件の向上をはかるものである。したがって、これは第三者が判断する「効果的で合理的な労働協約の締結」を志向するのではなく、憲

---

[13] 林種律「団体交渉および労働争議と労働関係法」『労働関係法の諸問題』1988, 52頁。
[14] 尹性天「労働組合の組織および活動と労働関係法―3条但書5号と複数労組問題を中心として―」『労働法の諸問題』韓国労働研究院, 1998, 40頁。
[15] 兪聖在・前掲論文, 16頁。
[16] 李光澤『転換期の労働法』国民大学校出版部, 2007, 249頁。

第 1 章　労働者人格権の総論的課題

法で保障された自己の権利に根拠を有するもので，自己の意思で労働協約を締結するということである。第 2 に，特定の労働組合が締結した労働協約の効力を，非組合員に拡大適用するという論理を，交渉窓口の単一化に適用することは，妥当ではない。なぜかというと，労働組合が結成されていない場合に労働協約を拡大適用することであり，労働組合が結成されている場合には，該当しないからである。第 3 に，選挙に参加した労働組合については，この制度が団体交渉権の侵害にならないという主張も，妥当ではない。この主張も，憲法の労働 3 権を誤解したものである。なぜかというと，選挙に参加したのは労働組合であるが，団体交渉権の根本的主体はあくまで「労働者」なのである[17]。労働組合の団体交渉権は，組合員の団体交渉権を根拠にこれを行使する過程で派生された権利に過ぎず，労働組合は組合員の根源的な団体交渉権を放棄する権利を有していないから，組合員の意思とは異なり，労働組合が団体交渉権を放棄しても無効である。

　従って，筆者は違憲説に賛同する。その理由は，少数の労働組合及びその労働組合に属した組合員の団体交渉権を侵害するからである。そして交渉代表の労働組合を決定できなかった場合には，交渉窓口の単一化に参加したすべての労働組合は，共同して交渉代表団を構成し使用者と交渉しなければならないが，この場合共同交渉の代表団に参加できる労働組合を，その組合員の数が交渉窓口の単一化の手続きに参加した労働組合の全体の組合員の 100 分の 10 以上である労働組合に限定すること（第 29 条の 2 第 4 項）も，違憲だと考える。このような窓口の単一化に関する違憲性の論難は，これからも続くであろう。

(3)　労使関係の不安定性

　雇用労働部は，2010 年 8 月 27 日現在，8 月以前の労働協約が満了した 100 以上の事業場 1,446 カ所のうち，1,016 カ所（70.3％）で労働時間の免除限度を適用するとの労働協約を締結または暫定合意したと発表した[18]。

　しかし，民主労総は，7 月 1 日の記者会見において，「2010 年 7 月 1 日に改

---

[17]　韓国憲法第 33 条には，「勤労者は，勤労条件の向上のため自主的な団結権，団体交渉権，および団体行動権を持つ。」と規定されているから，労働 3 権の源泉的な主体は労働組合ではなく，労働者である。

[18]　雇用労働部，雇用労働ニュース，2010. 8. 30.

悪労組法とそれに伴う労働時間の免除（タイムオフ）制度が施行されます。しかし，不当な制度の一方的な施行は，結局破局だけを招来し，その責任は全的に政府当局と使用者にあります。いわば，強行的に導入されたタイムオフ制度は，元来無効であり，相次いで労働部が提示した『タイムオフのマニュアル』も法律が委任した範囲を超え，法律に違背した越権解釈に過ぎないというのが，変らない私達の立場である。」と宣言し，これからの闘争の意思をみせている。

これに反して，韓国労総は，2010年6月23日に発表した声明書で，「労組専従者賃金問題に対する対案で導入された『タイムオフ制度』の施行が1週間後と迫ってきたなか，事業場別にタイムオフの詳しい内容を決定するための労使交渉が行われていた。しかし，タイムオフ制度が導入された背景と趣旨を誰よりも分かっている労働部が，違法の素地があるので法的拘束力を持っていない，いわば『労働時間の免除限度のマニュアル』を労使当事者に強要し，労使交渉に介入するなど，労使関係の自律的な領域に介入し統制を恣行しているから，産業現場の彼方此方で葛藤と摩擦が行われている。」と糾弾するだけで，制度自体に対して根本的な反対の立場をみせていない。

ちなみに，大韓商工会議所が2010年6月18日開催した「改正労組法の全国的な巡回説明会」で，労働時間の免除制度に関する意見調査で回答した業界の53%が，個別企業において，この制度を導入するための労使交渉は難しいと見ている[19]。このように，労働時間免除制度に関して，一言では断言できないが，これからひき続き満期が到来する労働協約の改正時に，労働組合がどのような姿勢を取るかによって，労使関係の不安定性が潜んでいると思われる。

また，正常に施行されたとしても，使用者が給料などを上げることを通じて，労働組合がこれを財源として組合費を引上げ，減った専従者の給料を補塡する場合に，労働時間免除制度が現在の専従者制度の名称だけ変えた結果になる可能性もある。ここで，労使が自律的に労働部長官が告示した限度を超えて，時間免除の範囲を合意して施行する場合，その効力が問題となる。それに関して「条文の体系と内容に照らしてみると，そのような合意が違法であるとは言えない。」，または，「有給の場合には，専従者に対する給料支払い禁止に該当するので，労組法の第24条及び81条に反する行為とみなされるが，無給の場合

---

[19] EWSWAY, 2010. 6. 18.

第1章　労働者人格権の総論的課題

には法律に反するとは言い難い。」としている。

　また，この法律の施行過程で，労働協約または使用者が同意する場合に許容される「使用者との協議，交渉，苦情処理，産業安全活動など，この法律または他の法律で決める業務と健全な労使関係の発展のための労働組合の維持，管理業務」の概念をめぐって，労使対立が発生する可能性も高いと思われる。

(4)　労働組合活動の方向

　以上のように，2010年労組法の改正によって，2010年7月1日から労働組合の専従者に対する給料の支払いが禁止され，同日から複数労働組合の設立が許されることとなるにつれて，労働組合間の競争が予想される。その理由は，既存の労働組合の競争ではなく，新たに発生する労働組合との競争のため，これを限定できないからである。また，労働組合の専従者に対する給料の支払いが禁止され，労働組合は円滑な活動の保障のための資金または収入の確保が緊要になっている。このような側面からみると，労働組合の活動も既存のカテゴリを越えて，新しい方向の模索が求められることになろう。

　この点に関しては，日本で1980年代の半ばから全国各地で結成され始めた，「コミュニティ・ユニオン」が参考になると思う。これは，地域密着型であり，雇用形態の労働者が必要に応じて，組織的な側面で，「職場に労働組合」というよりも，地域で生活し働いている「誰も加入できる」労働組合である。労働組合の活動面では，職場を単位としている労働組合は企業に対する要求と交渉を重視する反面，雇用問題に関する相談活動を主な活動としながら，これに限らず，地域の生活者の視点でニーズに応じて，幅広い生活の問題の解決に力を入れている。また，コミュニティ・ユニオンは，相談と紛争の解決に，一定の手数料を活動の財政としているのである。

4　結　　論

　以上のように，2010年に改正された韓国の労組法は，①労働組合専従者の給料の支払い禁止を2010年6月30日まで猶予したうえで，2010年7月1日から施行し，その代り労働時間免除制度を導入した。②複数労働組合の許容は，2011年6月30日まで猶予し，2011年7月1日から施行されるが，2009年12月31日現在，1つの事業または事業場に組織形態にかかわらず，労働者が設

立または加入した労働組合が2つ以上ある場合には，該当する事業及び事業場に関して2012年6月30日まで猶予したのである。

また，労働協約に関する経過措置も設け，この法律の施行日の当時に効力を有する労働協約は，この法律によって締結されたものとみなされ，労働協約に保障された労働組合の専従者に対して，この法律が施行されても該当する労働協約の締結当時の有効期限までには，効力があるものとした。さらに，複数の労働組合が許容されるにつれて発生が予想される団体交渉の混乱を防ぐために，団体交渉の窓口の単一化制度を導入した。

この法律が施行された以降の展望は，①立法の違憲性の論難，②労使関係の不安定性，③労働組合活動の方向など，3つの面で考えられる。まず，複数労働組合を許容し，導入された交渉窓口の単一化に関しては，憲法違反ではないかとの論議が提起されているが，これについては合憲説と違憲説が対立している。合憲説の主張が妥当性を欠いているから，これからも論難が続く展望である。

二つ目として，労働時間免除制度に関して，雇用労働部は安定的に定着しているとみているが，これから満期が到来する労働協約の改正時，労働組合がどのような姿勢で臨むのかによって，労使関係の不安定性が潜んでいるとみなければならない。また，たとえ正常的に施行されたとしても，既存の専従者制度と同様に運用されたり，この法律の施行過程で労働協約または使用者の同意がある場合に，許容される業務の解釈をめぐって，労使対立が発生する可能性も高いと考えられる。

最後に，2010年労組法の改正によって，2010年7月1日から労働組合の専従者に対する給料の支払いが禁じられ，同日から複数労働組合の設立が許容されるから，労働組合間の競争が予想され，新しい労働組合活動の新しい方向の模索が必要となるとものと指摘できよう。

〔参考文献〕

朴承斗『労働法概論』中央経済社，1995

朴承斗外「労使關係ロードマップ」法律SOS，2010

李光澤『転換期の労働法』国民大学校出版部，2007

尹性天「労働組合の組織および活動と労働関係法―3条但書5号と複数労組問題

第1章　労働者人格権の総論的課題

　　　　を中心として—」『労働法の諸問題』韓国労働研究院，1998
兪聖在「2010年改正労働法に関する立法論的評價」韓国労働法学会，労働法学第34号，2010.6
金亨培「労働組合の代表性と労組の問題」労働法学第2号，1989
呉文玩「複数労組並存時団体交渉権に関する研究—アメリカと日本の団体交渉制度—」韓国労総中央研究院，1997
文亨男「複数労働組合体制における団体交渉窓口単一化法案に関する研究」大田大学校博士論文，1999
金裕盛『労働法Ⅱ』法文社，1997
林種律「団体交渉および労働争議と労働関係法」『労働関係法の諸問題』1988
李承昱「労組専従者の労働時間免除制度の争点と課題」労働法研究第28号，2010
文武基「労働時間免除（Time-off）制度の法理と運営方向」法学論叢第30輯第2号，全南大学校法学研究所，2010.8
EWSWAY，2010.6.18.
労働部「労働組合法の改正の説明資料—労働組合の専従者，複数の労働組合の法の内容—」2010
雇用労働部・雇用労働ニュース，2010.8.30.

8 Zwingende Vorgaben für grenzüberschreitende Arbeitsverträge im transnational operierenden Unternehmen nach dem Recht der Rechtsträger im deutsch-japanischen Rechtsverkehr

Heinrich Menkhaus

1 Einleitung
2 Begriffsbestimmungen
3 Formen der Präsenz im Ausland
4 Fazit

1 Einleitung

Ein Beitrag zu einer Festschrift darf mit einer ganz persönlichen Adresse an den Jubilar eingeleitet werden. Der Verfasser kennt ihn schon seit dem Jahre 1987, als er mit einem Stipendium der Japan Society for the Promotion of Science am Japanischen Institut für Rechtsvergleichung der Chūō Universität in Tōkyō studierte. Sein verehrter Lehrer Koresuke Yamauchi machte ihn mit dem Jubilar bekannt. In den letzten Jahren war bis November 2010 gegenseitige Austausch mit dem Jubilar besonders eng, weil dieser den Vorsitz der Japanisch-Deutschen Gesellschaft für Arbeitsrecht 日独労働法協会[1] innehatte, und dem Verfasser im Jahre 2002 der Vorsitz der deutschen Schwestergesellschaft[2] angetragen wurde.

Dem Arbeitsrecht soll deshalb auch das Thema für diesen Beitrag entlehnt werden. Dabei geht es um das internationale Arbeitsrecht, genauer um den grenzüberschreitenden Arbeitsvertrag in einem transnational operierenden Unternehmen. Hier herrscht angesichts der auf deutscher Seite verwendeten Begriffe Versetzung, Abordnung, Delegation, Konzernleihe, Abstellung,

[1] http://wwwsoc.nii.ac.jp/jdga/symp/symp06.htm
[2] http://www.djga.de/

第1章　労働者人格権の総論的課題

Auslandsauftrag, Stationierung, um nur einige zu nennen, eine erhebliche Begriffsverwirrung. Diese ist sichtbarer Ausdruck einer unglaublichen Vielfalt von Regelungen im Einzelfall, die der Rechtslage in vielen Fällen nicht gerecht werden.

Es lohnt sich deshalb, sich dem Problem zu stellen. Das soll hier aus deutscher Sicht geschehen. Nach den erforderlichen Begriffsbestimmungen werden im Folgenden die für die jeweiligen Formen der Präsenz transnational operierender Unternehmen im Ausland erforderlichen Vertragsbeziehungen dargestellt.

2　Begriffsbestimmungen

Zwingende Vorgaben aus verschiedenen Rechtsgebieten grenzen den arbeitsvertraglich regelbaren Freiraum zum Teil erheblich ein. Diese entstammen keineswegs nur dem Arbeitsrecht selbst, sondern auch noch vielen anderen Rechtsmaterien, etwa den öffentlichrechtlichen Rechtsgebieten des Steuer-, Sozialversicherungs-, Ausländer,- und Gewerbe- bzw. Berufsrechts, oder den zivilrechtlichen Rechtsgebieten des allgemeinen Zivilrechts und des Internationalen Privatrechts. Alle aus diesen Rechtsgebieten resultierenden Vorgaben aufzuführen, würde aber den Rahmen eines Festschriftbeitrags sprengen.

Behandelt wird deshalb allein das Recht der zivilrechtlichen Rechtsträger von Unternehmen. Damit ist der gesamte Bereich der öffentlichrechtlichen Rechtsträger ausgeklammert und damit die Frage, ob diese überhaupt als Rechtsträger von Unternehmen in Frage kommen. Im Übrigen steht in beiden hier angesprochenen Rechtsordnungen außer Zweifel, dass auch eine natürliche Person Träger eines Unternehmens sein kann. Aus verschiedenen Gründen sind aber in beiden Rechtsordnungen als zulässige Träger von Unternehmen noch andere hinzugekommen. In Deutschland sind das überwiegend Personenvereinigungen, die ihre Regelung im sog. Gesellschafts- oder Handelsgesellschaftsrecht gefunden haben. Dieses schließt die Rechtsträger, die auf der Grundlage des EU-Rechts entstanden sind, ein.

In Japan hat sich ein einheitlicher Begriff weder für das Recht der zivilrechtlichen Rechtsträger insgesamt, noch das Recht der Personenvereinigungen ausgebildet[3], sodass ein Überblick über die hier in Rede stehenden Träger zumindest erschwert ist.

Mit transnational operierenden Unternehmen sind nicht solche gemeint, die nur grenzüberschreitend tätig werden, in dem sie etwa Rohstoffe im Ausland erwerben, oder ihre Produkte im Ausland absetzen. Natürlich schicken auch solche Unternehmen mitunter ihre Arbeitnehmer ins Ausland, sei es um die Produkte des Unternehmens auf einer Messe zu bewerben, Vertragsverhandlungen mit ausländischen Kunden oder Lieferanten zu führen, eine von dem Unternehmen ins Ausland verkaufte Anlage aufzubauen und zusammen mit dem Auftraggeber abzunehmen, als nebenamtliches Mitglied an der Sitzung des Vertretungsorgans eines ausländischen Rechtsträgers teilzunehmen usw.. Diese Arbeitnehmer aber werden nicht auf der Grundlage eines grenzüberschreitenden Arbeitsvertrags tätig. Sie begeben sich auf Weisung des Arbeitgebers auf eine Dienstreise.

Transnational operierende Unternehmen sind vorliegend vielmehr solche, die nicht nur in der Rechtsordnung präsent sind, in der ihr Rechtsträger seinen tatsächlichen oder registerrechtlichen Sitz hat (Heimatstaat), sondern die auch noch in einer anderen Rechtsordnung (Gaststaat) präsent sind. Als Formen der Präsenz in anderen Rechtsordnungen kommen im deutsch-japanischen Verhältnis Repräsentanz und Betriebsstätte, Niederlassung, Tochtergesellschaft und Beteiligungsgesellschaft in Betracht.

---

(3) Menkhaus, Heinrich: Allgemeines Gesellschaftsrecht in Japan, in: Menkhaus/Sato (Hg.), Japanischer Brückenbauer zum deutschen Rechtskreis. Festschrift für Koresuke Yamauchi zum 60. Geburtstag. Duncker & Humblot: Berlin 2006, 229 ff.; ganz deutlich jetzt auch Goto, Motonobu: Das Gesellschafts-und Vereinssystem im japanischen Privatrecht, in: Jehle/Lipp/Yamanaka (Hg.), Rezeption und Reform im japanischen und deutschen Recht. Zweites Rechtswissenschaftliches Symposium Göttingen-Kansai. Universitätsverlag Göttingen 2008, 31 f.

第1章　労働者人格権の総論的課題

3　Formen der Präsenz im Ausland

(1) Repräsentanz und Betriebsstätte

Die Repräsentanz (jap. chūzaiin jimusho 駐在員事務所) ist eine tatsächliche Einrichtung im Gaststaat ohne eigene Rechtspersönlichkeit. Sie hat sich auf die Bewerbung der Produkte des Unternehmens, die Marktbeobachtung und die Kundenpflege zu beschränken. Geschäfte für das Unternehmen darf die Repräsentanz nicht tätigen. Auch die Betriebsstätte (jap. jigyōsho 事業所) fällt in diese Kategorie. Ihre Aufgaben sind indes andere. Sie widmet sich etwa der Produktion, der Lagerhaltung, der Organisation des Vertriebs usw..

Natürlich bedarf auch eine Repräsentanz oder Betriebsstätte der dafür erforderlichen Logistik im Gastland: Büro-, Fabrik-, oder Lagerfläche, Möblierung bzw. maschinelle Ausstattung, Kommunikationstechnik und Mitarbeiter. Dieses wird mit Hilfe von Verträgen bewerkstelligt. Vertragspartner ist dabei immer der Rechtsträger des Unternehmens im Heimatland. Dieser wird bei den Vertragsschlüssen gegebenenfalls vertreten.

Arbeitgeber der Mitarbeiter in der Repräsentanz oder Betriebsstätte ist also ein ausländischer Arbeitgeber. Das schafft viele Verständnisprobleme, weil weder die deutsche noch die japanische Rechtsordnung auf die wenig greifbare Figur des ausländischen Arbeitgebers eingerichtet sind. So ist beispielsweise die Eröffnung eines Kontos unter dem Namen des ausländischen Arbeitgebers ebenso schwierig wie die Anmeldung der Arbeitnehmer bei den einschlägigen Trägern öffentlicher Gewalt, die die gesetzlichen Sozialversicherungen verwalten, die die Aufsicht über den Arbeitsplatz innehaben, an die bei Bestehen einer Quellenbesteuerung auf Lohn bzw. Gehalt wie in Japan und Deutschland die Einkommenssteuer und in Japan zusätzlich die Einwohnersteuer abzuführen ist usw..

Bei den in der Repräsentanz oder der Betriebsstätte beschäftigten Arbeitnehmern ist zu unterschieden zwischen den Ortskräften (jap. genchi saiyō 現地採用) und den Entsandtkräften, für die es im Japanischen keine einheitliche Begriffsbildung gibt. Die naheliegende und tatsächlich mitunter auch verwen-

[Heinrich Menkhaus〕   *8* Zwingende Vorgaben

dete Terminologie haken 派遣 ist leider vergeben, weil darunter die Leiharbeitnehmer (haken rōdōsha 派遣労働者)[4] subsumiert werden. Man muss sich deshalb mit anderen Begriffen, wie etwa funin 赴任 behelfen.

Ortskraft in der Repräsentanz oder Betriebsstätte ist ein Mitarbeiter, der an deren Sitz eingestellt wird. Der Ortskraftarbeitsvertrag soll den arbeitsrechtlichen Usancen im Sitzstaat (Gaststaat) folgen. Insbesondere der Arbeitnehmer, der Staatsangehöriger des Gaststaates ist oder dort schon lange arbeitet, ist am Verbleib in der ihm vertrauten Rechtsordnung interessiert. Demgegenüber tut sich der ausländische Arbeitgeber damit schwer, weil er diese Rechtsordnung in der Regel nicht kennt. Er wird nur damit zu überzeugen sein, dass die Arbeitsbedingungen für die Ortskraft für ihn günstiger sind und die Ortskraft sich besser im kulturellen und wirtschaftlichen Umfeld des Gastlandes bewegen kann als eine Entsandtkraft.

Entsandtkraft in der Repräsentanz ist ein Mitarbeiter, der vom Rechtsträger des Unternehmens im Heimatland eingestellt ist oder wird, um dann zur Arbeitsausübung in die Repräsentanz oder Betriebsstätte entsandt zu werden. Der Arbeitsvertrag einer Entsandtkraft soll den Usancen der Rechtsordnung im Heimatstaat des Arbeitgebers folgen, sichert diesem also das Verständnis. Auch der Arbeitnehmer selbst ist oft daran interessiert, nach dem Arbeitsrecht des Heimatstaates des Arbeitgebers behandelt zu werden, sei es, dass er die Staatsangehörigkeit dieses Staates innehat, oder schon einige Zeit in diesem Staat gewohnt und gearbeitet hat.

Im Fall der Entsandtkraft tritt neben den Arbeitsvertrag ein Entsendungsvertrag, der die besonderen, durch die Verlegung des Arbeitsortes vom Heimatland in das Gastland bedingten Besonderheiten regelt. Durch den Entsendungsvertrag wird der Arbeitsvertrag teilweise modifiziert, oder-besser verständlich- für die Dauer der Entsendung überlagert, ohne indes seine Bedeutung zu verlieren, weil die Arbeitsleistung weiter dem

---

(4) Gesetz zur Sicherung der gerechten Durchführung des Leiharbeitnehmergewerbes und der Arbeitsbedingungen für Leiharbeitnehmer u. a. 労働者派遣事業の適正な運営の確保及び派遣労働者の就業条件等に関する法律, Gesetz Nr. 88/1985.

第1章　労働者人格権の総論的課題

Arbeitgeber geschuldet wird und dieser das Entgelt zahlt. Im übrigen gilt das Hauptaugenmerk des Entsendungsvertrags der Aufrechterhaltung des Lebensstandards des Arbeitnehmers im Heimatstaat. Das bedeutet nicht zwangsweise eine Besserstellung des Arbeitnehmers. Dies gilt insbesondere dann, wenn das Lebenshaltungsniveau im Heimatstaat niedriger ist. Das ist die Problematik, mit der in Deutschland das Arbeitnehmer-Entsendegesetz umzugehen versucht.[5]

Bei den Entsandtkräften gibt es eine weitere Unterscheidung zwischen den "echten" Entsandtkräften, oder Entsandtkräften im engeren Sinn (i.e.S.) und den anderen. Bei der Repräsentanz sind alle Entsandtkräfte "echte" Entsandtkräfte, weil sie zwar tatsächlich in der Repräsentanz oder Betriebsstätte arbeiten, rechtlich aber nicht für die Repräsentanz oder Betriebsstätte, die es als rechtliche Entität nicht gibt, sondern für den Arbeitgeber im Heimatstaat.

Auch die Repräsentanz oder Betriebsstätte bedarf der Leitung. Der die Repräsentanz leitende Mitarbeiter verfügt über eine gewillkürte Vertretungsmacht, die es ihm in der Regel sogar erlaubt, im Namen des Arbeitgebers Ortskraftarbeitsverträge abzuschließen oder zu beenden. Der "Leiter" der Repräsentanz bedarf nicht der Stellung einer Entsandtkraft. Auch eine Ortskraft kann eine Repräsentanz leiten. Die dafür erforderliche Vollmacht kann Gegenstand des Arbeitsvertrages der Ortskraft bzw. Entsendungsvertrags der Entsandtkraft sein, ist aber nicht zwingend Teil des Arbeitsvertrags und folgt allgemeinen zivilrechtlichen Regeln der Vollmacht.

(2) Niederlassung

Im deutschen Sprachgebrauch wird zwischen der Hauptniederlassung und der Zweigniederlassung unterschieden. Hauptniederlassung ist der Hauptsitz des Rechtsträgers des Unternehmens. Zweigniederlassung ist ein Nebensitz. Im japanischen Sprachgebrauch ist die Unterscheidung gleich. Dort spricht

---

(5) Gesetz über zwingende Arbeitsbedingungen für grenzüberschreitend entsandte und für regelmäßig im Inland beschäftigte Arbeitnehmer und Arbeitnehmerinnen, Gesetz vom 20. April 2009 (BGBl. I S. 799).

[Heinrich Menkhaus]　　　　　　　　　　　　*8* Zwingende Vorgaben

man entsprechend von honten 本店 und shiten 支店. Hier wird der Einfachheit halber nicht von Zweigniederlassung oder shiten gesprochen, sondern nur von Niederlassung. Eine solche Niederlassung kann nicht nur im Inland, sondern auch im Ausland unterhalten werden.

Die Niederlassung ist ebenso wie Repräsentanz und Betriebsstätte zunächst einmal eine tatsächliche Einrichtung. Es besteht auch Einigkeit darüber, dass die Niederlassung über keine eigene Rechtspersönlichkeit verfügt. Andererseits wird die Niederlassung als teilweise selbständige rechtliche Entität behandelt. So wird sie etwa in das Handelsregister des Gaststaates eingetragen und sie darf anders als Repräsentanz und Betriebsstätte Geschäfte für das Unternehmen tätigen, freilich nur in dem Umfang, der ihrer Stellung als Niederlassung zukommt. Welche Konsequenzen diese eigentümliche rechtliche Sonderstellung aber hat, ist im einzelnen unklar, weil das Recht der Niederlassung sowohl im deutschen wie im japanischen Recht nur unvollkommen geregelt ist.

Unstreitig scheint immerhin, dass die Niederlassung wegen ihrer Eigenschaft als teilweise selbständige rechtliche Entität im Gaststaat selbst als Vertragspartner in Betracht kommt. Das erleichtert ganz allgemein den Rechtsverkehr im Gaststaat und bedeutet gleichzeitig, dass die Niederlassung als Arbeitgeber fungieren kann. Im einzelnen ist bei den Arbeitnehmern wieder zwischen Ortskräften und Entsandtkräften zu unterscheiden.

Ortskräfte, die in der Niederlassung, aber nicht für die Niederlassung, sondern für das Unternehmen im Heimatstaat tätig werden, sind den Ortskräften in einer Repräsentanz oder Betriebsstätte gleichzustellen. Sie schließen einen Ortskraftarbeitsvertrag mit dem Rechtsträger des Unternehmens im Heimatstaat. Bei den in Rede stehenden Tätigkeiten handelt es sich etwa um die Bewältigung einer unternehmerischen Krise, die Vorbereitung der Betätigung des Unternehmens in einem neuen Geschäftszweig, die umwelttechnische Sanierung von Produktionsstätten, die Vorbereitung der Übernahme eines anderen Unternehmens, der Umbau eines Unternehmens infolge einer Übernahme usw..

第1章 労働者人格権の総論的課題

Ortskräfte, die in der Niederlassung für die Niederlassung tätig werden, schließen einen Arbeitsvertrag mit der Niederlassung. Der Leiter der Niederlassung vertritt dabei die Niederlassung. Er übt die arbeitsrechtliche Weisungsbefugnis aus. Wiederum gilt, das der Ortskraftarbeitsvertrag den Usancen des Gaststaates folgt.

Im Unterschied zur Repräsentanz oder Betriebsstätte aber hat sich das Unternehmen im Heimatstaat bei der Gründung einer Niederlassung wegen der dieser zukommenden teilweisen rechtlichen Selbständigkeit sehr viel mehr mit der Rechtsordnung des Gaststaates auseinanderzusetzen, sodass das bei Einrichtung der Repräsentanz oder Betriebsstätte bestehende latente Unbehagen mit der partiellen Anwendbarkeit der fremden Rechtsordnung nicht in demselben Umfang gilt.

Entsandtkräfte, die in der Niederlassung, aber nicht für die Niederlassung tätig werden, und sich mit den soeben zur entsprechenden Ortskraft aufgeführten Fragen befassen, sind so zu behandeln wie Entsandtkräfte in einer Repräsentanz. Sie schließen einen Arbeitsvertrag mit dem Rechtsträger des Unternehmens im Heimatstaat, der von einem Entsendungsvertrag überlagert wird. Sie sind als "echte" Entsandtkräfte zu bezeichnen.

Den Entsandtkräften, die in der Niederlassung für die Niederlassung arbeiten, reicht der Arbeitsvertrag und der ihn überlagernde Entsendungsvertrag mit dem Rechtsträger des Unternehmens im Heimatstaat. Da der Niederlassungsleiter die arbeitsrechtliche Weisungsbefugnis als Vertreter des Rechtsträgers des Unternehmens im Heimatland ausübt, erfolgt keine unzulässige Abtretung der Weisungsbefugnis an einen Dritten. Auch diese Entsandtkräfte lassen sich daher als "echte" Entsandtkräfte bezeichnen.

Einer besonderen Erörterung bedarf die Rechtsstellung des Leiters der Niederlassung. Angesichts der Einschätzung der Niederlassung als einer teilweise rechtlich selbständigen Entität ist von einer Organstellung dieser Person auszugehen.[6] Eine Ortskraft, die die Niederlassung leitet, wird

---

[6] So auch für das japanische Recht JETRO: Setting up Enterprises in Japan. 7th ed. JETRO: Tōkyō 2006, 82 f.

deshalb auch nicht auf der Grundlage eines Arbeitsvertrags, sondern auf der Basis eines Geschäftsbesorgungsvertrags (so in Deutschland) bzw. Auftrags (so in Japan) tätig. Diese Verträge sind indes nicht Gegenstand der hiesigen Ausführungen. Deshalb sei nur noch erwähnt, dass die Möglichkeit oder Einflussnahme des Rechtsträgers des Unternehmens im Heimatstaat auf den organschaftlichen Vertreter der Niederlassung aus dem Recht der Rechtsträger folgt.

Entsandtkräfte, die die Niederlassung leiten, verfügen zunächst wieder über die beiden Verträge mit dem Rechtsträger des Unternehmens im Heimatstaat: Arbeitsvertrag und den diesen überlagernden Entsendungsvertrag. Da sie in der Niederlassung aber eine Organstellung bekleiden, wird man wieder einen Geschäftsbesorgungsvertrag (so in Deutschland) oder einen Auftrag (so in Japan) annehmen müssen. Beides sind Verträge, die nicht Gegenstand dieser Abhandlung sind. Die Möglichkeit der Einflussnahme des Rechtsträgers des Unternehmens im Heimatstaat auf den organschaftlichen Vertreter des Niederlassung folgt aus dem Recht der Rechtsträger, aber hier auch aus dem arbeitsrechtlichen Verhältnis. Diese Entsandtkräfte können wegen der zusätzlichen Bindung an die Niederlassung nicht als "echte" Entsandtkräfte angesehen werden.

(3) Tochtergesellschaft und Beteiligungsgesellschaft

Mit Tochtergesellschaft und Beteiligungsgesellschaft ist hier ein Rechtsträger gemeint, der seinen tatsächlichen oder registerrechtlichen Sitz nicht in derselben Rechtsordnung unterhält wie der Rechtsträger des Unternehmens im Heimatstaat, sondern ein Rechtsträger mit tatsächlichem oder registerrechtlichem Sitz im Gaststaat, auf den der Rechtsträger des Unternehmens im Heimatland Einfluss ausüben kann.

Die Begrifflichkeit Tochtergesellschaft ist irreführend. Wie eingangs hervorgehoben, geht es um Rechtsträger für Unternehmen, und diese müssen nicht notwendig Gesellschaften sein. Allerdings sind die Rechtsträger für Unternehmen im deutschen Recht oft dem Gesellschaftsrecht entliehen,

第1章　労働者人格権の総論的課題

sodass sich, falls eine Gesellschaft die Mehrheit der Anteile einer anderen Gesellschaft hält, und damit den in Rede stehenden Einfluss ausüben kann, in Deutschland der Begriff Mutter- und Tochtergesellschaft herausgebildet hat.

In Japan ist man dieser Begrifflichkeit mit oyagaisha 親会社 für Elterngesellschaft und kogaisha 子会社 für Kindergesellschaft gefolgt. Hier ist es aber begrifflich zu einer weiteren Einschränkung gekommen, die den Blick auf das Ganze noch weiter verengt. Durch die Verwendung des Wortes kaisha 会社 wird der Eindruck erweckt, als gebe es das oben beschriebene Einflussverhältnis zwischen zwei Rechtsträgern nur, wenn beide aus den Rechtsformen gewählt wurden, die den Rechtsformzusatz kaisha tragen, also kakushiki gaisha 株式会社: Aktiengesellschaft und die sogenannten mochibun gaisha 持ち分会社, also Anteilegesellschaften, gōmei gaisha 合名会社: Offene Handelsgesellschaft, gōshi gaisha 合資会社: Kommanditgesellschaft und die neue gōdō gaisha 合同会社, die man mangels Entsprechung im deutschen Recht nicht ohne weiteres in die deutsche Sprache übersetzen kann. Eine solche Einschränkung aber ist weder tatsächlich zu rechtfertigen, noch gewollt. Vielmehr steht der Begriff kaisha in Japan leider häufig auch für das Unternehmen selbst.

Der Begriff Beteiligungsgesellschaft ist ebenfalls irreführend. Gemeint ist ein Beteiligungsverhältnis, dass anders als bei der Tochtergesellschaft nicht die Mehrheit der Anteile erfasst, aber trotzdem einen gewissen Einfluss auf die Geschäftsführung des Rechtsträgers, an dem die Beteiligung besteht, sichert. Es gilt auch an dieser Stelle, dass es gar nicht notwendig um eine Gesellschaft geht, schon gar nicht allein in der Rechtsform der kaisha. Hier kommt noch hinzu, dass auch die allgemein gebräuchliche japanische Übersetzung (kanren gaisha 関連会社) das bestehende Beteiligungsverhältnis, aus dem sich der Einfluss herleitet, nicht deutlich zum Ausdruck bringt. Im Folgenden wird aber mit den nicht korrekten Begriffen weiter operiert.

(a) Tochtergesellschaft

Die Tochtergesellschaft ist nicht nur eine eigenständige tatsächliche Einrichtung, sondern anders als Repräsentanz und Niederlassung auch eine

〔Heinrich Menkhaus〕 　　　　　　　　*8* Zwingende Vorgaben

eigenständige rechtliche Entität. Auf die Rechtsfähigkeit der Tochtergesellschaft kommt es dabei nicht an. Die eigenständige rechtliche Entität entsteht deshalb auch nicht notwendig mit der Eintragung der Rechtsform in das Handelsregister.

Die Tochtergesellschaft kann alle Arten von Geschäften selbständig vornehmen. In Japan gilt lediglich die Einschränkung, dass sie sich dabei im Rahmen des Satzungszwecks halten muss (sogenannte ultra vires-Lehre). Damit kommt die Tochtergesellschaft als Arbeitgeber in Betracht. Bei den Arbeitnehmern ist wieder zwischen Ortskräften und Entsandtkräften zu unterscheiden.

Ortskräfte, die in der Tochtergesellschaft, aber nicht für die Tochtergesellschaft tätig werden, sind den Ortskräften einer Repräsentanz gleichzustellen. Ortskräfte, die in der Tochtergesellschaft für die Tochtergesellschaft tätig werden, schließen einen Arbeitsvertrag mit der Tochtergesellschaft.

Entsandtkräfte, die in der Tochtergesellschaft, aber nicht für die Tochtergesellschaft tätig werden, sind erneut so zu behandeln wie Entsandtkräfte in einer Repräsentanz. Sie sind "echte" Entsandtkräfte. Bei den Entsandtkräften, die in der Tochtergesellschaft für die Tochtergesellschaft arbeiten, ist es anders. Sie arbeiten auf der Grundlage eines Vertrags mit dem Rechtsträger des Unternehmens im Heimatstaat und eines Vertrags mit der Tochtergesellschaft. Um diese Arbeitnehmer der arbeitsrechtlichen Weisungsbefugnis der Tochtergesellschaft zu unterwerfen, ist der Vertrag mit der Tochtergesellschaft von zentraler Bedeutung. Die Entsandtkraft im Entsendungsvertrag für die Dauer der Entsendung der arbeitsrechtlichen Weisungsbefugnis der Tochtergesellschaft zu unterwerfen, kommt nicht in Frage, weil die Weisungsbefugnis grundsätzlich nicht an einen Dritten abgetreten werden kann. Daran ändert der Einfluss, den der Rechtsträger des Unternehmens im Heimatland auf die Tochtergesellschaft haben mag nichts, weil die Tochtergesellschaft eine rechtlich selbständige Entität darstellt. Der Ausnahmefall des Leiharbeitsverhältnisses liegt auch nicht vor. In Frage kommt also lediglich ein normaler Arbeitsvertrag mit der Tochtergesellschaft. Er dürfte allein aus optischen Gründen den arbeitsrechtlichen Usancen des Gaststaates zu folgen haben.

Daneben besteht der Vertrag mit dem Rechtsträger des Unternehmens im Heimatstaat. Hier bleibt anstelle des ursprünglichen Arbeitsvertrages nur noch ein Rumpfarbeitsverhältnis übrig, weil die Pflicht zur Arbeitsleistung ja weitgehend entfällt. Andererseits aber soll die Entsandtkraft den Lebensstandard im Heimatstaat aufrechterhalten können, sodass hier möglicherweise mit der Versendung einhergehende Zusatzzahlungen ausgelobt werden müssen. Außerdem bedarf der Arbeitnehmer für die Beendigung der Entsendung einer Wiedereinstellungszusage, und die Einstufung des Arbeitnehmers in die heimatliche Gehaltsgruppierung muss ebenso aufrecht erhalten bleiben, wie eine eventuell bestehende betriebliche Altersversorgung. Da sich der Charakter dieses Arbeitsverhältnisses ändert, stellt sich die Frage, ob der so beschriebene Vertrag überhaupt noch als Arbeitsvertrag zu werten ist. Da aber die Gesamtregelung eine Arbeitsleistung zum Gegenstand hat und der Arbeitsvertrag nach Beendigung der Entsendung wiederauflebt oder jedenfalls die Exekution einer Wiedereinstellungszusage in einen Arbeitsvertrag mündet, wird man wohl von einem Arbeitsvertrag sprechen können.

Es entsteht also ein Dreiecksverhältnis zwischen Arbeitnehmer, Rechtsträger des Unternehmens im Heimatland und Tochtergesellschaft im Gastland, in dem zwei Schenkel mit Verträgen aufgefüllt sind. Das ist schwierig zu gestalten, weil die Inhalte der betroffenen Verträge sehr genau aufeinander abzustimmen sind. Erschwerend kommt hier hinzu, dass auch noch das Verhältnis zwischen dem Rechtsträger des Unternehmens im Heimatstaat und der Tochtergesellschaft im Gaststaat vertraglich auszufüllen ist. Da die Tochtergesellschaft eine rechtlich selbständige Entität ist, interessiert es sie im Gegensatz zur Niederlassung, bei der wegen der insoweit bestehenden rechtlichen Unselbständigkeit der Niederlassung der Rechtsträger des Unternehmens im Heimatstaat letztlich alle Kosten zu tragen hat, wer eigentlich die Kosten für die Entsandtkraft im Innenverhältnis trägt. Sollen diese die Bilanz der Tochter oder die der Mutter belasten? Zumindest das bedarf der

[Heinrich Menkhaus] 8 Zwingende Vorgaben

Regelung. Im Ergebnis kommt es zu einer vertraglichen Regelung in allen Schenkeln des Dreiecks. Allerdings ist der letztgenannte Vertrag kein Arbeitsvertrag, sodass er außerhalb des Fokus dieses Aufsatzes liegt.

Einer besonderen Erörterung bedarf auch hier die Rechtsstellung des organschaftlichen Vertreters der Tochtergesellschaft, d.h. der Mitglieder des Leitungsorgans der Tochtergesellschaft. Eine Ortskraft, die als Mitglied des Leitungsorgans der Tochtergesellschaft diese im Sinne des Rechtsträgers des Unternehmens im Heimatland leiten soll, wird anstelle eines Ortskraftarbeitsvertrags wegen ihrer Organstellung auf der Grundlage eines Geschäftsbesorgungsvertrages (so in Deutschland) oder Auftrages (so in Japan) tätig. Die Möglichkeit der Einflussnahme seitens des Rechtsträgers des Unternehmens im Heimatstaat auf den organschaftlichen Vertreter folgt aus dessen Mehrheitsbeteiligung, also aus dem Recht der Rechtsträger.

Entsandtkräfte, die Mitglied des Leitungsorgans der Tochtergesellschaft werden, verfügen zunächst wieder über den Rumpfarbeitsvertrag mit dem Rechtsträger des Unternehmens im Heimatstaat und als Leitungsorgan über einen Geschäftsbesorgungsvertrag (in Deutschland) bzw. Auftrag (in Japan). Der Einfluss des Rechtsträgers des Unternehmens im Heimatstaat auf dieses Mitglied des Leitungsorgans kann sowohl über den Rumpfarbeitsvertrag, als auch über die Mehrheitsbeteiligung im Recht der Rechtsträger ausgeübt werden. Wieder stellt sich die Frage der Kostentragung im Innenverhältnis zwischen dem Rechtsträger des Unternehmens im Heimatland und der Tochtergesellschaft. Erneut ergibt sich ein Dreiecksverhältnis, bei dem drei Schenkel des Dreiecks vertraglich ausgefüllt sind, sodass es einer sehr genauen gedanklichen Durchdringung bedarf um Widersprüche und Unklarheiten zu vermeiden. Auch diese Entsandtkraft ist keine "echte".

(b) Beteiligungsgesellschaft

Bei der Beteiligungsgesellschaft ergibt sich im Vergleich zur Rechtslage bei der Tochtergesellschaft nur eine Besonderheit. Sie betrifft das Mitglied des Vertretungsorgans, das als Ortskraft tätig wird. Da hier die die Geschäftsführungstätigkeit betreffende Weisung nicht über den Mechanismus

Mehrheitsbeteiligung im Recht der Rechtsträger ausgeübt werden kann, bedarf es einen Vertrages sui generis zwischen der Ortskraft und der Muttergesellschaft, der diesen Einfluss sicherstellt.

4 Fazit

Für die hier behandelten Fragen sind die rechtlichen Grundlagen in Deutschland und Japan sehr ähnlich. Die unklare Rechtslage bei der Niederlassung bereitet Probleme in beiden Staaten. Hinzu kommt, dass im Gegensatz zum deutschen Recht, in dem die Verträge-jedenfalls im hier in Rede stehenden Bereich-der Schriftform folgen, eine vergleichbare Handhabung in Japan nicht existiert.

9 国際労働法の体系的位置付けについて
——国際私法の存在意義に関する内省的一考察——

山内惟介

1 問題の所在
2 野川教授の理解とその検討
　(1) 「国際労働関係法」の概念
　(2) 国際裁判管轄権
(3) 準拠法の決定等
(4) 2つのアプローチの適用
(5) 要　約
3 結びに代えて—方向性と課題

"人類はいったい未来に対して何を期待することができるのか。
さらに，その考察に立ってわたしたちは何をなすべきなのか。"*

1 問題の所在

(1) 人の自由移動に伴う労働環境の国際化は，今日，すでに常例となっている。上場企業の国際展開とともに，連結ベースにおける従業員の内外逆転が相次ぎ[1]，また海外市場に攻勢をかけるべく国内での大規模リストラにより固定費を減らす企業が登場する[2]など，円高の進行に伴う企業の海外シフト[3]（国

---

* カール・フォン・ヴァイツゼッカー著（小杉尅次訳）『われわれはどこへ行くのか—世界の展望と人間の責任—ミュンヘン大学連続講義集』（ミネルヴァ書房，2004年）25頁。
(1) 日本経済新聞2010年7月31日朝刊1面「有力660社の工場など資産—海外比率3分の1超」によれば，HOYAおよびTDKでは従業員の海外比率が87％に達し，ミツミ電機では従業員約36,800人の過半数が中国人であることが示されている。
(2) 日本経済新聞2010年7月29日朝刊11面「ルネサス，国内でリストラ—海外売上高比率6割に」によれば，ルネサスエレクトロニクスは従業員約5万人の1割を削減し，中国市場開拓の専門事業部を設けるなどの事業戦略を明らかにした。こうした傾向は，一時対ドルで83円台を付けるなど，円高の進行とともにますます強まっている（日本経済新聞2010年8月25日朝刊3面）。
(3) 日本経済新聞2010年8月22日朝刊3面「けいざい解読—円高とマックの我慢比べ」によれば，製造業の海外生産比率は7％（1994年度）から17.8％（2009年度）へと高まっている。

第 1 章　労働者人格権の総論的課題

内労働市場の空洞化）もいよいよ顕著になりつつある[4]。このような動きを反映して，わが国の統計によれば，2009 年には（渉外事件を含む）労働審判が過去最高を記録するに至った[5]。法律学もまた，国家法と国際法との区別を超えて，このような内外諸国における労働環境の変化を受け止め，二一世紀の国際社会に適合した紛争解決基準を提示し続けなければならない責務を負っていることに異論はないであろう。

　法律学において，国内労働者の海外出張や海外子会社等への配置転換（海外駐在），外国人労働者の流入等に起因する各種の問題（渉外的労働契約の規律，国内労働市場における秩序の維持や規制，労働規制法の調整・統一等）にもっぱら対処してきたのは，労働法学[6]であり，国際私法学であり，そして部分的にではあるが国際法学であった。そして，この種の法律問題を専門的に取り扱う分野は，近年の傾向によれば，国際労働法（表記上「国際労働契約法」，「国際労働関係法」等の相違がみられるが，「国際労働法」という表現で，以下，代替する）と総称されるようになっている。そのことは，この分野に関わる研究業績[7]や講義科目等[8]の現状からも十分に読み取れよう。しかしながら，国際労働法は，いまなおこれら

---

[4]　日本経済新聞 2010 年 8 月 14 日朝刊 2 面「社説──日本の雇用揺るがす新興国の素材生産」。

[5]　日本経済新聞 2010 年 7 月 29 日朝刊 38 面「労働審判，4 年で 4 倍──昨年 3,468 件，過去最高に：雇用トラブル急増」には，岐阜県の縫製会社で働いていた中国人実習生 4 名が未払い残業代など約 1,000 万円の支払いを求めたのに対し，会社側が 600 万円を支払うことで調停が成立した例が紹介されている。

[6]　1994 年 10 月 15 日に開催された日本労働法学会第 88 回大会では，「国際的労働関係の法的課題──労働法と国際私法の交錯を中心として」という統一テーマが掲げられていた。その内容については，『日本労働法学会誌 85 号 国際的労働関係の法的課題』（総合労働研究所，1995 年）参照。なお，「交錯」は「幾つかのものが入りまじること」（新村出編『広辞苑 第六版 机上版』（岩波書店，2008 年）938 頁）と定義されているが，そこでの報告内容，議論等を見る限り，労働法学の成果と国際私法学の成果とが入りまじっているようにはみえないのではなかろうか。

[7]　野川忍『外国人労働者法』（信山社，1993 年），手塚和彰『外国人と法』（有斐閣，1995 年（初版），1999 年（第二版），2001 年（第二版（補訂）），吾郷眞一『国際労働基準法』（三省堂，1997 年），米津孝司『国際労働契約法の研究』（尚学社，1997 年），山川隆一『国際労働関係の法理』（信山社，1999 年），吾郷眞一『国際経済社会法』（三省堂，2005 年），中川淳司『経済規制の国際的調和』（有斐閣，2008 年）（特に「第 6 章　労働基準の国際的調和」）他参照。

[8]　各大学法学部や各法科大学院における「国際労働法」関連科目に関する各種資料参照。

192

〔山内惟介〕　　　　　　　　　　　　　　　**9**　国際労働法の体系的位置付けについて

個別法領域（労働法学，国際私法学および国際法学）の一部門として位置付けられ，いまだ独自の体系性を備えるに至ってはいない（あるいは，そうした体系性が必要だとは考えられていない）ようにみえる[9]。

　(2)　社会における利益対立の多様化や深化は規律対象領域の細分化を生み出し，新たな法律の制定や各法規の解釈をめぐる裁判例の増加をもたらし，その結果，新たな法分野（環境法，消費者法等）を創設してきた。こうした歴史的事実を想起すれば，国際労働法にもそのような「独立」の可能性がないわけではない。とはいえ，国際労働法学が一つの独立した分野として固有の体系性を有する（べき）か否かを検討するにあたっては，何よりもまず現状の確認が必要となろう。近年，労働法学の分野では大部の体系書が相次いで刊行されている[10]。それらの研究中，国際労働法関係の記述[11]をみると，国際裁判管轄権の決定問題，労働（雇用）契約関係の準拠法決定問題，そして公法の属地性や強行法規の適用問題，これら三項目が一致して取り上げられていることが分かる[12]。しかしながら，わが国の場合，これらの事項がもっぱら国際私法学において論じられてきたことは斯学の体系書を逐一挙げるまでもなく，周知のことといわなければならない。一方で，外国人労働者の受入れに関わる諸問題等を含めて，労働法学がもっぱら国内実質法の立法・解釈問題に集中し，他方で，

---

[9]　たとえば，ILO条約等の研究に関わる「国際労働法」が国際法学の一下位分野として，もっぱら国内労使関係の規律を対象としてきた労働法学が労使関係の国際化に対応して「国際労働法」を労働法の一下位分野として，牴触法的規律および実質法的規律の国際労働問題への適用を扱う「国際労働法」が国際私法の一下位分野として，それぞれ位置付けられるという理解がそうである。

[10]　土田道夫『労働契約法』（有斐閣，2008年），荒木尚志『労働法』（有斐閣，2009年）および野川忍『新訂　労働法』（商事法務，2010年）参照。

[11]　土田道夫『労働契約法』（有斐閣，2008年）「第13章　国際的労働契約法」（709-725頁），荒木尚志『労働法』（有斐閣，2009年）「第18章　個別的労働紛争処理システム」「第4節　国際的労働関係と労働保護法・労働契約法の適用」（458-465頁）および野川忍『新訂　労働法』（商事法務，2010年）「第5部　国際労働関係法」（451-466頁）参照。

[12]　この点は，『新版労働判例百選』（別冊ジュリスト13号）（有斐閣，1967年）から『労働判例百選〔第8版〕』（別冊ジュリスト197号）（有斐閣，2009年）に至る各版の掲載記事と『渉外判例百選』（別冊ジュリスト16号）（有斐閣，1967年）から『国際私法判例百選〔新法対応補正版〕』（別冊ジュリスト185号）（有斐閣，2007年）に至る各版の掲載記事との対比等によっても確認することができる。

第1章　労働者人格権の総論的課題

国際私法学が古典的な意味での牴触法的規律のみを取り扱い，さらに国際紛争処理という視点から国際手続法をも取り上げるという形で，両分野の「棲み分け（役割分担）」がながらく行われてきたという事実[13]を知る者にとって，国境を越えた労働紛争に関わる国際的裁判管轄権の決定，準拠法の決定等が労働法の体系書においても正面から取り扱われる（言い換えれば，国際私法の研究成果が丸ごと労働法の一分野として取り込まれる）ようになったという事態（国際労働問題の規律に関する労働法学と国際私法学との一体化）は，はたしてどのように受け止められるべきであろうか。この点，学問分野の専門性からみて競合は許されないと狭く考える場合には，国際労働法は労働法に属するのか，それとも国際私法に属するのかという帰属問題（領土紛争）[14]が提起され得よう[15]。これに対して，国際私法学の成果がその根本において労働法学に取り入れられるに至った点に着目し，このような事態を望ましい事象と評価する理解もあり得よう（この場合，国際労働法は両分野における学問的協働作業が行われる平和的シンボルを意味する）。後者の場合，国際私法学の存在意義はその限りで労働法学に吸収されることとなるのかもしれない。

---

[13]　このことを示す最近の動きとしては，法制審議会国際私法（現代化関係）部会に（委員15名中の6名，また幹事14名中の5名が国際私法学研究者であり，労働法学研究者は1名も参加していない）おける審議を経て，法の適用に関する通則法（平成18年6月21日，法第78号）が制定された事実を挙げるだけで十分であろう。

[14]　このような認識が生じる背景には，国際私法学ではもっぱら牴触法的規律のみが研究され，実質法の規律はその検討対象から除外されているという誤解があるのかもしれない。国際私法学の体系書における記述の重点が牴触法的規律に置かれ，法人に関する外人法的規律など稀な例外を除けば，実質法的規律に触れられていないという事情がそうした誤解を生みだす一因となったのであろうか。しかしながら，牴触法の構造を正確に理解するならば，独立牴触規定における単位法律関係および連結点の形成基準がともに比較実質法の成果に求められるという意味で，内外諸国の多様な法分野に関わる比較実質法的研究がその前提にあることは当然の前提となっている。どのような牴触規定を採用するかという立法論にしてもどのように牴触規定の要件および効果を解釈するかという解釈論にしても，比較実質法の成果を踏まえなければ牴触規定の解釈を具体的に行うことはできないという利益衡量的手法が採用されている。この点では，何が何でも国内実質法の優先的適用を確保するという法廷地実質法優先主義とは起点を異にする。この点は，従属牴触規定についてもそのままあてはまる。たとえば，準拠外国実質法の適用結果が法廷地公序条項の要件に包摂されるか否かを問う公序条項の適用に際しても，外国実質法の適用結果が検討対象とされているところから，①準拠法を指定する独立牴触規定の解釈に加えて，②準拠法とされる外国実質法の解釈もまた，③従属牴触規定の解釈とともに，国際私法の検討対象に当初から含まれている。法廷地の従属牴触規定に

9　国際労働法の体系的位置付けについて

(3)　しかしながら，労働法学も国際私法学も，等しく法律学の下位分野を構成しつつ，それぞれが学問分野としての独自性を有する旨，互いに主張しようとするならば，両分野とも，「学問」の定義（「一定の理論に基づいて体系化された知識と方法」[16]）に含まれた「体系化」の意味を考慮しつつ，国際労働法の体系的位置付け（国際労働法は労働法学と国際私法学との間での協調の象徴か対立の火種か）について深く沈潜して考えなければならないのではなかろうか。そうした体系化に向けた一つの方法は，労働法学の側でも国際私法学においても各分野における規律の目的・対象・方法，これら三者の相関関係に着目し，パラダイムの相違を具体的に示すことであろうが，いかなる方法に依拠するにせよ，労働法学と国際私法学との実質的な相違が明らかにされなければならない。この点の解明は，労働法学に従事する者にとっても国際私法学に従事する者にとっても，等しく担うべき課題であるといわなければならない。この点が考慮されるならば，国際労働法をめぐって，誰に対し，どのような問題が提起されるべきか[17]，

いう「公の秩序または善良の風俗」に反するか否かの判断に当たっては，むろん，法廷地実質法（内国実質法）と準拠法（外国実質法）との間でいわゆる「比較」が行われる。この点を考慮しても，国際私法学上，内外国実質法の解釈が研究対象とならざるを得ないことが十分に了解されよう。このように考えるならば，国際私法学では，表に現れていないとしても，実質法と牴触法が最初からともに研究対象として含まれていることが十分に理解され得よう。国際私法分野の専門書や講義科目において，内外実質法の比較等を前提としつつも，対象が意識して牴触規定に限定されていたのは，そうした実質法分野への言及をすべて緻密に行おうとすれば，物理的に膨大な量を必要とすることによって，余りにも対象が広がりすぎて専門性を失うことが懸念されたためにほかならない（国際私法が渉外的私法関係を規律する牴触規範の体系であると定義されてきたのもそのことと無関係ではない）。

[15]　この点は，労働法学と国際私法学という二つの専門分野相互の関係如何という学問分野の専門性に関わる問題を呼び起こすだけでなく，労働法学と国際法学との間でも，また国際私法学と国際法学との間でも，同種の問題を引き起こすこととなろう。むろん，こうした指摘は，国連国際動産売買条約の解釈等をめぐって民法学と国際私法学とが関わる国際契約法，外国会社の国内での活動に対する規律をめぐって会社法学と国際私法学とが関わる国際会社法，国際裁判管轄権をめぐって民事訴訟法学と国際私法学とが関わる国際民事訴訟法，イギリスの渉外私法問題の規律をめぐって英米法学と国際私法学とが関わる英米国際私法等についてもそのままあてはまる。

[16]　新村出編『広辞苑　第六版　机上版』（岩波書店，2008年）503頁。

[17]　国際労働法をめぐる論議は学問の発展なのか停滞なのかといった問いがその一例となろう。むろん，この問い掛け自体からして，論者の学問的姿勢や思索の方法論に関わるものであり，そこに政策的な意味が内包されていることに異論はないであろう。それは，この問いに対する解答も，論者の世界観に応じて，大きく異なり得るものだからである。

第1章　労働者人格権の総論的課題

慎重な検討が必要となろう。

　ここでは，労働法学における近刊の体系書のうち，最も新しい野川忍教授の御著作（『新訂 労働法』（以下，「同書」と略称）の「第5部　国際労働関係法」）を素材として[18]，上の諸点を検討することとしたい。以下では，まず同書の内容が確認され，次いで，そこでの記述内容が検討される。このような作業を通じて，小稿の被献呈者・角田邦重教授[19]が専攻される労働法学と筆者の主専攻領域たる国際私法学との間で部分的にせよ対話が成り立つとすれば，何よりのこととされなければならない。

2　野川教授の理解とその検討

　野川教授は同書「第5部」の見出しを「国際労働関係法」と記されている。この構成と表現からは，「国際労働関係法」がわが国の国家法を対象とする労働法（学）を構成する下位分野に位置付けられているように読める（教授の場合，「国際労働関係法」はあくまでもわが国の国内法そのものであり，ILO条約等の国際的な法源は例外として登場するにとどまる[20]）。以下，分説しよう。

(1)　「国際労働関係法」の概念
(a)　国内法として構想された「国際労働関係法」は，「第1章　国際労働関係法の意義と概念の整理」および「第2章　国際的職業紹介，国際派遣等をめ

---

[18]　小稿における記述の対象が野川教授の体系書に限定されたのはもっぱら紙幅の上での制約によるものであり，本文中に指摘した諸点は土田教授および荒木教授の体系書（前注(10)）についても基本的にあてはまる。

[19]　角田教授は，筆者が中央大学に奉職した1977年度以降34年間に亘り一貫して中央大学法学部・大学院法学研究科における法学の研究，そして法学教育改革等の活動において信頼に足る有力な同志でもあった。その一つのピークは，オンリー・ワン（法律学と経済学との二分野専攻を通じての「経済に強い法律家」の養成）を目指して1993年度に実現した国際企業関係法学科の設置とそれに続く大学院法学研究科国際企業関係法専攻修士課程（後に博士課程前期課程に名称変更）（1997年度）および博士課程後期課程（1999年度）の開設であった。小稿の主題として「国際労働法」が選ばれたのも，このことと無関係ではない。また，小稿には，*Menkhaus, Heinrich/Sato, Fumihiko* (Hrsg.), Japanischer Brückenbauer zum deutschen Rechtskreis: Festschrift für Koresuke Yamauchi zum 60. Geburtstag, Berlin 2006への御寄稿にも示された角田教授の深い友情に対する答礼としての意味もある。

[20]　野川・前掲書（前注(10)）452頁参照。

〔山内惟介〕　　　　　　　　***9***　国際労働法の体系的位置付けについて

ぐる課題」から成る。「第1章　国際労働関係法の意義と概念の整理」は「第1節　労働関係法の特性と国際化」と「第2節　国際裁判管轄と適用法規決定の基準」とに区分され，さらに「第1節　労働関係法の特性と国際化」は以下の五つの段落から構成されている。その第1段落は次のように述べる。

　"労働関係は通常，最もドメスティックな法律関係の1つであると考えられてきた。すなわち，雇われて人が働くのは，通常国内でのみ生じる事柄であり，国内企業が海外の企業と取引を行うような国境を越えた関係は，労働関係においてはごく限られた特別な場合であった。労働法制において国際的な規範が問題になるとすれば，それはILO（国際労働機構）の条約など国際条約が批准された場合の国内法化等に限定されていたのが実態である。

　しかし，21世紀になって国境の垣根はますます低くなり，労働関係も国際的な観点からの対応が不可欠となっている。海外勤務も，企業の海外進出による現地労働者との紛争も珍しくない。労働関係もそれ自体が国際化しつつあるということを踏まえた新しい法的対応が必要となっている。

　国際的労働関係についての法的対応に関しては，最大のポイントは，「抵触法」（国際私法）ルールの体系が不可欠となる点である。日本では長い間「法例」という名称の法律が抵触法の一般法として機能してきたが，平成18年に全面改正され，法律のタイトルも「法の適用に関する通則法」（法適用通則法）と変わった。

　抵触法の問題について労働関係を例にとって考えると，東京に本社のある企業の労働者が海外出張を命じられてニューヨークに赴き，精力的に仕事をこなして1日に10時間ずつ4日間働き，その後に日本に戻ったとした場合，仮にこの労働者がニューヨークでの時間外労働を理由に割増賃金を請求したとして，この請求は認められるか，といった問題が生じる。論点の中心は，この場合，この労働者の労働時間については，アメリカの法規（労働時間の規制は公正労働基準法＝FLSA（第5章）による）が適用されるのか，それとも日本の労基法が適用されるのかということになる。かりに前者であれば，FLSAは週40時間を超える労働時間については50％増しの割増賃金の支払いを命じているが，1日当たりの労働時間については規制をしていないため，労働者には割増賃金請求権が発生しないことになる。一方，後者であれば，日本の労基法は1日8時間を超えた労働時間についても割増賃金の支払いを命じているため，労働者には割増賃金請求権が発生することになる。

　こうして，国際的労働関係をめぐる法的問題の解決のためには，国際的労働関係法ともいうべき特別な法体系が必要となるのである。"[21]

（b）　第二段落第三文が示すように，「労働関係もそれ自体が国際化しつつあるということを踏まえた新しい法的対応が必要となっている」点は野川教授に

---

[21]　野川・前掲書（前注[10]）452-453頁。

第1章　労働者人格権の総論的課題

も自覚されている。しかしながら、「新しい対応」の内容として考えられているのは、第三段落第一文にみられる通り、労働法学における規律方法として牴触法的規律を追加的に導入することであり、それ以上ではない（その結果、国家法的規律の枠組みは依然として維持されている）。第四段落では、日米実質法の異同確認を通じていずれの実質法を準拠法として選択するかという点について検討する実益が述べられるが、そこで例示された事項はもっぱら実体法上の権利の有無に関する牴触法的規律の側面にとどまる（第二段落第二文は牴触法的構成の採用を前提とするが、渉外関係の規律方法はむろん牴触法的規律方法に尽きるわけではない）。全体の導入部を成す「第1節」と個別問題を採り扱う「第2節」との関係をみると、「第1節」では触れられなかった手続問題（国際裁判管轄権）が「第2節」の柱の一つを成していることが分かる。「労働関係を例にとって」という説明に手続問題が含まれるならば、「第1節」における説明と「第2節」におけるそれとの表見的な非対称性も特記するに当たらないであろう。

(2)　国際裁判管轄権

(a)　実体法のみならず手続法をも対象とする国際私法学においてこれまで取り上げられてきた訴訟法上の論点には、裁判権、国際裁判管轄権、当事者能力、訴訟能力、当事者適格、証拠、外国裁判の承認および執行、倒産、仲裁等がある[22]。しかしながら、教授の場合、国際裁判管轄権のみが取り上げられている。「1　国際裁判管轄」の第一段落は「国際労働関係法」について検討する手順について次のように述べる。

> "国際労働関係法の領域については、まず検討のための基本的な概念の整理をした上で、問題が生じる分野ごとに具体的な分析を行う、という段取りが効率的である。具体的には、まず国際裁判管轄を確定し、その上で、適用法規の決定基準を探り、これを踏まえて具体的な適用問題の処理方法を検討することになる"[23]

この第一段落の第一文は一般的命題であり、第二文は個別具体的主張である。「第2節」の見出しが「国際裁判管轄と適用法規決定の基準」と記されていた

---

[22]　詳しくは、澤木敬郎＝青山善充編著『国際民事訴訟法の理論』（有斐閣、1987年）、小林秀之＝村上正子『国際民事訴訟法』（弘文堂、2009年）他参照。なお、荒木教授・前掲書（前注[10]）458-459頁では裁判権に触れられている。

[23]　野川・前掲書（前注[10]）453-454頁。

こと，第一段落第二文の内容，これらから，第一文では手続問題と実体問題の双方が教授の念頭に置かれていたことが分かる。ただ第一文にいう「基本的な概念」の内容は明示されていない。

　国境を超えて利益調整を行う最初の法源は国民国家間で合意された国際法である (pacta sunt servanda)。統一法がない場合，依然として国内法の適用が留保されている。国際私法学上，渉外私法事件処理の実体法的枠組みとして，国内事件と渉外事件を国内で統一的に取り扱う手法 (純粋国内事件のための法源を渉外事件にも適用する手法) および国内事件と区別し渉外事件を特別に取り扱う手法が顧慮されてきた。後者は，渉外事件処理のための実質法を特別に構想する外人法的手法と，(むろん例外を伴うが) 内外国法制度の平等取扱いを基盤とする牴触法的手法とに区分される。いずれの手法が採用されるにせよ，諸国の法制度や司法機関はすべて国際司法サーヴィス商品市場における競争商品とみなされ，競争力ある商品 (自己に有利な実体法的帰結) を求める利用者の選別にさらされてきた (法廷地漁り (forum shopping))。国民国家間で他国の法制度や司法機関に対する信頼がある場合，外国裁判承認手続が採用され，執行手続のみを国内で行う効率的運営も試みられている (民事執行法第24条，民事訴訟法第118条)。実体法の適用と手続法の適用とは密接不可分であるが，「手続は法廷地法による」旨の法原則をいかなる範囲で用いるべきかについても見解は分かれる。これら多様な構成のいずれを採用するかは，全面的に，論者がどのような世界観の下でいかなる価値を優先し，そうした価値の実現手段としてどのようなパラダイム (範型) を採用するかに関わる。このような歴史的展開を考慮すると，上の「基本的な概念」として何を考慮するかという点自体，どのようなパラダイムを採用するか，また複数のパラダイムを併用するかといった前提的論点に対する解答に左右される。しかるに，教授の場合，この点がすべて解決済みの事項として処理され，国際裁判管轄権の決定基準の確定とその適用，そして準拠法決定基準の確定とその適用，これらのみが念頭に置かれているようにみえる。それは，国際裁判管轄権の決定基準の確定とその適用，そして準拠法決定基準の確定とその適用，これらが第一文に示された「問題が生じる分野」を意味することが第二文から逆に推測されるからである。

　(b)　それでは，国際裁判管轄権についてはどのように記されているか。第二段落から第四段落までは以下のように述べる。

第 1 章　労働者人格権の総論的課題

　　"国際裁判管轄の問題とは，たとえば前述の「ニューヨークで勤務した時間外労働を行った出張者の時間外割増賃金の請求権の有無」という事例において，この請求をしたい労働者はニューヨークと東京のどちらの裁判所に訴えるべきかという問題である。国際的な法律関係について常に論点となってきたのみならず，世界共通の問題といえるので，本来であれば国際条約で統一的な基準を設けるべきであるが，現在合意管轄についての条約（ハーグ合意管轄条約・平成 17 年）のみが採択され，包括的な国際裁判管轄条約は成立していない。そこで現在では，合意管轄によらない場合は各国の裁判管轄に関する法律の規定に従うこととされている。ところが日本では，国際裁判管轄に関する体系的な法規定は存在せず，民事訴訟法上の土地管轄規定を類推して日本の裁判所の国際管轄権を逆推知する「逆推知説」と，当事者の公平や裁判の迅速化などの条理を旨として管轄決定を行うべきであるとする「条理説」が対立していたが，最高裁は，当初逆推知説に近い考え方を示していた。しかしやがて，日本の民訴法が規定する裁判籍のいずれかが国内にある場合には，日本の裁判所に提起された訴訟については被告の日本の裁判権に服させることを原則とし，当事者間の公平や裁判の適正・迅速を期するという理念に反する特段の事情があると認められる場合には，例外的に日本の国際裁判管轄を否定すべきであるとして，「特段の事情」の存在による例外を認めた上で日本の民訴法上の裁判籍を原則とする立場を示している。
　　労働事件についても，基本的には右最高裁の立場が反映しており，米国法人の日本子会社の従業員に対する解雇について，被解雇労働者からの不法行為を理由とする損害賠償請求が，加害行為地，損害発生地ともに日本であることを理由に，「特段の事情のない限り」日本の裁判所に国際裁判管轄が認められるとされている。しかし，この事件にも見られるように労働事件は一般的に，交渉力の劣る労働者が使用者を被告とすることが多く，被告の利益を重視する裁判管轄法理がストレートに適用されるべきではない。したがって学説においては，合意管轄を認める一般原則も，労働者が当該合意を援用しない場合は認められるべきではないとの立法措置も提唱されている。
　　国際裁判管轄は本来条約によって統一的な対応がなされるべきであり，それが実現するまでの間は，事件の性格に応じた合理的な処理を模索することが望ましく，労働事件に関しても，上記の「特段の事情」に労働事件固有の事情を十分に包含した判断が必要となろう。"[24]

　（c）　第一段落の第一文では「国際裁判管轄の問題」の意味内容が説明される。第二文では，この問題が本来は国際法により規律されるべきであるが，現状では必ずしもそうなっていないことが示され，第三文では，国民国家ごとに国内法がこの問題を規律する現状が明らかにされる（その根拠は「手続は法廷地法による」との原則（これが国際慣習法であることは証明されていない）に求められよう）。第四

---

[24]　野川・前掲書（前注[10]）454-455 頁。

文では，わが国最高裁判所の考え方が部分的に紹介され，第五文ではその後の展開がまとめられる。以上は，国際裁判管轄権の有無の決定基準全般にわたるもので，普通裁判籍と特別裁判籍とが包含されている。もともと国際裁判管轄権の有無の決定基準如何を問うこと自体，事案の渉外性を認めることに他ならない。それにも拘わらず，この時点では「渉外性」の有無の決定基準如何は取り上げられず，次の「2 『渉外性の決定』と『適用法規の決定』」の項に委ねられている（次項で取り上げられること自体，「渉外性」という概念が実体法上の概念であるとされ，手続法上の概念とは考えられていないことを意味しよう）。

これらわが国の裁判例に多くの解釈上の問題点があることを除去してなされた簡潔な整理（一般原則の抽出過程）に続く第二段落第一文ではこの一般原則が渉外労働事件に対しても適用される実例が紹介される。これに対して，第二文では，「労働事件は一般的に，交渉力の劣る労働者が使用者を被告とすることが多」いという認識に基づき，上の一般原則を渉外労働事件に「ストレートに適用」すべきでないという主張が示される。もっとも，どのように適用すれば「ストレートに適用」したことにならないかに関する具体的な提言はなされていない（「交渉力の劣る」という表現の意味は明らかではないが，資金力に乏しいという点に着目し，「使用者の（主たる）営業所所在地」に代えて「労働者の住所地」を特別裁判籍とする提案が含まれているのだろうか）。第三文では，一般原則を渉外労働事件に「ストレートに適用」すべきではないという教授の主張内容を含む立法案の存在が紹介されている。第三段落では，第一段落第二文で述べられた本来的解決策（条約による統一的対応）が実現されるまで「事件の性格に応じた合理的な処理を模索することが望まし」い旨，述べられる（どのように行動すれば「合理的な処理」に該当するかという点についての具体的提案が労働法学から行われるならば，建設的な対話が可能となろう）とともに，「労働事件に関しても，上記の『特段の事情』に労働事件固有の事情を十分に包含した判断が必要」となる点が指摘される。教授自身は「特段の事情」論の採否につきいかなる立場に立つかを明言されていないが，第三段落後段から推測すると，「特段の事情」それ自体が白地条項であるところから，「特段の事情」論を採用しつつ「特段の事情」の内容決定段階での解釈操作を通じて格別の不都合が生じないようにすることが可能と考えられているようにもみえる。このような理解が成り立つならば，上の一般原則を渉外労働事件に「ストレートに適用」しても格別の問題は生じないの

第1章　労働者人格権の総論的課題

ではなかろうか（教授の当初の主張が維持される場合には，「特段の事情」論の解釈に関する提言それ自体の意義が問われよう）。

(d) 国際裁判管轄権に関する上の説明はどのように評価されるか。国際私法の一分野を成す国際民事訴訟法学の成果[25]が示すように，国際裁判管轄権に関する法源，普通裁判籍および特別裁判籍をめぐってはすでに詳細な説明が行われている（外国法研究も含めればその量はさらに増大する）。その前提には，少なからざる裁判例の存在がある。国際労働事件に関する研究の現状[26]をみると，体系書としての限界はあろうが，同書に対しても，内外の立法例や裁判例の比較研究を通じて，一般論にとどまらず，しかるべき世界観に基づく基本原則の明示とそれに基づく現行法制（判例法を含む）に対する評価等の補充が期待されよう（国際裁判管轄権に関する民事訴訟法等改正案は本年9月開会の臨時国会に提出されるようである[27]）。

(3) 準拠法の決定等
(a) 総　説
① 野川教授は国際的裁判管轄権の有無の判断に続けて，適用法規の決定問題を取り上げられる。そこではまず，「適用法規の決定」を要するか否かを左右する「渉外性」の有無の決定基準に言及される（渉外性の有無の決定が訴訟要件審理の段階ですでに解決されていなければならない点については前述した）。

"2　「渉外性の決定」と「適用法規の決定」
(1) 総　説
　国際裁判管轄が決定された後に必要となるのは，「どのような場合に，当該事案について『どちらの国の法規を適用すべきか』を検討しなければならなくなるのか」であり，それが解決されて当該事案が適用法規の決定をすべき事案だという結論が導かれるならば，次に，「どのような基準で適用法規を決定すべきか」を決定することとなる。前者が「渉外性の決定」の問題であり，後者が「適用法規の決定」の問題である。

---

[25] 小林秀之＝村上正子・前掲書（前注[22]）35-77頁他参照。
[26] 最近のものとして，山田恒久「消費者・労働者事件の管轄」『国際私法年報』11号（信山社，2009年）39頁以下，特に47頁以下がある。
[27] 174回国会では，衆議院を通過し，参議院法務委員会で可決されたものの，参議院本会議は審議未了となった。この点については，http://www.shugiin.go.jp/itdb_gian.nsf/html/gian/keika/1DA8802.htm 他。

〔山内惟介〕　　　**9**　国際労働法の体系的位置付けについて

　渉外性の決定は，基本的には，対象となる事案の内容に複数の国が登場するかどうかによって決定される。労働者と使用者との間の問題であれば，どちらか一方が外国人（使用者が法人であれば外国で法人と認められていて外国に住所がある）なら渉外事案であり，双方が日本人であっても，労働者が実際に働いている場所（「労務給付地」）が外国なら，やはり渉外性が認められることとなる。
　問題は団体的な労使関係や雇用政策の領域である。たとえば日本の労働組合が日本の会社の海外合弁法人の組合支部に指令を発してストライキをさせたという場合にも渉外性を認めるべきかが問題となる。対象となる法律関係について1つでも渉外性が認められれば渉外事案とみなすという立場を取れば，上記のようなストライキの例であっても渉外性が存在するということになる。
　渉外性が確定された後に，適用法規の決定基準が確定されなければならない。ここから先が本来の抵触法の領域である。
　国際的法律関係における適用法規の決定基準については，2つのアプローチがあると考えられている。1つは「準拠法選択」のアプローチであり，もう1つが「地域適用範囲の確定」というアプローチである。"[28]

　②　この項は五つの段落から成る。第一段落ではこの項で「渉外性の決定」および「適用法規の決定」が取り上げられること，そしてその手順が示唆される。第二段落の第一文では「渉外性」の有無の決定基準として，「対象となる事案の内容に複数の国が登場するか否か」が挙げられ，第二文では「国」が複数となるか否かを決める具体的要素として，自然人の国籍，法人の設立国および住所，そして労務給付地，これらが列挙される（異なる国家(実質)法相互の間で適用後の法律効果が異ならない場合には適用法規選択の実質的な意義が失われると考えられるならば，適用後の法律効果を異にする複数の国家法を探求できるか否かが「渉外性の有無」の決定基準となろう。その場合には，関係諸国実質法間での異同確認作業が常に先行する）。第三段落（その冒頭で「問題は団体的な労使関係や雇用政策の領域である」旨，述べられているが，個別的労働関係も政策判断を要する領域であることに変わりはない）では，日本の労働組合が日本会社の海外合弁法人の組合支部に向けて発したストライキ指令（この点に関する法律構成には触れられていない）をも加えるか否かという論点が追加され，肯定説が採用される場合，当該指令の発信地および到達地の付加により渉外性の認定範囲が広がることが示される。
　第四段落の第一文では，渉外性があると判定された際に，適用法規を決定す

---

[28]　野川・前掲書（前注(10)）455-456頁。

る必要性のあることが重ねて指摘される。「適用法規の決定基準が確定されなければならない。ここから先が本来の抵触法の領域である」と述べた第二文の表現からは「渉外性の判定」自体は労働法学のカヴァーする事項であり，適用法規の決定と準拠実質法規の適用が「本来の抵触法」のカヴァーする領域であるとする見方が読み取れる。しかしながら，逐一出典を示すまでもなく，渉外性の判定それ自体が国際私法学の体系書において一致して取り上げられてきた歴史的事実を想起すれば，このような断定に対しては疑義が生じ得よう（ここには抵触法（よりよくいえば，国際私法）の規律対象が何かという問題提起が含まれている——渉外性の定義を行うことそれ自体が抵触法の規律対象範囲の決定を意味する点をみれば，渉外性の決定自体，本来の抵触法が取り扱う範囲内にあるといわなければならない）。第五段落では，適用法規決定に際して「２つのアプローチ」が存在することが指摘される。しかし，もともと「適用法規の決定」という表現自体が「準拠法選択のアプローチ」の言い換えでしかない。これと異なり，「地域適用範囲の確定」という表現は，たとえば，法廷地実質規定の直接的適用範囲如何の決定を意味する。そこには，当該実質規定が適用されるか否かという（国際私法史における法規分類学派的な）二者択一型の争点が存在するのみであり，いずれの国家法を適用するかという意味での内外国家法間での選択，すなわち「適用法規の決定基準」という捉え方は存在していない。このような理解が成り立つとすれば，「適用法規の決定基準について……２つのアプローチがある」という表現の適否が問われよう。

　この項の第二段落および第三段落で取り上げられた「渉外性」概念の解釈に関しては，日韓法的地位協定上の永住者等，わが国と格別に密接な関係にある外国人を内国民と同視し，渉外性を否定する見方もあり得る。「適用法規の決定」問題を取り上げる趣旨は，もともと，国内実質法上の法律効果に代えて外国実質法上の法律効果を発生させる可能性を確保することにある。外国法の適用を可能とするために「渉外性」があると政策的に判定されるのであり，そうした説明が可能となるような地域的要素が事案の特性に応じて意識的に抽出されるにすぎない。この点を考慮すれば，個別具体的事案における裏付けを有する地域的要素でなければ，渉外性の有無の判断基準たり得ないことが明らかになろう。

(b) 準拠法の決定

① 次いで言及されるのが,準拠法の決定基準についてである。この点に関しては,以下のように述べられている。

"(2) 準拠法選択

まず準拠法選択というアプローチは,問題となる法律関係の「性質決定」を行い,その後で「連結点」によって適用法規を決定するという手法である。たとえば解雇された労働者が会社を相手取って損害賠償を請求するという事案を想定すると,これは不法行為の問題なのか,それとも契約の問題なのかを決定しなければならない。このように,法律問題の性格を決定するのが性質決定の問題である。

次に「連結点」とは,ある法律関係に適用される法規が選択されるための基準を意味する。たとえば,日本の法適用通則法はまず,「法律行為」(契約がその典型である)と性質決定された問題についての適用法規の決定は,当事者の合意によることを原則としている(7条)が,合意がない場合には「当該法律行為に最も密接な関係のある地の法」(最密接関連地法)を適用することとしている(8条1項)。

さらに法適用通則法は,「特徴的な給付を当事者の一方のみが行うものであるときは,その給付を行う当事者の常居所地法」を最密接関連地法と推定することとしている(8条2項)。たとえば売買契約を例にとると,買った物の代金を払うための「金銭の給付」というのは売買に特徴的な給付ではないが,売主が買主に目的物を引き渡して所有権を移転する,という給付は売買契約に特徴的な給付といえるため,この場合は売主が通常居住している地の法が最密接関連地法と推定されることになる。

加えて,法適用通則法は消費者契約(11条)と労働契約(12条)について,それぞれ準拠法選択の特例を定めている。すなわち労働契約については,当事者の合意により準拠法が選択され(7条),それが最密接関連地法以外の法であったとしても,労働者が使用者に対して最密接関連地法の強行法規を適用すべきであると表明した場合には,その強行法規が適用される(12条1項)。具体的には,日本人がニューヨークに本社のあるアメリカ法人に採用され,東京の支店で働くこととなった場合,労働契約にはアメリカ法やニューヨーク州法が準拠法として選択されていたとしても,その労働者が日本法の適用を主張した場合には,日本法の強行法規(たとえば解雇に関する労契法16条)が適用となる。

なお,この場合の最密接関連地法は,労務を提供すべき地の法であると推定される。客室乗務員に見られるように,労務を提供すべき地が特定できない場合は,その労働者を雇い入れた事業所の所在地の法となる(法適用通則法12条2項)。

さらに,労働契約の成立や効力について合意による準拠法選択がない場合は,上記の8条2項による「特徴的な給付」の規定にかかわらず,労務提供地法が最密接関連地法と推定される。

この12条が設けられたことで,これまでの労働契約にまつわる抵触法上の問題の解

第1章　労働者人格権の総論的課題

決に，かなりの前進が期待できることとなった。特に労働契約の場合は，契約締結地と債務の履行地（特に労務提供地）が異なるのが通常であるため，その処理基準が明確化されたことは大きな意義がある。"[29]

②　この項は七つの段落から成る。第一段落では，法廷地独立牴触規定の解釈過程が確認される。そこで述べられているのは，独立牴触規定の単位法律関係概念が解釈された後に，当該規定中の連結点の解釈が行われるという通常の作業手順の確認であって，実際に行われる解釈とは異なる（実際の解釈では，いかなる実質法的法律効果を実現すべきかという政策判断が先行し，その結果を実現できるように連結点の解釈が行われ，それと整合性を保つ形で最後に単位法律関係の解釈が行われることが少くない）。このように考えるのは，単位法律関係概念の解釈自体が一つの政策決定過程であるという事実に着目するからである（そもそも訴状が裁判所に対する原告の自己主張の場である以上，当該訴訟上の請求にいかなる実質法的根拠があるかが明らかにされなければならない。それゆえ，「解雇された労働者が会社を相手取って損害賠償を請求する」事案であっても，請求原因中でどの国のどのような実質規定に基づく請求であるかが記載されなければならない）。「法律関係の性質決定」という抽象的表現には，性質決定の対象は何か（事実関係，法律関係，実質法規等）という客体的論点と性質決定の基準は何か（実質法説（法廷地実質法説，準拠法所属国実質法説），牴触規定独自説等）という方法的論点がともに含まれている（実質法規の性質決定は実質法上の解釈問題であり，独立牴触規定中の単位法律関係概念の解釈の仕方とは直結しない）。性質決定の基準を決定する基準如何という前提問題等を含めて，これらの論点にすべて解答できていなければ，単位法律関係概念の解釈を実際に行うことはできない。

第二段落以下では，法の適用に関する通則法に依拠して，連結点の意味と具体例が説明され，第三段落および第四段落では，連結点の具体例が説明される。すなわち，一方（第二段落第二文）で，当事者自治の原則を採用した第7条における「当事者が当該法律行為の当時に選択した地の法」，当事者による選択がない場合における「当該法律行為の当時において当該法律行為に最も密接な関係がある地の法」（第8条第1項），これらが示される。次いで第三段落第一文で，後者の解釈に関する基準として，「法律行為において特徴的な給付を当

---

[29]　野川・前掲書（前注[10]）456-457頁。

事者の一方のみが行うものであるとき」,「その給付を行う当事者の常居所地法（その当事者が当該法律行為に関係する事業所を有する場合にあっては当該事業所の所在地の法，その当事者が当該法律行為に関係する二以上の事業所で法を異にする地に所在するものを有する場合にあってはその主たる事業所の所在地の法）」が「当該法律行為に最も密接な関係がある地の法」と推定されること（第8条第2項）にも言及される。他方（第四段落第一文および第二文）で，「労働契約の成立及び効力について第七条……の規定による選択……により適用すべき法が当該労働契約に最も密接な関係がある地の法以外の法である場合であっても，労働者が当該労働契約に最も密接な関係がある地の法中の特定の強行規定を適用すべき旨の意思を使用者に対し表示したときは，当該労働契約の成立及び効力に関しその強行規定の定める事項については，その強行規定をも適用する」（第12条第1項）旨が確認される。そして第四段落第三文では，そこにいう「強行規定」の例として解雇に関するわが国の労働契約法第16条が挙げられている（外国の実質法規が強行法規であるか否かの判定に際しては，むろん当該実質規定制定国における「強行法規」性判断基準に依拠することが顧慮されなければならないが，無条件の外国法優先に違和感を抱く立場からは法廷地でも強行法規性が認められていることを追加的基準とする限定的解釈（二重基準説）が主張される余地もある）。

③　さらに第五段落第一文では，第12条にいう「当該労働契約に最も密接な関係がある地の法」の解釈に際し，第7条による準拠法選択がある場合には「当該労働契約において労務を提供すべき地の法（その労務を提供すべき地を特定することができない場合にあっては，当該労働者を雇い入れた事業所の所在地の法。次項において同じ。）」が，また第六段落では，準拠法選択を欠くため第8条による場合には「当該労働契約において労務を提供すべき地の法」が「当該労働契約に最も密接な関係がある地の法」とそれぞれ推定される点にも触れられる。第五段落第二文では，航空機の客室乗務員について「労務を提供すべき地が特定できない場合」に当たるという解釈のもとに，「その労働者を雇い入れた事業所の所在地の法」が連結点となる旨，明らかにされる。しかし，このような解釈自体，一つの選択肢でしかない点に留意する必要がある。それは，客室乗務員について労務給付地を「特定できない」とは解し得ない立場もあり得るからである（一方で，法の適用に関する通則法第12条第2項に依拠して「当該労働者を雇い入れた事業所の所在地の法」を「当該労働契約に最も密接な関係がある地の法」として適用しよ

第1章　労働者人格権の総論的課題

うとするときは，意図的に「労務を提供すべき地を特定することができない」場合にあたると解釈されようし，他方で，たとえば，「労務を提供すべき地」を当該客室乗務員が乗務する「航空機の登録国」（機体がリースされている場合には「機体所有法人の設立国」と考える余地もある）と解釈し，また「当該乗務員が配属されたベースの所在地国」と解釈することが考えられよう）。このような理解が成り立つとすれば，教授がなぜに上記の解釈を優先されたか，その根拠が問われよう。

　第七段落では，「労働契約の場合は，契約締結地と債務の履行地（特に労務提供地）が異なるのが通常であるため」，第12条により「労働者が当該労働契約に最も密接な関係がある地の法中の特定の強行規定を適用すべき旨の意思を使用者に対し表示」することを通じて当該強行規定による保護を享受できるところから，「その処理基準が明確化されたことは大きな意義がある」だけでなく，「これまでの労働契約にまつわる抵触法上の問題の解決に，かなりの前進が期待できることとなった」と好意的に評価されている。しかしながら，「処理基準が明確化された」といい得るか否かについて疑問がないわけではない。というのは，「当該労働契約に最も密接な関係がある地の法」の解釈に関する推定規定が設けられたとはいえ，「当該労働契約において労務を提供すべき地」にしても「当該労働者を雇い入れた事業所の所在地」にしてもなお解釈の余地が残されている点に違いはないはずだからである。

(c)　公法の適用

①　次に，野川教授が取り上げられるのは，いわゆる公法の適用問題である。前述のように，この点は，準拠法選択のアプローチと並列関係に立つ第二のアプローチとして位置付けられている。

"(3)　地域的適用範囲の確定
　もう1つのアプローチである「地域的適用範囲の確定」とは，法律関係の性質決定を検討する前段階において，その法律関係を対象として規制を行う法規があるかどうか，あるとしたら，その法律関係は実際にその法規の適用範囲にあるかどうか，という段取りで適用法規を決める方法である。
　それでは，準拠法選択のアプローチと地域的適用範囲の確定のアプローチは，どのような場合にどちらが用いられるべきであろうか。これまでの考え方では，前者は「私法」の領域に，後者は「公法」の領域に適用されると考えられてきた。
　しかし，現在では法律の性格を「私法」，「公法」と分けること自体が一般的に困難になってきており，消費者法などのように明確にどちらともいえない法律が多数生まれて

いる。しかも，労働法の分野ではこのような区別はいっそうの困難をもたらす。労基法は，労働契約を直接規律する法律である（労基法 13 条参照）ため私法的性格を持っているのは明らかであるが，同時に違反に対して行政監督と刑罰を持って臨んでいることから，公法的な性格を持つことも否定できない。

　この問題については，すでに労働法学の領域でもかなりの検討が積み重ねられており，一定の方向性が見えてきている。それは，通常の刑罰法規のように，法律自身が自らの一定範囲での適用を明確に定め，これに反する他の法規の存在を排除しているとみなしうる法規は，その法律の適用範囲にある法律関係に対して直接に適用されると考えるものである。そして，当該法律関係に当てはまるそのような法規が存在しないという場合に，準拠法選択のアプローチが用いられることとなる。

　この考え方は，少なくとも現行の労働法規に該当する法律には，ほぼ当てはまるといえよう。したがって，労働関係においてもたとえば，沖縄の工場で外国人労働者を強制労働させていた事業主を摘発するという場合は，まさに労基法の刑罰法規としての機能が発揮されるべき事案であり，たとえ労働契約において明確に当該外国人の母国の法律が適用されると合意されていても，日本の労基法が適用されるということになる。

　逆に，「解雇についてはアメリカ法を適用する」との合意に基づく，渉外性のある労働契約関係における解雇事件について，日本の労働契約法 16 条による解決がなされるべきか否かは，同条の強行規定としての性格にかかわらず，準拠法選択ルールに基づいて決定されることとなる。

　問題は，労基法や最賃法など労働保護法における私法上の効力規定を同（原文ママ。「どう」の誤植か—筆者注）解するかであるが，この点につき，学説は見解が分かれているが，「法適用通則法 12 条は労働者保護に関する法廷地の絶対的強行法規が契約準拠法の如何にかかわらず適用されるとの解釈を否定されない」との立場は，民事強行規定について刑罰法規等と同様に扱うとの趣旨ではないと考えられるので，やはり法適用通則法 12 条の適用を原則として，例外的に絶対的強行法規に該当する法令の存否を，その根拠に即して検討することとなろう。"[30]

② この項も七つの段落から成る。第一段落では，「地域的適用範囲画定の問題」という表現の意味が説明される。すなわち，「法律関係の性質決定を検討する前段階において，その法律関係を対象として規制を行う法規があるかどうか，あるとしたら，その法律関係は実際にその法規の適用範囲にあるかどうか，という段取りで適用法規を決める方法である」という説明がそうである。教授の場合，この局面は規律対象を成す事実関係の側からみて，どの実質規定が当該事案に適用される（つまり「適用法規を決める」）かが問われているのかも

---

[30]　野川・前掲書（前注[10]）457-458 頁。

しれない。教授はこの点に関して「法律関係の性質決定を検討する前段階において」（第一段落第一文）と記されているが，独立牴触規定の解釈を行う以前には国際私法上そもそも「適用法規の決定」という問題それ自体が存在していない（独立牴触規定における単位法律関係および連結点の解釈を行うことそれ自体が適用法規（準拠法）決定過程に内包されている）。独立牴触規定の解釈が行われる時点では，対象を規律する法規の側からみると，規律手段としての法源（法廷地の公法規定）はすでに特定され，規律目的実現のために当該実質法規の法律効果を発生させるか否かという政策決定問題しか存在しないはずである（なぜ「(3) 地域的適用範囲の確定」が「(2) 準拠法選択」よりも後に取り扱われるのかの理由も求められる）。

　第二段落では，「準拠法選択のアプローチと地域的適用範囲の確定のアプローチは，どのような場合にどちらが用いられるべき」かという選択の問題が提起される。続けて，選択の基準として「前者は『私法』の領域に，後者は『公法』の領域に適用される」という考えが紹介される。しかしながら，いずれのアプローチによるかの決め手は関連実質規定が私法と公法のいずれに分類されるかにはなく，むしろ法廷地の裁判官が法廷地の当該公法規定の制定目的を達成するよう意欲するか否かの政策的決断にあるといわなければならない。それゆえ，「地域的適用範囲の確定のアプローチ」が採用される場合には，当該規定が「公法」に属すると説明され，それ以外の場合，つまり「準拠法選択のアプローチ」が採用される場合には，当該規定が「私法」に属すると，事後的に説明されるにすぎない。この点を考慮すれば，上の説明自体同語反復であり，因果関係は説明されていないこととなろう。

　③　第三段落の第一文では，この疑念に触れられることなく，法廷地の実質規定が私法に属するか公法に属するかという基準に基づき，「現在では法律の性格を『私法』，『公法』と分けること自体が一般に困難になってきており，消費者法などのように明確にどちらともいえない法律が多数生まれている」と説明される。第二文では「労働法の分野ではこのような区別はいっそうの困難をもたらす」とされ，第三文では「労基法は，労働契約を直接規律する法律である（労基法13条参照）ため私法的性格を持っているのは明らかであるが，同時に違反に対して行政監督と刑罰を持って臨んでいることから，公法的な性格を持つことも否定できない」と述べられる。しかしながら，こうした説明の当否も問われなければならない。それは，各法典中に私法規定と公法規定とが混在

していても，個々の実質規定自体が公法と私法と二重の性質を持つことはないからである（二重の性質を有する場合にはそもそも私法か公法かという問い自体が成立する余地がない）。それは，訴状の請求原因記載欄や判決理由中で権利の成立や障碍を基礎づけるのは法典ではなく，個別実質規定である（ある法規が私法に属するか公法に含まれるかという個別具体的な実質法規の性質決定以外はもともと問題となり得ない）という事実に着目すれば，一層明らかになろう（このことは，個々の研究者が研究対象を特定するために，個々の法典が私法に入るか公法に属するかについて考える学問的体系性の確保とは別個の問題である）。

　第四段落の第一文では，第二段落で示された「準拠法選択のアプローチと地域的適用範囲の確定のアプローチは，どのような場合にどちらが用いられるべき」かという論点につき「すでに労働法学の領域でもかなりの検討が積み重ねられており，一定の方向性が見えてきている」ことが明らかにされる。第二文によれば，「通常の刑罰法規のように，法律自身が自らの一定範囲での適用を明確に定め，これに反する他の法規の存在を排除しているとみなしうる法規は，その法律の適用範囲にある法律関係に対して直接に適用されると考え」られ（この基準は，国際私法学上，強行法規の特別連結論においてしばしば言及される「法規の適用意思」に対応するものと考えられる――もっとも，「法規の適用意思」の内容確定に際しては解釈の恣意性を免れ得ない），「地域的適用範囲の確定のアプローチが採用され」る。第三文では，第二文に示された基準を充たさない結果，「そのような法規が存在しないという場合に，準拠法選択のアプローチが用いられる」ことが確認される。

　④　第五段落第一文では，第四段落で示された「地域的適用範囲の確定のアプローチ」が「少なくとも現行の労働法規に該当する法律には，ほぼ当てはまる」という評価が示され，その結果として，第二文では「労働関係においてもたとえば，沖縄の工場で外国人労働者を強制労働させていた事業主を摘発するという場合は，まさに労基法の刑罰法規としての機能が発揮されるべき事案であり，たとえ労働契約において明確に当該外国人の母国の法律が適用されると合意されていても，日本の労基法が適用される」旨，述べられる。第六段落では，第四段落第三文に該当する「『解雇についてはアメリカ法を適用する』との合意に基づく，渉外性のある労働契約関係における解雇事件について，日本の労働契約法16条による解決がなされるべきか否かは，同条の強行規定とし

ての性格にかかわらず、準拠法選択ルールに基づいて決定される」旨、明言される。前述の「(2) 準拠法の選択」第四段落第三文（「具体的には、日本人がニューヨークに本社のあるアメリカ法人に採用され、東京の支店で働くこととなった場合、労働契約にはアメリカ法やニューヨーク州法が準拠法として選択されていたとしても、その労働者が日本法の適用を主張した場合には、日本法の強行法規（たとえば解雇に関する労契法16条）が適用となる。」）では、「準拠法選択というアプローチ」のもとに法の適用に関する通則法第12条を介して労働契約法第16条が適用されることが肯定されていた（そこでは、同法第16条が「強行規定」であることが前提とされていた）。それに対して、この第六段落では、同法第16条「による解決がなされるべきか否かは、同条の強行規定としての性格にかかわらず、準拠法選択ルールに基づいて決定される」と述べるのみで同法第16条が適用されるか否かは明言されず、「日本法の強行法規（たとえば解雇に関する労契法16条）が適用となる」という先の断定的表現とは異なっている。「準拠法選択」のアプローチによる点では共通しても、同法第16条の適用に関する説明が異なる理由は明らかではない。

　第七段落の前段では、「問題は、労基法や最賃法など労働保護法における私法上の効力規定を同（原文ママ。「どう」の誤植か—筆者注）解するか」につき、学説上「見解が分かれている」旨、示される。後段では、「『法適用通則法12条は労働者保護に関する法廷地の絶対的強行法規が契約準拠法の如何にかかわらず適用されるとの解釈を否定されない』との立場は、民事強行規定について刑罰法規等と同様に扱うとの趣旨ではないと考えられるので」という点を根拠に、「労基法や最賃法など労働保護法における私法上の効力規定」も「法適用通則法12条の適用を原則として、例外的に絶対的強行法規に該当する法令の存否を、その根拠に即して検討することとなろう」という結論が導かれる。しかし、後段前半の理由部分と後段後半の帰結部分とは、教授が「ので」と表現されるような因果関係に立つものとは考えられず、むしろ両者は言い換えのようにみえる。それは、「民事強行規定について刑罰法規等と同様に扱う」か否かという論点とは別に、「労働者保護に関する法廷地の絶対的強行法規が契約準拠法の如何にかかわらず適用される」点は内容上承認されており、「絶対的強行法規に該当する法令の存否」の判断基準が何かが問われているものと考えられるからである。

212

(d) まとめ

「第1章　国際労働関係法の意義と概念の整理」の記述内容に対する以上の検討を通じて、牴触法的規律を含む国際私法学における理解と同書中に示された立場との相違が明らかとなろう。次には、この点を留保しつつ、教授が「準拠法選択」のアプローチおよび「地域的適用範囲の確定」のアプローチの適用場面をどのように説明されるかを確認しよう。

(4) 二つのアプローチの適用

(a) 総　説

野川教授は先に「まず検討のための基本的な概念の整理をした上で、問題が生じる分野ごとに具体的な分析を行う、という段取りが効率的である。具体的には、まず国際裁判管轄を確定し、その上で、適用法規の決定基準を探り、これを踏まえて具体的な適用問題の処理方法を検討することになる」[31]と述べられていた。それでは、前述の二つのアプローチはどのように適用されるか。「具体的な適用問題の処理方法を検討する」「第2章　国際的職業紹介、国際派遣等をめぐる課題」は、「第1節　国際的労働関係と日本の法制度」、「第2節　個別的な国際的労働関係への対応」および「第3節　国際的労使関係」から構成されている。以下、分説しよう。

(b) 国際的労働関係と日本の法制度

① まず、「第1節　国際的労働関係と日本の法制度」についてである。この節は六つの段落から構成されている。

> "第1節　国際的労働関係と日本の法制度
> 雇用政策の分野では、外国の職業紹介事業者が日本の企業に対して外国人労働者の紹介を行ったという場合や、国内の派遣業者が外国に労働者派遣を行ったというような場合が想定される。職業紹介や労働者の募集、労働者供給など労働力の需給マッチングを担当する法規としては、日本には職業安定法という包括的な法律が存在し、また労働者派遣についても労働者派遣法が存在するので、まずはそれらの法律が絶対的強行法規といえるかどうかを検討し、具体的な適用基準を考える必要がある。
> 職業安定法は、労基法など多くの労働関係法規と同様、刑罰や行政監督を担保とした側面と民事的規制を及ぼす側面とが並存している。同法は個々の労働者の労働権（憲法

---

[31] 野川・前掲書（前注(10)）453-454頁。

第1章　労働者人格権の総論的課題

27条1項）を実現するという目的のほか，国家の労働市場政策を実行するという目的も強いので，その民事的側面を含めて適用範囲確定のアプローチによるべきであろう。
　具体的な適用範囲については，職業安定法の立法目的や現在果たしている機能の面から確定することが適当である。つまり，職業安定法はもともと憲法28条（原文ママ）に淵源を持ち，個人の労働権を実現するという目的を中心として，雇用政策の基本的前提となっている法律である。したがって，具体的な法律関係において労働者をめぐる職安法上の行為が「どこで」行われているかを基本的な基準とするのが妥当といえる。たとえば，国外の労働者を国外の労働者供給事業者が日本の労働市場に供給したという場合，労働者の日本国内への送り出しは外国で行われたのであり，職業安定法が規制を及ぼすということは，日本の憲法秩序の下では考えられていないと考えられる。
　派遣法については，職業安定法で全面的に禁止されていた労働者供給を一部解禁したという性格を考えると，これに反する他の法規を排除しているとみなしてよいと思われる。ただ，派遣法は，労働者派遣事業の規制を行う「事業法」という側面を強く持っているため，職業安定法と比べた場合，国家の雇用政策の実現という目的をより広く内包しているといえよう。基本的な判断基準としては，その労働者派遣により派遣される労働者の利益の擁護と，事業規制による日本の労働市場のコントロールという側面を総合して具体的な事案を判断するということになろう。
　たとえば日本国内の派遣事業者が外国に労働者を派遣したという場合，労働者は国内において派遣手続を踏んで国外に送り出されていくので，その労働者の保護は派遣法の重要な関心事項である。したがって，この場合には労働者と国内派遣事業主について労働者派遣法の適用があることとなるであろう。
　ただ，日本国外の派遣先事業主に対しては派遣法の適用を及ぼすことはできない。これは職業安定法の場合も同様であるが，国家の権力作用が想定されている法規については，「主権領土範囲内でのみその内容を実行できる」という国際法上の原則がある。たとえば警察の取締りや労働基準監督官による臨検などは，外国の主権を侵すことはできない。国家の執行管轄権は原則として主権領土内に限定されるということになる。"[32]

②　第一段落では雇用政策に関する二つの場面と関連法規が挙げられ，「それらの法律が絶対的強行法規といえるかどうかを検討し，具体的な適用基準を考える必要がある」旨，指摘される。職業安定法および労働者派遣法が「絶対的強行法規といえるかどうか」の決定基準を第二段落の内容から推測すると，「国家の労働市場政策を実行するという目的」の有無が決め手となっていることが分かる。第二段落では，「地域的適用範囲の確定」アプローチに依拠して「絶対的強行法規」である職業安定法を適用すべき旨，主張される。

----

[32]　野川・前掲書（前注(10)）459-460頁。

〔山内惟介〕　　　　　**9**　国際労働法の体系的位置付けについて

　第一段落におけるこのような説明には以下の疑問が向けられよう。第一に、実務における法の解釈を前提とすれば、「絶対的強行法規」性の有無が問われる対象は、職業安定法や労働者派遣法といった法典ではなく、請求原因中の各論点につき決め手となる個別実質規定である（前述(33)）。第二に、「それらの法律が絶対的強行法規といえるかどうか」の決定が「国家の労働市場政策を実行するという目的」の有無に委ねられているが、続けて「国家の労働市場政策を実行するという目的」の有無の判断基準如何が問われなければならない。それは、この基準が具体的に示されていなければ当該目的の有無を確認できず、ひいては、関連法規が「絶対的強行法規」といえるか否かも決められないはずだからである。むしろ実質的かつ最終的な判断基準は、右のような抽象的文言による言い換え作業の反復にではなく、個別具体的事案での請求の趣旨の認否という政策判断の内容にあるのではなかろうか（アメリカ合衆国におけるRestatementのように、個別具体的裁判例の集積結果として抽象的な評価基準が生まれる）。上の第一の疑問を前提とすれば、第二段落第二文における説示も受け入れがたいこととなろう（実質規定ごとに「絶対的強行法規」性の有無を問う場合には、各規定につき「準拠法選択」のアプローチと「地域的適用範囲の確定」のアプローチのいずれによるべきかが問われるため、「民事的側面を含めて」という表現は不要となる）。

③　第三段落では、第二段落で「地域的適用範囲の確定」のアプローチによる旨が明示された職業安定法（教授の表現によれば「絶対的強行法規」）の「具体的な適用範囲」如何という新たな論点が取り上げられる。そして、職業安定法が具体的にどこまで適用されるかを決定する基準として、「具体的な法律関係において労働者をめぐる職安法上の行為が『どこで』行われているかを基本的な基準とするのが妥当といえる」という主張とともに具体例が示される。しかし、この説示（「国外の労働者を国外の労働者供給事業者が日本の労働市場に供給したという場合、労働者の日本国内への送り出しは外国で行われたのであり、職業安定法が規制を及ぼすということは、日本の憲法秩序の下では考えられていないと考えられる」）に対しては、なぜ「労働者をめぐる職安法上の行為が『どこで』行われているかを基本的な基準とするのが妥当」とされるのかという基準の形成に関する疑問だけでなく、なぜ「国外の労働者を国外の労働者供給事業者が日本の労働市場に供給したと

---

(33)　小稿211頁③第一段落参照。

第1章　労働者人格権の総論的課題

いう場合，労働者の日本国内への送り出しは外国で行われた」という解釈を採用するのかという基準の適用に関する疑問も生じ得る。「地域的適用範囲の確定」のアプローチによる場合（公法に属する実質規定を適用する場合）には当該実質規定が予定する法律効果を強制的に実現すべきである旨の政策判断がつねに先行しており，「労働者の日本国内への送り出しは外国で行われた」というような解釈は，そうした政策判断を正当化するための事後的説明でしかない。このように考えられるとすれば，「具体的な法律関係において労働者をめぐる職安法上の行為が『どこで』行われているかを基本的な基準とするのが妥当といえる」根拠が個別具体的事案に即して絶えず検証されなければならず（個別具体的事案による検証を伴わない抽象的立論は同語反復に陥り，論証の実体を見出し得ない），上の基準自体にも絶対的な優位性を見出しがたいこととなろう。

④　第四段落の第一文では，労働者派遣法を取り上げ，同法が「職業安定法で全面的に禁止されていた労働者供給を一部解禁したという性格を考えると，これに反する他の法規を排除しているとみなしてよい」と主張される。第二文では，その上で，労働者派遣法が「派遣法は，労働者派遣事業の規制を行う『事業法』という側面を強く持っているため，職業安定法と比べた場合，国家の雇用政策の実現という目的をより広く内包している」ことに触れられ，第三文では「基本的な判断基準としては，その労働者派遣により派遣される労働者の利益の擁護と，事業規制による日本の労働市場のコントロールという側面を総合して具体的な事案を判断するということになろう」と主張される。ただ，「国家の雇用政策の実現」の意味内容についても（どのようにすれば，国家の雇用政策を実現したことになるか），「派遣される労働者の利益の擁護と，事業規制による日本の労働市場のコントロールという側面を総合して具体的な事案を判断する」という表現についても，それぞれの判断基準が具体的に示されなければ，当該行為を実践し得ないであろう。

第五段落では，「日本国内の派遣事業者が外国に労働者を派遣した……場合，労働者は国内において派遣手続を踏んで国外に送り出されていくので，その労働者の保護は派遣法の重要な関心事項である」ことを根拠に，「したがって，この場合には労働者と国内派遣事業主について労働者派遣法の適用があることとなるであろう」と説明される。第六段落では，「国家の権力作用が想定されている法規については，『主権領土範囲内でのみその内容を実行できる』とい

〔山内惟介〕　　　　　　　　***9***　国際労働法の体系的位置付けについて

う国際法上の原則」に基づき，「国家の執行管轄権は原則として主権領土内に限定される」ところから，「日本国外の派遣先事業主に対しては派遣法の適用を及ぼすことはできない」ことが確認される。いずれの説明についても，理由部分と結果部分とが同一内容の言い換え（同語反復）である点に留意されなければならないのではなかろうか。

(c)　個別的な国際的労働関係への対応

①　以上に確認された「国際的労働関係と日本の法制度」における記述は個別事案においてどのように具体化されるか。「第2節　個別的な国際的労働関係への対応」では，個別的な労働関係に対する牴触法的規律[34]が，「外国人が日本国内で働く場合」と「日本人が外国で働く場合」とに分けて説明される（ここでは労務給付地の単複は考慮されていないようにみえる）。そのうちまず，「外国人が日本国内で働く場合」から検討しよう。

　　"1　外国人が日本国内で働く場合

　　外国人が日本国内で働く場合，日本が勤務地であるから，労基法や労組法，労働安全衛生法などの刑罰・取締りに関する規定は全面的にその労働関係に適用される。外国人が働いている対象が外国法人であったとしても同様である。

　　問題は，労働契約において合意による準拠法選択が行われており，外国法の適用が選択されていた場合であるが，この場合は，まず問題となりうる法規が絶対的強行法規であるか否かが最も重要な基準となる。たとえば，明らかに外国法が準拠法として選択されていたとしても，労基法や労組法等の刑罰・取締りに関する規定は，やはり全面的に適用されると考えられる。これに対して，民事的な強行規定については，前述のように労働保護法の効力規定については議論がありうるものの，基本的には法適用通則法12条1項が適用され，労働者がそのような日本の強行法規の適用の意思を表明していれば，その強行法規が適用になると考えるべきである。これは最低賃金法についても同様であるし，労働契約との関係について明記していない労働安全衛生法についても変わるところはない。

　　また，雇用機会均等法や育児・介護休業法のように直接の取締りや刑罰がない法規や，確立した判例法理などについては，その内容が強行法規に該当するか否かを確定した上で法適用通則法12条の適用を考えるべきであろう。さらに労働契約法については，基

---

[34]　そこでは，「個別的な労働関係が牴触法上の問題を生じる場面はいくつかの類型が考えられるが，法的問題を最も生じやすいのは，外国人が日本国内で働く場合と，日本人が外国で働く場合であり，最近では国際業務をめぐる課題も注目される」（野川・前掲書（前注(10)）460頁）と述べられている。

[35]　野川・前掲書（前注(10)）460-461頁。

第1章　労働者人格権の総論的課題

本的には準拠法選択のルールによるものの，強行法規がほとんであると見られることから，結果としては適用が排除される余地は少ない。

この点，判例法理について法適用通則法の下でどう考えるかは難しいところであるが，少なくとも同法12条1項の強行法規に関する規定を類推適用する余地はあろう。」[35]

②　この項は四つの段落から成る。第一段落では，「第1節　国際的労働関係と日本の法制度」第三段落第三文に示された基準（「具体的な法律関係において労働者をめぐる職安法上の行為が『どこで』行われているかを基本的な基準とするのが妥当である」という基準は「地域的適用範囲の確定」のアプローチが採用されるか否かの決定基準（「通常の刑罰法規のように，法律自身が自らの一定範囲での適用を明確に定め，これに反する他の法規の存在を排除しているとみなしうる法規は，その法律の適用範囲にある法律関係に対して直接に適用される」）[36]の言い換えではなかろうか）に基づき，「日本が勤務地であるから」，労働者の国籍の如何を問わず，「労基法や労組法，労働安全衛生法などの刑罰・取締りに関する規定は全面的にその労働関係に適用される」旨，述べられる。先に「抵触法上の問題を生じる場面」と述べられた表現に関して，（「地域的適用範囲の確定」のアプローチをも「適用法規の決定」に含める[37]）教授の基本的立場を考えれば，「刑罰・取締りに関する規定は全面的にその労働関係に適用される」旨が主張される点にも，まったく違和感はないのかもしれない。第二段落第一文では，法の適用に関する通則法第7条により外国法が準拠法とされる場合，「労基法や労組法等の刑罰・取締りに関する規定は，やはり全面的に適用される」か否かを決める上で，「問題となりうる法規が絶対的強行法規であるか否かが最も重要な基準となる」とされる。第二文では「問題となりうる法規が絶対的強行法規である」例が挙げられる（「労基法や労組法等の刑罰・取締りに関する規定は，やはり全面的に適用されると考えられる」のは，これらが「絶対的強行法規である」と解釈されるためである）。第三文および第四文では，「問題となりうる法規が絶対的強行法規」ではない例として，最低賃金法や（「労働契約との関係について明記」されていない場合の）労働安全衛生法が挙げられる（これらの法源については，法の適用に関する通則法第12条のもとで，労働者が労務給付地たる日本の強行法規を適用すべき旨の意思を使用者に対し表示したときにのみ「民事的な強行規定……が適用になる」旨，述べられる）。

---

(36)　野川・前掲書（前注(10)）458頁。
(37)　野川・前掲書（前注(10)）457-458頁。

第三段落第一文で「雇用機会均等法や育児・介護休業法のように直接の取締りや刑罰がない法規や，確立した判例法理などについては，その内容が強行法規に該当するか否かを確定した上で法適用通則法12条の適用を考えるべき」旨，述べられている点から推測すると，実質規定（教授は先[38]に労働基準法が「私法的性格を持っているのは明らかであるが，同時に……公法的な性格を持つことも否定できない」と述べていた）が「強行法規」（「絶対的強行法規」ではないことに留意）に該当するか否かがここで問題とされているようにみえる。しかし，第二文で労働契約法の適用可能性が検討され，国内で「結果としては適用が排除される余地は少ない」と述べられている点から判断すると，教授の場合，「強行法規」該当性の有無の検討対象が依然として法典であることが分かる。第二文では「労働契約法については，基本的には準拠法選択のルールによるものの，強行法規がほとんであると見られる」と述べられているが，この点に留意し，逆に，労働契約法上の法規を「絶対的強行法規」とみなければ，「地域的適用範囲の確定」のアプローチに代えて「準拠法選択」のアプローチを採用することも可能となろう。労働契約法上の法規「の内容が強行法規に該当するか否か」につき，「強行法規がほとんであると見られることから」，「結果としては適用が排除される余地は少ない」とされ，労働者が法の適用に関する通則法第12条所定の条件を充たしているときは労働契約法上の諸規定が適用されると述べられているが，この点も論証としては成功していないようにみえる。第三段落第一文にいう「確立した判例法理」の内容は定かではない。第四段落では「判例法理」が取り上げられ，「判例法理については法適用通則法の下でどう考えるかは難しいところであるが，少なくとも同法12条1項の強行法規に関する規定を類推適用する余地はあろう」と説明されるが，そこにいう「判例法理」がつねに強行法規性を有する実質規定を意味すると推測することができるのだろうか。この点に関しては，「判例法理」という言葉でくくられるにせよ，実質規定の形式で表現される法律要件および法律効果に対応する内容が明らかにされていないところから，個々の「判例法理」「の内容が強行法規に該当するか否か」をこれ以上検討することはできない（その結果，労働者が「判例法理」を適用すべき旨の意思を使用者に対し表示したときに，法の適用に関する通則法第12条を「類推適

---

[38] 野川・前掲書（前注(10)）457頁。

第1章　労働者人格権の総論的課題

用する余地」があるか否かを判定することもできない)。

　③　次に取り上げられるのが「日本人が外国で働く場合」についてである。「海外で勤務する日本人」という見出しのもとに，この項は五つの段落から構成されている。

　　"2　海外で勤務する日本人
　　海外で勤務する日本人の場合は，まず，日本の事業所に籍を置いたまま短期間海外で就業する海外出張については，外国法の適用の余地はきわめて小さい。ただ，特定の事項について海外出張特約のような形で出張先の国の法規の適用を明記していた場合に，それをどう考えるかといった問題はありうる。しかしこの場合も，それが日本の強行法規を排除しようとするのであれば，それにもかかわらず労基法等の適用は免れないのは当然である。
　　次に，海外出向を除く海外派遣（海外支店への駐在，海外で行う建設工事等への従事等）の場合も，所属が日本に存在する企業である場合は，基本的な適用法規は日本法であると考えられる。ただ，当該労働者が労基法上の日本の「事業」に所属していないとみなされるに至った場合には，労基法の適用は直接にはないといわざるをえない。
　　しかしこの場合でも，海外派遣に関する合意の中身を解釈することで，日本の労基法をいわば契約内容として継受したと考えられることがある。労働安全衛生法などについても同様であろう。
　　海外関連会社（子会社，合弁企業等）に出向する海外出向については，労働契約の相手方は通常海外に存在しているので，日本の法規を適用する根拠が希薄となる。労基法や労働安全衛生法などがそのままでは適用されないことは海外派遣と同様である。ただ，海外出向の場合でも，いつかは日本に帰って出向元企業に復帰することが予定されているのが通常である。つまり，労働契約の解釈としては，やはり黙示の合意によって日本法が準拠法として選択されていると考えられることが多いであろう。したがって，適用法規の決定基準としても，特に明示の合意がない限りは，準拠法としては日本法が選択されており，ただ労基法や労働安全衛生法などの実質的選択については海外派遣の場合よりは認められる場合が少ないということになるであろう。
　　国際業務については，勤務先が一定していないので，以前には一義的な判断基準を定立することは難しいといわざるをえない。これに関し，ある裁判例では，ドイツの航空会社に雇用されて日本をホームベースとして勤務していた客室乗務員の労働契約につき，乗務員に対する具体的な指揮命令がドイツの本社でなされていることや，乗務員らにも適用されるドイツの労働協約においてホームベースは休暇の取得地など限られた意味しか持たないことなどを根拠に，ドイツ法の適用を認めた。法適用通則法の下では，労務提供地である日本の法の適用が推定される事案であったように思われる。" [39]

---

[39]　野川・前掲書（前注[10]）461-462頁。

④　第一段落第一文では,「日本の事業所に籍を置いたまま短期間海外で就業する海外出張については,外国法適用の余地はきわめて小さい」とされる(どのような法律関係が念頭にあるかは明示されていない)。日本企業が日本人を雇用する事案で「外国法適用の余地はきわめて小さい」と判断された理由が,事案の渉外性それ自体が否定されていることに因るのか,「具体的な法律関係において労働者をめぐる職安法上の行為が『どこで』行われているのかを基本的な基準とする」ことに求められるのかといった点は明らかではない(渉外性が否定される場合に外国法適用の余地がないことに留意すれば,後者の可能性が考えられる)。第二文では「特定の事項について海外出張特約のような形で出張先の国の法規の適用を明記していた場合に,それをどう考えるかといった問題」の存在が指摘される(わが国における就労形態と相当に異なる,イスラム等,異文化の下での事情を念頭に考えられているのであろうが,当該事項の内容は明示されていない)。第三文では「この場合も,それが日本の強行法規を排除しようとするのであれば,それにもかかわらず労基法等の適用は免れないのは当然である」と述べられる(「準拠法選択」のアプローチ下で法の適用に関する通則法第12条によるか,「地域的適用範囲の確定」のアプローチによるのか,そこでの法律構成にも触れられていない)。

　第二段落第一文では「海外出向を除く海外派遣(海外支店への駐在,海外で行う建設工事等への従事等)の場合も,所属が日本に存在する企業である場合は,基本的な適用法規は日本法であると考えられる」旨,述べられる。日本企業に雇用される日本人が海外で勤務する形態が短期海外出張であれ海外派遣であれ,「基本的な適用法規は日本法である」とされる理由は,第二文によれば,「当該労働者が労基法上の日本の『事業』に所属して」いることに求められる(第一段落第一文に対する上述コメント参照)。「基本的な適用法規は日本法である」という表現からみて,ここでは「準拠法選択」のアプローチが採用されていることが分かる。日本の企業ないし事業への所属という事実認定から判断して「基本的な適用法規は日本法である」という結論を導くためには,あらかじめそこに,適用法規の決定基準として,「海外出向を除く労働者の海外派遣は当該労働者が所属する企業(ないし事業)の所在地法による」旨の独立牴触規定が存在していなければならないはずである。しかしながら,このような明文の独立牴触規定は法の適用に関する通則法中には見出されない(この独立牴触規定が判例法理として定着していることも証明されていない)。このように考えると,第二段落第一文

に示された主張の根拠も問われることとなろう。

　第三段落第一文では「この場合でも，海外派遣に関する合意の中身を解釈することで，日本の労基法をいわば契約内容として継受したと考えられる」旨，述べられる。そこでは，労働基準法第13条（「この法律で定める基準に達しない労働条件を定める労働契約は，その部分については無効とする。この場合において，無効となった部分は，この法律で定める基準による。」）の内容を労働契約中に取り入れる趣旨で「日本法による」旨，合意されたと考えられているのかもしれない（実質法的指定）。しかしながら，当事者意思尊重の枠内でそのように説明する法律構成が，労働基準法が公法として直接適用されることに日本法適用の根拠を求める法律構成よりも優先する理由があらかじめ示されなければならないのではあるまいか（このことは，「労働安全衛生法などについても同様であろう」とする第二文についてもあてはまる）。

　⑤　第四段落は五つの文章から成る。第一文では海外出向につき「労働契約の相手方は通常海外に存在しているので，日本の法規を適用する根拠が希薄となる」旨，述べられる。しかし，その趣旨は明らかではない。教授の場合，「日本の法規を適用する根拠が希薄となる」局面として，当事者が準拠法として日本法を指定していなかった場合（海外で勤務する日本人と使用者たる外国法人との争訟がわが国で争われる場合，渉外労働契約の準拠法如何は法の適用に関する通則法による）が考えられているのかもしれない。しかし，「地域的適用範囲の確定」のアプローチによりわが国の公法的色彩を帯びた実質規定が日本で直接に適用されることに問題はなく，「日本の法規を適用する根拠が希薄となる」とは言い得ないのではなかろうか。第二文では「労基法や労働安全衛生法などがそのままでは適用されないことは海外派遣と同様である」点が指摘される。その趣旨は，「海外派遣の場合と同様」，「当該労働者が労基法上の日本の『事業』に所属していないとみなされる」場合，「労基法や労働安全衛生法などがそのままでは適用されない」ということなのかもしれない（第二段落に対する上述コメント参照）。第三文では「海外出向の場合でも，いつかは日本に帰って出向元企業に復帰することが予定されているのが通常である」という実情が紹介される。第四文では「労働契約の解釈としては，やはり黙示の合意によって日本法が準拠法として選択されていると考えられることが多いであろう」と述べられる。この趣旨を尊重すれば，逆に，第一文に対する上述コメントで触れたよう

に，「日本の法規を適用する根拠が希薄となる」とはいい得ないこととなろう。そうした主張の根底には，むしろ，使用者たる外国法人と日本人労働者との間で「黙示の合意によって日本法が準拠法として選択されていると考え」ることによって，日本法の適用を実質的に確保しようとする教授の慎重な政策的配慮があるのかもしれない。第五文で「したがって，適用法規の決定基準としても，特に明示の合意がない限りは，準拠法としては日本法が選択されており，ただ労基法や労働安全衛生法などの実質的選択については海外派遣の場合よりは認められる場合が少ないということになるであろう」と述べられているのも，同じ趣旨によるものと推測され得よう。

　第五段落の第一文は「国際業務については，勤務先が一定していないので，以前には一義的な判断基準を定立することは難しいといわざるをえない」と述べられる。その趣旨は，紛争発生後でなければ，勤務先（「勤務先」への言及の前提には「労務給付地」への配慮があるものと推測される）がどこかを確定し得ないということなのだろうか。第二文では，そうした国際業務の勤務先に関して，「ドイツの航空会社に雇用されて日本をホームベースとして勤務していた客室乗務員の労働契約につき，乗務員に対する具体的な指揮命令がドイツの本社でなされていることや，乗務員らにも適用されるドイツの労働協約においてホームベースは休暇の取得地など限られた意味しか持たないことなどを根拠に，ドイツ法の適用を認めた」裁判例（東京地判平成9年10月1日[40]）が紹介される。第三文では，この事案が現行法の下でどのように解釈されるかという関心から，「法適用通則法の下では，労務提供地である日本の法の適用が推定される事案であったように思われる」と述べられている。しかし，この裁判例自体，当該雇用契約がドイツ労働法に基づく労働協約に依拠するとされ，当該労働協約で争点となっている手当等に関する事項が定められ，ドイツ本社が労務管理等を行い，手当等がドイツ・マルク建てで算定され，ドイツで雇用契約書に署名していること等への配慮から，準拠法をドイツ法とする旨の黙示の合意が成立していたと判断された事案であること，また法の適用に関する通則法第7条も黙示の準拠法選択を排除していない（同法第8条第1項も「明示の」「選択がないとき」と規定していない）こと等を考慮すれば，なぜに「労務提供地である日本の法の

---

[40]　労民集48巻5・6号457頁他参照。

第1章　労働者人格権の総論的課題

適用が推定される事案であった」といい得るかの説明が求められよう。
　(d)　国際的労使関係
　①　「第3節　国際的労使関係」は，「1　労組法の規制」，「2　国内組合と海外使用者」，「3　海外組合と国内使用者」，これら三項目から成る。「1　労組法の規制」は労働組合法の適用に関する一般的な説明であり，「2　国内組合と海外使用者」および「3　海外組合と国内使用者」は労働組合法が適用される各類型についての説明であるようにみえる。まず「労組法の規制」の項から確認しよう。

　　"1　労組法の規制
　　国際的労使関係の法律問題を解明するには，まず，労使関係について包括的に規制している労組法の性格の複雑さを理解する必要がある。すなわち，労組法は一面で不当労働行為制度や労働組合の労働委員会に対する手続などのように，明らかに地域的適用を想定しているとみなしうる内容と同時に，労働協約の規範的効力のように契約のコントロールという内容をも含んでおり，しかも互いに性格の異なるそのような規定が同じ法律の中に存在しているという点で，労基法のような統一性のある法規とは大きな相違がある。したがって，労組法が一応の対象としている法的関係がどのような内容によって，適用の有無やその基準が異なるということになる。
　　まず，使用者と労働組合との双方が日本国内にある場合のように，労使関係が国内に存在しているのであれば，原則として当事者のいずれが外国人であっても日本の労組法が適用されるのは明らかである。ただ，例外的に労働協約などで月例賃金以外の特別な手当の支払基準について外国法を準拠法として指定するといった場合には，その法律関係に直接適用される「絶対的強行法規」がない限り，当該労働協約規定が適用されることに問題はない。
　　労使関係自体は国内に存在していても，労働組合員が海外に存する場合の労働組合内部関係については問題がある。規約に定められた経費の負担について組合と組合員とで争いが生じたような場合，組合規約は，法的には「合同行為」という法律行為の一種と考えられているため，法適用通則法7条の適用対象となり，合意による準拠法選択がなければ，その労働組合員と労働組合との関係が検討された上で，最密接関連地法が決定されることになると思われるが，通常は規約の作成地である日本法が適用されることになろう。その場合には，海外組合員も，規約による権利義務を付与されることとなる。"[41]

　②　この項は三つの段落から成る。第一段落の第一文では「国際的労使関係の法律問題を解明するには，まず，労使関係について包括的に規制している労

---

[41]　野川・前掲書（前注(10)）463頁。

組法の性格の複雑さを理解する必要がある」旨，指摘される。その趣旨を述べた第二文では「労組法は一面で不当労働行為制度や労働組合の労働委員会に対する手続などのように，明らかに地域的適用を想定しているとみなしうる内容と同時に，労働協約の規範的効力のように契約のコントロールという内容をも含んでおり，しかも互いに性格の異なるそのような規定が同じ法律の中に存在しているという点で，労基法のような統一性のある法規とは大きな相違がある」点が確認される。労働組合法の性格が複雑だとされる理由は，地域的適用という空間的適用範囲と労働契約に対する規制という事項的適用範囲とが一つの法典に含まれることに求められている。第三文では「したがって，労組法が一応の対象としている法的関係がどのような内容かによって，適用の有無やその基準が異なるということになる」と結ばれる。

　第二段落の第一文では，労働組合法の空間的適用範囲に着目して，「使用者と労働組合との双方が日本国内にある場合のように，労使関係が国内に存在しているのであれば，原則として当事者のいずれが外国人であっても日本の労組法が適用されるのは明らかである」とされる。その適用根拠は，労働組合法が国内における労使関係に対して絶対的に適用されるというその絶対的強行法規性（あるいは公法的性格）に置かれているものと推測されよう。第二文では，労働組合法の事項的適用範囲に着目して，「例外的に労働協約などで月例賃金以外の特別な手当の支払基準について外国法を準拠法として指定するといった場合には，その法律関係に直接適用される『絶対的強行法規』がない限り，当該労働協約規定が適用されることに問題はない」旨，述べられる。「例外的」という文言からは，労使関係が国内に所在することという空間的適用範囲要件の具備に着目して労働組合法の適用範囲を決定する（日本の労働組合法が適用される）旨の原則規範の存在と，事案の争点が特定の事項的適用範囲に含まれるときはこの原則規範を適用しない（日本の労働組合法は適用されず，準拠法たる外国法による）という例外規範との二段階構成が採用されていることが分かる。前者が原則規範とされる点からみると，公法的規制が原則規範として位置付けられていることが判明する（「第2節　個別的な国際的労働関係への対応」は，「抵触法上の問題」という表現から私法的規制に関するものと認識されていることが分かる）。この点で，労働組合法は一種の留保条項と考えられており，国内での労使関係に適用される同法上の諸規定が「絶対的強行法規」と判定されない場合に限って，準拠法選択の

第1章　労働者人格権の総論的課題

問題が提起される（当該労使関係の規律が外国法に委ねられる）と考えられているのかもしれない。その場合，国内での労使関係に適用される諸規定が「絶対的強行法規」と判定されるか否かの判断基準が何かの説明は行われていない（ここでは，「労働協約などで月例賃金以外の特別な手当の支払い基準」を定めることが「絶対的強行法規」にあたらないような基準を読者の側で逆に推測するしかない）。第三段落の第一文では「労使関係自体は国内に存在していても，労働組合員が海外に存する場合の労働組合内部関係については問題がある」ことが指摘されるが，どのような問題が生じるかについては明言されていない。「労働組合内部関係」という言葉の意味内容について具体的説明はないが，労使関係が国内にあり，当該労使関係をめぐる紛争につき，国内裁判所の専属管轄権が認められる場合には，当該労働組合員が海外にいても，訴訟代理人への委任により，当該紛争は国内で解決されるため，格別の問題は生じ得ないようにもみえる。第二文では「規約に定められた経費の負担について組合と組合員とで争いが生じたような場合，組合規約は，法的には『合同行為』という法律行為の一種と考えられているため，法適用通則法7条の適用対象となり，合意による準拠法選択がなければ，その労働組合員と労働組合との関係が検討された上で，最密接関連地法が決定されることになると思われるが，通常は規約の作成地である日本法が適用されることになろう」と述べられる。法の適用に関する通則法第8条第1項にいう「当該法律行為の当時において当該法律行為に最も密接な関係がある地」の認定にあたっては，組合の所在地（登録地），組合員の国籍・住所（第三文では「その場合には，海外組合員も，規約による権利義務を付与されることとなる」と述べられる）など，複数の地域的要素が登場し得よう。しかしながら，その中でなぜ規約の作成地が優先されるのか，その理由は明示されていない。

③　「2　国内組合と海外使用者」の項は四つの段落から成る。

"2　国内組合と海外使用者

労働組合が国内にあって使用者が海外に存在する場合の具体的な課題としては，まず，国内の労働組合に対する海外の使用者の不当労働行為への対応がある。たとえば，日本に支社を持つ海外の法人があるとして，そこで労働組合が結成されて活動していたことを嫌った外国本社が，その支社を閉鎖して労働者を解雇したという事案について東京都労委は，不当労働行為として救済命令を発した。

不当労働行為救済制度を定めた労組法7条は，労働委員会という行政機関の存在とそ

の機能を前提としている。そしてその目的は，憲法28条で保障された団結権を擁護し，労使関係秩序の安定を促進することにある。したがって，労組法7条の本来の趣旨は，まず国内における労使関係を想定し，かつ救済命令を発することによって国民の団結権や国内の労使関係秩序が保たれるということにあると考えられる。すると，たとえば上記の事案のような場合は，たとえ海外の使用者が不当労働行為を行い，日本の労働委員会には海外の使用者に対して救済命令を強制的に遵守させる手段がないとしても，その救済命令を発することで日本に存在している労働者の団結権を擁護し，労使関係秩序の回復・維持につながりうることは否定できないため，不当労働行為救済命令は可能であると思われる。

　また，不当労働行為については，その私法上の効力も問題となる。不当労働行為による解雇については，同条違反を根拠に無効であるという判例法理が定着している。この法理は，同条の趣旨を，労働契約に対する強行法的コントロールによっても実現しようとするものと考えられるため，他の法規の適用を排除する法規であるといえる。そしてその適用範囲は，法の目的に照らして，救済命令を発することで団結権の擁護と労使関係秩序の回復・維持が図れる場合ということになるため，海外の使用者による日本の労働組合員に対する不当労働行為による解雇は，同条違反により無効とされざるをえないであろう。

　国内の労働組合と海外の使用者との間で締結された労働協約については，まず組合員に対する規範的効力が適用されることは間違いない。日本の労組法に規定された労働協約法制が中心的な対象としているのは，国内の労働組合と組合員に対して適用される労働協約であるからである。また，ストライキなどの争議行為も，それが国内で挙行されたものである限り，日本の労組法の適用がある。憲法による団体行動の保障という原理を体現したのが労組法であり，争議行為の保障規定は「絶対的強行法規」の性格を持っているといえる。たとえ労働協約において争議行為の準拠法を外国の法律とするという規定を置いたとしても，それは争議行為の正当性を要件として刑事免責や民事免責，不利益取扱いからの保護を規定した労組法の各規定によって排除されることになろう。」[42]

　第一段落の第一文では，海外の使用者が国内の労働者に対して不当労働行為を行った際に，国内の労働組合が海外の使用者に対していかに対処すべきかという論点が示され，第二文ではその具体例としてリーダーズ・ダイジェスト社事件[43]が挙げられている。第二段落の第一文では，「不当労働行為救済制度を定めた労組法7条は，労働委員会という行政機関の存在とその機能を前提とし

---

[42] 野川・前掲書（前注(10)）463-465頁。
[43] 東京都労働委員会平成元年9月5日（別冊中央労働時報1080号78頁）。本件は，外国法人の日本支社で結成された労働組合の活動を嫌った外国本社が，その支社を閉鎖して労働者を解雇したという事案において，東京都労委が不当労働行為として救済命令を発した事案である。

ている」こと，また第二文では労働組合法第7条の「目的は，憲法28条で保障された団結権を擁護し，労使関係秩序の安定を促進する」点にあること，これらが示される。このことを前提として第三文では「したがって，労組法7条の本来の趣旨は，まず国内における労使関係を想定し，かつ救済命令を発することによって国民の団結権や国内の労使関係秩序が保たれるということにある」という教授の理解が述べられる。こうした理解に立脚し，第四文ではリーダーズ・ダイジェスト社事件のような場合，たとえ海外の使用者が不当労働行為を行い，日本の労働委員会には海外の使用者に対して救済命令を強制的に遵守させる手段がないとしても，その救済命令を発することで日本に存在している労働者の団結権を擁護し，労使関係秩序の回復・維持につながりうることは否定できないため，不当労働行為救済命令は可能である」という教授の主張が示される。この点から考えると，労働組合法が国内組合と海外使用者との関係に対して適用される根拠が，労使関係の国内での存在にあると考えられていることが分かる。

　第三段落では不当労働行為の私法上の効力が取り上げられ，第二文では「不当労働行為による解雇については，同条違反を根拠に無効であるという判例法理が定着している」ことが述べられる。第三文では「この法理は，同条の趣旨を，労働契約に対する強行法的コントロールによっても実現しようとするものと考えられるため，他の法規の適用を排除する法規である」という解釈が示される（「絶対的強行法規」であるという表現は用いられていない）。第四文ではこの労働組合法第7条およびその解釈に関する判例法理の適用範囲につき「法の目的に照らして，救済命令を発することで団結権の擁護と労使関係秩序の回復・維持が図れる場合ということになるため，海外の使用者による日本の労働組合員に対する不当労働行為による解雇は，同条違反により無効とされざるをえない」と記されている。第四段落の第一文では「国内の労働組合と海外の使用者との間で締結された労働協約については，まず組合員に対する規範的効力が適用される」旨，述べられる。第二文はその理由が「日本の労組法に規定された労働協約法制が中心的な対象としているのは，国内の労働組合と組合員に対して適用される労働協約であるからである」という点に求められている。第三文では「ストライキなどの争議行為も，それが国内で挙行されたものである限り，日本の労組法の適用がある」と述べられる。その理由について，第四文では「憲

法による団体行動の保障という原理を体現したのが労組法であり，争議行為の保障規定は『絶対的強行法規』の性格を持っているといえる」と説明されている（このように説明することと，準拠外国実質法の適用結果を「公序違反」として排除できるというように説明することとは，法律構成上の違いでしかない）。この規定を「絶対的強行法規」とみるのは，教授にあっては「地域的適用範囲の確定」というアプローチが採用され，労使関係が国内に存在するときに労働組合法が適用されると考えられているためであろう。第五文では「労働協約において争議行為の準拠法を外国の法律とするという規定を置いたとしても，それは争議行為の正当性を要件として刑事免責や民事免責，不利益取扱いからの保護を規定した労組法の各規定によって排除されることになろう」と記される。ここでも労働組合法が「絶対的強行法規」とみなされていることがその根拠と考えられているのであろう。

④ 「3　海外組合と国内使用者」の項は四つの段落から成る。

　　"3　海外組合と国内使用者
　　まず，不当労働行為については，労働組合は海外にあるものの，不当労働行為の行為者は国内に存在するという場合が想定されるが，このような場合は，まさに国内の使用者に救済命令を発することで労使関係秩序は回復されるのであり，原則として不当労働行為制度の規制が及ぶと考えられる。ただ，その労働組合が完全に現地工場に勤務する現地の国民によってのみ構成され，日本の本社がそれを嫌って不当労働行為を指示したという場合，はたして労使関係が国内にあるといえるのかという問題はありうる。しかし，その労働組合が日本の労働委員会で労組法5条の手続をとり，不当労働行為救済命令の申立てを行って受理されたとすれば，それ自体が日本に労使関係が存在することの証左といえるため，不当労働行為の救済命令を発することができるといえよう。
　　次に，海外の労働組合が東京の本社に団体交渉の申入れをしたという場合は，労使関係そのものが国外に存在しているという理由で労組法の適用を認めないという考え方もありうるが，やはりそのような組合が日本の労組法に従って不当労働行為の救済を求めてきた場合には，労働委員会の審査が行われるべきであるし，不当労働行為と認められれば団交応諾命令が発せられるべきであると思われる。救済命令の名宛人は日本国内に存在しており，その履行が期待できるし，命令に不服な場合の対応も実質的に保障されるからである。
　　また，海外の労働組合と日本の使用者とが締結した労働協約の効力については，そもそも日本の労組法が規定している労働協約法制は日本の労働組合を念頭に置いているので，規範的効力や一般的拘束力など労組法が特別に規定している効力をそのような労働協約に直ちに認めることは難しいといわざるをえない。また，労働協約の契約としての

第1章　労働者人格権の総論的課題

側面（いわゆる債務的効力）は準拠法の選択によることになる。
　さらに，海外の労働組合が行った争議行為については，日本の労組法による争議行為規定は，日本で行われた争議行為を想定していると考えざるをえないため，たとえストライキの指令が日本から発せられたとしても，そのストライキ自体が外国で行われたのであれば，日本の労組法の適用はないといわざるをえないであろう。"[44]

⑤　第一段落第一文では，国内の使用者が海外の労働者に不当労働行為を行う場合，当該使用者に救済命令を発することで労使関係秩序は回復されるという前提の下に「原則として不当労働行為制度の規制が及ぶ」と考えられている。この考え方の例外に触れる第二文では「その労働組合が完全に現地工場に勤務する現地の国民によってのみ構成され，日本の本社がそれを嫌って不当労働行為を指示したという場合，はたして労使関係が国内にあるといえるのかという問題はありうる」と述べられる。「労使関係が国内に」あるか否かを問うのは，「地域的適用範囲の確定」のアプローチが採用されるためであろう（もっとも，「労使関係が国内に」ありうるかという問いは，不当労働行為制度による救済を図るか否かという問いの言い換えであり，労使関係が国内にあるという認定は根拠となり得ず，同語反復を意味するにすぎない）。第三文では「しかし，その労働組合が日本の労働委員会で労組法5条の手続をとり，不当労働行為救済命令の申立てを行って受理されたとすれば，それ自体が日本に労使関係が存在することの証左といえるため，不当労働行為の救済命令を発することができるといえよう」とされる。海外の労働組合がわが国の労働委員会に対して労働組合法第5条に基づく申立てを行うこと自体からして，すでにわが国の労働組合法が適用されることを意味する（実体要件が具備されれば当該労働委員会が救済命令を発することはその必然的帰結である）と考えられる場合には，この説明も同語反復となろう。

第二段落第一文では「海外の労働組合が東京の本社に団体交渉の申入れをしたという場合は，労使関係そのものが国外に存在しているという理由で労組法の適用を認めないという考え方もありうるが，やはりそのような組合が日本の労組法に従って不当労働行為の救済を求めてきた場合には，労働委員会の審査が行われるべきであるし，不当労働行為と認められれば団体応諾命令が発せられるべきであると思われる」とされる。第二文は「救済命令の名宛人は日本国内に存在しており，その履行が期待できるし，命令に不服な場合の対応も実質

---

[44]　野川・前掲書（前注[10]）465-466頁。

的に保障されるからである」と述べて，労使関係が国内に所在することが労働組合法適用の根拠とされている。第一文では，労使関係の所在地が国内の場合に労働組合法を適用するという基準を用いることを前提に，上の事案では当該労使関係が国内に所在しないという解釈の下，労働組合法の適用を否定する考え方が紹介されていたが，教授はここでは上の基準の採用自体を否定し，「救済命令の名宛人は日本国内に存在しており，その履行が期待できるし，命令に不服な場合の対応も実質的に保障される」ことを理由に労働組合法の国内での適用を肯定している。しかし，なぜ後者の基準が前者の基準に優先するかという点は説明されていない。

　第三段落第一文では「海外の労働組合と日本の使用者とが締結した労働協約の効力については，そもそも日本の労組法が規定している労働協約法制は日本の労働組合を念頭に置いているので，規範的効力や一般的拘束力など労組法が特別に規定している効力をそのような労働協約に直ちに認めることは難しいといわざるをえない」と述べられる。第二文では「労働協約の契約としての側面（いわゆる債務的効力）は準拠法の選択によることになる」と記される。「労働協約の契約としての側面」が「準拠法選択」のアプローチに基づいて規律されるのであれば，格別の事情がない限り，法の適用に関する通則法第7条以下により，労働協約のいわゆる債務的効力も「準拠法選択」のアプローチに委ねられよう。この場合，「規範的効力や一般的拘束力など労組法が特別に規定している効力をそのような労働協約に直ちに認める」ことができるか否か（債務的効力という概念に含まれるか否か，その結果として，規範的効力という概念に含まれるか否か）は，当該準拠実質法の解釈に左右される。それゆえ，準拠実質法未確定の段階でそうした効力を「直ちに認めることは難しいといわざるをえない」という一方の結論のみを前もって導くことはできないのではなかろうか。

　第四段落では「海外の労働組合が行った争議行為については，日本の労組法による争議行為規定は，日本で行われた争議行為を想定していると考えざるをえないため，たとえストライキの指令が日本から発せられたとしても，そのストライキ自体が外国で行われたのであれば，日本の労組法の適用はないといわざるをえない」旨，指摘される。ここでは，「ストライキ指令発信地」に代えて，「ストライキ実行地」が国内であることが労働組合法適用の根拠であるという基準が採用されている。しかしながら，ここでも，そうした基準の形成基

第1章　労働者人格権の総論的課題

準が何かという点が先決的論点として問われよう（国内実質規定を適用しようとするのは，当該実質規定が定める法律効果の国内での実現を企図することによる。海外で争議行為を行った労働組合の活動を国内で正当化する政策的な意味（実益）がある限り，労働組合法の適用は肯定され得よう）。

(e)　ま　と　め

「第2章　国際的職業紹介，国際派遣等をめぐる課題」における野川教授の主張とそれに対する筆者のコメントは上述の通りである。公法の属地性を前提とすれば，教授のような説明も十分に受け入れられよう。ただ，国際労働法を構想し国際的視点を導入する趣旨は，外国法制度の適用結果を国内で受け入れることにある。諸国家法間で相互浸透（Osmose, perméabilité）を図るのは，国内法制度の適用結果が海外でも受け入れられるよう働きかける点にある（相互主義それ自体，「do ut des（与えられるために与える）」という政策的配慮に基づく[45]が，そこにはコストの削減という実益もある）。労働者の自由移動が認められ，国境を超えた，労働力の自由売買市場が形成されている以上，国家法秩序による規制にも自ずから限界があることは否めない。国際的観点の導入には多様な可能性があろうが，制度それ自体の国際的統一が最も近道であることが承認されなければならない。また，教授の説明において国内的規律と海外での規律とが対応しているか否かという点も一つの検討課題となるのではなかろうか。それは，対応関係が存在しない場合（内外国不平等）には，なぜ国内が優先されるかが問われるからである。このことは，労働法が優先する価値が一国内の秩序維持のみを優先しているか否かという基本姿勢に関わる（国家法の解釈適用に際して国益をつねに優先するという姿勢が維持されるならば，永遠に国際問題の解決には至らないであろう）。

(5)　要　　約

①　小稿では野川教授の大部の体系書中「国際労働関係法」と題された部分に限定して，どのような項目がどのように取り上げられているかが確認されるとともに，筆者が考える国際私法学の視点から若干の疑念が示された。今改めてその要点を示せば，以下の三点が挙げられる。

②　何よりもまず国際私法学の体系性と総合性が改めて強調されなければな

---

[45]　山内『国際私法・国際経済法論集』（中央大学出版部，2001年）330頁。

らない。実体的法律関係に関わる牴触法的規律（往々にして国際私法と牴触法とは同義のものと考えられがちである）は，当然のことながら各則の主題を対象とする独立牴触規定（労働契約に関していえば，法の適用に関する通則法第7条ないし第10条ならびに第12条）の存在のみで完結するわけではなく，各則規定に共通する事項を取り扱う総則規定（法の適用に関する通則法第42条等の従属牴触規定）と一体のものとして相互に関連付けて運用されている。特別法が一般法に優先するという解釈原則のもと，主観主義を原則とする労働契約準拠法決定に関する一般原則と並行して内外国強行法規の特別連結という構成を採用し，当該強行法規の規律内容を法廷地で実現する手法も，独立牴触規定により指定された準拠外国実質法の適用結果を法廷地公序規定によって排除し，そこに生じた欠缺を補充的連結等により国内実質規定を適用して補完するという手法も，実定法の解釈において優先的に実現しようとする価値に関する判断基準の相違に基づく法律構成上の違いでしかなく，いずれか一方のみが絶対的に正しいとはいい得ない（いずれの法律構成も裁判実務にとっては等価値であり，事案の状況に応じて使い分けられ得る）。また，立法上多用される双方的独立牴触規定が実体関係の規律にあたり内外国法を等価値とみる立場（フォン・サヴィニィの法律関係本拠説）を前提とすることもよく知られた事実であり，外国法の解釈に際し当該外国法上の解釈原則による（国内法の解釈基準に依拠しつつ国内的利益のみを優先して外国法を解釈してはならない）ことが求められるのもこの点と無縁ではない。さらに，――実体法と手続法がまとまった一つの法体系として適用されるのと同様――牴触法と（各独立牴触規定による実質法的指定を通じて選び出された）実質法とは一体を成して適用されており，牴触法のみを取り出して当事者間での実質的利益衡量を行うことはできない。

　こうした体系的・総合的理解の必要性は手続問題の規律にもあてはまる。判決手続はそれのみが独立して規律されるわけではなく，執行手続とも深く関連する。諸国の判決手続間に相互の信頼があれば，外国判決承認制度を導入することができよう（民事訴訟法第118条の適用上，直接管轄と間接管轄との関連性をどのように捉えるかという論点も生じ得る）。審理される訴訟要件はむろん国際的裁判管轄権だけではないし，裁判権の有無（主権免除）の審査を付加するだけでも足りない。国際手続法上論議されてきたその他の主題（労働組合の当事者能力・訴訟能力，訴訟競合，外国法（特に判例法理の法源性）の適用，外国の行政機関・司法機関による

第1章　労働者人格権の総論的課題

裁判・裁定等の承認・執行，保全手続，仲裁等）も労使関係と無縁のテーマではない。さらに，内外国手続の代替可能性を承認する立場では，関係諸国と随時連携して行動する必要がある。

　渉外事件は当初から複数の国に関連性を有するため，関連諸国間での事件の適正な配分・処理等にあたって国内的利益のみを優先することも避けられなければならない。その根底には，国際的裁判管轄権の有無の判断基準等をもっぱら国内的視点のみに基づき構想する閉鎖的姿勢が司法サーヴィス商品（法体系，司法制度，法学教育，法曹養成等）をめぐる国際市場の混乱をもたらし，自らに有利な法律効果の達成を意図する当事者の法廷地漁りを生み出してきたことに対する強い反省がある。特定国家の財源により運営される国民国家の裁判所が渉外的紛争解決の実務を処理する現状は，超国家的裁判所がいまだ国際社会に成立していないことによる避けがたい結果である（better than nothing）とする国際主義の立場では，紛争処理にあたる国家の裁判所や行政機構に対しても，紛争処理上，国際主義的（超国家的）行動が求められる。これらの点をも考慮しなければ，国際的重複訴訟を規律することもできないであろう（外国裁判の承認可能性が考慮されるときは，重複訴訟が否定される余地がある）。

　③　次に，先に繰り返し触れた[46]論証における同語反復の問題性に加えて，国際労働法が追求すべき価値それ自体について必ずしも明示されていないように感じられた点についてである。周知のように，交渉力の劣る労働者を保護することそれ自体は，国民国家の労働政策上も一つの政策達成手段でしかなく，当該手段を用いて労働法がめざすべき政策課題如何（どのような価値の実現をめざすべきか）が明らかにされていなければ，各国実定諸法規等の解釈上いかなる判断基準を優先的に採用するかも決めることはできない。「21世紀になって国境の垣根はますます低くなり，労働関係も国際的な観点からの対応が不可欠となっている」[47]とか，「国際的労働関係をめぐる法的問題の解決のためには，国際労働関係法ともいうべき特別な法体系が必要となる」[48]とか，「労働関係もそれ自体が国際化しつつあるということを踏まえた新しい法的対応が必要となっている」[49]とかと述べられる教授の基本的認識に筆者もまったく異存は

---

[46]　本文2の随所参照。
[47]　野川・前掲書（前注(10)）452頁。
[48]　野川・前掲書（前注(10)）453頁。

〔山内惟介〕　　　　　　　　　**9**　国際労働法の体系的位置付けについて

ない。しかし，そうした認識のもとで，教授は「基本的な判断基準として……労働者の利益の擁護と，事業規制による日本の労働市場のコントロールという側面を総合して具体的な事案を判断する」[50]と述べられ，また「事件の性格に応じた合理的な処理を模索することが望ましく，労働事件に関しても，上記の『特段の事情』に労働事件固有の事情を十分に包含した判断が必要となろう」[51]と指摘されるなど，国際労働法の実務において実現すべき価値の内容に関しては，依然として抽象的な表現にとどまっている（このような記述や行間からは，遺憾ながら，具体的指針を正確に読み取ることははなはだ難しいように思われる）。

④　さらに，国際労働法の体系的な位置付けについてである。上に再掲した教授の基本的認識に加えて，「国際裁判管轄は本来条約によって統一的な対応がなされるべき」[52]である旨の正鵠を射た指摘や法の適用に関する通則法第7条や第12条の立法過程における論議[53]等をも考慮すれば，国際的労使関係をいかに規律すべきかという課題を担う国際労働法を一国内の国家法として構想する立場にはもはや限界があることが知られなければならないのではなかろうか。むろん，過渡的には，外国人労働者に対する内外人平等主義の採否，採用する場合の範囲如何などに関する外人法規制が国内実質法上存在する事態を認めざるを得ないであろう。しかし，国際労働法が向かうべき今後の方向性としては，国民国家制のもとで一国内での労使関係の規律に重点を置くようにみえる労働法学のもとで一部門として位置付けられるよりも，やはり，真の国際主義に立脚する広義の国際私法の一下位分野として国際労働法を構想する立場[54]の方が優先されるべきではなかろうか。労働法学が一国内での価値序列の調整を全面的に放棄する段階に至ることができれば，国際労働法学が全世界的規模

---

(49)　野川・前掲書（前注(10)）452頁。
(50)　野川・前掲書（前注(10)）460頁。
(51)　野川・前掲書（前注(10)）455頁。
(52)　野川・前掲書（前注(10)）455頁。
(53)　小出邦夫『逐条解説　法の適用に関する通則法』（商事法務，2009年）155-162頁。
(54)　*Kegel, Gerhard/Shurig, Klaus*, Internationales Privatrecht, 8.Aufl., München, 2000, S. 986（国際労働法（Internationales Arbeitsrecht）は「補論：国際公法」の中に取り入れられている）；*Reithmann, Christoph/Martiny, Dieter*, Internationales Vertragsrecht-Das internationale Privtrecht der Schuldverträge, 7. neu bearbeitete Aufl., Köln 2010 S. 1407ff.（労働契約 Arbeitsverträge）は「個別契約類型」の中に取り入れられている）他参照。

第1章　労働者人格権の総論的課題

で論議される環境が整備されることとなろう。

3　結びに代えて——方向性と課題

（1）前述の諸点を筆者の立場から再考すれば，国際労働法については，当面，以下のように考えることができるのではなかろうか。

第一に，国際私法学をもっぱら特定国民国家の国内法として構想する立場も歴史上まったくないわけではないが，ヨーロッパ連合の歩みが示すように，基本的に国民国家を超越した国際社会における法秩序の確立と発展に留意すれば，二一世紀の国際私法学は，超国家的視点から国境を越えた各種アクター相互間での利益衡量のもとに，地球上のすべての国家法と国際法，さらに宗教法等をも法源として，個別実質法分野を取り込み，国際的規模での紛争解決を志向する総合的かつ包括的な上級応用分野として理解され，位置付けられなければならない（transnationales Recht）[55]。このような理解は決して突飛なものではなく，すでに牴触法の構造自体の中に含まれている。というのは，内国法のほか，準拠外国実質法を解釈し適用した結果を精査することが法廷地牴触法における公序条項適用過程に取り入れられており，しかも法廷地公序条項にいう「公序」を「国際公序（ヨーロッパ公序）」と理解する立場も繰り返し主張されてきている[56]こと等を総合的に考慮すれば，内外諸国実質法体系全体の中から望

---

[55] 労働者の連帯にしても，使用者側の協働にしても，国際労働法の規律対象たる労使関係が国境を越えて伸び広がっている現実をみれば，国民国家内部での利益衡量を中心とする国内法的発想——国内での完結した体系化それ自体に拘泥する従来の手法に固執する限り，諸国家の法制度間に存在する水準格差を利用した「より良好な経営環境を求める動き（「水は低きに流れる」）」が止むことはない——では規律の重複や規律の空白を避けることができず，国境を超えるどのような問題にも対処することはできない。国家法の枠内で自己完結したものとして国際労働法を位置付ける発想そのものの理念的限界を自覚すれば，二一世紀の「国際労働法」は，すでにヨーロッパ労働法が試みているように，国家法の枠を超越した「超国家法」として構想されなければならない（*Riesenhuber, Karl*, Europäisches Arbeitsrecht, Heidelberg 2009 他参照）。この点は「国際労働法」を構想するにあたっての基本的な視点である。むろん，こうした世界的規模で構想される「国際労働法」とは別に，純粋国内事件における国内での利益調整という局面の解決を課題とする「国内労働法」を考えるべきか否かは，渉外事件と国内事件とを統一的に規律すべきか否かという政策判断に委ねられる。

[56] 折茂豊『国際私法講話』（有斐閣，1978年）63頁以下，パウル・ハインリッヒ・ノイハウス著（櫻田嘉章訳）『国際私法の基礎理論』（成文堂，2000年）382頁他参照。

ましい結果を実現できるように実質法と牴触法とを組み合わせてしかるべき法律構成を国際的視野に立って紡ぎ出すことが国際私法学の本来的な責務とされているはずだからである。このような視点に立てば，二一世紀の国際労働法も（家族に関する規律を世界的規模で構想する超国家的国際家族法等とともに）国際社会の共通法制としてグローバルな規模で紛争解決基準の体系を構想する世界国際私法の一部を成すものと考えられなければならない。国際社会に共通する事象につき全世界的規模で統一的基準（de facto standard）のもとに研究を進める姿勢は理工医学系諸分野のみならず，経済学等においてもすでに常道となっているが，法律学においても遅ればせながら国際的視点の採用が一層真剣に進められなければならない（各国民国家において研究教育の単位とされる国際私法も，たとえローカルな言語でローカルな事案が優先されるとしても，このような共通枠組み（common framework）に立脚して構成されるべきである）。

（2）　それならば，国際労働法はどのような社会的価値の実現をめざすべきか。二一世紀の国際社会をどのように構想するかという課題それ自体，むろん論者の世界観を前提とするものであり，見解の一致を求めるべくもない。それでも，リーマン・ショック後の「世界的な景気後退のなかで，最も厳しい落ち込みに直面したのは，危機の震源地である米国ではなく，金融の健全度では勝っていたはずの日本」[57]であり，「既に人口減少社会に突入した日本の将来を考えると，個人消費中心の成長戦略には限界がある。成長著しい中国などアジア諸国の需要を取り込んで自らの成長の糧とするのが，最も確実な方策である」[58]とする声もある。こうした国際経済社会の動きは，小稿の冒頭に触れたように，そのまま労使関係に対しても日々影響を及ぼしている。ヨーロッパ連合が結成以来「有害物質規制を含む環境問題，社会保障，人権，教育，生活重視思想など多くの新しい価値観を提示してきた」[59]事実に共感する場合には，経済成長重視型の姿勢には概して批判的な立場を採ることとなろう。また，新興国市場だけでなく日本市場にも潜む過剰品質問題[60]を考慮すれば，高付加価値をもたらす

---

[57]　日本経済新聞 2010 年 2 月 24 日朝刊 19 面「大機小機　正しい成長戦略」。
[58]　日本経済新聞 2010 年 2 月 24 日朝刊 19 面「大機小機　正しい成長戦略」。
[59]　日本経済新聞 2010 年 8 月 24 日夕刊 5 面「十字路　世界経済の課題と EU の苦境」。
[60]　日本経済新聞 2010 年 8 月 25 日夕刊 5 面「十字路　日本市場にもひそむ過剰品質問題」。

第1章　労働者人格権の総論的課題

技術重視の姿勢にも距離を置くことであろう。どのような価値をどのように優先すべきかは，国内的規模でも国際的規模でも，家計，営利・非営利組織の経営，自治体や国家の経営，これらすべてを通じて政策決定の現場に即して個別具体的に判断されなければならない。

(3)　さらに，国際労働法を超国家法として体系的に構想しようとする場合の視点についてである。

　第一に，諸国が置かれた自然地理的環境（エネルギー資源の偏在による産業構造の相違とそれに基づく労働条件の相違等）や経済的・社会的な発展段階（国民経済の視点からする国内総生産等に起因する労働賃金の相違等）をみると，国際社会には厳然として不均衡がある。歴史が示すように，この点を度外視して自由競争を求めても，国民国家間の格差がなくなることはない。社会の発展を促進すべく個々の労働者が創意工夫を試み能力を発揮する機会を確保するとともに，競争条件や負担の均等化にも配慮しつつ，国境を越えた労働問題を根本的に解決しようとすれば，国民国家制を当然視することに代えて，世界的規模で労使関係を規律することが不可避となろう。法源および立法主体についても，紛争処理過程についても，国家法からの一段の解放（民営化）を進めるためには，紛争処理にあたる各国の行政機関や司法機関（労働仲裁委員会等も含む）において個々の労働者の利益，労働者集団の利益，個別使用者の利益，使用者団体の利益，労働政策に関する国益（労働者の派遣国および受入国の利益等）等が顧慮される場合には，国際機関の活動等がすでに示しているように，今日の国際社会において経済成長よりも環境改善や人権尊重等の価値の重視への配慮が一層促進されなければならない。各紛争処理機関がこうした基準を採用するならば，法廷地漁りが防止され，国際的裁判の一致を通じて関係諸国間での外国裁判の承認と執行も容易となろう。

　第二に，向かうべき立法の方向性としては，国家間の条約締結を推進するだけでなく，ILO を含む国際機関等の立法権限を拡大することにより，超国家的法源（ヨーロッパ法の意味での第二次法）を一層精密に用意することが求められる。また，国際労働紛争を解決する超国家的機関の設置等も促進されなければならない。条約法上の組織としてのヨーロッパ裁判所やヨーロッパ人権裁判所などがその先例となろうが，少なくとも意識において国家のくびきを脱することが

むずかしい場合には，民営化の手法によること（民間組織の設立等）も十分に考えられてよい。超国家的性格の機関で立法や司法を担う人材の養成には，ここでも，ヨーロッパにおける先例を参考にして，法学教育や実務法曹養成の国際化が一層実現されなければならない（わが国の法学部・法学研究科・法科大学院等の高等教育機関もこうした世界的規模での法曹養成の一翼を担うのでなければ，せっかく養成した人材も国際機関で就労することができないであろう）。歴史が教えるように，価値の実現はつねに獲得される（その実現に向けて努力が続けられる）ものであり，与えられるものではない。そうした目標を達成するための最初の過渡的プロジェクトとして，文化に起因する法制上の相違がなお小さくない[61]とはいえ，ますます増加の傾向を辿る国際婚姻や国内での外国人就労の状況[62]，自由貿易協定・経済連携協定等の締結による市場の一体化構想[63]等を考慮すれば，われわれに身近な東アジア諸国（大韓民国，中華民国（台湾）および中国）に共通する統一労働法の体系化も一つの優先課題となり得よう[64]。

(4) ここに示した試論は，被献呈者の専攻分野を念頭に置きつつ，筆者自身が模索する「二一世紀における国際私法」のあり方に関する先の研究[65]を補完しようとしたものである。筆者の見るところ，このような意味での国際労働法の体系化ほど，二一世紀のグローバル社会を担う若い法律家にとって挑戦の

---

[61] 日本経済新聞 2010 年 8 月 23 日朝刊 19 面「法務インサイド——中国の企業法務 最前線を探る」。
[62] 吉田忠則『見えざる隣人——中国人と日本社会』（日本経済新聞社，2009 年）他参照。
[63] 日本経済新聞 2010 年 8 月 23 日朝刊 5 面「インタビュー領空侵犯——まずアジアと FTA を：農業改革こそ成長の突破口（オムロン社長 作田久男）」および 9 面「日韓意識調査」，日本経済新聞 2010 年 8 月 27 日朝刊 5 面「東アジア 貿易・投資 連携強化を」他参照。
[64] 2010 年 6 月 29 日に中国と台湾との間で経済協力枠組み協定（ECFA）が調印されたことを含め，ますます緊密化が進む両国関係（日本経済新聞 2010 年 8 月 26 日朝刊 25 面「経済教室——東アジアに FTA の波（国際経済交流財団会長 畠山襄）」）を考慮すれば，統一対象から中国を除外することはできないであろう。
[65] *Yamauchi*, Das globale Internationale Privatrecht im 21. Jahrhundert – Wendung des klassischen Paradigmas des IPRs zur Globalisierung –, *Christian Tietje/Gerhard Kraft* (Hrsg.), Beiträge zum Transnationalen Wirtschaftsrecht, Heft 88 (Institut für Wirtschaftsrecht, Forschungsstelle für Transnationales Wirtschaftsrecht, Juristische und Wirtschaftswissenschaftliche Fakultät der Martin-Luther-Universität Halle-Wittenberg), Halle 2009, 19S.

第1章　労働者人格権の総論的課題

価値がありかつ魅力に富んだ課題はない。すべての政策課題にあてはまることであるが，より早期の実現を目指し，より高い理想を抱き，より強い意欲を持って努力する姿勢がある限り，その実現は夢で終わることはない（五輪の標語「Citius, Altius, Fortius（「より速く，より高く，より強く（Faster (Swifter), Higher, Stronger)」(66)はここでも無縁のものではない）。いつまでにそうした目標を実現することができるかは，すべて，こうした構想に共感し，そのために日々尽力する人材をグローバルな規模でいつまでにどれだけ確保できるかという点に全面的にかかっている。関係者のいっそうの努力が期待されるところである。

（2010年7月30日稿）

---

(66)「Citius（より速く），Altius（より高く），Fortius（より強く）」という言葉は，「フランス人修道士アンリ・ディドンによって作られ，近代オリンピックの父」と言われるフランス人ピエール・ド・クーベルタン男爵が掲げたオリンピック標語である（http://www.kuwahara.biz/company/rinen.html）；http://www.janecky.com/olympics/motto.html；http://www.rdche.hit-u.ac.jp/~sports/2002hayakawa.pdf ほか参照。

240

第 2 章
労働契約と労働者人格権

10 労働者の人格的利益と差止請求

鎌 田 耕 一

1 目的と対象
2 差止請求の法的根拠
3 労働者人格権と差止請求
4 労働者の人格的利益と差止請求
5 むすびにかえて

1 目的と対象

(1) 本稿の目的

角田邦重教授はかつて,「一種のコミュニティーでもある企業という社会で生きる労働者の精神的価値を正面から法的保護の対象として論じよう」と宣言し,「従来の,団結権あるいは労働者権といった労働者の社会的地位に結びついた権利にかえて,敢えて労働者の『人権』ないし『人格的権利』という概念を用いる」[1]必要性を提唱された。

その主張は,現在でも少しも色あせていない。職場における労働者の人格的利益の保護を求める権利は今や労働者の基本的権利の一つとして認識され,職場における人間関係形成の自由,プライバシーなど労働者の精神的人格価値の重要性はますます高まっている。

しかし,人格権の法的意義については,現在でも必ずしも共通理解に達していない。人格権が民法学説,裁判例で確立していることを前提としても,職場における人格権侵害の救済手段が主に業務命令の無効または損害賠償であることを考えると,労働者の人格的利益を権利構成とする必要性に乏しいという指摘もなされている[2]。

---

[1] 角田邦重「企業社会における労働者人格の展開」日本労働法学会誌78号(1991年)6～7頁。

第 2 章　労働契約と労働者人格権

　他方で，北方ジャーナル事件・最高裁判決（最大判昭和 61・6・11 民集 40 巻 4 号 872 頁）を機縁として，人格権概念が法技術的意味をもつのは差止請求においてであるといわれている[3]。今や，民法学説において，人格的利益を侵害された被害者が，加害者に対して，現に行われている侵害行為の排除を求め，あるいは将来生ずべき侵害の予防を求める請求権を有することは広く認められている。

　しかし，労働者の人格的利益侵害に対する救済制度として，差止請求はこれまで十分な議論がなされてこなかった[4]。本稿は，使用者による労働者の人格的利益の侵害に対して，労働者がその侵害の停止または予防を請求しうる権利を有するか（停止，予防を合わせて差止といい，これを請求する権利を差止請求権という）という問題を検討する。

(2)　本稿の対象

　一般に，人格権とは「主として身体・健康・自由・名誉など人格的属性を対象とし，その自由の発展のために，第三者による侵害に対し保護されなければならない諸利益の総体」[5]とされる。それは，名誉権，氏名権，プライバシー権など精神的な利益（精神的人格的利益）と生命・身体・健康などの身体的属性に対する利益または生活利益に対する侵害（生活妨害）から保護される権利とに分けられる。さらに，精神的人格的利益については，名誉権，プライバシー権などの個別的人格権のほかに，人格的発展，自由などのより広い人格的利益（これを一般的人格権または人格的利益という）が含まれる。

　このように人格権または人格的利益の内容は多様である。差止請求の在り方をめぐって，名誉・プライバシー侵害と公害等の生活妨害の問題領域が複雑にからみあって，議論が錯綜している。確かに，判例は人格権を根拠に差止請求を認めているが，実際の判断プロセスは事案類型ごとに異なっており，精神的人

---

(2)　島田陽一「企業における労働者の人格権」日本労働法学会編『講座 21 世紀の労働法 労働者の人格と平等』（有斐閣，2000 年）15 頁。
(3)　平井宜雄『債権各論 II　不法行為』（弘文堂，1992 年）107 頁。
(4)　むしろ差止請求の意義は低く評価する見解が有力であった。島田・前掲書注(2)16 頁は，「もっとも例えば差止請求は，労働者の人格的利益を保護においては必ずしも有効に機能しない。」としている。
(5)　五十嵐清『人格権論』（一粒社，1989 年）7 頁。

格的利益侵害と生活妨害の事案を一括して論ずることは無用な混乱をもたらすように思われる[6]。そこで，本稿では，対象を主として精神的人格的利益に絞って議論を展開することにしたい。

　労働者の精神的人格的利益の侵害の態様は，労働者の思想・信条の自由の侵害（ビラ配布の妨害など），プライバシー侵害（労働者のロッカーや私物検査など），労働者の名誉感情の毀損（侮辱，罵倒など），個人の尊厳の毀損（セクハラ，パワハラ，いじめ等）など様々である。また，侵害行為は，業務命令権の行使による場合（例えば配転命令），使用者の指示による暴言，威嚇などの事実行為による場合などがある。

　本稿では，差止請求としては，主に上記のような侵害行為が継続することの停止または侵害行為の事前の禁止など不作為請求を想定している。通常は，差止の内容としては，妨害除去請求も含めるが，本稿は対象から除外している。なぜなら，差止請求が必然的に妨害除去を含むものか，原状回復請求との関連で理論的疑問が生じ，また，実際上，妨害除去請求をする場合，不作為にとどまらず様々な防止措置の作為請求も視野に入れる必要が生ずるからである。

　また，以上の差止請求の内容の限定から，形成権不存在確認請求，業務命令権の効力停止の仮処分，あるいは，労働契約上の履行義務に含まれない業務の命令に対する義務不存在確認請求など差止めと類似の機能を果たす別の救済制度について，本稿は触れない。差止めはあくまでも具体的行為（これには業務命令の発令，意思表示の発出を含む）の差止めを指している。

　さらに，本稿は，主として使用者が主導する侵害行為，すなわち，使用者または使用者の意を体して管理職，同僚労働者などが行う侵害行為に対象を限定する。人格権侵害行為の主体に着目すれば，①侵害行為の主体が使用者または使用者の意を体した管理職，同僚労働者である場合と，②管理職，同僚労働者が使用者とは別に独自に行った場合がある。上記②の場合は，差止請求の相手方は，人格権侵害を行った労働者ということになる。たとえば，同僚労働者の喫煙やセクシャル・ハラスメントなどは，直接の加害者は同僚労働者であり，不法行為に基づいて損害賠償を請求する場合，第1次的損害賠償責任は同僚労働者となり，使用者は民法715条に基づく使用者責任を負う。差止請求は直接

---

(6) 森田修「差止請求と民法」総合研究開発機構・高橋宏志編『差止請求権の基本構造』（商事法務研究会，2001年）130頁。

の侵害行為者を相手方とするのであるから，主として使用者に対する差止請求を対象とする本稿では扱わない。

本稿のテーマは，安全配慮義務の履行請求と類似性を有する。しかし，安全配慮義務の場合には，履行請求の内容は，間接喫煙被害の除去措置などの積極的な作為が問題となり，この点で，不作為請求権である差止請求とは異なる。ただし，人格権の内容には生命，身体，健康も含まれるので，実態として，両者を明確に区分することは困難である。安全配慮義務の履行請求については，すでに別稿で論じたので，それを参照いただきたい[7]。

(3) 問題の所在と検討の方法

人格権または人格的利益が侵害されたときには，民法709条が損害賠償，名誉毀損については民法722条2項が原状回復といった救済手段を用意している。これに加えて，名誉毀損の場合に名誉権たる人格権に基づいて差止請求できることは，すでに北方ジャーナル事件・最高裁判決によって確立した判例法理となっている。

不法行為の成立要件については，権利侵害の要件が早い段階で違法性に読み替えられた結果，権利構成は必ずしも損害賠償責任を認める上で法技術的有用性をもたない。そこで，民法学において人格権概念が実務的に有用なのは差止請求においてであるとされている。

さて，このように市民社会で発展した法理を企業社会に導入し，労働者人格権に基づく差止請求の意義を論ずる場合，いくつかの問題が存在している。

まず，差止請求の法的根拠（法律構成）の問題である。判例上，人格権たる名誉権に基づいて差止請求しうることは確立しているが，精神的人格価値に留まらず，騒音，大気汚染，日照などの生活妨害についても差止請求がなされている。たとえば，大阪空港差止請求事件控訴審判決（大阪高判昭50・11・27判時797号36頁）は，騒音による生活妨害に対して差止請求を認容している。このような様々な侵害に対して差止めを求める場合，どのような法的根拠によるべきか民法学説において様々な議論がなされ，現在，人格権などの権利構成説，不法行為構成説，人格権と不法行為の二元的構成を唱える説が提唱されている

---

[7] 鎌田耕一「安全配慮義務の履行請求」『労働保護法の再生』（信山社，2005年）359頁以下。

ところである(8)。労働者の人格的利益に対する救済手段として差止請求を論じる場合も，差止請求の法律構成に関する民法学説を踏まえて検討すべきであろう。

　第二に，人格権概念の外延のあいまいさが問題となる。市民生活における人格権概念の外延のあいまいさはすでに指摘されているところだが(9)，労働者の精神的人格的利益はさらに多様であり，労働者人格権の外延のあいまいさはさらに拡大するであろう(10)。労使関係は継続的で緊密な人間関係から成り立っており，その中では名誉毀損，名誉感情の侵害，精神的なプレッシャーなど様々な軋轢が生じやすい。むしろ，ある学説は，人格権を「生成途上の権利」と位置づけて，人格的利益にかかわる新たな法的紛争が増大する中で，それらを解決し，従来必ずしも認められてこなかった利益を保護法益に取り入れる役割を果たしていると指摘している。確かに，損害賠償による救済を想定した場合はこうした役割を認めることができる。しかし，人格権が権利としてその内容を明確にして，他者がある程度侵害となりうる領域を予見できないとなれば，差止めが他者の行動の自由を抑制するものであるだけに，大きな問題となるであろう。

　第三の問題は，差止めは特定の行為の停止，事前禁止を求めるものであるから，差止請求は使用者の行為の自由を制約することになる。労働者の人格権が使用者の業務命令権の行使によって侵害されまたは侵害されるおそれがあるとき，差止めは，使用者の業務命令権の行使の停止または事前禁止を求めることになる。このことは，事実行為が問題となる場合でも同様である。差止請求の可否は，差止請求を認めることによって得られる労働者の利益と差し止められ

---

(8)　差止請求に関する学説は多岐にわたるが，基本的に四宮和夫『不法行為』（青林書院，1987年）478頁以下，加藤雅信『事務管理・不当利得・不法行為』（有斐閣，2003年）320頁以下，潮見佳男『不法行為法』（信山社，2002年）483頁以下参照。人格権に基づく差止めについては，竹田稔『名誉・プライバシー侵害に関する民事責任の研究』（酒井書店，1987年）191頁以下，五十嵐・前掲書注(5)177頁以下参照。

(9)　大塚直「人格権に基づく差止請求」民商法雑誌116巻5・4号（1997年）528頁は，日本では人格権概念が公害などによる生活妨害の場面でも用いられ，そこでは，人格権侵害が，生命，身体への被害から軽微な精神的被害，不快感に留まる，広がりをもっている点を理由にあげている。

(10)　石田眞「労働関係における人格権」労働法の争点第3版（2004年）109〜110頁は裁判で問題となった多様な労働者の人格的利益をまとめている。

ることによって奪われる使用者の利益の比較考量が避けられない。これをふまえて，差止請求の要件を検討すべきである。

本稿では，後述するように，生命，身体，名誉，プライバシー権，人間関係形成の自由など市民社会において普遍的な人格的利益を対象とした排他的権利を「人格権」と呼び，労働者のこのような人格的利益を「労働者人格権」と呼ぶことにする。これに対して，静穏，名誉感情などの個人の生活を維持する多様な利益を「人格的利益」と呼び，職場における職業的な経験，人間関係によって築かれた信頼関係およびこれに裏付けられた名誉感情，自尊心などの職業生活上の精神的価値を「労働者の人格的利益」と呼ぶことにする。本稿は，このように労働者の人格権と人格的利益を分けて，差止請求の法律構成と要件を取り扱うこととする。このように両者を分けて論ずるのは，差止請求の法律構成，要件に違いがあると考えるからである。

本稿は，まず，人格権と差止請求の法的根拠（法律構成）に関する裁判例，民法学説を検討し（第2章），次に労働者人格権と差止請求（第3章），最後に労働者の人格的利益と差止請求（第4章）について検討する予定である。

2 差止請求の法的根拠

(1) これまでの裁判例・学説

人格権に基づく差止請求に関して，すでに多くの裁判例がある。しかし，差止請求の法的根拠および要件については依然として議論は収束していない。ここでは，本稿のテーマに必要な限りで，裁判例の動向と民法学説の現況を簡単に紹介する。

(a) 裁 判 例

人格権侵害に対する差止請求に関しては成文上の根拠はない。しかし，裁判例は，戦前から，人格権に基づく差止請求を徐々にではあるが認めてきた。戦前の裁判例は，すでに氏名権について差止請求を認めていた（京都地判大正6・5・9法律評論6巻854頁（家元の名称の不正使用の差止を命じた））。

戦後では，プライバシー侵害が問題となったいわゆる「宴のあと」事件（東京地判昭39・9・28下民集15巻9号2317頁）以降，裁判所はプライバシーを人格権として認め，その侵害に対する損害賠償を認めている。ここではプライバシーは「私生活をみだりに公開されないという法的保障ないし権利」と定義された。

さらに「エロス＋虐殺」上映禁止仮処分事件（東京高判昭45・4・13判時587号31頁）で、裁判所は「人格的利益を侵害された被害者は、また、加害者に対して、現に行われている侵害行為の排除を求め、或いは将来生ずべき侵害の予防を求める請求権を有する」との差止請求に関する一般論を展開した。

こうした中で、北方ジャーナル事件で最高裁（最大判昭和61・6・11民集40巻4号872頁）は、出版物の頒布などの事前差止は、原則として許されないとしながら、一定の場合には「例外的に事前差止めが許される」とした。すなわち、「人の品性、徳行、名声、信用等の人格的価値について社会から受ける客観的評価である名誉を違法に侵害された者は、損害賠償（民法710条）又は名誉回復のための処分（同法723条）を求めることができるほか、人格権としての名誉権に基づき、加害者に対し、現に行われている侵害行為を排除し、又は将来生ずべき侵害を予防するため、侵害行為の差止めを求めることができるものと解するのが相当である。けだし、名誉は生命、身体とともに極めて重大な保護法であり、人格権としての名誉権は、物権の場合と同様に排他性を有する権利というべきであるからである。」

北方ジャーナル最高裁判決は、差止請求の法的根拠として「人格権としての名誉権」の物権類似の「排他性」に求めている点で重要な意義を有している[11]。この判決以降、裁判例は、名誉権以外の人格権侵害に対しても差止請求を認めている。たとえば、「石に泳ぐ魚」事件最高裁判決（最三小判平14・9・24判時1802号60頁）は「公共の利益に係わらない被上告人のプライバシーにわたる事項を表現内容に含む本件小説の公表により公的立場にない被上告人の名誉、プライバシー、名誉感情が侵害されたものであって、本件小説の出版等により被上告人に重大で回復困難な損害を被らせるおそれがあるというべきである。」としたうえで、差止請求を認めている。

他方で、精神的人格権とは別に、騒音、日照妨害などの生活妨害に対する差止請求が数多く裁判で争われている。生活妨害をめぐる差止請求については、判例理論は必ずしも明確ではないが否定する傾向にあるといわれる[12]。しかし

---
(11) 加藤和夫「北方ジャーナル事件最高裁判例解説」法曹時報41巻9号（1989年）209頁。
(12) 最判昭43・7・4集民91号567頁は、不法行為の事実だけでは差止請求ができないと判示している。平井・前掲書注(3)106頁、新美育文「差止めについて立法をどのように考えるか」『法律時報増刊　民法改正を考える』（2008年）347頁。

第2章　労働契約と労働者人格権

ながら，下級審判決例では，騒音などの生活妨害について生命，健康が違法に侵害されまたは侵害されるおそれがあるとき，人格権を理由に差止請求を認めている例が少なくない。たとえば，前掲大阪空港公害訴訟控訴審判決は，「人は，疾病をもたらす等の身体侵害行為に対してはもとより，著しい精神的苦痛を被らせあるいは著しい生活上の妨害を来たす行為に対しても，その侵害行為の排除を求めることができ，また，その被害が現実化していなくともその危険が切迫している場合には，あらかじめ侵害行為の禁止を求めることができるものと解すべきであって，このような人格権に基づく妨害排除および妨害予防請求権が私法上の差止請求の根拠となりうる」と判示している。

さらに，わずかであるが，不法行為に基づいて差止請求を認める裁判例もある。選挙運動を妨害する記事が掲載される雑誌の配布禁止仮処分を求める事件で，仙台地裁（昭49・7・20判決判時768号80頁）は，「法律により保護に値する利益が第三者の不法行為によって現に侵害され，もしくは侵害されようとしているときは，その侵害の対象が所有権，占有権，人格権等明確な権利として構成することができない場合であっても，それが侵害行為の差止によって保護されるべき十分な利益を有すると認められるときは，これに基づいて侵害行為の差止を請求することができるものと解するのが相当である。」と判示している。

以上の裁判例の動向から，名誉などの精神的人格的価値の侵害に対しては人格権を理由に差止を認めることがほぼ確立しているのに対して，生活妨害に対する差止請求の法律構成については，裁判例はなお慎重な態度を示しているが，下級審では人格権または不法行為を理由に差止を認める判決がみられる。

(b) 学　　説

学説は，戦前において人格権に基づく差止請求について必ずしも活発な議論を展開してこなかった。それが議論されるのは戦後になってからである。当初，研究は，人格権概念の導入の試みと差止請求の法的根拠の模索という二つの別個の流れとして進行した。

人格権概念の導入の試みとしては，学説は，ドイツ法で承認されている一般的人格権にならって，新たに人格権概念を日本に導入しようと試みた。学説は，人格的利益を権利構成することによって，保護されるべき利益の内容および限界が明らかになり，その違法な侵害を不法行為とすることが容易となるだけではなく，差止請求の根拠となるという利点をあげている[13]。この動きは，1960

年代に裁判所の採用するところとなり，北方ジャーナル事件最高裁判決によって，人格権概念はほぼ定着したといえよう。

これに対して，差止請求の法的根拠をめぐる議論は，やはりドイツ法の議論，例えば，一般的不作為請求の制度を日本法に導入しようとする試み[14]がなされたが，公害の差止請求が裁判で繰り返される中で，独自の理論展開がなされてきた。

差止請求に関する一般的規定がないなかで，差止請求を不法行為法上の効果として認めるべきだとする見解（これを不法行為説という）が提唱された[15]。しかし，この見解では，差止請求を認める場合が広すぎ，個人活動の自由を不当に制限する恐れがあるところから，人格的利益の侵害に対して，排他性を有する物権および物権類似の絶対権ないし支配権としての人格権に基づく差止請求を根拠として認めるべきだとする見解[16]が提唱される。

差止の根拠として物権をあげる説は，物権的請求権の一形態として差止請求を認める考えで，とくに，騒音，日照妨害といった近隣生活者間の土地利用の衝突に結びついた生活妨害の事例で大きな意義をもった。しかし，この説は，公害事件のように企業と一般市民との間の紛争には有効ではなかった。そこで，個人の生命，身体，健康の保護を人格権ととらえ，人格権を根拠に差止請求する学説が支配的となった。

しかし，被害者側からみると，権利構成は，絶対権の侵害であるから故意・過失を問題とすることなく差止請求を認めうるという利点があるが，絶対権以外の権利・利益が侵害される場合には差止請求が認められないという欠点が指摘されるようになった[17]。精神的価値や生活妨害が多岐にわたることから，これらの救済の根拠として人格権概念を用いると，人格権概念はその外延を際限なく広げ，その結果，人格権の外延が著しくあいまいとなってしまう。

---

(13) 五十嵐・前掲書注(5) 8 頁。
(14) ドイツの議論を紹介する文献は多数あるが，たとえば，赤松美登里「ドイツにおける一般的予防的不作為の訴え」同志社法学 36 巻 3 号（1984 年）90 頁以下。
(15) 末川博『民法上の諸問題』（弘文堂書房，1936 年）351 頁，五十嵐清・藤岡康宏「人格権侵害と差止請求」判例評論 139 号（1970 年）109 頁。
(16) 我妻栄『事務管理・不当利得・不法行為』（復刻版）（日本評論社，1989 年）198 頁，加藤一郎『不法行為』（有斐閣，1974 年）214 頁。
(17) 四宮・前掲書注(8) 478 頁。

第2章　労働契約と労働者人格権

　これに対して，不法行為説は，不法行為の効果として差止めを認めるものであり，権利構成説のような人格権概念の厳格な定義は必要としないで，人格的利益，生活妨害の多様性に対応できる柔軟性を有している。しかし，民法722条が不法行為の効果として金銭賠償を原則としていることや，差止請求が利益考量または受忍限度を基準として認めることから，その基準があいまいであるとの批判を受けた。

　そこで，近年では，一方では人格権に基づく差止めという通説を承認しつつ，他方で，それと並んで絶対権侵害に至らない利益侵害に対しても，不法行為の効果として差止請求を認めるという二元的な構成をもつ学説が多数説となっている[18]。

　かくして，現在，差止請求の法的根拠として三つの法律構成が提示されている[19]。一つは，差止請求の根拠として物権，人格権などの排他性・絶対性を有する権利をあげるもの（これを権利構成説という），二つは不法行為の効果として差止請求を認めるもの，三つは，人格権に基づく差止請求が認められない場合，不法行為の効果として差止請求を併存的に認める学説（二元的構成説という）がそれである。

　たとえば，平井宜雄教授は，物権，人格権に基づく差止請求と特別法による差止請求の他，「社会生活の進展に伴う保護法益の多岐化・複雑化，それを支える価値判断の変化・多様化にかんがみれば」一定の要件の下で差止請求権を認めるべきだとしている。すなわち，①現在において損害が生じており，そのことが将来において損害発生の高度な蓋然性の基礎となるべき場合であること，②過去の損害の発生につき行為者に故意のある場合で，上記①の要件が充たされる場合，③差止めを認めなければ回復できないような性質の被侵害利益である場合，不法行為に基づき差止請求が認められるべきだとしている[20]。

　こうした二元的構成にたって，改めて差止請求の根拠となる人格権を再定義する試みも行われている。

---

[18]　新美・前掲論文注(12) 347頁，森田・前掲論文注(6) 114頁。

[19]　藤岡康宏『損害賠償法の構造』（成文堂，2002年）128頁，四宮・前掲書注(8) 478頁，平井・前掲書注(3) 106〜107頁。最近では差止請求の法的根拠について新たな学説の展開がみられる。たとえば，根本尚徳「差止請求権の発生根拠に関する理論的考察――E. Pickerの物権的請求権説を手がかりにして」私法72号（2010年）132頁以下。

[20]　平井・前掲書注(3) 108頁。

大塚直教授は，差止の根拠として何らかの排他的権利が要求されてきたことを考えると，「差止を認めるときの『人格権』とは，単なる人格的利益ではなく，少なくとも『他人の権利と区別された固有の領域を有する』という伝統的な権利の特質としての明確性を備えたものであることが必要」だとしている[21]。大塚教授は以上のような視点にたって，人格的利益を以下のように分類する。すなわち，①生命侵害及び健康侵害（疾病の発生），②疾病に至らない潜在的な健康侵害（比較的軽いのどの痛み，食欲不振，比較的軽度の不眠等）ないし重大な精神的侵害（事務・勉強に対する重大な妨害，頻繁な会話の断絶，テレビ等の視聴の頻繁な妨害，思考力の著しい減退等，名誉毀損，プライバシー侵害），③単なる不快感をはじめとする軽微な精神的侵害（事務・会話・勉強等に対する軽度の侵害，圧迫感等。日照妨害，眺望阻害等もここに含まれる，名誉感情の侵害も同様である）の三つに大別し，このうち上記①②のみを人格権侵害とみなし，③を人格権侵害から外している。ただし，権利には至らない利益に対しては不法行為に基づく差止も認めるべきだとしている[22]。

現段階では，「民法改正研究会」が2009年に発表した「民法改正　国民・法曹・学界有志案」は，不法行為の効果として差止めを導入することを立法的課題として提言している[23]。

(2) 差止請求の法律構成
(a) 法律構成

精神的人格的利益に対する差止請求については，人格権構成が一応ほぼ定着しているといえる。学説も，人格権侵害を「個人の人格に本質的に付帯する個人の生命，身体，精神および生活に関する利益の侵害」と定義したうえで，こうした侵害に対して，人格権に基づいて差止めを認めるという立場が支配的である[24]。

しかし，こうした伝統的理解では，保護されるべき利益の複雑化，侵害行為の多様化によって人格権概念が肥大し，その外延が著しくあいまいになり，そ

---

[21] 大塚・前掲論文注(9) 527頁。
[22] 大塚・前掲論文注(9) 530頁。
[23] 『法律時報増刊　民法改正　国民・法曹・学界有志案』（2009年）232頁。
[24] 潮見佳男『債権各論Ⅱ　不法行為法　第2版』（新世社，2009年）166〜167頁。

第2章　労働契約と労働者人格権

の結果，絶対権保護という建前に齟齬をきたすか，あるいは，絶対権に固執して差止請求しうる場合を限定するという政策決定を強いられることになる。

　こうした議論状況をみると，私は，最近の多数学説である二元的構成をとるべきだと考えている。不法行為の効果として差止請求を認めることができるか問題となるが，これまでの学説を参考に，以下で簡単にその理由を述べる。

　まず，民法722条1項が不法行為の効果として金銭賠償主義をとっている点であるが，旧民法起草者は本条の原型である旧民法財産編386条1項に関して少なくとも不法行為については差止めの効果を認めていたこと，現行民法の起草委員の穂積は金銭賠償が便利であるという政策的理由から金銭賠償主義の導入をはかっており，同条は必ずしも差止めを排斥する趣旨ではなかったことが実証されている[25]。

　第二に，保護されるべき利益の複雑化，多様化のなかで，損害賠償だけでは救済の手段として十分ではなく，差止の必要性が増すと思われる[26]。そうした場合，差止請求の根拠を人格権に限定することになれば，その外延はあいまいとなり，今や裁判例においても人格権構成は，差止を認めるか否かの決定基準として機能しているというより，物権に準じた保護を認めるための法律構成として，一種の一般条項としてしか機能していないことになろう[27]。

　第三に，差止請求の可否を判断するにあたって，精神的人格的利益侵害の多様性を考慮すると，権利の妥当範囲の確定だけにとどまらず，侵害行為の態様と，さらに行為者の動機・目的など様々な要素を総合的に判断する必要があると思われ[28]，その場合，不法行為法の判断手法によることがより実態に即した結論を引き出すことが可能となると思われる。

　(b)　差止請求の要件

　二元的構成をとった場合，問題とされている人格的利益が権利と認められるか否かにかかわらず差止請求が可能となり，むしろこうした違いが差止請求の

---

[25]　大塚直「生活妨害の差止に関する基礎的考察(7)」法学協会雑誌107巻3号（1990年）468〜469頁。
[26]　平井・前掲書注(3) 107〜108頁。
[27]　森田・前掲論文注(6) 115頁。
[28]　差止請求にあたって，侵害行為者の目的・動機を考慮すべきかどうかは一つの論点であるが，精神的人格的利益の侵害においては，行為者の動機・目的も考慮要素となるのではないか。

要件にどのような違いをもたらすのかが重要である[29]。

　名誉，プライバシー侵害に対する差止めだけをとっても，差止請求の要件は，損害賠償よりも高度な違法性が必要だとする説，差止めを行う者となされる者との間の利益考量によるべきだとする説，さらに，その利益衡量もいくつかの手法に分かれ，多種多様である。このような学説の混迷する状況に対して，差止請求に関する一般的な要件を立てることはさほど重要ではなく，むしろ，問題となる人格的利益のタイプに応じて要件をたてるべきだと主張する学説も存在する[30]。

　差止請求の要件をどう構成するか難問であるが，後の議論に関係する部分に限って言うと，ここでは，民法改正研究会が提案している差止請求の規定を参考にして以下のようにしてはどうかと考えている。

　差止請求の法的根拠の二元的構成をふまえて，人格的利益を「人格権」と狭義の「人格的利益」を分け，そのうえで，人格権侵害に対する差止請求の要件としては，差止請求は人格権が「侵害されていることまたは侵害されるおそれがある」場合に認められるが，これに違法性阻却事由として「その侵害が社会生活上容認すべきものその他違法性を欠く」場合はこの限りではないと考えてはどうか。人格的利益侵害については，それが不法行為の効果として認められることを考慮すれば，人格的利益が違法に侵害され，または侵害されるおそれがあることを要件とするべきであろう。この違法性の判断にあたっては，侵害行為の態様と行為者の動機・目的も考慮されることになる。

3　労働者人格権と差止請求

(1)　労働者人格権と人格的利益の区別

　民法学説で定着した人格権と対比して，労働者人格権の特徴はどこにあるのだろうか。角田教授がこの問題のパイオニアとして人格権概念を提唱した意図は，労働者の「精神的人格価値」を正面から保護することであった。その問題意識は，「一般の市民社会でなら当然保護の対象であるこれらの精神的人格価値の保護が，一歩企業内に立ち入れば失われてしまう」という状況に対して，

---

[29]　大塚直・加藤雅信・加藤新太郎「差止めを語る」判例タイムズ1229号（2007年）8～12頁（大塚直および加藤雅信発言部分）。
[30]　藤岡・前掲書注(19) 522～523頁。

「もう一度，普遍的な人格的権利に立ち返ってこの問題を考察する必要性を痛感する」[31]ところにあった。

ここで問題となっている精神的人格価値とは，労働者の私的領域や秘密領域の保護，個人の性格像，名誉，盗聴，ビデオ・カメラを用いた労働の監視，さらには自己に関する個人情報のコントロールなどである[32]。角田教授は，一般の市民社会で認められる人格的利益が職場では保護されていないという問題意識に立って，人格権という誰に対しても主張できる普遍的ないし排他的権利を職場においても使用者に主張できるようにすべきだというのである。

ところが，裁判例において，問題となったのは，以上のような「普遍的な人格的権利」にとどまらない。むしろ，労働者の多様な精神的人格利益がこれまで争われてきた[33]。

例えば，組合専従者が職場復帰後にいやがらせといえる著しい隔離的，差別的取扱いにあたる作業を命じ，屈辱的な就労に従事させたたことを，自由，名誉等に準じた個人の人格権侵害とした事例（ネッスル事件・大阪高判平2・7・10労判580号42頁），バス会社で労働者の組合所属などによって配車の差別をしたことが，労働者としての評価を低下させた人格権侵害にあたる事例（サンデン交通事件・広島高判平6・3・29労判669号74頁），勤続33年におよぶ課長職経験者を受付業務に配置したことが人格権侵害だとした事例（バンク・オブ・アメリカ・イリノイ事件・東京地判平7・12・4労判685号17頁），組合脱退者に対して職員組合で組織的に誹謗・中傷がなされた事例（U福祉会事件・名古屋地判平17・4・27労判895号24頁）がある。

これらは，労働者に屈辱感を与え，職場における評価を低下させ，自尊心を損なうものであるが，個人の名誉というより名誉感情の毀損にあたるとみるべきであろう。なぜなら，名誉とは，人がその品性，徳行，名声，信用その他の人格的価値について社会から受ける客観的評価をいい，この社会的評価の侵害が名誉毀損とされ，これに対して，主観的な名誉感情（自分自身の人格的価値につ

---

[31] 角田・前掲論文注(1) 7頁。
[32] 角田・前掲論文注(1) 22頁。
[33] 道幸哲也「職場における人権保障の新たな展開」日本労働研究雑誌441号（1997年）2頁以下，島田・前掲論文(2) 10～12頁，西谷敏『労働法』（日本評論社，2008年）88頁参照。

いてみずから有する主観的な評価）の侵害は名誉毀損とならない（最判昭45・12・18民集24巻13巻2151頁）と解されているからである。

　さらに，労働者の人格的利益の侵害事例としては，教育訓練の名のもとに労働者に就業規則の書き写しなど不要な仕事を命じこれにより，労働者に心理的圧迫感，拘束感を与えたことが，合理的理由なく人格を徒に傷つけたものと判断した事例（JR東日本（本荘保線区）事件・仙台高秋田支判平4・12・25労判690号13頁），希望退職に応じない労働者に暴力をふるい，業務上必要のない単純な統計作業をさせた事例（エール・フランス事件・千葉地判平6・1・26労判647号11頁）などがある。

　ここでは，労働者に業務上の必要性が乏しい業務に就かせることで，本人の就労意欲を低下させ精神的な苦痛を与えるとともに，業務を命ずる使用者の裁量を逸脱，濫用したところに特徴がある。

　このように，労働者の人格的利益は，自由，身体，名誉，プライバシーなどの普遍的人格権にとどまらず，職場が単なる労務提供の場に止まらない人間関係を形成する場であることを前提にして，職場での評価，就労に対する誇り，労働者の名誉感情など多様な精神的人格価値を包含しているのである[34]。名誉，プライバシーなどは職場においても広く排他的・絶対的権利とすべきであるのに対して，職場で形成された労働者の信用に基づいた名誉感情などの多様な精神的人格価値は，他人の権利と区別される明確な領域をもたない。

　民法学説の多数が人格権を権利として内容が明確であるものに限定し，これ以外の人格的利益については，人格的利益が不法行為の効果として差止請求を認めようとしているをふまえると，本稿でも，労働者人格権を普遍的な意味での人格権と解し，職場の固有の人格的利益と分けて検討すべきだと考えるのである[35]。

---

(34)　島田・前掲論文注(2)10〜11頁，石田・前掲論文注(10)110頁，浅野毅彦「労働者人格権に関する裁判例の検討」労旬1649号（2007年）9頁。
(35)　浅野・前掲論文注(34)9頁以下は労働者人格権を労働者固有の人格的利益と一般的な人格権に分けているが，同趣旨。

第2章　労働契約と労働者人格権

(2)　労働者人格権
(a)　職場における人間関係形成の自由（共同絶交）

わが国には古くから，村落共同体において集団秩序を乱したものに対してその者を集団生活の付き合いから排除する「共同絶交」（いわゆる村八分）が行われていた。こうした共同絶交は，以前から被絶交者の自由と名誉を侵害する点で不法行為とされてきた（大判大 10・6・28 民録 27 輯 1260 頁）[36]。

職場における共同絶交も同様に不法行為とされてきた。バス会社の従業員が会社の労働基準法違反を陸運局に申告したため，会社は是正勧告を受けたことに対して，管理職がその報復手段としてその従業員に対して共同絶交の勧告書を渡した事案（中央観光バス事件・大阪地判昭 55・3・26 判例タイムズ 423 号 116 頁）[37]で，裁判所は，「右共同絶交は，職場という限られた社会生活の場において行われるものであるとはいえ，右職場は原告らにとって日常生活の重要な基盤を構成する場であり，それが実行されると，原告らはその意に反して右職場から離脱せざるを得ないこととなるであろうことが容易に推測し得るものである。従って，右勧告書が作成され，原告らに対し交付されたことは，原告らに被告中央観光を退職することを強要し，退職しない限り原告らの自由及び名誉を侵害することとなる旨告知した違法な行為というほかない。」とした。

関西電力事件・最高裁判決（最三小判平 7・9・5 労判 680 号 23 頁）は，共産党員またはその同調者（X₁，X₂ら）に対して，その職制等を通じて，職場の内外でXらを継続的に監視する態勢を採った上，極左分子であるとか，会社の経営方針に非協力的な者であるなどとその思想を非難して，Xらとの接触，交際をしないよう他の従業員に働き掛け，種々の方法を用いてXらを職場で孤立させるなどした事案であるが，その過程の中で，X₁およびX₂については，退社後同人らを尾行したりし，特にX₂については，ロッカーを無断で開けて私物である「民青手帳」を写真に撮影した行為を，「職場における自由な人間関係を形成する自由を不当に侵害するとともに，その名誉を毀損するものであり」とし，また，X₂らに対する行為は「プライバシーを侵害するもの」でもあって，これらはXらの「人格的利益を侵害するもの」と表現している。

---

[36]　五十嵐・前掲書注(5) 101 頁。
[37]　角田邦重「労使関係における労働者の人格的利益の保護(1)―中央観光バス・共同絶交事件を契機として」労判 354 号（1980 年）4 頁以下。

(b) プライバシー権

プライバシー権の定義については，個人情報のコントロール権[38]としたり，「秘匿しておきたい私的領域に不当に関与されない権利」とするなど学説間で争いのあるところである[39]。

裁判例では，プライバシー権の侵害としては，所持品検査，私的メールの閲覧，職場における録音機の設置などが争われている。

所持品検査を拒否したことを理由に解雇したことの無効を争った西日本鉄道事件で，最高裁（最二小判昭43・8・2 判時528号82頁）は，「おもうに，使用者がその企業の従業員に対して金品の不正隠匿の摘発・防止のために行なう，いわゆる所持品検査は，被検査者の基本的人権に関する問題であって，その性質上つねに人権侵害のおそれを伴うものであるから，たとえ，それが企業の経営・維持にとつて必要かつ効果的な措置であり，他の同種の企業において多く行なわれるところであるとしても，また，それが労働基準法所定の手続を経て作成・変更された就業規則の条項に基づいて行なわれ，これについて従業員組合または当該職場従業員の過半数の同意があるとしても，そのことの故をもつて，当然に適法視されうるものではない。問題は，その検査の方法ないし程度であって，所持品検査は，これを必要とする合理的理由に基づいて，一般的に妥当な方法と程度で，しかも制度として，職場従業員に対して画一的に実施されるものでなければならない。」と述べている。

下級審では，教習車への録音機設置に労働者が抗議したところ，「社長命令が聞けないのであれば辞めて帰れ」と言われ，そのまま帰宅した教習所指導員に対する懲戒解雇の効力を争った広沢自動車学校事件決定（徳島地決昭61・11・17 労判488号46頁）は，「学校管理者が指導員の教習を録音して聞くというのは，教習指導員が教習態度を監視されているかのように感じて心理的圧迫を受けるのは無理からぬところで，録音される指導員及び教習生の自由な同意なしにこれをする場合には，教習生を含め録音される側の人格権の侵害になりうる」と

---

[38] 山田省三「職場におけるプライバシー保護」日本労働法学会誌78号（1991年）34～35頁。

[39] 道幸哲也『職場における自立とプライバシー』（日本評論社，1995年）29頁参照。人格権とプライバシー権との関連については，道幸教授は人格権を労働主体としての権利，プライバシー権を企業にとりこまれない市民としての権利というように分けてとらえている（同書28頁）。一般には，プライバシー権は人格権に含まれるものと解されている。

したうえで，懲戒解雇を無効としている。

これに対して，社内ネットワークを用いた私的メールを労働者の許可なく閲覧したことを理由に損害賠償請求したE-mail事件において，裁判所は（東京地判平13・12・3労判826号76頁），社員の電子メールの私的使用が，電話装置の利用と同様に合理的な限度の範囲に止まるものである限り，「その使用について社員に一切のプライバシー権がないとはいえない」としたが，社内ネットワークを用いた電子メールの送受信については，一定の範囲でその通信内容がサーバーコンピュータや端末内に記録されるものであること，社内ネットワークには会社の管理者が存在し，ネットワーク全体を適宜監視しながら保守していることが通常であることから，「通常の電話装置の場合と全く同程度のプライバシー保護を期待することはできず，当該システムの具体的状況に応じた合理的な範囲での保護を期待し得るに止まる」として，損害賠償請求を棄却している。

以上の裁判例をみると，裁判例は，労働者の所持品の検査，会話の録音，電話の録音などは原則としてプライバシーの侵害として違法性を有するが，これらが合理的理由に基づいて妥当な方法によって事前に労働者に説明した場合など合理性があれば違法性が阻却されるとしている。これに対して，私的メールの監視・閲覧については，労働者のプライバシーは合理的な範囲内にとどまる限り保護を受けると解されている。前者がプライバシー侵害は原則として許されないとするのに対して，後者はプライバシー権が使用者の権限との比較衡量から違法性を判断しているようにみえる。

(3) 労働者人格権に基づく差止請求

労働者の生命，身体，自由，名誉，プライバシーへの侵害に対し損害賠償を争った事件は多いが，差止めを争った事例は少ない。

(a) 生命，身体

郵便事業（連続深夜勤）事件・東京地判平成21年5月18日判決（労判991号120頁）は，深夜勤がうつ病の発症の要因であるとして，損害賠償と深夜勤の差止めを争った事件である。判決は，損害賠償について，深夜帯の交替勤務の健康への影響および仮眠の効果をふまえるときは，職員のうつ状態への罹患と連続深夜勤との間には因果関係があり，会社自らが規則的な生活リズムを守ることを規定しているにもかかわらず，連続深夜勤については不規則な指定を行

い，また，不規則の深夜帯の交替勤務については，うつ病等の精神障害の発症率がより高いことが指摘されていることからすると，会社に安全配慮義務違反があったとして損害賠償責任を認めた。

しかし，うつ病罹患者に対する深夜勤指定の差止請求に対しては，判決は，「原告らの健康状態が一定程度回復した場合に，被告が原告らに対し業務上の必要性を勘案して『深夜勤』指定を再開したとしても，原告らの回復状況いかんによっては，健康状態の悪化が必然的に招かれるとはいえないし，前記の被告の態度からすると，被告が原告らに対し『深夜勤』指定を再開するかどうかについては，医師の判断を尊重して慎重に検討するであろうことが期待できる。そうすると，原告らについては，少なくとも現在において，その生命，身体が将来侵害されようとしている差し迫った具体的な危険があるとまではいえないといわざるを得ない」として，人格権に基づく「深夜勤」指定の差止請求を棄却している。

さらに，女性従業員に対する暴言，罵倒，威嚇という行為の差止を請求した事案（西谷商事事件・東京地決平11・11・12労判781号72頁）で，判決は，「人に向かって暴言をあびせ罵倒し又は人を威嚇するという行為が，暴言，罵倒，威嚇の内容や態様という観点から見て，単に人に不快感を生じさせるにとどまらず，その人の自尊心を傷つけ，名誉感情を害し，その人に屈辱感，焦燥感，恐怖心などを生じさせてその人が精神的苦痛を被ることが予想されるほどのものであると認められ，かつ，それらの行為が相当多数回にわたり反復継続して繰り返されている場合には，それによってその人がいわば恒常的に精神的苦痛を受け続けて精神的に疲弊するに至り，身体や精神に何らかの障害が発症することも十分考えられるのであって，既にそのような状況に至った場合又はいずれそのような状況に至ることが予想される場合には，人に向かって暴言をあびせ罵倒し又は人を威嚇するという行為はその人の生命又は身体という人格的利益を侵害するものであり又は侵害するおそれがあるものであるということができ」るとしている（しかし，本件では裁判所は差止請求を棄却している）。

さらに，エール・フランス事件・千葉地裁昭和60年5月9日判決（労判457号92頁）は，希望退職への応募を拒否した労働者に対して，管理者が顔面殴打や脅迫的言辞を行い，その差止を請求した事案であるが，会社代表に対しては，「債権者の身体，自由，名誉に対し，暴行，脅迫，名誉毀損等にわたる一切の

第 2 章　労働契約と労働者人格権

行為をさせてはならない」とされ，管理者は，「債権者の身体，自由，名誉に対し，暴行，脅迫，名誉毀損等にわたる一切の行為をしてはならない」とされた。

(b)　プライバシー

人間関係形成の自由，プライバシーなどの労働者人格権による差止めを直接争った事案は見当たらなかったが，いったん差止請求し，後で取り下げた事案としては，川崎市政党機関紙購読アンケート事件（横浜地川崎支判平 21·1·27 判時 2058 号 77 頁）がある。これは，被告（市）が幹部職員に対して行った政党機関紙の購読勧誘に関するアンケート調査が，職員の思想および良心の自由，人格権等を違法に侵害したとして，原告（職員）らが被告に対し，国家賠償法一条一項に基づき損害賠償の支払を求めるとともに，民法 723 条に基づき被告広報紙に謝罪広告の掲載を求めた事案である。この事件では，当初，上記アンケート調査の公表差止の請求を行ったが，裁判の途中で取り下げられた。

原告は，被告市が，「管理監督職制機構を通じて，勤務時間中に，収集目的を説明することなく，政党機関紙の購読勧誘を受けたことがあるか，その政党機関紙をいかなる考え・心情・立場のもとに購読しているのかなどを問わずセンシティブデータ・情報について書面で質問・調査することへの協力を職務上求めたもので，これらの情報は業務の適正な実施に必要不可欠であるとはいえず，重大な違法がある」と主張した。

これに対して，判決は，回答者の特定が極めて困難で，当該調査が法的なまたは事実上の制裁により強制されておらず，その内容も政党機関紙の勧誘を受けたか，受けて購入したか否かなど思想，信条等の周辺的な事項について任意の回答を求めるにとどまり，思想，信条等の中核的な内容の表白を迫るようなものではない場合には，何らかの保護に値する法的利益が侵害されたとは認められず，プライバシー権ないし自己情報コントロール権の侵害があったとはいえないと判示している。

使用者による所持品検査，職場における録音機の設置，労働者の尾行，私的メールの閲覧などについて差止請求された事例は，私が調べた限りでは見当たらなかった。

4 労働者の人格的利益と差止請求

(1) 労働者の人格的利益

　生命，身体，プライバシーなどの普遍的な人格権以外であっても，労働者の多様な人格的利益が争われてきた。主に損害賠償責任が問われた事案であるが，退職強要の目的の下での使用者による執拗な嫌がらせの行為（松陰学園事件・東京地判平4・6・11労判612号6頁），使用者の指示に従わないことの懲罰の意味をもって，長期にわたって仕事をさせなかったり，あるいは本人の知識・経験にふさわしくない仕事につかせること（バンク・オブ・アメリカ・イリノイ事件・東京地判平7・12・4労判685号17頁），特定の政党または労働組合に所属していることから，これを差別する意図または不当労働行為意思をもって，嫌がらせといえるような屈辱的な仕事への就労命令（サンデン交通事件・山口地下関支判平3・9・30労判606号55頁）などがある。

(a) 退職強要目的の下での人格的利益侵害

　長期間にわたって授業，校務を含む一切の仕事外し，職員室内隔離，一時金不支給自宅研修等の業務命令を行った使用者に対し損害賠償を請求した前掲・松陰学園事件で，裁判所は，これら業務命令が，「長期間にわたって授業及び校務分掌を含む一切の仕事を与えず，しかも，一定の時間に出勤して勤務時間中一定の場所にいることを命ずることは，生徒の指導・教育という労働契約に基づいて原告が供給すべき中心的な労務とは相容れないものであるから，特に原告の同意があるとか又は就業規則に定めがあるというものでない以上，一般的にも無理からぬと認められるような特別の事情がない限り，それ自体が原告に対して通常甘受すべき程度を超える著しい精神的苦痛を与えるものとして，業務命令権の範囲を逸脱し，違法」だとした。そして，上記業務命令が，労働者を退職させるためにした嫌がらせであり，「右隔離による見せしめ的な処遇は，原告の名誉及び信用を著しく侵害するもの」として，損害賠償請求を認めている。

　エール・フランス事件・千葉地裁平成6年1月26日判決（労判647号11頁）は，管理職による同一課内での担当職務の変更が，労務指揮権に名を借りた退職強要であり，人格権侵害だとしている。また，エフピコ事件・水戸地裁下妻支部平成11年6月15日判決（労判763号7頁）は，「労働契約関係において，

第2章　労働契約と労働者人格権

使用者は労働者に対し，労働者がその意に反して退職することがないように職場環境を整備する義務を負い，また，労働者の人格権を侵害する等違法・不当な目的・態様での人事権の行使を行わない義務を負っているものと解すべきである。」としている。

　勤続33年および課長を経験した社員を降格して，女性の契約社員が担当していた総務課受付業務に配転したことが人格権侵害にあたるとして損害賠償を請求した前掲・バンク・オブ・アメリカ・イリノイ事件判決は，配転先の「総務課の受付は，それまで20代前半の女性の契約社員が担当していた業務であり，外国書簡の受発送，書類の各課への配送等の単純労務と来客の取次を担当し，業務受付とはいえ，原告の旧知の外部者の来訪も少なくない職場であって，勤続33年に及び，課長まで経験した原告にふさわしい職務であるとは到底いえず，原告が著しく名誉・自尊心を傷つけられたであろうことは推測に難くない」，「原告に対する右総務課（受付）配転は，原告の人格権（名誉）を侵害し，職場内・外で孤立させ，勤労意欲を失わせ，やがて退職に追いやる意図をもってなされたものであり，被告に許された裁量権の範囲を逸脱した違法なものであって不法行為を構成するというべきである。」とした。

　(b)　見せしめ，懲罰目的に基づく屈辱的な就労

　第1組合の組合専従から復帰した組合員に対して，肉体的負担は少ないものの，職場環境が劣悪であり，かつ隔離的措置が講じられており，通常の作業の労働条件と対比し相当に苛酷なコーヒー豆回収作業への従事を命じたネッスル事件（大阪高判平2・7・10労判580号42頁）において，裁判所は，「被用者が，使用者側から，労働協約に違反した明らかにいやがらせといえる著しい隔離的，差別的取扱いにあたる作業に従事することを命じられ，被用者がこれに応じて屈辱的な就労を余儀なくされた場合，被用者は，自由，名誉等に準じた個人の人格権が侵害されたものとして，これによって生じた精神的苦痛に対する損害の賠償を使用者に求めることができると解するのが相当である。」として，本件命令による就労は，当該労働者に対する「人格権の侵害となる」としている。

　このほか，国労マーク入りのベルトを着用して保線作業に従事したため，教育訓練として，就業規則の書き写しなど不要な仕事を命じた事例（前掲・JR東日本（本荘保線区）事件，接触事故を起こしたバス運転手に対し下車勤務として1ヵ月間営業所構内の除草作業を命じられた事例（神奈川中央交通（大和営業所）

事件・横浜地判平 11・9・21（労判 771 号 32 頁））などがある。

(2) 人格的利益侵害に対する差止請求

これまで，労働者の職業的能力に基づいた誇りや名誉感情を損なう配転命令など使用者の業務命令権の行使の差止めを争った事例は少なくない[40]。たとえば，西日本テレビ事件（福岡地決昭 51・4・19 労民集 27 巻 2 号 224 頁）は，資格を必要としない職種への配転は「第一級無線技術士の誇りをないがしろにされる」という理由から，配転命令を発する前に，「被申請人は，申請人の職種を第一級無線技術士の資格を有する者が備えている知識を必要とするものにとどめおかねばならず，申請人に対し申請人を被申請人の技術局技術制作部送信課から技術局放送部に配置転換するとの意思表示をしてはならない。」との仮処分を申請した事案であるが，判決は申請を棄却している。

労働者の人格的利益侵害に対する差止請求に関しては，学説には積極説と消極説が併存している。

消極説によれば，人格的利益は，労働者の職業的能力や技術，経験，資格などの程度により多様であり，しかもそれは，使用者の適正な人事権の行使または事実上の措置を待って実現されるという特殊性を有することから，重要な利益ではあるが，一般的には絶対性に乏しく，「差止請求は，労働者の人格的利益の保護においては必ずしも有効に機能しない。」としている[41]。

これに対して，積極説は，人格権侵害を防ぐため，直接の侵害の実行者である管理者だけではなく，会社代表者に対しても，妨害排除・予防の措置を講ずることから，「人格権侵害に対する差止請求の意義の大きさを示す」としている[42]。また，最近では，差止請求の内容を，事実行為または業務命令等の差止請求に分け，さらに，後者について業務命令が出される前の差止と業務命令後の差止に細分して，差止請求を業務命令の効力停止，形成権不存在確認という差止請求類似の救済手段と対比したうえで，差止請求という救済手段の独自の

---

[40] 福岡右武「労働事件における差止め」判例タイムズ 1062 号（2001 年）257〜258 頁，中込秀樹「いわゆる非典型的労働仮処分の諸問題」『新実務民事訴訟法講座』（日本評論社，1982 年）207 頁以下参照。
[41] 島田・前掲論文注(2) 16〜17 頁
[42] 渡寛基「企業社会における労働者の人格的侵害の法的救済」日本労働法学会誌 78 号（1991 年）86〜87 頁。

第 2 章　労働契約と労働者人格権

意義を認める学説が現れている[43]。

　裁判例も少ない中で研究も未だ手探りの状態であるが，私は，労働者の人格的利益についても差止請求を認めることに積極的な意義があると考えている。

　その理由は，第一に，被侵害利益の重要性である。職業生活における名誉感情，自尊心は，確かに，その社会的客観的評価に欠けることから名誉とは異なる。しかし，被侵害利益の重要性という観点からみれば，名誉感情の毀損も名誉毀損に劣らず労働者に大きな精神的苦痛をもたらすことは明らかである。その点，名誉と名誉感情の間に境界線は引くことは実際には困難である。最高裁も「石に泳ぐ魚」判決において，「名誉，プライバシー，名誉感情の侵害」を差止請求の理由としていることに留意すべきである。名誉感情の侵害が法的保護にも値しないと考えるのは「窮屈な解釈」[44]である。

　すでに見たように，罵倒，威嚇などの嫌がらせが労働者個人に精神的疾患を発症させるおそれがあるときは，裁判例も差止請求を認めている。身体，健康侵害に対して金銭による補償より予防を優先すべきであることは明らかであろう。差止めによる救済こそが，個人の尊厳，健康で文化的な最低限度の生活を営む権利，幸福追求権を保障する憲法規範と最も親和性を有すると指摘されるゆえんでもある[45]。

　第二に，人格的利益に対する侵害行為の多くは，退職強要，懲罰等の動機・目的を背景にして，執拗に継続して繰り返されている。前掲・松陰学園事件，前掲・バンク・オブ・アメリカ・イリノイ事件などにみられるように，使用者は退職強要，懲罰などの目的をもって，嫌がらせ，業務命令を繰り返し執拗に行っている。労働者がこれに耐えられず退職してしまえば，その後にたとえ損害賠償責任が認められたとしても，侵害行為に対する救済の意義は乏しいことになろう。

　こうした考えに対する疑問も当然あるだろう。人格的利益の多様性のために絶対性に乏しいという指摘はその通りであると思う。この点は，すでに述べたように，人格的利益の侵害そのものだけではなく，侵害行為の態様，使用者の動機・目的などの主観的要素も考慮して差止請求の可否を決定することになる

---

[43]　浅野・前掲論文注(34) 32〜36 頁。
[44]　五十嵐・前掲書注(5) 14 頁。
[45]　川嶋四郎『差止救済過程の近未来展望』（日本評論社，2006 年）23 頁。

と思われる。

(3) 差止請求の要件

これまでの裁判例，学説を参考にすると，差止請求の要件は以下のように考えることができる。

まず，一般的には，民法学説の多数に従って，労働者の生命，身体，自由，プライバシーなどの人格権が侵害されまたは侵害されるおそれがある場合に，その侵害が業務上その他合理的な理由をもたない限り，差止請求が認められる。これに対して，労働者の人格的利益については，それが違法に侵害される場合差止を請求することができると考えるべきであろう。

しかし，具体的には，侵害行為の態様にそって個別に検討すべきである。これまでの裁判例をみると，とくに問題となるのは，侵害行為の態様が，暴言，罵倒，威嚇または業務上必要性がない業務につかせるなどの行為によって労働者の自尊心，名誉感情を侵害する場合である。

暴言，罵倒，威嚇その他の行為が単に労働者に不快感を生じさせるにとどまらず，精神的苦痛を与えるものであると認められ，かつ，それらの行為が相当多数回にわたり反復継続して繰り返され，それによって身体や精神に何らかの障害が発症する状況に至った場合またはいずれそのような状況に至ることが予想されるとき，労働者はそのような行為の差止を請求することができると解するべきである。

これに対して，これらの行為が「身体や精神に何らかの障害が発症するような状況」に至らない場合は，使用者の当該行為を行わせる動機・目的や行為の態様を総合的に考慮して判断すべきだと思われる。すなわち，使用者が業務命令権の行使または事実的行為によって，労働者の退職を促す等のその裁量権を逸脱するような不当な目的・態様をもって，労働者のこれまでの職業生活によって獲得した名誉感情，自尊心などの人格的利益を継続して侵害している場合には，労働者は当該行為の差止を請求することができる。不当な目的とは，労働者の退職強要，懲罰目的，組合差別などの動機をいう。その際，経営者に委ねられた右裁量を逸脱するものであるかどうかについては，使用者側における業務上・組織上の必要性の有無・程度，労働者がその職務・地位にふさわしい能力・適性を有するかどうか，労働者の受ける不利益の性質・程度等の諸点

第2章　労働契約と労働者人格権

が考慮されるべきである。

5　むすびにかえて

　本稿は，労働者の精神的人格価値を，市民社会で普遍的な人格的価値を保障する概念としての「人格権」と，労働者の職業生活において享受する多様な価値を「人格的利益」と区分している。こうした区分は，損害賠償請求にあたっては，格別の法的意義をもたないと考えられてきた。本稿は，差止請求の視点から，その意義を検討したものである。

　差止請求に関する民法学説の展開をみると，現在では，差止請求の法的根拠として，人格権をあげるだけではなく，不法行為の効果をあげるものが多数となってきている。主に生活妨害の事例を中心とした裁判例には，差止請求についてなお慎重な態度が支配的である。しかし，職場における労働者の様々な人格的利益の保護を考える場合，損害賠償だけでは不十分であることが明らかである。なぜなら，最近のいじめ，嫌がらせによる精神疾患の発症，自殺にみられるように，人格的利益の侵害は労働者の生命，身体，健康という最も重要な利益に対する侵害をもたらすからである。さらに，使用者が退職強要，懲罰，差別などの不当な動機・目的の下に労働者に対し執拗に人格的利益侵害を繰り返す場合，これらは損害賠償による補償ではなく，侵害行為そのものの停止が必要だからである。

　差止請求の要件については，人格権の侵害に対しては，原則として差止を請求することができるが，使用者が侵害行為を行うについて合理的な理由があることを証明した場合，違法性が阻却される。これに対して，暴言，威嚇などの言動によって労働者の名誉感情などの人格的利益が侵害され，これによって精神疾患などの発症が予見できる場合，および使用者が，不当な動機・目的をもって，人格的利益を継続的に侵害している場合には，労働者は差止を請求することができる，とすべきである。

　差止請求については，さらに未だ解明されていない論点が多い。本稿は，冒頭で述べたように，検討対象をかなり限定している。とくに，差止の内容としての妨害排除や一定の予防措置などの作為による救済を考察の対象から除いていることは，差止請求の研究として不十分さを示すものである。残された課題の研究にはなお時間を要する。

11 ドイツ労働法における集団自治と契約自治

米 津 孝 司

1 は じ め に
2 事業所協定による一般的労働
　条件の変更と契約自治
3 労働協約と契約自治
4 労働法における集団自治と私
　的自治・契約自治の相剋

1 は じ め に

　集団と個人の相克が，労働条件規制の領域で最も先鋭的にあらわれ，また法理論的にも困難な問題を惹起するテーマ，それが就業規則や協約による労働条件変更である。日本においては，最高裁判例の「定着」を背景に，それは一見するところ実務的には決着済みの様相を呈する一方で，法理論的には一種の袋小路に迷い込んだ感がある。2007 年の労働契約法における就業規則法理の条文化は，いわば法理論の敗北宣言とも受け取られかねないものであったがゆえに，これに対する学説の反発も異例の激しさをともなうものであった。この立法が必ずしも本来的な意味における法的安定性をもたらすものではないことは，その後における同法 7 条以下をめぐる解釈学説の「多様さ」をみても明らかである。民法（債権法）改正論議とも連動して，2007 年労働契約法における就業規則法制は，今後抜本的な再検討を要する。同様のことは協約による労働条件変更についても妥当する。すなわち朝日火災海上（石堂）事件最高裁判決およびそれ以降の判決の展開は，判例法理がいまだ不安定なものであり，したがって予測可能性，法的安定性が低水準にあることを物語っている。
　判例法理定着の外観の下で進行する法的不透明性の増大は，当然に法理論レベルでの解決，すくなくとも同問題についての有意味な法的議論が成立する土俵作り，すなわち法原理レベルでの基本的なコンセンサス形成を促すことに

なる。実は，上記と類似の状況がドイツ労働法における集団的労働条件変更法理をめぐっても観察される。ドイツにおいては，協約や事業所協定による不利益変更に際しての有利原則の貫徹という，それ自体は日本と真逆の法状態にあるが，近年におけるこのテーマをめぐる判例・学説の展開は，ドイツ労働法とその学が，いまや大きな地殻変動の時期に入ったことをうかがわせる。それは20世紀を通じてドイツ労働法が確立した集団法的自治（協約自治・事業所自治）と私的自治・契約自治の関係について，その根本的な再検討を促す事態に立ち至っている。その帰趨はいまだ定かではないが，「労働法における私的自治」という労働法とその学のレゾンデートルに関わる原理問題が問われているとの認識はかなり共有されつつあるといってよい。ドイツ法を観察することを通じて，グローバライゼーション下の社会経済構造の変動という点で共通する課題状況の中にある日本の労働法学が，いかなる法原理的な問題設定を求められているのかについて示唆を得ること，これが本稿の目的である。

2 事業所協定による一般的労働条件の変更と契約自治

60年代半ば以降のドイツ労働法学における人格法的共同体関係理論批判の影響は，その後におけるドイツ労働法のパラダイムを一般の私法秩序にリンクさせる方向へと大きくシフトさせることになった。一般的労働条件 allgemeine Arbeitsbedingungen をめぐるドイツの学説・判例の今日に至るまでの展開は，労働関係の債権債務関係的把握を背景にしている。事業所慣行 Beriebliche Übung について，それまでの「経営が定立した法律（Gesetz des Betriebs）」という理解が否定され，信頼理論と契約説の対立へと移行してゆくこと，また契約による統一的規整の司法的コントロール，さらに従業員集団に対する使用者の約束 Gesamtzusage の事業所協定による不利益変更法理の変遷などは，ドイツ労働法における法律行為論・私的自治についての関心の高まりをぬきには考えにくい。

本稿でとりあげる事業所協定による一般的労働条件の不利益変更をめぐる判例と学説の応酬もまた，労働法学における私的自治・契約自治の重視という理論傾向を背景にしていた。

労働法学における法律行為論の発展は，多くのみのりをもたらす一方で，そこにはドイツにおけるイデオロギーとしての「意思教説 Willensdogma」[1]に呪

〔米津孝司〕　　***11***　ドイツ労働法における集団自治と契約自治

縛された労働法学における私的自治ドグマ（その絶対化）の隘路ともいうべきものが見えてくる。労働関係を人格法的共同体として性質決定することは，もはや困難はあるとしても，労働契約において特徴的な，継続性や人的性格，共同的ないし組織的性格を，いかに労働契約法理のなかに組み込むのかという課題に対して，筆者のみるところドイツ労働法学は，いまだに安定した理論的到達を獲得できていない[2]。日本における，約款（定型契約）としての就業規則をめぐる理論的アポリアにもかなり共通する問題が見て取れることから，事業所協定による一般的労働条件の変更問題はわが国の労働法学においても，すでにかなりの紹介が行われている[3]。以下それらの先行業績を参照しつつ，近年のドイツにおける議論動向にも触れながら，ドイツにおける一般的労働条件と事業所協定，私的自治をめぐる議論を検討することにしよう。

　事業所協定による一般的労働条件の切下げをめぐる問題は，労働法における法律行為論の位置付けという原理問題を背景とした一般的労働条件の法的性質論をめぐるワイマール時代以来の論争[4]を引き継ぐ意味をもちつつ，経済成長の減速がもはや一時的な景気循環にとどまらない長期的なトレンドとなる中で，不利益変更を含む労働条件の調整メカニズムの必要性が認識されるなか，ます

---

(1)　「意思教説」とは，直接には，契約の拘束力の根拠について「自らの意思に基づきそれを欲したがゆえに拘束される」とする了解，意思の神聖化とその過剰なドグマ化など，ドイツの法律行為論におけるある種の強固な信念傾向に基づく理論体系をさしている。ドイツにおける意思教説成立の歴史社会的背景については，平井宜雄「法律行為」『注釈民法(3)』（1973年）1頁以下。ドイツにおける契約自由と意思教説の理論史的変遷と現行法上の位置付けについては，C. Heinrich, Formale Freiheit und materiale Gerechtigkeit, 2000, 13頁以下。

(2)　これはドイツの労働条件変更法理について，「雇用システム全体に十分な柔軟性を与えているとはいえない」（荒木尚志『雇用システムと労働条件変更法理』（2001年）193頁）との指摘がなされる問題にも関係している。

(3)　手塚和彰「西ドイツ労働関係の変貌と労働法の転換　5労働条件の不利益変更」季刊労働法142号（1987年）109頁，村中孝史「労働契約と労働条件の変更」法学論叢124巻5・6号（1989年）135頁，野川忍「就業規則と労働条件」東京学芸大学紀要第3部門44集（1993年）1頁，大内伸哉『労働条件変更法理の再構成』（有斐閣，1999年）203頁以下，緒方桂子「ドイツの事業所協定における労働条件の不利益変更についての一考察」日独労働法協会会報8号（2007年）3頁など。

(4)　ドイツにおける一般的労働条件の法的性質をめぐる議論については，村中孝史「労働契約と労働条件—西ドイツ一般的労働条件論序説—(1)～(3・完)」民商法雑誌97巻6号（1988年）37頁以下，民商法雑誌98巻1号（1988年）79頁以下，98巻2号（1988年）188頁以下参照。

第2章　労働契約と労働者人格権

ますその役割を増大させつつあった事業所協定の役割をどう考えるのかをめぐる議論としての性格をも持っていた。そしてこの問題の帰趨は，経営組織法の解釈問題を超えて，労働法における私的自治の位置付け，あるいは労働契約法における法律行為論という原理問題に関わるものであったこともあり，70年代後半から90年代初頭にかけて，ドイツ労働法学における最大のホットイッシューの一つとなったのである。

経営組織法（77条4項）は，「事業所協定は直律的かつ強行的に適用される」と定め，事業所協定が労働協約と同様に，労働契約に対して強行的効力をもち，かつこれに違反し効力を有さない労働契約にかわり労働関係を直律的に規制する旨を定めている。労働協約法とは異なり，明文で有利原則を定めてはおらず，事業所協定よりも有利な労働契約についてはそのままこれが効力を持つかどうかは解釈にゆだねられているが，ドイツにおける現在の通説・判例は，これを肯定する立場にたつ。事業所協定に有利原則が認められるとすれば，契約として性質決定される一般的労働条件についても，それが事業所協定よりも有利な労働条件を定めている場合には，その労働条件基準は事業所協定によって切り下げることはできないことになる[5]。

かつての通説・判例は，一般的労働条件の集団的性格ないし経営秩序としての性格を強調し，そこには有利原則によって個別的な契約としての保護を与えるための前提に欠けており，一般的労働条件については秩序原則が妥当することを論拠として，これを事業所協定によって不利益に変更することは可能であるとの立場にたっていた。BAGは当初ニッパーダイによって展開されたこの秩序原理にもとづく理解を基礎に，一般的労働条件と労働協約との関係における有利原則を明確に否定したBAG1957年の判決[6]，そして同様の根拠に基づき事業所協定との関係においても有利原則を否定した1962年判決[7]

---

[5] 契約条件よりも事業所協定が有利な条件を定めている場合には，これが契約に優先して適用されるが，通説的理解に従えば，それは契約条件が無効になることを意味せず，たんに事業所協定が優先して適用されるにすぎず，契約を外的に規律していた事業所協定が失効すれば，再び契約条件が適用されることになる。ErfK- Hanau/Kania, §77 BetrVG Rn. 87; Richardi, NZA Ablösung arbeitsvertraglicher Vereinbarung durch Betriebsvereinbarung 1990, 331; 762; Däubler/Kittner/Klebe, BetrVG §77 Rn. 23.

[6] BAG v. 1. 2. 1957 BAGR3, 247.

[7] BAG v. 26. 10. 1962, DB 1963, 311.

において，事業所協定による一般的労働条件の不利益変更を肯定する立場を鮮明にする。その後，BAGは，企業年金に関わる一般的労働条件が問題なった1970年1月30日判決[8]において，秩序原則に対する学説の批判を受け容れ，この原則への言及は放棄したものの，使用者による一方的設定にかかる労働条件は，労使の合意によって規整されることが望ましいとする「合意思想Vereinbarungsgedanke」と「共同決定思想Mitbestimmungsgedanke」を根拠に，事業所協定の優位を説き，有利原則の適用を排除する立場を堅持した[9]。

学説は，ニッパーダイや彼の説に従ったかつてのBAGにおける一般的労働条件の集団法的把握に対して，一般的労働条件が契約としての形式を備えている限りは，それによって個々の被用者にはそれぞれ個人的な信頼事実が創出されこれは有利原則によって保護されるべきである[10]，あるいは契約の妥当根拠は意思の合致にあり，これは双方の自己決定によって支えられているのであり，その内容が当該被用者の個人的事情を考慮することによって正当化される必要はなく，意思の合致が認められれば契約としての法的保護が与えられ有利原則が適用されるとする批判[11]や，事業所協定による不利益変更を認めれば，労働契約の存続保護（解雇制限）のみならず内容保護（変更解約告知の制限）をも内容とする解雇制限法上の保護が奪われてしまうので妥当でない，とするスタンスをとった[12]。

しかし，契約としての形式を強調し，その形式がある以上は自己決定

---

[8] BAG v. 1. 30. 1970, BAGE 22, 252.

[9] 以上については，村中・前掲「労働契約と労働条件の変更」139頁以下参照。

[10] Richardi, Kollektivgewalt und Individualwille bei der Gestaltung des Arbeitsverhältnisses, 1968, S. 402. なお，経営慣行Betriebliche Übungや（従業員集団への）集団的約束Gesamtzusageなどの一般的労働条件については大きく分けて法律行為説と信頼責任説の対立があり，信頼責任説の立場からすれば，一般的労働条件は法律行為としての形式をそなえているとは言い難いということになる。また基本的に法律行為説の立場にたちながらも，法律行為論の中に信頼責任的要素を認めつつ事業所協定による一般的労働条件の不利益変更を認める見解もある。詳しくは，村中・前掲論文「労働契約と労働条件（3・完）」，小俣勝治「ドイツにおける事業所慣行に関する新たな議論」青森法政論叢8，91頁参照。

[11] Richardi, Eingriff in eine Arbeitsvertragsregelung durch Betriebsvereinbarung, RdA 1983, 201, 210f.

[12] Wlotzke, Das Günstigkeitsprinzup im Verhältnis des Tarifvertrages zum Einzelarbeitsvertrags und zur Betriebsvereinbarung, 1957, S. 47f.

第2章　労働契約と労働者人格権

Selbstbestimmung を尊重すべきであるとして有利原則の適用を肯定するリカルディらの批判は，自己決定に対する法的保護を，当事者の意思にではなく「契約の形式」に連結させている点で難点がある。その趣旨を含んであえて矛盾のない命題として成立させようとするならば，それは「自己決定に基礎付けられる契約を尊重すべき」ということになるが，実はこの命題自体はニッパーダイらの集団法的把握についての命題となんら矛盾しないともいえる。ニッパーダイは，一般的労働条件においては尊重されるべき意思の契機が稀薄であるとの評価の上に立ってこれを集団法的に把握したともいえるのである。ニッパーダイ説に問題があったとすれば，一般的労働条件においては一律に自己決定の契機が稀薄であるとし，有利原則の適用を一律に排除してしまった点にある。その限りにおいて批判説は正当な指摘を行ったのであるが，しかし逆に批判説もまた，一般的労働条件における自己決定の要素を実質的に吟味する枠組を提示することなく，一律に有利原則に基づく契約保護を与えるという点で，ニッパーダイ説と同様，オール・オア・ナッシング（集団的法性決定か個人法的法性決定か）の判断枠組である点において共通の問題を抱えていたといわざるをえず，それは現在の通説においても基本的に未解決のまま引き継がれている。また解雇制限法の内容保護を根拠にするヴロッケの批判は，解雇制限法によっても変更解約告知が全面的に制限されているわけではなく，労働条件変更の合理性に関する異議を留めた承諾に際しては，変更解約告知に一定の合理性が認められれば同変更が適法になされうることに鑑みて，事業所協定がこれと同様の相当性を有する場合には，これによって解雇制限法の保護が奪われるということにはならない，との反論が可能であろう。

　このように主として契約保護を強調した学説における批判説が，必ずしも理論的に十分なものではなかったこともあり，判例は，とくに批判の強かった秩序原則については放棄したものの，基本的に従来の集団的な処理を優先させつつ事業所協定の公正コントロールによる制限によって労働者の利益を保護するという枠組みを確立した上記の1970年BAG判決に依拠しつつ，途中，ややイレギュラーな82年BAG判決[13]がありつつも，下級審を含む80年代半ばま

---

　(13)　同判決は，経営組織法87条1項が定める強制的協同決定事項については経営的規制の統一性が契約上の権利に優越するとしてこれを有利原則の妥当範囲から一律排除する。それは経営組織法により経営協議会に与えられた規範設定権限によって契約上の請求権

274

での労働法実務の大勢は，この枠組みを踏襲したのであった。しかし学説の多くがBAG判例に批判的な姿勢を崩さない中で[14]，86年，BAGはそれまでの立場を大きく転換し，有利原則の妥当性を認めることになる。現在の判例法理の枠組みを形成するこの1986年のBAG判決は，労働協約法4条3項に明文化された有利原則は，法源の種類とは無関係にかつ協約法の外においても妥当する一つの包括的な原則であるとし，この一般原則としての有利原則は，事業所協定の内容規範とこれよりも有利な契約上の合意との関係にも妥当するとした。そして契約的統一規整または従業員集団に対する約束に基づく請求権は，経営のすべての労働者または特定の基準によって区別される労働者グループについて設定されるが，これらの請求権は集団的関連を有しており，このことは有利原則適用にあたり用いられる比較の基準を決定する。すなわち，有利原則の保護目的に合致するのは，契約的統一規整の変更にあたり，集団的な有利・不利の比較がなされる場合だけであり，契約的統一規整は，集団的な要件や分配計画に基づき定められているので，有利原則の適用にあたっては，個人的な約束や個人的権利状況というものが基準として用いられてはならず，さもないと統一規整のシステムが損なわれることになる；有利原則の保護目的に合致するのは，新規整が全体としての従業員にもたらす有利・不利を基準にすることであり，使用者の給付の総額が縮減されるのではなく，あるいは拡大されうるのであれば，たとえ個々の労働者の地位が新たな規定によって悪化することになっても，それは有利原則には反しない，と論結した。要するに，一般的労働条件と事業所協定の間には原則として有利原則が妥当するとしながら，82年BAG判決のように，強制的共同決定事項について経営協議会に規範設定権限を認めることで契約保護を排除する立場はとらないが，しかし一般的労働条件のもつ集団的性格についてはこれを有利比較に反映させる必要があり，個別の労働者における有利不利ではなく，問題となっている給付の全体総額において

への介入を正当化するものであったが，その特異な法律構成は理論的にもまた実務的にも問題の多いものであり，学説の批判も強く，BAGは86年の判決によって同判決の見解を完全に否定することになる。同判決の詳細については，村中孝史「労働契約と労働条件の変更」法学論叢124巻5・6号160頁以下。

(14) BAGの70年判決に対する批判として，Canaris, RdA 1974, 18 (24); Hanau, Anm. Zu AP Nr. 4 zu §77 BetrVG 1972; Martens, RdA 1983, 217 (222f.); Richardi, RdA 1983, 278ff. など。

有利不利を判断する,というのがBAGの新たな見解である。しかし,この集団的有利比較 kollektiver Günstigkeitsvergleich と称される新たな手法を法創造的に編み出したBAG判決に対しても,個別的な有利原則を主張する学説は批判的な姿勢を崩さなかった[15]。

BAGの86年判決のロジックは,それが有利原則の基本枠組みにおいて展開されている限りにおいては,有利原則があくまで個別的な契約法的な正義の実現をその趣旨とするものである以上,ここに集団的比較を持ち込むことは概念矛盾的であるとさえいえる。有利原則を維持しつつかつ柔軟な労働条件法理の構築をめざすというBAGにおける基本的な方向性は,後述の通りそれ自体は正当なものを含んでいると思われるのだが,すくなくともBAGの論理は,法ドグマティークとしてはいまだ十分に洗練されたものではなく,とりわけ契約保護を重視する学説からの批判に十分抗しきれるだけの水準を獲得したとは言い難いものであった。1986年BAG判決は,有利原則を基本的に承認した上で,その判断基準においては,これを集団的な有利・不利の比較という方法を採用することで,一般的労働条件の集団的性格,労働条件調整の必要性への配慮を具体化するものであった。これによれば付加的な社会給付に関わる一般的労働条件については,その給付総額が不利益に変更されることなく,その給付の配分基準ないし構造が変化しているに過ぎない場合には,個々の労働者における労働（契約）条件に不利益が生じてもこれを甘受すべきということになる。この場合BAG86年判決は,集団的有利原則適用の前提として,問題となっている給付が個々の労働者にとって集団的な関連性を有するものであることが認識可能であったことが必要であるとしている。86年判決は,一般的労働条件における契約保護の必要性を否定することで有利原則の適用を排除した70年判決と,契約条件として性質決定されたものについては個別的な有利原則の妥当を主張する批判学説の,いわば折衷的な性格をもつものであった。およそ折衷説と称されるものに共通する理論的な曖昧さは否定しようもない。とくに有利原則の規範的根拠を,86年判決は一般的な労働条件保護に求めているが[16],むしろそれは自己決定権に根拠する私的自治・契約自由の原則に求める見方が支

---

[15] Däubler, AuR 87, 349ff.; Belling, DB 87, 1888ff.; Richardi, NZA 1987, 185ff.; Hromadka, NZA 1987, Beil. 3, 2 (4ff.) など。

[16] BAG AP Nr. 17 zu §77 BetrVG 1972 unter C II 3a der Gründe. BAG大法廷はこ

配的であり，それはあくまで個別法的な原則であることから，契約理論外在的な集団的有利原則の規範的根拠付けは，やはりドグマとしての透明性，説得力に欠けるのであって，学説はこぞってこの点を批判したのであった。

かくして判例は，個別的な有利原則を主張する学説による批判を部分的に受け容れつつ，集団的有利原則の適用範囲を限定するする方向に進むことになる。すなわちBAGは，その後の一連の判決例[17]において，付加的な社会的給付や所定労働時間の配置以外の主要な労働条件（月例賃金，プレミア給，年休，週労働時間，祝日労働，夜間勤務，時間外労働，休業における賃金の継続支払，定年，解約告知期間など）については，集団的有利原則ではなく，個別的な有利原則が全面的に妥当するとの立場を明確にするようになってゆく。また，労務給付との直接的関連性を有さない企業年金その他の付加的な社会給付についても，それが集団的有利比較の対象となるのは，個別の労働者に付与される当該社会給付の事業所レベルにおける給付総額が確定しており，個別の給付の水準が相互に関連性をもっている場合に限られるとする[18]。したがって社会的な付加給付であっても，それが他の労働者の給付との集団的な関連性が認められず，あくまで個別的な労働条件処遇が可能である場合には，もはや集団的有利比較が適用される

　の場合ヴィーデマンの議論に依拠しているようであるが，はたして当のヴィーデマンが，有利原則をもっぱら労働法上の保護原理にのみ根拠付けているといえるかどうかは必ずしも定かではない。むしろ彼が1966年に著した教授資格論文『交換関係および共同体関係としての労働関係』においては，労働法的保護原理を共同体原理が制約する側面のあることが指摘されており，この点に言及するファストリッヒ（Fastrig, Betriebsvereinbarung und Privatautonomie, RdA 1994, 134）はその限りでは正当である。しかし，ヴィーデマンの議論は単純ではなく，また彼の展開した共同体原理を援用することで，事業所協定による不利益変更を正当化することができるかどうかは疑問であり，むしろ有利原則が私的自治に定礎されることを踏まえ，自己決定原則に内在した調整問題としてこれを把握することが必要である。

[17]　BAG v. 28. 3. 2000 AP Nr. 83 zu §77 BetrVG 1972 は，BAG判例の到達点について総括的な整理をおこなっている。その他，労務給付と対価的関係にある賃金について集団的有利原則の適用を否定したものとして BAG v. 21. 9. 1989 BAGE 62, 360 = AP BetrVG 1972 §77 Nr. 43 mit Anmerkung Löwisch. 事業所協定によって一般的労働条件よりも低い定年が定められた場合，労働者にはいずれの定年を選択するかについての権利が付与されるとする BAG v. 7. 11. 1989 AP Nr. 46 zu §77 BetrVG 1972 など参照。Vgl. auch ErfK-Hanau/Kania, 2. Aufl. 2001, §77 BetrVG Rn. 85.; Däubler/Kittner/Klebe, 8. Aufl., §77 Rn. 23（Berg）; Richardi NZA 1990, 331.

[18]　BAG v. 7. 11. 1989 AP Nr. 46 zu §77 BetrVG 1972 = RdA 2001, 404 mit Anmerkung Wiese.

余地はなく，あくまで個別的な有利比較が行われることになる[19]。また，BAG は，社会的給付の集団的性格についての労働者の認識が集団的有利原則適用のための付加的な要件とする立場を固めてゆく[20]。このようにBAG86年判決の集団的有利原則の妥当範囲は相当程度に限定されつつあり，学説からは，こうしたBAGのその後の対応は，86年判決の法ドグマ的基礎がいかに不十分であったかを示すものだとの評価もなされている[21]。

しかしながら他方では，個別的な有利原則の妥当を認める通説的な学説も，不利益変更を含む労働条件の調整が実務的な要請として不可避なものであることも直視せざるをえず，経営秩序などの形式的労働条件や，労働時間の変更を有利原則の妥当領域から排除することで[22]，あるいは変更についての黙示的合意を擬制する[23]ことで，実務的妥当性をはかろうとするものが少なくない。たとえば，リカルディは，事業所協定とは異なる労働契約上の労働時間については，それが「義務を負った労務給付の範囲」に関係するにすぎず「給付と反対給付の関係を変えるものではない」としてこれを有利原則の適用範囲から一律に排除する。しかし，労働者の生活に重大な影響を及ぼす労働時間のあり方を一律に有利原則の妥当領域から排除することは，労働時間の総量が変わる場合はもちろんのこと，その総時間数が変わらない場合でも（この場合，形式的な意

---

[19] Richardi, BetrVG, 7. Aufl., 1998, §77 R. 156 f.

[20] BAG AP Nr. 43 zu §77 BetrVG 1972; vgl auch Richardi, BetrVG §77 R. 15. 経営共同体 Betriebsgemeinschaft の重大な利益の存在と内容の適切さを前提に，不利益変更における有利原則の適用を否定するファストリッヒは，変更解約告知についてのBAG判例との整合性を根拠に，こうした主観的要件は不要であるとする。Fastrig, Betriebsvereinbarung und Privatautonomie, RdA 1994, 137.

[21] Annuß, NZA 2001, 756; vgl. auch Krause, EzA §77 BetrVG 1972 Ablösung Nr. 1, S. 11 ff.; Richardi, BtrVG §77 R. 156.

[22] Richardi, Kollektivgewalt, S. 355; GK-BetrVG/Kreutz §77 Rn215; またこれらの学説に先行して，すでに Canaris, AuR 1966, 129, 131f. は，統一的な労働条件規整を優先できるのは形式的労働条件に限定される旨の主張を行っている。これに対して労働時間の規制は労働時間の配置をも含めて，いずれも労働義務の内容に関係する内容規範 Inhaltsnorm であるとし，有利原則の対象になることを強調するものとして Buchner, Tarifvertragliche Arbeitszeitregelungen im Betrieb, FS f. Dieterich, 1999, S. 29ff.; Fitting/Kaiser/Heiter/Engels, BterVG §77 Rn170.

[23] Löwisch, SAE 1987, 185, 186; ders, Anm.Ap Nr. 41 zu §77 BetrVG 1972; Blomeyer, NZA 1985, 641 (645); 初期の文献として，Isele, JZ 1964, 113 (116); Hueck, FS f. Molitor 1962, S. 203 (S. 222f.).

味における給付と反対給付の均衡が保持されると評価することは全く不可能ではないにしてもなお）これによって有利原則が体現するはずの法益の保護という点に鑑みて果たして妥当かどうかという疑問が残ることになるだろう。むしろ，これも個別的な有利原則の妥当領域にあるとしたうえで，各種の法益衡量をまって一般的労働条件の効力を個別に確定するというほうが，契約保護の本来的趣旨に沿った判断枠組みであるように思われる。リカルディは，形式的労働条件については，本来的に有利・不利に対して中立的であるとするが，このように有利原則における保護法益を給付・反対給付の均衡のみに狭く限定することは，有利原則の規範的な基礎を法律行為における自己決定に求めるそれ自体正当なリカルディ自らの見解とも矛盾するのではないかとの疑問が生じる。また形式的労働条件においては均等待遇原則が強く要請されることは確かであるが[24]，それのみを有利原則排除の理由とすることには無理があり，均等待遇原則は，個別的な契約保護の一つの判断要素にとどまるというべきであろう。

　一般に契約自由は基本権としての自己決定権，私的自治の制度化としての意義を有するが[25]，労働者の生活の基盤を形成する意義をもつ労働契約は，たんに形式的に給付（労働内容・労働時間の総量）と反対給付（賃金）が均衡していることをもって，その基本権的価値が充足されるとみるべきではなく，この均衡の有無は，より実質的な評価を必要とする。労働時間の配置は，労働者の生活領域，私的生活に直接の影響を及ぼすものであり，またとりわけ家族的責任を有する労働者においては，その変更が重大な法益侵害を帰結する可能性がある。またさらに，賞与や企業年金などの付加的な社会的給付であれば，一律に「集団的な有利原則」の下にその変更を許容するという，個人的法益を基盤とする有利原則にとっては概念矛盾的な手法（実質的には一種の秩序原則）をもって問題を処理することが疑問とされるのは，通説的学説の説くとおりであろう。

　前述のように学説の中には，一般的労働条件については（黙示的に）変更留保がなされていることを認定することで，労働条件変更の途を開こうとする見

---

[24] Richardi, Kollektivgewalt, S. 385; Wlotzke, Das Günstigkeitsprinzup im Verhältnis des Tarifvertrages zum Einzelarbetisvertrags und zur Betriebsvereinbarung, 1957, S. 26f.

[25] ドイツでは通説的理解である。日本においては山本敬三『公序良俗論の再構成』（2000年）18頁以下がほぼ同様の見地にたつ。

解もある[26]。しかし，こうした一種の契約補充 Vertragsergänzung[27] については，それがあくまで仮定的当事者意思に依拠するものであることから，とくに意思主義的な私的自治の観点からの批判が強く，多数説の支持するところとはなっていない。これは，問題をあくまで法律行為論の枠組みにおいて，かつそこに客観的，規範的な要素を織り込んだ柔軟な処理を行おうとするその志向において注目すべき議論であるといえるが[28]，これを事案ごとの判断にゆだねるとすればその認定においては裁判官による恣意が働く余地が大きく法的安定性に欠け，あるいは一律にこの契約補充を認めるとすれば，個別的契約保護の趣旨が生かされない可能性が大きく，あえて法律行為論的な構成をとる意義は半減してしまうという難点を抱えている。またこうした一般的労働条件における変更留保条項は内容コントロールに服することになるが，その基準に照らして，このような補充的契約解釈がはたして許容されうるのかという問題も生じる。

　さらに行為基礎喪失の法理の要件を，一般に理解されているよりもやや緩和し，利益衡量を大幅にとりいれたかたちで一般的労働条件の変更に適用するという方法も考えられなくはなく，実際に，BAG 判決例の中には企業年金の事

---

[26] Löwisch, SAE 1987, 185, 186; ders, Anm. Ap Nr. 41 zu §77 BetrVG 1972; Blomeyer, NZA 1985, 641 (645).

[27] 当事者が，問題となされている状況について考慮せず，これについて規整の必要のある事項を看過し，またこれを規整するための任意法が存在しないこと，そして，契約当事者双方によって想定されうる評価基準に基づき，利益状況の総体を考慮に入れつつ契約内容を考察することが可能である場合には，こうした契約補充（契約の補充的解釈）が可能であるとされている。Larenz, Allgemeiner Teil des deutschen Bürgerlichen Rechts, 7. Aufl. 1989, §29 I (S. 538). 詳細については，山本敬三「補充的契約解釈(1)－(5)」法学論叢 119 巻 2 号（1986 年）以下。日本においては，公序良俗の射程をごく限定的に解する傾向が強かったため，契約の修正的解釈という手法で同様の目的を達する手法がとられることが多かった（たとえば，当座勘定取引契約中の印鑑照合についての免責条項に関する最高裁判決昭和 46 年 6 月 10 日民集 25 巻 4 号 492 頁，保険事故発生の通知義務を懈怠した場合についての免責条項に関する最高裁判決昭和 62 年 2 月 20 日民集 41 巻 1 号 159 頁など）。しかし，近年においては，公序則をより柔軟に適用する等して，契約内容のコントロールを正面から認めるべきであるとの見解が有力に主張されている。たとえば山本敬三「不当条項に対する内容規制とその効果」民事研修 507 号 20 頁（1999 年）。

[28] わが国の就業規則の不利益変更論において類似の説をとるものとして下井隆史「就業規則の法的性質」『現代労働法講座 10』（1982 年）297 頁。しかし，合意による正当性に欠ける就業規則の不利益変更を，事業所協定による一般的労働条件の不利益変更と同一の次元において論じることができないことは言うまでもない。

案においてそうした手法を採用したものもあるが，要件緩和の規範的根拠付けが明確ではなく，また行為基礎喪失法理の法的効果は，通説的見解によればex lege に（法律に基づき）一律に生じ，労使がそこでさらに調整的な規整を行なう余地が本来ないものであることから，個別労働者ごとの利益調整の余地が大きい一般的労働条件変更の判断枠組みとしては適切なものではないとの見方が有力である[29]。

あるいはまた，事業所協定に一般的な規範設定権限を承認しないまでも，賃金的性格をもつ給付の配分基準に関する事業所協定については，これを認めなければ共同決定が無意味になることを理由に，労働契約条件の不利益変更を承認する見解もみられる[30]。しかし学説における有利原則肯定の思想的な核心が契約における自己決定保護あるいは契約信義 Vertragtreue にあるとすれば，なぜ賃金的性格をもつ給付の分配基準についてのみ経営自治が労働者個人の自己決定や個々の労働者に対する使用者の契約信義に優越するのか，その規範的根拠についての論証が十分でなく，ドグマとしての整合性・説得力に欠けるといわざるを得ない。

それではいっそうのことかつてのニッパーダイ説や伝統的な BAG 判例の立場のように，一般的労働条件の個別契約法的な理解を否定し，もっぱら集団法的な枠組みでこれを処理する手法に回帰すべきなのであろうか[31]。一般的労働条件は，集団的な性格をもつ側面があるとはいえ，その個別契約法的な性格を否定することはできない。とくにドイツでは一般的契約条件の法的性質については契約説的な理解が確立しており，一般私法との原理的・体系的整合性を重視し，私的自治を強調する労働法学における近年の通説的立場からすれば，事業所協定に一般的労働条件の引下げに関する一律的な規範設定権限を承認し，一元的な集団的処理に再び回帰することは容認できないところであろう。

かくして「一般的労働条件も契約条件である以上は有利原則が妥当する」と

---

[29] Fastrig, RdA 1994, 129（132f.）. また Ascheid, Änderung der Geschäftsgrundlage und wirtschaftliche Notlage, in Hromadka (Hrsg.), Änderung von Arbeitsbedingungen, 1990, S. 109ff.

[30] Richardi, RdA 1983, 284f.

[31] 一般的労働条件を事業所協定の代替物とみる Reuter の見解（Reuter, Das Verhältnis von Individualautonomie, Betriebsautonimie und Tarifautonomie, RdA 1991, 198. また Fastrig, RdA 1994, 129ff もこの方向を志向する。

第2章　労働契約と労働者人格権

の支配的学説によるならば、一般的労働条件の事業所協定による事後的な不利益変更は、そのドグマティークとしての一貫性を保とうとする限りすでにみたカズイスティックな例外設定によらざるをえない。今のところ、多くの労働条件について個別的有利原則の妥当を肯定する通説のドグマティークが短期間のうちに大きく崩れることはないと思われ、学説の影響を受けたBAG判例における集団的有利原則から個別的有利原則への重点シフトの流れが大きく変化する兆しも見られない。かくして、一般的労働条件の事業所協定による不利益変更は、すくなくとも使用者サイドからすれば、労働条件変更の手段としてはあまり有用なものとはいえないものとなっている。労働契約レベルにおいて変更留保や撤回権留保がなされていない以上は、使用者は行為基礎喪失の法理か変更解約告知によらざるをえないことになる。近年、変更解約告知の解雇制限法上の解釈について、判例がかなりリジッドな制限をかけていることに対する批判が高まりつつあるのも[32]、こうした一般的労働条件に関する法状態と無関係ではないように思われる。たしかに変更解約告知は、その個別的関係・個別的事案ごとの判断枠組みのゆえに、経営における統一的な労働条件の変更を実現する手段としては必ずしも十分な法的手段ではないが[33]、事業所協定による調整の道が閉ざされているとすれば、あらかじめ変更や撤回留保をしない限り、使用者は変更解約告知によるほかは事後的な労働条件調整の手段をもたない。通説のように、一般的労働条件は契約なのであって、そのように性質決定する以上は一律に個別的な有利原則が適用され、事業所協定による不利益変更は一切認めなられない、との立場を堅持するかぎり、事業所協定以外の手段に労働条件の調整メカニズムを求めるほかなくなるのである。

このように、ドイツにおける事業所協定による一般的労働条件の不利益変更論は、一種のデッドロックに乗り上げた観を呈していることは否定できない[34]。

---

[32] Isenhardt, Individualrechtliche Flexibilisierung von Arbeitsbedingungen, in: FS f. Hanau, 1999, S. 238ff. なお1992年のドイツ法曹大会において報告、議論された、統一ドイツ労働契約法草案においては、変更解約告知による労働条件変更の適法性基準と、事業所協定におる一般的労働条件の変更の適法性基準を一致させる方向での提案がなされている（草案116条）。Diskussionsentwurf eines Arbeitsvertragsgesetzes, Artbeitskreis Deutsche Rechtseinheit im Arbeitsrecht, Gutachten D zum 59. Deutschen Juristentag in Hannover 1992. これに対する批判として、Fastrig, RdA 1994, 129ff.

[33] Hilger/Stumpf, FS f. Müller (1981), S. 212f.

[34] 荒木・前掲書189頁は、こうした状況を「相当に混迷」と評する。

〔米津孝司〕　　　　　　*11* ドイツ労働法における集団自治と契約自治

　BAG86年判決に対する学説の批判が，集団的有利原則によっては有利原則の集団的な規制力に対する個別契約上の保護，私的自治の保護が実現されない点を指摘したのは正当である。しかし，保護されるべき契約上の地位には，その契約の内容や成立の経緯に応じて，おのずと段階的な差異がありえ，学説の批判にはその契約法理内在的な組織的・集団的な性格に対する配慮に欠ける感が否めないのである。86年判決，そして現在の通説的学説において積み残された問題は，いまだ未解決のままであり，労働条件変更への社会的な圧力，協約自治から経営自治の重点シフトという理論的・実務的傾向のなかで，再び問題が顕在化する可能性もあるように思われる。下に述べる，ファストリッヒに代表される経営自治・共同決定をより重視する見解も近年有力に主張されており，労働法の柔軟化圧力が高まる中で，通説・判例の立場がいつまでも不動のものであるかは定かでない。

　問題は，私的自治・契約自治に定礎される有利原則による保護の規範射程をどのように確定するかである。学説は，一見リジッドな個別的な有利原則の貫徹を主張するようにみえて，様々な例外をカズイスティックに設定することで，労働条件変更の実務的必要性に対応しているが，上に見たように，そこでは法ドグマとしてかなり無理な構成をとる傾向が否めず[35]，労働時間や契約罰，さらに賃金的性格をもつ給付の分配基準などの重要な労働契約条件について有利原則を排除することで，有利原則承認の実質的な意義，私的自治に基礎付けられる契約保護の意義が失われてしまっている感があり，他方で有利原則が妥当するとされる領域については集団的な労働条件調整メカニズムが全く機能しなくなるという問題を抱えているように思われる。

　こうした通説・判例における理論的な隘路は，なぜ有利原則が認められるのかについて，より原理的なレベルでの考察を行なうならば，その解決の方向がみえてくるように思われる。すなわち個別的な契約法的地位の保護によって実現される法益の核心が，契約当事者たる労働者の基本権たる自己決定権や職業の自由であると理解するならば[36]，これと，一方的労働条件の事業所協定による不利益変更によって実現されるこれと相反する使用者の基本権上の法益・法

---

[35]　Fastrig, RdA 1994, 129ff は，この点を鋭く指摘している。
[36]　有利原則に憲法的意義を付与することに消極的な見解もある。Papier, RdA 1989, 137 (141); Söllner, RdA 1989, 144 (149).

第 2 章　労働契約と労働者人格権

原理（職業の自由，財産権，自己決定権）や労働者の集団的な基本権の実現形態たる共同決定権との間での法益衡量を行なうことが必要となる。一般的労働条件が契約として性質決定されるにしても，そこに内在する契約法的な保護法益は，個別的な交渉を経て締結された契約におけるそれとはおのずから差異があるはずである[37]。そして，このように把握するなかで，問題となっている労働条件とその変更の性格や程度（実質的労働条件か経営秩序などの形式的労働条件か，労務給付との対価関係性，当該一般的労働条件の存続期間やこれに基づいて発生する個別労働者の期待権の程度，当該労働条件変更によって個別の労働者がこうむる不利益の性格・程度，均等待遇原則との整合性など）に応じた，きめこまかな法益衡量を可能とする解釈論

---

[37]　こうした観点からすれば，ニッパーダイにおける給付（成績）原則 Leistungsprinzip による有利原則論の根拠付け（個々の労働者の個別的な給付内容，作業内容に対応する合意の尊重）は，「自由な人格の発展の権利」（基本法 2 条 1 項）による根拠付けと無縁ではない。それは，単に契約という形式がとられているからというだけで自己決定による正当性を付与し，その契約保護を絶対化するようなあり方を否定するという点では，至極真っ当な理解であった。ニッパーダイの給付原則に基づく有利原則の根拠付けは，それがナチス時代の国民労働秩序法との親近性とその妥当範囲の限定性ゆえに今日では支持者もみあたらず，すでに過去の理論となった感があるのだが，有利原則をめぐる近年の錯綜した議論状況をみたとき，現在の通説となっている契約自由と職業の自由という基本権的な根拠付けとニッパーダイの給付原則とをことさら対立的にとりあげ，後者におけるナチス思想との親近性＜のみ＞を強調することは，あまり適切なこととは思われない。有利原則をめぐる論争は，今後その規範的な根拠をめぐって，とくにこれと関係する基本権ドグマについての原理的な検討へと進んでゆくことが想定されるが，その際，ニッパーダイの給付原則は，（複数存在する考慮されるべき観点のうちの）一つの有力な視点を提供しているように思われる。ところがニッパーダイ論文における給付原則についての議論はその後その含意が深められることなく，もっぱら秩序原理が問題とされ，ナチス思想との関連付けにより，また人法的協同体論に対する批判理論の台頭という学説のトレンドのなかで，彼の理論は「克服」されてゆくことになる。そして，法律行為論における重層構造あるいは信頼関係的要素に関する議論が深められないままに，一般的労働条件の意思主義的な契約法的理解からストレートに有利原則を導き出すという方向に議論は推移していったように思われるのである。ただ，このようにいうことは，ニッパーダイ理論とナチス思想との関連性を否定することを主張することではもちろんない。そうではなく，彼の有利原則をはじめとする諸理論に内包されているアンビバレンツの中に，ドイツ労働法学が今日なお抱え続けている個人と集団のパラドックスが，原理的なかたちで表現されており，それは決して「克服された過去」ではないことを指摘したいまでである。西谷敏が述べるように，ニッパーダイの「戦後の理論は，……単純にナチス理論と結びつけて理解するのではなく，戦後西ドイツの諸状況のなかで秩序維持の理念が強調されることの意味はなにか，という視点」（西谷敏『ドイツ労働法思想史論』（日本評論社，1987 年）595 頁）から，再度検討することが必要であろう。

的判断枠組みを構築することが必要であるように思われるのである。通説もまた，労務給付に対する対価的意義を有する労働条件と，そうではない社会的給付を区別し，後者についてはBAGの集団的有利比較を承認することで，暗黙のうちにこうした衡量をおこなっているといえなくもないが，しかしそれは法益衡量の枠組みとしてはカズイスティックに過ぎ，個別の事例における契約正義の実現という点では問題を残しているのであった。すなわち，有利原則の妥当範囲を労働条件の種類によって一律に確定することは妥当ではなく，それら労働条件を横断的に，有利原則の妥当の有無を判断しうる枠組みが求められるのである。そのためには有利原則が体現している法益たる基本権的な価値・原理と，事業所協定による労働条件変更の必要性が体現している法益・法原理を実質的に衡量する必要がある。現在の判例・通説は，こうした柔軟な評価・判断の枠組みを提供することに成功しているとはいえない。むしろ一般的労働条件が契約内容となっているというときに，そのうちのどの部分が，どの程度の水準において有利原則による保護に値する契約内容となっているのかを具体的に検討しうる枠組みが必要であろう。この場合，86年判決の集団的有利比較は，当事者の主観的意思のみならず，客観的要素や集団的要素をも取り込んだ柔軟な法律行為論的な評価における一つの考慮ファクターとしての位置付けを与えられることにはなるであろうが，それはその他の考慮要素，とりわけ共同決定権，自己決定権その他の基本権的価値，変更の必要性，さらに変更手続きなどとならぶ諸判断要素のなかの一ファクターなのであって，これに絶対的なプライオリティーを付与することはできず，当該不利益変更の効力についてはあくまで個別的な総合判断をまって確定可能ということになるであろうと思われる。

　一般的労働条件，とりわけ統一的な契約規整や従業員集団に対する約束などを契約論的に性質決定する基本的立場を放棄して，戦後一時期までの通説・判例のようにこれをもっぱら集団法的に処理するという方策がとりえない以上は，契約理論内在的に問題を処理する必要がある。この場合，主観的「意思」を宣揚し，信頼責任原則との峻別を強調するドイツにおいて今日なお支配的な法律行為論を前提に同問題に対処することは，再考を迫られるのではないかと思われる。

　以上のように一般的労働条件の事業所協定による不利益変更論は，一種の理論的な隘路に直面している感が強いなかで，むしろ立法的な解決をはかるべき

であるとの主張もみられる[38]。しかし，こうした立法が実現する可能性はどの程度存在するかという問題はさておいても，すくなくともそうした立法が実現されるまではやはり法解釈論によって問題を処理するほかない。そしてこの場合，たとえば一般的労働条件の個別法的な性質決定を否定し[39]，あるいは集団的処理への一元化へと回帰する立場をとる[40]のでない限り，ことは労働契約法レベルでの解決を要することになる。そして，有利原則による処理を維持しつつ，かつ必要な労働条件の調整を実現するための労働契約法理を確立することが求められている。

この点で，ファストリッヒが，事業所協定による一元的処置を正当化する根拠として，将来的な契約調整の必要性は，継続的契約関係に内在的な要請であり，にもかかわらず労働法においては解雇制限法によって自由な解約告知により調整を実現するという手段が制限されている以上これにかわる調整メカニズムが必要であるとし，事業所協定による不利益変更によって私的自治は侵害されるのではなく，その私的自治の機能性を保持するものであると述べている点はたしかに興味深い指摘である。解雇の法的制限を，「契約は守られるべし pacta sunt servanda」との契約信義原則を修正することの根拠として引き合いに出す類似の主張はわが国の就業規則論においてみられるが[41]，ファスト

---

[38] Fastrig, RdA 1994, 129ff.
[39] Reuter, RdA 1991, 193（196）.
[40] こうした方向での議論としては，従業員集団に対する約束について有利原則の適用を排除し事業所協定による不利益変更を肯定する Zöllner, ZfA 1988, 265（280）．また立法的解決を主張する Fastrig, RdA 1994, 129ff. ファストリッヒは一般的労働条件の契約法的性質を完全に否定することはしないが，労働関係成立の時点における一般的労働条件の内容に関する労働者意思の希薄さを根拠に，私的自治の保護の必要性を低く評価する（a. a. O., 136）。成立段階における意思の所在に注目する点は正当であるが，その後における労働関係の継続の中で，当初は契約条件としての認識が希薄であった労働条件も次第に労働者の契約的な期待の対象として意識化され成熟してゆく点を視野に入れていない点で不十分である。これはドイツの伝統的な契約理論における時間的契機に対する認識の稀薄さに起因する問題でもある。
[41] 菅野和夫『労働法 第五版補正版』（弘文堂，2000年）114頁。ただし，ファストリヒの立論によっても日本における就業規則の不利益変更論を正当化することは困難であろう。わが国における最高裁の就業規則の不利益変更論は，共同決定による正当化が完全に欠落し，もっぱら「集団的・統一的処理の必要性」という，それ自体はいまだ充分な規範的正当化を経ていない「原則」，しかもその突出した強調によって，すくなくとも規範的なロジックとしては私法の根幹をなしている私的自治の核心部分を否定する結

〔米津孝司〕　　　　　　　　　　***11***　ドイツ労働法における集団自治と契約自治

リッヒの議論において特徴的な点は，事業所協定を私的自治と対立するものとして把握するのではなく，後者の機能性担保のための制度としてこれをとらえている点であろう。私的自治をこのようにより広い文脈において捉えなおし，集団的自治との協働関係のなかで総体としての労働法上の正義を実現するという志向は，基本的な方向性としては誤りではない。そしてこの立論は，強度な「意思主義」に傾いた一般私法学における私的自治理論を所与のものとする限りは，ほとんど避けられない理論構成であるともいえよう。しかし，筆者のみるところこうしたドイツにおける私的自治・契約自由の理解は，法律行為論の一つの解釈であり，かつそれは東ドイツとの緊張関係のなかで伝統的な西欧的自由主義を擁護する強い志向性をもった戦後西ドイツの一般的なイデオロギー状況と不可分のものである。もちろんわが国におけるフルーメ理論の紹介や彼の議論に依拠した自己決定論にみられるように，それは協同体主義的イデオロギーに対する対抗イデオロギーとして機能する可能性をもつものであり，わが国における契約法，私的自治の理解とは無縁であると切り捨てることは適切ではない。しかし，長い歴史と宗教的背景をもつドイツの意思教説が支配する契約法理[42]を，そのままのかたちでわが国に移植しても，それが日本的な文脈に

　　果となっている。その当否はさしあたり措くとして，協同体主義的なイデオロギー基盤
　　のうえにはじめて成り立つ法状態であることは否定しがたい。
(42)　本稿では，「意思教説」が孕む問題点を中心に論じたが，逆に強固な意思教説の存在
　　ゆえに約款規整法理が発展したという側面もある。本稿において筆者は，意思ドグマの
　　フィクション性を単純に批判する意図はなく，もともと「フィクション」でしかありえ
　　ない契約における意思ドグマのもつアンビバレンツな機能に着目しつつ，「個人の意思」
　　が一般の契約関係に比べてよりシビアな状況（共同体・集団の意思・利益との緊張関
　　係）におかれることの多い労働契約法の領域において，「契約対等性の障害」理論によっ
　　ても補修しきれない程度に，現在その機能不全が顕在化してきているのではないかとい
　　うことを指摘したまでである。もっともこれは，意思ドグマがある意味で極限的なまで
　　の精緻なドグマとして確立したドイツであるゆえに仄見えてきた問題であるともいえる。
　　「市民法の修正」テーゼ，あるいはアプリオリな集団優位，労働条件の集団的・統一的
　　処理の要請，企業秩序論などにみられる企業共同体イデオロギーを背景にした「契約意
　　思」軽視の傾向が強いわが国においては，この意思ドグマの機能不全を問題とする場合，
　　様々な留保が必要である。わが国においては，批判し克服されるべきドグマとしての
　　意思教説が不在のまま今日にいたっており（それは唐突なかたちのイデオロギッシュな
　　「意思」の宣揚をときに噴出させるが），この点を考慮しない意思ドグマ批判，古典的契
　　約理論批判は，容易に日本的共同体イデオロギーへと回収されることになる。「関係的
　　契約論」に対してなされている批判（たとえば，川角由和「現代民法学における《関係
　　的契約理論》の存在意義㈠〜（四・完）—内田貴教授の所説に対するひとつの批判的評注」

第 2 章　労働契約と労働者人格権

おいて同様の機能を果たしうるかどうかは定かでなく，むしろ文脈を異にした歴史的・社会的背景の下では，それが逆機能的に作用する可能性がある。一般の契約関係とは異なり，人的・組織的・時間的性格を強く有する労働関係においてはこの点とくに慎重さが求められる。またさらに重要な点は，ドイツにおける法律行為論，私的自治の基礎理論が，いまや大きな理論的転換期に差し掛かりつつあるのではないかという問題である。それは，私的自治と基本権，再交渉義務論[43]，契約内容コントロール，動的システム論とディスクルス論による私法学方法論[44]など，様々なかたちで展開されつつあり，私的自治・法律行為論における時間的・空間的・規範的ファクターいかんという原理問題に及び，私法学方法論のレベルでの活発な議論が行われていることにあらわれている。

　こうした理解にたったとき，ファストリッヒが私的自治をより広い文脈で把握するというそれ自体は正当な方向性をもちながら，それがドイツの伝統的な「意思教説」に刻印された私的自治論との対峙という方向に進まず，これを所与のものとした上で，これとは次元を異にする経営自治・共同決定原理によって前者を代替する方向で議論を展開したことは，これによって労働法学の側からする契約法理・私的自治理論の豊富化への可能性を閉ざしてしまったのではないかという意味において残念というほかない。そして，この「意思教説」的

　　島根法学 37 巻 4 号 95 頁・38 巻 1 号 89 頁・3 号 27 頁・39 巻 2 号 51 頁（1994〜95 年））もこうした文脈において十分に理解可能なものであり，これらを単純に「近代主義への先祖帰り」として排斥すべきではない。企業社会共同体イデオロギーは，すでに述べたように近年における社会経済構造の変化のなかで，急速にその基盤が掘り崩されつつあるが，このことが自動的に日本的共同体イデオロギーそれ自体の自然消滅を帰結すると考えるべきではなく，自らを仮託させる身体をうしなった互酬性規範は形を変えてより非合理的な力として法的正義に対峙し，これを変質させながら市場原理主義の力をドライブさせる（そしてやがてリベラルな市場秩序自体を破壊する）役割を果たす可能性があるとみなければならない。本稿における，契約正義における互酬性規範のミクロな実定化メカニズムを問う，という問題意識は，こうした日本における法的イデオロギー状況についての認識を前提としている。

(43)　ドイツにおける再交渉義務論については，山本顕治「再交渉義務について(1)」法政研究 63 巻 1 号（1996 年）1 頁，石川博康「「再交渉義務」論の構造とその理論的基礎(1)(2・完)」法学協会雑誌 118 巻（2001 年）2 号 49 頁，4 号 40 頁。

(44)　動的システム論については，山本敬三「民法における動的システム論の検討―法的評価の構造と方法に関する序章的考察」法学論叢 138 巻 1＝2＝3 号（1995 年）208 頁。評価法学とこれへのディスクルス論の影響関係については，能見善久「法律学・法解釈の基礎研究」星野英一先生古稀祝賀『日本民法学の形成と課題　上』（1996 年）41 頁以下。

な私的自治理論との対峙という課題を労働法学が回避する限り，労働法学における協同体主義イデオロギーと個人主義的イデオロギーの分裂を内包したまま，ときどきの社会情勢に左右されつつ，両者の間の振幅を繰り返す可能性があるのではないか，というのが筆者の問題意識である。60年代以降，人法的共同体関係理論批判というかたちで本格化した協同体イデオロギー批判は，労働法学における私的自治の定着，私法秩序との調和という成果を生み出しつつ，それが有利原則や約款規整法理に典型されるように労働者個人の法益保護にも連動するかたちで，基本的に肯定的な評価が可能な，その意味で比較的幸福な時代を過ごしてきたということができる。しかし，グローバリズムの大波にさらされながら，ドイツの経済的停滞が長期化し，深刻な失業問題が解決の糸口を見出せない状況の中で，この幸福な時代は終焉の時を迎えつつあるかに見える。そして狭隘な契約自由・意思自由の宣揚と，これとは実は表裏の関係にある共同体理論の宣揚があいまって，分裂的な労働法理論が総体として経済合理性に従属し，その結果ドイツの安定的な労使関係に重大な危機をもたらすというシナリオもありえないわけではない。90年代半ばから協約自治の「危機」がさかんに語られているが，これもこうしたドイツ労働法の底流にある思想状況と無関係ではない。そしてこの労働法，さらには私法におけるこうしたイデオロギー的な布置状況は，実は日本におけるそれとかなりの程度において相似する側面をもっているのではないか，というのが筆者の見方である。私的自治の構造的・信頼関係的把握，その客観的・時間的・規範的要素の位置付けという，一見きわめて技術的な理論問題は，その実，優れて政治的・歴史社会的な思想状況と連動している[45]。このことをさらに協約自治における有利原則の問題にそくして以下検討する。

---

[45] この点で注目されるのが，「集団的有利原則」を配分的正義や功利主義の法思想，さらに「法と経済」におけるパレート最適の手法と関連付けながら，比例原則 Verhältnismäßigkeitsgrundsatz による制約を語るヴィーデマンの議論である。Wiedemann, Individueller und kollektiver Günstigkeitsvergleich, FS für Hermut Wißmann, 2005, S. 192f. 私的自治の原則と功利主義やパレート最適が目指す公共善（衝突する各種法益の最適調整）およびアリストテレスに淵源する配分的正義との関係は今後における重要な検討課題である。

第 2 章　労働契約と労働者人格権

3　労働協約と契約自治

　ドイツ労働協約法は，労働協約規範が個別的労働関係および経営規範・経営組織法上の関係を強行的かつ直律的に規律し，かつこの場合有利原則が妥当する旨を定めている（4 条 1 項）。したがって，労働協約の基準にみたない労働契約は，それを労働協約自身が許容しない限りその部分については効力を有しない一方，これを上回る基準についてはそのまま労働契約が適用されることになる。労働者保護の要請に基づく労働協約の強行法的性がこのように片面的性格（最低基準としての性格）を有することを内容とするこの有利原則は，その理論的な根拠について，かつてはニッパーダイの唱えた給付（成績）原則が引き合いに出されたが，今日の通説はおおむねこれを基本法 2 条 1 項の人格の自由な発展に基礎付けられる契約自由，および職業の自由に求めている[46]。

　この有利原則は，賃金，休暇，労働時間，労働者の責任制限，解約告知保護などの実質的な労働条件全般に関わる，「取決め Abmachung」について適用される。この「取決め」は，労働契約当事者による個別的合意のみならず，労働契約的な統一規整，従業員集団に対する約束，事業所慣行などの一般的労働条件を含む。事業所協定についても，一応はこの「取決め」にあたるとさているが，経営組織法 77 条 3 項における協約保護のための遮断的効力によって，協約の規律事項（あるいは協約が規整するのが通常である事項）については事業所協定が基本的に排除される[47]ことから，例外として，1）協約自身が事業所協定に

---

[46]　Wiedemann, TVG; Belling, Das Günstigkeitsprinzip im Arbeitsrecht, 1984, S. 60ff.; Rieble, Arbeitsmarkt und Wettbewerb, 1996, Rn. 1597; MünchArbR/Richardi, §10 Rn. 33. 有利原則は憲法上の要請とまではいえないとするものとして，Däubler, Tarifvertragsrecht, 3. Aufl. Rn197; Kempen/Zachert, TVG, §4 Rn. 164.

[47]　ドイツにおいては協約優位の原則に基づくこの遮断効によって，事業所協定の当事者には基本的に賃金額・特別手当・休暇・労働時間の長さなどの実質的労働条件については規整の権限が存在しない。協約による遮断効については，毛塚勝利「組合規制と従業員代表規制の補完と相克―企業内労働条件規制にみる西ドイツ協約優位原則の実相―」蓼沼謙一編『企業レベルの労使関係と法』（1986 年）213 頁，藤内和公「西ドイツ経営組織法における経営評議会活動の制約要因（2・完）」岡山大学法学会雑誌 37 巻 2 号 257 頁，大内伸哉『労働条件変更法理の再構成』（1999 年）174 頁以下参照。現在の BAG 判例によれば，この遮断的効力は，賃金などの給付と反対給付にかかわる事項にかぎらず，経営の秩序に関わる形式的な労働条件にも及ぶとされている。BAG v. 9. 4. 1991 AP Nr. 1 zu §77 BetrVG 1972 Tarifvorbehalt. これに対して学説においては形式的労働条

よる規整を認める開放条項 Öffnungsklausel[48]を含んでいる場合，2) 協約による規整が現実にはなされないときには経営組織法87条1項に定める強制的共同決定事項について遮断効が及ばないとの説[49]を前提に事業所協定が労働条件を規整する場合，3) さらに経営組織の変更に伴う経済的な不利益の調整である社会計画が問題になる場合，を除いて，両者間に有利原則が適用される余地はないというのが通説・判例の立場である[50]。

有利・不利の比較方法については，大きく区分して，全体比較，分離比較，事項群比較の三種類がある。全体比較 Gesamtvergleich は，たとえば労働契約

件には遮断的効力は及ばないとする説も有力である。Richadri, BetrVG §77 Rn. 239f; Zöllner/Loritz §46 Ⅱ 6a.
[48] 協約による開放条項は，協約自身が自らのこうした規整権限を一定の範囲において事業所協定に委譲するものである。具体的には，弾力的労働時間の協定，旧東ドイツ地域の金属産業にみられる苦境条項，協約基準の引き上げ時期の延長，雇用保障のための経営状況に応じた協約上の基本賃金の引下げ協定など（詳しくは，名古道功「大量失業・グローバリゼーションとドイツ横断的労働協約の「危機」」金沢法学43巻2号96頁以下，荒木尚志『雇用システムと労働条件変更法理』(2001年) 160頁以下，大内・前掲書188頁以下，西谷敏「ドイツ労働法の弾力化論(1)-(3・完)」法学雑誌39巻2号237頁（1993年）以下，ドイツ金属産業における1984年の労働時間の差別化協定については和田肇『ドイツの労働時間と法』(1998年) 37頁以下参照。
[49] BAG判例の立場であり (77条3項に対する87条の)「優位説 Vorrangtheorie」と称されている。これに対して，学説においては，87条の強制的共同決定事項についても77条の遮断効は及ぶとする「二重制約説 Zwei-Schranken-Theorie」が有力である。
[50] ただし，法律上明確に認められている例外的ケース以外にも，両者間に有利原則の適用を認めるべきであるとする説も有力に主張されている。Zachert, Kriese des Flächentarifvertrags ?, RdA 1996, 140ff; Rieble, Kriese des Flächentarifvertragses ?, RdA 1996, 151ff; 340. 丸山亜子「ドイツにおける有利原則論の新展開（2・完）」法学雑誌第48巻845頁参照。とくに雇用保障の観点から協約による拘束を弾力化すべきとの議論が活発化するなか，ドイツの代表的な労働法雑誌 Recht der Arbeit の編集者である労働法学者たちによって協約法の改革提案が2004年に公表され，その中で，これまで協約当事者によってのみ可能とされてきた事業所協定への開放条項について，これを協約の適用を受けない使用者・使用者団体の申請によっても使用可能なものにする第三者による合議的な手続きの創設が提言されている。これによって，従来は，協約の適用を受けないにもかかわらず，経営組織法77条の遮断効により事業所協定の対象にできなかった労働条件について，事業所自治による規律が可能となる。提言における同手続きにおいては協約当事者によるコントロールが予定されており，純粋に事業所自治を優位させるべきとする従来の一部学説等の議論とは一線を画している。Dieterrich/Hanau/Henssler/Oethker/Wank/Wiedemann, Empfehlungen zur Entwicklung des Tarifvertragsrechts, RdA 2004, S. 65f.

第2章　労働契約と労働者人格権

が協約を上回る年休権と協約を下回る解約告知規範を比較するような手法であるが，こうした方法は「リンゴとナシ」の間でその優劣を比較するようなものであり，実際的な比較基準に欠け不適切であるというのが一般的な理解である[51]。これに対して，分離比較 isolierter Vergleich というのは，個々の労働契約上の規定を，それに対応する協約規定との間において単独で比較する手法で，たとえば，協約上のより長期間の解約告知期間 Kündigungsfrist と労働契約上のより有利な解約告知時期 Kündigungstermin をそれぞれ分離して取り出し比較する手法である。これは，「摘み食い理論」と揶揄されるように，本来内的な関連性のある規範群が分断されることで，労働契約関係の双務的関係性あるいは給付・反対給付の均衡が崩れてしまうことから，すくなくとも協約とそれよりも下位の「取決め」との有利比較においては適切な比較方法ではないとの批判がある[52]。

通説・判例は，事項群比較 Sachgruppenvergleich と称される，相互に内的に関連性のある一群の規範事項群ごとに比較すべきであるとの立場を採用している[53]。この見解によれば，たとえば基本給の額と成績加給[54]，解約告知期間と解約告知時期，年休付加給付と年休日数，労働時間と年休日数，時間給と出張手当などの間においては，内的な事項的関連性が認められるのに対して，労働時間と年休日数との間などにはこうした内的関連性は認められない[55]。

さて，BAG の判例実務は，上記の比較方法のうちの事項群比較を用いることで，おおむね安定した法状態を形成してきたのだが，近年，比較の基準をめぐって，労働者個人の主観的な判断を尊重すべきではないかとの主張が影響力を増しつつある。とりわけ雇用保障と引換えに協約基準を下回る労働条件の取

---

[51] この手法を主張するものとして Heinze, NZA 1991, 329, 335.

[52] これに対して，強行法と協約間の有利比較，あるいは国際労働契約法における最低基準保障原則（民法施行法 30 条 2 項）においては，こうした比較方法も許容される。国際労働契約法における有利比較については，米津孝司『国際労働契約法の研究』(1997 年) 63 頁以下。協約法上の有利原則において分離比較に近い見解をとるものとして, Däubler, Tarifvertragsrecht, 3. Aufl., Rn. 206; Belling, Das Günstigkeitsprinzip im Arbeitsrecht, 1984, S. 181.

[53] Löwisch/Lieble, TVG, 1992, §4 Rn.199; Wank, in: Wiedemann, TVG (6. Aufl. 1999), Rn. 470.

[54] BAG v. 23. 5. 1984 AP Nr. 9 zu §339 BGB = NZA 1984, 225.

[55] BAG v. 3. 5. 1994 AP Nr. 13 zu §3 BurlG Fünf-Tage-Woche = NZA 1995, 477.

決めが行われるという事態が広がってきているなかで，これを有利原則によって正当化する主張が有力に展開されている。

有利比較の判断基準は，かつての労働者集団の全体利益を重視し，職業集団の見解や個別労働者の主観を完全に排除する考え方から，現在は，社会（取引）通念 Verkehrsanschauung を手掛かりに，「思慮分別のある労働者」が，当該事案をめぐる諸事情を考慮した場合に下すであろう有利・不利の判断という基準へと，その基準がより当事者の意思を尊重したものへと移りつつある。もっとも当事者の意思や個別労働者の具体的な利益状況を尊重とはいっても，通説・判例は，これを個別労働者の主観的判断に全面的にゆだねるべきとする立場はとっていない。ところが近年の議論においては，たとえば労働時間延長と賃金増加が問題となる場合，それらは内的な関連性を有しており有利原則の対象になるとし[56]，あるいはこれを前提にしつつこの場合いずれが有利であるかを決定する客観的基準は存在しないことから，これを労働者の選択にゆだねるべきであるとする説[57]，さらには雇用保障を引換えとする協約基準を超える労働時間の延長について，有利原則の適用を認めるべきであるとする見解が主張されている[58]。

---

[56] Junker, ZfA 1996, 383 (399); Konzen, NZA 1995, 913 (919); Lieb, NZA 1994, 289 (292f.); Zöllner/Loritz,Arbeitsrecht，§36 Ⅲ 4; Joost, Tarifrechtliche Grenze der Verkürzung der Wochenarbeitszeit, ZfA 1984, 180.

[57] Löwisch/Rieble, Münchener Handbuch zum Arbeitsrecht, Bd. 3, 2. Aufl. 2001，§272 Rn. 51. ただし客観的な基準で有利比較が可能な問題についてはこれによるべきで，労働者の選択はあくまで補足的な位置付けを与えられており，また一定期間の経過後再び集団的な規整に復帰する可能性が開かれていなければならないとする（Löwisch/Rieble, TVG §4 Rn. 203）。そのほか，Hromadka, Privat-versus Tarifautonomie, DB 1992, 1042ff; Buchner, Tarifliche Arbeitszeitbestimmung und Günstigkeitssprinzip, DB 1990, 1722. なお「労働者の選択」ということがクローズアップされたのは，労働契約において65歳6ヵ月の定年を事業所協定によって65歳に切下げた事案において，BAG が，引き続き働くことと退職することの選択可能性が開かれているほど労働者に有利であるとの判断を下した1989年のBAG判決においてであった（BAG v. 7. 11. 1989, AP Nr. 46 zu §77 Betr VG 1972）。これは，有利不利の判断自体を労働者の選択にゆだねるものではなかったが，これがきっかけとなり，その後，有利比較における労働者の選択をめぐる議論が活発に展開されることになる。

[58] Adomeit, Das Günstigkeitsprinzip-neu verstanden, NJW 1984; Buchner, Beschaeftigungssicherung unter dem Günstigkeitsprinzip, DB 1996; Gitter, Zum Massstab des Günstigkeitsvergleiches, in: FS f. Wlotzke, 1996, S ff. 丸山・前掲論文「新展開（2・完）」，

第2章　労働契約と労働者人格権

　こうした労働時間と賃金の有利比較を肯定する見解や，労働者個人の選択権を承認する見解は，確実に影響力を増大させてはいるもののなお伝統的な協約の保護機能を重視する立場からの批判が強く[59]，また雇用保障を引換えにした個別契約による労働条件低下の取決めについては，判例・学説はなお慎重で，BAG も 1999 年の判決において，雇用保障と引換えの労働時間の延長の取決めが問題となった事案において，こうした比較における事項的関連性を否定し，労働組合による不作為請求の訴えを認めている[60]。伝統的な立場からの，選択権説や雇用保障と引換えの労働条件不利益変更の取決めに対する批判は，これによって労働協約の強行性がその意義を失い，協約の保護機能が空洞化し[61]，ひいては協約自治に対して保障されている憲法的な保護が侵害される恐れがある，という点を指摘する。たとえばディータリッヒは，雇用が保障される限り賃金の切下げや労働時間の延長を内容とする取決めは協約よりも有利である旨を協約法に定めることを内容とする FDP（自由民主党）の立法提案について，それが基本法 9 条 3 項によって保障された協約自治の必然的帰結である協約の強行的性格を事実上排除するものであるとしており[62]，ニュアンスの相違はあるものの学説の多くもいまのところはこうした見地に立つものが多数である[63]。ま

---

　　810 頁以下参照。
[59]　90 年代前半の学説として，Lieb, NZA 1994, 289ff; Däubler, Tarifvertragsrecht, 3. aufl., S. 222; Zachert, Aufhebung der Tarifautonomie durch "freiwillige Regelungen" im Arbeitsvertrag ?, DB 1990, 986ff.
[60]　BAG v. 20. 4. 1999 NJW 1999, 3281 = NZA 1999, 887. 同判決については，根本到「外国労働判例研究（81）ドイツ―雇用保障を代償として協約上の労働条件を低下させた事業内合意に対する労働組合の不作為請求権（1999. 4. 20 連邦労働裁判所決定）」労旬 1476）号，28 頁。有利原則に関する BAG の判断に賛成する学説として，Hanau, RdA 1999, 65 (70); Wiedemann, RdA 2000, 169ff; Richardi, Anmerkung zu AP Nr. 89 zu Art. 9 GG; 2080, 2081; Franzen, RdA 2001, 1ff; Zachert, Individuum und Kollektiv im Arbeitsrecht: alte Fragen-neue Probleme, AuR 2002, 41ff; 判決以前の学説として，Reichold, ZfA 1998, 237 (252). 有利比較肯定の立場から BAG 判決に懐疑的なものとして，Reuter, Anmerkung SAE 1999, 265ff; 483, Buchner, NZA 1999, 897, 901.
[61]　Däubler, Tarifvertragsrecht, 3. Aufl., S. 222.
[62]　Dieterich, Flexibilisiertes Tarifrecht und Grundgesetz, RdA 2002, 1, 15.
[63]　Hanau, RdA 1993, 1, 6; Belling, Das Günstigkeitsprinzip im Arbeitsrecht, 1984S. 182f.; Henssler, ZfF 1994, 487, 506f.; Junker, ZfA 1996, 383, 397; Söllner, NZA 2000, Sonderbeil. zu Heft 24, 33, 35f.; Waltermann, in: FS f. Söllner (2000), S. 1251, 1252; Wiedemann/Wank, TVG, §4 Rn. 458ff.

294

た，倒産によって職場が失われれば協約による労働条件保護も意味がなくなる，との議論に対しては，こうした雇用保障と引換えの労働条件低下の取決めは，むしろ実際には経営状態が危機的な状況にはない企業においても実施されており[64]，かりに倒産の危機に瀕している場合には，更正手続によって適切な問題の処理が行なえる[65]，との反論も可能であろう。

　このように，有利原則における選択権説や実質的には全体比較の肯定を意味する雇用保障付の労働条件低下の取決めについては，通説・判例ともなお慎重な姿勢を崩していない。しかしながらその一方で，停滞的な経済の継続と失業問題の深刻化，労働者の雇用・就労形態と生活の多様化とともに進行する価値観の多様化のなかで，経営レベルからの柔軟化圧力はその後も強まっており，協約当事者は，企業協約や開放条項，苦境条項によって，経営レベルの利益状況にきめ細かく対応することを余儀なくされつつある。とくに個別使用者の使用者団体からの逃避という現象が広範囲に広がりを見せる一方で[66]，一事業所に妥当する協約は一つであるべきだという協約統一性 Tarifeinheit の原則に対する懐疑が学説から提示され[67]，さらに協約の多元性を前提とした議論が行われる状況が生まれており[68]，ドイツ協約法制がワイマール協約法制定以来の構造的変動期に入った感がある中で，集団的自治（協約自治・事業所自治）と契約自治の関係についてのより原理的な検討が，その歴史的沿革や基本権ドグマへの言及を伴いつつ進められてゆくことが予想される[69]。この場合，労働協約に

---

(64) たとえばBAG1999年判決において問題となった Burda GmbH は，良好な経営状態にあったとされる。Dieterich, RdA 2002, 1, 15.
(65) Däubler, Tarifvertragsrecht, 3. Aufl., Rn. 33.
(66) これについては，吉田和央「ドイツの協約自治システムと労働条件決定の個別化」日独労働法協会会報6号（2005年）39頁以下，辻村昌昭「ドイツの最近の労働事情―Mitgliedschaft ohne Tarifbindung（OTM＝使用者団体における協約に拘束されないメンバー）をめぐる議論を素材として―」日独労働法協会雑誌10号（2009）1頁参照。
(67) Rieble, Arbeitsmarkt und Wettbewerb, 1996, Rdnr. 1856ff.; Franzen, Tarifrechtssystem und Gewerkschaftswettbewerb-Überlegungen zur Flexibilisierung des Flächentarifvertrags-, RdA 2001, S. 1f.
(68) 例えば Reichold, Abschied von der Tarifeinheit im Betrieb und die Folgen, RdA 2007, S. 321f. Hanau, Ordnung und Vielfalt von Tarifverträgen und Arbeitskämpfen im Betrieb, RdA 2008, S. 98f.
(69) たとえば組合の団結権保障と組合員の権利の相克という観点から1999年のBAGによる Burda 事件判決を批判する学説として，Thüsing, Angemessenheit durch Konsens,

第2章　労働契約と労働者人格権

認められた法規範的効力の意義と機能について，再度掘り下げた考察が必要であろう。日本の労働法学が協約自治と私的自治の関係についてドイツ法との比較法研究を行なうにあたってこの視点は重要である。

わが国の協約法理論においては，ドイツと比べて一般に協約の保護機能についての理解が弱く，労働条件の統一的規整や労使関係統治の機能が重視される傾向が強い。わが国において支配的な有利原則の否定論も，「協約実務の実態」に依拠するのみで，規範論理的な根拠付けが弱く，協約の法規範的効力についての原理的基礎付け，とりわけ団結権の法解釈論的な精緻さに欠ける印象が拭えない。これは，協約自治と個別的な契約自治との緊張関係について解釈論的な調整メカニズムの探求を早々に断念して，労使交渉の実態論や便宜論に依拠し，あるいは規範論理的には抽象的な団結優位論をもって一律に処理する傾向を生み出している[70]。ドイツにおいては，有利原則論において先鋭化する集団自治と契約自治との相剋をめぐる議論において，使用者団体からの「逃避」や労働組合の役割低下についての問題意識が，その立場の如何を問わず論者の背景的認識として踏まえられている。すでに労働組合の組織率が20パーセントをきったわが国において，こうした団結権保障，協約自治の逆機能的なメカニズムについて無関心であってよいはずはない。日本の労働協約法理は，それが単に企業社会における共同体イデオロギーを「法的に」追認し，労働契約正義を形骸化するという役割を果たしてきた側面がある点で問題であるにとどま

RdA 2005, S. 257. また前記の Recht der Arbeit 誌編集者による提言においても，協約自治の実効性，憲法適合性について慎重な吟味を行いつつ，遮断効からの開放のほか，経営危機における協約からの開放，有利比較における雇用保障の考量要素化（ただし事業所委員会による特別多数によって有利性を決めるとする CDU/CSU の立法提案については否定的で，有利比較はあくまで個別的かつ客観的に行うべきとの立場を堅持）等，協約による統一的労働条件規制の弾力化についての様々な提言が行われている。

[70] 法的性質論をはじめとするわが国労働協約法の戦後論争史を概観するものとして，西谷敏「労働協約論」籾井常喜編『戦後労働法学説史』（1999年）396頁以下。とくに規範的効力については，中窪裕也「文献研究⑿労働協約の規範的効力」季刊労働法172号（1994年）94頁以下。労働協約は「労働規範契約 Arbeitsnormvertrag」（ジンツハイマー）としての性格をもつが，その手続き側面において契約的性格が顕著であり，その効力側面において法規範的性格が顕著であるのであって，それをアプリオリにいずれかの側面に一元化して性質決定する必要はあまりない。ただ法的性質をめぐる論争においてなされた夫々の議論は，問題ごとに多様なかたちをもって現れる協約の両側面性に関する考察において有益な情報を提供するものであり，その論争史を省みることは労働協約法の原理的な再検討において十分に意味のある作業である。

ず，社会経済の構造変動に伴う労使関係の変化，労働世界の多様化と個別化の進行にともなう利益状況の変化に対応できず，その結果，労働組合の機能低下に拍車をかけるという逆説的な状況を生み出すという点でも，現在，その根本的な再検討が必要とされていると思われる。繰り返しになるが，それは文脈への配慮を欠いたまま抽象的に契約自由・私的自治を宣揚する類の議論とは無縁である。協約自治・協約法理の再検討は，必然的に，契約自治・私的自治の原理的なクリティークを前提とするのであって，それがなされてはじめて両者の緊張感ある協働的関係が再構築されうるであろう。

4　労働法における集団自治と私的自治・契約自治の相剋

有利原則をめぐる以上のような議論状況を概観して思われるのは，伝統的な意思教説に基づく法律行為論，労働協約法，そして経営組織法を基礎にしてワイマール期から戦後にかけて構築され，80年代までの相対的な経済安定期には，微調整を含みながらも，基本的にはドイツの安定的な労働関係を法的に下支えする確固たる地位を築いたかにみえた契約自治，協約自治，経営自治の三者の相互関係が，いまや大きな流動期に入ったのではないか，ということである。この議論の帰趨はいまだ明らかではいが，協約自治による統一的な労働条件規制と労働者保護原理を重視する BAG 判例は，グローバル化と産業構造の変化，労働世界の柔軟化圧力の強まりのなかで，脱中心化の方向へと変化しつつある。

こうしたなかで法理論的な観点からみて興味深いことは，基本権をめぐる議論が活発化していることである[71]。社会経済の構造が変動期にあり，従来の法律や判例法理によってはその変動に対応しきれない状況が生まれつつある中で，伝統的理論に対する原理的な批判や，法律上の基本原則に関わる立法の提案がなれているわけであるが，こうしたなかで錯綜した議論をなお一定の共通了解のもとに整序しつつ，法の継続形成を促してゆくためには，労働法の基本原理をめぐる価値的な論争は避けて通ることができず，これを抽象的な方法論争や政策論争に脱することなく，あくまでも実定法の解釈論として，すなわち「法

---

[71] この点に着目してドイツの学説・判例を整理するものとして，石田信平「協約自治の限界―「集団的私的自治としての労働協約」と「基本権保護義務」に関するドイツの議論から何が得られるのか―」季刊労働法 221 号（2008 年）219 頁以下。

第 2 章　労働契約と労働者人格権

学的な」議論として行おうとすれば，おのずと基本権的な価値秩序への言及・参照へとこれが誘導されることになるわけである[72]。

　契約自治，経営自治，協約自治の三者関係の流動化という事態は，これをめぐる峻烈な利害対立，価値対立の激化を背景にするものである。これを一定の秩序に再び統合するためには，使用者団体と労働組合との団体交渉と実力行使，相互譲歩の結果としての協約自治という伝統的な枠組みでは十分に掬い取ることのできない利害対立・価値対立，すなわち，個別使用者，使用者団体，個別労働者，従業員集団，労働組合，さらに失業者を含む，相互に錯綜し，ますます複雑化し流動化している諸利益を法的議論の遡上にのせ，これを認知的・漸進的に調整する枠組を労働法のドグマティークが持つことが必要となってくる。ドイツ評価法学における動的システム論とディスクルス論の影響の増大もまさにこのことに関係している。

　この三者関係をめぐる議論においてひとつ確かなことは，基本的な方向性としては分権化・柔軟化の進行が不可避であるという点であろう。この分権化・柔軟化が，労働者の孤立化と，経営者の権力支配へと変質することを防ぎ，民主的な討議プロセスを通じて使用者と労働者の基本権保障を基盤とした労働世界における新たな共同性構築へといかに連動させてゆくか，これが 21 世紀ドイツ労働法の直面する基本課題であるといってよい。

　有利原則の検討を通じて明らかになったことは，有利原則の適用範囲やその適用方法をめぐる一見ドクマーティッシュのようにみえて現実にはかなりカズイステイックな議論によっては，もはや労働世界の現実に対応しきれなくなっているのではないかということである。個別的に例外を設けることで，経営の実情や個人化・多様化が進む労働者の家族・社会生活との調和をはかろうとする動きはあるものの，それら例外設定の根拠付けもまたアドホックな印象を免

---

[72]　ドイツの基本権をめぐるドグマは，連邦憲法裁判所というそのドグマの実効性を担保するための強力な権力機構を背景に，各法領域の法的議論を基本法が予定する国家目標の枠内へと制御する機能をもっている。そしてこの高度な権力磁場を背景に展開される基本権ドグマは，社会的な価値対立，イデオロギー対立を，大学教授を含む法律専門職が体現する高度な言説的様式性をもった規範的コミュニケーションへと変換し，同コミュニケーションの民主的な政治作用と，権力作用としての裁判所の判決を最終審級とするその規範創造作用において，これら政治的な対抗的諸力を一定の社会秩序へとインテグレーションする高度に政治的な機能を果たしている。

れていない。有利原則は、「構造的な契約対等性の障害」が存在する労働契約関係に対して集団的自治による介入を保障することで、個別的な契約自由によっては達成できない契約正義を実現することに第一義的な意味が見出されるというのがドグマ上の原点であったはずである。有利原則をめぐる議論を、この原点に立ち返りつつ、個別的な契約正義実現のためのドグマティークとして再構築する必要があるように思われる。

　経営自治と私的自治・契約自治、そして産業レベルにおける協約自治の軋轢は、おそらく今後増大することはあれ、これが短期間のうちに収束に向かうことはないであろう。協約当事者も、最終的には脱退や未加入などによる団結体構成員の減少というかたちで示される異議申し立てに対応する必要性にせまられており、とくに協約政策としての協約基準の相違化[73]、経営レベルへの分権化（協約による経営レベルへの規制権限の開放）の流れは確実に進行してゆくことが予想される。また、この協約当事者による分権化が不十分であるとして、法的に許容される範囲を超えて協約基準に明確に違反する事業所協定や、経営協議会との「規制の合意」に基づく（それ自体は債務法的効力しか有さない）経営内統一的（労働条件）規制が増大しており、経営レベルにおける自治と協約自治に関する新しい問題を労働法学に投げかけている。BAGは一連の判決において、労働組合の不作為請求を承認することでこうした動向に一定の歯止めをかけているが、問題は、基本権としての協約自治と基本権としての契約自由・職業の自由の相剋としてさらに顕在化しつつある。両者は補足的な関係にあるのであって、対立的にのみ把握すべきでない。だが、契約自治についての憲法ドグマティークがとりわけ90年代以降大きな展開を見せており、この理論展開は協約自治の原理にも影響を与えうる性格のものである。ワイマール憲法下において、契約自由に対する集団自治、協約自治による介入が承認されたときに私法秩序が経験したのと同様の質的な転換がいま進行しつつある可能性がある、というのが筆者の想定である。ワイマール憲法に典型される労働基本権の憲法的承認が、19世紀的な資本主義から20世紀的資本主義への質的変化、その自己組織性水準の質的高度化に対応したものであったとするならば、現在、ドイツの私法秩序が経験している質的変化は、さらに20世紀から21世紀資本主義

---

[73] 特定の従業員グループ、事業所ないしその一部に対して異なった協約基準をきめ細かく設定すること。

第2章　労働契約と労働者人格権

への質的転換を反映するものにほかならない。それは資本主義のグローバライゼーション段階ともいうべきものであり，一国資本主義による国内的な統合メカニズムの限界が露呈し，グローバルな権力と市民個人との対峙の局面が拡大しつつ，世界レベルでの社会的公正のメカニズムが継続形成されるなかで社会経済システムのイノベーションが果たされてゆく，そうした事態である[74]。有利原則をめぐる議論に典型的な大量失業を背景としたドイツ横断的労働協約における保護機能，カルテル機能の相対的な低下傾向，協約違反・経営組織法違反の事業所協定の広がり，さらには一旦締結した協約の非常解約告知や使用者団体からの脱退（「協約からの逃避 Tarifflucht」）など，総じて横断的労働協約の「危機」と称される事態[75]は，東西ドイツ統一以降とくに顕在化してきたグローバライゼーション段階におけるドイツ資本主義のシステム・イノベーション圧力をその基底的な背景としているのであり，これと密接に連動する労働法とその中核ドグマも，これに適合的なものとして再構築される必要に迫られているのである。

　上記のように，分権化・柔軟化，その背景にある労働者個人の価値観の多様化，生活的必要性への対応は不可逆の流れなのであるが，協約自治と個別契約自治をことさらに対立的にとらえつつ，後者の優位を宣揚する一部に見られる議論は，このシステム・イノベーションにとってむしろ逆機能的に作用する可能性があることに留意すべきであろう。協約自治・経営自治・契約自治（私的自治）の相互関係に関わる伝統的ドグマの再構築は，それが構築されてきた歴史・社会的な文脈についての正確な理解を踏まえ，とりわけ契約自治とそのドグマ自身の質的な構造転換を組み込んだものである必要がある。ところが，雇用保障と労働時間および賃金の有利比較を素朴に主張する議論においては，こ

---

[74] 資本主義のグローバル化と労働法の変容については，米津孝司「グローバリゼーションと国際労働法の課題」『講座21世紀の労働法1・21世紀労働法の展望』（2000年）268頁以下。グローバル化はドイツにおけるコーポラティズムに刻印された社会国家原則に再考を迫っているとし，協約自治をはじめとするドイツ労働法や社会保障法システムの方向転換を憲法学の立場から宣揚する議論としてたとえば，R. Scholz, Sozialstaat und Globalisierung, in: FS f. Steinberger, 2002, S. 611ff.

[75] 詳細については，名古・前掲論文55頁以下。Hanau, Der Tarifverterag in der Kriese, RdA 1998, 65. さらに，榊原嘉明「EU 域内比較にみるドイツ労働協約システムの不安定化の特徴と今後の法的課題」日独労働法協会会報11号（2010年）3頁以下も参照。

[米津孝司]　　　　　　　　　　*11*　ドイツ労働法における集団自治と契約自治

うした問題意識が希薄であり，一部の労働者を理念型として一般化し，その特殊的利益擁護に流れる危険を内包している。こうした危うい議論状況のなかでは，1999年のBAG判決は，ある程度「やむをえない」対応であった。すくなくとも現在の議論を前提とする限りでの雇用保障と労働時間ないし賃金の有利比較は，BAGがいうように労働条件の低下スパイラルへとつながる危険性が高く，連邦憲法裁判所によって確認されている労働協約自治の基本権的な核心領域を侵害し，ドイツ労使関係の不安定化を必要以上に加速化させ，収束不可能な混乱を招来させる可能性が否定できない。

　中長期的な展望の下では，ドイツの伝統的な労使関係の流動化は不可避であり，それは一定の不安定要素を含み持ったものとして進行してゆかざるを得ないであろう。しかし，この流動化は新しい秩序形成と同時並行的に進行してゆくことを必要としている。そして労働法学の役割は，この秩序形成のための規範的なオペレーションシステムを構築することなのであり，それは旧来の集権的な協約システムに固執し，その秩序機能を過大に評価することによっても，あるいは逆に抽象的に私的自治・契約自由を宣揚することによっても獲得不可能である。それは，協約当事者自身のイニシアチブによって行われる開放条項などの各種の分権化措置とともに，基本権的な評価秩序のなかに労働契約自治を位置付け，その複合的性格を正面から承認しつつ，錯綜する各種の法的利益の調整をケースごとに積み重ね，そこで継続形成的に獲得されるほかないものである。それは具体的な法的紛争の個別的な解決，判例法理の積み重ねの中で，漸次的に形成されてゆく新秩序であり，労働法学は，この際の法的議論を整序し，関係当事者と裁判所が，紛争の中で関係する法的価値・法原理の最適均衡値を獲得するためのプロセスを規範的な議論を通じて保障するためのドグマ構築を，その最大の任務としているのである。

　そうした労働契約法における集団自治と私的自治の再構築における基本的な方向性は，憲法裁判所が確認している私的自治の基本権的な位置付け，これを前提とする「契約対等性の障害除去」の要請とこの目的によって正当化される契約関係への司法的および集団自治による介入における過剰介入と過少措置の禁止・比例原則 Verhältnismäßigkeitsprinzip の適切な導入，労働契約における特徴的給付が基本的に代替不可能な人的な給付であり・一定の時間的継続性と組織的性格をもち・かつ契約当事者の生存の基盤をなす契約関係であること

第2章　労働契約と労働者人格権

への配慮，などを基本に，関連する法的諸原理とこれらによって構成される法の内的体系を基礎とした法発見・法の継続形成の方法論を確立することである。これらが労働契約理論に内在化することで，多様な利益状況と個別事情に最大限柔軟に対応できる判断枠組みを提示することが求められる。こうした観点からすれば，たとえば，一般的労働条件の事業所協定による不利益変更論におけるファストリッヒの議論は，契約保護の実質的正当化根拠にたちかえりつつ，比例原則を制御ツールとしながら新たなドグマを提示したものとして評価可能であり，その限りで通説的理解よりも説得力をもつ議論であるのだが，反面，これが契約理論に内在化しきれておらず，多様な紛争類型にかならずしも十分に対応できない可能性があり，結局はミクロレベルにおける比例原則・契約正義の実現を断念した議論となってしまっている。これは法的安定性確保のためにやむをえないとの反論も可能であろうが，このミクロレベルの正義実現は，本来，裁判所における法的正義実現において第一に尊重されるべき目的であり，それが裁判官によるアドホックで恣意的な裁量的判断であるというなら別だが，すくなくとも法的推論として成立可能なものである限りは，その判断は尊重されてしかるべきものである。労働世界の現実が流動化し，不安定化している現状を前に，立法による明確な規律がなされていない中で，これを裁判官が立法者にかわって一般的抽象的正義の高みから裁断することは，裁判所の任務の逸脱を意味する。ミクロレベルの正義の実現を志向する労働判例の蓄積のなかで，おのずとある程度の類型的判断枠組みが形成されて行くのであり，実際，一般的労働条件による事業所協定による不利益変更に関するBAG判例は，86年判決以降，そのドグマとしての不透明性にもかかわらず，基本的にこうした方向での秩序形成に寄与してきたとの評価も不可能ではない。だが，かくして形成された類型的判断枠組みは，つねに法原理とこれによって構成される法の内的体系に基づく再審に開かれたものであり，その原理と体系による再審の結果として，それまでの類型的判断枠組みから逸脱する結論が導きだされるケースも当然ありうる。ところが，通説的理解を前提とする限り，こうした再審の可能性は限定的なものにならざるをえず，結果として，硬直的な個別的有利原則の適用を招来することになっている可能性が高いのである。

　私的自治の原則は，ドイツにおいて，個人の自由意思に基づく自己拘束の意味（意思主義）において理解されている。わが国においても，60年代にフルー

メ理論が精力的に紹介され，私的自治を契約（法律行為）自由の原則と同視することを批判しつつ，私的自治の意思自治としての性格が強調された[76]あたりからこうした理解が一般化し，今日に至るまで，意思主義に対する批判がなされることはあっても，私的自治それ自身がもつ関係的（社会的）性格が問題とされることはあまりなかったといってよい[77]。これは近年日本において主張されているいわゆる「関係的契約論」においても基本的に同様である。この同理論は，現代社会における契約を古典的契約原理と関係的契約原理の「並存」として，すなわち，契約における相関関係的性質は，あくまで古典的な意思主義的私的自治の存在を前提として，これと棲み分けるかたちで存在するものとして把握されている。しかし，こした意味での古典的私的自治と関係的な「現代的契約原理」の並存，混在という現象は，実は労働法においては19世紀末における団結に対する禁圧政策の転換とそれに続く協約自治の承認，そして労働契約における様々な共同体的・時間的要素の理論化とその立法および判例を通じた実定法化のなかで，長らく一般的に確認されてきている事態なのであって，ことさら新たな契約原理の発見を云々する事態ではない。真に〈ポスト・モダン〉というべき事態は，こうした両契約原理の並存的な理解のなかにあるのではなく，まさに古典的な契約原理，私的自治の核心的部分についての自明性の揺らぎとしてあらわれてきているのである。

　この古典的な意思教説は，フルーメに代表される私的自治復権の動きのなかで理論的な修正が施され，とりわけ私的自治を法秩序との相関関係において把握することで，19世紀後半に助長されたその「アトム的個人主義」ともいうべき傾向を克服する方向に向かうことになってゆくが，90年代以降の私的自治論の展開は，ドイツ私的自治ドグマの核心ともいうべき意思教説の自明性をも再審査に付しはじめているとみることが可能である。とりわけ契約対等性の

---

[76]　星野英一「現代における契約」『民法論集第3巻』（1972年）所収，初出・『岩波講座・現代法8』（1966年）。星野はその後，「意思」に「理性」を対置させつつ後者を優位させるポジションを明確にするなかで，実定法上の原理としての私的自治と「自然法的原理」としての「意思自治」を区別すべきとする立場に改説する旨を明らかにしている。星野英一「契約思想・契約法の歴史と比較法」『民法論集　第6巻』（1986年），初出・『岩波講座　基本法学4』（1983年）20頁，66頁註[93]。

[77]　そうした中で，法律行為論・私的自治の関係的・社会的性格に着目しつつドイツ法の学説整理を行うものとして山下末人『法律行為論の現代的展開』（1987年）がある。

構造的かつ重大な障害においては，私的自治の名における介入が基本権上の要請であるとし，積極的な司法的介入を根拠付ける議論，再交渉義務などに見られる契約におけるコミュニケーション的・時間的要素の重視，さらにヨーロッパの統一契約法・民法典を意識した私法学などの理論動向は，ドイツ的共同体イデオロギー批判の役割を帯びつつ自由主義イデオロギーと市場経済秩序の制度的な定着に多大な寄与を果たした自己決定イデオロギーに基礎付けられた通説的な私的自治ドグマが，もはや新たなイノベーションを必要としていることの証左であるように思われる。これに取って代わるべき私的自治の理論は，この自己決定理念を継承しつつも，さらに複雑な環境変化に対応しうる柔軟な構造をもった私法システムの要請に合致するものでなければならない。ビドリンスキー，マリア・マリー，ホルン，カナーリス等に代表される，ドイツ・オーストリア私法学や1993年のオランダ民法典に成文法化された動的システム論は，まさにこうした要請に合致する法学方法論に他ならならず，古典的私的自治ドグマにおいて個人の意思自律に内在されていた倫理的ポテンシャルの低下に伴い，これに変わるべき倫理的規範力の実定化メカニズムを模索する動きとして理解することが可能である。そしてこうした私法学方法論の新たな動向と平行して，ドイツ近代私法学の体系的基礎を創始したサヴィニーが，今日改めて内外の私法学者や法史学者によって再評価の対象となっているのも，彼の私法学を基礎付けていた個人的自律における倫理的な要素の社会・文化的，歴史的な脈絡を再確認し，現代における私的自治の構造転換の中でこれを相対化しつつ継承発展させる必要性にドイツ私法学が迫られていることのあらわれに他ならない。

　しかし，現在進行中のこの私的自治の新たな構造転換ともいうべき事態は，上記のとおり，ドイツ意思教説の核心に触れる質のものであるだけに，これに対する反撥も根強い。たとえば，私法学固有の理論動向でいえば，メディクス，ツェルナーによる「契約対等性の障害」ドグマに対する批判的応接[78]や再交渉義務論にたいする伝統的学説からの批判，そして労働法学においては，ツェルナー[79]，リカルディ[80]，ピッカー[81]らによる私的自治・契約自由の宣揚，意思

---

[78] W. Zöllner, Regelungsspielräume im Schuldvertragsrecht, AcP 196 (1996), 1ff.; Medicus, Abschied von Privatautonomie im Schuldrecht ?. (1994).

[79] Zöllner, Gerechtigkeit im Arbeitsverhältnis, in: FS f. Söllner (2000), S. 1297.

教説を前提とした私的自治ドグマによる労働法理論の再構成の志向性などにこれを確認することができる。

　ドイツにおける私的自治・契約自治に関するこうした理論動向に対して，思想伝統を異にする日本において直ちにこれに同調する必要はない。しかし，ドイツの意思教説が今直面している課題の困難性は，西欧近代法学の継受の上に築かれたわが国の私法学，そして労働法学が直面しているそれと無関係ではないこともまた確かである。私的自治・契約自治の構造転換という事態は，おそらく世界の市場経済秩序，資本主義のグローバル化の段階における社会構造の変化に対応した現象であり，直面する課題性の環境要因については共通の枠組みにおける議論が成立可能である。しかし，西欧的な意味での「個人と社会」がついには成立しなかった日本において，この社会編制を所与の前提として成り立つ私的自治・契約自治の原則のもつ含意は，ドイツのそれとは異なる側面を含むのはむしろ当然である。ヨーロッパが数百年をかけて築き上げた市場経済とリベラリズムを基礎とする社会編制（市民社会）構築の過程で経験した困難な課題を，日本は今，グローバル化の只中において，改めて自らのものとして引き受けざるをえない事態に直面している。それは西欧と異なる日本に固有のモデルネ，「個人と社会」を始創するという文明史的な視野のなかでその解決の糸口を見出すことが可能な課題かもしれない。労働法上の集団的自治と私的自治・契約自治の相剋というミクロな法技術問題の考察は，こうした「大きな物語」についてのイメージと同期している。

---

(80) Richardi, Arbeitsrecht als Sonderprivatrecht oder Teil des allgemeinen Zivilrecht, in: FS f. Söllner, 2000, S. 957ff.

(81) Picker, Regulierungsdichte und ihr Einfluß auf die Beschäftigung, in: Kitagawa/Murakami/Nörr/Oppelmann/Shiono (Hrsg.), Regulierung-Deregulierung-Liberalisierung, 2001, S. 195ff.

12 契約の自由と競業避止義務について
――イギリス法における営業の自由と営業制限の法理に即して――

向田正巳

1 はじめに
2 判例の紹介と検討――*Mitchel v. Reynolds* (1711) 判決を中心に――
3 おわりに

1 はじめに

(1) 契約の自由とはいかなる場合に認められるものであろうか。本稿はイギリス法における営業の自由と営業制限の法理[1]を主たる素材として，競業避止義務との関係という非常に限られた点からではあるが，この課題にアプローチしようとするものである。

(2) 契約の自由とは，近年の文献においてもしばしば問題とされ，言及の対象となるもので[2]，営業の自由[3]や営業譲渡における競業避止義務は今日それ

---

(1) 従来の主な研究として，R. Y. Hedges, *The Law Relating to Restraint of Trade*, 1932; Matthews and Adler, *The Law relating to Covenants in Restraint of Trade*, 2nd ed., 1907; N. H. Moller, *Voluntary Covenants in Restraint of Trade*, 1925; Sanderson, *Restraint of Trade in English Law*, 1926; J. D. Heydon, *The Restraint of Trade Doctrine*, 1971; M. J. Treibilcock, *The Common Law of Restraint of Trade*, 1986; 末延三次「雇傭契約に於ける営業制限の特約――英米法に於ける Restraint of Trade の諸問題――(1)(2完)」法協51巻11号，同52巻11号（昭和8-9年），大隅健一郎「英米コモン・ロウにおける独占及び取引制限(1)(2)」法学論叢53巻5・6号，同54巻1・2号（1947年），田中和夫「英米法に於ける取引制限の法理」季刊法律学3号356頁（1948年），砂田卓士「Restaint of Trade の一研究」『現代私法の諸問題 下 勝本正晃先生還暦記念論集』(1959年)，石橋洋「イギリス法における営業制限法理の形成過程――雇用契約における合理性原則の確立に至るまで――」常葉謙二ほか編『国際社会の近代と現代』43頁（九州大学出版会，1997年）などがある。
(2) 『詳解・債権法改正の基本方針II――契約および債権一般(1)――』（商事法務, 2009年）3

第 2 章　労働契約と労働者人格権

ほど問題となっているとは思えないが，これに対し雇用における競業避止義務はとくに平成以降，しばしば問題とされるようになっている。

　契約の自由は所有権絶対や過失責任主義と並んで近代民法の原則といわれるが，これは従来の体系書・教科書において，近代法思想における自由平等の原理の具体的顕現である[4]といわれ，またその歴史的性格からいえば，資本制社会における自由競争の原理の法的表現である[5]といわれてきた。

　資本主義の母国といわれるイギリスに関して，近代資本主義の成立期における自由競争と営業の自由，契約の自由について検討してこられたのが大塚久雄氏である。ここで氏の論文「初期独占論―その経済学的把握の素描」[6]により氏の学説を簡単に紹介するならば，村落や都市（＝ギルド的中世都市）のさまざまな共同体規制，とりわけ後者を特徴づける営業資格の限定や強制市場制による営業統制，公正価格の指定などの諸規制が，その基盤の上に立っている封建的支配層のさまざまな特権行使と結びついて，そもそも商人間の「自由な」競争（したがってまた小生産者と商人の間の「自由な」取引）を妨げ，それによって前期的資本の蓄積基盤を作り出していたが，商人たちは，相互間の競争の結果，譲渡利潤が減少するようになると，こんどは自ら進んでさまざまな共同体の機構に結びつき，その関係のなかに絡みこみ，それらの共同体規制を逆に利用して，自己の蓄積基盤を維持しまた拡大しようとするようになる。前期的商業資本がさまざまな共同体の機構に結びつき，その規制力を利用して「自由な」競争を阻止するとう事実は，それ自体としてすでに「初期独占」の 1 つの萌芽的な現れと見なければならない[7]。中世末期から近世初期にかけてのいわゆる封建制の危機の時期に，そこここの農村地域の局地内でさまざまな種類の手工業

　　頁は契約の自由の原則をわが国の契約法が基礎とする基本原理であるとし，5 頁は基本的な自由権の 1 つとしての人の自己決定権の表れであるとする。債権法改正という大事業には憲法や民法の基本原理についての深い検討が求められるであろう。
(3)　近年の研究として，矢島基美「営業の自由についての覚書」上智法学論集 38 巻 3 号（1995 年），鷹巣信孝「職業選択の自由・営業の自由・財産権の自由の区別・連関性―いわゆる『営業の自由論争』を参考にして(1)－(4 完)」佐賀大学経済論集 32 巻 2－5 号（1999-2000 年）などがある。
(4)　我妻栄『新訂民法総則』11 頁（岩波書店，1965 年）。
(5)　森泉章編『入門民法［第 3 版］』28 頁（有斐閣，2005 年）。
(6)　『大塚久雄著作集 3 巻』（岩波書店，1969 年）所収。
(7)　同書 428-9 頁。

〔向田正巳〕　　　　　　　　　　　　***12***　契約の自由と競業避止義務について

が営まれるようになり，商品生産者としての性格を帯びるにいたった農民や職人たちが売買の自由を要求し始めるに伴って，村落共同体の規制力（したがって封建領主の経済外的な支配力）はようやく弱化してくる。いな，むしろ，そうした事実こそがそもそも封建制の危機を醸成するにいたったのだといわねばならない。こうした事情をふまえて，さらにそこここに農村工業地帯が形づくられ，それらの発達が次第に都市のギルド制工業をも脅かすまでになっていく(8)。このような封建制の危機に際し，絶対王制の側では封建制の再編，逆編成が行われるが，絶対王制の中期あたりから，こうした逆編成の動きをさらに逆に圧して，農村工業の展開の動きが一段と顕著となり，「営業の自由」(free trade) がいよいよ声高く要求されるようになりはじめる。たとえば，16世紀半頃からイギリスで大きな問題となってくるあの urban exodus（さまざまな職人の都市から農村への流出）の現象など。これは都市の商工業をいよいよ危機に追い込み，こうして村落共同体ばかりでなく，ギルド制都市共同体の規制力（したがってその基礎の上にたつ問屋制支配）をも決定的に弱化させ，絶対王制の全構造を揺るがすようにさえなる。こうした事態は市民革命期に頂点に達する(9)。このような事情のために，封建制の危機の時期から市民革命にいたる絶対王制期を通じて，前期的商業資本の存立の基盤は次第に狭められていくことになる。こうした場合，前期的商業資本の，「自由な」競争と相容れない，あの生まれながらの性格が前面に押しだされて，この上もなく露わな「独占」形成への要求となって現れてくる。こうして封建制の危機と市民革命とに挟まれた絶対王制期が，西ヨーロッパのいずれの国においても，「初期独占」の本来的な時代として現れるようになり，農村工業における契約の自由，営業の自由の主張と対立するようになった(10)。

このように近代の資本主義成立期において，ギルド制などの自由な営業を制限しようとする営業制限と，それに対して主張された営業の自由，契約の自由が対立し，これらの相互関係が問題となる(11)。本稿は近代における営業の自由

---

(8)　同書 430 頁。
(9)　同書 430-1 頁。
(10)　同書 431 頁。
(11)　契約の自由と営業の自由の関連性についても，砂田卓士氏により古くから指摘されている。同氏「Restaint of Trade の一研究」『現代私法の諸問題 下 勝本正晃先生還暦記念論集』399-400 頁（1959 年）参照。

の成立期において，営業譲渡における営業制限の法理を確立させた*Mithchel*判決を中心に，営業制限の法理と，営業制限に対する契約の自由，営業の自由について問うものであり，これらの相互関係の中から，契約の自由の認められる範囲について考えようとするものである。後に明らかにするように，営業の自由が成立すると，同時に営業制限特約の有効性が認められ，そのような特約を結ぶ契約の自由が認められるようになった。契約の自由，営業の自由と営業制限はそれぞれ密接なつながりをもっている。

(3) 本稿は筆者に与えられたページ数との関係から，営業制限のなかでも特に営業譲渡における営業制限の法理について検討するが，なぜ営業譲渡の場合における営業制限をまずとりあげたかといえば，それは従来の判例学説において，営業制限においてまず問題とされたのが営業譲渡における営業制限であったからである。叙述の順番としては，2の本論ではまず(1)で市民革命後の近代において，営業譲渡における営業制限の判例法理を形成した指導的判決である*Mithchel*判決を中心に判例を紹介し，次いで(2)で*Mitchel*判決を中心に，営業の自由と営業制限の法理について検討していくことにする。営業譲渡における競業避止義務については，わが国の商法・会社法に明文の規定（商法16条，会社法21条）があるにもかかわらず，その根拠や適用範囲は未だ明らかにはされていないように思われる[12]。本稿の検討はこの問題の解決についての示唆を与えるであろう。*Mitchel*判決は今から300年も前の18世紀の判決であるが，本稿における判例法理の検討を通して，競業避止義務との関係という非常に限られた点からではあるが，市民革命後の近代18世紀における契約の自由の法理が過ぎ去った昔話ではなく，また聖書のように時を超えて信仰の対象となるべきものでもなく，これが，近代法のルールとして存在し，それが日本を含めて今日の社会においてもなお通用し，濫用を許すことなく，正当に妥当するとすればそれはどのような範囲においてであるかを明らかにする。契約の自由が濫用され，その成立の根拠から離れて幽体離脱した幽霊のように独り歩きする

---

[12] 大隅健一郎『商法総則［新版］』（有斐閣，昭和53年）314頁は，営業譲渡における競業避止義務の根拠については，営業譲渡をもって単に営業財産の譲渡とのみ理解することによっては説明できないことを指摘している。従来の学説については品川登「営業譲渡と競業避止義務(1)(2完)」民商43巻1号，3号（1960年）参照。

事態は避けなければならない。後に明らかにするように，契約の自由が妥当する範囲は限られたものとなろう。

2 判例の紹介と検討—*Mitchel v. Reynolds*（1711）判決を中心に—

以下では，まず(1)で営業譲渡における営業制限に関し，市民革命後の近代において判例法理を形成した指導的な判決である *Mitchel v. Reynolds*（1711）判決を中心に，営業の自由と営業制限についての判例を紹介していくことにする。判決に引用されているその他の判決については脚注で簡単に紹介していくにとどめる。(2)では *Mitchel* 判決を中心に，営業の自由と営業制限の法理について検討していくことにする。

(1) *Mitchel v. Reynolds*（1711）[13]について

以下では主に *Mitchel* 判決について，(a)事案の概要，(b)営業制限の分類，(c)判事による判例ルールの検討，(d)営業制限における根拠，(e)立証責任等の諸問題，(f)結論の順番で紹介していくことにする。

(a) 事案の概要

被告がある教区内にある家屋と製パン所の賃借権を原告に5年間譲渡し，被告がその期間中，同じ教区内において製パンの営業を営まないこと，その営業に従事した場合には，原告に50ポンドを支払う旨の捺印金銭債務証書（bond）を引き渡した。この営業を営まないという約束が営業制限の特約であるが，被告がこの契約に違反したとして原告からの50ポンドの支払いについての訴えが提起されたところ，訴訟においては，本件債務証書が無効であるとの主張が被告によってなされたので，本件ではこの捺印金銭債務証書における営業制限の特約が有効か否かが争点とされた。

パーカー判事は最初に結論を述べ，

「当事者が営業制限特約を結んだことが合理的であることを示す特別な（special）約因が示されたので，特約は有効である。」とした。

そして従来の営業制限について考え方に不一致が認められるとし，それを調

---

[13] *Mitchel v. Reynolds*（1711）1 P. Wms. 181, 24 E. R. 347. この今から300年前に出た判決文を読むとき，我々はこの判決の文章を書いた判事の偉大さと，このような判事を生んだイギリスの文化・文明の高さに驚嘆せざるを得ない。

第2章　労働契約と労働者人格権

和させようとして，営業制限についての以下に述べる法の一般論を展開した。

(b)　営業制限の分類

パーカー判事はまず営業制限に関する従来の判例を概観して，

制限が(i)意思にもとづかない制限（involuntary restraints），すなわち同意に反するかあるいは同意のない制限の場合と(ii)意思にもとづく制限（voluntary restraints），すなわち当事者の合意にもとづく制限の場合にまず分類する。

そして(i)意思にもとづかない制限の場合につき，

これをさらに①国王（Crown）の権利付与（Grants）又は特許状（charters）による場合，②慣習（Customs）による場合，③条例（By-laws）による場合の3つに分類し，

①　国王の権利付与又は特許状による場合につき（原則無効）

「(ア)　一般的営業に対して法人格を付与する新たなる特許状で，他人をすべて排除するようなものは無効である[14]。

(イ)　特別の（particular）人に対し，既知の営業の独占開業を認めるような権利付与は無効である。なぜならばそれは独占であり，コモン・ローの政策に反し，マグナカルタに反するからである[15]。

(ウ)　新発明品の独占使用の権利付与は有効である。これは発明の才を奨励するために認められたものである。但しそれは1624年独占法（21 Jac. 1, c. 3）6条により14年間のみ認められる。」としている。

②　慣習による場合につき[16]（概ね有効），

「(ア)　ある特別の人々の利益のための制限ではあるが，その人々が共同体（community）に有利なように営業をなすとされる場合は，その制限は有効である[17]。

---

[14] *City of London Case* (1610) 8 Co. Rep. 121b, 77 E. R. 658.（外国人に王国内での営業等を禁じる法律，慣習等につき有効判断）を引用。

[15] *Darcy v. Allein (Case of Monopolies)* (1602) 11 Co. Rep. 84b, 77 E. R. 1260, Moore (K. B.) 671, 72 E. R. 830.（原告が21年間のトランプカード製造の独占権を勅許されたところ，被告がその権利を侵害したので，損害賠償の訴えを提起した事件，敗訴）を引用。

[16] *Mayor of Winton v. Wilks* (1704-5) 2 Ld. Raym. 1129, 92 E. R. 247, 1 Salk. 203, 91 E. R. 181, 3 Salk. 349, 91 E. R. 866, Holt. 187, 90 E. R. 1002.（ウィンチェスターの条例，慣習。市内で徒弟となった者以外が市内で営業することを制限，無効）を引用。

[17] *Hix v. Gardiner* (1613) 2 Bulst. 195, 80 E. R. 1062.（原告はマナー領主，原告の粉ひき場で粉を引くことの強制をする慣習あり，被告が粉ひき場を設置したので場合訴訟を

(イ) 共同体の利益のための制限で，その共同体に属する人々が，外国人を排斥しようとして営業をなしているとされるわけではないが，そのように想定される場合は，その制限は有効である[18]。

(ウ) 上記のいずれにもあてはまらない場合でも，特別の場所における営業制限は有効な場合がありうる。」としている。

③ 条例による場合につき（有効な場合と無効な場合がある），

「(ア) 外国人を排斥するための制限は，罰則を設けて従来の慣習を強行する場合にのみ有効である。従来の慣習が存しない場合はかかる条例は無効である。

(イ) 一般的に営業を制限するために作られた条例は，すべて無効である[19]。

(ウ) 営業を制限するために作られた条例は，営業のよりよい管理及び調整のためのものである場合には，いくつかの場合において有効となる。すなわち，場所の利益のための制限である場合，公共の不都合，ニューサンス等を排除するものである場合，あるいは営業の有利になる場合や商品の改善のためのものである場合などである[20]。」としている。

つぎに(ii)意思にもとづく制限の場合につき，

これをさらに①全般的な制限と②場所あるいは人に関して特別な（particular）制限に分類し，

① 全般的制限につき，

「捺印金銭債務証書（bond），捺印契約（covenant），約束（promise）によるものなると，約因の有無および当事者自身の営業たると否とにかかわらずすべて

提訴し，勝訴。慣習は有効）などを引用。

[18] *Mayor and Commonalty of Colchester v. Goodwin* (1675-8) Carter. 68, 114, 124 E. R. 829, 859..（コルチェスターの条例，慣習。外国人に市内における営業を制限する。有効）などを引用。

[19] *Davenant v. Hurdis* (1598) Moore K. B. 576, 72 E. R. 769.（カンパニーの条例を臣民の自由，コモン・ローに反するとして無効と判断）などを引用。

[20] *Player v. Jenkins* (1677-8) 2 Keb. 27, 84 E. R. 17, 1 Sid. 284, 82 E. R. 1108. *Player v. Gardner* (1683-4) 2 Keb. 873, 84 E. R. 552.（ロンドン市内における荷馬車屋などの数を420人に制限するロンドン市の条例。許可を受けずに営業した者に罰金支払い請求，勝訴。），*The Master, Wardens and Assistants of Silk Throusters v. Fremantee* (1679-80) 2 Keb. 309, 84 E. R. 193.（条例による絹の縒り糸工が使用できる錘の数の制限，有効）などを引用。

第2章　労働契約と労働者人格権

無効である[21]。」としている。

② 場所あるいは人に関して特別な制限につき,

「(ア) 約因なき場合はたとえどんな種類の契約がつくられたにせよ,すべて無効である[22]。

(イ) 約因ある場合は,その契約を適当かつ有用な (proper and useful) 契約たらしめる有効かつ適当な (good and adequate) 約因にもとづいて営業制限の契約が締結されたことが明らかな場合には,契約は有効である[23]。」とし,判決の基礎にあるものとして,「Volenti non fit injuria 人は,価値ある (valuable) 約因をもとに,彼自身の同意により,彼自身の利益のために,彼の営業を放棄し,そして特別の場所について,他人に彼の営業を手放すことができる。」とする。

(c) 判事による判例ルールの検討

次にパーカー判事はこれらの判例について若干の検討を行うとして,判例ルールを簡潔に命題化して次のように述べた。すなわち,

「(i) 全イングランドにわたって既知の営業の独占開業権を得ることは全くの独占であり,法の政策に反する。

(ii) 営業する権利が特別の場所あるいは人に制限されているならば,もしそれが合法的かつ公正に獲得されたならば,独占ではない。

(iii) これらの制限は慣習による場合があり,そして慣習は確かな根拠をもつにちがいないから,この場合に制限が絶対的かつ本来的に不法ということはない。

(iv) 有効な約因にもとづき,人が自らの営業を手放すことは合法である。

(v) 場合訴訟は actions *injuriarum* であるから,そのような訴訟は人が慣習や自らの合意に反して営業をなした場合に認められると常に考えられてきた。というのはそのような場合,人は *injuriously* に営業をなしているから

---

[21] *Rogers v. Parrey* (1613) 2 Bulst. 136, 80 E. R. 1012. (営業譲渡における営業制限を有効と認めた) などを引用。本判決はしばしば営業制限特約を最初に認めた判決として引用される。

[22] *The Dyer's Case* (1414) Y. B. 2 Hen.V, Mich. 5, f. 5, pl. 26 (C. P. 1414) (営業制限特約を無効と判断) などを引用。本判決はしばしば営業制限特約の最初の判決として引用される。

[23] 先に引用した *Rogers* (1613) などを引用。

314

である。

(vi) 法が営業制限を許容する場合，それを違約罰（penalty）でもって強制することは不法ではない。

(vii) 誰も営業を全くなさないと契約することはできない。

(viii) 特別の制限は，適正な理由（just reason）と約因がなければ有効ではない。」とした。

(d) 営業制限における根拠

さらにパーカー判事は，先に紹介した判例に見出される（結論の）違いが生ずる理由を示すとして，次のように述べた。

まず(i)意思にもとづかない制限につき，これを①制限に反対する理由になるものと，②制限に賛成する理由になるものに分け，

まず①制限に反対する理由になるものについて，

「(ｱ) 国王や条例による権利付与や特許状により生じる制限が一般的に無効である第1の理由は，法が営業や公正な産業（honest industry）に与える奨励にあり，またそのような制限が臣民の自由に反するからである。

(ｲ) 第2の理由はマグナカルタから導かれ，……マグナカルタの文言[24]は営業の自由に拡大適用される。」とした。

つぎに②制限に賛成する理由になるものについて，

「しかし，慣習や慣習を強制する条例や新発明品に対する特許は道理にかなったものである。というのはここでは誰も自由を奪われておらず，また彼の自由土地保有を侵奪されていないからである。慣習は属地的な法（lex loci）であり，外国人は特別の社会において，その社会の法を免がれている場合には，その社会における見せかけ上の権利（pretence of right）をもたない。また新発明品は以前存在しなかったのであるから，それについて誰も権利を以前からもっていたということはできない。」とした。

つぎに(ii)意思にもとづく制限について，これを①制限に関し理由にならないものと，②制限に関し理由になるものの2つに分け，

まず①制限に関し理由にならないものとして，

---

[24] nullus liber homo, &c., disseisetur de libero tenemento vel libertatibus, vel liberis consuetudinibus suis, & c., なる文言（「自由人は誰も彼の自由土地保有，自由，自由な custom を奪われてはならない」cap. 29 of Magna cavta, 9 Henry3, 1225）を引用。

第2章 労働契約と労働者人格権

「(ア) これらの制限が認められない真の理由はマグナカルタから導くことはできない。というのは，人は意思にもとづき，自らの行為によって，自分の土地の占有をやめることができるからである。土地を売るのも，放棄するのも自由である。

(イ) 臣民の自由に反するというのも理由にはならない。というのは，人は自ら同意して，価値ある約因のために，自由を手放すことができるからである。

(ウ) 法に反するというのも理由にはならない。」とした。

次に②制限に関し理由になるものとして，

(ア) まずこのうち制限に反対する理由となるものとして，

「a. 制限により当事者に生じる悪影響として，（営業を制限された当事者が）生計をたてることができなくなり，その家族の生存が危うくなることが挙げられ，また制限により社会に対する悪影響として，社会から有用なメンバーを奪うことが挙げられる。

b. 意思にもとづく制限を認めることにより発生しやすい濫用として，コーポレーションが永久に営業における排他的利益を求め，営業を出来る限り少数の手に集中させようとすること，親方が徒弟が独立して親方の営業に害を与えないよう，徒弟に制限を課す捺印金銭債務証書をとり，徒弟を苦しめる傾向があることが挙げられる。

c. 多くの場合において，制限の約束は約束を受ける側（obligee）に役に立たないものである。これは全イングランドにわたる一般的制限のすべてのケースにあてはまる。というのも，他人がニューカッスルで何かしても，ロンドンの商人に何の意味があろうか。契約の一方当事者に利益にならないのに，他方当事者に損失を固定しても不合理であろう。」とした。

(イ) 次に制限に賛成する理由となるものとして，

「制限が有用で有益な場合がある。例えばある町においてある種類の営業が過剰となることを防止する必要もあろうし，もはや競争に耐えられなくなった老人は強いて営業を継続して不利益を招くよりも，むしろこれを譲渡し，もって老後の生活の資をえるを得策とする場合もあろう。」とした。

(ウ) 最後に

「契約当事者が，自らに不確かな損失が生ずることを恐れて，他人に確かに

〔向田正巳〕　　　　　　　　　　　　　　*12*　契約の自由と競業避止義務について

損害を与えることは不当であろう。」とした。
　(e) 立証責任等の諸問題
　ここでパーカー判事は、以上述べたことに関して、自ら次のような設問をする。すなわち「契約が有効な約因をもつものか否かが明らかでないとき、あるいは制限特約が単に侵害的で抑圧的であるか否か明らかでないとき、どのように対処すべきであろうか？」
(i) 上の問いに対する自らの答えとして、
「……契約は一応無効と推定される。その理由として、
　① 営業と公正な産業を支持するため、
　② 制限により、明白に悪影響が出るのに対し、制限による利益は、あるとしてもそれは想定されるものにすぎない。そして想定されるにすぎない利益は、明らかな悪影響の前に、圧倒されるべきものである。
　③ 悪影響は私的なもののみならず、公共にも及ぶ。
　④ 制限は公共に一般的な悪影響を与えるので、すべての人がそれによって影響を受けるという点からすると、制限は約束を受ける側にとっても利益をもたらさないのではないかと推定される。というのは、制限は約束をなす側（obligor）の生計の手段を奪うことになるからである。」とした。
(ii) そしてさらに、
「① 裸の営業制限があるにすぎないような契約はすべて無効である。……しかし契約を合理的で有用なものとするような特殊な内容（special matter）があるならば、契約は有効である。なぜならその場合、無効の推定が排除されるからである。
　② ……すべての契約は約因をもたねばならない。引受訴訟（Assumpsits）におけるように明示的に、あるいは捺印金銭債務証書や捺印契約におけるように黙示的に。約因のない捺印金銭債務証書は形式において完成しているが、内容において無効となりうる。
　③ 全イングランドにわたる営業制限特約は約因があっても無効である。というのはこの場合には無効の推定をさせる以上のもの（無効とみなす理由）が存在するからである。ある人にとって、ある場所において他人が営業することを制限することは有用であるかもしれないが、すべての場所において他人が営業することを制限することは、犯罪である独占を意図しない限

労働者人格権の研究 上巻　　　　　　　　　　　　　　　　　　　　*317*

り，決して有用なことではない。
④（捺印金銭債務証書と区別される）約束（promise）においては，営業制限特約はしばしば有効と判断されてきた。というのは，これらの契約では，約因を示すことが常に必要とされてきたからである。ここでは約束をなす者の損失の推定は生じることがなく，契約においてすでに述べた特殊な内容が問題となる。従来の判例[25]において述べられたことであるが，貧困な織布工が大損失を招き，もはや織布は断じてやらぬと叫んだのに付け込んで，わずかの対価をもって彼から生涯織布をなさざるべき旨の証書をとり，彼が家族の必要，子どもの飢餓に駆り立てられて再び機織り台に立ち向かわんとするときに，証書上の請求をしたらどうだろう。言語同断の奸悪というべきではあるまいか。このように不合理で悪影響をもたらす契約は支持されるべきではなく，まして裁判所によって強制されるべきものではない。」とした。

(f) 結　　論

パーカー判事は以上に引き続いて捺印金銭債務証書と約束との区別について詳細に検討した後，結論として，
「本件において，裁判所に特別の状況と約因が示され，裁判所は営業制限特約が合理的で有用なものかを判断すべきである。原告が製パン所を得たので，この近くで営業してよいのは原告か被告かが問題である。公共の利益は本件では両当事者にとって平等に関わっている。特約をより合理的にするのは，制限を約因に比例させること，すなわち制限を5年間に限ることである。結論。すべての営業制限の契約は一応無効と推定すべきである，しかしもし事情が説明されるならば，この推定は排除される。そして裁判所はこれらの事情を判断しかつそれに従って判決する。そしてもし事情にもとづいてそれが適正かつ公正な（just and honest）契約であることが明らかなれば，それは維持されるべきである。」とし，原告勝訴の判決を下した。

(2) 判例法理の検討

(1)で営業譲渡における営業制限に関し，市民革命後の近代において判例法理

---

[25] 先に引用した *The Dyer's Case*（1414）を引用。

を形成した指導的な判決である *Mitchel* 判決を中心に営業の自由と営業制限についての判例を紹介してきた。以下では(1)で紹介した判例をもとに，近代における営業の自由と営業制限の法理について，(a)営業制限の有効性，(b)営業制限に対する営業の自由，(c)営業制限特約が認められる範囲，の順番で検討していくことにする。

(a) 営業制限の有効性

(i) 独占を無効とする根拠。判事は意思にもとづかない制限に関し，(b)(i)①(イ)において独占が無効である理由としてコモン・ローの政策に反すること，マグナカルタに反することをあげ，また(c)(i)においても同様に，独占を法の政策に反すると述べている。また(d)(i)①(ア)において独占が無効である理由として臣民の自由に反することをあげ，(イ)においては独占が無効である理由としてマグナカルタに反する旨を述べ，マグナカルタの文言が営業の自由に拡大適用される旨を述べている。

ここからは，意思にもとづかない制限に関し，独占が無効とされる理由としてコモン・ローの政策，マグナカルタ，臣民の自由，営業の自由といったものが考えられていることがわかるであろう[26]。

(ii) 営業制限特約を無効とする根拠。これに対し判事は意思にもとづく制限に関し，(c)(iv)において有効な約因にもとづき，人が自らの営業を手放すことは合法であるとし，(c)(viii)において特別の制限は，適正理由と約因がなければ有効ではないとしている。また(d)(ii)①(ア)(イ)において，マグナカルタ違反や臣民の自由に反するということが営業制限特約を無効とする理由とはならないと述べ，(d)(ii)②(ア)において営業制限特約により営業ができなくなることにより生計の手段が奪われて家族の生存が危うくなること，特約が濫用されて独占が生じやすいことなどが営業制限特約に反対する理由とされている。さらに(e)(ii)③において，一般的営業制限特約を無効とし，その理由を述べるなかで，独占を犯罪であるとしている。

ここからは，意思にもとづく制限に関し，まず，①営業制限特約の前提として，営業を譲渡する契約の自由が認められること，営業譲渡の契約においては有効な約因が必要であると考えられていることがわかる。この場合，(c)におい

---

[26] 市民革命期における営業の自由と人権保障について，堀部政男「イギリス革命と人権——営業の自由の成立過程」『基本的人権2』359頁以下（東京大学出版会，1968年）参照。

て言及はされていないが，営業譲渡の契約の自由が認められるためには，その当然の前提として，営業の自由が認められている必要があり，営業の自由の認められる範囲において，営業譲渡の契約の自由が認められると思われる。

次に，②営業譲渡にあたって営業制限特約を結ぶ場合，営業ができなくなることによって生計の手段が奪われて家族の生存が危うくなることが特約を否定する理由として述べられている。判事は，(d)(ii)①(イ)において，臣民の自由により，人は自ら同意して，価値ある約因のために，自由を手放すことができるとしており，単なる営業の自由や営業譲渡の契約の自由からは，営業制限特約を否定する理由は見出せない。営業制限特約が否定されるのは，特約により営業ができないことによって生計の手段が奪われ働くことができなくなること，働くことができなくなることによって生存の危機に陥ることであった[27]。つまり労働の自由や生存の自由がここでは問題になっているのであり，営業制限特約は労働の自由や生存の自由を侵害する故に認められない，逆にいえば営業制限特約が認められるのは労働の自由や生存の自由と矛盾しない範囲に限られることになるのである。営業の自由や営業譲渡の契約の自由にもとづき，営業譲渡において営業制限特約を結ぶという契約の自由は，労働の自由や生存の自由と結び付き，これらが互いに矛盾しないことが求められたと考えることができよう[28]。

さらに，③営業制限特約は濫用されて独占が生じやすいこと，一般的制限は無効であり，独占が犯罪であることが述べられている。上の①②により営業譲渡や営業制限特約が認められても，これらにより独占を生ずることは認められないのであり，営業の自由や営業譲渡の契約の自由，さらには営業制限特約を結ぶ契約の自由は，独占を生じない限度で認められるにすぎない。これらの自

---

[27] 生計の手段が奪われるということが特約を否定する理由になるという判断は，本文で述べた市民革命後とそれ以前（大隅健一郎「英米コモン・ロウにおける独占及び取引制限(1)」法学論叢53巻5・6号12-3頁（1947年））で変化していないことに注意。先に引用した *Darcy*（1602）判決も「各人の営業は彼の生命を支えており，故に人は生命を奪われてはならないのと同様に，営業を奪われてはならない」として，営業の自由と労働の自由・生存の自由との結びつきを示している。変化したのは，次の(b)で述べる営業の自由が拡大したという点である。

[28] 営業制限特約が全面的に否定されていた時代には，契約の自由も私的契約による労働移動の自由も否定されていた。Simpson, *A History of the Common Law of Contract; The Rise of Assumpsit*, 1975, p. 521.

由は独占禁止と結び付いてとらえられたと考えることができるだろう[29]。

(b) 営業制限に対する営業の自由

(i) 初期独占による制限。判事は(b)(i)①(ア)において国王が一般的営業に対して法人格を付与する新たなる特許状で，他人をすべて排除するようなものは無効であるとし，(b)(i)①(イ)において国王による，特別の人に対する，既知の営業の独占開業を認めるような権利付与は無効であるとしている。また(b)(i)③(イ)において一般的に営業を制限するために作られた条例は，すべて無効であるとし，さらに(b)(ii)①において，意思にもとづく制限に関し，全般的制限はすべて無効であるとしている[30]。しかし(b)(i)①の場合と比べると，ギルドや都市などの慣習や条例による制限については，(b)(i)②③や(c)(iii)のように比較的これを有効とする旨を述べている。

判決がここで問題にしている独占は，現代の独占と区別されてしばしば初期独占[31]と呼ばれている。初期独占という言葉は必ずしも厳密に定義された内容をもっているわけではないが，ごく狭い意味でいわれるときは，エリザベスの時代からジェームズ1世，チャールズ1世の治世にかけて，新しい発明の保護，新技術の導入の奨励，国防上の必要，あるいはたんに功績者への報償などのために，そしてついには一定のリベートを条件として国王財政の窮乏を救うために，おもに個人に対して与えられた産業上の独占や収益特権をさしている。また1604年，1624年の議会において激しい攻撃の対象となった，外国貿易を独占する特権的貿易カンパニーもやや広い意味において初期独占という概念に含まれるとされている。さらにもっとも広い意味においては，中世的ギルドやカンパニーも初期独占に含まれるとされている。このうち最も狭い意味における初期独占，すなわち国王から与えられた独占権にもとづく産業独占や収益特権は，判事が(b)(i)①(ウ)で言及している特許などを除き，長期議会によって廃止されたけれども，それ以外の初期独占，すなわち特権的貿易カンパニーや中世的ギルド・カンパニーは市民革命によって廃止されなかった。

---

(29) 営業の自由が独占禁止と結び付き公序（わが国における特約の公序良俗違反の判断に相当）として追求されたものであることにつき，岡田与好「『営業の自由』と，『独占』および『団結』」『基本的人権 5』129-130頁（東京大学出版会，1969年）参照。

(30) 先に引用した *Darcy* (1602) 判決など参照。

(31) 初期独占については先に引用した大塚氏の論文のほかに，浜林正夫「『初期独占』と市民革命」『社会経済史体系V』10-12頁，20-36頁（弘文堂，1959年）を参照。

第 2 章　労働契約と労働者人格権

　Mitchel 判決が否定した(b)(i)①(ア)(イ)は，まさに市民革命によって否定された初期独占であった。この意味で判決は市民革命の成果を確認したものといえる。一般的あるいは全般的制限が無効とされた理由[32]は明らかではないが，(c)(ii)において営業する権利が特別の場所あるいは人に制限されているならば，もしそれが合法的かつ公正に獲得されたならば，独占ではないと述べているところや，(e)(ii)③においてすべての場所において他人が営業することを制限することは，犯罪である独占を意図しない限り，決して有用なことではないと述べているところからすれば，一般的あるいは全般的制限をもって独占に近いものととらえ，(b)(i)①(ア)(イ)における独占と同様のものと考えることによって無効とされたものと考えられる[33]。営業の自由とはこのような制限に対して主張されたものであり，これらの制限を否定することによって認められたものであった。しかし初期独占のうち，特権的貿易カンパニーや中世的ギルド・カンパニーはなお残存しており，これらが残存する限りにおいて，営業の自由は市民革命以降も制限されることとなった[34]。

　(ii) 公共の福祉等による制限。判事は(b)(i)③(ウ)において営業を制限するために作られた条例は，営業のよりよい管理及び調整のためのものである場合には，いくつかの場合，すなわち場所の利益のための制限である場合，公共の不都合，ニューサンス等を排除するものである場合，あるいは営業の有利になる場合や商品の改善のためのものである場合などにおいて有効となるとしている[35]。

[32]　一般的制限を無効とし，部分的制限を有効とする判断は先に引用した *Rogers*（1613）判決にすでに現れており，この区別自体は同判決から引き継がれたものといえる。しかし残念ながら同判決は簡潔な文章で書かれ区別する理由が付されていない。

[33]　(d)(ii)②(ア)においては部分的制限も濫用されれば独占が生じやすいことが述べられている。

[34]　先に引用した *Hix*（1613）判決ではマナー領主による粉ひき場利用強制の慣習のようなものまで有効とされる。もちろん *Ipswich Tailors' Case*（1614）11 Co. Rep. 53a, 77 E. R. 1218. や *Norris v. Staps*（1616）Hob. 210, 80 E. R. 357. のようにギルドの規則の効力を否定し，反ギルド政策をとる判例もある。なお *Broad v. Jollyfe*（1620）Cro. Jac. 596, 79 E. R. 509. においてロンドンにおいては徒弟期間の満了に際して雇用人に対し店舗と商品を賃貸し，またその町においてその営業に従事しないと約束するのが慣行であるからとして制限を認める旨を述べているが，ここでは慣習等による制限と制限特約との区別が困難になっている。

[35]　先に引用した *Player*（1677-8）（1683-4）判決においてはロンドン市の条例によりロンドン市内の荷馬車屋の数の制限がなされ，これは現在のタクシー業界の参入制限を想起させる。

判事は条例の場合についてのみ言及しているが，条例によると国家の制定法によると慣習によるとを問わず，部分的制限は，上の判断，すなわち我が国の用語法でいえば公共の福祉等に従ってその有効性が判断され，有効と認められる場合には，営業の自由の制限が肯定されることになると思われる。営業の自由はこのような公共の福祉等によっても制限されることになると思われる。

(c) 営業制限特約が認められる範囲

(i) 理論的アプローチ。以上の議論を前提とした場合，営業譲渡において営業制限特約を結ぶという契約の自由が認められるのは，営業の自由と営業譲渡の契約の自由が認められていることを前提とし，それが労働の自由や生存の自由と矛盾せず，それによって独占が生じない範囲内である[36]。また営業の自由が制限されるとき，営業制限特約を結ぶ契約の自由もまた制限される。初期独占，すなわち特権的貿易カンパニーや中世的ギルド・カンパニーが廃止されず残存するとき，それによって営業の自由は制限され，契約の自由も制限される。また営業のよりよい管理および調整のための制限，我が国でいうところの公共の福祉によって制限が認められるとき，営業の自由は制限され，契約の自由も制限されることになる。具体的にいえば，判事が(d)(ii)②(イ)で述べているように，ある町においてある種類の営業が過剰となることを防止する必要がある場合や，もはや競争に耐えられなくなった老人が強いて営業を継続して不利益を招くよりも，むしろこれを譲渡し，もって老後の生活の資をえるを得策とする場合などが考えられる。いわば小市民的特殊性とでも呼ぶことができる場合であろうか[37]。契約の自由が認められ，特約が有効とされる範囲は限られることになるであろう[38]。わが国においてもこの法理は妥当すると思われる[39]。

---

[36] 営業の自由と契約の自由は結びつき，両者が矛盾するという事態は想定されていないと思われる。Atiyah, *The Rise and Fall of Freedom of Contract*, 1979, p. 127: Sanderson, op. cit. p. 19; Heydon, op. cit. p. 10 参照。

[37] 市民革命期における営業の自由の小市民的性格について，渡辺洋三「『営業の自由』と近代法」『資本主義法の形成と展開1』7-11頁（東京大学出版会，1972年）を参照。営業の自由を主に担った農村の織元たちを構成したのはヨーマンリーと呼ばれた自営農民層であった（大塚久雄「農村の織元と都市の織元—16, 7世紀のイギリス毛織物工業における織元の2つの型」1938年初出『大塚久雄著作集3巻』403-4頁（岩波書店，1969年）所収）。営業の自由からは，営業を続けることが強制されないという判断が導かれることに注意が必要である。Moller, op. cit. p. 4 など参照。

[38] アダム・スミスの研究者である水田洋氏が，「スミスの自由主義というのは，各個人

第 2 章　労働契約と労働者人格権

(ii) 解釈論的アプローチ。判事は(b)(ii)②(イ)において，有効かつ適当な約因にもとづいて営業制限の契約が締結されたことが明らかな場合には，契約は有効であるとし，判決の基礎にあるものとして，Volenti non fit injuria 人は，価値ある約因をもとに，彼自身の同意により，彼自身の利益のために，彼の営業を放棄し，そして特別の場所について，他人に彼の営業を手放すことができるとしている。また(e)(i)において，営業制限契約は一応無効と推定されるとし，その理由として，①営業と公正な産業を支持するため，②制限により，明白に悪影響が出るのに対し，制限による利益は，あるとしてもそれは想定されるものにすぎない。そして想定されるにすぎない利益は，明らかな悪影響の前に，圧倒されるべきものである，③悪影響は私的なもののみならず，公共にも及ぶ，④制限は公共に一般的な悪影響を与えるので，すべての人がそれによって影響を受けるという点からすると，制限は約束を受ける側にとっても利益を

が文字どおりに何をしてもいいということではない。自分の利益のために，他人を殺したりだましたりするものは，他人によって殺されたりだまされたりすることを，覚悟しなければならないから，利益どころか生命さえもあぶなくなる。それならば，おたがいに殺し合わずだまし合わないようにする方が，とくではないのか。そして，だれでも，自分の生活に必要なものを全部自分でつくるわけではなく，他人の作ったものを，買ったり，利用したりするのだから，お互いに，他人から受けた利益に等しいものを，返すようにしたら（だまさないというのは，こういうことも含む），相互に信頼感ができ，社会秩序ができるに違いない。この状態ならば，自由放任しておいていいというよりも，放任しておく方がいいのである。」同氏著『アダム・スミス』35頁（講談社学術文庫，1997年）と述べて自由放任の妥当する範囲を示していることが，ここで想起されるべきである。契約の自由というものに対してありがちな誤解（何を契約してもよいという自由？）は，本稿で述べたような産業革命前の18世紀の段階におけるそれと，産業革命後の19世紀の段階におけるそれとを混同し，その違いを無視するところから生ずるようである。望月礼二郎「コメント　営業の自由と契約の自由」社会科学研究39巻6号169, 175-6頁（1988年），木下毅『英米契約法の理論［第2版］』（東京大学出版会，1985年）56-7頁，Atiyah, op. cit. p. 409参照。19世紀以降とくに現代におけるそれについては，別稿で詳細に論じる。

(39)　福井守「営業譲渡人の競業避止義務」駒澤大学法学部研究紀要25号92頁（昭和42年）において，「営業譲渡人の競業避止義務は，元来企業者個人の技術・名声・信用などが特に重要であった小規模な個人企業において，また取引範囲がきわめて狭小で営業所の所在が取引関係に重要な意味をもつような場合に意味があったし，現在でも意味をもっている」とされ，本稿と同趣旨と思われる。もっとも明治維新以降の近代日本において，営業の自由の担い手としての小市民が育たず（渡辺洋三・前掲書13頁以下），そのため営業の自由や契約の自由の妥当する実際的場合がイギリスよりも狭くなったことに注意が必要である。

324

〔向田正巳〕　　　　　　　　　　　*12*　契約の自由と競業避止義務について

もたらさないのではないかと推定される。というのは，制限は約束をなす側の生計の手段を奪うことになるからである，と述べ，さらに(e)(ii)において，契約を合理的で有用なものとするような特殊な内容があるならば，契約は有効である。なぜならその場合，無効の推定が排除されるからであると述べた。

　ここからは，まず①営業制限特約が有効であるためには有効かつ適当な約因が必要であること，契約を合理的で有用なものとするような特殊な内容があることが必要とされていることがわかる。判決においては，(f)において制限が5年間に限られているということが述べられていることを除き，これらの要件に関すると思われる事実は認定されていないようである。すなわち，判決がどのような事実をもって，有効かつ適当な約因としたのか，また契約を合理的で有用なものとするような特殊な内容とするのかは，判決文からは読み取ることができないといわねばならない。

　次に②営業制限特約は一応無効と推定され，その理由として，すでに述べたような，特約により生計の手段が奪われるといったことが指摘されている。特約により悪影響がでることに鑑みれば，特約が約束をなした者に不当な不利益を与えるものとして無効と推定すべきであり，ここではおそらく我が国の民法90条の公序良俗に違反するか否かの判断に相当する判断がなされているものと思われる。だとすれば，①で述べた有効かつ適当な約因や特殊な内容というのも，我が国の公序良俗に違反するか否かを判断する場合の，総合判断において検討される事由を意味するものではないかと思われ，その内容や要件を明確化することは困難であると思われる[40]。

　最後に③制限についての判断の基礎にあるものとして，Volentiの原則があげられており，これは我が国の法でいうところの被害者の承諾に相当するものである。以上述べてきたところからすれば特約は約束をなす者にとって悪影響を与えるものであり，約束をなした者が強制されることなく本当に真意からそのような契約を結んだのか，といった点についての判断がなされることになる。

---

[40]　有効かつ適当な約因や特殊な内容というものは，実質的には総合判断において検討される事由を意味し，しかも特約は一応無効と推定され，これらの事由により，契約の無効の推定がくつがえされるものであることからすれば，有効かつ適当な約因や特殊な内容というのは，我が国の判決の用語法でいえば，契約の公序良俗違反が推定される場合の「特段の事情のある場合はこの限りではない」に相当するものではなかろうか。

第2章　労働契約と労働者人格権

営業の自由や契約の自由といったものにより，営業の制限をして営業ができなくなるという，まさに自己否定的な契約において，その契約を結んだ人の真意が問題になり，そのような特約を結ぶ契約の自由が問題とされたものと思われる[41]。

3　おわりに

　契約の自由とはいかなる場合に認められるものであろうか。本稿はイギリス法における営業の自由と営業制限の法理を主たる素材として，競業避止義務との関係という非常に限られた点からではあるが，この課題にアプローチしようとするものである。

　本稿は近代における営業の自由の成立期において，営業譲渡における営業制限の法理を確立させた*Mithchel*判決を中心に，契約の自由と営業の自由，そして営業制限の法理の関係を問うてきた。

　近代の18世紀において，営業譲渡における営業制限特約を結ぶという契約の自由が認められるのは，営業の自由と営業譲渡の契約の自由が認められていることを前提とし，それが労働の自由や生存の自由と矛盾せず，それによって独占が生じない範囲内である。契約の自由が認められる範囲は制限されることになる。

　営業の自由が制限されるとき，営業制限特約を結ぶ契約の自由もまた制限される。初期独占，すなわち特権的貿易カンパニーや中世的ギルド・カンパニーが廃止されず残存するとき，それによって営業の自由は制限され，契約の自由も制限される。また営業のよりよい管理および調整のための制限，我が国でいうところの公共の福祉によって制限が認められるとき，営業の自由は制限され，契約の自由も制限されることになる。逆にいえば市民革命期における営業の自由の拡大と，契約の自由の拡大は軌を一にしたといえよう。

　営業制限特約が有効であるためには有効かつ適当な約因が必要であること，契約を合理的で有用なものとするような特殊な内容があることが必要とされている。営業制限特約は一応無効と推定され，有効かつ適当な約因や特殊な内容

---

[41] 不法行為における Volenti の原則について，拙稿「過失相殺における不注意について─危険引き受けなど被害者の心理的可責性と義務違反─」一橋研究24巻1号33頁（1999年）を参照されたい。

〔向田正巳〕　*12*　契約の自由と競業避止義務について

が立証されれば契約の無効の推定がくつがえされる。制限についての判断の基礎にあるものとして，Volentiの原則があげられており，これは我が国の法でいうところの被害者の承諾に相当するものである。特約は約束をなす者にとって悪影響を与えるものであり，約束をなした者が本当に真意からそのような契約を結んだのか，といった点についての判断がなされることになる。

　以上が18世紀の*Mithchel*判決によって確立された，営業譲渡における営業制限特約を結ぶという契約の自由が認められる場合である。本論で述べた老人の営業譲渡の事例など，*Mithchel*判決の予定する事態に関して，この判例ルールは日本を含め今日の社会においても妥当すると思われるが，その範囲は狭いものとなろう。

　本稿は近代における営業の自由の成立期において，営業譲渡における営業制限の法理を確立させた*Mithchel*判決を中心に，契約の自由と営業の自由，そして営業制限の法理の関係を問うてきた。営業譲渡に関し，*Mitchel*判決の後の19世紀以降，とくに現代の営業譲渡における営業制限の法理を明らかにし，営業の自由と契約の自由の変化について明らかにすること，また雇用における営業制限をはじめとして，営業譲渡以外の場合における営業制限の法理を明らかにする課題がまだ残されている。

13 労働契約における危険負担法理の法的課題
―― ドイツと日本の給付障害法と賃金請求権論

根 本 到

1 問題の所在と対象
2 ドイツにおける理論状況
3 日本における賃金請求権論

1 問題の所在と対象

(1) 従来の議論動向と焦点

労働契約は，労務給付と賃金の支払いに牽連性のある双務契約である。このため，賃金支払債務の帰趨については，ノーワーク・ノーペイの原則が妥当するといわれている。しかし，この原則をめぐっては，そもそもこれが法的原則といえるのか[1]，あるいは原則だとしても法的根拠をどこに求めるか[2]について議論があり，実務上は，この原則の例外をどういった場合に認めるかが主として問題となっている。解雇が無効と判断された場合などがその例である。判例は，こうした場合に労務給付が不能になったと評価し，民法536条2項（危険負担の債権者主義）を適用すると解してきたのであった。

以上のように，労働法実務においては，危険負担法理を広範に適用する例が

---

[1] 吾妻光俊「ノーワーク・ノーペイの原則について」ジュリスト122号（1957年）12頁，宮島尚史「『賃金カット』論（その1）」学習院大学法学部研究年報8号（1973年）159頁以下。盛誠吾「賃金債権の発生要件」講座21世紀の労働法第5巻『賃金と労働時間』（有斐閣，2000年）64頁は，賃金の多様性をふまえると，「原則の名に値するかどうかは疑問」と論じている。

[2] 民法623条に根拠を求める見解（菅野和夫『労働法第9版』〔弘文堂，2010年〕225頁），同624条に根拠を求める見解（東京大学労働法研究会編『注釈労働組合法・上』〔有斐閣，1980年〕554頁，山川隆一『雇用関係法第4版』〔新世社，2008年〕121頁，荒木尚志『労働法』〔有斐閣，2009年〕105条），同536条に求める見解（下井隆史『労使関係法』〔有斐閣，1995年〕211頁）などがある。

第2章　労働契約と労働者人格権

存したところ，近時の民法改正論議においては，それを大きく改革する提案がなされている。すなわち，法務大臣が2009年10月28日に諮問して以降，法制審議会（以下「法制審」とする）の場で債権法改正に関する議論が進められているが，その議論の骨子となったのが2009年4月29日に公表された「民法（債権法）改正検討委員会」の「債権法改正の基本方針」（以下「基本方針」とする）である(3)。この基本方針は(4)，解除について，契約の拘束力から当事者を解放する制度と位置づけ，帰責事由を不要とする見解を採用し（【3.1.1.77】），現民法534条から536条1項までの廃止を提案した。契約解除に帰責事由を不要とする基本方針の枠組みによれば，債務者の履行不能（重大な不履行）につき債権者に非難可能性があっても解除権が発生し，債権者はこれを行使して自らの義務を免れることができるのである。これに対し，基本方針【3.1.1.78】<2>は，「契約の重大な不履行が【3.1.1.88】の定める債権者の義務の違反によって生じた場合には，債権者は解除することができない」と解除権の障害要件を設け，この場合には，「【3.1.1.78】<2>の場合に債務者は，反対給付を請求することができる。ただしこの場合において契約の履行を免れたことによって利益を得たときは，これを債権者に償還しなければならない」と，現民法536条2項を実質的に維持する提案をした（【3.1.1.86】）。労働法など民法536条2項の適用例の多い法分野のことを考慮した提案だと推測される。ただし，現民法536条2項の規範は維持されるものの，その要件の変更が提案されている。すなわち，現行の要件は，①債権者の責めに帰すべき事由によって，②債務を履行することができなくなったことであるのに対し，基本方針【3.1.1.86】の要件は，①債権者が【3.1.1.88】の義務に違反したことによって，②債務者の契約の重大な不履行を招来したこと，とした。また，雇用を含む役務提供契約については，特則も用意され（【3.2.8.09】），「<1>役務受領者に生じた事由によって」あるいは「<2>役務受領者の義務違反によって役務を提供することが不可能となったときは，役務提供者は，約定の報酬から自己の債務を免れることによって得

---

(3) 別冊 NBL126号。
(4) 危険負担に関する基本方針の提案の検討については，民法（債権法）改正検討委員会編『詳解債権法改正の基本方針V 各種の契約(2)』（商事法務，2010年）28頁以下。この提案の課題については，杉本好央「民法改正における賃金債権と危険負担」労働法律旬報1728号（2010年）6頁以下。

た利益を控除した額を請求することができる」とし，この場合には具体的な報酬請求権が発生するとしたのである。

　こうした提案を受けて，法制審では，雇用契約上の報酬請求権の発生要件を明記する案が示された。具体的には，A案では，「使用者の義務違反によって」，B案では「使用者側に起因する事由によって」，「労務を履行することが不可能になったとき」は，報酬請求権を得ることができるといった案をめぐり議論が行われたのである（民法（債権関係）の改正に関する検討事項(12)詳細版〔2010年10月19日，同月26日の法制審民法（債権関係）部会〕）。

　現在，こうした提案に対しては，従来，「債権者の責め」に該当すると判断されてきた事案も「義務違反」に該当しないおそれがあるのではないかといった危惧が表明されている[5]。例えば，解雇無効と判断された場合，これまでは，使用者が労務の受領を怠ったことによって労務給付が不能になったことが「債権者の責め」に該当すると判断されてきたが，「義務違反」という要件に照らし，どのような義務の違反といえるかが問題とされる可能性があるからである。同様の懸念は，「使用者側に起因する事由」にもあてはまる。

　このように，民法改正議論を契機に，労働法における危険負担法理のあり方に再び関心が集まりつつあるが，この問題を考察する際に留意しなければならないのは次の点である。すなわち，民法536条2項が柔軟な枠組みを持っていたため，実務上は，この条項の適用によって処理できていたが，危険負担法理の前提となる労働契約の特殊な牽連性が理論的に十分解き明かされてきたわけではなく，賃金支払債務の帰趨を決定するにあたり，現民法の危険負担規定も適切とはいえない面があったのではないかということである。

　こうした仮説の根拠となるのは，第一に，日本の現民法の危険負担法理が，売買等の有体物の給付（与える債務，結果債務）を主たるモデルとして形成されたものであり，労働契約など行為（為す債務，手段債務）を対象とする契約にももともと適さなかった可能性があるにもかかわらず，労働契約などの性質に即した特則も定められなかったことである。危険負担の一般的規定が雇用など行為給付に即した法理にもともと適さないことが認識され，民法典の編纂に際し，雇用など契約の種類に即した個別の危険負担規定が設けられたドイツ民法と対

---

[5]　水口洋介「労働法から見た民法（債権関係）改正について」季刊労働法229号29（38）頁。

第 2 章　労働契約と労働者人格権

照的なのである。また，ドイツでは，2002 年に施行された改正民法典で，給付障害法は大きく改正されたが，労働契約に関する特則は維持，拡充された。これに対し，日本では，こうした特則が設けられておらず，一般の危険負担法理のなかで，労働契約に即した処理が追求されてきたところ，近時の民法改正論議においては，給付障害法の改正に重点がおかれている。こうした提案は，労働契約の特殊性を考慮していないという意味で，労働契約における賃金請求権論を混乱させる可能性が高いのである。

　第二に，解雇などの事案において，労務給付が実現していないことが，そもそも労務給付の不能といえるのか，あるいは，何をもって債権者（使用者）の帰責事由が肯定されるのかといった，原理的な理論問題が十分考察されていないことである。結果的妥当性の観点から，使用者の賃金支払債務の帰趨を実質的に判断してきただけで，不能の基準や帰責事由の判断の特質などが理論的に精緻化されてきたとは言い難く，労働契約の特質に即した給付障害法理の構築は，残されたままとなっているといえるのである。

　本稿は，以上のような問題意識から，民法改正論議を契機として問題となりつつある労働契約における危険負担法理のあり方を再検討することを目的とする。すでに，多くの先行研究によって先鞭のつけられたテーマではあるが，民法本体の危険負担の要件が改革されるとすれば，労務給付と賃金支払債務に即した給付障害法理を確立する好機であり，この点を改めて論じる実益は大きいと考えたのである。

(2)　考察の対象

　まず，日本の民法改正論議にも大きな影響を与えたドイツの給付障害法の内容を確認したうえで，それと労働契約との関係を考察する。ドイツでは，2002 年から改正民法典が施行されたが，その重要な変更点の一つが給付障害法であった。しかし，ドイツ民法は，労働契約の危険負担法理に関して特則（615 条）を設けていたため，条文上は大きな改正の必要はなかった。ただし，「義務違反」を中心的要件と位置づけ，給付障害法理を統一する提案がなされたため，労働契約への影響も議論となったのである。本稿は，こうしたドイツ法の状況を確認したうえで，労働契約の牽連性を考察し，日本の労働契約における危険負担法理のあり方を検討するものである。

2 ドイツにおける理論状況

(1) ドイツ民法 615 条制定の背景

(a) 意 義

ドイツ民法典のなかには，それが編纂された当初の段階から，雇用契約の特質に即した危険負担規定が設けられている。その一つが，「労務給付の債権者が労務の受領について遅滞に陥るときは，その債務者は後給付をする義務を負うことなく，遅滞により給付しなかった労務の対価として合意した賃金を請求することができる。ただし，労務給付をしなかったことにより免れ，またはその他の方法により自己の労務を用いることによって取得したもの，もしくは悪意で取得しなかったものを差し引かなければならない」という規定（615 条。現行法は，2002 年以降，後述する 3 文〔経営危険理論の規定〕が付加されたもの）である。ドイツ民法典にも，日本民法 536 条 1 項に相応する危険負担の規定がある（2001 年までの 323 条 1 項[6]。現行の 326 条 1 項[7]）。しかし，使用者の受領遅滞によって労働者の労務給付が実現しない場合，給付の一時的な免除を認めるだけでは給付の追完義務が消滅しない。このため，使用者に反対給付を義務づけることによって，解決することを企図したのが民法 615 条である。労務の受領遅滞の場合も賃金請求権が存続することを明示した危険負担規定の特則であり，この受領遅滞に限っては，使用者の帰責事由は不要となっている。なお，ドイツ民法典（616 条）には，労働者が，帰責事由のない一身的事情によって労務を提供できない場合にも賃金請求権を保障する特則も設けられている。これは，労働者側の事情に着目した危険負担規定である。また，ドイツ民法典には，雇用契約以外にも，賃貸借（537 条〔旧 552 条[8]〕）や請負（644 条 1 項[9]）に関しても，

---

[6] 「双務契約の一方当事者が給付する義務が，いずれの当事者にも責め（zu vertreten）がないかたちで不能となったときは，他方当事者は反対給付請求権を失う。部分無効の場合は，472 条および 473 条に基づいて反対給付請求権は減額される」という規定であった。

[7] 「債務者が 275 条 1 項－3 項に従って給付をする義務を負わない場合は，反対給付請求権は消滅する。一部給付の場合は，441 条 3 項が適用される。前記一文は，債務者が債務の本旨に従った給付の場合に，275 条 1 項－3 項に従って追完履行する必要のないときは，適用されない」という規定である。275 条 1 項－3 項は，本文参照。

[8] この条文の文言については，本文参照。

[9] 「請負人は，仕事の引取りまで危険を負担する。注文者が受領遅滞に陥るときは，危

第2章　労働契約と労働者人格権

危険負担の特則が設けられている。

(b)　制定の経緯

　ではなぜ，ドイツ民法典は，このような特則を設けるにいたったのか。それは次のような事情が存在したといわれている[10]。

　ローマ法・学説論集には，売買に関する危険負担を中心に法文が設けられ，雇用契約に関する特則はわずかしか設けられていなかった。しかも，その内容は，労務給付が現実に行われなければ対価を支払わなくてもよいとするものである。その結果，パンデクテン法学の初期の学説は，現実の提供を重視し，労務給付が提供されない状態を履行の「不能」と捉え，わずかな例外を除き，賃金請求権は消滅すると解する傾向が強かった。また，プロイセン一般ラント法（1794年）も，行為給付の双務契約において当事者の一方が任意に履行しない場合は，相手方に解除権を与え，債務の免責を与える規定をおき，雇用契約についての特則を設けなかったのである。

　しかし，民法典制定前のドイツ法系の近代法典や法典草案のなかには，雇用契約など行為給付に関する特則を設ける例が多数あらわれていた[11]。使用者の受領遅滞などの場合に，賃金請求権を否定する取扱いに疑問が示されていたからである。ザクセン民法典（1865年。870条2文，1235条，1239条），バイエルン民法典草案（1860-64年。498条），およびドレスデン草案（1865年。625条1文）は，こうした批判に応え，使用者の一身上の事情によって労務給付が実現しない場合，あるいは労働者が労務を準備したにもかかわらず使用者の労務の利用が行われない場合（受領遅滞の場合），使用者は賃金支払を義務づけられると明示していた。例えば，ドレスデン草案625条1文は，「労務給付債権者の過失によって，あるいは一身上の事情によって生じた事故を原因として，労務給付者が労務の提供を準備していたにもかかわらず，労務給付の全体あるいは一部が履行されない場合，労務給付債権者は，契約上の賃金の支払いに加え，この賃金に含まれない労務給付者に生じた支出も補塡する義務を負う」と規定されて

　　険は注文者に移転する。注文者の供した材料の偶然の滅失および毀損については，請負人は責任を負わない」という規定である。

(10)　本文の以下の記述は，小野秀誠『危険負担の研究』（日本評論社，1995年）133頁以下にその多くを依拠している。

(11)　この点についても，小野・前掲書(注10)140頁以下参照。

334

いた[12]。一身上の事情（in der Person）とは，文字通り，疾病など身体的障害に起因するものから始まったが，しだいにその当事者の側で起きた事由を広く捉えるものとなり，帰責事由なく損失を負担させる概念として理解されるようになる。労務給付を受領する債権者に責めがある場合に準じたものとして，使用者の一身上の事情を受領遅滞のなかに位置づけたのである。

また，普通ドイツ商法典（1861年。60条）は，労働者が偶然の事由で就労できなかった場合に，旧スイス債務法典（1881年。341条1項）は，労働者が帰責事由のない疾病等の事由によって短期間就労できなかった場合にも，それぞれ賃金を請求できると規定していた。これらは，労働者の社会的保護を考慮したものであった。

こうした立法の先例や草案の内容を考慮し，ドイツ民法典第一草案は，労務給付が時の経過によって不能となる特質を有していること，および，労働者の社会的保護などを理由にして，使用者の受領遅滞（561条。現615条）と労働者の一身上の事情による一時的障害（562条。現616条）に関する規定を設けた。その際，起草者は，賃貸借に関する，「一身上の事情によって自己の有する使用権の行使が妨げられても賃料の支払いを免れない」との定め（旧民法552条，現民法537条）に示された原則は，雇用契約にも妥当するからだと説明した[13]。

以上のように，第一草案では，雇用契約の特則が設けられたが，使用者の一身上の事情に関する規定は設けられなかった。これに対し，第二委員会になると，受領遅滞が成立するためには給付が客観的に可能でなければならないため，工場が偶然の事由によって喪失あるいは営業不能に追い込まれた場合は不能と判断され，債権法の一般原則に従い，労働者が賃金を請求できないのは衡平に反するとの見解が示された。この見解は，第一草案よりも広範なケースで賃金請求権を認めるべきであるとの考え方に基づいていた。労働者の一身上の事情

---

[12] Jakobs/ Schubert, Die Beratung des BGB, §§ 443-651, 1980, S. 767; Staudinger/ Richardi, § 615 BGB Rn. 3.

[13] Motive II S. 461; Jakobs/ Schubert, a.a.O., S. 769. 賃借物の引き渡し前後を問わず，賃借人の領域において一身上の障害が生じた場合には，賃借人が危険を負担するとする考え方を採用した規定である。ただし，雇用における労務給付者は，労務給付の提供を要するのに対し，賃貸借においては，賃貸人の使用供与で足りるため，行為給付においても，この原則が妥当することが自明であったかは明白ではない。賃貸借についても，賃借物の引き渡し後に原則の適用を限る見解もある。

第2章 労働契約と労働者人格権

の場合にも、賃金請求権を否定しない立場に立つこととの均衡上、ドレスデン草案などで明示されていた使用者の一身上の事情の場合にも、賃金請求権は肯定されるべきだと考えたのである。しかし、この見解に対しては、まず、債権者の共同行為が主観的事由によって障害を受けたことを意味する受領遅滞と、客観的な事由による障害である不能とを厳密に区別する考え方を唱える者から批判が加えられた。ドイツ民法典は、債務者の給付が可能でなければ、受領遅滞は成立しないと明記する方向であったからである（297条。2002年以降も同一の文言）。このため、受領不能はあくまで不能として扱うべきだと反対された。また、受領遅滞を肯定する立場からも、短期間の障害が生じた場合に限り、請求が可能となるのはかえって労働者にとって不利になるとの批判が加えられた。その結果、民法典編纂時にはこうした意見は採り入れられず、使用者の一身上の事情に関する規定は置かれなかったのである。

(c) 民法制定後に確立した経営危険理論[14]

その後、第一次世界大戦により、工場の滅失や原料不足等を原因とした操業停止の事案が多数起こり、こうした場合の賃金支払の有無に大きな関心が集まることになった。こうしたなかで、ストライキの結果、就労不能になった事案を扱った1923年のライヒ裁判所の判断[15]を契機に、ライヒ労働裁判所が1928年[16]以降採用した法理論[17]が、すでに先行研究で多くの紹介のある「経営危険

---

(14) この事件を含む当時の危険負担論については多くの紹介がある。代表的な文献として、浅井清信『危険負担論』（日本評論社、1952年）、下井隆史『労働契約法の理論』（有斐閣、1985年）を挙げることができる。

(15) RG v. 6. 2. 1923, Entscheidungen des Reichsgerichts in Zivilsachen (RGZ), Bd. 106, S. 272. 部分ストが電力供給の欠乏をもたらし、スト不参加者の就労を不能にした事案である。通称「キール都市鉄道」事件と呼ばれる。原審は、受領遅滞の成立を認め、民法615条の適用を肯定したが、ライヒ裁判所は、共同体的協働活動論を展開し、結論的には当時の民法323条（現在の326条に相応）の適用により、賃金請求権を否定した。この事件を日本語で紹介した文献として、浅井・前掲書（注14）70頁以下、下井・前掲書（注14）137頁がある。

(16) RAG v. 20. 6. 1928, Arbeitsrechtssammlung mit Entscheidungen des Reichsarbeitsgerichts, der Landesarbeitsgerichte und Arbeitsgerichte (ARS), Bd. 3, S. 116ff. ストライキを通じて石炭の欠乏が生じたことにより、経営が停止した場合の賃金請求権の存否が争われた事案である。ライヒ労働裁判所は、経営共同体理論に基づく領域説的処理を発展させ、材料の用意は使用者に属する事柄であるが、労働者集団の行為に基づく行為は労働者が負担すること、および、経営の存立に関することは労働者も共同して負担すべきといった基準を提示した。この判決については、下井・前掲書（注14）138頁も参照。

理論（Betriebsrisikolehre）」である。経営危険理論とは，労務給付の履行が障害に直面した場合の危険負担法理を修正し，障害の原因が使用者側（経営側）に属すれば，使用者は賃金を支払わなければならないとする考え方で，受領遅滞と給付不能の境界基準を変更し，危険を発生せしめた事由がどこに存在するかで危険の負担を決する領域説（Sphärentheorie）を採用したものである。民法典の編纂によって解決手段が用意されなかった法の欠缺を埋める判例法理（司法による法創造〔Rechtsfortbildung〕）として発展した。

上述のライヒ裁判所の判断などは，ストライキを原因とする経営障害について，企業経営の共同体活動の機能障害を使用者にのみ負担させるのは妥当でないといった論拠で賃金請求権を否定したため，人格的共同体法理論の影響が強くみられることについては，多くの批判があった。しかし，ライヒ労働裁判所は，エネルギーの供給不足[18]，機械の故障[19]，原料不足[20]，あるいは自然災害[21]などによる経営障害は，使用者側が危険を負担すべき領域に属するとして，賃金請求権を肯定する判断を下したため，その判断枠組それ自体は多くの支持を集めることになった。その後，第二次世界大戦後も，連邦労働裁判所はこの法理を判例法理として採用したが，2002年からは改正民法典が施行され，その615条3文に明記されたのである（その詳細は後述する）。

(2) 現行ドイツ民法における給付障害論
(a) 労務給付の受領遅滞と不能の場合の賃金請求権
(i) 改正ドイツ民法典における給付障害法

2002年に施行された改正民法典の中心的改正点は，危険負担法理や債務不履行法理などを統括する給付障害法の新しい体系を確立したことにあった[22]。

---

[17] ライヒ労働裁判所は，その後，次の事案でも経営危険理論を採用している。ARS Bd. 7, S. 305; Bd. 10, S. 523.
[18] ARS Bd. 4, S. 131.
[19] ARS Bd. 4, S. 149; ARS Bd. 5, S.41; ARS Bd. 8, S. 260; ARS Bd.10, S. 523; ARS Bd. 15, S. 350.
[20] ARS Bd. 5, S. 366; ARS Bd. 7, S. 415; ARS Bd. 8, S. 407; ARS Bd.14, S. 363.
[21] ARS Bd. 3, S. 119（大雨）; ARS Bd. 5, S. 110（道路の凍結）; ARS Bd. 10, S. 150（霜）.
[22] 給付障害法の改正の意義については，次の文献を参照。Gotthardt, Arbeitsrecht nach der Schuldrechtsreform, 2. Auflage, 2003, S. 20. また，日本語で書かれたものとして，半田吉信『ドイツ債務法現代化法概説』（信山社，2003年）99頁以下，同『ドイツ新債

不能，遅滞および不完全履行の分類をより明確にしつつ，そのすべてについて，主要給付義務からの解放の次元と損害賠償責任を分けて規定した。そして，すべての給付障害の損害賠償責任の要件として，「義務違反」という要件を設定したのである。それを規定したのがドイツ民法280条1項であるが，それは「債務者が債務関係に基づく義務に違反したときは，債権者はこれによって生じた損害の賠償を請求しうる。債務者が義務違反について帰責事由がないときは，この限りではない」と定められている。給付義務の不履行または不完全履行の場合，債務者が義務違反について責めを負う限り，債権者は民法280条1項1文によって給付に変わる損害賠償請求権を取得し，双務契約においては，帰責事由とは無関係に，民法323条[23]により契約を解除できるのである。

これに対し，給付障害の一つである後発的不能については，最も激しい議論があり，不能という範疇それ自体の削除さえ検討された時期があった。また，雇用契約を含む「為す債務」全般について，ノーワーク・ノーペイ原則を明示することも提案されていた。しかし，こうした提案の一部は立法趣旨として考慮されたものの，結果的に大きな変更はなされなかった。

旧法と改正法とでは，根拠条文数が変更され，その趣旨も少し修正されたが，いずれも，後発的不能と認められれば，第一次的給付義務が存在しないこととなり（新旧の275条。雇用契約でいえば労務給付義務），反対給付義務も喪失する（旧323条1項1文[24]，新326条1項1文[25]）。ただし，新326条1項は，旧323条1項と異なり，債務者（あるいは債権者）が不能について責めを負うかどうかとは無関係に適用され，不能の性質（後発的あるいは原始的）を問わない内容になっている。また，給付義務の喪失は，法律上当然に生じるもので，解除の表示も必要要件ではない。

履行が不能になった場合，反対給付がどうなるかについては，次の2つ（あるいは下記の第一の場合に2つあるので，3つの場合）が分けて規定されている。第一

務法と民法改正』（信山社，2009年）21頁以下などがある。
(23) 「双務契約において債務者が，弁済期の到来した給付を履行せず，または債務の本旨に従って履行しない場合は，債権者は，債務者に相当な期間を定めて給付または追完履行を催告したにもかかわらず，その期間を徒過した場合に，契約を解除しうる」との定めである。
(24) 注(6)参照。
(25) 注(7)参照。

給付障害別の適用条文と賃金請求権の有無

	給付障害の事由	根拠条文	賃金請求権の有無
受領遅滞	使用者の受領拒否など	民法615条1文	あり
不能	経営障害（経営危険），経済危険	民法615条3文	あり
	通勤危険	民法326条1項	なし
	争議危険	判例理論（争議対等性）	なし
	使用者に帰責事由	民法326条2項	あり
	労働者に帰責事由	民法326条1項	なし
	両者に帰責事由なし	民法616条あるいは特別法に基づく休暇	あり
		民法326条1項	なし

に，不能につき債務者に責めがある場合，あるいは両当事者に責めがない場合である。この場合，債務者は反対給付請求権を取得できない（民法326条1項1文）。ただし，債務者に責めがあれば，民法280条に基づいて，損害賠償請求できる。この要件は，先述のとおり，義務違反（Pflichtverletzung）となっている。もっとも，債務者に帰責事由（zu vertreten）がなければ，免責されるが，この要件は，いわゆる過失責任などの帰責事由（Verschulden）とは異なると理解されている[26]。例えば，債務者が負うべき保証あるいは調達リスクも含まれると解されている。

　第二に，債権者が不能にいたったことについて帰責事由がある場合や受領遅滞していた場合，債務者は反対給付請求権を失わない（民法326条2項）。民法615条は，この規定の雇用契約に関する特則にあたるため，使用者の受領遅滞については同条が適用される。

　なお，改正法は，債権者の給付利益と著しい不均衡のある場合（客観的不均衡）に限って給付拒絶権があるとする規定（275条2項）と，雇用を含む為す債務について，債務者の視点から期待可能性がない場合の給付拒絶権（同条3項）を新たに規定した。両者は，給付義務が免除される場合の要件を明確にしたも

---

[26] Hromadka/ Maschmann, Arbeitsrecht Band 1, 4. Aufl., 2008, S. 278.

のであるが，とくに後者は，雇用契約の当事者である労働者に，労務給付拒絶権を付与したことを意味すると理解されている。

(ii) 雇用契約における不能論

以上の規定を雇用契約にあてはめれば，まず，労務の提供があり，不能ではなく受領遅滞（経営危険を含む）に該当すれば，民法615条などが適用される。これに対し，労務給付が不能の場合には，民法275条が適用される。

不能は，事実上の不能と法的不能があるといわれているが，事実上の不能に該当しうるケースはほとんど存在しないといわれている[27]。外国人労働者の労働許可がおりない場合など，労働禁止規定を理由に労務給付を提供できない場合が該当する。この場合，給付拒絶権を定めた民法275条3項の適用があるかについて議論があるが，「故意による責任は，債務者があらかじめ免除することはできない」とする同276条3項が適用されるという見解もある[28]。

これに対し，客観的不能に該当する典型的なケースは，疾病による不能である。身体的に不能だと考えれば，同275条1項の問題となるが，身体的には可能だが，労働者の状況からみて，給付が期待不可能になっているという考え方にたてば，同条3項の問題となるのである。

民法275条に基づき労務給付が不能と解される状態であれば，労働者に責めがある場合や両当事者に帰責事由がない場合は先述のとおり，一般的には，反対給付である賃金請求権が喪失する（民法326条1項1文に基づきノーワーク・ノーペイが妥当する。これに対し，使用者に帰責事由があれば，反対給付である賃金請求権は喪失しない。後述の民法326条2項）。ただし，雇用契約には特則があり，使用者側の領域で不能の原因が生じた場合には民法615条，労働者側の領域で生じた場合には民法616条や各種の特別法が適用されることがある。特別法にあたるのは，賃金支払継続法，年次有給休暇法，母性保護法など，労務給付がなくとも一定の賃金の支払いを定めた法律である。したがって，不能の原因が両当事者のいずれの領域から生じたのでもないと判断された場合に，はじめて民法326条1項の適用が問題となるという意味では，労働契約においてノーワーク・

---

[27] Wank, Das Recht der Leistungsstörung im Arbeitsrecht nach der Schuldrechtsreform, Festschrift für Schwerdtner, 2003, S. 247 (248).

[28] 民法276条3項の適用を主張するのが，Wank, a.a.O., S. 248. これに対し，次の文献は民法275条3項の適用を唱えている。Gotthardt, a.a.O., S. 51.

ノーペイが妥当する領域は，適用条文の構造上限られているのである。

(b) 労務給付の受領遅滞——ドイツ民法615条の要件と効果

つぎに，歴史的経過のみ紹介した民法615条の要件と効果について，検討を加えてみたい。同条1文は，危険負担の一般的規定（現民法326条2項[29]）の特則である。労務給付が，絶対的定期性を持ち，実質的にみて追完可能ではないことが多いため，不能として処理することが適切でないとの理由から設けられた。また，本条は，危険負担法理の特則であることに加え，損害賠償責任を帰結する一般の受領遅滞とは異なり，その反対給付である賃金請求権を保持するといった効果を明示したことに一つの特徴がある。さらに，同条2文には，自己の労務等によって取得した中間収入は控除されることが定められている。中間収入の控除に際しては，同条2文に基づき，商法74c条2文が類推適用され，労働者は中間収入の申告義務を負うと解されているのである[30]。

しかし，受領遅滞を成立させるためには，まず，債権者の受領遅滞に関する民法293条以下の要件を充足しなければならない。すなわち，民法615条の適用を受けるためには，遅滞に関する要件の充足が求められるため，通常の方法で，労働者から労務提供があることが要請されるのである（民法294～296条）。通常の方法とは，契約上債務を負った者自身が，適切な時期に，正当な場所で，相当な方法で提供することをいう。民法典は，この給付の提供について，①実際の提供という方法に加え（民法294条），債権者（使用者）が給付を受領しないことを表明している場合には，②口頭の提供で足りるとしているが（295条），③暦に従った期日に求められる協働行為がなければ，提供さえ必要ないとして

---

[29] 「債権者が，債務者が275条1項－3項に従って給付をする義務を負わない事情について，もっぱらまたは主として責任を負い，または，債権者の責めに帰すべからざる事情が，債権者が受領遅滞に陥ったときに生じたときは，債務者は，反対給付請求権を保持する。しかし，債務者は，給付を免れたことにより得た，または自身の労働力を他の方法で用いることにより取得し，または悪意で取得することを懈怠した利益を控除しなければならない」と定められている。

[30] BAG v. 27. 3. 1974, AP Nr. 15 zu § 242 BGB Auskunftspflicht. また，労働者がこの申告義務を履行しない場合には，使用者は賃金請求権の行使を拒絶できる権利が生じると解されている。なお，中間収入の申告が問われる期間については争いがあるが，判例は受領遅滞している全期間と解している（BAG v. 29. 7. 1993, AP Nr. 52 zu § 615 BGB; BAG v. 24. 8. 1999 AP Nr. 1 zu § 615 BGB Anrechnung.）。これに対しては，他で就労していた期間で足りるとの異論がある（Boecken, Berücksichtigung anderweitigen Erwerbs gem. § 615 S. 2 BGB, NJW 1995, S. 3218ff.）。

第2章　労働契約と労働者人格権

いる（296条[31]の反対解釈）。

また，給付が不能である場合，受領遅滞とはならないことを明示した民法297条も適用除外されているわけではないので，労働者が給付の意思と能力を有していることも前提条件となる。労働者が給付をしようとしない場合あるいは給付する能力がない場合には，給付不能に関する規定あるいは特別法の適用が問題となるのである。

さらに，受領遅滞の成立のためには，当然のことではあるが，債権者である使用者が労務給付を受領していないことも必要となる。その際，使用者が受領できたか否かは問題とならないうえ，その帰責事由は要件でない[32]。客観的にみて現実に労務給付が実現されていなければ，この要件は充足される。

(b) 民法615条の適用例としての解雇無効
(i) 提供の要否

ドイツも，日本と同様であるが，労働者の就労がなくとも，賃金請求権が認められる典型的な例は，解雇が無効と司法判断された場合である。ドイツ解雇制限法に照らし，解雇が事後に無効となった場合，労働者は，民法615条1文を根拠にして，解雇後から確定判決までの賃金を求めることができる。ただし，この場合も受領遅滞の要件の充足は問題となり，この点をめぐっては，学説，判例上の議論の変遷がある。

まず，民法典は，前述のように，債権者が受領拒否を表明している場合には，口頭の提供で足りるとしている。従来の判例は，解雇を告知した使用者は，民法295条における受領拒否をしたことに等しいため，従前の労務の提供[33]あるいは解雇訴訟を提起したこと[34]は口頭の提供をしたことに該当すると判断し，解雇無効の場合には，同法615条の受領遅滞を認め，賃金請求を認容してきた。

しかし，ドイツでは，解雇制限訴訟の出訴期間（3週間）に制約があり（解雇

---

[31] 「債権者によりあらかじめなされるべき行為のために暦に従った期日が定められているときは，債権者がその行為を適時になす場合に限り，提供が必要とされる。その行為にある出来事が先行すべき場合で，その行為のために，それがその出来事のときから暦に従って計算されるよう，相当な期日が定められているときも同様である」との規定である。

[32] Hromadka/ Maschmann, a.a.O., S. 276.

[33] BAG v. 8. 3. 1961, AP Nr. 13 zu § 615 BGB Betriebsrisiko.

[34] BAG v. 26. 8. 1971, AP Nr. 26 zu § 615 BGB; BAG v. 10. 4. 1963, AP Nr. 23 zu § 615 BGB.

制限法4条),同期間は受領遅滞の申し出の期限とも理解されたため,この期間を途過した場合,賃金請求も不可能になるという問題が生じた[35]。そこで,連邦労働裁判所は,解雇制限法に反する解雇をした使用者は,民法296条の暦に従った期日に求められる協働行為を怠っていると判断し,労務の提供さえ必要ないと判示したのである[36]。

これに対し,学説の一部は,民法296条の適用要件である使用者の協働行為は暦に従って当然確定するわけではなく,労働者が職場に現れることによって決まるものであるとして,判例の立場を批判している[37]。連邦労働裁判所の第5法廷も,こうした批判を全面的に受け入れたわけではないが,従前と異なる判断を示したことがある[38]。しかし,学説の多くは,判例の立場を支持しており[39],労働者の労務給付の提供を賃金請求権成立のための要件として求めないのが判例,通説の立場となっている。

(ⅱ) 労働者の告知の要否

民法297条によれば,労働者が労務提供できなければ不能と判断され,受領遅滞は成立しないことになる。解雇の事案でも,労働者は労働能力を有し,その準備ができているかを使用者に告知することが求められるかが問題となることがある。この点について,従前は,労働能力を有していることが使用者にとって認識可能でない場合,労働者はその告知義務を負うと解されることもあった[40]。

しかし,民法296条に基づき,労働者の労務提供さえ必要でないとの判断枠組みが確立されるに従い,労働能力があることについて告知義務を負わないと

---

[35] BAG v. 10. 4. 1963, AP Nr. 23 zu § 615 BGB.

[36] BAG v. 9. 8. 1984, AP Nr. 34 zu § 615 BGB; BAG v. 21. 3. 1985, AP Nr. 35 zu § 615 BGB. とくに,後者の判断は,労務の提供の必要がないと明言している。

[37] Staudinger/ Löwisch, § 296 BGB Rn.5; Löwisch, Anm. zu BAG EzA § 615 BGB Nr. 66; Kraft, Anm. zu EzA § 615 BGB Rn. 43; HWK/ Krause, § 615 BGB Rn. 39ff.; Kaiser, Anm. BAG EzA § 615 BGB Nr. 70.

[38] BAG v. 7. 12. 2005, AP Nr. 114 zu § 615 BGB.

[39] Konzen, Anm. zu AP Nr. 34 u. 35 zu § 615 BGB; Münchner Kommnentar zum Arbeitsrecht/ Boewer, § 76 Rn. 23; Münchner Kommnentar BGB/ Henssler, § 615 BGB Rn. 25ff.; ErfK/ Preis, § 615 BGB Rn. 30. Waas, NZA 1994, S. 151 (153) は,給付義務を怠った使用者に対し,そもそも労務の提供を観念する必要はないとしている。

[40] BAG v. 21. 3. 1985, AP Nr. 35 zu § 615 BGB.

第2章　労働契約と労働者人格権

判断する例があらわれるようになり[41]，これが現在の判例となっている。告知義務の問題ではなく，客観的にみて労働能力があったといえるか否かだけが問題とされるようになったのであるが，こうした考え方は，解雇の以外の事案でも適用されている[42]。

(iii) 解雇訴訟の場合の特則

解雇無効の場合，賃金請求権の帰趨は民法615条によって判断されるが，解雇制限法11条には，以下のような規定があり，これは民法615条2文の特則と考えられている。

「裁判所の決定に基づき労働関係が存続する場合には，労働者に対し解雇後の期間について使用者が支払うべき賃金に以下の収入が算入されなければならない。

1．労働者が他の労働によって得た収入。
2．労働者が期待可能な労働を，悪意をもって拒絶しなかったならば，得られたであろう収入。
3．社会保険，失業保険，社会法典第2編に基づく生計費保障または社会扶助といった公法上の給付として，失業に基づいてその間支払われた収入。

使用者はかかる金銭については給付機関に返還しなければならない。」

労働者は，解雇制限法11条が適用される場合，民法615条2文と異なり，告知義務を負わない。これは，解雇制限法の立法過程で提案され，採り入れられたものである[43]。なお，同条には，公法上の給付を算入することが明示されている。ただし，この規定は，社会法典10編115条の規定に移行しており，もはや意味をもたない状態になっている。

(c) 経営危険理論

原材料の不足による経営障害など，使用者側が危険を負担すべき領域で生じた事由により，労働者が労務を履行できなかった場合，その不能は使用者が負

---

[41] BAG v. 19. 4. 1990, AP Nr. 45 zu § 615 BGB; BAG v. 24. 10. 1991, AP Nr. 50 zu § 615 BGB; BAG v. 24. 11. 1994, AP Nr. 60 zu § 615 BGB.

[42] BAG v. 29.10. 1992, EzA § 615 BGB Nr. 77.

[43] 労働者が告知義務を負うことが1951年解雇制限法の最初の政府案では規定されていたが，連邦参議院の委員会段階で，同11条が提案され，採り入れられた。ErfK/Ascheid, § 11 KSchG Rn.11; Hoyningen-Huene/ Linck, Kündigungsschutzgesetz, 13. Aufl., 2002, § 11 KSchG Rn. 18.

〔根本　到〕　　　*13* 労働契約における危険負担法理の法的課題

うべきリスクであると考え、賃金請求権を肯定する理論が経営危険理論である。先述のように、経営危険理論は、民法典の編纂後、判例として確立し、戦後の判例[44]としても承認された。ただし、学説上は、法の欠缺を前提とした判例理論と位置づけるよりも、民法615条の受領遅滞として扱うべきとする見解もあった。2002年以降は民法典（615条3文）に経営危険理論が明示され、法律上の規制となったが、結果としてこうした見解が取り入れられたかたちになったのである[45]。なお、経営危険理論の規定だけは、民法615条1文や2文と異なり、雇用契約でなく、労働契約[46]に限って適用があると明示されている[47]。

この経営危険と区別されるものとして、まず、通勤危険（Wegerisiko）がある。通勤に関するリスクなど企業外の事情に基づくリスクは、労働者が負うべきだと考えられており[48]、改正民法典では不能に関する326条1項が適用される。

また、原材料が高騰した場合など、経営技術上の事情ではなく、単に経済的に利用価値がないため、労務給付が実現していない場合を経済危険という。経済危険は、債権者が負うべきリスクであるとして、経営危険と同様に処理されると解されている[49]。

これに対し、広く考えれば、経営側の障害といえるが、経営危険と認められず、使用者側が賃金支払義務を負わない場合があり、その代表的な例が次の2つである。第一に、経営の存立危険である[50]。判例は、こうした場合に賃金請求権を認めない。ただし、学説上は、経営障害全般が使用者のリスクと解されているところ、経営の存立危険を別に扱う正当性はないとして異論を唱える見

---

[44] BAG v. 8. 2. 1957 AP Nr. 2 zu BGB § 615 Betriebsrisiko.
[45] BT-Drucks 14/6857 S. 48, 14/7052 S. 204.
[46] ドイツ民法の雇用の規定のなかには、雇用契約と労働関係の二つが出てくるが、615条1文は、労務給付の債権者（Dienstberechtigte）と規定しているにもかかわらず、同条3文は使用者（Arbeitgeber）と規定している。
[47] なお、民法615条は、任意規定と解されており、それは、同条3文に規定される以前から妥当している。BAG v. 30.1. 1982 AP Nr. 33 zu BGB § 615.
[48] BAG v. 8. 12. 1982 AP Nr. 58 zu BGB § 616 Nr. 58; BAG v. 8. 9. 1982 AP Br. 59 zu BGB § 616.
[49] BAG v. 8. 3. 1961 AP Nr.13 zu BGB § 615 Nr. 13; BAG v. 23. 6. 1994, NZA 1995, S. 468; BAG v. 7. 12. 2005, NZA 2006, S. 423. 操業短縮手当の支給が事後に撤回されたケースも同様に解されている。BAG v. 11. 7. 1990, NZA 1991, S. 67.
[50] BAG v. 30. 5. 1963 AP Nr. 15 zu BGB § 615 Betriebsrisiko; BAG v. 9. 3. 1983 AP Nr. 31 zu BGB § 615 Betriebsrisiko; BAG v. 30. 1. 1991, NZA 1991 S. 519.

第 2 章　労働契約と労働者人格権

解もある[51]。

　第二に，部分ストなど，争議行為に伴うリスクである。もともとライヒ裁判所の時代から，争議における労働者の連帯などを理由に，部分ストなどに伴うリスクは使用者の負担とは解されていなかったことは先述の通りであるが，それは戦後の判例でも維持された[52]。ところが，1980 年以降，連邦労働裁判所は判例変更した[53]。すなわち，争議危険を経営危険の一部としていったん捉えたうえで，その例外として位置づけるのではなく，もはや個別的労働法の次元の帰責事由で判断するのは適切でないと考えるようになったのである。この考え方によれば，協約当事者の争議（武器）対等性[54]が重視され，労働者側の争議を原因として労務の提供が不能になっていれば，労働者の賃金請求権は否定される。この場合，争議と履行不能に関連性があるかが 1 つの争点となる。

　(d)　賃金形態ごとの賃金請求権の帰趨

　民法 615 条の適用が認められれば，労務給付なしに賃金請求権が認められるが，その対象は，受領遅滞がなければ得られたであろう，すべての賃金に及ぶ。これは，同条に限らず，反対給付である賃金請求を認める場合に妥当する考え方で，「賃金不足原則（Lohnausfallprinzip）」と呼ばれている。賃金継続支払法 4 条 1 項には，「当該労働者にとって標準となる労働時間に相応した賃金が支払われなければならない」と明示されている[55]。

　こうした原則に則った場合，支払われるべき賃金額は税込み額であり，時間外労働手当，成果に基づく手当や特別手当も通常の労働をした場合に認められるのであれば，これらも請求の対象とできる。ただし，ドイツ民法 615 条は任意規定であるため，額のあり方について特段の定めがあれば，それが優先される。

　なお，先述のように，解雇などをされた労働者は，当該期間に得た中間収入の返還を要するが，受領遅滞に際し労働者の帰責事由は，民法 254 条の適用がなく，考慮されない。損害賠償請求権と異なり，過失相殺の規定は適用されな

---

(51)　Erfk/Preis, § 615 BGB Rn. 127 Gotthardt, a.a.O., S. 67.
(52)　BAG v. 8. 2. 1957 AP Nr. 2 zu BGB § 615 Betriebsrisiko.
(53)　BAG v. 22. 12. 1980 AP Nr. 70 zu GG Art. 9 Arbeitskampfrisiko.
(54)　BAG v. 22. 12. 1980 AP Nr. 70 und 71 zu GG Art. 9 Arbeitskampfrisiko.
(55)　Henssler, a.a.O., § 615 BGB Rn. 51ff.

いからである。受領遅滞の成立にあたり，労働者側に一定程度の過責が認められるケースでも，こうした事情を理由に請求できる賃金額は減額されない。

(3) 小　括

2002年施行の改正民法典においては，給付の不能について，反対給付の帰趨を帰責事由の有無で処理するのではなく，給付義務からの当事者の解放と損害賠償責任の二つの次元を用意したうえで両者を切り離すこととしたが，これは日本の現在の民法改正論議にも一定の影響を与えている。そして，ドイツでも，雇用契約あるいは労働契約についての特則がなければ，債権者に責めがないと判断された場合，反対給付である賃金請求権が喪失し，ノーワーク・ノーペイで処理されることになるだろう。

しかし，雇用契約については，最初の民法典から危険負担と受領遅滞の規定の特則が設けられており，使用者側の領域で不能が生じた場合には民法615条，労働者側の領域で生じた場合には民法616条などが適用される。とくに，民法615条は，使用者側の領域で生じた障害を広く使用者の負担すべき危険とみることが前提となっており，雇用契約の本質から導きだされると考えられている。それは，過失責任主義に基づく責任とは異なる，雇用契約における特殊な牽連性から帰結される使用者のリスク負担である。民法典や労働法などの特別法のなかには，契約当事者の負うべきリスク負担を明示した規定が数多く存在するが，ドイツでは労働契約上の賃金請求権の帰趨にかかるリスク負担について特則がおかれていると考えることができる。その意味では，ノーワーク・ノーペイで処理されることがあるのも事実であるが，その例外の方が大きな意味を有しており，ノーワーク・ノーペイを原則と呼べないほどの状況があるといえるのである。

3　日本における賃金請求権論

(1) 課　題

日本においては，労務給付が履行されなかった場合，労働者の賃金請求権の帰趨は，民法536条2項の適用をめぐる争いとなる。解雇が無効と判断される事案，ストライキ（部分スト，一部ストを含む）に伴い賃金カットが行われた場合，使用者からみて私傷病などを原因に労務提供ができないと判断され，労務受領

が拒絶された事案などが，その典型的な事案である。

　しかし，こうした事案における裁判例や学説の傾向[56]をドイツと比較すると，次のような課題が浮き彫りになる。第一に，労務給付が不能となっていることを十分論拠づけないまま，危険負担法理に基づいて処理している場合が散見されることである。例えば，部分ストあるいは一部ストにより労務を提供することが実現できない場合，使用者のもとで待機していれば労務の提供と評価できることもあるし，受領遅滞として構成できる場合もあるだろう。また，労働者から労務の提供があれば，休業命令や就労禁止などがない場合は，不能ではないという考え方も成り立ちうる[57]。しかし，下級審の判断[58]も含め，判例は，民法536条2項として処理する立場を採用しており，労務給付が不能の場合だけでなく，無価値と評価される場合にも同様に扱うと読める判断枠組みが提示されている[59]。日本では，危険負担以外に，こうした問題を扱える条文がなかったことと，同項が比較的柔軟な処理を許容できたことが定着した理由であったと推測されるが，厳密にいって労務給付の不能とはいえない事案でも，危険負担法理を用いて解決しようとしてきたといえるのである。

　第二に，不能にいたる多様な事情を，帰責事由の判断において考慮している反面，帰責性という枠組みをとることの限界が生じていることである。例えば，民法536条2項における帰責事由も，学説上，「故意・過失および信義則上これと同視すべき事由」と解されており[60]，ドイツの領域説と同様の考え方を持ち込もうとする見解もある[61]。これに対し，労働事件に関する判例は，労基

---

[56] 学説の動向については，杉本・前掲論文(注4)10頁以下，奥富晃「雇用契約における報酬請求権発生問題の基礎理論的考察」南山法学23号1・2号（1999年）269頁参照。

[57] 浜田冨士郎「部分スト不参加者の賃金と休業手当——ノース・ウエスト航空事件」『労働判例百選〔第7版〕』（有斐閣，2002年）233頁。

[58] 小野秀誠『危険負担の判例総合解説』（信山社，2005年）161頁以下参照。

[59] ノース・ウエスト航空事件・最二小判昭62・7・17民集41巻5号1283頁。ただし，最初は無価値になり，それを理由に使用者が休業命令を出したことにより不能になったと理解できるとされている。同事件に関する，荒木尚志「判批」法学協会雑誌106巻9号（1998年）1754頁を参照。

[60] 我妻栄『債権各論上巻』（岩波書店，1954年）111頁。

[61] 山本敬三『民法講義Ⅳ-1』（有斐閣，2005年）150頁は，この見解を，領域原理を民法536条の帰責事由の解釈に持ち込んだものと指摘する。また，幾代通／広中俊雄編『新版注釈民法(16)債権(7)』（有斐閣，1989年）41頁（幾代通）は，「債権者の責めに帰すべき事由」は，「使用者の支配圏から生じた事由」や「企業経営者として不可抗力を主

法26条の休業手当の帰責事由を過失責任主義とは異なると強調しており、民法536条2項について領域説を明示的に採用したことはない。しかし、その具体的な判断をみると、部分ストが問題となったノース・ウエスト航空事件[62]は、使用者がストライキに介入できないことと、団体交渉の決裂は使用者に帰責されないことを挙げて、使用者に責めがないと判断しており、集団的労使関係の状態に関係する事情を、帰責性の判断に際し問題としている。また、判旨は、「不当労働行為の意思その他の目的をもってことさらにストライキを行わしめたなどの特別事情」も考慮するなど、危険の公平な分配という観点から、「責め」という概念に収まらない判断[63]をしてきた面がある。もっとも、法律要件上は、帰責事由が問題とされているため、ストライキの結果の影響、使用者のストライキへの対処法など、公平な分配の問題であれば考慮されると思われる事情は一切考慮されておらず[64]、帰責事由という枠組みの限界も露呈している。もともと危険負担の適用要件である帰責事由は、「故意・過失」だけでなく、「信義則上これと同視すべき事由」でも認められると考えられてきたが[65]、後者の事由をいかした柔軟な解釈ができていないのである。

第三に、民法536条2項の適用要件として、使用者が就労を拒否しているだけでなく、労働者が客観的に就労する意思と能力を有していることの主張立証が求められると解する例[66]があることである。しかし、解雇の事案では、解雇の効力を争う訴訟の提起など、使用者の求めに応じて就労する用意があることを通知することで足りることも少なくない[67]。すなわち、就労する意思と能力の立証は、常に必要となるのではなく、事案によって必要となる要件だと位置づけられているに過ぎない。日本では、受領遅滞と不能の区別、あるいは不能の成立と不能の帰責事由の判断の区別[68]をしていないため、使用者が明確に受

張することのできない、一切の事由を含む」というのが、今日の通説とする。
(62) 注(59)参照。
(63) 判例がこのように柔軟な判断をしてきたことの指摘として、杉本・前掲論文(注4)14頁。
(64) こうした事情の考慮がないことを指摘する学説として、浜田・前掲評釈(注57)233頁がある。
(65) 注(60)の文献を参照。
(66) 下馬生協事件・東京地判平5・6・11労民集44巻3号515頁、ペンション経営研究所事件・東京地判平9・8・26労民集48巻4号349頁など。
(67) 盛・前掲論文(注1)78頁。

領拒否している場合にも，同様の判断枠組みとしてしまっていることの影響がみられるのである。

(2) 問題解決の方向性

以上のような課題を抱える，賃金請求権法理を整理するには，次のような視点が必要となる。第一に，労働契約における危険負担法理の意義を明確にすることである。労働契約においては，いわゆるノーワーク・ノーペイは原則といえるほどの妥当領域があるわけではなく，仮に賃金請求権が認められない場合でも，この原則の適用結果というよりは，労働契約の内容にかんがみて，諸事情を危険の公平な分配の観点から考察した結果として，結論を導いていることが多い。したがって，ノーワーク・ノーペイを原則とし，その例外を探求するという視点に立つよりは，端的に危険の公平な分配の観点に立って，危険負担法理の守備範囲を明確にすることが必要なのである。具体的には，労働契約において危険の公平な分配をしようと考えれば，ドイツ法を参考にする限り，不能について使用者に帰責性がある場合に加え，領域説を採用し，受領遅滞や使用者側の領域で生じた経営障害の場合にも，労働者が賃金請求権を保持すると解するのも一つの選択肢であろう。現行の日本民法のなかには，ドイツ民法615条のような規定は存在しないが，日本の判例も不十分ながら，諸事情を帰責事由の判断において考慮する枠組みを採用してきたといえるし，「信義則上これと同視すべき事由」を「故障・過失」と同列に位置づける見解が学説上有力である。使用者側の領域において生じた事情であるか否かを判断基準とすることは，現行法でも可能だと考えられるのである。なお，受領遅滞やこうした経営障害の場合，使用者の帰責事由は不要だと解するべきである。

第二に，危険負担法理の妥当範囲である。履行不能の責任が使用者にない場合，現行民法上は，債務者主義の規定（民法536条1項）に基づいて処理される。これに対し，使用者の指揮命令下で待機している場合や，労働者の履行の提供について使用者がそれを拒んだ場合，債務の本旨に従った労務給付の履行があったと評価され，賃金請求権が認められる[69]。ただし，この場合，履行不能を前提にしたのか，明らかではない面がある。

---

[68] この点を指摘する見解として，浜田・前掲評釈（注57）233頁がある。
[69] 蓼沼謙一「スト不参加者の賃金請求権」季刊労働法52号（1964年）21頁以下，本多

債務の本旨に従った履行の提供といえるかは，片山組事件[70]を参考に考えれば，労働契約内容の特定性だけでなく，能力，経験，企業規模，業種，労働者の配置・異動の実情などをみて，使用者の配慮義務の有無の観点から総合的に判断される。片山組事件の判断枠組をめぐっては議論があるが[71]，最高裁は，危険負担法理についてふれておらず，危険負担法理とは違ったかたちで賃金請求権の帰趨を決める法理を提供したと考えることもできる[72]。賃金請求権の帰趨は，帰責事由の有無ではなく，使用者の配慮義務違反も考慮した，労働者の履行の提供の有無に基づいて判断されたとみることもできるからである。こうした判例は，履行不能を前提とした危険負担法理のみで，労務給付がない場合の賃金請求権の存否を判断することの限界を明らかにしている。履行不能に加え，受領遅滞も射程にいれ，その場合，使用者の受領状況と労働者の労務の提供可能性がもっぱら問題とされなければならないことを示唆しているからである。

第三に，労務給付実現の危険の種類にあった賃金請求権法理を確立すべきだということである。ドイツ民法615条のように，為す債務，なかでも労働契約に特化した危険負担の特則が必要なことは当然であるが，さらに解雇，争議行為，私傷病など，危険が問題となる種類ごとにその争点は異なっており，それぞれの特質に即した法理を確立するべきである。

まず，解雇については，解雇によって使用者の受領拒否があると考えられる

淳亮「労働契約と賃金」季刊労働法25号（1957年）92頁以下などは，現実に労働したか，実際に受領したかに関わりなく，使用者の利用可能な状態に置かれたことで賃金債権が発生すると解する，いわゆる労働力説を唱えていた。その後，労働力説に対しては，労働者が労働力を使用者の処分可能な状態におくことは，債務の履行ではない，といった批判が加えられた（西村健一郎「賃金支払義務」岸井貞男ほか『労働契約の研究（本多淳亮先生還暦記念）』〔法律文化社，1986年〕158頁）。

[70] 最一小判平10・4・9労働判例736号15頁。

[71] 三井正信「私傷病と労務受領拒否――片山組事件」『労働判例百選〔第7版〕』（有斐閣，2002年）38頁以下を参照。

[72] 帰責事由の有無を問題にしていないが，契約の範囲内で業務変更・再配置が可能なのに使用者が特段の配慮をなさずに受領拒絶を行えば帰責事由ありとする趣旨と説明する見解がある（山川隆一・荒木尚志「ディアローグ」日本労働研究雑誌461号35頁以下など）。もっとも，帰責事由というよりは配慮義務違反の有無を問題としたとも読め，この判断に基づき，反対給付である賃金請求権は成立したと解した可能性も否定できないだろう。

第2章　労働契約と労働者人格権

ため，当該解雇に合理的理由がなければ，使用者は労務を受領していない間，賃金支払義務を負うべきである。受領拒否の帰責事由は必要でなく，解雇それ自体の適法性を問題とすることになる。また，この場合，原則として，客観的に就労する意思と能力を有していることの主張立証は必要でない。労働者が債務の本旨に従った労務の提供を行っても，使用者が受領拒否したことが明白だからである。ただし，解雇後，労働者が疾病等を理由に客観的にみて就労できなかったという事情がある場合には，賃金請求権の存否が問題となることもあるだろう。

また，争議行為，とくに部分ストについて判例（ノース・ウエスト航空事件[73]）は，個別労働契約上の危険負担として処理し，集団的労働法上の観点からの考察を否定している。しかし，争議行為における危険の公平な分配を決めるには，集団的労使関係における諸事情を判断枠組みに採り入れれるべきである[74]。具体的には，部分ストについては，正当性を有したロックアウト通告とみなせた場合に限り，賃金請求権を否定し[75]，一部ストについては，争議組合と使用者との間の事情は，使用者側の領域に属すると考え，原則として，使用者が負うべき危険と位置づけるのである[76]。ストライキに伴う危険を個別的労働法上の危険負担の次元で処理することには限界があり，集団的労働法上の法理として確立するべきであろう。

(3)　民法改正との関係

現在の法制審の議論によれば，労働契約における賃金請求権の帰趨は義務違反や使用者側に起因する事由の有無で決せられるが，従来の帰責事由の判断と同様，危険を公平に負担させるという観点から多様な事情を衡量する方向が考えられているようである。しかし，義務違反という要件は，義務という従来から使用されてきた概念を使用している限り，危険負担法理の適用範囲を狭め，解雇無効の場合など使用者が賃金支払債務を負うのが当然であるような事

---

[73]　注(59)参照。
[74]　緒方桂子「部分スト不参加者の賃金と休業手当」『労働判例百選〔第8版〕』（有斐閣，2009年）213頁を参照。
[75]　西谷敏『労働組合法〔第2版〕』（有斐閣，2006年）472頁。
[76]　盛誠吾『労働法総論・労使関係法』（新世社，2000年）413頁。

案でも、義務の存在が求められる危険性を否定できない[77]。また、「労務を履行することが不可能になったとき」という要件があるため、使用者の受領遅滞の場合にも、賃金請求権が保持されるのかは明確ではない。すなわち、義務違反という要件の場合だけでなく、使用者側に起因する事由という要件であっても、ドイツ民法615条と同様の規整内容をもつとは限らないのである。文言上、こうした問題を回避するには、現民法536条2項に加え、「使用者の受領遅滞」や「使用者側の領域で生じた事由に基づく労務の履行不能」の場合に、受領遅滞や経営障害の結果、労務の履行ができなかった労働者が、労働契約で合意した賃金を請求できることを明記することが考えられるべきであろう。この場合は、民法536条2項と異なり、使用者の帰責事由は必要でない。

なお、ドイツ民法615条のように、雇用契約に特化した危険負担の特則を置くことは方向性として正しいと考えるが、ドイツでも、この規定は同条3文だけでなく、同条1文も2文も、雇用契約でなく、労働契約に適用されるべきだと考えられている。日本では、雇用契約と労働契約の関係について議論があり、委任や請負でも労働法上（労働基準法9条、労働契約法2条）の労働契約に該当することがある。したがって、本来は、民法の雇用や労働契約でない請負などが妥当する役務提供契約にこうした規定を置くよりも、労働契約を規整対象とする労働法に、危険負担の特則を定めるのが妥当だといえるのである。

---

[77] 大内伸哉「労働契約法の課題——合意原則と債権法改正」日本労働法学会誌115号（2010年）87頁は、「ミスリーディング」と指摘する。

14 Das Fragerecht des Arbeitgebers in Deutschland

Rolf Wank

1 Einleitung
2 Zulässigkeit von Fragen
3 Fazit

1 Einleitung

Als ehemaliger Vorsitzender der Japanisch‑Dentschen Gesellschaft für Arbeitsrecht hat Sumida dazu beigetragen, eine Brücke zwischen deutschen und japanischen Arbeitsrechtlern zu bauen. Eine solche Brücke ist insbesondere deshalb hilfreich, weil die Einstellung zur Trennung der Sphären von Arbeitswelt und persönlicher Welt in Japan und in Deutschland unterschiedlich ist. In Japan treffen sich Arbeitnehmer nach ihrem Arbeitstag noch zu einem gemeinsamen Essen oder Trinken, während in Deutschland nach dem Ende des Arbeitstages auch die Privatsphäre des Arbeitnehmers beginnt.

In einem Punkt können allerdings weder Japaner noch Deutsche ein Interesse daran haben, zu viel von ihren persönlichen Eigenschaften und Verhältnissen zu offenbaren: Wenn es um gezielte Fragen des Arbeitgebers bei einer Bewerbung oder späteren Anstellung geht. Hier soll sich der Arbeitgeber allein nach der fachlichen Qualifikation richten und nicht nach anderen Gesichtspunkten in der Person des Bewerbers oder Arbeitnehmers.

Hieraus könnte man zunächst schließen, dass ein Arbeitgeber zwar alles fragen darf, ein Bewerber oder Arbeitnehmer aber nicht auf alles zu antworten braucht. Wenn er aber antwortet, muss dies wahrheitsgemäß

第2章 労働契約と労働者人格権

erfolgen.

Bei dieser Lösung würde man aber die faktischen Gegebenheiten verkennen. Wenn ein Bewerber auf eine Frage des Arbeitgebers nicht antwortet, vielleicht auch noch unter ausdrücklichem Hinweis auf sein Schweigerecht, wird der Arbeitgeber daraus seine Schlüsse ziehen. Er wird davon ausgehen, dass auf Seiten des Bewerbers ein Hindernis vorliegt, das dieser lieber verschweigen möchte, denn sonst hätte er nichts zu verbergen und könnte antworten.

Die typisch arbeitsrechtliche Lösung besteht nun jedenfalls im deutschen Recht darin, dass einem Arbeitgeber von vornehrein verboten wird, bestimmte Fragen zu stellen.

Ein weiterer Schutz ergibt sich in den Fällen, in denen der Arbeitgeber eine unzulässige Frage stellt. Für diese Fälle besteht nach übereinstimmender Ansicht in Rechtsprechung und Literatur in Deutschland ein "Recht auf Lüge". Der Bewerber kann in einem solchen Falle die Antwort geben, die für ihn günstig ist. Dem Arbeitgeber geschieht kein Unrecht, denn er hätte ja nicht fragen dürfen. Gleichzeitig bedeutet dies, dass trotz unrichtiger Beantwortung der – unzulässigen – Frage, die Anfechtungsmöglichkeit des Arbeitgebers nach § 123 BGB ausgeschlossen ist.

Allerdings ist das Fragerecht in Deutschland nicht klar und ausdrücklich geregelt. Die Lösung ergibt sich aus verschiedenen Rechtsgrundlagen, die nicht aufeinander abgestimmt sind.

Die Grenzen, die dem Fragerecht gesetzt werden, ergeben sich zunächst aus dem verfassungsrechtlich gesicherten Persönlichkeitsrecht (Art. 2 Abs. 1 GG i. V. m. Art. 1 Abs. 1 GG), dessen Einfluss zunehmend von den Regelungen des Allgemeinen Gleichbehandlungsgesetzes (AGG) verdrängt wird. Das Bundesdatenschutzgesetz (BDSG) ergänzt diese Regelungen, indem es der Erhebung von Arbeitnehmerdaten weitere Schranken setzt. Hinsichtlich der Mitgliedschaft des Bewerbers in einer Gewerkschaft schließlich schützen Art. 9 Abs. 3 Satz 2 GG, § 75 BetrVG.

Grundsätzlich können sich Unterschiede hinsichtlich der Zulässigkeit von Fragen des Arbeitgebers im Rahmen einer Bewerbung im Vergleich zu einem bereits bestehenden Arbeitsverhältnis ergeben. Ebenso kann die Differenzierung danach, ob es sich um einen privaten, öffentlichen oder einen Arbeitgeber mit Tendenzbetrieb handelt, bei der Bewertung der Zulässigkeit von Fragen des Arbeitgebers eine Rolle spielen.

2 Zulässigkeit von Fragen

(1) Rückblick

Bevor die Regelung im BDSG oder im AGG erfolgte, hat die Rechtsprechung zur Einschränkung des Fragerechts des Arbeitgebers (abgesehen von Art. 9 Abs. 3 Satz 2 GG) hauptsächlich auf den Schutz des allgemeinen Persönlichkeitsrechts[1] zurückgegriffen. Wie heute allgemein anerkannt ist, ist das allgemeine Persönlichkeitsrecht ein "sonstiges Rechts" i. S. d. § 823 Abs. 1 BGB. Es gliedert sich seinerseits in einige Unter-Rechte, wie das Recht auf ein eigenes Tagebuch, das Recht auf ein eigenes Foto und neuerdings ein vom Bundesverfassungsgericht neu geschaffenes Recht auf Schutz der persönlichen Daten.

Allerdings wird nicht jeder Eingriff in das allgemeine Persönlichkeitsrecht als zum Schadensersatz verpflichtend angesehen. Die Rechtsprechung beschränkt jedenfalls den Schadensersatz auf schwere Eingriffe und auf Fälle eines schweren Verschuldens.

Soweit es nicht um Schadensersatz sondern beispielsweise um Unterlassungsansprüche geht, brauchen diese besonderen Voraussetzungen nicht vorzuliegen. Insofern genügt jeder Eingriff.

Bis heute hat die Berufung auf das allgemeine Persönlichkeitsrecht insofern eine Daseinsberechtigung, als es sich um Fragen handelt, die den ganz persönlichen Lebensbereich betreffen. Ein Beispiel dafür sind Fragen nach persönlichen Lebensverhältnissen (vgl. u. 2 (4) f)) oder z. B. der Nichtrauchereigenschaft (vgl. u. 2 (4) g)).

---

(1) Vgl. ausführlich *Schmidt* in Erfurter Kommentar (ErfK), 10. Aufl. 2010, Art. 2 GG Rn. 36 ff.

第 2 章　労働契約と労働者人格権

Der bislang von der Rechtsprechung bevorzugte Rückgriff auf das allgemeine Persönlichkeitsrecht ist aber dann nicht der zutreffende Ansatz, wenn es gar nicht um die Persönlichkeitssphäre geht. Fragt der Arbeitgeber z.B. danach, welches Gehalt der Bewerber zuletzt bezogen hat, so braucht diese Tatsache nicht unbedingt dem allgemeinen Persönlichkeitsrecht zu unterliegen.[2]

(2) Das Fragerecht im Anwendungsbereich des AGG

Seit Inkrafttreten des AGG am 18. August 2006 sind im Arbeitsrecht Maßnahmen, die an bestimmte, in § 1 AGG genannte Gründe anknüpfen und ohne Rechtfertigungsgrund eine Benachteiligung für Bewerber oder Arbeitnehmer enthalten, unwirksam.

Offenbart der Bewerber im Einstellungsverfahren ungefragt Tatsachen, die sich auf ein Merkmal des § 1 AGG beziehen, sollte daher darauf hingewiesen werden, dass dieses Merkmal bei der Einstellungsentscheidung unberücksichtigt bleibt und nicht nachgehalten wird.[3]

a） Rasse und ethnische Herkunft

Grundsätzlich unzulässig ist zunächst die Frage des Arbeitgebers nach der Rasse oder der ethnischen Herkunft. Hiervon wird nur unter den Voraussetzungen des § 8 Abs. 1 AGG eine Ausnahme gemacht, wenn der Arbeitgeber ein berechtigtes Interesse an der Herkunft des Bewerbers hat.

Vom Diskriminierungsverbot erfasst werden zudem mittelbar diskriminierende Fragen, wie die Frage nach dem Geburtsort oder der Abstammung einer Person. Ein berechtigtes Interesse hat der Arbeitgeber jedoch an dem Erfragen eines Aufenthaltstitels oder einer Arbeitserlaubnis, da deren Nichtvorhandensein im Falle der Einstellung eine Bußgeldpflicht des Arbeitgebers begründen kann.[4] Die Frage nach Sprachkenntnissen ist zulässig, soweit dies für die Erfüllung der Tätigkeit notwendig ist.[5]

---

(2) Zu den Voraussetzungen vgl. ErfK/*Preis*, 10. Aufl. 2010, § 611 BGB Rn. 279.
(3) ErfK/*Preis*, § 611 BGB Rn. 276.
(4) ErfK/*Preis*, § 611 BGB Rn. 275.

b) Alter

Auch wenn sich das Alter zumeist ohnehin aus dem äußeren Erscheinungsbild, vor allem aus Lebenslauf und Zeugnissen ergibt (vgl. aber 2 (2)h)), ist die Frage nach dem Alter mit §1 AGG unzulässig geworden. Hiervon wird wiederum gemäß §§ 8 und 10 AGG eine Ausnahme gemacht, soweit der Arbeitgeber ein berechtigtes Interesse an der erfragten Information hat.[6]

c) Sexuelle Identität

Von §1 AGG erfasst ist das Verbot von Fragen nach der sexuellen Identität des Bewerbers; so sind Fragen nach persönlichen Lebensumständen, wie Heiratsabsichten oder nach einer Homosexualität, unzulässig. Eine Ausnahme für dahingehende Fragen könnte allenfalls in Tendenzarbeitsverhältnissen, insbesondere der katholischen Kirche, über §9 AGG zu rechtfertigen sein.[7]

d) Religion und Weltanschauung

Gleiches gilt für die grundsätzlich unzulässige Frage nach Religions- oder Weltanschauungszugehörigkeit, die nach §9 AGG für Religions- und Weltanschauungsgemeinschaften, beispielsweise bei Priestern, Krankenpflegern und Ärzten in konfessionellen Krankenhäusern gerechtfertigt sein kann.

e) Geschlecht

Eine gezielte Frage nach dem Geschlecht ist nur zulässig, wenn es eine wesentliche und entscheidende berufliche Anforderung darstellt.

aa) Schwangerschaft

Das Verbot der Benachteiligung wegen des Geschlechts nach §7 Abs. 1 AGG i. V. m. §1 AGG wirkt sich in erster Linie bei der Frage nach der Schwangerschaft aus. Nach §3 Abs. 1 Satz 2 AGG sind Benachteiligungen wegen einer Schwangerschaft nunmehr als unmittelbare (!) Diskriminierung wegen des weiblichen Geschlechts zu werten. Die Wertung als unmittelbare Diskriminierung wird damit begründet, dass solche Benachteiligungen nur

---

(5) BAG, NZA 2010, 625 ff.; ErfK/*Preis*, § 611 BGB Rn. 273.
(6) Allerdings wird hieran in aller Regel kein legitimes Interesse bestehen, vgl. ErfK/*Preis*, § 611 BGB Rn. 274.
(7) *Däubler*, RdA 2003, 204, 207 ff.

第 2 章　労働契約と労働者人格権

Frauen gegenüber in Betracht kommen.[8]

bb) Grundwehr- oder Zivildienst

Männer hingegen könnten durch die Erfragung eines (abgeleisteten oder bevorstehenden) Grundwehr- oder Zivildienstes wenigstens mittelbar aufgrund des männlichen Geschlechts diskriminiert werden.

Sowohl die Frage nach einem abgeleisteten Grundwehr- oder Zivildienst als auch nach einem bevorstehenden Grundwehr- oder Zivildienst ist daher als unzulässig anzusehen.[9]

Zwar hat der Arbeitgeber grundsätzlich ein billigenswertes Interesse an einer vollständigen, lückenlosen Darstellung der bisherigen beruflichen Aktivitäten, also auch in Bezug auf einen abgeleisteten Grundwehr- oder Zivildienst. Jedoch handelt es sich regelmäßig um einen Umstand, der für das angestrebte Arbeitsverhältnis ohne Bedeutung ist, so dass dieses Interesse zugunsten des Diskriminierungsschutzes zurücktreten muss.[10]

Auch an der Frage nach einem bevorstehenden Dienst hat der Arbeitgeber grundsätzlich ein berechtigtes Interesse, nämlich dahingehend, ob der Arbeitnehmer seine geschuldete Arbeitsleistung wird erbringen können.[11] Da jedoch bei einem unbefristeten Arbeitsverhältnis keine dauerhafte Unmöglichkeit der Arbeitsaufnahme vorliegt, stellt die Nichteinstellung eines Bewerbers wegen eines noch zu leistenden Dienstes eine nach §§ 1, 7 Abs. 1 AGG unzulässige geschlechtsspezifische Benachteiligung dar. Etwas anderes gilt nach § 8 Abs. 1 AGG hingegen bei befristeten Arbeitsverhältnissen, wenn insoweit eine dauerhafte Unmöglichkeit gegeben ist.[12]

f) Behinderung oder Schwerbehinderteneigenschaft

Zwar wird die Behinderung im AGG ebenfalls als eines der Merkmale aufgeführt, an das nicht angeknüpft werden darf. Jedoch schon vor dem

---

(8)　EuGH, Slg. 1990, I-3941 ff.
(9)　ErfK/*Preis*, 611 BGB Rn. 273.
(10)　*Boemke*, RdA 2008, 129, 132.
(11)　*Boemke*, RdA 2008, 129, 132.
(12)　Vgl. *Wank*, Festschrift für Richardi, 2007, S. 441, 454 ff. (zum vergleichbaren Fall der Schwangerschaft).

Inkrafttreten des AGG wurde das Schwerbehindertenrecht im SGB IX (§ 81 Abs. 2 SGB IX) geändert. Die dem AGG entsprechenden Vorschriften wurden speziell für Schwerbehinderte in die gesetzliche Regelung übernommen.

Die Frage nach einer Behinderung stellt nunmehr gem. §§ 7 Abs. 1, 3 Abs. 1 Satz 2 AGG eine unmittelbare Benachteiligung dar, wobei § 1 AGG jegliche Behinderung und nicht nur die Schwerbehinderung erfasst.[13] Hieraus resultiert das grundsätzliche Verbot, die Behinderteneigenschaft im Einstellungsgespräch zu erfragen.

Gerechtfertigt ist die Frage hingegen, wenn ihr Nichtvorliegen eine wesentliche und entscheidende berufliche Anforderung i.S.d. § 8 Abs. 1 AGG für die Tätigkeit darstellt,[14] wobei eine lediglich erfahrungsgemäß einschlägige Beeinträchtigung keinen hinreichenden Grund darstellt. Vielmehr darf nur nach einer Behinderung gefragt werden, die sich auf die Tätigkeit auswirkt.

§ 8 Abs. 1 AGG und die Rechtfertigung von Benachteiligungen wegen Behinderung ist immer im Zusammenhang mit Art. 5 der RL 2000/78/EG zu lesen. Danach wird der Arbeitgeber verpflichtet, geeignete und im konkreten Fall erforderliche Maßnahmen zu ergreifen, um behinderten Menschen den Zugang zur Arbeitswelt zu ermöglichen. Eine Rechtfertigung i. S. d. § 8 Abs. 1 AGG kommt somit nicht in Betracht, wenn der Arbeitgeber imstande ist, das Beschäftigungshindernis durch zumutbare Maßnahmen – etwa durch eine Umgestaltung des Arbeitsplatzes oder durch Anschaffung erforderlicher Technik – zu beseitigen. Bei der Bestimmung der Unzumutbarkeit gilt der gleiche Maßstab wie bei § 81 Abs. 4 Satz 3 SGB IX. Die Grenze der Zumutbarkeit ist überschritten, wenn die wirtschaftliche Lage des Unternehmens Eingliederungsmaßnahmen nicht zulässt oder die Arbeitsplätze anderer Arbeitnehmer dadurch gefährdet werden.[15]

§ 5 AGG erlaubt ausdrücklich Maßnahmen, die der positiven Diskriminierung dienen. Hieraus ergibt sich die Frage, ob beispielsweise bei einer

---

(13) *Annuß*, BB 2006, 1629, 1631.
(14) *Düwell*, BB 2006, 1741, 1743; *Wisskirchen*, DB 2006, 1491, 1494.
(15) *Lingemann/Müller*, BB 2007, 2006, 2009.

planmäßigen Stellenbesetzung mit Behinderten zur Erfüllung der Quote der Beschäftigungspflicht nach §71 SGB IX ausnahmsweise die Frage nach der Schwerbehinderung zulässig wird. Dies ist für den Fall zu bejahen, dass der Arbeitgeber dem Bewerber seine Absicht, die Schwerbehinderung als positives Kriterium verwenden zu wollen, mitteilt. Dennoch bleibt es dem schwerbehinderten Bewerber unbenommen, wahrheitswidrig zu antworten.[16]

Nach dem Abschluss des Arbeitsvertrages ist die Frage nach einer Schwerbehinderung jedoch zulässig, da sich der Arbeitnehmer gem. § 280 Abs. 1 BGB schadensersatzpflichtig machen kann. Dies gilt beispielsweise dann, wenn der Arbeitgeber auf Grund des Verschweigens der Schwerbehinderung nach dem Abschluss des Arbeitsvertrages eine Ausgleichsabgabe nach § 77 SGB IX leistet, ohne hierzu verpflichtet zu sein.[17]

g) Frage nach einer Krankheit

Das AGG greift die Krankheit als solche nicht auf, kann jedoch bei Abgrenzungsfällen zwischen Behinderung und Krankheit eine Rolle spielen. Entscheidend für die Grenze zur Krankheit dürfte die Therapierbarkeit sein,[18] so dass eine Alkohol- oder Drogensucht nicht unter § 1 AGG fällt. Auch eine Erkrankung kann jedoch dann als Behinderung anzusehen sein, wenn sie von langer Dauer oder besonders schwerwiegend ist,[19] so etwa die Neigung zu epileptischen Anfällen.[20]

Bei Überschneidungen zwischen einer Krankheit und einer Behinderung – beispielsweise die Frage nach einer Krankheit, die nur bei behinderten Menschen denkbar ist –[21] gelten wegen der damit verbundenen mittelbaren Diskriminierung stets die strengeren Anforderungen an Fragen nach einer Behinderung.

---

[16] *Düwell*, BB 2006, 1741, 1743.
[17] *Thüsing/Lambrich*, BB 2002, 1146, 1151.
[18] ErfK/*Preis*, § 1 AGG Rn. 9.
[19] EuGH, Slg. 2006, I-6467-6508.
[20] LAG Hamm, Behindertenrecht 1999, 170.
[21] BAG, NZA 2010, 383, 385 f.; MüKo/*Thüsing*, 5. Aufl. 2007, § 3 AGG Rn. 47 f.

h) Anonyme Bewerbung als konsequente Schlussfolgerung?

Wie aber will man eine Diskriminierung gerade in Hinblick auf das Alter und das Geschlecht verhindern? Derartige Informationen sind auf den ersten Blick aus der Bewerbung zu entnehmen und führen im Zweifel dazu, dass der Bewerber-freilich mit einer anderen Begründung-erst gar nicht zum Bewerbungsgespräch eingeladen wird. Der Bewerber wird überhaupt nicht gefragt, er gibt von sich aus Angaben preis, so dass ein Schutz über die Reichweite des Fragerechts und ein bestehendes Recht zur Lüge leer laufen.

Die Problematik ist offensichtlich; ob ihr aber mit den sogenannten anonymen Bewerbungen begegnet werden kann, ist fraglich. Das deutsche Familienministerium testet nunmehr diese Form der Bewerbung in Zusammenarbeit mit fünf Unternehmen.[22] In den Bewerbungsunterlagen werden sämtliche Angaben zu Geschlecht, Alter, Familienstand und Herkunft geschwärzt und beigefügte Fotos entfernt. Hierdurch soll garantiert werden, dass zumindest jeder Bewerber die Möglichkeit einer Einladung zum Bewerbungsgespräch erhält.

(3) Fragen im Anwendungsbereich des Bundesdatenschutzgesetz

Von der Öffentlichkeit bisher noch kaum wahrgenommen, hat sich eine neue Rechtsgrundlage für eine Beschränkung des Fragerechts des Arbeitgebers aus dem kürzlich geänderten Bundesdatenschutzgesetz (BDSG) ergeben.

Die wachsende Nutzung elektronischer Medien und elektronischer Datenverarbeitung führt die Erhebung, Verarbeitung und Übermittlung einer erheblichen Zahl personenbezogener Daten von Arbeitnehmern mit sich. Der hiermit einhergehenden Gefahr des Datenmissbrauchs sollte mit dem BDSG entgegengetreten werden. Nach § 1 Abs. 1 ist es "Zweck dieses Gesetzes, den einzelnen davor zu schützen, dass er durch den Umgang mit seinem personenbezogenen Daten in seinem Persönlichkeitsrecht beeinträchtigt wird".

---

[22] Vgl. Süddeutsche Zeitung vom 06.08.2010, abrufbar unter http://www.sueddeutsche. de/karriere/anonyme-bewerbung-ohne-vorurteile-geht-es-nicht-1. 984750.

第2章 労働契約と労働者人格権

Dieses Persönlichkeitsrecht (Art. 2 Abs. 1 GG i.V.m. Art. 1 Abs. 1 GG) umfasst ein Recht auf informationelle Selbstbestimmung[23] sowie auf Gewährleistung der Vertraulichkeit und Integrität informationstechnischer Systeme.[24]

Das BDSG gilt gemäß seinem sachlichen Anwendungsbereich zum einen für öffentliche Stellen des Bundes und zum anderen unter bestimmten Voraussetzungen auch für nicht-öffentliche Stellen. Für öffentliche Stellen der Länder gelten demgegenüber die Datenschutzgesetze des jeweiligen Bundeslandes.

a) Grundsatz

§ 4 Abs. 1 BDSG stellt zunächst ein grundsätzliches Verbot für die Erhebung von personenbezogenen Daten auf. Eine Erhebung ist nur zulässig, soweit das BDSG oder eine andere Rechtsvorschrift hiervon eine Ausnahme macht oder der Betroffene einwilligt. Dieses Verbot mit Erlaubnisvorbehalt umfasst auch das Fragerecht des Arbeitgebers.[25]

Eine unzulässige Erhebung gem. § 43 Abs. 2 Nr. 1 BDSG stellt eine Ordnungswidrigkeit dar und ist mit einer erheblichen Geldstrafe bedroht.

b) Erlaubnistatbestand des § 32 BDSG

aa) Der Erlaubnistatbestand

§ 32 BDSG ist nunmehr die zentrale datenschutzrechtliche Norm für das Arbeitsverhältnis.

§ 32 Abs. 1 Satz 1 BDSG erlaubt die Erhebung personenbezogener Arbeitnehmerdaten für Zwecke des Beschäftigungsverhältnisses, wenn dies zur Begründung, Durchführung oder Beendigung erforderlich ist.

Mit dem Begriff des Beschäftigten in § 3 Abs. 11 BDSG werden neben den Arbeitnehmern auch die Stellenbewerber und die aus dem Betrieb ausgeschiedenen Arbeitnehmer erfasst. Der Anwendungsbereich des § 32 Abs. 1 Satz 1 BDSG umfasst zudem nunmehr alle Tätigkeiten des Arbeitgebers, die Berührungspunkte zur Informationseinholung über den Arbeitnehmer ha-

---

[23] BVerfG, NJW 1984, 419.
[24] BVerfG, NJW 2008, 822.
[25] *Thüsing/Lambrich*, BB 2002, 1146, 1149.

ben-sei es vor Begründung oder bei der Durchführung des Arbeitsverhältnisses.[26]

Die Erhebung muss für die Erfüllung kollektiv- oder einzelvertraglicher Pflichten oder zur Wahrung von Rechten aus dem Arbeitsverhältnis geeignet und erforderlich sein.[27] Hierbei ausreichend ist die grundsätzliche Möglichkeit, dass die Daten im Verlauf des Arbeitsverhältnisses erforderlich werden könnten.

Zudem findet eine Verhältnismäßigkeitsprüfung statt.[28] Unverhältnismäßig sind beispielsweise allgemeine Intelligenztests, Stressinterviews und die Erstellung von Persönlichkeitsprofilen. Besondere Bedeutung kommt im Rahmen der Verhältnismäßigkeit auch dem neuen Grundrecht auf Gewährleistung der Vertraulichkeit und Integrität informationstechnischer Systeme zu.

bb) Anwendungskonkurrenz zwischen § 32 und § 28 BDSG

Neben § 32 BDSG erfasst § 28 Abs. 1 Satz 1 Nr. 1 BDSG alle Schuldverhältnisse. Allerdings wird dieser von § 32 BDSG, der sich spezieller nur auf die Beschäftigungsverhältnisse bezieht, verdrängt.[29] Hingegen sind die weiteren Erlaubnistatbestände des § 28 Abs. 1 Satz 1 Nr. 2 und Nr. 3 BDSG für beschäftigungsfremde Zwecke anwendbar.[30] Die Festlegung des konkreten Zwecks der Datenerhebung gem. § 28 Abs. 1 Satz 2 BDSG wird jedoch durch § 32 BDSG für die Erhebung zu Zwecken des Beschäftigungsverhältnisses ersatzlos verdrängt.[31] Für die in § 3 Abs. 9 BDSG geregelten sensitiven Daten bleiben die § 28 Abs. 6 bis 9 BDSG anwendbar.[32] Dass dieser bei der Erhebung sensitiver Daten gegenüber § 32 Abs. 1 BDSG strengere Maßstab zur Anwendung gelangen muss, ergibt sich aus der Verpflichtung nach Art. 8 Abs. 1 RL 95/46/EG.

---

(26) *Erfurth*, NJW 2009, 2723; *Deutsch/Diller*, DB 2009, 1462.
(27) *Wank* in ErfK, 10. Aufl. 2010, § 32 BDSG Rn. 5.
(28) ErfK/*Wank*, § 32 BDSG Rn. 6.
(29) ErfK/*Wank*, § 32 BDSG Rn. 3.
(30) ErfK/*Wank*, § 32 BDSG Rn. 2.
(31) *Erfurth*, NJW 2009, 2723; BT-Drucks. 16/13657, 35.
(32) *Maties*, RdA 2009, 261.

c) Erlaubnistatbestand des § 4a BDSG

Eine Rechtfertigung des Grundrechtseingriffs bietet zudem § 4a BDSG durch die Einwilligung des Betroffenen über die Datenerhebung.[33] Voraussetzung für die Einwilligung ist die Einwilligungsfähigkeit, also die Fähigkeit, die Tragweite der Entscheidung zu erkennen. Hierzu muss der Betroffene auf sämtliche Daten, auf die sich seine Entscheidung bezieht, sowie auf den Zweck der Datenerhebung hingewiesen worden sein. Eine Einwilligung kann sich nicht auf Fälle beziehen, in denen schon kein Fragerecht des Arbeitgebers besteht.[34] Informationen, die schon nach den allgemeinen Grundsätzen des Fragerechts unstatthaft sind, dürfen nicht über die Einwilligung verarbeitet werden.

Ferner muss die Einwilligung frei von Zwang sein. § 4a Abs. 1 Satz 3 BDSG sieht zudem ein Schriftformerfordernis vor.

d) Besonderheiten für sensitive Daten

§ 3 Abs. 9 BDSG greift sog. "sensitive Daten"[35] als besondere Arten personenbezogener Daten auf. Hiervon erfasst sind rassische und ethnische Herkunft, politische Meinung, religiöse und philosophische Überzeugungen, Gewerkschaftszugehörigkeit, Sexualleben oder die Gesundheit. Die Schutzbedürftigkeit dieser Angaben resultiert allein aus dem jeweiligen Kontext,[36] aus dem sich überdurchschnittliche Gefahren für das informationelle Selbstbestimmungsrecht ergeben müssen.[37]

So ergeben sich beispielsweise im Bereich der Erlaubnis durch Einwilligung gemäß § 4a Abs. 3 BDSG erhöhte Anforderungen. Die Einwilligung muss sich ausdrücklich auf diese Daten beziehen. Eine konkludente oder stillschweigende Einwilligung ist damit ausgeschlossen.[38]

§ 28 Abs. 6 Nr. 3 BDSG wiederum erklärt die Erhebung sensiver Daten

---

(33) ErfK/*Wank*, § 32 BDSG Rn. 1.
(34) ErfK/*Wank*, § 32 BDSG Rn. 1.
(35) *Gola/Schomerus*, BDSG, 10. Aufl. 2010, § 13 Rn. 13.
(36) *Tinnefeld*, NJW 2001, 3078, 3082.
(37) *Iraschko-Luscher/Kiekenbeck*, NZA 2009, 1239.
(38) *Gola/Schomerus*, BDSG, § 4a Rn. 16a.

für zulässig, soweit dies zur Geltendmachung, Ausübung oder Verteidigung rechtlicher Ansprüche erforderlich ist und kein Grund zur Annahme besteht, dass das schutzwürdige Interesse des Betroffenen überwiegt. Das ist beispielsweise bei einer Erhebung von Gesundheitsdaten zu bejahen, wenn hinreichende Anhaltpunkte dafür bestehen, dass der Arbeitnehmer seiner Arbeitsleistung nicht mehr nachkommen kann und der Arbeitgeber die Informationen benötigt, um seinen Anspruch auf ordnungsgemäße Erfüllung der Arbeitspflicht geltend zu machen.

Die Regelung des § 28 Abs. 6 Nr. 3 BDSG erstreckt sich – auch im vorvertraglichen Verhältnis – auf die Beschaffung von Informationen, die erforderlich sind, um das Entstehen künftiger Ansprüche beurteilen zu können.[39] Die Erhebung von Gesundheitsdaten des Bewerbers ist insoweit nur dann erforderlich, wenn der Gesundheitszustand die berufliche Tätigkeit dauerhaft unmöglich macht, wobei zudem die allgemeinen Grundsätze des Fragerechts Anwendung finden (hierzu oben).

e) Internetrecherche

Relevant wird das BDSG auch bei dem neuerdings[40] – sicherlich auch in Japan – in Mode gekommenen Einsatz der Internetrecherche im Bewerberverfahren. Knapp ein Drittel der deutschen Unternehmen bemüht bei der Personalauswahl soziale Netzwerke, wie etwa Facebook oder das im deutschen Raum beliebte Studiverzeichnis ("StudiVZ").[41]

Hinsichtlich der Zulässigkeit einer solchen Überprüfung von Bewerbern über soziale Netzwerke ist zwischen berufsorientierten Netzwerken und

---

[39] ErfK/*Wank*, 10. Aufl. 2010, § 28 BDSG Rn. 16.
[40] Die Aktualität in Deutschland zeigt sich schon anhand des neuen Gesetzesentwurfs zum Arbeitnehmerdatenschutz: Dieser sieht vor, dass Arbeitgeber im Bewerbungsverfahren und auch während des Beschäftigungsverhältnisses Informationen über den Bewerber oder Mitarbeiter aus dem Internet nutzen können, Süddeutsche Zeitung vom 05. 07. 10, S. 6. Grundsätzlich besteht bei Gesetzesvorstößen immer der Konflikt zwischen der Überwachung rechtmäßiger Abläufe im Unternehmen (vgl. § 93 Abs. 1 Satz 2 AktG) und dem Datenschutz.
[41] *Forst*, NZA 2010, 427.

freizeitorientierten Netzwerken zu unterscheiden. Letztere schließen eine Recherche durch ihre allgemeinen Geschäftsbedingungen regelmäßig aus.

Die Erhebung von Daten, auf die über Suchmaschinen auch ohne eine Netzwerkmitgliedschaft des Arbeitgebers frei zugegriffen werden kann, kann nach § 28 Abs. 1 Satz 1 Nr. 3 BDSG oder § 28 Abs. 6 Nr. 2 BDSG gerechtfertigt sein.[42]

Diejenigen Daten, die nur Mitgliedern zugänglich sind, dürfen im Rahmen der Bewerberauswahl nur in berufsorientierten Netzwerken erhoben werden. Wenn das Bewerberprofil allen Mitgliedern des Netzwerks offen steht, kann eine Rechtfertigung der Datenerhebung über § 32 Abs. 1 Satz 1, 1. Fall BDSG erfolgen. Sollen die Daten befreundeten Mitgliedern freigegeben werden, kommt – sofern der recherchierende Arbeitgeber durch den potentiellen Arbeitnehmer als ein solcher "Freund" zugelassen ist – sogar eine Einwilligung nach § 4a BDSG in Betracht;[43] dies jedoch nur dann, wenn der Arbeitgeber den Arbeitnehmer vor dem "Freundschaftsschluss" auf die beabsichtigte Datenerhebung hinweist.[44] Ansonsten liegt eine Rechtfertigung nach § 32 Abs. 1 Satz 1, 1. Fall BDSG vor, da hier die Güterabwägung im Falle eines "Freundschaftsschlusses" aufgrund dieser Zulassung regelmäßig zugunsten des Arbeitgebers ausfällt.

Die Erhebung von Daten des Bewerbers auf Profilseiten Dritter ist sowohl auf freizeitorientierten Netzwerken – hier schon regelmäßig durch die allgemeinen Geschäftsbedingungen – als auch auf berufsorientierten Netzwerken – hier als Ergebnis einer (im Rahmen des § 32 Abs. 1 Satz 1, 1. Fall BDSG durchgeführten) Güterabwägung zu Lasten des Arbeitgebers – nicht gerechtfertigt.[45]

Handelt der Arbeitgeber rechtswidrig, droht neben öffentlich-rechtlichen Sanktionen vor allem eine Inanspruchnahme durch die Netzwerkbetreiber aus §§ 280 Abs. 1, 241 Abs. 2 BGB in Verbindung mit dem Nutzungs-

---

(42) *Forst*, NZA 2010, 427, 430 f.
(43) *Forst*, NZA 2010, 427, 432.
(44) *Forst*, NZA 2010, 427, 432.
(45) *Forst*, NZA 2010, 427, 432.

vertrag.[46] Zwar kann auch hinsichtlich des Bewerbers ein Schadensersatzanspruch aus §§ 280 Abs. 1, 311 Abs. 2 BGB erwogen werden. Da jedoch der Arbeitnehmer zu beweisen hätte, dass ihm ein Schaden entstanden ist, mithin, dass er eingestellt worden wäre, hat eine auf einen derartigen Anspruch gerichtete Klage wenig Aussicht auf Erfolg.[47]

(4) Fragen außerhalb des Anwendungsbereiches des AGG und des BDSG
a) Gewerkschaftszugehörigkeit oder politische Parteien

Im Hinblick auf die Gewerkschaftszugehörigkeit ergibt sich in § 1 AGG kein Anhaltspunkt; insbesondere kann Gewerkschaftszugehörigkeit nicht als Innehaben einer Weltanschauung bezeichnet werden. Im Hinblick auf die anderen in § 1 AGG genannten Gründe können sich dagegen durchaus Folgerungen ergeben.[48]

aa) Vor Abschluss des Arbeitsverhältnisses

Eine Einschränkung des Fragerechts ist an anderer Stelle eindeutig geregelt. Ein Arbeitgeber kann befürchten, dass ein Gewerkschaftsmitglied seine Rechte besser vertreten und besser durchsetzen kann, indem er beispielsweise gewerkschaftlichen Rat einholt oder sich im Prozess von der Gewerkschaft vertreten lässt. Auch kann die Berufung auf den Tarifvertrag zu besseren Arbeitsbedingungen führen, als der Arbeitnehmer sie aufgrund des einzelnen Arbeitsvertrages hat. Würde der Arbeitgeber vom Bewerber erfahren können, dass dieser Gewerkschaftsmitglied ist, könnte er aus diesem Grunde eine Einstellung ablehnen.

Nach Art. 9 Abs. 3 Satz 2 GG sind allerdings Maßnahmen, die darauf gerichtet sind, das Recht der Koalitionen und auf Beitritt oder Betätigung innerhalb einer Koalition einzuschränken oder zu behindern, rechtswidrig.

---

(46) *Forst*, NZA 2010, 427, 432.
(47) So auch *Forst*, NZA 2010, 427, 433. Anders verhält es sich, wenn sich die Datenerhebung auf Merkmale des § 1 AGG bezieht. Hier ist § 15 AGG einschlägig, der eine Beweislastumkehr beinhaltet, die sich positiv auf die Erfolgsaussichten der Klage auswirkt.
(48) Vgl. nur ErfK/*Preis*, § 611 BGB Rn. 278.

Auch wenn hier das Schweigerecht nicht unmittelbar angesprochen wird, wird die Vorschrift allgemein dahin gehend verstanden, dass sie im Bewerbungsverfahren die Frage nach der Gewerkschaftszugehörigkeit verbietet.

bb) Nach Abschluss des Arbeitsvertrages

Davon zu unterscheiden ist allerdings die Rechtslage, wenn der Arbeitsvertrag zustande gekommen ist. Allein wenn es darum geht, dass der Arbeitgeber nach dem Tarifvertrag geschuldete Leistungen zu erbringen hat, muss er wissen, inwiefern ein bei ihm Beschäftigter Gewerkschaftsmitglied ist oder nicht.[49]

Die Lösung wird überwiegend darin gesehen, dass der Arbeitgeber mangels eines Fragerechts bei der Einstellung auch im weiteren Verlauf zunächst die fehlende Gewerkschaftsmitgliedschaft unterstellen darf. Erst wenn der Arbeitnehmer sich auf seine Gewerkschaftsmitgliedschaft beruft, muss der Arbeitgeber diese berücksichtigen.

Zweifelhaft ist, ob der Arbeitgeber jedenfalls im bestehenden Arbeitsverhältnis nach der Gewerkschaftszugehörigkeit fragen darf. Das ist jedenfalls dann der Fall, wenn für tarifgebundene Beschäftigte andere Arbeitsbedingungen in diesem Betrieb gelten als für Nicht-Tarifgebundene. Da Arbeitgeber in den meisten Fällen mit Hilfe von Bezugnahmeklauseln auf die Bedingungen des einschlägigen Tarifvertrages verweisen, spielt die Frage insofern in der Praxis meist keine Rolle. Den Arbeitnehmern sind dieselben Leistungen zu gewähren, in einem Falle aufgrund des Tarifvertrages nach §§ 3, 4 TVG; im anderen Fall aufgrund der schuldrechtlichen Bezugnahme auf den Tarifvertrag.

Etwas anderes kann sich allerdings dann ergeben, wenn im Betrieb Tarifpluralität herrscht, d.h. wenn zwar nicht beim einzelnen Arbeitnehmer, wohl aber innerhalb der Belegschaft mehrere Tarifverträge gelten. Nachdem sich der Zehnte Senat des Bundesarbeitsgerichts in seinem Anfragebeschluss (vgl. § 45 Abs. 3 ArbGG) vom 23.06.2010 der Auffassung des Vierten Senats

---

[49] MüKo/*Thüsing*, 5. Aufl. 2007, § 11 AGG Rn. 25 f.

angeschlossen hat, dass § 4 Abs. 1 Satz 1 TVG auch dann uneingeschränkt gilt, wenn in einem Betrieb Tarifpluralität herrscht, ist der "Grundsatz der Tarifeinheit" in Deutschland abgeschafft.[50] Nunmehr wird sich das Problem der Tarifpluralität weitaus häufiger stellen.

Während die Grundrechte normalerweise unter Privatleuten keine unmittelbare Wirkung haben, sondern der Umsetzung durch Vorschriften des einfachen Rechts bedürfen, wird Art. 9 Abs. 3 Satz 2 GG unmittelbare Wirkung zuerkannt. Ein Bewerber kann sich daher bei einer Verletzung des Fragerechts unmittelbar auf den Verstoß gegen Art. 9 Abs. 3 Satz 2 GG berufen.

Ein weiterer Schutz der Mitgliedschaft in der Gewerkschaft ergibt sich aus § 75 Abs. 1 BetrVG, wonach jede Benachteiligung von Personen aus Gründen ihrer "gewerkschaftlichen Betätigung" zu unterbleiben hat und Arbeitgeber und Betriebsrat über die Einhaltung dieses Verbotes wachen müssen.

b) Politische Zugehörigkeit

Im Bewerbungsgespräch ebenso unzulässig ist die Frage nach der Mitgliedschaft in politischen Parteien. Eine Ausnahme kann für bestimmte Tendenzbetriebe (zB. Verlage, Parteien) gelten. Im öffentlichen Dienst wiederum ist die Frage nach der Mitgliedschaft in einer verfassungsfeindlichen Partei zulässig.[51]

c) Vorstrafen

Aufgrund der Tatsache, dass die Erfragung von Vorstrafen einen erheblichen Eingriff in die Individualsphäre des Bewerbers darstellt, ist eine solche Frage nur unter bestimmten Voraussetzungen zulässig. Eine Zulässigkeit ist nur dann anzunehmen, wenn eine Vorstrafe auf Eigenschaften schließen lässt, die für die spätere Vertragsdurchführung bedeutungsvoll sind, also ein unmittelbarer Zusammenhang zum späteren Aufgabenbereich besteht.[52]

---

(50) BAG, NZA 2010, 778 und später BAG 7. 7. 2010-4 AZR 549/08 -, demn. in AP mit Anm. *Benedikt Schmidt*.
(51) ErfK/*Preis*, § 611 BGB Rn. 278.

Je nach Arbeitsplatz können etwa vermögensrechtliche, politische oder verkehrsrechtliche Vorstrafen relevant werden.[53] Für die Beurteilung ist ein objektiver Maßstab maßgebend.

Hierbei ist zu berücksichtigen, dass sich der Bewerber gem. § 53 BZRG als nicht vorbestraft bezeichnen darf, wenn die Verurteilung nicht in das Führungszeugnis aufzunehmen oder zu tilgen ist.[54]

d) Laufende Ermittlungsverfahren und anhängige Strafverfahren

Auch im Bereich der laufenden Ermittlungs- und anhängigen Strafverfahren kann ein Fragerecht nur dann gewährt werden, wenn hierdurch Rückschlüsse auf eine mangelnde persönliche Eignung des Bewerbers für den konkreten Arbeitsplatz gezogen werden können.[55] Hierbei kann sich eine Zulässigkeit insbesondere daraus ergeben, dass sich aus dem zukünftigen Aufgabenbereich eine erhöhte Gefahr der Begehung weiterer Straftaten ergibt.

e) Stasimitarbeit

Eine sich aus der deutschen Vergangenheit ergebende Frage ist die Zulässigkeit des Erfragens einer früheren Tätigkeit im Ministerium für Staatssicherheit (MfS).[56]

Hierbei wird zwischen einer Tätigkeit im öffentlichen Dienst und bei einem privaten Arbeitgeber differenziert.[57]

aa) Öffentlicher Arbeitgeber

Eine besondere Relevanz ergab sich insofern bei der Übernahme von Mitarbeitern in den öffentlichen Dienst der neuen Bundesländer. Auch bei dieser Frage ist darauf abzustellen, ob ein billigenswertes Interesse des

---

[52] BAG, BAGE 91, 349.
[53] ErfK/*Preis*, § 611 BGB Rn. 281.
[54] BAG, BAGE 5, 159.
[55] BAG, BAGE 91, 349; a. A. *ArbG Münster*, NZA 1993, 461.
[56] Das MfS war der Inlands- und Auslandsgeheimdienst der DDR und zugleich Ermittlungsbehörde für "politische Straftaten". Es war innenpolitisch vor allem ein Unterdrückungs- und Überwachungsinstrument der SED gegenüber der DDR-Bevölkerung, das dem Machterhalt diente.
[57] ErfK/*Preis*, § 611 BGB Rn. 285.

Arbeitgebers anzuerkennen ist.

Das Bundesverfassungsgericht hat ein solches verneint, insofern Zeiträume vor dem Jahre 1970 betroffen sind.[58] Eine dahingehende Frage verletze wegen des langen Zeitraums das allgemeine Persönlichkeitsrecht nach Art. 2 Abs. 1 GG.

Zulässig sind hingegen Fragen nach Vorgängen jüngeren Datums.[59] Die Falschbeantwortung einer Frage zu einer MfS-Tätigkeit kann den Arbeitgeber zur Kündigung sowie zur Anfechtung seiner auf den Abschluss des Arbeitsvertrages gerichteten Willenserklärung berechtigen, sofern sich ein solches Vorgehen nach einer vorherigen Einzelfallprüfung unter Berücksichtigung der Grundrechte des Arbeitnehmers gebietet.[60]

bb) Privater Arbeitgeber

Dem privaten Arbeitgeber wird ein berechtigtes Interesse an dieser Frage regelmäßig abzusprechen sein.[61] Eine andere Bewertung dieser höchstrichterlich noch ungeklärten Frage gilt im Bereich sabotagegefährdeter Unternehmen und sicherheitsrelevanter Tätigkeiten.[62] Hier kann ein Fragerecht, wie auch in Tendenzbetrieben, bejaht werden.[63]

f) Persönliche Lebensverhältnisse

Fragen zum Bestehen einer nicht- ehelichen Lebensgemeinschaft, der Familienplanung oder einer beabsichtigten Eheschließung berühren die sich aus Art. 2 Abs. 1 GG ergebende Intimsphäre des Bewerbers, ohne dass ein berechtigtes Interesse des Arbeitgebers an der Beantwortung solcher Fragen ersichtlich wäre.[64] Auch unterstehen die Lebensbereiche der Ehe und der Familie gemäß Art. 6 GG einem besonderem Schutz.

---

[58] BVerfG, NJW 1997, 2307.
[59] BAG, BAGE 74, 120 ff.; BAG, NZA-RR 1996, 207 ff.
[60] BVerfG, NJW 1997, 2307.
[61] ErfK/*Preis*, § 611 BGB Rn. 285.
[62] ArbG Darmstadt, BB 1994, 2495.
[63] BAG, NZA 1994, 375 ff.
[64] *Thüsing* in Henssler/Willemsen/Kalb (HWK), Arbeitsrecht-Handbuch, 4. Aufl. 2010, § 123 BGB Rn. 18.

第 2 章　労働契約と労働者人格権

Eine Frage nach persönlichen Lebensverhältnissen ist daher stets-teilweise nunmehr nach dem AGG (vgl. o. 2 (2) c), e)) - unzulässig.

Ausnahmsweise zulässig ist die Frage bei der Einstellung in kirchlichen Einrichtungen.

g) Nichtrauchereigenschaft

Grundsätzlich besteht kein berechtigtes Interesse an der Frage der Nichtrauchereigenschaft des Bewerbers. Durch die Frage wird in die persönliche Handlungsfreiheit des Arbeitnehmers eingegriffen. Eine Ausnahme gilt für Berufe, bei denen die Nichtrauchereigenschaft auf die Eignung des Bewerbers schließen lässt, so beispielsweise, wenn eine Beschäftigung als Fitness- oder Ausdauertrainer angestrebt ist.[65]

Etwas anderes ergibt sich auch nicht aus der Steuerungsmöglichkeit des Arbeitgebers, der durch sein Weisungsrecht oder den Abschluss einer Betriebsvereinbarung gemäß § 87 BetrVG festlegen kann, inwieweit im Betrieb geraucht wird. Die bloße Möglichkeit eines Verstoßes gegen die betriebliche Ordnung kann kein generelles Fragerecht in Bezug auf die Rauchereigenschaft rechtfertigen.[66] Vielmehr ist von der Ordnungskonformität der Arbeitnehmer auszugehen.

h) Krankheiten

aa) Krankheiten generell

Auch die Frage nach einer Krankheit ist mit einem nicht unerheblichen Eingriff in die Intimsphäre des Arbeitnehmers verbunden.[67] Die Frage ist daher nur dann zulässig, wenn sie in einem unmittelbaren Zusammenhang mit dem geplanten Arbeitsverhältnis steht. Das ist dann der Fall, wenn es um eine Krankheit geht, die die Eignung für die zukünftige Tätigkeit auf Dauer oder in periodisch wiederkehrenden Abständen erheblich einschränkt oder aufhebt.

Aufgrund der Ansteckungsgefahr ist zudem eine Frage nach ansteckenden

---

[65] BeckOK/*Joussen*, 16. Ed. 2010, § 611 Rn. 87.
[66] HWK/*Thüsing*, § 123 BGB Rn. 21.
[67] *BAG*, NJW 1985, 645 f.

Krankheiten zulässig.[68] Auch an einer absehbaren Arbeitsunfähigkeit, etwa durch eine geplante Operation oder durch eine akute Erkrankung,[69] besteht ein berechtigtes Interesse.

Nicht anders zu behandeln ist die Frage nach einer AIDS-Erkrankung und der HIV-Infizierung.

bb) AIDS-Erkrankung

Da es nach dem bisherigen medizinischen Kenntnisstand für eine AIDS-Erkrankung keine Heilungschancen gibt, führt diese mit dem absehbaren Tod des Bewerbers auch zur Absehbarkeit seiner Arbeitsunfähigkeit.[70] Nach einer bestehenden AIDS-Erkrankung zu fragen, ist daher zulässig.

cc) HIV-Infektion

Die bloße HIV-Infektion lässt eine Arbeitsunfähigkeit hingegen noch nicht absehen. Hier kann der Ausbruch der Krankheit auch erst in einen Zeitraum nach der Beendigung des Arbeitsverhältnisses fallen. Insofern sich aus den Umständen – beispielsweise bei einer Tätigkeit im Gesundheitswesen[71] – kein erhöhtes Ansteckungsrisiko ergibt, ist die Frage nach einer HIV-Infektion daher unzulässig.

3 Fazit

Wie so oft im Arbeitsrecht wird auch das Fragerecht maßgeblich durch den Interessenausgleich zwischen Arbeitnehmer und Arbeitgeber bestimmt.[72]

Die Reichweite des Fragerechts des Arbeitgebers ergibt sich in Deutschland maßgeblich aus drei Quellen:

- Zunächst wurde sie durch das verfassungsrechtliche **Persönlichkeitsrecht** (Art. 2 Abs. 1 GG i.V.m. Art. 1 Abs. 1 GG) beeinflusst, das auch heute noch außerhalb des Anwendungsbereiches des AGG und des BDSG eine Rolle

---

[68] HWK/*Thüsing*, § 123 BGB Rn. 19.
[69] BAG, NJW 1985, 645 f.
[70] *Richardi*, NZA 1988, 73, 74; *Heilmann*, BB 1989, 1413, 1414.
[71] ErfK/*Preis*, § 611 BGB Rn. 285.
[72] MüKo/*Thüsing*, § 11 AGG Rn. 16.

spielt. Zulässig sind hiernach nur solche Fragen, an deren wahrheitsgemäßer Beantwortung, der Arbeitgeber ein berechtigtes, billigenswertes und schutzwürdiges Interesse hat.

- Mit dem Inkrafttreten des **AGG** wurde das Fragerecht noch einmal verschärft. Knüpfen Fragen des Arbeitgebers an ein Merkmal des § 1 AGG an, sind sie zunächst unzulässig. Eine Rechtfertigung durch die §§ 8 bis 10 AGG greift, wenn die Frage wesentliche und entscheidende berufliche Anforderungen betrifft.

- Das **BDSG** ergänzt den Diskriminierungsschutz des Persönlichkeitsrechts, indem es ein Verbot mit Erlaubnisvorbehalt für die Datenerhebung aufstellt (§ 4 Abs. 1 BDSG). Mit dem neuen § 32 BDSG wurde speziell für Beschäftigte ein Erlaubnistatbestand für die Datenerhebung eingeführt, der für die Datenerhebung eine sorgfältige Interessenabwägung voraussetzt.

Man mag sich bei der Lektüre dieses Beitrages gefragt haben, warum das Fragerecht aus *einem* Rechtsbereich in Deutschland in *drei* Quellen aufgegriffen wird.

Auch wenn dies–wie gesehen–entstehungsgeschichtlich bedingt ist, ist eine solche Aufspaltung–wie auch in anderen Bereichen des deutschen Arbeitsrechts–unbefriedigend.

Wünschenswert, wenn auch nach den vielen unaufgegriffen gebliebenen Vorstößen in der Literatur[73] in Deutschland noch in weiter Ferne, ist vielmehr ein Allgemeines Arbeitsvertragsgesetz, das in einem Abschnitt das Fragerecht des Arbeitgebers abschließend aufgreift.

---

[73] Nach dem Entwurf der Arbeitsgesetzbuchkommission von 1977 haben einige Professoren 1992 den Entwurf eines Arbeitsvertragsgesetztes vorgelegt, der als Gutachten zum 59. Deutschen Juristentag erschienen ist, hierzu *Wank*, RdA 2009, 122 ff. Vgl. zudem *Henssler/Preis*, Diskussionsentwurf eines Arbeitsvertragsgesetzes (ArbVG), NZA-Beil. 2007, 6 ff.

15 降格と労働者の人格権

新 谷 眞 人

1 問題の所在
2 降格命令と人格権侵害
3 降格による人格権侵害の態様
4 おわりに

1 問題の所在

(1) 労働者人格権の意義

人格権とは「主として生命・身体・健康・自由・名誉・プライバシーなど人格的属性を対象とし，その自由な発展のために，第三者による侵害に対し保護されなければならない諸利益の総体」であると定義づけることができる[1]。しかし，この定義は，市民法におけるそれであり，労働法では，労使関係という部分社会に特有の「労働者人格権」が問題となる。

その理由は，何よりも，労働とその生産物は「生きた人格的能力の発露」であり「労働者の人格の投影」そのものにほかならず，企業社会において労働者の働き方や生産物を侮辱・軽視することは，ただちに労働者の人格を否定することを意味するからである[2]。人間は「生産活動において現実に自分を二重化し，自分の作り出した世界のうちに自分の姿を見てとる」のである[3]。また，労働者は「自分の生きた身体のなかに存在している労働力自体を商品として提供しなければならない」[4]。すなわち，労働契約の締結主体としての労働者は，

---

[1] 五十嵐清『人格権法概説』10頁（有斐閣，2003年）。
[2] 角田邦重「企業社会における労働者人格権の展開」日本労働法学会誌78号18頁，30頁（1991年）。
[3] マルクス［長谷川宏訳］『経済学・哲学草稿』103頁（光文社古典新訳文庫，2010年）。
[4] マルクス［今村仁司ほか訳］『資本論第1巻・上』マルクスコレクションⅣ 250頁（筑摩書房，2005年）。

第2章　労働契約と労働者人格権

労務の提供という主たる債務の履行に際し，その人格と切り離すことができないという特殊性をもっている。したがって，使用者の不適切な労務指揮権の行使は，必然的に労働者の人格権侵害を発生させることになる[5]。

(2) 本稿の意図

労働者に特有の人格権の概念は，今日では判例上定着しているといってよい[6]。最高裁も，使用者に批判的な少数グループの労働者に対し，使用者が「特殊対策」の名のもとに監視・調査・孤立化を行った事案において，労働者の「職場における自由な人間関係を形成する自由」「名誉」「プライバシー」の侵害を理由に慰謝料各自90万円を認容している[7]。

本稿では，企業内で労働者の人格権が争われた事案のうち，降格が問題となったケースを中心に取り上げる。使用者による降格こそ，経済的損失にとどまらず，労働者の労働意欲を失わせ，名誉等の人格的利益の侵害を発生させる最たるものだからである。そこでは，以下にみるように，降格措置に付随して，労働者の孤立化はもとより，その他にもさまざまな人格権侵害の態様を指摘することができる。降格事案において，人間尊厳とは何かが改めて問われている。

なお，降格と人格権といっても，実際には降格とあわせて配転・出向・自宅待機などの業務命令が発せられ，これら一連の措置から人格権侵害が認定されることが少なくない[8]。法的には，個々の業務命令の正当性が判断されるべきであるが，人格権侵害という観点からは，そのような判断手法では「木を見て

---

(5) 労働法と人権については，道幸哲也「職場における人権保障法理の新たな展開」労研441号2頁（1997年），石田眞「労働関係における人格権」労働法の争点第3版109頁（有斐閣，2004年），島田陽一「企業における労働者の人格権」講座21世紀の労働法第6巻2頁（有斐閣，2000年）参照。

(6) 判例では，職業上の誇りや屈辱感等の精神的苦痛の表現として「人格的利益」という用語が用いられる場合があるが，名誉・プライバシー等の「人格権」の場合と保護法益としては同じであり，本稿では，両者を特に区別せずに用いることとする（浅野毅彦「労働者の人格権に関する裁判例の検討」労旬1649号17頁［2007年］参照）。

(7) 関西電力事件・最三小判平7・9・5労判680号28頁。

(8) 上州屋事件・東京地判平11・10・29労判774号12頁，フジシール事件・大阪地判平12・8・28労判793号13頁，日本ガイダント仙台営業所事件・仙台地決平14・11・14労判842号56頁，プロクター・アンド・ギャンブル・ファー・イースト・インク（本訴）事件・神戸地判平16・8・31労判880号52頁，日本レストランシステム事件・大阪高判平17・1・25労判890号27頁。

森を見ず」の状態に陥るおそれがある。むしろ，降格の前後の状況を総合的に判断する必要があるのであり，本稿もそのような視点から，降格が絡んださまざまな事例を含めて紹介することとしたい。

2　降格命令と人格権侵害

(1)　降格命令権の根拠

人事異動としての降格は，判例上「長期雇用システムの下においては，労働契約上，使用者の権限として当然に予定されているということができ，その権限の行使については使用者に広範な裁量権が認められるというべきである」とされている[9]。しかしながら，かかる「広範な」人事権の行使も，就業規則その他の労働者との合意の枠内で行使されるべきものであることは当然である。したがって，降格命令権の根拠は，まずは労働契約，就業規則等の規定に求められる。仮にそれらの根拠規定が存在しない場合でも，労働条件対等決定の原則（労基法2条1項，労契法3条1項）により合意内容を解釈することによって，使用者の恣意的な権限行使を抑制すべきであり[10]，特に労働者の予測を超えた降格命令は無効と解するのが妥当であろう[11]。なお，役職の引下げは，就業規則に特別の根拠がなくても命じうるとされているが[12]，やはり合意の原則（労契法3条1項）にてらし，黙示の合意等の根拠は必要であろう。

(2)　人格権と降格命令権の濫用

降格と人格権について，正面から判断したものが，バンク・オブ・アメリカ・イリノイ事件[13]である。判旨は「使用者が有する採用，配置，人事考課，異動，昇格，降格，解雇等の人事権の行使は，雇用契約にその根拠を有し，労働者を企業組織の中でどのように活用・統制していくかという使用者に委ねら

---

[9]　最近のものとして，東京都自動車整備振興会事件・東京高判平21・11・4労判996号13頁。拙稿「降格命令権の根拠と限界—判例の動向と問題点」日本法学76巻2号169頁（2010年）参照。

[10]　奥田香子「降格と配転につき人事権の濫用が争われた事例」民商115巻2号272頁（1996年）。

[11]　小俣勝治「部長職から一般職への降格処分の有効性」季労160号213頁（1991年）。

[12]　土田道夫『労働法概説』164頁（弘文堂，2008年）。

[13]　バンク・オブ・アメリカ・イリノイ事件・東京地判平7・12・4労判685号17頁。

れた経営上の裁量判断に属する事柄であり，人事権の行使は，これが社会通念上著しく妥当を欠き，権利の濫用にあたると認められる場合でない限り，違法とはならないものと解すべきである。しかし，右人事権の行使は，労働者の人格権を侵害する等の違法不当な目的・態様をもってなされてはならないことはいうまでもなく，経営者に委ねられた右裁量判断を逸脱するものであるかどうかについては，使用者側における業務上・組織上の必要性の有無・程度，労働者がその職務・地位にふさわしい能力・適性を有するかどうか，労働者の受ける不利益の性質・程度等の諸点が考慮されるべきである」と指摘する。

　ここでは，降格命令権行使の濫用基準として「労働者の人格権を侵害する等の違法不当な目的・態様」があげられていることが注目されるのである。また，降格配転の事案で，配転法理に重きを置いた判断ではあるが，使用者は「労働契約上の付随義務として，Xを適切に就労させ，不当な処遇をしてその人格を傷つけないよう配慮すべき義務を負っているものと解するのが相当である」として，債務不履行による損害賠償責任を肯定した例がある[14]。いうまでもなく，人格権侵害は一般に権利侵害として不法行為の成否が争われるのが普通であり，このように債務不履行構成によるものは珍しいといえよう。

(3)　降格における動機・目的と人格権侵害

　一般に，降格の意図が，退職勧奨拒否への報復や企業からの追出しなど，不当な動機・目的を有することが明白な場合には，人格権侵害の判断において違法性が強まるといえよう[15]。しかし，そのような意図が明白でない場合でも，人格権侵害の有無は，その具体的態様によって客観的に判断しうるものであり，不当な動機・目的の有無と人格権侵害の違法性判断は，かならずしも直結するものではないと解される。むしろ，使用者の意図如何にかかわりなく，労働者の人格権ないし人格的利益の保護という普遍的な法理を基礎とすべきであろう[16]。

---

[14]　プロクター・アンド・ギャンブル・ファー・イースト・インク（本訴）事件・前掲。
[15]　日野市（病院副院長・降格）事件・東京地判平21・11・16労判998号47頁，相生市農協事件・神戸地姫路支判平20・11・27労判979号26頁，日本ガイダント仙台営業所事件・前掲，渡島信用金庫（降格・降職・配転）事件・函館地判平14・9・26労判841号58頁，フジシール事件・前掲，バンク・オブ・アメリカ・イリノイ事件・前掲。
[16]　この点をつとに指摘するのは，角田邦重「職場における労働者人格権の保護―関西電

たとえば，労働者が経営批判，遅刻・早退，経費の不正使用等を行ったことを理由に，使用者が，仕事の取上げ，机の移動，電話の取外し，職場隔離の決議文作成，定期昇給の低査定，部長職（参与）の解職（副参事へ）等の措置をとったことに対し，労働者が，地位確認と精神的苦痛による損害賠償請求した事案において，それらの措置は，労働者が「会社の利益に反する言動をとったことを原因とするものであり，やむを得なかったものと認められる」として，労働者の請求を棄却した例がある[17]。しかし，原因・動機はどうあれ，仕事の取上げや職場隔離等の人格的利益の侵害が生じたことが客観的に明らかな場合には，仮に使用者に不当な動機・目的がなかったとしても，精神的損害に対する賠償責任は免責されないのではなかろうか。

3　降格による人格権侵害の態様

(1)　仕事の取上げ

退職勧奨の拒否などを理由に，労働者を降格したうえ従来の仕事はおろか実のある仕事をさせない，与えない等の処遇は，一般に，労働者に不安感，屈辱感を与えるもので合理性が認められず違法となる。たとえば，退職勧奨を拒否した専門職の労働者Xに対し「スペシャル・アサインメント」（特別任務）と称して，降格配転したうえ，職責を与えず，もっぱら社内公募制を利用して仕事を自分で探すよう指示させたことは「いたずらにXに不安感，屈辱感を与え，著しい精神的圧力をかけるものであって，恣意的で合理性に欠けるものというべきである」とされている[18]。

また，営業職から営業事務所へ降格配転され，基本給が約半額に減らされた後，日常的な仕事は特に与えられず「出勤時に宅急便荷物の受渡し，1日1度あるかないかの電話対応とわずかなゴミ捨て程度の仕事があるのみ」という状況は「営業事務職の名に値しない状態」であり，労働者に再起の可能性を与えるためともいえず，総合的に判断して賃金を従前の約半分とすることについて客観的合理性があるとはいえず，降格配転は無効とされた[19]。

───────
力事件」労判 688 号 11 頁（1996 年）。
[17]　セーラー万年筆事件・東京地判昭 54・12・11 労判 332 号 20 頁。
[18]　プロクター・アンド・ギャンブル・ファー・イースト・インク（本訴）事件・前掲。
[19]　日本ガイダント仙台営業所事件・前掲。

(2) キャリア形成の阻害

現代では、労働者のキャリアを無視するような態様の降格は、キャリア権を侵害するものとして不法行為に該当すると考えられる。キャリア権とは、労働者が自ら職業生活を準備し、開始し、展開する権利である[20]。いいかえれば、人間の尊厳を理念として、労働者が、自己の能力と適性に応じた労働に従事する権利といえようか。判例では、キャリア権という用語は用いられていないが、労働者のキャリア形成に配慮したケースがみられる。

Y市長が、市立病院の経営不振の責任を追及して、副院長の医師Xを退職勧奨し、拒否されるや「参事副院長」から「参事」へ降格すると同時に「Y病院付属市民健康相談室」に配転したが、その相談室は、Xを受け入れることだけのために新設された実体のない施設であり「医師として長年のキャリアを有するXをあえて配置する必要性を認めることはできない」として、Y市長の処分を無効とした例や[21]、副総婦長として13年間勤務したXが、管理能力を問われて「中央材料室」に配転（事実上の降格）され、単純業務を命じられたことは「看護婦としてこれまで培ってきた能力を発揮することもできず、その能力開発の可能性の大部分をも奪われた」として、当該業務命令を無効とした例がある[22]。

このほか、課長職からオペレーションテクニシャンへの降格は使用者の裁量権の範囲であるが、総務課受付への配転は経験・知識にふさわしくない職務であり不法行為とされた例[23]、仕事上のミスを理由に退職勧奨を受け、これを拒否した労働者（副参与、部長職）が、得意先への訪問を禁止され、部長職を解かれたうえ単純肉体労働に配転され、職能資格も副参事（役職なし）に降格、さらにゴミ処理の関連会社に出向させられたケースにつき、労働者の「経験や経歴とは関連のない単純労働」であること等を理由として一連の業務命令は人事権の裁量の範囲内にあったとはいえないとされた例[24]、鉄道会社の経営する遊

---

[20] 諏訪康雄「提言・キャリア権は何をどう変えるのか」労研544号1頁（2005年）。
[21] 日野市（病院副院長・降格）事件・前掲。本判決は「給与において降格」「職務内容において降格」というユニークな法理を展開している。
[22] 北海道厚生農協連合会（帯広厚生病院）事件・釧路地帯広支判平9・3・24労判731号75頁。
[23] バンク・オブ・アメリカ・イリノイ事件・前掲。本件は「常識的に考えても異常」なケースといえる（土田道夫・本件評釈・中時910号11頁、1996年）。

園地食堂の調理師が，勤務態度等を理由に線路工夫へ降格配転されたことは，労働者の「過去の経験を水泡に帰せしめるもので著しく不利益を与えるものである」として人事権の濫用とされた例がある[25]。

(3) 仕事差別，嫌がらせ，屈辱的な仕事

降格後に，労働者に対し，それまでの知識・経験にふさわしくないような業務に従事させることは，労働者に屈辱感等の精神的苦痛を与えることになり違法となる。この点は，特に専門職や管理職の労働者について問題となる。ここでもキャリア権が問題となりうるが，それよりも労働者の屈辱感，名誉感情等の精神的利益が重視されている点で，上記(2)と異なる。

以下の判例では，先行する降格命令自体は，使用者の「人事権」の裁量の範囲内として有効とするものが多い。調理師資格をもつ労働者Xを，マネージャーから店長に降格すると同時に遠隔地配転，出向させたことにつき「(本件出向命令は)研修の名目で，本来の職種とは関係なく，研修の実態も全くないような態様で，冷凍庫での単純作業を長期にわたり担当させるもので，これに従うXが強い屈辱感を覚え，かつ，見せしめのため他の従業員から隔離されたと受け止めるのもやむを得ない内容のもの」であり「Xが相当な精神的苦痛を受け，また，現に受けていることは容易に推察されるところである」とされたが，降格命令自体は有効と判断されている[26]。

農協参事から平職員へ降格し，窓拭き，掃除，車整備等の職務命令を発したケースでは「本件職務命令は，被告に対して屈辱感を与え，原告から不当に排除し，退職を余儀なくさせようとの主観的意図の下になされたことが容易に推認され」職務命令権の濫用として違法とされたが，降格命令はやはり適法とされている[27]。

このほか，信用金庫における資格を管理職E級から事務職C級に，その職位を支店次長から一般職員に低下変更したことは人事権行使の裁量を逸脱したものとはいえないが，さらに通常業務から外し就業規則等を読む作業に従事さ

---

[24] フジシール事件・前掲。
[25] 南海電気鉄道事件・大阪地判昭42・5・26 労民集18巻3号601頁。
[26] 日本レストランシステム事件・前掲。
[27] 相生市農協事件・前掲。

せたことは，労働者にことさら屈辱感を与えるものであり「精神的な人格的利益を侵害」したものであるとして，慰謝料20万円を認容した例がある[28]。

以上は，管理職ないし専門職に関する事例であるが，非管理職の降格を違法と判断したものに，近鉄百貨店事件がある[29]。労働者Xは，55歳以上の管理職を対象とするY会社の待遇職制度に基づき，外商本部庶務部長（部下44名）から部長待遇職へ降格（非管理職で部下はパート，アルバイト各1名），以後4回配転され，転進援助制度を拒否したこと及び職務怠慢を理由に，さらに課長待遇職に降格された（本件降格，賃金4万8,000円減）。

判旨は，非管理職については「その昇進，降格についてのYの裁量は管理職についての昇進，降格のそれと比較すれば狭く解するべきである」とした点に特色がある。その理由は必ずしも明らかではないが，使用者は，役職の任免については広く裁量に基づいてなしうるが，非管理職はもともと役職がないのであるから，使用者の裁量もおのずと狭くなるという意味であろうか[30]。本件においてXは，部長待遇職となって以降，奈良店においてサロン裏の席に配置され，外商本部庶務部事務一課で末席しか与えられないなどの処遇を受けた。この点につき判旨は「外商本部庶務部の部長としてそれなりの業績を上げてきたXに対し」Yが上記のような措置をとったことにより，Xは勤労意欲を失い，人間関係を悪化させたのであって，Yにも責められるべき点があること等を指摘して本件降格を不法行為と認めた。このように，勤労意欲を失わせるような処遇もまた，人格的利益の侵害といいうるであろう[31]。

これに対し，勤務態度不良など労働者側の帰責事由が著しく大きい場合には，降格の結果労働者が屈辱感を覚えたとしても，降格命令権の濫用にはあたらないとされる。たとえば，客に暴言を吐くなどした店長が流通センターに降格配転された例[32]，勤務実績不良の営業部長が，再起の機会を与えられたにもかかわらず被害者意識しかなく，課長代理相当へ降格された例[33]は，いずれも不法

---

[28] 渡島信用金庫（降格・降職・配転）事件・前掲。
[29] 近鉄百貨店事件・大阪地判平11・9・20労判778号73頁。
[30] 緒方桂子・本件評釈・ジュリスト平12重判220頁（2001年）参照。
[31] バンク・オブ・アメリカ・イリノイ事件・前掲も，勤労意欲の喪失を指摘している。
[32] 上州屋事件・前掲。
[33] ゴールド・ハウス・インターナショナル（仮処分）事件・東京地決平11・9・1労経速1737号6頁。

行為が否定された。これらは，屈辱感や名誉感情等の精神的利益の侵害が，いわば本人の主観的な主張にとどまる場合があり，事案により保護法益として認定することが困難となりうることを示しているといえよう。

(4) 自由な人間関係の阻害，孤立化

降格では，しばしば職場の同僚から引き離して人間関係を遮断しようとする事案がみられる。これこそ，最高裁のいう労働者の「職場における自由な人間関係を形成する自由」[34]の侵害といいうるであろう。降格配転と同時に，他の従業員から離れた「孤立感を感じさせる場所」である26階の新しい席に移動を命じ，さらに人事や広報等の社内情報のネットワークから排除したケースでは，使用者の「人格の尊厳を傷つけないよう配慮すべき義務」に違反するとされている[35]。また，前述の，部長職にあった労働者を部長待遇職（非管理職）に降格したうえ，配転先において外商サロン裏の席に配置し，末席しか与えなかったケースも，職場における人間関係の重要性に着目した判断とみることができる[36]。

大勢の同僚の面前で叱責等をすることもまた，人間関係を阻害する行為として人格権侵害となりうる。理事長室において，部課長10名ほどの前で直立不動の姿勢をとらされ叱責されたり，店内会議の場で職員が居並ぶ前で反省点を逐一確認させられたことは，労働者にことさら屈辱感を与えるもので精神的人格的利益を侵害するものであり，不法行為に該当するとされた例があるが[37]，本人の屈辱感だけでなく，前記「職場における自由な人間関係を形成する自由」の侵害という側面からも違法と評価すべきである。

(5) 服装等の変更

降格配転に伴い，それまでの職位・職階を示す帽子・名札・プレート等の取外しや変更が行われることがある。降格命令等が正当なものであれば，それらの措置もやむをえないが，それが違法・不当な場合には，労働者の名誉・誇りが

---

[34] 関西電力事件・前掲。
[35] プロクター・アンド・ギャンブル・ファー・イースト・インク（本訴）事件・前掲。
[36] 近鉄百貨店事件・前掲。
[37] 渡島信用金庫（降格・降職・配転）事件・前掲。

第2章 労働契約と労働者人格権

著しく傷つけられることになる。帽子等の服装やプレートは，労働者のキャリアを外部に示す象徴であって，労働者の人格そのものであり，それを取り外すことは，降格されたことを直ちに同僚や顧客の目にさらすことを意味するからである。

病院のケースで，婦長から平看護師へ2段階降格され，婦長の帽子をとって平看護婦の帽子に変えるよう命じられる等の侮辱を受けたことに対し，精神的苦痛として慰謝料（30万円）を認容した例[38]，副総婦長から副看護部長待遇（実質的権限なし）に降格され，副総婦長の肩書き入りネームプレート，ナースキャップ，バッチを返還させられ，看護科勤務配置表に一般看護婦と同じ位置に名前が記載されるなどしたことが，労働者の社会的評価を著しく低下させ，その名誉を著しく毀損したとして慰謝料（100万円）を認容した例がある[39]。

(6) 女性を理由とする降格

性別を理由とする降格もまた，人格権侵害の一態様とみてよいであろう。性別は，労働者の生命・身体・健康と並んで人格的属性の一つにほかならず，法的に保護されるべき法益にあたると考えられるからである。

降格に関しては，事業主は，性別を理由として，降格について差別的取扱いをしてはならないと明文で禁止されている（均等法6条1号）。また，女性労働者が，妊娠・出産したこと及び産前産後休業を請求・取得したこと等を理由として不利益な取扱いをしてはならないこととされているが（9条3項），この不利益取扱いには降格も含まれる（均等法指針第四3(2)ホ：平18・10・11厚労省告示614号）。なお，育児介護休業法もまた，育児休業，介護休業，子の看護休暇の申出及び取得等を理由として，不利益取扱いをすることを禁止しており，これには降格も含まれると解されている（10条，16条，16条の4，16条の7，16条の9，18条の2，20条の2，23条の2，育介法指針第二11(2)ト：平21・12・28厚労省告示509号）。

裁判例では，女性労働者に対する降格が，女性であることを理由とする不利益取扱いにあたるかどうかが争われた事例がある。使用者は，就業規則を変更して新たに職能資格制度を導入したが，女性労働者Xは，従前の主事から一般職2級へ降格された（約31％，11万2,300円の減額）。Xは，女性差別を主張

(38) 医療法人財団東京厚生会（大森記念病院）事件・東京地判平9・11・18労判728号36頁。
(39) 北海道厚生農協連合会（帯広厚生病院）事件・前掲。

したが、この点は、他の労働者との比較等により認められなかった[40]。しかし、結論として、本件降格は「労働契約上付与された降格権限を逸脱するものとして合理性を欠き、権利の濫用であり無効」とされ、差額賃金232万円余りと「月収の31パーセントを減額されて生活の平穏を脅かされ、本件訴訟の提起を余儀なくされた」ことに対する慰謝料50万円を認容した。なお、この「生活の平穏」もまた、人格的利益の一つといえよう。

(7) 組合員の降格と労働組合の精神的利益

特殊なケースとして、組合委員長が降格されたことにより、副委員長名で団体交渉の申入れをすること余儀なくさせられるなど組合活動に多大な損害を受けたとして、労働組合が、不法行為に基づく慰謝料を請求した事件がある。一審札幌地裁は、労働組合に対する無形損害を認容したが（100万円）、札幌高裁は「法人等の自然人以外の者について、自然人における感情そのもののような精神的利益をそれ自体が独立の完結した利益として観念することは困難である」として、この部分の請求を棄却した[41]。

しかし、そもそもそのように言いうるかという疑問があるうえ、労働組合は、他の市民団体とは異なり、個々の組合員が直接参加運営するという性質をもつ団結体であり（二面的集団的本質）、委員長を狙い撃ちするかのような降格処分は、労働組合の団結力・組織力に多大な影響を与えることもありうる。したがって、労働組合そのものについても、無形損害を認める余地はあると解される。

4　おわりに

本稿では、降格に伴いどのような人格権侵害が発生しているかという態様を中心に判例を検討してきた。多くの事案では、降格だけでなく、配転、出向が問題とされ、労働者はさらに精神的損害の賠償を求めている。法的には、降格命令の無効確認、降格前の地位確認、降格前との賃金差額請求、慰謝料請求が複雑に絡み合ったかたちで訴訟が提起される。このうち、降格前の地位確認については、違法な降格・降級処分により将来にわたり労働者に生じる不利益を

---

[40]　イセキ開発工機事件・東京地判平15・12・12労判869号35頁。
[41]　恵和会宮の森病院事件（降格）事件・札幌高判平16・9・17労判886号53頁、1審札幌地判平15・11・19労判ダ864号90頁。

第 2 章　労働契約と労働者人格権

実効的に防止するためにも必要であり，今日では訴えの利益が認められている[42]。

人格権侵害と損害賠償については，通常は不法行為の成否が問われるが，一部債務不履行構成をとる判例がみられることは前述のとおりである[43]。人格権ないし人格的利益の侵害に対する救済方法として，損害賠償のほかに差止め請求が認められるかどうかは，理論的に未解明といってよい。しかし，現代社会における保護法益の多岐化及び価値観の多様化にかんがみて，場合を限定した上で，労働関係においても人格的利益の侵害に対する差止め請求を認めるべきであるとの見解があり[44]，傾聴に値する。

本稿では，降格，配転，出向，人格権ないし人格的利益の侵害等の法理が，どのように相互に関連性をもつのか，たとえば，それぞれの有効無効の判断が相互にどのような影響を及ぼしているのか，という観点からの判例傾向の分析については，十分にはなしえなかった。この点は，今後の課題としたい。

---

[42]　マッキャンエリクソン事件・東京高判平 19・2・22 労判 937 号 175 頁，東京医療生協中野総合病院事件・東京地判平 16・9・3 労判 886 号 63 頁。藤原稔弘「人事評価に基づく降級処分が無効とされた例」民商 139 巻 3 号 414 頁，香山忠志「降格処分をめぐる実務上の問題―人事権行使による場合を中心として」季労 177 号 111 頁。

[43]　プロクター・アンド・ギャンブル・ファー・イースト・インク（本訴）事件・前掲。

[44]　鎌田耕一「退職強要の差止請求」労判 1012 号 2 頁。鎌田教授によれば，差止めが必要な場合とは，①人格権侵害により労働者が精神疾患を発症したり，そのおそれがある場合，②使用者に退職強要等の不当な動機・目的が認められる場合とされている。

16 企業における服装等規制と労働者の人格権

中 村 和 夫

1 はじめに
2 私的生活のスタイルと自己決定権
3 労働者と私的生活のスタイル
　の法的保護
4 服装等規定による服飾規制
5 労働者の身だしなみ規制

1 はじめに

　人は，その私的生活においてそれぞれ自ら志向ないし嗜好するスタイルを営むことに関して，特段に干渉を受けない。人は，社会性を営みながら，他者との同化に共鳴しつつ，また個別化をも主張するものであるが，重要なことは，私的生活のスタイルについて，国家や組織といったものから干渉を受けず，自ら決定することである。それにより，人は，どのような服装や髪型などのファッションを選択し，どのように化粧や装飾をしたとしても，まったく個人の自由であり，労働者も私的生活場面では同様である。ところが，労働者がいったん企業において就労する場面になると，このような私的生活において認められたスタイルに対して種々の規制が加えられたりすることとなる。このことは，企業による労働者の私的領域への管理・支配の浸潤を意味するものであるし，労働者は自己確認すらできない閉塞状況に追いやられる結果を招く。こうした企業による私的領域を含めた全人格的に及ぶ管理・支配に対しては，労働者が生身の人間として一日の大半を過ごさなければならない場所である企業が，市民社会において妥当する法理から切り離された閉鎖空間であってよいわけではなく，労働者の人格的権利の保障という観点からの批判がなされなければならない[1]。本稿は，こうした観点から，とりわけ労働者の服装や髪型等といった私的生活のスタイルに対する企業における規制をめぐる法問題につい

て考察する。

2　私的生活のスタイルと自己決定権

　私的生活のスタイルをめぐっては，憲法13条の幸福追求権の一つとして自己決定権の問題として理解するのが学説の今日的状況である[2]。周知のように，憲法学上の学説では，自己決定権の理解について，人格的自律権説[3]と一般的自由権説[4]が対立する。後者は，その立場から私的生活のスタイルに関して自己決定権の内容と認めるが，前者は，基本的に抑制的である。佐藤説は，自己決定権と人格的自律権を互換的に使用したうえで，基幹的な人格的自律権（自己決定権），狭義の人格的自律権（自己決定権），最狭義の人格的自律権（自己決定権）の三つのレベルでとらえ，最狭義の人格的自律権の内容の類型としては，①「自己の生命，身体の処分にかかわる事柄」，②「家族の形成・維持にかかわる事柄」，③「リプロダクションにかかわる事柄」，④「その他の事柄」をあげ，私的生活のスタイルについては，「人格的自律にとっていわば周辺部に位置するもので，」憲法の保障する人権としては否定的に考えざるをえないが，「こうした様々な事柄が人格の核を取り囲み，全体としてそれぞれの人のその

---

(1)　いうまでもなく，労働関係における労働者人格権の問題に関して早くから主張されてきたのが角田邦重教授である。
　　角田邦重「労使関係における労働者の人格的利益の保護(一)，(二)」労働判例354号4頁，355号4頁，同「労使関係における労働者の人格的権利の保障」季労143号20頁，同「企業社会における労働者人格の展開」日本労働法学会誌78号5頁，同「労使関係における精神的人格価値の法的保護について」労旬1279・80号47頁，同「職場における労働者人格権の保護」労判688号6頁。

(2)　周知のように，わが国における自己決定に関する議論の問題提起をしたのは，民法学者の山田卓生『私事と自己決定』日本評論社（1987年）であり，自己決定権の内容として，①危険行為，②生死と自己決定とならび，③ライフスタイルをあげて，長髪・ひげ，制服について論じている。なお，山田卓生『自己決定権をめぐって─佐藤教授に答えて』法学教室102号63頁以下も参照。

(3)　代表的見解は，佐藤幸治『憲法（第三版）』（青林書院，1995年）459頁以下，同「日本国憲法と『自己決定権』」法学教室98号6頁以下，同「憲法学において『自己決定権』ということの意味」法哲学年報1989年76頁以下，芦部信喜『憲法学Ⅱ人権総論』（有斐閣，1994年）391頁以下。

(4)　戸波江二「自己決定権の意義と射程」芦部信喜先生古稀記念祝賀論集『現代立憲主義の展開上』有斐閣（1993年）327頁以下，阪本昌成「プライヴァシーと自己決定の自由」樋口陽一編『講座・憲法学第3巻権利の保障』（日本評論社，1994年）220頁以下等。

人らしさを形成している。」として，手段的に一定の憲法上の保護を及ぼすべき場合があることを承認する[5]。また，芦部説は，自己決定権の内容について，①「リプロダクションの自己決定権」，②「生命・身体の処分に関する自己決定権」，③「ライフ・スタイルの自己決定権」の三類型をあげ，私的生活のスタイルに関しては，その範囲を限定して考えるべきだとする[6]。

　こうした私的生活のスタイルに関して抑制的にとらえる人格的自律権説に基本的に立ちながら，竹中説は，自己決定権の内容について三類型に分類し，①「生命・身体のあり方についての〔に関する〕自己決定権」，②「親密な交わり・人的結合の〔に関する〕自己決定権」，③「個人的（個性的）な生活様式の〔に関する〕自己決定権」をあげ，そのうち第三類型の根拠として，「各個人の理性・感性を展開させる生き方の多様性の尊重の原理」をあげており注目される[7]。この第三類型については，多様な私的生活のスタイルとして「個人としてゆずれないもの」という視角を示しており，私的生活のスタイルを積極的に自己決定権の範囲として理解するものといえる。

　現代社会は過剰な情報に満ちており，しかもネット社会で様々な情報に瞬時にふれることができ，あたかも人はコンピューターネット社会の主役であるかのごとく錯覚しがちである。しかし，そのような情報は，根本的にはそれで利益を得ようとする企業の巧妙なしかけの中で組み立てられており，人は結局受動的に振る舞うしかない存在にすぎないものといえよう。このような社会にあっては，人は，種々の情報の中から自らの志向と嗜好によって選別・加工し，たとえそれが流行にのったものであったとしても，自ら主体的に私的生活スタイルをつくりあげることにこそ，他者とは違う自己を確認し得る手段として重要な意味づけを見出すものといえ，したがって，私的生活のスタイルは，個人の人格形成にも決定的な役割を果たすものとして評価すべきであり，自己決定権の行使として法的保護が徹底される必要がある[8]。すなわち，自己決定権の行使として私的生活スタイルについては，今日「個人としてゆずれない」もの

---

[5]　前掲注[3]佐藤『憲法（第三版）』461 頁。
[6]　前掲注[3]芦部『憲法学Ⅱ人権総論』402 頁。
[7]　竹中勲『憲法上の自己決定』（成文堂，2010 年）14 頁以下。
[8]　和田肇『人権保障と労働法』（日本評論社，2008 年）158 頁は，労働者の自己決定権の一つとして「私的生活形成権」として位置づける。

第2章　労働契約と労働者人格権

として，個人の人格を形成するうえでもより高次の価値がおかれなければならない。このような私的生活のスタイルについては，自己決定権の行使と把握し，それによって獲得された個々人の人格そのものに対して，その人格的利益を法的に認めることがこんにち求められるのである。このような私的生活のスタイルに対して法的にも価値を認め，個々人の多様な私的生活のスタイルを尊重し合う社会を形成することが，高度情報化社会において個々人の人格を埋没させないために必要であると考える。このように理解する立場から考えると，私的生活のスタイルに対する制限は，必要最小限やむを得ない場合に「厳格な合理性の基準」に照らして法的に判断すべきである[9]。

　この私的生活のスタイルのうちでも，とくに個人の容姿に係る服飾・髪型・ヒゲ・化粧等は，それらが身体と一体となって発現する性格のものであるがゆえに，個人の人格そのものを表象するものともなる。それゆえ「個人としてゆずれない」スタイルとして意識されることになり，したがって，このような私的生活スタイルに関しては，「何時でも」「何処でも」保持されるべき自己決定権の行使としてまず理解すべきである。

　以上のような観点から，人は，服飾・髪型・ヒゲ・化粧等について自由に決定することができ，どのような容姿をしたとしても法的に非難される理由はないというのが原則的立場である[10]。これらの自由がこれまで法的にまず問題とされたのは，学校や刑務所という限定された場所における生徒や受刑者という立場での問題であった。

---

[9] もともとは，アメリカの憲法判例として展開されてきたものである。「厳格な審査基準」の内容については，横田耕一「合理性の基準」芦部信喜編『講座憲法訴訟第2巻』（有斐閣，1987年）162頁以下参照。

[10] もちろん，全裸で往来を歩くなどの行為は，公然わいせつ罪（刑法174条）ないし軽犯罪法1条20号により処罰される可能性があり，性的社会生活環境に対する公衆の信頼の保護という観点からその限りで規制をうけるのであり（山中敬一『刑法各論〔第2版〕』（成文堂，2009年）633頁），個人が自宅において全裸で過ごすスタイルをしたとして非難されるものではない。

　なお，刺青は，わが国において1948年まで違法とされていたが，刺青そのものに対する法的規制はない。また，フランスにおいて，イスラム教徒の女性が全身を覆うブルカなどの衣装（名指しではなく「顔を覆うベール」）を公共の場（礼拝所を除く）で着用することを禁止し違反者には刑罰を科す法案が，2010年9月14日上院で可決され憲法会議でも10月7日憲法違反に当たらないと判断を下されたため，2011年春には施行されることとなったことは，服飾の自由という観点からも注目される。

まず，公立中学校の丸刈りが争われた事件の先例である熊本男子中学生丸刈り事件（熊本地判昭60・11・13判例時報1174号48頁）においては，男子生徒の髪形について「丸刈り，長髪禁止」とした中学校服装規定につき，男子生徒にのみ丸刈りの習慣があることは公知の事実であるとして髪形で男子生徒と女子生徒で異なる規定をおいてとしても合理的な差別であり憲法14条違反ではないとし，髪形が思想等の表現であるとは特殊な場合を除き見ることはできず憲法21条にも違反しないとしたうえで，「具体的に生徒の服装等にいかなる程度，方法の規制を加えることが適切であるかは，それが教育上の措置に関するものであるだけに，必ずしも画一的に決することはできず，実際に教育を担当する者，最終的には中学校長の専門的，技術的な判断に委ねられるべきであ」り，「その内容が著しく不合理でない限り，右校則は違法とならない」との立場を示したうえで，丸刈りが，現代においてもっとも中学校にふさわしい髪形であるという社会的合意があるとはいえず，直ちに生徒の非行が防止されると断定することもできない等，校則の合理性に疑いを差し挟む余地があるとしつつ，丸刈りが「今なお男子児童生徒の髪形の一つとして社会的に承認され，特に郡部においては広く行われているもので，必らずしも特異な髪形とは言えないことは公知の事実であり」，原告生徒の校則違反に対する処分や直接の指導が行われていない校則の運用に照らすと，本件校則の内容が著しく不合理であると断定することはできないというべきであるとする。本判決に対しては，憲法13条に基づく自己決定権の行使として髪形の自由が保障されなければならないとする点から憲法学者の批判が加えられているが，とくに髪形については24時間拘束するもので人格との結び付きが強いことを重視して[11]，丸刈りという他の髪型の選択を完全に否定している校則を問題視する[12]。その後の小野中学校男子生徒丸刈り事件・最高裁判決（最1小判平8・2・22判例時報1560号72頁）では，本件「中学校生徒心得」の「頭髪・丸刈りとする。」とする定めに違反した場合の処分等の定めはおかれておらず，「これらの定めは，生徒の守るべき一般的な心得を示すにとどまり，それ以上に，個々の生徒に対する具体的な権利義務を形成するなどの法的効果を生ずるものではないとした原審の判断は，首肯

---

[11] 中村睦男「本件評釈」判例評論329号197頁，阿部泰隆「男子中学生丸刈り校則」法学教室65号12頁12頁。
[12] 戸波江二「丸刈り校則と自己決定の自由」法律時報58巻4号95頁。

第2章　労働契約と労働者人格権

するに足りる」としており，丸刈りを強制することを許されないとしたものといえる。

　また，私立高校のパーマ禁止の校則の是非が争われた，修徳高校事件（東京地判平3・6・21判例時報1388号3頁，東京高判平4・10・30判例タイムズ800号161頁）は，1審・2審判決とも校則を有効とし，校則違反等を理由とする自主退学勧告に違法性がないとしたが，1審は「個人の髪型は，個人の自尊心あるいは美的意識と分かちがたく結びつき，特定の髪型を強制することは，身体の一部に対する直接的な干渉となり，強制される者の自尊心を傷つける恐れがあるから，髪型決定の自由が個人の人格価値に直結することは明らかであり，個人が頭髪について髪型を自由に決定しうる権利は，個人が一定の重要な私的事柄について，公権力から干渉されることなく自ら決定することができる権利の一内容として憲法13条により保障されていると解される」との原則的考え方を示している点で注目できる。ただし，本件校則については私立学校の独自の校風と教育方針として尊重されるべきとしたうえ，本件校則は特定の髪型を強制するものでない点で制約の度合いは低く，本件校則が髪型自由を不当に制限するものではないとした。

　このように，学校における髪型の規制について判例は，選択の余地のない髪型の強制については否定的であるが，強制を伴わない髪型に関する校則の制定に関しては容認しているものといえる[13]。なお，制服については，強制によらなければ許されるとしている[14]。

　つぎに，男子受刑者に対する頭髪規制に関しては，先例（東京地判昭38・7・29行集14巻7号1316頁）は，旧監獄法における剪剃処分に関して，①衛生上の必要性，②外観の斉一性の確保，③財政上の負担の軽減などの行政目的達成のため，合理性を有し違法ではないとした。また，最近の判例（名古屋地判平18・8・10判例タイムズ1240号203頁）は，刑事施設法37条1項に基づく調髪処分に関

---

[13] アメリカでは，ハイスクールにおける髪形をめぐる数多くの事件が法的に争われているが，長髪規制をめぐるものであり，わが国のように丸刈りを強制するといったものではない。アメリカにおける髪形規制に関しては，前掲注(2)山田『私事と自己決定』21頁以下，浅利祐一「憲法と髪形の自由―ハイスクールにおける頭髪規制の合憲性」北大法学論集40巻5・6合併号上巻423頁以下参照。

[14] 京都地判昭61・7・10判例地方自治31号50頁，東京高判平元7・19判例時報1331号61頁。

して，同法施行規則22条5項の規定による訓令で，男子受刑者の調髪及び髪型の基準は，①原型刈り，②前五分刈り，③中髪刈りとされ，丸刈りに近い髪型であることについて，性同一性障害者の受刑者である原告が差止めを請求したものであるが，「髪型を自己の意思や好みに従って選択し，決定することは，個々人の自己表現の一態様として基本的に各自が自由に決することができるのであって，個人の尊厳に係る権利として尊重されるべきものと解されるところ，刑事施設法37条に基づく調髪処分は，受刑者個人の意思に反しても，一定範囲の髪型に調髪することを強制するものであり，その執行によって従前保持してきた頭髪及び髪型は失われ，その後髪は伸びてくるとはいえ，従前の長髪等に復するまでには相当の期間を要し，それまでの間の上記利益は失われるのであるから，同処分による損害は，その性質上回復の困難な損害というべきである。」との立場を示すものの，本件調髪措置は，「①多数の犯罪性向を有する者を収容して集団生活を営ませるに当たって，集団内の規律や衛生を厳格に維持するために有効かつ必要な手段であること，②逃走防止及び画一的処遇の実現にとって受刑者の外観をある程度統一する必要があること，③長髪を許容することによって生ずる施設や器具の調達，維持のための財政上の負担増加を回避することができること，④課せられる作業の内容によっては，安全管理上かかる措置が適当であると考えられること，これらの諸点に照らしてみると，本件訓令が上記のとおり定めるところは，上記の拘禁目的等に照らして合理的であり，男子受刑者に過剰な制限を加えるものということはできない。」とした。また，性同一性障害者である事情に関しては，戸籍上男性となっている上，身体上の外観も男性としての特徴を備えており，男性受刑者として処遇しても裁量権の逸脱・濫用ということはできないとした。

　以上のような判例の立場は，生徒や受刑者の髪型・服装規整については，規制によって得られる利益と失われる利益との比較衡量する視点を示しながらも，その運用などの実情に照らしつつ管理者の大幅な裁量を肯定するものである。これらの判例で，せっかく髪型の自由に関して憲法13条に基づく保障に言及しながらも，規制を肯定する結論に至ったものが多いことは，根本的に私的生活のスタイルの価値を人格の周縁的なものとしか理解していないからではなかろうか。これについては，前述したとおり，私的生活のスタイルに対して，こんにち人格の形成にとって不即不離なものとして，より高次の価値を認めること

第 2 章　労働契約と労働者人格権

から法的理解をすべきであると考える。

3　労働者と私的生活のスタイルの法的保護

　労働者は，労働契約の締結により労務提供義務を負うが，それが労働者の人格と不可分であるという労働関係の特殊な構造から，労働者の人格的利益の侵害が起こる[15]。そして，このような人格的利益の侵害が，労働者が労務提供を行っている職業生活領域だけではなく，私的生活領域においても起こることが大きな特徴である[16]。これに対して，労働法学からは，労働者の人格的利益の内容について分析抽出しながら，その法的保護を考察してきた[17]。

　また，現代において企業との関係における労働者については，労働契約を通じて使用者の指揮命令によって労務を提供する従属的な立場に立たざるを得ないとはいえ，それゆえ多少とも使用者と対等の立場に近づくべく自己決定を通じてそれを克服するため主体的に決断し努力する多様な個性をもった人格としての労働者像として把握し，労働者の自己決定理念によって考察する理論も有力である[18]。

　労働者は，企業内の職業生活それ自体においても人格形成が行われることはもちろんであり，仕事を通じて獲得される知識や技術などは，それ自体が労働者のキャリア形成にとって重要な意味を有し法的保護の対象とされるべきであり[19]，したがって，そのような職業的人格の形成を妨げるような業務上無意味

---

[15]　吉田克己『現代市民社会と民法学』（日本評論社，1999 年）162 頁，島田陽一「企業における労働者の人格権」講座 21 世紀の労働法 6 巻 5 頁，石田眞「労働関係における人格権」『労働法の争点第 3 版』（有斐閣，2004 年）109 頁等。

[16]　島田陽一「労働者の私的領域確保の法理」法律時報 66 巻 9 号 47 頁以下，道幸哲也『職場における自立とプライヴァシー』（日本評論社，1995 年），渡寛基「企業社会における労働者の人格権侵害の法的救済」学会誌労働法 78 号 61 頁以下等。

[17]　数多くの業績があるが，前掲注(1)の角田教授の各論文，注[15]の各論文，藤原稔弘「使用者の業務命令と労働者の人格権」労働法律旬報 1421 号 6 頁，渡寛基「職場における労働者の人格権保障」法経研究 44 巻 4 号 429 頁等。

[18]　いうまでもなく，このような理論の地平は西谷教授によって拓かれたものである。西谷敏『労働法における個人と集団』（有斐閣，1992 年），同「労働法における自己決定の理念」法律時報 66 巻 9 号 26 頁以下，同「労働者保護法における自己決定とその限界」松本博之・西谷敏編『現代社会と自己決定権』（信山社，1997 年）223 頁以下等。

[19]　キャリア権の形成と構成する理解もできる。諏訪康雄「労働市場法の理念と体系」講座 21 世紀の労働法第 2 巻 2 頁以下。

な作業の就労や隔離就労等は，当然に人格権侵害として法的救済の対象となる。たとえば，具体的にこれまで問題とされた事例では，長期にわたる仕事からの排除（松蔭学園事件・東京地判平4・6・11労働判例612号6頁），労働者の知識・経験にふさわしくない職務につかせること（バンク・オブ・アメリカ・イリノイ事件・東京地判平7・12・4労働判例685号17頁），隔離した職務配置（トナミ運輸事件・富山地判平17・2・23労働判例891号12頁），仕事における差別や屈辱的が仕事への就労（サンデン交通事件・山口地下関支判平3・9・30労働判例606号55頁，ネッスル事件・大阪高判平2・7・10労働判例580号42頁），職場における自由な人間関係形成を阻害するもの（中央観光バス事件・大阪地判昭55・3・26労働判例339号27頁，関西電力事件最3小判平7・9・5労働判例680号28頁），ハラスメント（福岡セクシュアル・ハラスメント事件・福岡地判平4・4・16労働判例607号6頁）等の態様が，このような職業的人格形成を妨げる性格のものとしてあげられる[20]。

このような職業的な人格形成は，それにより昇格や昇給などの労働力評価につながるだけではなく，終身雇用の下においては文字通り定年年齢まで企業という空間のなかで人生の大半の時間を過ごすという点からしても，労働がその本質はそうであるとしても無味乾燥なものとして労働者にとらえられることから離脱することを保障しよう。また，こんにち，終身雇用・年功型雇用システムから離脱せざるを得ない多くの労働者にとっても，職業経歴といった意味で以降の就労機会を質的に保障するものとして，職業的な人格形成は必要不可欠なものとして位置づけられなければならない。

他方，労働者が私的生活のスタイルとして形成された人格についても，労働

---

[20] なお，パワーハラスメントによる自殺に関する労災認定が争われた国・静岡労基署長（日化科学）事件・東京地判平19・10・5労働判例950号5頁は，上司のパワーハラスメントについて，その与えた「心理的負荷は，人生においてまれに経験することもある程度に強度のものということができ，一般人を基準として，社会通念上，客観的にみて，精神障害を発症させるに程度に過重なものと評価するのが相当である」としており，人格を否定するものと理解している。
　また，国鉄鹿児島自動車営業所事件・最高裁2小判平5・6・11労働判例632号10頁は，組合バッジとりはずし命令を拒否した組合員に対する自動車営業所構内に降り積もった火山灰の除去作業に従事させたことにつき，「職務管理上やむを得ない措置ということができ，これが殊更に被上告人に対して不利益を課するという違法，不当な目的でされたものであるとは認められない。」とするが，当該業務命令は職業的人格形成を妨げるものとして理解すべきものであり，賛成しがたい。

第 2 章　労働契約と労働者人格権

者が企業という他律的な生活空間で一日の大半を過ごさなければならないことから，企業による干渉を受けかねない。しかし，このような私的生活のスタイルとして形成された人格は，前述したように，こんにちより高次の価値を有するものとして認識し積極的に評価しなければならない。私的生活のスタイルに価値を認め，個々人の多様な私的生活のスタイルを尊重し合う社会を形成するためには，「何時でも」「何処でも」私的生活のスタイルが貫徹される必要がある。私的生活のスタイルが，企業においてはその管理・支配の下で常に制約を受けることを認めるならば，多様な価値をお互いに尊重し合う社会など実現するはずもないだろう。私的生活のスタイルが，労働者の私的生活においては完全に享受されていたとしても，企業において労務提供という場面になるとリセットされてしまうとなれば，私的生活のスタイルとして獲得された人格が仮装のものとしかならないであろう。労働者にとっては，企業で過ごしている私的生活のスタイルを制約された自分と，私的生活においてそのスタイルを完全に謳歌している自分との間で，人格形成が破断されていくことにもなる。労働者にとって企業における労働生活の場面は，また労働者が自らの人格を琢磨し創造していく場でなければならないのである。

　このような観点にたって，企業における労働という場面において，上述のような労働者の人格的利益の保護という面から，使用者は，信義則上労働者の人格的利益を尊重する義務を有するものと理解すべきである[21]。このように解する立場は，従来のように労働者の人格的利益の法的保護について，不法行為や業務命令権の濫用の問題として扱うばかりでなく，労働者の人格的利益への配慮義務を労働契約の付随義務として構成する法的対応も考えられる。もとより，このような労働者の人格的利益の保護の射程として，労働者の私的生活のスタイルが含まれることが重要である。なぜなら，私的生活のレベルでは完全に自由である私的生活のスタイルについて人格的利益であると理解し尊重することこそが，市民としての私的生活領域にまで浸食してきた企業の支配力を押し返し，企業の中において人権保障の風を通す有効な手段であると認識するからでもある。

　労働者の私的生活のスタイルに対する企業の制約の法的意味について，以上

---

[21]　土田道夫『労働契約法』（有斐閣，2008 年）114 頁以下。

のような法的対応を理解する観点から，まず公法上の自己決定権に関しての制限の適法性の判断基準について，労使関係の場においても基本的に妥当するとの立場にたち，企業における私的生活のスタイルに対する制限については，必要最小限やむを得ない場合に「厳格な合理性の基準」に照らして法的に判断すべきであるといえよう[22]。

とりわけ，労働者の私的生活のスタイルに関するもののうち，個人の容姿に係る服飾・髪型・ヒゲ・化粧等は，それらが身体と一体となって発現する性格のものであり，個人の人格そのものを表象する「個人としてゆずれない」スタイルとして，人格的利益の保護の対象とされるべきであるが，それはまた，身体と一体不可分であるがゆえに，必ず企業による制約という問題に逢着するものといえ，法的判断が求められるのである。以下本稿では，具体的な事例を念頭におきながら，労働者の私的生活のスタイルのうち，とくに個人の容姿に係る服飾・髪型・ヒゲ・化粧等に対する企業の規制に関して論じていくこととする。

4 服装等規定による服飾規制

企業においては，服装等規定を定めて，制服・制帽等の着用を義務付け，あるいは服装等規定に基づき身だしなみに関する細かい指示を行い，これらに反する場合には服装等規定に基づく改善指導を行うとともに，懲戒の対象とする等の制約を行ってきた。このように，企業がその企業活動遂行のうえで，従業員に対して服装等規定を定めてその順守を求めること自体が違法であるとすることはできないだろう。ただ，この場合において，労働者の私的生活のスタイルとして個人の容姿に係る服飾・髪型・ヒゲ・化粧等といった人格的利益についてはどのように法的保護をすべきであろうか。先述したように，このような私的生活のスタイルについて，自己決定権の行使として高次の価値を認める私見の立場では，これら服装等規定による規制に関しては，当然に必要最小限やむを得ない場合に「厳格な合理性の基準」に照らして法的に判断すべきということになる。

まず，服装等規定によって制服等の着用を義務付けている場合を考えよう。

---

[22] 前掲注[17]藤原論文11頁。

第2章　労働契約と労働者人格権

そもそも制服は，軍隊・警察，企業や学校など，ある特定の組織においてその構成員が着用を義務付けられた規定された服のことである。制服を設ける重要な目的は，組織内部の人間と組織外部の人間を区別し，組織内の序列・職能・所属などを明確にできるようにするものであり，さらに制服を着る者同士の連帯感を醸成したり，規律や忠誠心を高めることも期待されるものといえよう。とりわけ自衛官・警察官や消防士，鉄道の駅員などでは，職務上の観点から制服の着用が重要視されており，命令系統の統制や上下関係の明示などの機能を併せ持つ。企業においては，工場労働や現場作業などに従事する場合には機能性や作業性・安全性の観点から制服が導入され，またオフィス労働ではもっぱら女性社員に対してのみ制服が採用されてきた[23]。

このような服装等規定に基づく制服等などの着用規制をめぐって，これまで判例は，それら服装等規定の合理性については肯定をしてきた。たとえば，ハイヤー会社において口ひげをはやして乗務した運転手に対して，「乗務員勤務要領」に基づく右ひげを剃るべき旨の業務命令の効力が争われたイースタン・エアポートモータース事件・東京地判昭55・12・15（労民集31巻6号1202頁）は，「企業は，企業の存立と事業の円滑かつ健全な遂行を図り，職場規律を維持確立するために必要な諸事項を規則をもって定め，あるいは時宜に応じて従業員に対し具体的な指示・命令をすることができるのであるから，口ひげ，服装，頭髪等に関しても企業経営上必要な規律を制定することができるのは明らかである。ことにハイヤー営業のように多分に人の心情に依存する要素が重要な意味をもつサービス提供を本旨とする業務においては，従業員の服装，みだ

---

[23]　しかし，バブル崩壊後の企業業績悪化に伴うコスト削減や派遣社員の増加などの雇用形態の変化，さらに女性社員では均等法への対応もあり，制服を廃止する企業が増えている。バブル期には，デザイン料も含め一式10万円ものOLの制服がCI戦略の一環として企業社会において通用していたが，バブル経済崩壊とともに，とりわけコスト削減（更衣室の維持費も問題とされた）のため，企業において制服は徐々に廃止されてきたのである。たとえば，制服の廃止状況調査を見ると，2010年で2005年以降6.3％の企業が廃止している（2004年の同一分析で，過去5年間で8.1％，2007年の同一分析で，過去5年間で7.4％，『人事労務諸制度の実施状況』労政時報3773号69頁）。この数字は，もともと制度を実施していない企業も含めての調査での割合なので，企業が制服を廃止している割合は過去の数字も含めてかなりの高率であるといえよう。このようなコスト面だけでなく，制服が有する効果についても再考が迫られ，たとえば識別性の機能については，IDカードに取って代わられようとしており，限定された職種を除いては制服が企業社会から消滅しつつあるといえる。

し␣なみ，言行等が企業の信用，品格保持に深甚な関係を有するから，他の業種に比して一層の規制が課せられるのはやむを得ないところであろう。」と述べており，服装等規定による制服着用義務を肯定する考え方を示しているといえよう。もっとも，本判決は「口ひげ，服装，頭髪等と同様元々個人の趣味・嗜好に属する事柄であり，本来的には各人の自由である。」としており，前提としては私的生活のスタイルの自己決定を肯定するものといえる。しかしながら，「その自由は，あくまでも一個人としての私生活上の自由であるにすぎず，労働契約の場においては，契約上の規制を受けることもあり得るのであり，企業に対して無制約な自由となるものではない。すなわち，従業員は，労働契約を締結して企業に雇用されることに伴い，労働契約に定められた労働条件を遵守し，その義務を履行することは当然である。」とする。このような考え方は，制服等規定それ自体の合理性については基本的に判断の視野の外におきながら，主として具体的な運用について合理性を有するかどうかの判断をすることとなるが，私的生活のスタイルとしの服飾の自由の価値を完全に法的に掬い上げることにはつながらないものとなろう。

　このほか，警備員に対する制服・制帽等の着用の乱れ等を理由とする解雇を有効であると判断した富山建物管理興業事件・名古屋地判昭56・12・25（労働判例381号53頁）は，「警備員に制服・制帽を支給し，服装，動作にまで一定の服務基準を設定してその遵守を求めることは，本件ビルが都会中心部にあるオフィスビルであること，そしてその基準が服装を整えるとか礼儀をわきまえるといった程度の一般的なものであることを考えるとこれを是認することができる。」と判断し，国労マーク入りのベルトを着用して就労した組合員に対する就業規則の書き写し等を命じたことを違法であるとした，JR東日本（本荘保線区）事件・仙台高判秋田支判平4・12・25（労働判例690号13頁，なお最2小判平8・2・23労働判例690号13頁は上告棄却）は，「会社は，その目的である鉄道事業の社会性，公共性，右事業の性質に由来する職場秩序維持の必要性及び社員の安全確保等の目的から，業務の態様に応じて必要な範囲で社員に制服の着用を義務付け」ることが「合理的制約であることは十分肯認できる。」としつつ，ベルトについて，制服の一部ではない必需品の服装として自由選択を基本に判断している。また，バス運転士が制服・制帽の着用を義務付けた会社就業規則等に反して制帽を着用せず乗務したことに対する減給処分を有効であるとした，神

第2章 労働契約と労働者人格権

奈川中央交通事件・横浜地判平6・9・27（労働判例664号33頁）は，「バスの運転士に対して制服制帽の着用を義務付けた就業規則10条，服務規程7条5号の規定は，道路運送法24条の規定に基づくものであり，右就業規則等の規定の目的は，乗合バス事業が，不特定多数の公衆に輸送利便を提供し，乗客の生命，身体，財産の安全に直接かかわる公共性のある事業であることにかんがみ，乗務員に対して，制服，制帽を着用させることを通してその任務と責任を自覚させるとともに，これを利用する公衆に対して，正規の乗合バスの乗務員であることを認識させて信頼感を与えることにあると考えられるから，それ自体は合理性のあるものである。」と判断する。

これらの判例を瞥見してみると，服装等規定の評価に関わっては，まずその職種の性格から容易に肯定されているものといえる。この点では，一般的に事業遂行のうえから包括的に服装等規定の策定を肯定し，労働者に制服等の着用の義務づけを評価しているものでは必ずしもない。これまで出された判例において，服装等規定が合理的である理由として示されたのは，①正しい服装の着用を通じての職場規律の維持，組織としての統一性・規律性の確保，②公共性の強い事業の職員としての公正中立と品位の保持，③顧客に対する不快感を防止し，顧客の満足度の向上をはかり企業の信用をはかること，④職務に対する認識を形成し責任を自覚させること，⑤業務に支障が生じることを防ぐこと等である[24]。しかしながら，労働者の私的生活のスタイルに対して自己決定権の行使としてより高次の人格的価値を肯定する私見の立場では，個人の容姿に係る服飾・髪型・ヒゲ・化粧等は，それらが労働者の身体と一体となって発現する性格のものであるがゆえに，それらに対して企業における労働生活での制約を完全には否定するものではないが，基本としてはまったく自由であるべきとする視座から，服装等規定による制限については，必要最小限やむを得ない場合に「厳格な合理性の基準」に照らして，目的，必要性，手段の相当性という観点から法的判断を下す必要がある[25]。

そこで考えるに，服装等規定が合理的な理由を有するとされるのは，イ．職

---

[24] これら判例による服装規定の目的の類型化については，藤原稔弘「郵政職員に対する氏名札の着用強制と人格権の侵害」季刊労働法181号184頁。
[25] 服装規制に関して「厳格な合理性の基準」としての，目的，必要性，手段の相当性に関する詳細な検討は，前掲注(17)藤原論文13頁以下。

務遂行に際して法令上作業着・作業帽の着用が義務づけられている場合や食品製造・医療職種等の職種で安全衛生上必要な場合，ロ．職務遂行に従事している労働者を他者と区別・認識させる必要がある場合，ハ．職務遂行そのものが制服等によって担わされることが不可欠である場合，が該当するものといえ，また，ニ．顧客に対する不快感を防止しあるいは満足度を増すなど，企業の信用をはかる必要がある場合，については，職務遂行に際して制服等の着用がとくに必要であるといった事情が認められる場合に限定すべきである。そもそも，先述したこれまでの判例であげられていた合理的理由の①，②，④等は，その目的・必要性の点で疑問があり[26]，私的生活のスタイルとしての個人の容姿に係る服飾・髪型・ヒゲ・化粧等の人格的利益の価値を尊重する立場からは，それらを制約する理由とはならないであろう。

　なお，服装等規定に関してリボン等着用の組合活動をどう評価すべきかであるが，少なくとも職務専念義務との関係では，使用者の業務を阻害することのない行動は職務専念義務に違背すると評価すべきでなく[27]，服装等規定との関係では，制約について前述のように解する立場からは，服装等規定に合理性が認められる場合にあっては，具体的に認められる制服等の着用による職務遂行に現実的に影響を及ぼすことが認められる限りで制約を認め，服装等規定の合理性が認められない場合にあっては，正当な組合活動として評価すべきである。また，組合バッジの着用をめぐる問題に関しては，組合活動としての性格だけではなく団結権の表象としての性格を帯有することから，服装等規定に合理性が認められる場合にあっても，服装等規定違反の対象として捉えるべきでない[28]。このことは，組合バッジを服飾として常につけることに組合員としての

[26] 木下潮音「企業秩序維持と従業員の身だしなみ」労働判例734号6頁は，制限基準として「顧客や取引先との関係で必要性がある場合」「企業内の秩序維持，協調性を理由とする場合」もあげるが，私見の立場からは支持できない。

[27] 大成観光事件最高裁判決・最3小判昭57・4・13（民集36巻4号659頁）伊藤正己裁判官の補足意見等。

[28] JR東海（新幹線支部）事件・東京高判平9・10・30（労働判例728号49頁）は，組合バッジに関して，「本件組合バッヂは，そこに『NRU』の文字がデザインされているにすぎず，具体的な主義主張が表示されているわけではない。しかし，本件組合員等の本件組合バッヂ着用行為は，前示のとおり，組合員が当該組合員であることを顕示して本件組合員等相互間の組合意識を高めるためのものであるから，本件組合バッヂに具体的な宣言文の記載がなくとも，職場の同僚組合員に対し訴えかけようとするものであ

第2章 労働契約と労働者人格権

誇りを見出すことがその労働者の人格形成でもあるといった点からも法的に評価すべきである[29]。このような意味から、服装等規定に合理性がある場合においても、組合バッジの着用は義務付けられた服装の乱れとすべきではなく、許される制服等の揺らぎの範囲内のものとして理解すべきものといえる。

また、ネームプレート着用に関して、判例は、「氏名は、社会的にみれば、個人を他人から識別し特定する機能を有するものであるが、同時に、その個人からみれば、人が個人として尊重される基礎であり、その個人の人格の象徴であるから、各個人は、氏名を表示するかしないかを決定する法律上の利益を有するものであり、これを氏名権と称するかはともかく、何ら正当な理由がないのに氏名の表示を強制された場合には、不法行為が成立する場合もある」としながら、ネームプレート着用の目的、必要性、氏名表示の態様、氏名表示による不利益の程度を総合して、ネームプレート着用の義務付けを肯定している[30]。

り、被控訴人の社員としての職務の遂行には直接関係のない行動であって、これを勤務時間中に行うことは、身体的活動による労務の提供という面だけをみれば、たとえ職務の遂行に特段の支障を生じなかったとしても、労務の提供の態様においては、勤務時間及び職務上の注意力のすべてをその職務遂行のために用い、職務にのみ従事しなければならないという被控訴人社員としての職務専念義務に違反し、企業秩序を乱すものであるといわざるを得ない。また、同時に、勤務時間中に本件組合バッヂを着用して職場の同僚組合員に対して訴えかけるという行為は、国労に所属していても自らの自由意思により本件組合バッヂを着用していない同僚組合員である他の社員に対しても心理的影響を与え、それによって当該社員が注意力を職務に集中することを妨げるおそれがあるものであるから、この面からも企業秩序の維持に反するものであったといわなければならない。」とするが、判決も認めるように、それ自体主義主張のない組合バッジにそこまで過大な影響力（しかも推定される潜在的なものとして）の評価を行い職務専念義務違反を構成することは、秩序的な発想も極まれるものであり企業内の団結権の存在を黙殺してしまう結果ともなろう。かかる立場からの批判については、JR東海（新幹線支部）事件一審判決（東京地判平7・12・14労働判例686号21頁）に関して、拙稿「組合バッジ着用と一時金減額処分」労働判例697号6頁および、二審判決に関して、拙稿「組合バッジ着用行為に対する厳重注意処分の当否」法政研究（静岡大学）2巻3・4号255頁参照。

なお、本件高裁判決は、最高裁において維持されている（最2小判平10・7・17労働判例744号15頁）。

[29] 組合バッジと類似した問題として、国労マーク入りのベルトを着用して就労した組合員に対する就業規則の書き写し等を命じたことを違法であるとした、前掲JR東日本（本荘保線区）事件・仙台高判秋田支判平4・12・25は、広い意味での組合の団結権行使に関わるものととらえながら、組合活動として捉えることに疑問を提示して判断している。

[30] 東北郵政局事件・仙台地判平7・12・7労働判例692号37頁、同・仙台高判平9・8・29

404

考えるに，ネームプレートの着用の義務付けは，服装等規定の合理性で求められる理由のうち，顧客に対する不快感を防止しあるいは満足度を増すなど，企業の信用をはかる必要がある場合に認められ，従業員の規律や責任感を培うためといった理由では，氏名の有する人格的利益からいって認められない。そして，ネームプレート着用が認められる場合でも限定したものとして認められるべきものであるから，着用を拒む労働者にはその理由に対して十分に配慮すべきものと考える[31]。

5　労働者の身だしなみ規制

　労働者は，服装等規定の存在がない場合でも，企業においてその身だしなみ全般にわたって事実上規制を受け，労働者は私的生活とは異なる空間であることを再認識させられる。労働者の私的生活のスタイルに関するもののうち，個人の容姿に係る服飾・髪型・ヒゲ・化粧等は，それらが身体と一体となって発現する性格のものであるから，身だしなみとして規制されることとなれば，その人格的利益を損なうことともなる。

　これまで判例を見ると，前掲イースタン・エアポートモータース事件は，「口ひげは，服装，頭髪等と同様元々個人の趣味・嗜好に属する事柄であり，本来的には各人の自由である。」としながら，前述のように規律の制定を認めたうえ，「右規律といえども労働契約の履行との関連性をはなれてなし得ないはもとより，従業員の私生活上の自由を不必要に制約するものであってはならないこともまた当然である」とし，「ハイヤー運転手の容姿，服装，みだしなみ，挙止等に対しては時宜に応じて必要な業務上の指示・命令をなし得るのは当然であるといわざるを得ない。」とした。そして，本件「乗務員勤務要領」で指示されるひげを剃ることは，不快感を伴う「無精ひげ」「異様・奇異なひげ」を指していると理解し，本件原告労働者の口ひげに関して格別具体的な苦情が申し入れられたことはなかったこと，口ひげが徒らに反発感，不快感あるいは嫌悪の情感をかき立て，会社の品格，信望等が問われることが認められな

労働判例729号76頁，郵政省近畿郵政局事件・大阪地判平8・7・17労働判例700号19頁，同・大阪高判平10・7・14労働判例751号46頁等。
[31]　ネームプレート着用の義務付けに対する批判的見解として，藤原前掲注[24]，および渡前掲注[17] 442頁以下。

いことから，ひげを剃ってハイヤーに乗務する労働契約上の義務について否定した。この事件では，身だしなみに関して使用者が指示・命令することを当然としながら，その身だしなみの態様（「ひげ」の態様）次第によって，指示・業務命令に従わなくてもよい余地を認めたものである。

さらにたとえば，麹町学園中学校事件・東京地判昭46・7・19（労働判例132号23頁）は，ネクタイを着用せず不潔な頭髪で勤務したことに対する試用期間中の私立女子中学校教諭に対する解雇を無効としたものであるが，ネクタイを着用せず授業を行うことが乱れた服装であるという社会通念はないとし，国士舘高校事件・東京地判昭46・8・23（判例時報643号16頁）は，色ワイシャツを着用し，ノーネクタイで，また校内でサンダルをはいていたこと等を理由とする私立高校教諭に対する解雇を無効としたものであるが，他にも同様のスタイルの教諭がいたこと等の実情から規律違反ではないとしている。また，井上達明建築事務所事件・大阪地決平4・3・23（労働判例623号65頁）は，信頼関係の破壊等を理由とする労働者の解雇について無効としたものであるが，労働者の服装に対する注意に関しては，社長の個人的な趣味に合わないという範囲にとどまる問題であるとしている。これらの判例は，少なくとも身だしなみに関して，他の労働者の態様との比較をもしながら，使用者による容喙に関しては抑制的にとらえているものといえよう。

つぎに，労働者の身だしなみの規制として典型例である髪型に関する判例を見てみよう。一般貨物運送等を業とする企業においてトラック運転手として勤務していた労働者が短髪にして髪を黄色に染めて勤務したことを理由とする解雇が争われた株式会社東谷山家事件・福岡地小倉支決平9・12・25（労働判例732号53頁）は，「一般に，企業は，企業内秩序を維持・確保するため，労働者の動静を把握する必要に迫られる場合のあることは当然であり，このような場合，企業としては労働者に必要な規制，指示，命令等を行うことが許されるというべきである。しかしながら，このようにいうことは，労働者が企業の一般的支配に服することを意味するものではなく，企業に与えられた秩序維持の権限は，自ずとその本質に伴う限界があるといわなければならない。特に，労働者の髪の色・型，容姿，服装などといった人の人格や自由に関する事柄について，企業が企業秩序の維持を名目に労働者の自由を制限しようとする場合，その制限行為は無制限に許されるものではなく，企業の円滑な運営上必要かつ合理的な

範囲内にとどまるものというべく，具体的な制限行為の内容は，制限の必要性，合理性，手段方法としての相当性を欠くことのないよう特段の配慮が要請されるものと解するのが相当である。」との原則的立場を示しつつ，「会社側の言い分は，すでにみたように，要約すれば，『髪の色は自然な色でなければ困る。少しでも色がついていてもだめだ。なぜもとに戻せないのか，髪の色は自然な色でなければならないというのが会社の方針である。この会社の方針に従いたくないというのなら辞めてもらうしかない。』というにある。これに対して，債権者は当初個人の好みの問題と反論していたが，次いで，自ら白髪染めで染め直すなどしており，一応対外的に目立つ風貌を自制する態度に出ていたことがうかがわれるところ，債務者は追い打ちをかけるように始末書の提出を債権者に求めるに至っている。このような債務者側の態度は，社内秩序の維持を図るためとはいえ，労働者の人格や自由への制限措置について，その合理性，相当性に関する検討を加えた上でなされたものとはとうてい認め難く，むしろ，あくまで債権者から始末書をとることに眼目があったと推認され，Y専務らの態度（債権者に対する指導）が『企業の円滑な運営上必要かつ合理的な範囲内』の制限行為にとどまるものとはいまだ解することができない。」「以上要するに，債権者が頭髪を黄色に染めたこと自体が債務者会社の就業規則上直ちにけん責事由に該当するわけではなく（債務者もこのような主張をしているとは解されない。），上司の説得に対する債権者の反抗的態度も，すでにみたように，会社側の『自然色以外は一切許されない』とする頑なな態度を考慮に入れると，必ずしも債権者のみに責められる点があったということはできず，債権者が始末書の提出を拒否した点も，それが『社内秩序を乱した』行為に該当すると即断することは適当でない。してみると，本件解雇は，解雇事由が存在せず，無効というべきである」との判断を示した。

　この事件では，労働者の髪の色・型，容姿，服装などといった人の人格や自由に関する事柄に対する制限行為は無制限に許されるものでなく，具体的な制限行為の内容は，制限の必要性，合理性，手段方法としての相当性を欠くことのないよう特段の配慮が要請されるものと解しており，私的生活スタイルに対する企業による制限についてこのような解釈は当然であるといえよう。問題は，髪の色を含めて髪型は，労働者が選択したスタイルとして，着脱が容易な服装等とは異なり，それを規制すること自体が私生活上の自由な髪型の行使を困難

第2章　労働契約と労働者人格権

にする性質を有する点である。そのようなものである以上，他の私的生活のスタイルの身だしなみとは異なり，そのような髪型の規制については，よりその人格的利益の保護という観点に立って判断が下されなければならない[32]。

　この点に関して，郵便事業（身だしなみ基準）事件・神戸地判平22・3・26（労働判例1006号49頁）は，労働者の長髪・ひげが，郵政公社（当時）及び郵便局作成による各「身だしなみ基準」に反するとしてなされた，人事評価の効力について問題とされたものであるが，「使用者が，事業の円滑な遂行上必要かつ合理的な範囲内で，労働者の身だしなみに対して一定の制約を加えることは，例えば，労働災害防止のため作業服やヘルメットの着用を義務付けたり，食品衛生確保のため髪を短くし，つめを整えることを義務付けたり，企業としてのイメージや信用を維持するために直接に顧客や取引先との関係を持つ労働者に服装や髪型等の身だしなみを制限するなどの場合があり得るところである。ただし，労働者の服装や髪型等の身だしなみは，もともとは労働者個人が自己の外観をいかに表現するかという労働者の個人的自由に属する事柄であり，また，髪型やひげに関する服務中の規律は，勤務関係又は労働契約の拘束を離れた私生活にも及び得るものであることから，そのような服務規律は，事業遂行上の必要性が認められ，その具体的な制限の内容が，労働者の利益や自由を過度に侵害しない合理的な内容の限度で拘束力を認められるというべきである。」

「これらの事実関係に照らせば，被告における服務に関し男性の長髪及びひげは不可とする灘局基準1・2並びに窓口業務を担当する男性職員のひげは不可とする公社基準2は，いずれもこれを長髪およびひげについて，一律に不可と定めたものであると解する場合には，被告に勤務する男性職員の髪型及びひげについて過度の制限を課するものというべきで，合理的な制限であるとは認められないから，これらの基準については『顧客に不快感を与えるようなひげ及び長髪は不可とする』との内容に限定して適用されるべきものである。」としており，髪型やひげに対する規制が，私生活上にも及び得ることを射程において，判断を下しており妥当な態度であろう。

　以上のような判例を参考としながら，企業における身だしなみの規制について考えてみると，いうまでもなく，服装等規定による私的生活のスタイルとし

[32]　株式会社東谷山家事件・福岡地小倉支決定の検討については，拙稿「茶髪勤務労働者に対する解雇の効力」法政研究（静岡大学）3巻1号181頁以下。

ての個人の容姿に係る服飾・髪型・ヒゲ・化粧等に関しての制限については，先述したように，必要最小限やむを得ない場合に「厳格な合理性の基準」に照らして，目的，必要性，手段の相当性という観点から法的判断を下すべきであるので，基本的にはこのような「厳格な合理性の基準」によって，身だしなみに対する当該指示・命令に関して判断すべきことは当然である。

　私的生活のスタイルとしての個人の容姿に係る服飾・髪型・ヒゲ・化粧等の人格的利益は，企業における労働生活の中においても貫徹して保障されなければならないと考える立場では，まず，服装等規定の合理性としてあげた理由に準じた判断では，より厳格に理由の目的・必要性が問われるべきであるし，指示や命令といった手段に関しては，ただちに懲戒や不利益に直結するように運用されることがないように判断すべきである。そして，これら身だしなみのうち，髪の色を含む髪型，ヒゲ（髭・髯・鬚），化粧のうち刺青（タトゥー）やネイルカラー・ネイルデコレーション・ネイルアート等については，容易に私的生活と労働生活の場面で切り替えられない性質のものでないことから，そのような私的生活のスタイルについては基本的には労働者のスタイルの選択を尊重すべきであり，これらが，不潔なもので顧客や同僚労働者等からの苦情がある場合や，極めて奇異な形態のもので職務遂行に支障をきたす場合などにのみ，労働者の身だしなみに対する指示を与えることができるものと考えるべきであろう[33]。個人の容姿に係る服飾・髪型・ヒゲ・化粧等の多様性を認め，そのような人格形成が企業内においても保障されなければならないとする立場において，身だしなみを評価することこそがこんにち求められているものといえる。企業内において，労働者の服飾，髪の色や髪型・ヒゲ・化粧等を問題にすること自体が，異質なものを排除することとなり，差別を醸成する行為であることを銘記すべきであろう。

　つぎに，性同一性障害者が「異性」の服装の着用を希望した場合にはどう考

---

[33] 形態が見たところ長髪であるとか不精ヒゲであるとかいっても，宗教的信条に基づくものである場合も考えられ，それは人格的利益の保護といった観点からだけではなく，信仰の自由という側面でも問題となる。たとえば，イギリスにおいては，ドレッドロックスタイルの髪型をしていた労働者に対する求職拒絶が，その髪型が特定の宗教と結びついていたため人種関係法における差別とみとめられた判例がある（拙稿「人種関係法における『人種的理由』・『人種グループ』定義と『民族性』概念」労働法律旬報1321号23頁）。

第 2 章　労働契約と労働者人格権

えるべきか。性同一性障害者については，「性同一性障害者の性別の取扱いの特例に関する法律」により「性別の取扱いの変更審判」を受ければ，原則として他の性別に変ったものとみなされる（同法 4 条 1 項）が，性同一性障害の診断は難しいことを考えれば，少なくともこのような申し出がなされれば使用者は十分に配慮すべきであると考える。これに関しては，S 社（性同一性障害者解雇）事件・東京地決平 14・6・20（労働判例 830 号 14 頁）が「債権者は，本件申出をした当時には，性同一性障害（性転換症）として，精神的，肉体的に女性として行動することを強く求めており，他者から男性としての行動を要求され又は女性としての行動を抑制されると，多大な精神的苦痛を被る状態にあったということができる。そして，このことに照らすと，債権者が債務者に対し，女性の容姿をして就労することを認め，これに伴う配慮をしてほしいと求めることは，相応の理由があるものといえる。」と判断しており，性同一性障害者が女性の服を着用したい等の要求をしたことに対する使用者に相当の配慮を求めたものとして評価できる。また，このような衣装をすることに対する他者からの違和感や嫌悪感の評価については，「債権者に抱いた違和感及び嫌悪感は……債権者における上記事情を認識し，理解するよう図ることにより，時間の経過も相まって緩和する余地が十分あるものといえる。また，債務者の取引先や顧客が債権者に抱き又は抱くおそれのある違和感及び嫌悪感については，債務者の業務遂行上著しい支障を来すおそれがあるとまで認めるに足りる的確な疎明はない。」と判断しており，理性的な判断であると評価できる。

　以上，企業内における労働者の身だしなみに関する規制について見てきたが，最近，制服の廃止やクールビズ・ウォームビズの普及等によって[35]，労働者の

---

[34]　日本精神神経学会『性同一性障害に関する診断とガイドライン（第 3 版）』によれば，性同一性障害に十分な理解と経験をもつ精神科医二人によりその判断基準に照らして判断して，その結果が一致しない場合には，さらに経験豊富な精神科医の診察により結果をあらためて検討するとされている。

[35]　クールビズは造語で，環境省により 2005 年から開始されたものであり，6 月 1 日から 9 月 30 日までの間，事業所内温度上限 28 度規制以上の中でも，涼しく効率的に働くことができるような軽装全般を指し，とくにノーネクタイ・ノージャケットということが基本となっている。こうしたクールビズは，当初その効果に対する反論や反発等もあったが，内閣府の世論調査（平成 19 年）では，クールビズについて知っている人は 91.2％にのぼり，東京商工会議所の調査（平成 20 年）によれば事業活動としての省エネ対策の実施率で見るとクールビズ・ウォームビズは，62.1％であり，クールビズが広

410

身だしなみに関して「ドレスコード」を策定する企業が増えている。これは，まるで服装等規定による一律的な規制の典型である制服が消えてしまったことに対する追慕を表すかのようである。もっとも，日本人の衣服の歴史は，人間が社会集団のなかで暮らす存在であるとともに，個を主張する存在であることをも再認識する歴史でもあるとする認識からすれば[36]，制服を剥奪された労働者が新たな羅針盤を求めることも頷ける。

　もともと，服装等規定がない場合において，労働者が企業でどのような服装を着ても良いと考え私的生活のスタイルの服飾で貫徹してきたかというと，それは少数派であり，たとえば，ホワイトカラーの職場においては，男性は依然として背広にネクタイというスタイルが一般的である。しかしながら元来，背広は，フランス大革命の前後から，当時の貴族階級の権威と威信の象徴としての厳密な決まりを有していた服飾に対して，新興ブルジョワジーが対抗してドレスダウンを志向し，単色・無彩色の服を身につけたことに始まるとされる。このような市民として「制服」は，出身階級や様々な差別を廃棄し，社会生活において平等であるという積極的なメッセージを有していたのである。しかし，このような差異の解消という意味は，やがて個人が「自由」を確認できるものとしての性格を没却し，個人の特異性・独自性を曖昧化し画一化（ユニフォーム化）するという効果をもたらすことになり，ネガティヴなものに反転することとなったのである[37]。

　こんにち，労働者があらためて他者との差異を確認し「属性」からの解放を試みることは困難であり（であるからこそ，私的生活のスタイルとしての個人の容姿に係る服飾・髪型・ヒゲ・化粧等の多様性が企業内でも保障されなければならない。），これまで服装の一様性という中で培われてきた思考停止状態からは，背広・ネクタイに代わる擬似制服を新たに探し，自らの身だしなみについて肯定的評価を下してくれる基準を求めることになるのである。こうした意味で，最近，企業において制服に代えて「ドレスコード」が策定されていることも肯ける。

　「ドレスコード」の具体例を見ると（「企業の『ドレスコード』（服装基準）を見る」労政時報3725号28頁），他人や顧客に不快感を与えないという観点から，子細な

　　く認知されており実施率も高いことが示されている。
(36)　増田美子編『日本衣服史』（吉川弘文館，2010年）384頁（増田美子筆）。
(37)　鷲田清一『ひとはなぜ服を着るのか』（NHK出版ライブラリー，1998年）39頁。

第2章　労働契約と労働者人格権

基準や禁止アイテムをネガティヴリストとして提示するものが多い。また，染髪については，その判断基準として「カラーリング・レベルスケール」を約8万の事業所が活用しているとされる。とりわけ，このようなドレスコードで注目すべきなのは，社員の意見を集約しながらその作成が行われていることである。こうした服装や染髪に関する社内規定（ドレスコード）については，企業の21.3％で実施されている（『人事労務諸制度の実施状況』2010年・労政時報3773号65頁，2007年同調査で初めて調査対象とされたが，このときの実施率は18.8％である）。このように，クールビズの実施と合わせるかのように，策定が広がっているともいえる「ドレスコード」であるが，制服の場合の服装規定とはその性格が異なるものとして理解すべきであろう。

　以上のような「ドレスコード」は，まず，労働者の意見の集約を通じて策定されるべき性格のものである。なぜなら，制服の場合と異なり労働生活の場面において基本的には身だしなみについて自由であるという環境下において策定される性格のものであるので，規則のような規制にはなじまず，労働者の意向を尊重すべきものであるからである。そうした点から考えれば，「ドレスコード」は労働者の身だしなみについての主体性を尊重するものとして，最小限のネガティヴリストとして提示することが求められる。したがって，「ドレスコード」は，具体的な指標を示すとしても緩やかな基準程度に留めることがもっとも望ましく，「ドレスコード」の法的性格としては，強制力を伴うものではなく，企業内における身だしなみについて労働者自身が参考とする以上の効力を考えるべきでなく，それに反したからといってただちに懲戒や不利益処分の対象とはなりえないと理解すべきである[38]。また，このような性格から，「ドレスコード」については，不断に労働者の意見の反映させながら見直しが行われることも肯定すべきである。

---

[38] そのような観点から，前掲郵便事業（身だしなみ基準）事件・神戸地判が，「身だしなみ基準」の一律的な適用について合理的な制限とは認められないと判断したような柔軟な対応は評価される。

17 懲戒処分における適正手続の意義

勝 亦 啓 文

1 はじめに
2 公務員の懲戒処分における手続
3 私企業労働者の懲戒処分における手続
4 適正手続をどう位置づけるか

1 はじめに

　懲戒処分の効力が争われるとき，労働者側が懲戒事由の実体的な不存在や処分内容の不相当性に加え，聴聞・弁明の機会の欠如等の適正手続を欠くことを主張することが多い。しかし，懲戒処分の有効性の判断と適正手続の関係は必ずしも明瞭ではない。労働協約に基づく人事同意・協議条項に反する懲戒処分の場合は，労働協約の効力の問題として別途論じる必要があるが，本稿では，裁判例において公務員，私企業労働者それぞれの懲戒処分における適正手続がどのように位置づけられているかを概観したうえで，その位置づけを検討したい。

2 公務員の懲戒処分における手続

(1) 手続違反と処分の効力

　公務員の懲戒処分は，国家公務員法，地方公務員等の法令において，その内容・程度が定められ，処分時に不服申立等に関する事項と処分事由の説明書を交付することが定められているものの（国家公務員法89条，地方公務員法49条），手続の具体的内容に関する定めは明確でない。

　国家公務員の場合，人事院規則1210（昭和27年5月23日）第5条1項で「懲戒処分は，職員に文書を交付して行わなければならない」とされ，同条2項

第2章　労働契約と労働者人格権

で「これを受けるべき者の所在を知ることができない場合においては，その内容を官報に掲載することをもつてこれに替えることができるものとし，掲載された日から二週間を経過したときに文書の交付があつたものとみなす」とされている。また，教育公務員や自衛隊員などについては別段の法令の定めがあるが，地方公務員には，具体的手続について地方公務員法上は定めがなく，自治体ごとに条例等で定められている[1]。

　古くは，規律違反行為を理由とする停職処分の取消請求において，町の警察基本規定で定められた懲戒委員会の審理開始前の懲戒申立書の写しが交付されず，通知と審理期日までの期間が遵守されなかったことを重大な手続上の瑕疵とはいえないとする高裁判決（福岡高判昭29・6・22民集10巻7号840頁）を破棄・差戻す中で，これらの規定の「趣旨は，これにより被審人に予め自己がいかなる事由により懲戒を申し立てられたかを知らしめ，防禦方法の準備をする機会を与えることにあり，この趣旨からすれば，懲戒申立書の写を送付しないで開始された審理の結果」に基づく処分も違法といわざるを得ないとした山田町警察官事件（最2小判昭31・7・6民集10巻7号819頁）がある[2]。

　一方で，私生活上の非行を理由とする警察官の懲戒免職処分について，基本規程，懲戒規程によれば，懲戒審査委員会に欠席した証人から証言をとることができないとされているが，「出頭に応じない証人との対決を案するものと解することはでき」ず，被処分者が同席しないで録取された調書に基づいて審理を行うことが違法な手続とはいえないとしつつ，懲戒免職は裁量権を逸脱するとした控訴審判決（大阪高判昭29・9・21民集11巻5号708頁）を破棄する説示において，「本件懲戒処分は，前述のように大阪市警視庁設置等に関する条例及び大阪市警視庁基本規定の定める公正な手続による審査委員会の勧告に基いて行われたのであつて，懲戒権者の裁量権の範囲を超えた違法な処分ということはできない」とした大阪府警察官事件（最2小判昭32・5・1民集11巻5号699頁）がある。

---

(1) 山本信一郎「職員の分限に関する手続および効果に関する条例（鳥取県）職員の懲戒に関する手続および効果に関する条例（鳥取県）」ジュリ800号（1983）50頁以下，石塚雅啓「職員の分限に関する手続および効果に関する条例／職員の懲戒に関する手続および効果に関する条例（鳥取県）」ジュリ増刊『新条例百選』（有斐閣，1992）228頁以下。

(2) 手続規定の遵守が結果として妥当な実体的判断を導くとする肯定的な評価として，小高剛「懲戒処分の手続①」別冊ジュリ『公務員判例百選』（1986）62頁以下。

もっともこの２判決は，行政処分に適正手続が要求されるとした個人タクシー事件最高裁判決（最１小判昭46・10・28判時647号22頁）および群馬中央バス事件最高裁判決（最１小判昭50・5・29判時779号21頁）以降，公正手続の原理という条理法が適用され，結果に影響を及ぼす場合には手続的瑕疵が考慮されるようになったことから，先例的価値は低いとの指摘がある[3]。

このほかの裁判例をみると，まず地公法の「公平公正」な取扱いの内容として，適正手続が要請されていることを前提に，「著しく不妥当で条理に反し且つ公正を欠く」場合にはその瑕疵により，取消し得るとした例もある。校舎を失火させた容疑で拘留中の教員の懲戒免職処分について，地方公務員法第27条1項が「すべて職員の分限及び懲戒については，公正でなければならない」とするのは，「職員の分限及び懲戒についても，同法に定める分限及び懲戒に関する規定の定めるところに従い公正に行うことを要し，公平適正を欠く処分又は取扱をしてはならないというにある。従つて本条の規定に違反して明らかに公平適正を欠く処分又は取扱をした場合は懲戒処分の瑕疵を招来する」として，一定の調査により行為の概略を知ることができるときに，これに基づき「或る程度の懲戒処分をすることは勿論許されるところであるが，本件の場合の如くその取扱が著しく不妥当で条理に反し且つ公正を欠く場合には懲戒処分の瑕疵を招来し，その瑕疵は無効原因とはならないにしても取消原因になるというべきである」とする栃木市教育委員会事件（宇都宮地判昭34・12・23行裁例集10巻12号2597頁）である。

また，不正入試に関与したことを理由とする学校長に対する懲戒免職処分について，「地方公務員法第29条に基づく懲戒処分，とくに公務員にとつて極刑ともいうべき懲戒免職処分をするに当つては，事前に処分さるべき当該職員に問題とされている事件の内容を具体的に告知し，当局が嫌疑の根拠としている資料の実質的内容を知らせ，弁明と防禦の機会を与えること（以下右の手続を「公正な告知と聴問の手続」という。）は，イギリス法にいわゆる「自然的正義」（Natural Justice）の要請するところといえよう。そうだとすると，被告委員会としては，かりに当該職員に対し告知と聴問の手続を履践しても，実体的判断を左右するような弁明と資料が提出される可能性が全くないような特別の事情が

---

[3] 島田陽一「公務員の懲戒免職処分と公正手続」労判437号（1984）4頁以下。

ない限り，公正な告知と聴問の手続を履践しないまま懲戒権を行使することは裁量権を逸脱するものといわなければならない」として，告知と聴聞の手続をとらない懲戒免職処分を違法とした吉田高校事件（甲府地判昭 52・3・31 判タ 355 号 225 頁）があるものの[4]，控訴審判決は，事情聴取により一応の防御の機会を与えられていたとしてこれを取消している（東京高判昭 54・2・26 判タ 386 号 111 頁）。

これ以前にも，職務命令違反を理由とする市職員の懲戒免職処分について，弁明の余裕と「機会を与うべきことについては法令上ないし条理上その根拠を見出し難い」し，弁明をなす充分な余裕と機会がなかつた旨の主張は到底認めることはできないとする大宮市職員事件（浦和地判昭 40・3・24 行政事件裁判例集 16 巻 3 号 508 頁）のほか，GHQ による臨検情報を業者に漏洩したことを理由とする懲戒免職について，懲戒規定上，「控訴人に出頭を命じその弁明を聞くか否かは同委員会の裁量に委ねられていたものと解せられ，かつ前記事実関係のもとでは控訴人に対し懲戒委員会への出頭を命じなかったことが，著しく妥当を欠くものとは認められない」とする長野県警察官事件（東京高判昭 43・8・29 判時 543 号 48 頁）のように，聴聞・弁明の機会の付与を要するかは法令の解釈問題であり，処分者の裁量に委ねられるとする例がある[5]。

このように，裁量性を認める立場は，その後の裁判例で多く見られるところであり，懲戒処分は「地方公務員の身分に関する重大な事柄であるから，懲戒事由の存否は慎重な調査を経てこれを確認すべき必要のあることは云うまでもないが，右調査の方法，程度等について法，条例に何等規定するところがないことからすれば，これらは総て処分権者の裁量に委されているところであると考えられ」，「警察からの事情聴取のみによつて本件処分理由の存在を認めたとしても，これを以て本件処分を取消すべき瑕疵があるものと云うことは出来ない」とする明石市職員事件（神戸地判昭 50・1・30 行裁例集 26 巻 1 号 100 頁），同様に収賄罪容疑で逮捕・不起訴となった町職員に対する懲戒免職処分について，処分の告知聴聞の具体的方法は，「条例が存在しなくても他の関係諸法規より類

---

[4] 自然的正義による適正手続は立法論としてはともかく解釈論としては無理があり，告知・聴聞の手続が権利として保障されているわけではないとする見解として，水野高明「本件評釈」地方公務員月報 259 号（1985）40 頁以下。

[5] 公定手続がない場合は裁量に属するとの見解として，後記東京都消防職員懲戒免職事件一審判決の評釈における成田頼明「懲戒処分の手続②」別冊ジュリ『公務員判例百選』（1986）64 頁以下。

〔勝亦啓文〕　　*17*　懲戒処分における適正手続の意義

推されるところであるから、条例が存在しないからといつて、直ちに処分が無効となるものではなく、当該の場合に実質上告知聴聞の権利を侵害しない手続がなされたかどうかにかかつている」ところ、「文書交付については本件処分後直ちに告知に際し交付され、聴聞については事後的ではあるが公平委員会の不服審査手続により行われているから、この手続上の瑕疵がなく、それが本件処分の裁量権の濫用を来たす理由となるものとはいえない」とする吉川町職員事件（浦和地判昭57・8・27判時1062号145頁）がある。なお同事件控訴審（東京高裁昭59・1・31行裁例集35巻1号82頁）は、「懲戒処分権者として法律上要求される義務に違反した違法な点は見当らないものというべき」として控訴を棄却している。

また、飲酒死亡・ひき逃げ事故を起こしたとして拘留中の消防署員に対し、一方的に告知する形でなされた懲戒免職処分について、「行政庁が行政処分を行うについては、その処分の内容が実体的に適法であるのみならず、その手続においても適正かつ公正でなければならないことは、法律の規定をまつまでもなく当然」であるが、「適正かつ公正な手続の内容としてどのようなものが必要とされるかについては、当該行政処分の目的、性質、これにより規制を受けるべき権利、自由の種類、性質、規制の態様、程度その他一切の事情をしんしやくしつつ、当該行政処分に関する法律の規定全体について検討を行つて個別的に決するほかはなく、告知・聴聞の手続を経ることが常に必ず必要であるとはいえない」としつつ、法令の規定上は「告知・聴聞の手続を権利として保障したものと解することはできず、告知・聴聞の手続をとるか否かは処分をする行政庁の裁量に委ねられているものと解することができる。ただ、懲戒処分の中でも懲戒免職処分は被処分者の実体上の権利に重大な不利益を及ぼすものであるから、処分の基礎となる事実の認定について被処分者の実体上の権利の保護に欠けることのないよう、適正・公正な手続を履践することが要求されるというべきで」あって、「告知・聴聞の手続を経ることは、手続上不可欠のものではないが、右の機会を与えることにより、処分の基礎となる事実の認定に影響を及ぼし、ひいては処分の内容に影響を及ぼす可能性がある場合であるにもかかわらず、右の機会を与えなかつたときには、その手続は、適正・公正な手続ではなく、これによつた処分は違法となるが、そうでない場合には、右の機会を与えなかつたとしても処分は違法とはならない」とした東京都消防職員懲戒免職事件（東京地判昭59・3・29労働判例430号58頁）がある（なお同事件控訴審東

第2章　労働契約と労働者人格権

京高判昭 60・4・20 行政事件裁判例集 36 巻 4 号 629 頁は，「前記認定の事実関係に照せば，被控訴人が本件処分をすることについて告知・聴聞の手続をとらなかったとしても，これによつて本件処分の効力に影響を及ぼすような手続上の違法があつたと認めることはできない」として控訴を棄却。）。

　さらに弁明・聴聞の様態も，形式的な規定違反は問題にならず，実質的に保障されればよいとされる。近時でも酒気帯び運転で罰金刑となった職員からの地位確認，損害賠償請求等において，「本件説明書には，本件処分が地公法 29 条 1 項 1 号及び 3 号に基づくものであることに加え，本件酒気帯び運転が「都城市の名誉をはなはだしく毀損させ」るものであること，及び本件酒気帯び運転が全体の奉仕者である公務員としての信用を著しく失墜させる行為であることが明示されている」から，「被告が，地公法 33 条，29 条 1 項 1 号及び 3 号に基づき本件処分をしたものと合理的に解することができ，本件説明書においてその特定，明示に欠けるところはない」し，「原告の弁解を踏まえた具体的な聞き取りがなされていることが明らかで」あり，一度のみではあるが，「本件酒気帯び運転の事実に加え，動機，態様等の具体的な内容を聴取し，原告が本件酒気帯び運転を理由に懲戒免職処分になり得ることも説明していたのであるから，本件処分に関し，原告に対する告知・聴聞は適正に行われたというべき」とする都城市職員事件（宮崎地判平 21・2・16 判夕 1309 号 130 頁）のほか，酒気帯び運転で検挙された高校管理員に対する懲戒免職処分について，裁量権を逸脱濫用した違法があるとしたうえでのなお書の中で，「原告から事情聴取した際の手続きの中で原告に一定の言動を強制したりしたことまでは認められず」，認定事実を踏まえると，殊更違法とまで認めるに足る事情まではないことからすると，「地方自治法及び大阪市条例に則って適法に行われ，憲法 31 条の要請にも叶うもの」とする大阪市教育委員会（高校管理作業員・懲戒免職）事件（大阪地判平 21・7・1 労判 992 号 23 頁）がある。

　このように判例は，懲戒処分における手続規定の定めを処分の効力発生要件とはしないものの，実質的な告知・聴聞手続の機会を保障する必要はあることを認めて，法令上の定めがあればそれに従うことを原則としつつ，その法令の趣旨目的に照らして，実質的な処分の相当性との相関的判断の中で手続上の裁量権逸脱の有無を判断しているようである。

　なお，本人の不在などの理由で，直接の告知や聴聞ができない場合，所在不

明，無断欠勤状態となった県職員に対し，最後の消息確認地で妻に処分を告知する形でおこなわれた懲戒免職処分の効力について，民法97条の2所定の方法による意思表示の手続が執られておらず，法律や県条例に職員の懲戒免職処分につき知事が公示の方法による意思表示を行うことができる旨の規定がないから，法令の根拠のない公示方法で懲戒免職処分の効力を生じさせることはできないとした高裁判決（大阪高判平8・11・26判時1609号150頁）を覆し，「所在が不明な公務員に対する懲戒処分は，国家公務員に対するものについては，その内容を官報に掲載することをもって文書を交付することに替えることが認められている（人事院規則1210「職員の懲戒」5条2項）ところ，地方公務員についてはこのような規定は法律にはなく，兵庫県条例にもこの点に関する規定がないのであるから，所在不明の兵庫県職員に対する懲戒免職処分の内容が兵庫県公報に掲載されたことをもって直ちに当該処分が効力を生ずると解することはできないといわざるを得ない」が，「自治省公務員課長回答を受けて，当該職員と同居していた家族に対し人事発令通知書を交付するとともにその内容を兵庫県公報に掲載するという方法で行ってきたというのであり」，「兵庫県職員であった被上告人は，自らの意思により出奔して無断欠勤を続けたものであって，右の方法によって懲戒免職処分がされることを十分に了知し得たものというのが相当であるから」，懲戒免職処分は効力を生じたものというべきである」とした兵庫県土木事務所事件（最1小判平11・7・15労判765号7頁）がある[6]。

(2) その他の公務員

自衛隊員の懲戒処分に関しては，自衛隊法施行規則73条が，懲戒権者は，審理にあたって「規律違反の疑がある事実を記載した書類を送達しなければならない」としつつ，同規則76条1項が，「懲戒権者は，事案の審理を終了する前に，懲戒補佐官を列席させた上，被審理者又は弁護人の供述を聴取しなければならない。但し，被審理者又は弁護人が供述を辞退した場合，故意若しくは重大な過失により定められた日時及び場所に出席しない場合又は刑事事件に関し身体を拘束されている場合は，その者の供述についてはこの限りでない」と定めている。この審理の結果，懲戒が相当とされる場合，77条2項で「被審

---

[6] 公示慣行を認めることに対する批判であるが，山代義雄「所在不明の職員に対する懲戒免職処分手続の相当性」民商122巻4・5号（2000）218頁以下。

理者に懲戒処分宣告書を交付して懲戒処分の宣告を行わなければならない」とされ、さらに同規則83条により、「懲戒権者は、懲戒処分を受けた隊員又は懲戒処分の変更を受けた隊員から請求があつた場合は、すみやかに懲戒処分説明書を交付しなければならない」とされる。

　もっともこれには特例があって、同規則86条で部隊行動時で事態急迫の場合はこれらの手続によらない懲戒が認められるほか、同規則85条1項で、軽微な処分なときで「その事実が明白で争う余地がない場合」は、「懲戒補佐官の意見をきいて、懲戒処分を行うことができる。但し、当該懲戒処分の行われる前に規律違反の疑がある当該隊員が審理を願い出たときは、この限りでない」とし、また同条2項が、「規律違反の事実が軽処分をこえる場合においても、その事実が明白で争う余地がなく、且つ、規律違反の疑がある隊員が審理を辞退し、又は当該隊員の所在が不明のときは、前項本文の規定に準じて処分を行うことができる。」としている。

　このように比較的詳細な定めはあるものの、構造的には、処分前の告知、審理における供述、処分時の宣告書交付、処分後の説明書交付を原則としつつ、部隊行動時のほか、①審理に故意もしくは重大な過失により出席しない場合、②刑事事件による身体拘束が行われている場合、③軽処分の場合で本人が審理を請求しないとき、④事実関係が明白で、「かつ」本人が審理を辞退ないし所在不明のときに、審理手続における本人への告知聴聞の機会がなくても良いとされている。

　これらの規定の意義につき、「憲法第31条は、刑事手続に関する規定であって、直ちに行政処分手続に適用があるものではないが、自衛隊員に対する懲戒処分に関する施行規則の前示各規定は、憲法第31条の趣旨に照らし、その要請を充足しているものと解することができる。そして、一般に、懲戒権者が懲戒処分を行うに当たり被処分者に対し常に弁明の機会を与えなければならないと解することはできないのであって、処分の基礎となる事実が明白で争う余地がなく、かつ、被処分者の所在が不明で告知・聴聞の手続をとることができないような場合には、弁明の機会を与えないで処分を行ったとしても、手続上違法となるものではないと解するのが相当である」とした航空自衛隊第二高射群事件（東京高判平12・10・25裁判所Webページ　最1小決平13・3・22で上告不受理。）のほか、審理に本人が出頭しないままなされた懲戒免職処分を有効とした例として、

陸上自衛隊東部方面隊習志野駐屯地事件（最1小判平8・9・5労判650号21頁），審理に本人が出頭しなかったことに合意的理由はなく手続的違法もないとした陸上自衛隊東部方面隊第一師団事件（東京地判平12・10・26裁判所Webページ）がある。

また，教育公務員特例法は，降任および免職（5条），懲戒（9条）において，被処分者に対し，審査の事由を記載した説明書の交付，説明書を受領した後14日以内に請求した場合に，その者に口頭または書面で陳述する機会を与えなければならない旨の転任に関する定め（4条）を準用している。

これらの定めについては，学生紛争への加担を理由とする教員らの懲戒免職処分について，審査事由の説明はなされていたと認められるが，「各懲戒処分理由については，いずれも人事教授会の審査説明書及び審査説明補充書には全く記載されていない事実に基づいてなされたに過ぎないものであつて，同原告らは口頭は勿論書面によつても陳述，弁解の機会を付与されないで審査，処分されたものと認めることができ，……このような方法によつて同原告等を各処分することは，前示法条に違反するから，これをもつて処分事由とすることは許されない」のであって，「陳述の機会を奪つた瑕疵」の存在を理由とする処分無効の主張には理由があるとした都留文科大学事件（甲府地判昭42・7・29判時495号80頁）がある一方で，国立大学教員に対する停職処分において，教育公務員特例法「9条2項，5条2項が審査を行うに当たり審査説明書の交付を要するとした趣旨は，審査の過程で被審査者に審査についての防御と陳述の機会を保障するためであり，審査説明書の交付が必ずしも審査の冒頭に行われなければならないものと解すべき根拠は見出せず，審査のいかなる段階において行われるかは，審査を行う評議会の裁量に委ねられているものと解するほかない」とする岡山地判平14・10・8（裁判所Webページ）がある。

公務員の懲戒処分における手続の適正を重視する立場からすれば，手続に裁量を認める判例の立場には批判もあろうが[7]，弁明の機会の実質的保障があれば足りるとするのが一般的傾向である[8]。

---

(7) 島田・前掲注(4)は，憲法31条により要請される公正手続は行政処分にも要請されるから，事実認定に影響を与えない場合と合理的理由により告知・聴聞が不可能な場合を除いて，違法になるとする。

(8) 日本法において法令，判例上公務員の不利益処分の事前手続が不十分であることの問題性を指摘するものとして，下井康史『フランスにおける公務員の不利益処分(1)―人事記録閲覧手続から防御権の法理へ―』北法54巻1号（2003）1頁以下。

3 私企業労働者の懲戒処分における手続

(1) 適正手続の位置づけ

平成20年3月の労働契約法施行以前は，懲戒権濫用法理により，また同法施行後は16条により，懲戒処分の効力が判断されることになるが，労働契約法においても，手続的適正の位置づけが明確にされたわけでもない。

裁判例の中には，手続上の適正から懲戒処分を無効としたものも相対的に少数ながら存在する。

古い例では，就業規則が懲戒処分について労使で構成する懲戒委員会の決定と組合同意，本人の弁明の機会付与を定めているところ，組合の同意のみでなされた懲戒解雇の効力について，「懲戒解雇は，経営秩序維持のため経営者のもつ経営指揮権の発動としてなされるものであるから，そのイニシアティヴをとる会社側のいないところで解雇理由を聞かされ，辯明の機会を与えられたとしても，それは全く無意味なことであるといわなければならない。而して懲戒委員会は，労使双方の委員を以て構成せられ，その面前で辯明したところを労使の異る角度から検討協議して解雇の適正を図らうとするものであるから，それは，申請人等にとつて重大な利害をもつ制度であり，従つて，申請人等の意に反して，これを省略することはできない，といわなければならない」とし，解雇を無効とした理研発条鋼業事件（東京地決昭25・9・7労民集1巻5号795頁）がある。

このほか，就業時間中の違法な組合活動を理由とする懲戒解雇について，懲戒事由は認められるものの，「就業規則の定める手続に違反してされた懲戒処分は，その手続違反が軽微であって結果に影響を与えないような特別の場合を除き，無効であると解される」ところ，労働協約上の協議条項にも反し，「弁明の機会が与えられなかったことは，右両債権者に対する本件懲戒解雇処分の効果に影響を与えかねない重大な手続違反と言わなければならない」として，「両債権者に対する本件の懲戒解雇処分は，その手続が就業規則及び労働協約に反し，無効に帰する」とした東北日産電子事件（福島地会津支判昭52・9・14労判289号63頁），組合執行委員長であった私立短大教授の経営批判行為等を理由とする懲戒解雇について，「諸規定中解雇に際して教授会の審議を要求した部分は，右大学の自治の保障を具体化したものであって，この手続を怠った瑕

疵を軽視することはできず，個々の教授個人の意見を聴取したとしても，これが，会議体として要求されている教授会でないこと及び構成員である専任の助教授，助手の意見を反映していないことの二点において，右教授会の審議に代替するものとは考えられない」のであって，「以上を総合考慮すれば，本件解雇は，他の諸点を検討するまでもなく，その効力を否定せざるをえない。」として，手続的適性のみの判断によって懲戒解雇を無効とした前橋育英学園短期大学事件（前橋地決昭63・3・11労判514号6頁）がある。

　近時の例でも，組合員が経営懸念をマスコミに公表したことを理由とする懲戒解雇において，懲戒規定上定められた弁明手続きをとらなかったことについて，「懲戒解雇が懲戒処分の極刑であり，通常は何らの対価もなく労働者の雇用契約上の地位を失わせるものである上，再就職の重大な障害ともなりうることを考慮すると，懲戒解雇の適否について公正な審議を行うためには，第一教職員組合が本件記者会見を行ったことのみならず，これに対する個々の被控訴人らの関与の有無，程度，懲戒事由該当性についての認識等についても，被控訴人らに弁明の機会を与えて明らかにする必要があるというべきである」として，懲戒事由の有無について特段検討をせずに，「本件懲戒解雇には就業規則及び賞罰委員会規則を無視した重大な手続違反があるから，その余の点について判断するまでもなく，本件懲戒解雇は無効」とした千代田学園（懲戒解雇）事件（東京高判平16・6・16労判886号93頁〈要旨〉，なお最三小決平17・2・22で使用者側上告不受理）がある。

　これらの例は，認定事実や当事者主張からみる限り，そもそも懲戒事由とされた行為が懲戒事由に該当するのか，懲戒事由があったとしても処分の相当性に疑義がありうることがうかがわれる事例である。加えて，前橋育英学園短期大学事件は，大学の自治の保障から要請される手続を怠った瑕疵を軽視することはできず，個々からの聴取を以て代替し得るものではないとしており，必ずしも懲戒処分固有の要請としての厳格に手続的適正が必要とされているわけではない。適正手続を懲戒処分一般における独立した要件ではなく，濫用判断における一要素と捉えているようである[9]。また，手続的適正から処分の無効が

---

(9) 山口幸雄・三代川美千代・難波幸一編『労働事件審理ノート（改訂版）』（判例タイムズ社，2007）鈴木拓児執筆第1章，15頁は，使用者側が懲戒解雇の有効性を主張立証すべき抗弁として，①就業規則の懲戒事由の定め，②懲戒事由に該当する事実の存在，

導かれるほどの手続上の瑕疵の「重大性」や逆に「軽微性」がどのような意味を持つのかも，必ずしも明らかでない。

(2) 結論として処分を無効とする例

多くの裁判例では，適正手続に関する判示は，懲戒事由の不存在ないし相当性の判断に付加しておこなわれている。

たとえば，上司から横領の事実を告げられ始末書を提出したものの，その後一貫して横領行為を否定した労働者に対する懲戒解雇について，横領行為事実が認められないことに加え，「弁明の機会を与えるとは，懲戒解雇の事由に関する事項に関し，疑問点等につき釈明させるものであるから，釈明可能な事項につき，釈明のための必要な資料や疑問の根拠を説明し，必要あるときはその資料を開示し，あるいは釈明のための調査する時間も与えるほか，解雇事由が職務に関する不正，特に犯罪事実にかかるときは，その嫌疑をかけられているというだけで，心理的に動揺し，又解雇のおそれを感じることから，心理的圧迫を与える場所や言動をしない配慮が必要であるのにかかわらず，……債務者が債権者に与えた弁明機会の時期，場所，方法等は，前記配慮を欠くものであり不適切なものである」として，解雇を無効とした長野油機事件（長野地判平6・11・30労判699号22頁），病院開設者に対する誹謗中傷等を理由とする病院の院長の懲戒解雇の効力について，懲戒事由が存在しないことに加え，就業規則上定められていた懲戒委員会による処分決定が行われておらず，「就業規則51条の規定どおりでなければ懲戒解雇をなしえないとするのは相当ではなく，代替的な方法によることも可能である（が）……病院の中枢的立場にある者の協議検討の上慎重に決定しようとした趣旨が全く没却されているのであって，就業規則上の懲戒委員会に代替する措置が執られたとは到底認められない」とする中央林間病院事件（東京地判平8・7・26労判699号22頁）がある。

近時の裁判例においては，酒席での役員に対する暴行を理由とする懲戒解雇について，労働者が退職金・損害賠償等を請求した事案であるが，懲戒解雇は相当性を欠いて無効であるとしたうえで，「就業規則に規定はないが，従業員の賞罰に関して賞罰委員会の制度が存するにもかかわらず，その手続を経ない

---

③懲戒解雇したこと，④解雇予告の存在ないし期間の経過を挙げる。弁明の機会付与は，評価事実の再抗弁，再々抗弁の中で争われることになるだろう。

まま乙山専務が本件懲戒解雇を言い渡したことは，不法行為を構成すると言わざるを得ない」とし，その後の契約が不更新となったことと併せ，60万円の慰謝料請求を認容した旭東広告社事件（東京地判平成21・6・16労判991号55頁），経営批判言動を理由とする組合執行委員長であった教授の懲戒解雇につき，懲戒事由が存在しないという判断の下で，懲戒事由として示されなかった事由についての説示であるが，「本件解雇以前に，原告に弁明の機会を付与していないと認められ，また，証拠（略）によれば，原告はこれらの解雇理由のいずれについても，その事実関係を争う立場にあったのであるから，この点に関する被告の懲戒解雇手続は違法である」として，結論として懲戒解雇を無効とした学校法人純真学園事件（宮崎地判平21・6・18労判996号68頁）がある。

　また，業務命令に反して欠勤したことは懲戒事由にあたりうるとしても，労働局へのあっせん申立，団交要求がある中で，「『本就業指示書に従わなかった場合は，何らの通知等することなく，同通知書到達後30日経過した日をもって懲戒解雇する』旨の文言により，仮に指示違反があったとしてもそれについて何ら弁明の機会を与える余地のない形式で懲戒解雇に至っていること等の事情をも考慮すると，原告の業務命令違反が，正当な事由のない欠勤という労働契約上の義務の根幹に関わるものであることを考慮してもなお，本件解雇を有効とするには相当の躊躇を覚えざるを得ない」として，懲戒解雇を無効とした熊坂ノ庄スッポン堂商事事件（東京地判平20・2・29労判960号35頁）があるが，手続違反のみから処分が無効になるというわけではなく，相当性の総合考慮をおこなっている。

　一方で，生徒を引率しての宿泊中に飲酒したことを理由とする教員への3カ月の停職処分につき，著しく重きに失し，相当性を欠くものであり，裁量権を逸脱したもので無効としたうえで，職員懲戒規程上定められた「懲戒委員会の全体において弁明の機会が与えられなかったとしても，調査部会において事情聴取がされ，また，懲戒処分の決定機関である理事会において，本人に弁明の機会が与えられた場合には，弁明の機会の付与に関して，本件停職処分に至る手続が違法であるとはいえないというべきであ」り，調査部会，理事会において弁明の機会が充分に与えられたと認められるから，「懲戒委員会における弁明に関する状況をもって，本件停職処分に至る手続が違法であるとは認められない」とする学校法人関西大学（高校教諭・停職処分）事件（大阪高判平20・11・14

第2章　労働契約と労働者人格権

労判987号79頁），上司のパワハラ，セクハラ行為を財団理事に報告した総務部長に対する諭旨解雇について，内部情報を外部の者に通報したこと等の懲戒事由は認められるものの，解雇は重きに失して相当性を欠くとしたうえで，「被告査問委員会は，原告に対し，漠然とした懲戒事由を伝えたわけではなく，弁解するのに可能な程度には，本件解雇事由の概略を告げていたこと，現実に，原告の弁明を聞く手続はとられていることは前記認定のとおりであるし，また，弁明を聞く際に，内部調査報告書や外部調査報告書を示しておくことが必須の要件とは解されず，懲戒対象者の複数回の弁明に全て対応すべきであるとまではいえないから，結局，本件において，解雇を無効とするほどの手続的瑕疵はない」とする財団法人骨髄移植推進財団事件（東京地判平21・6・12労判991号64頁）のように，実体的な相当性を欠くとしつつ，手続的な正当性を認める例もある。

(3)　懲戒処分を有効とする裁判例

　古くは，違法争議の指導を理由とする組合幹部の懲戒解雇につき，「懲戒手続において，被懲戒者に対し弁解の機会を与えることは，懲戒を慎重ならしめる所以であり，好ましいことには違いはないが，懲戒権行使の本質的な要件でないこと前説示のとおりであるから，使用者が就業規則にこれを規定し，自ら制約を付した場合は格別，そうでない本件の如き場合にあつては，単に弁解の機会を与えなかつたということだけで，懲戒処分を無効ならしめるものとは解し難い」とする国際電信電話事件（大阪地判昭36・5・19労民集12巻3号282頁）や，比較的最近の事例でも，同僚に対する暴行や上司に対する中傷を理由とする諭旨解雇に関して，「懲戒の性質を有する解雇にあたり，告知聴聞の手続を経ることを要すると解すべき明文の法的根拠はなく，この手続を経なかったからといって，当該解雇が必ずしも無効となるものではないと解すべきであるから，債権者の右主張は失当である」とする日本電信電話事件（大阪地決平7・5・12労判677号46頁），プログラミング担当者に対する経歴詐称による懲戒解雇について，「原告に弁明の機会が与えられておらず違法であるとするが，証拠（〈証拠略〉）によれば，被告の就業規則にはかかる手続を定めた規定がないと認められるのであり，原告に弁明の機会がなかったからといって，懲戒処分が違法となるものではない」とするグラバス事件（東京地判平16・12・17労判889号52頁），「本件懲戒処分がなされるまでの間に控訴人から被控訴人に対して弁明の機会が与え

られたことを認めるに足りる証拠はないが、控訴人の就業規則上、懲戒手続において、対象者に弁明の機会を与えることを定めた規定はないこと、また、被控訴人が本件行為を行ったことは明らかである上、前記引用に係る原判決の認定事実によれば、被控訴人が本件行為に及んだ背景やその意図、目的は、控訴人においても、容易にこれを知り得ることができたものと解され、これによれば、控訴人においては、被控訴人が弁解として主張したであろう事情は認識していたものとも考えられること、そして、本件懲戒処分は3日間の停職という比較的軽微な内容であること等前記の事情に照らすと、控訴人が被控訴人に弁明の機会を与えずに本件懲戒処分をしたことが権利の濫用として無効であると解することはできない」とする海外漁業協力財団事件（東京高判平16・10・14労判885号26頁）のように、聴聞・弁明手続は処分に必須ではないとするとする例もある。

　一方で多くの裁判例は、聴聞・弁明の機会の様態に、処分を無効とすべきほどの重大な瑕疵があったかを判断している。

　このような例としては、「懲戒解雇は、当該労働者にとって労働者たる地位の得喪に係る重大事項であ」り、就業規則の趣旨からも、「懲戒事由の存否について何らかの形で本人の弁明を徴する必要があるというべきである」が、実質的な弁明の機会は付与されていたとする川中島バス事件（長野地判平7・3・23労判678号57頁）、時季変更を無視して欠勤した労働者に対する譴責処分について、「賞罰委員会の開催が必ずしも厳格に行われていたわけではなく、特に譴責処分については同委員会は開催しないことが慣例となっていたということができることに加え、原告自身が、本件譴責処分について、いったん同委員会の開催を要求しながらこれを撤回したことを考えあわせると、本件譴責処分に先立って賞罰委員会が開催されなかったことをもって、手続上その効力に影響を及ぼすような重大な瑕疵があるとは到底いえ」ないとする株式会社銀装事件（大阪地判平9・1・27労判711号23頁）がある。

　また適正手続の意義について比較的詳細に説示するものとして、違法争議に対する組合執行委員長に対する懲戒解雇を有効としつつ、「使用者の行う懲戒処分を、労働契約や集団的合意ではなく、企業秩序の違反者に対する制裁であると考える以上（最判昭和52・12・13民集31巻7号1037頁参照）、それが私企業内の懲戒手続であるとの理由のみで、これは適正手続ないし自然的正義の原則に照

らし，被処分者に弁明ないし弁解の機会を与えるべきであるとの保障の枠外にあるとはいえない」が，「一般に，懲戒手続は刑事手続とはその性質を異にし，またその目的に応じ多種多様で，懲戒処分の相手方に事前の告知，弁解，防御の機会を与えるかどうかは，懲戒処分の内容，性質，その懲戒対象事実の性質，明確度等を総合較量して決定すべきものである」としたうえで，「就業規則に弁明，弁解の手続規定がない場合には，弁解聴取の機会を与えることにより，処分の基礎となる事実認定に影響を及ぼし，ひいては処分の内容に影響を及ぼす可能性があるときに限り，その機会を与えないでした懲戒処分が違法となる」のであって，就業規則，労働協約に弁明の機会を与えることを義務づけた規定や慣行はなく，「しかも，懲戒処分の理由となった事実の殆ど全部が，前認定のとおり明白で，弁解，聴取の機会を与えることにより，処分内容に影響を与えたものとは認められない」とする大和交通事件（大阪高判平11・6・29労判773号50頁）がある。

　このほか，時季変更を無視して欠勤した記者に対する懲戒解雇について，「控訴人に弁明の機会を設けたことは窺えないが，控訴人がＤ総務局長の業務命令に違反して８月10日以降勤務しなかったことは簡明な事実であり，」出社して話し合いに応じるよう説得したが応じず，「団体交渉は被控訴人の指定した日時について労働者委員会から異議があったため開催されなかったという事情の下では，被控訴人が控訴人に弁明の機会を設けなかったことをもって，本件懲戒解雇の効力を否定しなければならないほどの重大な手続上の瑕疵があったということはできない」とする時事通信社事件（東京高判平11・7・19労判765号19頁，最２小決平12・2・18労判776号６頁で上告不受理），在職中に協業会社を設立した退職者からの退職金請求について，「原告乙山に対する懲戒解雇又は原告らに対する退職金不支給に関して，実質的にみても告知聴聞又は弁解の機会を設けなかったとまでは認められず，この点をもって，原告らに対する退職金不支給について，その効力を左右するような手続上の瑕疵があったとは認められない。」とするピアス事件（大阪地判平21・3・30労判987号60頁），旅費の不正請求を理由とする懲戒解雇について，上司らは本人から事情聴取を重ねて懲戒処分に至ったのであり，「原告に対して十分な弁明の機会を与えた上，原告の弁明をふまえて検討した結果，本件懲戒解雇処分を決定したものであり，懲戒解雇手続の適正，相当性を疑わせる事情は認められない」とする三菱電機株式会社事

件（神戸地判平20・2・28判時2027号74頁）がある。

　このように，懲戒処分の効力の判断にあたっては，一部の裁判例を除けば，聴聞・弁明の機会の付与自体は要請されていることが前提となっているものの，その機会付与の具体的内容は，就業規則等の規定で実現されると理解の下で，その違反が「処分を無効とすべきほどの重大な瑕疵」といえるかにより，効力の有無が判断されている。

　もっとも，どの程度の手続を実施すべきかの争いは残る。

　このような例として，痴漢行為で逮捕され，懲戒解雇となった職員からの退職金請求の前提としての懲戒解雇の効力に関して，「控訴人は，上記の被控訴人の担当者らとの面接の際，未だ申告していなかった平成3年の痴漢行為についてもみずから話すなどしているし，その際の会話の内容（略）などからみても，自由に弁明ができないような状況であったとは認め難い」とする小田急電鉄（退職金請求）事件（東京高判平15・12・11労判867号5頁），出張費の不正請求を理由とする懲戒解雇について，「事前に調査をした上で，原告から何回にもわたって事情を聴取しており，その際には本件懲戒解雇事由とされている出張旅費の不正受給が調査の対象となっていることは原告にも具体的に告げられていたのに，原告は当該不正受給に係る金員の使途を具体的に説明することができなかったというのであり，出張旅費の流用・着服について原告に対して防御ないし弁明の機会は十分に与えられていたということができ」るとするジェイティービー事件（札幌地判平17・2・9労経速1902号3頁），理事会議事録の偽造等を理由とする社会福祉法人の事務次長に対する懲戒解雇について，どの行為が就業規則の解雇事由に該当するのか明示されていない上，一切の告知聴聞の機会を与えずに解雇通知が出されており，適正手続を経たものではないとの主張について，「原告には，本件懲戒解雇がなされるまで，弁解する機会が十分あったといえる」とするA社会福祉法人事件（甲府地判平19・12・25裁判所Webページ掲載），製薬会社から接待を受けたことや業務命令違反等を理由とする治験施設支援機関職員に対する懲戒解雇について，原告は，十分な弁明の機会が与えられなかったと主張するが，「電子メールや内容証明郵便等により，自らの主張を被告に対して明らかにしており，さらには社内懲罰委員会への出席の機会を与えられながら（略）これに出席しなかったのであるから」，「弁明の機会は与えられていたと認められる」とするハイクリップス事件（大阪地判平20・3・7労

第2章　労働契約と労働者人格権

判971号72頁）があげられる。

　概していえば，裁判例は，当人が懲戒事由とされた行為を特定でき，かつ事実関係等について説明をする機会が実質的に阻害されなければ，聴聞・弁明の手続に瑕疵はないと評価しているようである。

4　適正手続をどう位置づけるか

　弁明・聴聞の機会付与は，学説上，自然的正義の原則[10]や，懲戒処分の不利益処性に着眼して，罪刑法定主義に関する憲法31条の適正手続に関する規定が適用ないし準用されると説明されてきた。

　たとえば菅野は，「ささいな手続上の瑕疵に過ぎない場合でないかぎり，懲戒権の濫用となる」とする[11]。判例法理に最も近い見解であろう。土田も，結論的としては同様であるが，手続の不遵守や瑕疵を懲戒処分に直結させない近時の裁判例の傾向を批判したうえで，「懲戒処分手続は重要な法的要請であり，些細なミスを除いては，手続の瑕疵は懲戒処分の無効原因となると解するべき」とする[12]。

　そのほか有田も，懲戒が企業における「秩序罰」または「制裁罰」である以上，懲戒権の行使には罪刑法定主義の原則を及ぼし，刑事手続のように適正手続で縛ることが重要とするほか[13]，罪刑法定主義の要請が懲戒処分にも準用され，手続的適正が要求されること，少なくとも本人に対する聴聞・弁明の機会が保障されるべきとすることは，概ね多くの学説の支持するところである[14]。

　西谷は，「被処分者に弁明の手続を与えるなどの懲戒手続が規定されている場合には，その手続を履践しないでなされた懲戒処分は，原則として無効と解すべき」であり，その定めがない場合も，「事実が明白であるなど特段の事情

---

[10]　窪田隼人『実務労働法体系・10　職場規律と懲戒』（総合労働研究所，1970）225頁。
[11]　菅野和夫『労働法（第9版）』（弘文堂，2010）433頁。
[12]　土田道夫『労働契約法』（有斐閣，2008）450頁以下。なお，東京大学労働法研究会『注釈労働基準法上巻』（有斐閣，2003）266頁も同旨。
[13]　野田進編『判例労働法入門』（有斐閣，2009）有田謙司執筆第9章，117頁以下。
[14]　角田邦重・山田省三『現代雇用法』（信山社，2007）130頁以下，角田邦重・毛塚勝利・脇田滋編『新現代労働法入門』（法律文化社，2009）毛塚執筆第5章，99頁。浅倉むつ子・島田陽一・盛誠吾『労働法』（有斐閣，2007）181頁，奥山明良『労働法』（新世社，2006）103頁。

のない限り，被処分者に懲戒事由を事前に告知して弁明の機会を与えることが，懲戒処分の有効要件と解すべきであろう」とする[15]。

学説は，実体的な要件の充足とは別に，例外的な場合を除けば，適正手続に反する懲戒処分は，原則としてそれの自体処分の無効事由となるとする立場が主流であるといえるだろう。

これに対して，裁判官の渡辺は，懲戒事実の存在，相当性が十分に認められるにもかかわらず，もっぱら手続に問題があるというだけで懲戒処分が無効となることはにわかには賛同しがたいというのが実務家の通常の感覚と思われるとしつつ，処分の無効を認めるためには重要な手続違背であることを的確に説明する必要があると指摘する[16]。

適正手続を有効性判断の総合考慮の要素とする判例の立場は，その根底に，適正手続の要請を認めつつも，企業秩序維持のため労働者に処分を実施すべき実質的要請ないしそれを支える社会的な秩序意識を超えて，手続違反の非違性を認めうる場合にのみ，処分の効果を消滅させていると考えられ，ある意味，労使の「バランス」をとるという点で，人事管理の現状に即した判断であるとは言えるだろう。このような傾向は，適正手続固有の要請が軽視されるおそれがある一方で，手続違反の非違性が低い場合でも，処分の相当性とあわせた考慮ができるという点では，利益衡量的な手法として，あながち否定もできないと考えられる。

しかしあるべき適正手続の法理を考えるには，懲戒権の規範的根拠の検討が必要であるとともに[17]，労働者に対する不利益処分における適正手続の要請の規範的根拠それぞれについて，再度，法的構成を明確化する必要がある。

この適正手続について，下井は立法論として，公務員の身分保障の一環として適正手続を求めるほか[18]，三井は，懲戒権の構造を権力対個人という一面的図式で捉えるのではなく合理的契約論による整理が必要であるとして，罪刑法定主義のアナロジーを超えて，信義則上，適正な懲戒手続の整備と履践が必要

---

[15] 西谷敏『労働法』（日本評論社，2008）214頁以下。
[16] 渡辺弘『労働関係訴訟』（青林書院，2010）87頁。
[17] 学説の系譜について籾井常喜「懲戒権論」籾井編『戦後労働法学説史』（労働旬報社，1996）808頁以下。
[18] 下井・前掲注(8)。

であるとしたうえで，適正手続の就業規則への記載を処分の有効要件とすべきで，定めがある場合にも，合理的解釈をおこなって適正手続を履践させることが必要であると主張する[19]。また，天野もアメリカ法におけるWeingarten Rightsの検討を通じて，企業秩序維持に関する企業組織全体における規範性の正当性の担保として，弁明の機会付与が必要であることを主張する[20]。

懲戒権の規範的根拠が，「企業秩序維持権限」にあることは，判例上ほぼ決着がついているが，学説からの批判は根強いところであり[21]，それを踏まえた適正手続の規範的根拠の位置付けが必要である。私見としては，企業秩序と懲戒権濫用法理に依拠する判例法理を前提とするならば，懲戒処分における適正手続の位置づけを，次のように理解するべきと考える。

まず，聴聞・弁明の機会の付与は，就業規則に定めがあるにせよ，ないにせよ，不利益処分一般に関する憲法上の要請および法令上の定めの類推解釈から当然に導けるものであって，その「機会の付与」は，懲戒における最低限の効力発生要件として捉えるべきである。使用者が聴聞・弁明の機会をまったく与えずにおこなった懲戒処分は，それだけで無効になる。処分に実体的相当性がある場合においても，被処分者の人権保護のため，手続的正当性が優先されるべきであり，この要請は個別事案の結果的妥当性を超えた労使関係における公序として，懲戒処分一般において遵守されるべき準則である。これに反したために懲戒処分ができないとしても，その場合のリスクは処分者が負担すべきであって，仮に処分できないことにより秩序維持に不都合が生じるならば，他にとりうる懲戒以外の手段で対処させるべきであろう。

他方，一応は聴聞・弁明の機会が与えられていた場合は，懲戒権濫用の判断において，実体的な有効性の判断要素と並んで手続の具体的様態が総合考慮の対象となる。聴聞・告知の機会が具体的にどのように与えられるかは事案によって異なるところであるが，一般論としていえば，あらかじめ定められた手続規定の遵守や実質的な達成度は懲戒処分を有効とするために有利な要素とし

---

[19] 三井正信『現代雇用社会と労働契約法』（成文堂，2010）192頁以下。

[20] 天野晋介「Weingarten Rights ―アメリカ法における懲戒手続きへの労働組合の関与―」季労210号（2005）165頁以下。

[21] 文献は数多いが，角田邦重「「企業秩序」と組合活動―最高裁・企業秩序論の軌跡―」労判435号（1984）4頁以下。

て位置づけるとともに，規定がない場合も，被処分者の防御の可能性が実際にどの程度保障されたかを，使用者が懲戒を有効と主張するための要素として位置づけていくという処理が，非違行為に対する処分の実質的必要性と被処分者の利益の調整方法として妥当である。

18 解雇と被解雇者をめぐる法的課題

野 川　忍

1　本稿の課題——検討の視角　　2　解雇権濫用法理の形成と労働
　　　　　　　　　　　　　　　　　契約法 16 条の意義

1　本稿の課題——検討の視角

　本稿は，日本の解雇規制についてその意義を捉えなおし，労働者の人権ないし人格的利益の保護と言う観点から，制度・解釈論の再検討のための素材を提供しようとするものである。このような作業を行うために，まず以下の点を確認しておきたい。
　まず，一般に日本においては，解雇規制は諸外国に比べて厳しく，企業のコスト負担が大きいのみならず，むしろ失業率の改善や非正規労働者に対する圧迫につながっているといわれている。しかし，それは誤解であって，解雇に対する一般的規制を定める労契法 16 条が施行された 2008 年以降も，解雇は通常の継続的契約における解約と基本的には同様であって特に困難と言うわけではない。実態として解雇が訴訟になった場合に企業が敗訴することが多いのは，いわば企業の自業自得であって制度の問題ではないことは後述の通りである。
　第二に，解雇に対する法的救済手段が，無効であった場合の復職と，不法行為法上の違法性が認められた場合の損害賠償のほかになく，そのために解雇の金銭解決制度が議論されたことは周知の通りである。これについてどのように対応するかが，解雇と人権とをめぐる大きな論点の一つであることも確認しておきたい。
　第三に，解雇と人権との問題は，解雇それ自体についての法的・制度的課題のみならず，解雇後に被解雇者が遭遇する諸問題についても継続していること

を看過すべきではない。被解雇者は，ハローワークで求職活動をしても，解雇されたという事実が尾を引いて良質な転職先を見つけにくい。とりわけ，整理解雇のように会社側都合の解雇よりも，普通解雇，懲戒解雇など「本人都合」とされて離職させられる場合の解雇については，解雇後の転職や自立について大きな阻害要因となる。解雇をめぐる人権の課題を考えるにあたっては，この点にも目を向けなければならないであろう。

2　解雇権濫用法理の形成と労働契約法16条の意義

　はじめに，解雇について原理的な意味を再確認し，それが労働契約法16条によってどのように法的位置づけを与えられているのか，そして同条による解雇規制がもたらしている課題を検討する。

(1)　解雇権濫用法理と周辺的法理の形成[1]

(a)　解雇の意義と法原則

　まず，解雇ということの法的意味を再確認しておこう。

　解雇とは，周知のように継続的性格を有する雇用契約（労働契約法上は労働契約）という契約の，使用者側からの意思表示による解約である。賃貸借や雇用のように継続性それ自体を基本的内容とする契約の解約は，通常期間の定めの有無によって区別される。期間を定めた場合には，当該契約は期間の満了によって自動的に終了し，期間途中の解約は例外的にしか認められない。「期間を定める」ということは，その期間中は契約を継続するという趣旨であるから当然である。これに対して期間を定めない場合は，一定の告知期間を前提として自由な解約が可能である。民法はこの原理を雇用契約にも適用し，627条は制定当初から，使用者と労働者のいずれからでも，いつでも自由に解約をなしうることを定めている。告知期間についても労使に差を設けてはいない。

　しかし労働基準法は，国際的に定着した労働者保護の立場から，特定の労働者に対する解雇の禁止と，即時解雇の場合の一定の補償を使用者に課するなどの定めを置いた（同法19条）。前者は労災により療養中の労働者と産休を取得中の女性労働者を対象とした規制であって，労災が業務を原因としていること

---

[1]　明治期から近年にいたるまでの解雇法制の動きをトレースした直近の好文献として濱口桂一郎「解雇規制の法政策」（季労217号（2007）173頁以下）参照。

を前提とすれば当然であるし，後者については，出産を理由とする解雇がもたらす不適切な結果を踏まえればこれまた当然の規制である。また労基法20条が，解雇については辞職の場合と異なり30日間の予告期間を求め，この日数を短縮する場合は一日単位で平均賃金の支払いを使用者に課したのは，生活の経済的基盤を当該雇用契約関係のみにおくのが通常である労働者の立場を考慮するとともに，円滑な職業転換のサポートという意味も含んでいるといえよう。さらに雇用均等法は，男女差別解雇を禁じ（同法6条4項），労働組合法は労働組合への加入や正当な組合活動を理由とする解雇を禁じている（同法7条1号）が，いずれも先進国共通のルールである。

他方で，日本において特に市場主義を標榜する経済学者たちの標的になってきたのは，2003年の労基法改正まで実定法には存在しなかった「解雇権濫用法理」である。被解雇労働者が解雇無効を主張して訴訟を提起する場合，特に上記のような解雇禁止の法令に触れなくても，当該解雇は権利の濫用であって無効であるとの判決が少なくなかった。具体的には，「客観的に合理的な理由がなく，社会通念上相当と認められない解雇は権利の濫用となる」という司法の判断基準が定着していたのである。しかし，この基準は，自由な解雇を禁止して一定の正当な理由が認められる場合のみ解雇を認める，などというものではない。確かにドイツやフランスなどのヨーロッパ大陸諸国では，明文で解雇の一般的規制を行っており，それは自由な解雇を外から規制する役割を果たしているといえるが，日本の解雇権濫用法理は，結論からいえば，企業が広範な人事権を享受するための取引材料としてきた雇用保障の趣旨に反するような場合を権利の濫用としているのであって，外から強制的に解雇を禁止しているのではないのである。それは，解雇権濫用法理が形成されてきた経緯やその具体的内容を見れば明らかとなる。

(b) 解雇権濫用法理の形成

(i) 昭和20年代から30年代まで——模索の時代から高度成長期のルールへ

解雇に関する司法の場での争いは，昭和20年代の早くから見られる。いうまでもなく当時は，経済社会の深刻な混乱状態が続いており，企業は生産活動の建て直しと占領軍による財閥解体・経済民主化政策への対応という課題に必死で取り組んでいた。他方で燎原の火のように拡大する労働運動が職場を席巻し，各地で物理的な衝突をともなう過激な争議が展開されていたのである[2]。

第2章　労働契約と労働者人格権

　こうした事態を前にして、企業は労働組合活動家に対する解雇を頻繁に行い、解雇された労働者は職場を失うだけでなく健康や生命の保証さえない過酷な状況に追い込まれていた。昭和20年代の解雇に関する裁判例の傾向は、何よりもそのようなきわだった事態を前提として理解されなければならない。

　たとえば、この時期には解雇と憲法の生存権保障との関係に言及する裁判例が見受けられる[3]が、これは当時としては大げさな対応ではなく、実際に解雇が生存の危機をもたらしていた現実に即していた。また、当該従業員が企業の生産性に寄与しないとか経営秩序を乱すといった相当の理由がないにもかかわらずなされた解雇は無効であるとの裁判例も見られた[4]が、これも当時の特殊な事情を捨象して評価することは妥当ではない。失業手当も生活保護もない当時、働く者の命と生活の最低限度を支えていたのは雇用そのものだったのである。しかも、これらの裁判例からも明らかなように、裁判所はいかなる場合でも企業に雇用責任を負わせようとしていたわけではない。むしろ、労働組合を忌避する解雇に象徴的なように、筋の異なる対応としての解雇を中心的に規制していたのであり、企業側の厳しい事情に照らして相当と思われる解雇までをも規制する意図は見られない。さらに、これほど深刻な状況でも、純民法的な解雇自由原則を適用した裁判例もあり[5]、裁判所の対応は押しなべて一致していたのではなかった。しかし、昭和20年代の特に後半からは、すでに権利濫用の観点からの判断が多数を占めるようになった[6]。特に留意すべきは、就業規則の規定に基づく解雇の適法性を判断した多くの裁判例を除けば、かなりの裁判例が信義則違反を解雇無効の理由としていたことである[7]。その代表的

---

(2)　兵頭釗『労働の戦後史（上）』33頁以下。
(3)　西日本鉄道事件・福岡地判昭25・4・8労民集1巻2号158頁、日本車輌製造事件・名古屋高判昭26・3・17労民集2巻1号55頁等。
(4)　東京生命事件・東京地決昭25・5・8労民集1巻2号230頁、日本曹達事件・新潟地高田支判昭25・8・10労民集1巻5号835頁等。
(5)　大津キャンプ事件・大津地判昭28・3・14労民集4巻1号51頁、中外製薬事件・東京地決昭26・8・8労民集2巻4号410頁、日本海重工業事件・富山地判昭29・5・15労民集5巻3号215頁等。
(6)　この時期の裁判例を特に詳しく分析した文献として劉志鵬「日本労働法における解雇権濫用法理の形成—戦後から昭和35年までの裁判例を中心として」（JILL Forum Special Series No. 5, 日本労働研究機構（当時）1999）参照。
(7)　松浦炭鉱事件・長崎地佐世保支判昭25・11・20労民集1巻6号945頁、別子鉱業事件・東京批判昭26・2・23労民集2巻2号143頁、横須賀駐留軍事件・東京地決昭28・4・10労

な判決とみなしうる横須賀米軍基地事件東京地裁決定（昭30・4・23労民集6巻3号352頁）は，一般論の部分で次のように述べていた。

「本件解雇の意思表示は，……解雇理由とされるべき客観的事由は存在しないものというほかはないのであるが，それだからといって当然に解雇権の濫用であると即断することは許されない。ただこのような解雇は解雇権の濫用になり得ることを推測させるに過ぎないのである。蓋し解雇権の濫用も一般の権利濫用とその概念を異にするものではなく，その権利行使が単に口実であって害意を有し他の不当な目的を達成するためのものである場合，或はその解雇関係に即して考察し**解雇権の行使が信義に反する場合**と解すべきだからである。」

「ところで本件解雇の意思表示が害意をもって他の不当な目的を達成するものであることを推認するに足る疎明はないので，**信義則に違反するものであるか**どうかの点について考察する。雇傭契約における信義則が何であるかは抽象的概念的に把握すべきものでなく，契約当事者の意思契約関係の特殊事情その他諸般の事情を総合し，当該契約について具体的に決定すべきものであるが，現下の社会事情経済的事情に鑑み**当事者双方が相当長期間雇傭契約を存続させる意図を有し**，労働者がその収入により生計を図っている場合に［は］，解雇の挙に出るに足る客観的に首肯さるべき相当の事由のない解雇は一般的に解雇権の濫用を生ずべき蓋然性あるものというべきである」

この判断基準，とりわけ太字部分は，その後の判例法理の土台となる意義を有している。

すなわち，日本の企業社会における特徴的なシステムとして，終身雇用・年功制賃金・企業別組合が指摘されたのは，高度成長期のことであるが，これらのシステムは，法が強制して成立したわけではない。企業に対して「可能な限り労働者を定年まで雇用し続けよ」などと強制するような法制度は全くなかったし，年功制賃金や企業別組合についても同様である。前述した民法627条が手を加えられてこなかった事実や，賃金に関する労基法や最低賃金法の規定，さらに地域単位の労働協約の存在を前提とする労組法18条や最賃法11条の規定を踏まえると，むしろ法は，これらの仕組みとは逆の方向性を有していたと考えられるのである。

民集4巻2号175頁，塚本商事事件・大阪高判昭29・6・22労民集4巻4号353頁等。

第2章　労働契約と労働者人格権

しかし企業は，年功により賃金が上がっていく制度や，めったなことでは解雇はしないという信頼関係を労働者との間で構築することにより，労働者のたぐいまれなモラール（士気）と高いロイヤリティーを確保することに成功し，ドイツと同様「奇跡」と評価されるほどの経済成長を達成した。こうした状況を法的に見るならば，「当事者双方が相当長期間雇傭契約を存続させる意図を有し」ていると認められるような場合に，「解雇の挙に出るに足る客観的に首肯さるべき相当の事由のない解雇」が権利濫用と認められるのは当然であろう。しかし，このことは同時に，配転をはじめとする企業の人事に対する権限をきわめて広範に承認する判例法理の形成ももたらしたのである。そして，解雇に対する権利濫用法理の適用は昭和30年代から40年代にかけてほぼ定着して行った。

(ii) 昭和40年代から最高裁による解雇権濫用法理の定着まで

昭和40年代に入っても，解雇が有効であるためには正当な理由が必要であるという前提にもとづく裁判例がなかったわけではない。その代表例である東京科学事件（東京地判昭44・7・15判時581号75頁）では，一般的な判断基準として正当理由の存在を求めた珍しい判決であったが，結局このような判断は後に定着することはなかった。むしろ，昭和40年代に完全に主流の地位を占めるに至ったのが，信義則違反などを用いた権利濫用法理により事案の処理をはかる裁判例であった[8]。そうした流れが最高裁に取り入れられたのが，著名な日本食塩製造事件判決（最二小判昭50・4・25民集29巻4号456頁）である。ここで示された「使用者の解雇権の行使も，それが客観的に合理的な理由を欠き社会通念上相当として是認することができない場合には，権利の濫用として無効になる」という基準が，2003年（平成15年）の労基法改正の折にほぼそのまま現行の労基法18条の2として法の定めるところとなったのは周知の通りである。ただ，この判決自体は，労働組合と使用者との間で締結されたユニオン・ショップ協定を根拠とする解雇（具体的には，労働組合を除名された場合には会社も当該労働者を解雇する，という合意による解雇）を対象としており，労働組合からの除名が無効であったので，それにも関わらずなされた解雇も無効になるという内容であり，一般的に想定される労働者の行為や勤務内容を理由とする解雇の

---

(8) 橘百貨店事件・宮崎地判昭47・9・4労判161号47頁，前川産業事件・東京地判昭47・2・22労判146号52頁等。

場合ではなかった。しかし、それでもこの判決に示された法理がゆるぎなく定着したのは、雇用保障と人事権との相互承認が、前述のようにすでに日本の企業社会の普遍的な自主ルールとして確立されていたために、この法理が日本の社会に無理なく受け入れ可能だったためである。さらに最高裁は、1977年（昭和52年）に高知放送事件（最二小判昭52・1・31労判268号17頁）において、就業規則に記載された解雇事由による解雇の場合につき、「普通解雇事由がある場合においても、使用者は常に解雇しうるものではなく、当該具体的事情のもとにおいて、解雇に処することが著しく不合理であり、社会通念上相当なものとして是認することができないときには、当該解雇の意思表示は、解雇権の濫用として無効になる」とし、就業規則に解雇事由を記載してあっても、自動的にそれが適用されるわけではないことを明言している。この点については、解雇事由として記載された内容の適用範囲が、労働契約当事者の間でどのように設定されているとみるかに関わるといえよう。本件における就業規則記載の解雇事由とは、「1号・精神または身体の障害により業務に耐えられない事由のため業務の継続が不可能となったとき、2号・天災事変その他已むをえない事由のため事業の継続が不可能となったとき、3号・その他、前各号に準ずる程度の已むをえない事由があるとき」の3項目であり、本件では、寝坊をして朝のニュースを2回飛ばしてしまった（一度は一部のみ）アナウンサーに対する解雇が、上記の3号を適用して実行されたものであったが、一見して明らかなように、この会社自体が、業務が不可能なほどの精神または身体の障害や、天災事変等による事業継続不可能など、めったに起こりえない事由しか解雇事由としてあげていないのである。したがって、一般条項としての3号の内容も、1号や2号の事由に匹敵するほどの事態が起こってはじめて解雇にいたると解釈されるのが自然であろう。

以上のように、解雇権濫用法理が判例法理として確立していったのは、企業社会における使用者側のイニシアチブによる。言い換えれば、会社は、かくも解雇に対しては自主規制をしていたのであり、そのことによって広範な人事権が法的にオーソライズされることを選択していたのである。

(c) 整理解雇法理の形成

解雇権濫用法理は、主として労働者側の事情を理由とした解雇について形成されたが、他方、経営上の理由による解雇、いわゆる整理解雇については、上

第 2 章　労働契約と労働者人格権

記の自主ルールの内容が必ずしもあてはまらないため，司法判断も模索を重ねた。そして，1973 年（昭和 48 年）の第一次石油ショックによる本格的な雇用調整が大規模に展開された昭和 50 年代前半に，今日まで基本的には維持されている「整理解雇の四要件」が形成された。その端緒となったのは大村野上事件（長崎地大村支判昭 50・12・24 労判 242 号 14 頁）であり，人員削減の必要性，解雇回避努力，人選基準の妥当性，そして解雇手続という四点について点検を行い，それぞれについて会社がクリアーしていなければ解雇権を濫用したものとみなされるという法理が示された。この整理解雇法理は，その後東洋酸素事件（東京高判昭 54・10・29 労民集 30 巻 5 号 1002 頁）で定着し，最高裁も定式的な表現はしなかったものの，内容的にはこれを容認するにいたっている[9]。これについても，判例法理が前提とする雇用社会の状況や慣行が大きく反映している。周知のように日本が石油ショックを乗り越えた要因の一つは，多くの企業において，労使が信頼関係を維持しながら一体となって苦境に対処したことにあった。信頼関係があればこそ，労働者はかなりの労働条件の引き下げにも応じ，使用者は歯を食いしばって雇用自体には手をつけずにがんばるという道を選択したのである。そうした中で，経営状態が人に手をつけざるを得ない内容であること，配転や出向，休業など使用者に高判に認められている他の手段を試みたこと，人選に当たって不当な基準を設けていないこと，労働組合があれば誠意をもって交渉に応じ，労働組合がない場合には従業員と話し合っていること，という条件をチェックすることは，まさに労使の信頼関係に即した対応であって，少なくとも日本的な人事慣行が定着していた時代には適切な法理であったことはまちがいない。

　しかし，この整理解雇法理も雇用をめぐる企業社会の状況の変化により変容していくことは当然ありうる。世紀の変わり目には，上記四要件は当該解雇が権利濫用になっていないかを判断する場合の判断要素を類型化したものに過ぎないから固定的に用いるべきではないとの見解を前提に，整理解雇の背景としての経営状態については企業判断を尊重し，解雇回避努力は常に求められるとは限らないとした上で，解雇後の転職のサポートと一定の所得補償，それに当該解雇対象労働者に対する十分な説得と話し合いを整理解雇の新しい要件とす

---

(9)　あさひ保育園事件・最一小判昭 58・10・27 労判 427 号 63 頁。

る裁判例も登場している[10]。しかし，この判決が登場したのは，平成不況の真只中であって，雇用環境はまったく見通しのたたない情況であった。本件は英国法人を対象とした事案であったが，これを，雇用悪化の著しい時代に，日本型雇用慣行がいまだ中心的であった日本企業の事案に一般的に拡大することが躊躇されたのはいたしかたないであろう。その後の整理解雇事案では，なお上記四要件による対応が司法の態度として維持されているといってよい。

その結果，現行労契法16条と整理解雇に関する判例法理との関係という新たな課題が生じている[11]ほか，今後の整理解雇法理のありかたについていっそうの精緻な検討が必要とされている。

(d) 解雇法理の周辺
(i) 有期雇用の雇い止め規制と変更解約告知

解雇法理の，いわば周辺に位置する重要な判例法理として，有期雇用に関する雇い止めの適法性基準がある，また，判例法理として確立されているわけではないが，解雇に代わる企業側の雇用調整手段として注目されているのが，労働条件の変更と労働契約の解約とを選択的に提示する変更解約告知という手法である。

ア．有期雇用契約について　有期雇用契約は，継続的契約における「期間の定めのある契約」の一つであって，当該期間中は，やむを得ない事由が認められない限り一方的解約はできず（民法628条），使用者側からの期間途中の解約（解雇）については労契法17条1項が上記民法628条と同趣旨の内容を，ただし強行規定として定めているが，期間が満了すれば契約は自動的に終了する。もとより期間を定めた雇用契約は，従事すべき業務自体が期間を限定されたものである場合が想定されていた。しかし，周知のように日本の雇用社会では，そのような目的による有期雇用は一般的ではなく，むしろ正規従業員に対する雇用保障や手厚い労働条件を適用されない非正規従業員の一類型として利用されている。したがって，期間が満了しても繰り返し反復更新されて実際の雇用期間は長期にわたることが珍しくない。このような場合，当事者間では期間を

---

[10] ナショナル・ウエストミンスターバンク事件・東京地決平12・1・21労判782号23頁。
[11] この点については，拙稿「経営上の理由による解雇―新たな判断枠組みの可能性」（安西愈先生古稀記念論文集『経営と労働法務の理論と実務』（中央経済社，2009）129頁以下）参照。

第2章　労働契約と労働者人格権

定めたことの本来の意味が看過されていくために、あるとき突然使用者側が期間の更新を拒否する（雇い止め）と、労働者側は不意打ちをくらった状態となり、更新拒否の違法性を主張して訴を提起することとなる。法の本来の趣旨からすれば、何度更新をしようと期間が満了するたびに契約は終了しているのであるから、次の更新は両当事者の合意がない限り成立しないはずである。しかし、日本における上記のような特殊な有期雇用の形態に鑑みて、裁判所は信義則の観点から更新拒否が法的に認められない場合があるとする判例法理を形成した。すなわち第一に、「労働契約が期間の満了毎に当然更新を重ねて実質上期間の定めのない契約と異ならない状態」となっており、両当事者の言動や有期雇用労働者の取扱などの実態に鑑みて、当該労働契約においては、「単に期間が満了したという理由だけでは……傭止めを行わず、［労働者］らもまたこれを期待、信頼し、このような相互関係のもとに労働契約関係が存続、維持されてきた」と認められる場合には、「経済事情の変動により剰員を生じる等上告会社において従来の取扱いを変更して右条項を発動してもやむをえないと認められる特段の事情の存しないかぎり、期間満了を理由として傭止めをすることは、信義則上からも許されない」との判断が最高裁によって示された[12]。これは、有期雇用の野放図な反復更新は期間を定めた趣旨を失わせるものであって、そのリスクは使用者が負うべきであるとの極めて常識的な判断であるといえよう。また第二に、最高裁は、期間更新による雇用期間が総計でも1年に満たず、期間の定めのない労働契約が存在しているのと実質的に異ならない状態があるとは言えないという場合であっても、通常の工場のライン業務やオフィスの一般事務などのように、「季節的労務や特定物の製作のような臨時的作業のために雇用されるものではなく、その雇用関係はある程度の継続が期待されて」いたとみなされるような場合には、「このような労働者を契約期間満了によって雇止めにするに当たっては、解雇に関する法理が類推され、解雇であれば解雇権の濫用、信義則違反又は不当労働行為などに該当して解雇無効とされるような事実関係の下に使用者が新契約を締結しなかったとするならば、期間満了後における使用者と労働者間の法律関係は従前の労働契約が更新されたのと同様の法律関係となるものと解せられる。」との判断も示している[13]。この

(12) 東芝柳町工場事件・最一小判昭49・7・27民集28巻5号927頁。
(13) 日立メディコ事件・最一小判昭61・12・4労判486号6頁。

二つの最高裁判決が示した判断基準は，その後下級審によってブラッシュアップされ，現在では，諸般の事情から判断して，使用者が労働者に「雇用継続の合理的期待」を抱かせていたとみなしうるような場合には，突然の更新拒否は違法であるとの法理が確立している。
　この法理が確立された以上の経緯からも明らかなように，雇い止めに一定の法的制約が課されているのも，使用者の選択によるものである。使用者は，期間を定めて労働者を雇用しつつも，一定の雇用保障を示すことで労働者のロイヤリティーを確保し，かつ労働者側からの期間満了による転職をも制約しているのであって，そのような信頼関係を自ら率先して形成しているのであればその責任は自ら負わねばならないのは当然である。
　イ．変更解約告知　　次に変更解約告知は，ドイツ解雇制限法に明記された労働条件変更手法であり，日本では実定法上の根拠はないが，平成7年に東京地裁がこの概念を使って事案の処理を行ったためにわかに本格的な議論が開始された[14]。すなわち東京地裁は，航空機乗務員としての労働契約を解約して地上職職員としての再雇用を申し出た使用者側の措置を，「雇用契約で特定された職種等の労働条件を変更するための解約，換言すれば新契約締結の申込みをともなった従来の雇用契約の解約であっていわゆる変更解約告知といわれるものである」と定義し，労働者が新契約締結の申し込みを拒否した結果としての解雇については，「労働者の職務，勤務場所，賃金及び労働時間等の労働条件の変更が会社業務の運営にとって必要不可欠であり，その必要性が労働条件の変更によって労働者が受ける不利益を上回っていて，労働条件の変更をともなう新契約締結の申込みがそれに応じない場合の解雇を正当化するに足るやむを得ないものと認められ，かつ，解雇を回避するための努力が十分に尽くされている」ことを条件として有効と認めたのである[15]。しかし，その後司法の場では，「講学上いわゆる変更解約告知といわれるものは，その実質は，新たな労働条件による再雇用の申出をともなった雇用契約解約の意思表示であり，労働条件変更のために行われる解雇であるが，労働条件変更については，就業規則の変更によってされるべきものであり，そのような方式が定着していると

---

[14]　変更解約告知に関するまとまった検討については，日本労働法学会誌88号「管理職組合/変更解約告知/チェックオフ」(1996) 139頁以下の各論考参照。

[15]　スカンジナビア航空事件・東京地決平7・4・13労判675号13頁。

第2章　労働契約と労働者人格権

いってよい。これとは別に，変更解約告知なるものを認めるとすれば，使用者は新たな労働条件変更の手段を得ることになるが，一方，労働者は，新しい労働条件に応じない限り，解雇を余儀なくされ，厳しい選択を迫られることになるのであって，しかも，再雇用の申出が伴うということで解雇の要件が緩やかに判断されることになれば，解雇という手段に相当性を必要とするとしても，労働者は非常に不利な立場に置かれることになる。してみれば，ドイツ法と異なって明文のない我国においては，労働条件の変更ないし解雇に変更解約告知という独立の類型を設けることは相当でないというべきである。そして，本件解雇の意思表示が使用者の経済的必要性を主とするものである以上，その実質は整理解雇にほかならないのであるから，整理解雇と同様の厳格な要件が必要である」として，変更解約告知という概念を導入することを明確に拒む判決が出された[16]など，必ずしもこの概念を認めることで一致しているわけではない。

確かに，実定法上の根拠を持たない概念を法理として取り入れることには慎重さが要求されるが，もともと変更解約告知が日本でも話題となったのは，労働条件の変更が，労働協約や就業規則によって集団的になされる場合だけでなく，個別になされる必要性の増大が意識されるようになったためである。雇用関係の多様化に加え，今後も労働契約法が改正されて契約規制の内容が拡大し，個別労働契約の意義が認識されるようになれば，変更解約告知を日本法に導入することの適否やその具体的中身についてさらに周到な議論が必要となろう。そうして，解雇についてまさに実定法上の明確なルールを設定しようとする場合には，労働条件の変更と連動した形での雇用のあり方も関連して問題とされるのは言うまでもない。

以上のように，解雇法理そのものに加え，有期雇用の雇止めに関する判例法理も，労使の間で形成された信頼関係に立脚した考え方であって，上からの不当な規制とはいえない。また変更解約告知という新しい手法は，重要な課題として検討が重ねられている状態である。いずれにせよ，解雇をめぐる法制度の現状を広く取った場合でも，日本における解雇ないしそれに類似する離職措置に対し，日本の法制度はアンバランスに労働者保護に傾いているわけではないことは明らかである。

---

[16]　大阪労働衛生センター第一病院事件・大阪地判平10・8・31労判751号38頁。

(ii) 企業の人事制度の明確化

　さらに検討されるべきは，雇用社会における人事慣行の新たなスタンダードモデルの構築であろう。解雇権濫用法理も整理解雇法理も，さらには就業規則の改定による労働条件の変更法理もその背景には日本型人事制度と称される長期雇用型のスタンダードモデルが存在していた。労働契約は，いわゆる正規従業員についてはローテーション型のプロモーションシステムを機軸とするために職種や勤務場所等についてあらかじめ具体的な合意をすることはなく，労働者は年功型の賃金制度のもとで使用者に一定の雇用保障を与えられながら，高いモラールとロイヤリティーを発揮してきた。そしてパートタイマーや臨時社員といった名称による非正規従業員と使用者との雇用契約は，むしろ職務や勤務場所を限定することで互いのコスト計算を明確にし，使用者にとっては正規従業員の雇用を安定化させるバッファーとしてこれらの労働者を位置づけるという機能も期待できたのである。

　しかし，いうまでもなくこのようなスタンダードモデルはすでに一般的妥当性を失いつつあり，さまざまな新モデルの模索が続いている。解雇ルールとの関連で単純化するなら，企業には，雇用保障によるロイヤリティーの獲得か，転職・兼職リスク付の解雇自由確保かの選択が迫られているといってよい。言うまでもなく従来の雇用慣行は，基本的に前者を旨として展開され，判例法理もこれに沿って進展したのであるが，仮に今後，企業と労働者との間に異なる取引が成立すれば，解雇ルールもそれに応じた変化をせざるを得ないであろう。具体的には，労働契約において職種，勤務地，業務内容，プロモーションの条件，配転や出向に関するルール，懲戒，契約終了に関するルールなどが明記され，会社は契約の遵守とともに解雇の自由を宣明する。この場合，このような契約関係は，，継続的契約における解約の自由を確認することになるから，その趣旨を潜脱するような行為は許されない。たとえば，兼業の禁止や私的生活への介入，長期雇用を前提としなければ経済的に合理性を有しない賃金制度の適用などが認められれば，その限りにおいて使用者は労働者の辞職の選択を実質的に制約していることとなり，解雇自由の幅もそれに応じて制約されざるを得なくなる。言い換えれば，解雇の自由をできる限り確保したいのであれば，企業は，労働者の自由な転職と兼職を認め，年功的賃金制度を根本的に改める必要がある。また，雇用保障はない，という重要な意思については契約締結時

第2章　労働契約と労働者人格権

に言明する必要があろう。

　しかし，実際には，このような雇用制度を企業が選択することはあまり現実性がないであろう。資源小国日本の企業が高いパフォーマンスを維持し続けるにあたって，労働者の企業活動への強いコミットメントは不可欠であり，雇用保障が全くないという状態で働く労働者にそれを求めることはできない。解雇自由の確保は，このような労働者の企業へのコミットメントを犠牲にしてペイするほどには高い価値は認められないのではないだろうか。

　(e)　不完備契約理論について

　なお，これに関して「解雇規制の正当化理論」として頻繁に批判の対象となる「不完備契約理論」について一言指摘しておきたい。これは，論者によって必ずしも一致していないが，法的には，長期的継続を特徴とする雇用契約のような契約にあっては当初の合意で契約内容を網羅的に確定することができないので，時間的経過の中で醸成される信頼関係に立脚して，契約の継続性を法的に保護する必要がある，という考え方であり，経済学的には，継続的な関係の中で使用者の自由な解雇が想定されれば労働者は人的資本を蓄積しようとしなくなり，効率性が低くなるので解雇規制が必要になる，という考え方として理解できよう[17]。ただし，これに対しては若干の誤解があると思われる。当然ながら，民法の契約法理があらかじめ不完備契約という契約を想定しているわけではない。不完備契約理論とは，継続的契約関係において内在的に見られる信義則上の一般的傾向を重視する考え方である。要するに，多くの具体的な継続的契約において，当事者が契約の継続を互いに了解しているとみなせるような行動をとっていることを類型的な特質として表現したものであって，当事者の明確な合意をも排除する強行的規範を想定しているのではない。しかし，確かに論者によっては，そのような誤解を招く余地があることは明らかであり，再度この理論の精緻化が必要とされている。いずれにせよこの理論は，継続的契約に関して当事者の自由な合意を排除する強行的規範を主張するものでないことは明白である。

---

[17]　主要な文献として中馬宏之「『解雇権濫用法理』の経済分析―雇用契約理論の視点から」（三輪芳明他編『会社法の経済学』（東京大学出版会，1998年）425頁以下，内田貴『契約の時代』（岩波書店，2000年）69頁以下，同「雇用をめぐる法と政策」（前掲『解雇法制を考える』197頁以下）参照。

(2) 労働契約法 16 条の構造と解雇に対する法的救済
(a) 労働契約法 16 条の解雇規制の構造（解雇無効の課題）

　最高裁の二つの判決によって確立された解雇権濫用法理は，その後長い間判例法理としてのみ機能してきたが，2003 年の労基法改正によって実定法の条文として取り入れられ，2007 年の労働契約法制定によってその 16 条に移行した。

　2003 年以前には解雇を規制する一般的な法規定は存在せず，不当労働行為としての解雇を規制する労組法 7 条や，女性差別解雇を禁じる（旧）均等法 8 条などが，それぞれ個別の規制を置いていただけであった。そのために，一方で民法 627 条による解雇の自由が厳然として存在し，他方で解雇権濫用法理という判例法理が機能するという，一見矛盾するような事態が出現していたことは上述の通りである。

　しかし，これまで縷々述べてきたように，解雇権濫用法理の意義は，企業社会が形成してきた自主ルールを法的に追認したものであり雇用保障と広範な人事権の相互承認と言う労使間取引を法的ルールとして整序したという点にあった。したがってそれが労基法 18 条の 2 を経て労働契約法 16 条ににほぼそのままの形で条文化されても，使用者として特に違和感を覚えることはなかったといえる。

(b) 「解雇規制」の実定法上の意味
(i) 信義則法理（民法 1 条 2 項）と権利濫用（民法 1 条 3 項）法理の組み合わせによる判断基準

　労働契約法 16 条の文言は，「解雇は，客観的に合理的な理由を欠き，社会通念上相当であると認められない場合は，その権利を濫用したものとして無効とする」というものであり，日本食塩事件最高裁判決の示した判断基準とほとんど同一である。したがって，その趣旨は前述したとおりであるが，その実定法上の意味についても検討したい。

　まず，本条の規定は権利濫用の一類型を明確化したものであり，前提として使用者の「解雇権」が認められていることに注目すべきである。すなわち，解雇は継続的契約の解約であり，それは民法 627 条にしたがって原理的には自由になしうるものであるから，労働者の辞職の自由を「辞職の権利」と構成することに問題がないのと同様に，解雇もまた権利であることが踏まえられている。

そうして，民法が市民間に成立するあらゆる権利について「権利の濫用は，これを許さない」（1条3項）と規定していることから，解雇権も濫用してはならないことは当然である。しかし，権利ごとに濫用とみなされる場合の具体的類型や基準が異なるのも当然であり，解雇という権利もどのような場合に濫用となるのかが検討されなければならない。ところで，権利濫用の判断基準として一般に基本的なよりどころとされるのが信義則である。「権利の行使及び義務の履行は，信義に従い誠実に行わなければならない」（1条2項）のであるから，契約両当事者は，互いの間に形成された信義（法の保護に値する信頼関係）に即した権利行使・義務履行を行わなければならない。そして，これに反した場合の法的効果の中心が権利濫用となる。

　労働契約法は，民法の一般条項としての信義則と権利濫用を労働契約に関する原則として改めて明記し（同法3条4項，同5項），同法に規定された具体的な権利濫用の定め（14条，15条，16条）は3条5項に起因することを示している。

　解雇権についても，前述のように裁判所は長い時間をかけて，日本の企業社会に確立されていた雇用保障と広範な人事権の相互承認という信頼関係を信義則の観点から法的にオーソライズしてきた。その作業の帰結が日本食塩製造事件の最高裁判決であり，それを補完するものとしての高知放送事件判決であった。したがって，労契法16条も，こうした事情に即して解釈されるのが自然である。

　このような観点からすると，「客観的に合理的な理由」とは，使用者からみて合理的かどうかが問題なのではなく，個々の労働者と使用者との労働契約関係において認められる信頼関係に即して，「このような理由による解雇であれば信義則に反するとまでは言えない」と，公正中立な第三者（究極的には裁判官）が認めうるような理由ということになろう。したがって，たとえば通常の正規採用人事で採用された総合職の労働者が，たまたま配属されたある部署で期待通りの仕事ができなくても，それを理由として使用者がいきなり解雇をもって応じることは一般には許されないことになる。大きな支障のない遅刻や上司との対立なども同様である。しかし，気に食わないという理由だけで職場で同僚に暴行を働くことを繰り返し，全く反省の色も見せずに居直り続ける労働者に対する解雇は，信頼関係を裏切るものと一般に認められるであろうから通常は有効となろう。また，「社会通念上相当であると認められない」とは，図式的

［野川　忍］　　　　　　　　　　　　　　　　　　*18*　解雇と被解雇者をめぐる法的課題

に言うならば，バランスと公平の観点からの基準である。つまり，確かに通常は解雇とされても致し方ない理由が認められるとしても，他にも同じことをした労働者が何人もいながらそれらの労働者に対しては始末書の提出で済ませ，特定の労働者のみを解雇に処するとか，過去の経緯からしてある不始末をしでかした労働者に対しては戒告をもって対処するという慣行が成立しているのに，突然解雇をもって応じた，というような場合が想定されよう。

(ⅱ) 整理解雇と労契法 16 条

以上は，主として労働者側に解雇の理由が帰せられる場合であるが，整理解雇の場合にはどう解すべきであろうか。これについては，前述の整理解雇に関する四要件を，労契法 16 条の枠組みにおいてどのように位置づけるかという問題がある。しかし，整理解雇の四要件と称される中身は，解雇権が濫用されたか否かを判断する際の判断要素を類型化したものであるから，それぞれの要素が「客観的に合理的な理由」と「社会通念上の相当性」という基準に適合するよう再構成することが必要となろう。具体的には，人員整理の必要性は前者の基準に包含されうるし，解雇回避努力や非解雇者選定の妥当性は両者の基準にまたがる場合が多いであろう。解雇手続は社会通念上の相当性に強く関連するとみなされよう[18]。

(c) 解雇に対する法的救済の特徴（金銭解決の可能性）

解雇規制それ自体について，以上のように特に労働者側に不当に手厚い保護がなされているわけではないことを踏まえ，法的救済について検討してみよう。

現在，違法解雇は「無効」であり，無効の効果は原状回復であるから，解雇の場合は復職となる。法的には労働契約関係が回復され，賃金の遡及支払いもなされることとなる。

ところが，この法的効果は実際上あまり効果的ではないとも考えられている。なぜならば，日本において解雇を挙行することは会社にとって重大な決断であり，対象となる労働者を断固として企業から放逐しようとする決意の実行である。したがって，たとえ司法の場で解雇無効の判決が確定しても，実際には賃金の支払いはするものの，実際に就労させることは，少なくとも一般的ではな

---

[18] この点は，拙稿「経営上の理由による解雇―新たな判断枠組みの可能性」（安西愈先生古稀記念論文集『経営と労働法務の理論と実務』（中央経済社，2009 年）129 頁以下）参照。

第2章 労働契約と労働者人格権

い。また，たとえ復職が実現しても，わだかまりが完全に解消されることはまれであり，むしろ使用者としては，「解雇という手段が誤りだったのであり，辞職させるようにすべきであった」と考えて，周到で凄惨ないじめにより，労働者が自ら離職せざるを得ないようにしむける，という不幸な事態も珍しくない。

この点，欧米諸国では違法解雇の効果は無効ではなく損害賠償等の金銭による解決が原則となっているのが通常である[19]。そこで日本においても，いわゆる「解雇の金銭解決」が法的課題として議論されてきた[20]。労働契約法制定のために厚生省に設置された研究会の報告書では，解雇無効の場合に，形成判決により一定額の補償を条件として労働契約関係を解消させるという提案がなされていたが，労使の合意が得られず流産した[21]。

解雇の金銭解決が現実味を帯びるためには以下の条件が必要である。

第一に，解雇紛争を円滑に処理するための安価でアクセスの容易な専門機関とシステムの設立である。現在は個別労働紛争解決促進法による各都道府県の労働局の対応と，労働審判法による和解と審判の手続が用意されているが，さらに使い勝手のよいシステムが必要である。たとえばドイツでは，全国に設置された労働裁判所において労働事件を扱っているが，解雇事件については特別に「和解弁論（Güteverhanllung）」という事前手続が用意されている。これは，当該解雇の審理に入る前に，裁判官が当事者を呼んで言いたい事を言わせ，和解金額を提示するもので，多くの場合ここで事件は終了する。一回の期日で30分ほどで決着がつき，費用もほとんどかからない。もちろん，このような解決方法が広く受け入れられるためには，スピーディーな転職を使用者の一定の経費負担によって実現するという趣旨を実現できる労働市場の存在が不可欠であるから，日本で直ちに導入することが望ましいとは言えない。しかし，解雇事件の処理に数年かかるのが普通という日本の状況が，当事者双方にとって不合理であることは間違いないのであるから，解雇紛争解決のための専門機関

---

[19] 各国の解雇法制については，野川＝奥田＝小宮＝池添「諸外国における解雇のルールと紛争解決の実態」（JIL 型判シリーズ 2003, No. 129）参照。

[20] 詳説労働契約法188頁，根本到「解雇規制と立法政策」（西谷敏他編『転換期労働法の課題』（旬報社，2003年）275頁）。

[21] 野川『わかりやすい労働契約法』49頁以下，同168頁以下参照。

452

と制度設計との必要性はいっそう喫緊の課題といえる。第二に，言うまでもなく解雇がもたらす労働者側への不利益が緩和されるような労働市場が構築されなければならない。特に中高年になってから転職すればほとんどの場合賃金が下がり，処遇が悪化するという実態の中では，少なくとも違法な解雇については復職を原則とするという現在の法制度を軽々に変更することは妥当ではない。ではどのような方向が見通されるべきか。アメリカのような不安定だが流動性の高い活発な外部労働市場が確立されるには，個々の労働関係に対する当事者の契約意識がかなり高められる必要がある。典型的な移民社会であるアメリカにおいてはもとより個人主義の伝統が強いので，企業と労働者との関係もドライな個別労働契約関係であるという意識が自然に根付いているが，日本においてそれを定着させるには相当な工夫が必要であろう。他方で，ドイツをはじめとする大陸ヨーロッパ諸国では，公共と民間の職業紹介機関や，公的支出によるものと労使の共同による職業訓練機関が幅広く活動しているほか，最低生活保障をともなった就労促進政策が展開されている[22]。日本においてこのような方向への選択をするには，抜本的な労働政策の転換が必要となるが，それには国民的コンセンサスの速やかな形成が前提となろう。

(3) 解雇後の制度対応と人格的利益
(a) 職業紹介

　被解雇者に対する職業紹介は，職業安定法によって，公共職業安定所（ハローワーク）を中心に，条件付で民間の職業紹介所もこれを担うこととされている。しかし，現行の職業紹介システムは，求職者のニーズに十分に応える態勢を取れていない。

　特に，被解雇者の立場からすると，ハローワークが機能するステージは，幅広い求人情報を提供するという一般的な場面に留まっており，解雇されたことによる負担に対する配慮は，雇用保険の場合と異なりほとんど見られない。

　民間の職業紹介はビジネスとして展開されるので，求職側の顧客については被解雇者であるか否かを問わず，良質な転職先の紹介を目的とし，求人側につ

---

[22] これについては，労働政策研究報告書 No. 69「ドイツにおける労働市場改革―その評価と展望」（労働政策研究・研修機構，2006），同 No. 84「ドイツ，フランスの労働・雇用政策と社会保障」（労働政策研究・研修機構，2007）に詳細な検討が示されている。

第2章　労働契約と労働者人格権

いてはむしろ被解雇者を回避する傾向に適合した紹介を行うこととなろう。結果として，民間職業紹介所は被解雇者にとっては不利な利用方法しかできない。

このような現状については，費用対効果の極大化をめざす民間職業紹介所に何らかの規制をかけることは妥当ではなく，公共職業安定所の役割である。

そこで，今後の対応として考えられるのは，少なくとも労働審判制度において解雇の有効性が争われ，結果として解雇無効の審判が発せられるか，もしくは金銭解決として調停がなされ，あるいは和解に至った場合には，ハローワークにおいて優先的な転職先紹介がなされる制度の設定である。たとえば，上記のような経緯について一定の証明がなされれば，意に反する離職を余儀なくされた者として転職先の希望や求人者の紹介について優先的に対応する仕組みを設けるべきである。

(b) 雇用保険——新しい役割の模索

被解雇者に対するサポートシステムを支える要となっているのが雇用保険制度である。この制度は，今後どのように改善されていくことが求められているのであろうか。

まず，平成22年4月より雇用保険の受給要件が拡大され，31日以上の就労によって求職者給付等が受給できることとなった。これは，単に幅広い雇用保険の適用というだけではなく，雇用保険が，これまで以上に積極的な労働市場再編機能を果たす方向への第一歩と言える。被解雇者にとっても，特に短期の雇用を繰り返さざるを得ない非正規の労働者には円滑な職業転換の強力なサポートとなりえる。

雇用保険制度は，もともと失業者に対する事後的な救済を主たる役割として発足したが，その後急速に，また広範な規模でカバリッジを拡大していったのは周知の通りである。しかし，その拡大は必ずしも有効な結果をもたらさず，保養やレクリエーションを目的とした，いわゆる「ハコモノ」の大量増設によって顰蹙を買うことのほうが多かった。そうした弊害をもたらした「雇用三事業」は縮小され，現在は中身を限定した上で「雇用二事業」に衣替えしたが，同時に雇用保険制度全体の見直しが進みつつある。上記の求職者給付適用対象の拡大はその一環であるが，大きな流れとしては，恒久的な制度として求職者支援制度の創設が一つの柱として議論されている。この求職者支援制度の動向こそが，解雇という事態を解消することはできない市場経済システムの中

で，被解雇者の人格的利益を擁護しうる現実的仕組みの成否に大きく関わるであろう。

　求職者支援制度は，現在の雇用保険制度のもとでは雇用保険からの給付を受けることができない労働者に対して，毎月定額の給付を行い，その要件として職業訓練を受けることを義務付ける制度である。その具体的な中身は，現在厚労省労働政策審議会での検討を経て，法案作成から提出への道筋の半ばにあるので明確にはなっていないが，被解雇者への政策対応という観点からすれば，議論の対象となっている次の諸点が注目される。

　第一に，2011年度までを期限として実施されている緊急人材育成事業に代わる恒常的な制度として，雇用保険による救済を受けられない人々を対象に，早期に安定的な就労を提供するための総合的制度と想定されているため，実際には多くが不安定雇用状態から解雇された者が対象となると考えられる。

　第二に，求職者支援制度における給付を受けるための訓練については，実施機関をどこまで認めるのか（公共機関に限るか，民間についても認めるか，認めるとしたらどのような要件によるか），実施内容，修了認定のありかた，修了後のケアなど課題が山積みであるが，被解雇者という観点から見ると，意に反する離職を余儀なくされた者であるという性格を重視して，訓練についても何らかの優先的な対応を考えるべきであろう。

　第三に，給付額については最大の論点の一つであるが，現在一つのたたき台として提示されている10万円という額は，仮に実際に支給されることになれば相当に要件が厳しくならざるを得まい。代替的な目安としては，一人の労働者が暮らせる最低限の広さを持つ住居の家賃と思われるが，その観点からは少し高すぎるかもしれない。被解雇者については，この制度の適用を受けるのは非正規社員であることが通常であるから，この点についても若干のプレミアを付することが考えられよう。

(c)　その他の制度——NPO，労働者協同組合等

　解雇はそれ自体を規制するだけで労働者の保護になったりその自立を促すことにはならない。しかし，上記のように解雇規制は日本ではないに等しいのであり，労働関係がクリアーな契約関係として再構成され，配転も出向も残業も休日出勤も合意を基本として展開され，企業がフルパワーの人事権を放棄するならば，現在の労働契約法16条を中心とした解雇法制は何も問題はない。

第2章　労働契約と労働者人格権

　むしろ，解雇が回避できない労働市場の現状において，解雇された後のケアーが充実していれば，打撃は少なく，不毛な解雇訴訟を長期にわたって続ける必要もなくなる。

　日本の就業者に占める被用者の率は非常に高く，通常「働く」といえば雇用されて働くことを意味する。そこで，被解雇者も職業転換の機会はさらに雇用される場を模索することに限定されがちである。しかし，解雇された，という事実は，日本の雇用社会では他の企業に再就職するための非常に大きな阻害要因となる。雇用されない働き方の選択肢が豊富に用意され，しかもそれぞれの選択肢が受け皿として十分に機能しているならば，解雇されたという経験がその後の職業生活にいつまでも影としてつきまとうことはなくなるであろう。

　現在，法人法制の改正やマイクロビジネスの普及等により，雇われない働き方の選択肢は徐々に増えつつある。

　NPOは，20世紀の頃に比べれば飛躍的にその質を向上させ，量的拡大を果たしてきた。しかし，先進諸国に比べればまだまだ一つ一つの規模は小さく，活動範囲も広くはない。被解雇者がその経歴による不利益を受けずに能力を発揮しうる選択肢としては，まだ十分な機能を果たしているとは言いがたい。

　そうした中で，最も注目されるのが労働者協同組合である。これは，「協同労働の協同組合に関する法」として，法案提出の準備が進んでいる（2010年10月現在）ものであるが，事業協同組合とは異なり，出資する者がそのまま協同組合のメンバーとして仕事を受注して就労し，利益から配当を受けるという方式であって，ヨーロッパではスペインのモンドラゴンから始まって全土に普及している[23]。メンバーは，就労して生活の糧を得る，という意味では労働者であるが，彼らを雇う者はいないので労基法や労働契約法の適用は受けない。労組法については，事業をどのように受注するのかによって適用の可能性は皆無とはいえないが，基本的には，独立自営業者でもなければ被用者としての労働者でもないというユニークな就労形態である。しかしこの労働者協同組合は，上記のスペインを初め，大陸ヨーロッパではごく通常に定着しており，国際協同組合同盟（ICA）の中でもゆるぎない地位を占めている。日本でも，当初は福祉やサービス業を中心に，実質的な労働者協同組合が法形式上は事業協同組

---

[23] 労働者協同組合については，野川＝野田＝和田『働き方の知恵』（有斐閣，1999年）50頁以下参照。

合の形をとって活動してきたが，ここにきていよいよ法的根拠を得ることとなりそうな気運にある。

　労働者協同組合は，被解雇者にとっては非常に有益な選択肢の一つである。そこで必要とされるのは協同労働のための意志と最低限の能力であって，出資者であり労働者であるために過去の離職理由が問題となることはあまり考えられまい。解雇が決定的な脅威ではなくなる制度的環境の整備を考えると，米国のような流動的労働市場の確立をめざす一方で，非雇用就労の豊富な選択肢を拡大するために，労働者協同組合のような方式の定着と法的オーソライズが望まれる。

(4) 総　　括

　以上，解雇をめぐる法理論の形成過程と現状を概観し，被解雇者が自立した人格としてその後の職業人生を力強く歩むことができるための制度的課題を検討してきた。もとより解雇はそれ自体がきわめて多くの法的課題を含むテーマであり，本稿はその一端を解雇と被解雇者をめぐる法制度上の問題という観点から検討したにすぎない。解雇はいずれの法体系を取る国においても容易な問題ではないが，長期雇用システムを強固な土台としてきた日本の企業社会においては特に深刻な事態をもたらしてきた。本稿がその事態を改善するための一助となれば幸いである。

19 企業年金制度における「使用者」の責任
―― 米国 ERISA 法を手掛りとして ――

畑 中 祥 子

1 はじめに――問題意識
2 ERISA の概要
3 ERISA に基づく訴訟における
　「使用者」の被告適格性
4 日本の企業年金制度における
　「使用者」
5 むすびにかえて

1 はじめに――問題意識

　これまでの企業年金の減額の効力が争われた裁判例において，裁判所の判断は大きく，①年金規約を不利益に変更することに対する必要性，変更内容の合理性・相当性を判断の基準とするもの，②厚生年金保険法（以下，厚年法）等における減額に関わる法所定の手続[1]の履践状況を重視するもの，とに分かれてきた[2]。①は準拠法をもたない自社年金の事案において[3]，②は厚年法等の準

---

(1) 厚生年金基金に関しては設立認可基準第3-7-(5)によれば，基金の存続のため受給者等の給付水準の引下げが真にやむを得ないと認められる場合であって，事業主，加入員及び受給者等の三者による協議の場を設けるなど受給者等の意向を十分に反映させる措置が講じられた上で，次のア～ウの要件をすべて満たしている場合には，減額が可能である旨規定されている。そして，3つの要件として，ア.全受給者等に対し，事前に，給付設計の変更に関する十分な説明と意向確認を行っていること。イ.給付設計の変更について，全受給者等の3分の2以上の同意を得ていること。ウ.受給者等のうち，希望する者は，当該者に係る最低積立基準額に相当する額（個々人の年金額が代行部分相当額を越えるため，代行部分相当額に一定の額を加えた年金額に相当する最低積立基準額に相当する額を除く。）を一時金として受け取ることができること，という減額の際の手続要件が示されている。
(2) ②においても副次的に減額の必要性・合理性・相当性は判断されている。
(3) 名古屋学院事件・名古屋高判平7・7・19労判700-95，幸福銀行年金減額事件・大阪地判平10・4・13労判744-54，松下電器産業《年金減額》事件・大阪高判平18・11・28労判930-13，松下電器産業グループ《年金減額》事件・大阪高判平18・11・28労判930-26，

第 2 章　労働契約と労働者人格権

拠法をもつ企業年金制度の事案において用いられてきた(4)。このような判断枠組みは定着しつつあるといってよい状況である。

　こうした中で，2009 年 3 月 25 日，東京高裁において出された判決は，上記の 2 つの流れを融合するかのような判決となった(5)。同事件は，厚生年金基金の加算部分の減額の効力を争う事案であり，原審においては，上記②の判断基準が用いられ，法所定の手続に瑕疵がなかったとして，加算部分の減額の効力を認めた。一方，高裁判決では，厚生年金基金制度は企業年金制度の一形態であって，「制度設計は本来的に本件各基金の団体的な意思決定により定められるもの」とし，厚年法所定の手続の履践に先んじて基金制度における当事者の「団体的意思決定」を重視する旨を判示した。しかし，基金制度における当事者である加入員・受給者・制度および制度の設立企業である使用者の法律関係については明言せず，「団体的意思決定」なる文言を用いたことにより，本判決の言わんとする意図は明確ではない(6)。とはいえ，法所定の手続の履践状況を形式的に判断する原審と比較して，基金制度において「当事者」の「意思（団体的意思）」を重視するという判断は，準拠法をもつ「制度」としての基金制度においても契約法理が適用されることを示唆するものであり，企業年金制度における「受給権」の保護の観点からは一定の評価に値するということはできるだろう。

　以上のような裁判例の状況の中で，幾度も裁判の争点となりながらも裁判所が一貫して原告の主張を退けてきた問題がある。それは，企業年金制度を制度

　　早稲田大学（年金減額）事件・東京高判平 21・10・29 労判 995-5。
(4)　厚生年金基金の事案として，加算部分の減額が争われたりそな企業年金基金・りそな銀行（退職年金）事件・東京高判平 21・3・25 労判 985-58。基金の解散に関する日本紡績業厚生年金基金事件・大阪地堺支判平 10・6・17 労判 751-55，テザック厚生年金基金事件・大阪高判平 17・5・20 労判 896-12。また，確定給付型企業年金の事案として，NTT グループ企業（規約型企業年金）事件・東京地判平 17・9・8 労判 902-32，NTT グループ企業（年金規約変更不承認処分）事件・東京高判平 20・7・9 労判 964-5。
(5)　加算部分の減額が争われたりそな企業年金基金・りそな銀行（退職年金）事件・東京高判平 21・3・25 労判 985-58。
(6)　しかしながら，同裁判所の用いた「団体的意思決定」という文言は，約款理論，あるいは，むしろ，民法学から企業年金制度に対して有力に主張されている「制度的契約」論との関連性を強く疑わせるものとみることができる。制度的契約論については，内田貴「制度的契約と関係的契約」（内田貴・新堂幸司編『継続的契約と商事法務』1 頁（商事法務，2006 年））。

460

〔畑中祥子〕　　**19**　企業年金制度における「使用者」の責任

の設立企業自身が管理運営するのではなく，企業とは別法人である基金を設立して，当該基金に企業年金制度の管理運営を行わせるという，基金型の年金制度を実施する「使用者」の加入員および受給者に対する責任である。

　これまでの3つの裁判例では次のように判示し，使用者の責任が否定されてきた。すなわち，①基金は設立企業とは別法人であり，独立して基金規約を運用するものであるため，基金からの給付に対する責任を設立企業は負担しない[7]。②厚生年金基金からの給付は厚生年金基金制度の枠組みにより給付されるのであって，その支給根拠は使用者との労働契約にあるものではない[8]。③基金からの年金給付は，設立企業における労務提供を原因とするものではあるが，設立企業の就業規則・退職金規程では，年金給付の内容を基金規約に定める旨の規定があり，同規約に年金給付の具体的内容の定めを委ね，第三者である基金が給付をすることを予定するものであって，設立企業自身が給付を行う旨を定めたものではない[9]。

　しかしながら，このような判断は妥当なものであろうか。上記③の裁判例でも認めているように，企業年金給付の基礎には設立企業における労働者の過去の労務提供の事実があり，こうした労働者の退職後の生活保障を目的として年金制度がつくられ，かつ，年金制度に対して設立企業が大きな影響力を有していることは明らかである。そうであるにもかかわらず，制度と設立企業は別法人であることを理由に，また，制度は各々の準拠法に基づいて管理運営されており，給付が使用者自身から支払われるものではないということを理由として，年金制度に対する使用者の責任を遮断することは妥当ではないものと考える。

　ここで，アメリカの企業年金制度である従業員年金制度（pension benefit plan）に目を転じると，上記のような問題に対して異なる対処がなされていることがわかる。以下では，アメリカの従業員年金制度を規整する ERISA（Employee Retirement Income Security Act of 1974：従業員退職所得保障法）における年金制度と使用者との関係に着目して，使用者の責任のあり方について明らかにしたい。そして，このような日米比較を通して，今後の日本の企業年金制度における使用者の責任のあり方についても検討する。

---

(7)　更生会社TWRホールディングス管財人事件・大阪地判平16・6・16労判880-172。
(8)　りそな企業年金基金・りそな銀行（退職年金）事件・東京地判平20・3・26労判965-51。
(9)　りそな企業年金基金・りそな銀行（退職年金）事件・東京高判平21・3・25労判985-58。

2　ERISA の概要

(1)　ERISA における年金制度の当事者関係

ERISA においては，従業員年金制度の当事者の関係を信認関係，信託類似の関係として明確に位置づけている。すなわち，加入員・受給権者を受益者（受給権者）とし，制度・使用者および制度の資産管理運用機関を受認者として制度の当事者関係を明確化している。そして，加入員および受給権者に対しては，具体的な権利としての受給権を付与し，一方，受認者に対しては，制度の管理運営を適正に行わせるために高度の信認義務を課すことによって，受給権を直接的・間接的に保障する法的枠組みをもっている。

こうした従業員年金制度における当事者の法律関係の明確化を基礎として，年金受給権の法的保障の枠組みが構築されている。

ERISA および本稿で用いられる従業員年金制度（pension plan）とは，使用者（employer）または労働組合によって維持される（maintained）制度で（3(1)），かつ，従業員に退職所得を支給する制度または制度加入期間中の所得の繰り延べ効果を有する制度と定義されている（3(2)(A)(i)・(ii)）。

また，年金制度には確定給付型（defined benefit plan：DB）と確定拠出型（defined contribution plan：DC）があるが，両者の違いは制度加入者ごとに個人勘定が設定されているか否かであり，前者には個人勘定がなく後者にはそれがあるというものである（3(34)）。

制度提供者（sponsor）は，その名の通り制度に対して拠出する者を指し，「使用者」のことを指しているといえる[10]。

制度管理運営者（administrator）は，実際に制度の管理・運営責任を課せられた者を指し，使用者が制度の管理運営を行っている場合は使用者，基金型の場合は基金の管理運営責任を負っている理事等の基金の役員を指すことになる。したがって，制度の管理運営者が誰かによって，制度提供者と制度の管理運営者が同一になる場合もあれば，別々になる場合もあるということである。

---

[10]　労働組合が制度提供者の場合もある。

(2) ERISA における受給権保障のための仕組み
(i) 情報提供・開示義務

制度管理運営者は，加入者の制度への加入後または給付の受給開始後90日以内に加入員および受給権者に対して制度概要書（SPD：summary plan description）を提供しなければならない。SPD はいわば年金制度の規約としての役割を担う文書である。

SPD の変更は，変更が適用される制度年度の開始前210日以内に加入員および受給権者に変更後の SPD を提供しなければならない（104(b)(1)）。また，将来の給付発生率を大幅に引き下げる変更の場合は，変更が適用される前の「合理的な時期（通常45日前）」に加入員及び受給権者に提供されなければならない（204(h)）。

このように，ERISA における情報開示義務においては，制度変更の予告義務が課せられるのみで，将来に向かっての制度変更自体は自由ということになる。

次に，制度管理運営者は，SPD の他に，毎年年次報告書（Annual report）を作成し，IRS に提出することが義務付けられ，提出された年次報告書は当該制度年度の終了後7か月間保存される。また，制度管理運営者は，各加入員および受給権者に対して SAR（summary annual report）を配布することが義務付けられ，制度年度ごとの収支，加入員数，制度年度開始時と終了時の制度資産総額，労使の拠出額等を明らかにすることとされている。

また，その他，個別状況報告書[11]として，各加入員ごとの発生給付の総額，受給権付与された部分の額，受給権付与までの残日数などの通知も定期的に行うことが義務付けられている。

こうした情報開示・提供義務は制度管理運営者に課せられており（101，104，105），違反した場合は10万ドル以下の罰金または10年以下の懲役が科せられる（501）。

(ii) 発生給付（accrued benefit）と受給権付与（vesting）

ERISA における「受給権」は，雇用期間を通して発生した給付を将来において受給するための「現在の権利」として捉えられている[12]。この現在の権利

---

[11] 29 C. F. R. §2560. 503-1(g)(1)(iii)(2009).
[12] Dan M. McGill, *Preservation of Pension Benefit Rights*, Pension Research Council,

第 2 章　労働契約と労働者人格権

とは，毎年一定の割合で発生する⑬発生給付に対する権利のことを指している（204(b)(1)）。

そして，発生給付に対する権利は，加入期間 5 年で 100 ％，または，3 から 7 年のうちに段階的に 100 ％の受給権として各加入員に権利が付与される（203(a)(2)(A), (B)）。

したがって，すでに付与済みの受給権は，その後の制度変更や制度の運営状況の悪化などを理由として減額されることは禁じられている（204(g)）。

前述のとおり，ERISA における年金制度は，「従業員に退職所得を支給する制度または制度加入期間中の所得の繰り延べ効果を有する制度」と定義されている。この定義から直ちに制度からの給付が「賃金」であるということはできないが，年金給付の額は勤続年数や賃金の額によって決定されることから，①年金給付は従業員の過去の勤務とは切り離すことができないこと，②制度を設立し，それを従業員らに提供し，将来の給付を約束したこと，の両面に対して，前者には発生給付とそれに対する受給権付与の仕組みとそれを下から支える制度資産の積立に対する規制および制度終了の際の支払保証の仕組みを，後者にはそのような約束に対する信頼を保護するためのいわば人的な保証として，受認者に対する信認義務を課している。

ただし，いまだ発生していない，あるいは，受給権付与されていない給付についての保護は極めて薄く，給付の発生率を低くするような制度の不利益変更も未確定の給付に関するものであれば自由に不利益変更できる。

(3)　信認関係の法理と受認者の義務・責任
(i)　ERISA における当事者の信認関係
ERISA における信認関係の法理とは，制度の当事者間を信託に類似した関

1972.

⑬　発生給付の計算方法は 204(b)(1)に規定されている。①3％ルール：最低加入年齢から 65 歳または制度が定める通常退職年齢のいずれか低い年齢まで勤務した場合に支払われるであろう給付額の 3％に，加入者の加入年数を乗じて得られる額（33 と 3 分の 1 年で 100 ％）を下回らないこと。②133 と 1/3 ルール：すべての加入者のどの勤務年についても発生給付率はその前年の発生率の 1.33（133 と 3/1）倍を超えて増加させないこと。③分数ルール：通常退職年齢（65 歳）まで勤務したと仮定した場合の予測給付額を実際の加入年数と加入時から通常退職年齢までの年数の比率を乗じた額を下回らないこと。

係（信認関係）と位置付けて，制度における当事者間の権利義務関係を捉えるというものである。

信認関係とは，一般に，一方が他方を信頼し，あるいは，他方に依存し，他方は自らに依存している相手方に対し，その利益を図る義務を負うような関係一般をさすとされている[14]。ここで相手方から信頼され，依存される者を「受認者 fiduciary」と呼び，受認者は，当該信認の趣旨に従った行動を要求されることになる。

こうした信認関係は，信託に由来する概念である。しかし，上記の定義によれば，信認関係は，信託関係に入った当事者のみならず，信託関係を明確に結んでいない当事者間においても，当事者の一方が相手方を信認する関係にあれば，その限りにおいて信認関係とみなされるということを意味する。

以上のような信認関係の法理を ERISA においてみてみると，加入員および受給権者が信認する側であり，その信認を受けて給付を確実なものとするために行動する者が受認者ということになる。

ERISA は，制度を設立した場合，制度の管理運営の責任者として，「1 人以上の指名受認者（named fiduciary）を定めなければならない」（402(a)(1)）と定めている。この指名受認者が制度の最高責任者ということになる。また，この指名受認者がその他の受認者（fiduciary）を任命することもできる。このように ERISA は制度に関する責任主体を明確化している[15]。

しかし，たとえ指名受認者による任命行為がなくとも，以下の定義に該当する者については，解釈上，ERISA における受認者として高度な信認義務が課せられることになる。

受認者の定義を定める 3(21)(A) において受認者とは，①制度の運営に関して，裁量権または裁量的支配を行使する者，あるいは，資産の運営または処分について，現に権限を行使するか，支配を実行している者，②直接間接を問わず，制度の現金その他の資産に関して，手数料その他の報酬を得て投資助言を行う，

---

[14] 樋口範雄『フィデュシャリー「信認」の時代—信託と契約—』（有斐閣，2004 年）28 頁。

[15] 積立を要する制度は信託によって制度資産を管理しなければならないため，制度資産の管理・運用についての決定権限を有する信託受託者（trustee）は ERISA 上の fiduciary である。

第2章　労働契約と労働者人格権

または，そうすることに権限または責任を有する者，③制度の管理について，裁量的権限または裁量的責任を有する者，と定められている。したがって，当然ながら指名受認者（named fiduciary），任命を受けた受認者（fiduciary）はこの定義に該当することとなる。ただし，制度管理運営者（administrator）[16]，制度提供者（plan sponsor），使用者（employer），信託銀行，保険会社，証券会社，ブローカー・コンサルタント，弁護士等は法律上当然に受認者となるわけではなく，その者が上記定義に該当すると認められる行為を行った場合に受認者とみなされることとなり，ERISAにおける受認者性は，当該者が果たす役割に着目し，かつ，個々の事案において判断されることになる。

(ii)　受認者の「信認義務」

ERISAには4つの信認義務が明文で規定されている。「忠実義務」，「注意義務」，「分散投資義務」，「制度規約等遵守義務」である（404）。

忠実義務とは，「受認者は，もっぱら制度加入員および受給権者の利益のためだけに制度に対する義務を履行する。制度資産の使用目的も加入者および受給権者に対する給付と制度管理上の正当な経費支出に限られる」（404(a)(1)(A)）と規定され，忠実義務違反を構成する行為類型を禁止取引として規定している（406）。

また，注意義務は，「当該状況下で，同等の能力をもって行動し，同様に事情に精通している慎重な者（prudent man）であれば，同様な性質や目的をもつ事項につき当然発揮するであろう，注意（care），技術（skill），慎重さ（prudence），勤勉さ（diligence）をもっていること」と規定され，いわゆる「慎重人原則 Prudent Man Rule」のことを指している（404(a)(1)(B)）。

注意義務から派生する義務として，制度資産の分散投資義務があり，投資リスクを最小化することが求められている（404(a)(1)(C)）。以上の3つの義務は信託法における受託者の義務に由来するものである。

そして最後の制度規約順守義務は，ERISA法上の義務として規定されている（404(a)(1)(D)）。

特に，立証責任の面では，注意義務違反を主張する場合は，当該注意義務の中身と受認者がそれに反する行為を行ったこと，そして損害との因果関係を主

[16]　制度管理運営者は，101・104・105により情報提供・開示義務を負っており，当該義務の範囲ではfiduciaryである。

張立証しなければならない。また，忠実義務違反を主張する場合は，義務違反による損害の発生は要件ではなく，受益者以外の者の利益を図ったことさえ主張立証すればよい。さらに救済の面でも，注意義務違反に対しては生じた損害が賠償の範囲だが，忠実義務違反に対しては，当該義務違反によって受認者が得た利益をすべて制度に返還させることがでる。

こうした受認者の信認義務違反に対する責任については，「当該制度における受認者は，本款によって受認者に課せられた責任および義務に違反した場合，当該違反によって制度に生じた損害を個人的に賠償する責任を負うものとする。また，制度資産を利用して得た利益を当該制度に対して返還するものとする。および，その他受認者の解任を含め，裁判所が適切と認めたエクイティー上の救済または損害賠償の責を負うものとする」(409(a)) と規定されている。したがって，救済の種類は，補償的損害賠償（信認義務違反に基づく損失の補償）とエクイティー上の救済として，受認者の解任・擬制信託・不当利得の返還・差止命令・懲罰的損害賠償・投資顧問の指名などが裁判所の裁量によって判断される。

さらに，ERISA が定める責任および義務から受認者を免責することを目的とする協定，約定は公序（public policy）に反し無効となり，ERISA の受認者に関する規定は強行規定となっている (410(a))。

3 ERISA に基づく訴訟における「使用者」の被告適格性

(1) 民事訴訟の根拠条文と訴訟類型——502・510

(i) 給付の回復・将来給付に対する確認——502(a)(1)

502(a)には ERISA に基づく3つの訴訟類型が規定されている。①加入員および受給権者による制度における給付の回復または制度における将来の給付に対する確認請求 (502(a)(1))，②労働長官，加入員，受給権者，受認者による受認者の義務の履行およびエクイティー上の救済請求 (502(a)(2))，③加入員，受給権者，受認者による本法および制度規約違反に対する是正とエクイティー上の救済請求 (502(a)(3))[17]，である。

---

[17] 502(a)(3)は，法および制度規約の強制・是正のための訴訟の根拠条文として規定されているが，本条は包括的規定となっており，他の 502(a)(2)，502(a)(1)による救済が受けられない特別な事情がある場合に訴訟の根拠条文として利用できると解されている。

第2章　労働契約と労働者人格権

　501(a)(1)訴訟における被告について，制度は訴訟において法人として被告となり得る旨の規定はあるが（502(d)(1)），しかし，制度規約に基づいて支払われるべき給付の回復や制度規約に基づく権利の行使，または，制度規約に基づいて将来の給付の確認の訴えにおいて誰を被告とすべきかは条文上明確ではない。とはいえ，制度が被告の1人となることは争いがないだろう。

　しかし，制度のみを被告とすることに対しては，「ERISA に基づく給付に関する訴えは，当該制度の管理運営に関して支配権を行使する者に対して提起するのが適切である」と判断する判決もあり[18]，必ずしも給付に関する訴訟の被告は制度に限定されないという考えが示されている。

　給付に関する訴えが，第一に制度を被告として提起されるべきことは明らかだが，制度に限らず，使用者，会社の役員個人，労働組合などに対しても訴えを提起することは可能である。この点に関して，制度以外の者を被告とするための要件について，使用者等の制度以外の者は，「制度の管理運営に対して支配権，裁量権を有していない場合は被告となり得ない」旨判示する事案があり[19]，これを反対解釈すれば，制度に対する支配権・裁量権を行使していたことを主張立証できれば使用者を被告として争うことが可能であるということになる。

　一方，使用者が制度の管理運営のために他の独立した法人と管理運営に関する契約を締結していた場合は，当該契約の範囲において使用者は制度の管理者としての責任を負わないとする判決もあり[20]，制度からの給付に関する訴訟において使用者を被告として争うことは限定的であると言わざるを得ない[21]。

　502(a)(1)訴訟における救済は補償的損害賠償として制度規約に基づく給付に限定される。

　(ⅱ)　信認義務違反── 502(a)(2)

　信認義務違反が争われる事案において問題となるのは，法律上，当該義務を

---

[18] Garren v. John Hancock Mut. Life Ins. Co., 114 F. 3d 186 (11Cir. 1997). 本件では，使用者と被告とすべきと判示している。

[19] United States v. Conservation Chemical Co., 619 F. Supp. 162 (N.D. I ll. 1987).

[20] Crocco v. Xerox Corp., 137 F. 3d 105 (2d Cir. 1998).

[21] とはいえ，本件では使用者と制度管理運営法人との「契約」の存在を使用者の免責の要件とするものであるため，契約関係になければ使用者は責任を免れないと解することもできる。

負うこととされている受認者であるか否か，すなわち，被告の受認者性が問題となる。

特にERISAにおいては，使用者が当然に制度の受認者となる旨の規定はなく，また，使用者が企業の経営者としての側面をも併せもつことから使用者の受認者性の判断は難しい。受認者性の判断基準は加入員および受給権者の給付や受給権に対する裁量権限・支配権限の程度によって実質的に判断されるため，従業員に対して行った行為が，純粋に使用者の経営上の判断に基づく行為か，制度の受給権を左右するような行為かが問題となる。たとえば，確定拠出型の制度において加入員に自社株投資の勧誘をする際に企業の経営状況について事実と異なる説明をすることなどが考えられよう。また，企業の組織再編時に譲渡先企業においても制度が維持されると虚偽の説明をしたことが信認義務違反となると判断された事案がある[22]。さらに，使用者が故意に情報提供しないことによって，加入員らの給付請求権の行使が妨げられたという事案において，使用者の受認者性が争われた際に，受認者性の判断基準は，「制度資産の処分に対する実質的な支配権の行使の有無」によって判断するとした事案がある[23][24]。

日本の企業年金減額訴訟において争われるような制度の不利益変更について，ERISAでは，制度の設計・設立・変更は受認者の行為ではないというのが一般的な考え方となっている。「制度提供者（＝使用者）が制度を適用し，変更し，終了させる行為は受認者の行為ではない」と判断した連邦最高裁判決がある[25]。なぜこのような判断がなされるのかといえば，ERISAにおいてはすでに発生し，かつ，受給権付与された給付は不利益変更できないため，制度の不利益変更がもっぱら未発生，かつ，受給権付与されていない将来の給付に関するものに限定されるという理由とともに，ERISAによる公的な規制と私的かつ任意の年金制度との微妙なバランスを保つために，使用者には経営上の利益を最大化す

---

[22] Varity Corp. v. Howe, 516 U. S. 489 (1996).
[23] Blatt v. Marshall & Lassman, 812 F. 2d 810 (2d Cir. 1987).
[24] 情報提供義務については，大原利夫「エリサ法の積極的情報提供信認義務と制度改正―2つの帽子法理と真剣な検討の基準」関東学院法学14号2巻19頁，畑中祥子「米国従業員給付制度における受認者の信認義務―使用者の情報提供義務に焦点を当てて―」比較法雑誌39巻3号149頁を参照されたい。
[25] Lockheed Corp. v. Spink, 517 U. S. 882 (1996).

るために制度の設立・変更をする自由があると考えられているためでもある[26]。

　(iii)　権利侵害——510

　510条は，「加入員および受給権者が制度および法によって付与された権利を行使すること，あるいは，そのような権利を取得することを妨害することを目的とした解雇，罰的違約金，停職，除名，懲戒，差別的取扱いを禁止する。また，福祉および年金制度開示法に規定された照会および訴訟手続に基づいて証言をした，または証言しようとしていることを理由とする上記行為についても禁止する」と規定している。510条違反に対しては10万ドル以下の罰金または10年以下の懲役あるいはその両方が科せられる。

　510条を整理すると，a.権利行使に対する妨害の禁止，b.権利取得に対する妨害の禁止，c.調査協力者に対する報復の禁止ということになろう。

　510条訴訟においては，原告は権利を侵害する目的で被告が当該行為を行ったことを主張立証すればよく，当該行為が現実に権利侵害の効果を有していたことまでは主張立証することを要しないとされている[27]。

　510条の文言上，「権利」がいかなる内容をあらわすものか定かではない。これに対して連邦最高裁判決は，510条の対象となる権利とは，「（510条は）制度等に基づいて与えられるであろう権利の取得に対する妨害をも禁じている。また，ERISAにおける制度とは，福祉給付制度と年金給付制度との両方を含むものとして定義されているが，同時に，ERISAでは，受給権付与の制度が適用されるのは年金給付制度のみであり，明確に福祉給付制度が除外されている（201(1)）。……したがって，510条の「権利」とは，年金給付制度における権利のことを指していると解すべきである」と判示している[28]。したがって，510条における権利は，年金給付制度における権利を指し，かつ，すでに取得した権利のみならず，これから取得するであろう将来の権利をも含むものと解される。こうした未確定の将来の権利も510条の範囲においては保護されるということになる。ただし，この点に関しては，510条の対象となる行為は，「労

---

[26]　Peter J. Wiedenbeck, *Erisa : Principles of Employee Benefit Law*, Oxford Univ Pr（2010）.

[27]　Choi v. Massachusetts Gen Physician's Org., Inc., 66 F. Supp. 2d 251（D. Mass. 1999）.

[28]　Inter-Modal Rail Emples. Ass'n v. Atchison, Topeka & Santa Fe Ry., 520U. S. 510（1997）.

〔畑中祥子〕　　　　　　　　　***19***　企業年金制度における「使用者」の責任

使関係に影響を及ぼす行為」に限定されるとして，制度の不利益変更によって将来の権利を奪うことは510条の対象とならないとされている[29]。したがって，510条は，権利侵害を禁止する条文ではあるが，それは制度における行為の結果として加入員の権利が侵害されたという場合には適用されず，あくまでも制度上の権利を侵害する目的でなされた労使関係上の行為にのみ適用されるということを意味している。以上から，510条の被告は使用者[30]に限定されるということになる。

また，510条違反に対する救済を求める訴訟は502(a)(3)を根拠として提起する。受けられる救済の種類は，給付の回復というエクイティー上の救済のみとするのが原則だが[31]，労使関係上の行為であることに鑑みて，下級審では給付の回復のみならずバック・ペイを認める判決もある[32]。本来，アメリカの従業員は労働契約関係の継続を求める契約上の権利を有しないが，510条違反に対しては復職やバック・ペイを求める権利が従業員に与えられている。

4　日本の企業年金制度における「使用者」

(1)　これまでの裁判例における「使用者」の責任——基金型に限定して

はじめに問題意識の部分で述べたとおり，これまでの基金型の企業年金制度における使用者の責任に関して裁判例は，①基金は設立企業とは別法人であり，独立して基金規約を運用するものであるため，基金からの給付に対する責任を設立企業は負担しない，②厚生年金基金からの給付は厚生年金基金制度の枠組みにより給付されるのであって，その支給根拠は使用者との労働契約にあるものではない，③基金からの年金給付は，設立企業における労務提供を原因とするものではあるが，設立企業の就業規則・退職金規程では，年金給付の内容を基金規約に定める旨の規定があり，同規約に年金給付の具体的内容の定めを委ね，第三者である基金が給付をすることを予定するものであって設立企業自身

---

[29]　Haberern v. Kaupp Vascular Surgeons Ltd. Defined Benefit Pension plan, 24 F. 3d 1491 (3d Cir. 1994).
[30]　ERISAにおける「使用者employer」とは，従業員給付制度に対して使用者として直接行動する者，または，使用者の利益のために間接的に行動する者（使用者団体を含む）と規定されている§3(5)。
[31]　Mass. Mut. Life Ins. Co. v. Russell, 473 U. S. 134 (1985).
[32]　Cabin v. Plastofilm Indus., Inc., 1996 U.S.Dist. LEXIS12523 (N. D. Ill. Aug. 29, 1996).

が給付を行う旨を定めたものではない，と判示して使用者の責任をすべて否定している[33]。

　そもそも，企業が支払う退職金に関しては，現役労働者の間は将来の退職金に対する期待に過ぎないため，退職金の計算式が不利益に変更されることで期待していた額の退職金が減額されたという場合は，裁判では退職金規程（＝就業規則）による労働条件の不利益変更の効力の問題として争うほかない。一方，退職年金制度では，現役労働者の間は年金の給付利率を引き下げるなどの制度の不利益変更に対しては，いまだ退職しておらず年金受給者となっていない以上，退職金の場合と同様に労働条件の不利益変更の問題に過ぎない。しかし，すでに退職した年金受給者に対する年金額の減額はとなると問題は別である。すなわち，退職者である年金受給者と制度の設立企業とはすでに労働契約関係になく，あるのは企業年金制度を通じた関係のみである。したがって，この時点で，年金受給者らにとって当該年金制度はすでに労働条件ではないということである。そして，受け取る年金額は退職時に通知され，確定している。すなわち，具体的な債権として発生しているということができる。ところが，制度の財政状況が悪くなったことなどを理由に年金額を減額される場合がある。ここで重要なことは，受給者の多くは確定された年金額に固執することで制度の存続が危機にさらされることは望んでおらず，減額そのものを絶対的に拒否するものではないということである。むしろ問題は，このような制度が行った減額が，制度だけの判断によってなされるのではなく，制度に対して拠出義務を負う設立企業の意向が大きく影響し，企業が当該制度を実質的に支配し，かつ，当該制度を通じて企業年金制度の不利益変更を行ったものといえる場合に，当該減額措置が「制度が行ったものである」として，設立企業は，減額に際しての説明責任，情報提供・開示責任，ひいては，制度が行った減額措置に対する責任を負わないのか，ということである。

　特に，基金型のように制度と使用者とが別法人となっている年金制度では，給付の減額の効力を争う訴訟は，制度に対してしか提起できず，元使用者である制度の設立企業は制度とは別法人ということを理由に受給者が使用者を相手に給付の減額の効力を争う道は閉ざされている。

---

[33] 基金の理事の個人責任が否定された事例として，日本紡績業厚生年金基金事件・大阪地堺支判平10・6・17労判751-55がある。

[畑中祥子]

 一方，上述したとおり，アメリカのERISAにおける年金制度では，現役従業員の間は毎年の発生給付とそれに対する段階的な受給権付与がなされ，付与済みの受給権は一切減額できない。したがって，当然のことながら，退職した年金受給権者に対する年金受給額の減額は一切許されず，かつ，制度解散時には同法に基づく支払保証により，すでに発生しかつ受給権付与済みの権利に関しては保証されている[34]。その上，たとえ，制度と制度の設立企業とが別個の法人であっても，設立企業が制度に関する責任を免れるということはない。したがって，ERISAでは，制度に関する責任について，制度と制度の設立企業とを「法人格」によって区別するという考え方はないのである。もっぱら制度に対して誰がどのような役割を現実に担っていたかという観点からERISA上の責任が判断されるものであり，制度に関する責任を負う者の射程範囲が広い。

(2) 使用者の基金に対する「支配力」を根拠とする責任法理─「制度提供者責任」

 日本の企業年金制度において，制度提供者は使用者である。そして，使用者が自らの従業員に提供する年金制度を管理運営させるために作った法人が年金基金ということになる。そして，制度の管理運営者は基金の理事等の役員である。

 基金型の企業年金における使用者と年金受給者との関係は，年金受給者に年金を支払うのは制度であるから，年金受給者が直接の法律関係を結んでいるのは制度である。しかし，制度からの年金給付は，①年金受給者の制度の設立企業における過去の労務提供を根拠とするものであり，②制度は設立企業の年金支給代行機関として設立された法人であること，といった要件を設定することによって，年金受給者と設立企業との法律関係を推定するということは可能ではないだろうか。

 こうした要件を設定すると仮定して，立証の場面で重要なのは②であろう。制度と設立企業との関係で制度の法人格を否認するのは困難であるが，たとえば，制度の設立根拠は設立企業の就業規則等における「退職年金は○○基金制

---

[34] ERISA上の年金制度が加入員数に応じた保険料を支払うことで維持されるPension Benefit Guarantee Corporation：PBGCによって，受給権付与済みの権利は全額保証される（4022(a)）。

度による。」といった一文以外にないことや，設立企業の制度に対する「支配力」の行使，すなわち，意思決定の共通性，その他制度の管理運営に対する設立企業の影響力の程度などについて細かく検討される必要があるだろう。

例として，特にこれまでの裁判例で問題となってきた厚生年金基金制度における基金と設立企業との不可分性を示すものとして，基金運営の仕組みを以下に整理してみる。

厚年法108条1項に「基金は，法人とする」と規定され，また，117条1項は，「基金に，代議員会を置く」と規定し，基金の意思決定機関として代議員会の設置を義務付けている。代議員は，偶数定数[35]とし，半数は設立事業所の事業主および適用事業所に使用される者のうちから選出し，残りの半数は基金の加入員の互選で決定される（同条3項）。代議員の任期は3年をこえない範囲で，規約で定めることとし（同条4項），①基金の規約の変更，②毎事業年度の予算，③毎事業年度の事業報告および決算，および，その他規約で定める事項について代議員会による決議を要するものとしている（118条）。また，代議員会の議長には事業主が選出した理事の中から選出された理事長が就くことになっている（117条6項）。これは，基金への「掛金の負担その他の面において，事業主に多くの責任を負わせているので，事業主側の代表である理事長に，代議員会の運営にあたっての責任を委ねた」[36]ものであるとされている。

次に，基金にはその執行機関として，理事長と理事，および自己監査機関として監事を置くことが義務付けられている（119条）。理事は，設立事業所の事業主において選出した代議員および加入員において互選した代議員のうちからそれぞれ互選するものとし（同条2項），監事は，設立事業所の事業主において選出された代議員から1名および加入員の互選による代議員から1名を選挙によって選出することとされている（同条4項）。

基金の役員，特に基金の最高責任者である理事長は，理事会および代議員会において決定される事項以外の業務執行については，その責任において決定することができ（120条），基金の管理運営においては理事長が大きな権限を有し

---

[35] 代議員の定数については，当該基金の加入員数，設立事業所の分布状況等を勘案して，各基金の規約によって定めることとされている（厚生省年金局・厚生年金基金連合会 共同編集・執筆『厚生年金基金十年誌』133頁）。

[36] 前掲注[35] 133頁。

〔畑中祥子〕　　　*19*　企業年金制度における「使用者」の責任

ていると言えよう。

　一方，主たる事務所の所在地にあるものとされている基金の所在地は（108条2項），設立企業の所在地と同一である場合や，また，基金の職員を設立事業所の従業員が兼務している場合，設立事業所の労働者，あるいは設立企業の元役員などが基金の理事等の役員となる場合など，必ずしも基金の職員および役員は基金の業務に専従しているとは限らない場合も想定される[37]。

　以上のように，厚生年金基金の場合は，基金が「法人」であるとする条文があること，また，公的年金である厚生年金保険の一部を基金が代行しながら，同じ制度の枠内で企業独自の企業年金制度を実施するという特殊性をもっていることが判決に大きく影響していることは否めない。しかし，同法には，年金受給者に対する使用者の責任を遮断する条文もまた存在していないというのも事実である。

　したがって，使用者は自ら提供した制度から支払われる給付の確保について，制度が第一義的な義務を負うとしても，制度が当該義務を果たすことができない場合には，使用者も同様に義務を履行する責任があるということはできる。

5　むすびにかえて

　ERISA では，当事者関係を信認関係と捉えることをベースにしている点は大きく日本の企業年金制度と異なるところである。日本の企業年金制度においては，誰が「当事者」なのかも判然としていない。

　また，ERISA では，年金給付に関して「発生給付」とそれに対する「受給権付与」の制度が存在することもやはり日本と異なるところである。

　日本の企業年金制度においては「受給権」という概念が確立しておらず，このような「受給権」の曖昧さゆえに，制度の不利益変更による受給額の減額に関する争いが尽きない。法律上，制度資産の積立基準は，当該時点において加入員および受給者に年金を支給する場合に必要な資産が積立てられているかと

---

[37] 同じように基金型の年金制度である確定給付企業年金法に基づく基金型の制度においても，基金は「法人」とする旨の規定があるものの（同法9条），基金の積立不足に際しては，「事業主」がその不足分を掛金として拠出する義務を負う旨の規定がある（63条）。このことから，資産について設立企業から基金への補充関係が認められる。

第 2 章　労働契約と労働者人格権

いう基準で設定されているが，現役の労働者にとっては，そこで計算される年金額はあくまでも積立基準に適合しているか否かの確認のために利用される数値に過ぎず，当該額に対する「受給権」はない。また，すでに退職した受給者にとっても，退職後何年，何十年と経とうとも，制度の都合によって受給額を減額される可能性を残すものであり，不安定である。

このように，「受給権」の概念が未確定な状態で，年金額の減額の可否は制度を相手に裁判で争い，使用者は責任を負わないとする構図をこのまま続けていくことは妥当ではないだろう。日本において企業年金制度に関する立法，法改正が進められてきてはいるものの，本稿で取り上げた問題についていまだ明確な規定は作られていない。

景気が低滞する中で，今後の企業年金制度のあり方が変わっていくことも予測されるが，その動向を注視していきたい。

20 自社年金減額法理の再構築
――受給者に対する減額をめぐって――

河 合 塁

1 はじめに
2 裁判例に見る受給者減額の判断枠組みと課題
3 自社年金の法的性質にかかる基礎的検討
4 受給者減額法理の再構築に向けた1つの試論
5 おわりに

1 はじめに

　厳しい経済環境の下，自社年金を含む企業年金の受給者に対する年金減額（いわゆる受給者減額[1]）が近年増加しており，その有効性をめぐる訴訟も増加している。そして受給者減額訴訟においては，減額の根拠の有無と，いわゆる就業規則の不利益変更法理（労契10条）に類似した合理性判断との2段階によって有効性を判断するという流れ（以下本稿において「受給者減額法理」と称する）が概ね定着しつつある。

　たしかに，就業規則の不利益変更法理に類似した柔軟な判断は，多種多様な受給者減額事案についてきめ細かな判断を行いうるという意味では，それなりに有益であることは否定できない。とはいえ，受給者減額が労働事件として登場してきた歴史は浅く，裁判例も多く蓄積されているわけではない（中には，かなり特殊な事案もある）ことに鑑みれば，現段階で受給者減額法理を「法理」として無批判に受け入れることはやや拙速にすぎないだろうか。

　このような問題関心から本稿は，企業年金のもっとも原始的な形態である「自社年金」の受給者減額を取り上げ，自社年金支給契約および減額根拠など

---

[1] 本稿では，退職後に年金の形で企業年金を受給している者の，企業年金給付を削減することと定義しておく。森戸英幸「企業年金の『受給者減額』」中嶋士元也還暦『労働関係法の現代的展開』（信山社，2004）119頁参照。

第 2 章　労働契約と労働者人格権

の法的性格を分析し，それを踏まえた自社年金受給者減額法理の再構築を提唱するものである（なお，以下では，特に断りのない限り，受給者減額という用語は，自社年金のそれを指して用いている）。

2　裁判例に見る受給者減額の判断枠組みと課題

本章ではまず，これまでの自社年金の受給者減額にかかる裁判例を概観し，現行の受給者減額法理の到達点を大づかみに見ておく[2]。

(1)　判例法理の展開

冒頭で述べたとおり，過去の裁判例は，概ね(a)受給者減額の根拠の有無と，(b)具体的な減額の合理性の有無，の 2 点から減額の有効性判断を行っている。

(a)　受給者減額の根拠

退職者は，退職によって確定した自社年金受給権を有しているので，それを削減するためには，少なくとも何らかの根拠が必要となる[3]。自社年金の場合，支給基準や給付設計などの詳細が就業規則の細則ないし別規定としての自社年金規則に定められていることが多いが，その中に，「年金額（あるいは自社年金制度）の将来的な変更（減額や改廃）がありうる」旨を規定した条項（以下，「変更条項」と称する）が置かれている場合があり，主にこの条項が受給者減額の直接的根拠であるとされる[4]。

では，このような変更条項がありさえすれば，それを根拠として減額が可能となるのか。この点裁判例は，①変更条項の効力は，（既に退職者が取得した）受給権を個別に解約する権利を留保したものではない，として拘束力を否定するタイプ（幸福銀行（年金打切り）事件・大阪地判平 12・12・20 労判 801 号 21 頁），②（自社年金規則の）就業規則との類似性（規律対象や制定・改定手続き等）から，内容の合理性や周知性があれば当事者を拘束する，とするタイプ（松下電器産業グルー

---

[2] 受給者減額の裁判例を仔細に整理・検討した論文として，根岸忠「企業年金の減額・廃止をめぐる最近の判例動向」季労 211 号（2005）97 頁以下，嵩さやか「企業年金の受給者減額をめぐる裁判例」ジュリ 1379 号（2009）28 頁以下など参照。
[3] 土田道夫・労働契約法（有斐閣，2008）254 頁参照。
[4] 変更条項には，額の変更（減額）だけを行うことがあるとしているケース，自社年金規則（ないし制度）自体の変更を行うことがあるとしているケースがあるが，裁判所はこの点にはそれほど着目していないようである。

プ事件・大阪地判平18・9・26労判904号60頁)、③約款法理に準拠して当事者を拘束する、とするタイプ（松下電器産業事件・大阪地判平16・12・6労判889号73頁、同大阪高判平18・11・18労判930号26頁)、の3つに概ね分けられる。なお③タイプが準拠する判例（大審院大4・12・24民録21輯2182頁）は、約款の拘束力として必ずしも合理性や周知性の要素を明確に求めているわけではない[5]が、これらの要素が要件となっているため、結果的には②タイプとあまり変わらない構成になっている。

ちなみに、変更条項がない中で受給者減額が行われたケース（港湾労働安定協会事件・神戸地判平17・5・20労判897号5頁、同大阪高判平18・7・13労判923号40頁、やや特殊であるが早稲田大学事件・東京地判平19・1・26労判939号36頁）もあるが、基本的には事情変更の原則が妥当するような場合でなければ減額は認められないとのスタンスから、いずれも減額が否定されている。

(b) 減額の合理性判断

以上のように、変更条項の有無は、減額の可否判断における重要な要件となっているが、受給者減額が「いったんは確定した権利の事後的な制限」である以上、変更条項があれば減額が無制限に許されるとは考えにくい。裁判例も、たとえば変更条項発動要件の厳格性や年金給付の終身性（前掲・松下電器産業グループ事件・高判)、あるいは年金制度維持のために「合理的な裁量の範囲に限って」減額が許容されていた（早稲田大学事件・東京高判平21・10・29労判995号5頁）など、何らかの形で合理的限定解釈を行っている。

では実際の減額の有効性については、どのように判断されているのか。

これは主に「変更の必要性」と「内容の相当性」の2要素（あるいは、「手続きの相当性」要素を加えた3要素）から審査されている。論理構成や要素の具体的内容に若干の違いはあるが、冒頭で述べたとおり、これらの要素は、いわゆる就業規則の不利益変更法理における合理性判断要素と相当程度重なるものといえる。下記の表はこの点を踏まえ、それぞれの要素判断において、どのような事情・事実がその要素を強め（弱め）るものと位置づけられているのかを整理したものである[6]が、以下その特徴をもう少し詳細に述べておきたい。

---

[5] もっとも近時の学説では、約款の拘束力を認めるにつき約款の開示を要件とする主張が支配的であり、これらの判決はこの学説の見解を取り入れている、と指摘されている。嵩・前掲注(2)29頁参照。

第2章　労働契約と労働者人格権

表　各要素を強める／弱めると思われる事情・事実

変更の必要性	
強める事情・事実	弱める事情・事実
・バブル崩壊後の企業経営状況の悪化 ・企業年金自体の財政負担と将来見通し（積立比率の悪化や追加拠出の増加等） ・経営改善策に伴う従業員・取引先・株主の負担 ・現役従業員との不公平性	・年金債務の履行を続けることは困難ではなかった ・企業の財政自体が著しい悪化状況ではない ・経営環境や収支状況等は，（経営努力等で）減額決定に当たって予測されていたほどには悪化していない ・同意なく減額が認められるほどの事情変更があったとは認められない

内容の相当性	
強める事情・事実	弱める事情・事実
・企業側も相応の追加拠出をしている ・給付削減後の公的年金等も含めた総受給額が少なくない（生活への影響が大きくない） ・減額幅が小幅 ・給付利率が一般金融市場における利率に比べ，（減額後も）なお高い水準にある ・減額にあたっての経過措置を置いており，その分の追加補填分は企業が負担している	・減額が大幅 ・3ヶ月分の打切支給では代償措置として十分とはいえない

手続きの相当性	
強める事情・事実	弱める事情・事実
・受給権者のほとんどが異議を述べていないまたは個別同意書を提出している ・複数回にわたり受給者向け説明会が開催されている	・受給者に，意思形成過程に参加する機会が与えられていない

(6) この中には，事情変更の該当性判断において述べられているものも含めている。また「内容の相当性」判断の中で手続きの相当性を考慮しているものは，便宜上，「手続きの相当性」要素に分類している。

まず「変更の必要性」を強める事情・事実としては，企業経営上の必要性，自社年金の財政上の必要性などのほか，現役従業員の将来の退職給付との格差，減配（前掲・松下電器産業事件・地判），予定利率等の引下げ等をする厚年基金の急増，金融市場における利率との乖離（前掲・松下電器産業グループ事件・高判）といった，いわば「世間相場」的事情を述べるものもある。

次に「内容の相当性」については，変更後の内容自体の相当性（社会的相当性）に言及するものもあるが，減額後の当該受給者の受給できる年金給付（公的年金を含む）額の高低という視点から「不利益の程度」を判断する裁判例（前掲・松下電器産業事件・高判，早稲田大学事件・高判）も目立つ。公的年金も含めた「老後保障」全体での「影響」を勘案していることが1つの大きな特徴であるといえよう。

そして「手続きの相当性」については，受給者を相手とした複数回の説明会の開催や書簡の発送，受給者の相当数の同意（3分の2以上～9割以上）が認定・評価されている。対象者への説明や，対象者のうちの多数の同意といった手続面の充足が，減額の有効性判断を大きく基礎付けていることは疑いない。なお，就業規則の不利益変更事案では「労働組合等との交渉状況」が重視される（労契法10条）が，受給者減額ではこのような集団的利益代表が通常は存在しないため，「既受給者に対しどの程度の説明がされ，…どの程度の割合の既受給者が…同意したか」に重点が置かれているものと考えられる。

(2) 就業規則の不利益変更と受給者減額との異同

以上のように受給者減額を巡る裁判例は，概ね「就業規則の不利益変更法理」に類似した要素が用いられている。その理由としては，「減額」という事象自体がまさに「不利益」な「変更」であること，複数の要素からの合理性判断こそが，多種多様な事案に応じたきめ細かい判断を可能にするといったことに加え，企業年金契約自体の継続的・長期的性格（に基づく柔軟な変更の要請），制度運営における集合的・画一的処理の必要性，（法律論というよりは実態論であるが）不利益変更を享受することによる受給者の実質的メリット（それによって，自社年金制度の終了を回避できる），事象の利益紛争としての側面，などが考えられる。これらの点に着目すれば，現行の受給者減額法理もそれなりに有益なものであることは否定できない。

とはいえ，やはり就業規則の不利益変更と受給者減額とでは事案構造が根本的に異なっているのではないだろうか。現行の受給者減額法理については，対象者が既に退職しているにもかかわらず就業規則の法理を持ち込めるのか，といった疑問がしばしば呈されている[7]が，たしかに，自社年金支給契約と労働契約との関係や，「既に権利が確定している[8]ものに手を付ける」という受給者減額の特性（就業規則の不利益変更は，あくまでも「将来」に向かっての労働条件の変更ないし創設である）などは，必ずしもはっきりしていない。また，就業規則の不利益変更事案ではそもそも「変更条項」が論点になることはあまり見られない。このように考えていくと，現行の受給者減額法理のメリットを全否定する必要はないにせよ，今一度基礎理論に立ち返って根本から見直しておくべきように思われる。そこで次章では，現在の受給者減額法理の前提となっている，自社年金支給契約の構造および変更条項の法的性格を検討する。

3　自社年金の法的性質にかかる基礎的検討

(1)　自社年金支給契約の法的性格

そもそも自社年金支給契約は，特に受給者との関係においては，どのような性質の契約と把握されるのであろうか。

(a)　労働契約と見る見解

1つは，労働契約と見る見解である。受給者が，退職後に任意で原資を使用者に預け入れるようなタイプは別であろうが，労契7条は，合理的で周知された労働条件であれば就業規則を通じて労働契約の内容になるとしているので，自社年金規則が直接あるいは間接に就業規則に根拠を有している場合は，このように理解せざるをえないようにも思われる。実際裁判例の中にも，退職金規程の中に自社年金に関する規定が置かれていた前掲・幸福銀行（年金打切り）事件・地判のように，自社年金規則を就業規則の性質を有し，労働契約の内容で

---

(7) 森戸英幸「企業年金の労働法的考察―不利益変更を中心に」日本労働法学会誌104号（2004）19頁，根本到「松下電器産業（年金減額）事件の特徴と争点」労旬1650号（2007）11頁，吉田美喜夫・名古道功・根本到『労働法Ⅱ』（法律文化社，2010）168頁等。

(8) 企業年金の事案ではないが，既に履行期が到来している賃金の遡及的減額の減額は許されないと述べるものとして，北海道国際航空事件（最判平15・12・18労判866号14頁）等がある。

あると明確に述べるものがある[9]。問題は，自社年金規則が就業規則に根拠を有していない場合や自社年金規則自体が存在しない場合であるが，労使慣行として労働契約の内容となる余地はありうるし，そもそも自社年金の実態が「退職手当」（労基89条1項3号の2）に該当する限りは基本的には就業規則記載義務があると考えられるので[10]，自社年金規則を事実上の就業規則とみなし合理性と周知性を満たすことで労働契約内容となると解する余地はあろう[11]。

ただ受給者との関係という意味では，労働契約関係が既に終了していることと矛盾するではないかとの強力な批判がある。たしかに，単に退職一時金を分割で支払っているような自社年金であればともかく，退職後極めて長期にわたって，高利回りで終身支給（さらには遺族給付まで）を行うような契約を，なお労働契約の範疇で理解することには無理があろう。

(b) 労働契約とは別個の年金支給契約と見る見解

そこで次に登場するのが，受給者との関係では，労働契約とは別個の契約と見る見解である。たしかに上記の批判を踏まえれば理論的には整合性がとれており，実際学説には，そのように説明する見解[12]や，退職者団体を観念し，自社年金規則を当該団体の法規範あるいは（元）使用者との間の年金契約と見る見解[13]などが有力である。ただ実務的な観点からすれば，退職後に（元）使用者と退職者との間でわざわざ別個の支給契約を締結するというのは，あまりに技巧的な構成という感が否めない。

もっとも，厚年基金について述べたものであるが，企業と加入員・受給者との関係を，「退職後に企業年金を支給することを内容とする労働契約に付随し

---

[9] 適格退職年金の受給者減額事案ではあるが，バイエル・ランクセス事件（東京高判平21・10・28労経速2057号7頁）も，就業規則上の位置づけから「労働契約である」と述べる。
[10] 河合塁「判批」労旬1524号（2002）43頁参照。
[11] インフォーマテック事件（東京高判平20・6・26労判978号93頁）は，労基法上の手続き義務を経ていない退職金規程の就業規則性が問題となったが，使用者の主観的意思に関わらず，全従業員への周知がなされていたことを以って労働者の権利義務を画する意味での就業規則として成立したとする。
[12] 清正寛「金融再生法適用下における退職年金支給打切りの効力」法学志林100巻1号（2003），根岸忠「企業年金の減額・廃止をめぐる最近の判例動向」季労211号（2005）102頁等参照。
[13] 小西國友『労働法の基本問題（第2版）』（法研出版，2000）142頁以下参照。

た『企業年金契約』が成立して」いると捉え，「労働者の退職を契機に労働契約関係から切り離され，別個独立の企業年金契約となるとみるべき」と述べる見解[14]もある。別法人が運営し，公的規制に服する厚年基金にかかる議論を，自社年金にそのまま敷衍しうるかは若干の検討が必要であろうが，現役従業員・受給者と使用者との3者の契約関係にかかる説明としては非常に示唆に富むものといえる。

(c) 制度的契約と見る見解

これらとは別に，自社年金支給契約を「制度的契約」という概念から説明する見解も登場している。制度的契約とは，「特定の当事者同士の契約関係でありながら，一方当事者が，同様の契約を結んでいる他の当事者や，まだ契約関係にない潜在的な当事者への配慮を要求される……性質の契約」[15]で，ある種公的な制度が「契約」に置き換わったものであること，統一的・画一的処理が要請されること，契約締結の際の個別の交渉・合意は「正義公平に反する」として排除されること[16]等が特徴で，企業年金もその一種であるとされる[17]。裁判例の中にも，必ずしも明確ではないが，自社年金契約については自社年金規則以外の内容の特約を「締結することはできない」とするなど（前掲・松下電器産業事件・地判，早稲田大学事件・高判），この説の影響を受けていると見られるものもある。

もっともこの理論に対しても，このような構成をとることで「変更（減額）が可能となる」という根拠自体は必ずしも明確ではない[18]，あるいは従来の契約理論においても継続性や組織性は内在しており，このような概念をわざわざ持ち出す必要があるのかといった反論も強い[19]。また，少なくとも自社年金に関しては，企業年金の中でも「公的」性格[20]が極めて脆弱である（だからこそ自

---

(14) 角田邦重・畑中祥子「厚生年金基金における加算部分減額の法的検討」（りそな企業年金基金，りそな銀行事件・東京地判平20・3・26労判965号51頁にかかる鑑定意見書）参照。
(15) 嵩・前掲注(2)30頁参照。
(16) 内田貴「民営化と契約（privatization）と契約(4)」ジュリ1308号（2006）94頁参照。
(17) 内田貴「制度的契約と関係的契約」『継続的契約と商事法務』（商事法務，2006）20頁参照。
(18) 花見忠「企業年金給付減額・打切りの法理」ジュリ1309号（2006）77頁以下参照。
(19) 米津孝司「労働契約の構造と立法化」日本労働法学会誌108号（2006）34頁以下参照。
(20) たしかに企業年金一般には，社会保障（老後保障）的機能は認めうるであろう（準公

由な設計が可能であり，反対に，他の企業年金制度に見られるような税の優遇が受けられない）ことに鑑みれば，これを「制度的契約」と理解する前提をそもそも欠いているとも考えられよう。

(d) 検　討

以上のように自社年金支給契約の性質をどう理解するかは難しいが，本稿では現役従業員との関係も含めて，「労働契約に付随して締結（設定）される一定の権利義務関係[21]」と理解しておきたい。このような理解に立つことで，労働契約終了後に続く受給者との権利義務関係も説明しうる一方，退職後に改めて別の契約を締結するという技巧的な説明をする必要もなくなるからである。もちろん，「労働契約に付随して締結（設定）される一定の権利義務関係」であっても，現役従業員にとっては重要な労働条件であるし，さらに言えば，その自社年金支給契約が就業規則等によって根拠付けられている限り，少なくとも現役従業員との関係では「労働契約」としての性格も併せ持つことを否定する必要はないといえよう。なお受給者との関係についていえば，退職した段階で就業規則の適用はなくなり，契約の「労働契約」性は法的には消滅することとなるが，後述するように，法的には労働契約関係と切り離されても，企業と受給者との間には，――労働契約関係下において見られたものと異なる形ではあるが――なおある種の「従属性」が連綿と継続していることは看過されるべきではない。

それはさておきこの論点とも関連するので，自社年金の「賃金性」についても若干言及しておく。自社年金の賃金性について従来の学説は，基本的には退職一時金に準じて，就業規則等により支給基準が明確であれば労基11条の賃金であると解してきた[22]が，自社年金の多様な社会経済的性格，具体的な給付設計などに着目すると，これを労基24条の範疇で把握するのは社会実態とし

的性格）。ただ，自社年金については，社会保障機能自体が当然に導かれるわけではない。河合塁「企業年金の受給権保護法理構造と企業年金評価」『老後保障の観点から見た企業年金評価に関する研究』（年金シニアプラン総合研究機構，2010）参照。

[21] 自社年金支給契約について論及したものではないが，土田道夫「労働契約法の解釈」季労221号（2008）21頁参照。

[22] 森戸英幸『企業年金の法と政策』（有斐閣，2003）24頁参照。なお退職金の賃金性については，昭和22・9・13発基17号，住友化学事件最判昭43・5・18判時519号89頁等参照。

ては違和感があった。しかし近年では、賃金概念それ自体について、行政規制の対象物である「労基法上の賃金」と請求権等の根拠となる「労働契約上の賃金」とを峻別すべきとする見解[23]が登場している。この見解は、「労働の対償」性よりも従業員の地位身分から発生した給付という性格に着目しており、権利性の強弱が必ずしも一律ではないということを前提にしているものと考えられるが、自社年金給付についてもこの見解を敷衍し、「労働契約上の賃金」と理解することもできそうである。もっとも、「自社年金支給契約＝労働契約ではない」との前提に立つと、（労働契約上の）賃金との説明はやはりできないのではないか、との疑問が生ずる。難問ではあるが、自社年金契約が労働契約に付随して締結される権利義務関係であり、少なくとも現役従業員との間では労働契約としての性格も併せ持つことからすると、「賃金」という把握は必ずしも適切ではないとしても、これに準じて、「各社の制度ごとに権利性の強弱が異なる金銭給付」と理解することは可能であろう。

(2) 受給者減額の根拠

もちろん、上記いずれの理解に立とうとも、受給者減額がいったん確定した権利に手をつけるものである以上、約束は守られるべしとの契約の基本原理を持ち出すまでもなく、基本的には許されないはずである。では、どのような場合に、何を根拠として、受給者減額が「例外的に」認められうるのか。以下、変更条項の有無に分けてその構成を検討する。

(a) 変更条項がある場合

前述したように、受給者減額は通常、自社年金規則の中に置かれた「変更条項」に基づいてなされる。この変更条項がなぜ当事者（受給者）に対し効力を持つのかを検討する。

(i) 効力を肯定する見解

考えられるのは、①（変更条項を含む）自社年金規則を就業規則法理に則して、変更条項についても、合理性と周知性があれば、労契7条を媒介として（あるいは類推適用によって）、労働契約の内容を規律し契約内容になる、という構成と、

---

[23] もっぱら賞与を念頭においたものではあるが、山田省三「賞与の支給日在籍条項をめぐる法理の再検討」安西愈古稀記念『経営と労働法務の理論と実務』（中央経済社、2009）210頁参照。

②約款法理に則して，開示と，「約款による」という希薄化した意思によって契約内容に組み入れられる[24]という構成である。裁判例は概ねなんらかの形で合理性や周知性を求めており，基本的には①に近い発想を有していると思われる（ただ自社年金の裁判例では，求められているレベルは通常の規定と比べ必ずしも高いわけではない[25]）。一方，制度的契約論に立脚した場合には概ね②同様の構成となろうが，求められる「開示」のレベルは，約款論におけるそれよりも軽いものとなる（その代わりに，従業員の同意に代替する従業員代表者の同意やそれと同等の手順など，正当性を得られるための要件の充足が要請される）ようである。

(ii) 効力を否定する見解

これに対し変更条項そのものの効力を正面から否定する学説は今のところ見当たらないが，訴訟の場面においては，①約款論に則したうえで，変更条項のような規定は不当条項[26]や不意打ち条項に類するものとして，消費契約10条の類推適用等により無効となる[27]，あるいは，条項の趣旨が曖昧であり，「約款使用者不利の原則（contra原則）」によって，受給者に有利に解釈されることとなる，といった見解やあるいは，②必ずしも変更条項自体の効力は否定しないものの，既に退職した受給者との関係では効力を持たないとする見解（前掲・幸福銀行（年金打切り）事件・地判）などが見られる。

(iii) 検　討

まず(i)の構成についてであるが，①については，変更条項のような使用者に一方的に有利な規定について，労契7条を安易に適用（類推適用）することは，集団的画一的処理の必要性[28]や，労働契約との関連性は軽視しえないにし

---

[24] 丸山絵美子「労働契約法と民法」季労221号（2008）63頁参照。
[25] 多数の契約関係の画一的合理的処理の必要性から，自社年金規則に規定されていれば拘束力を持つとする同高判，年金制度維持のために必要な合理的範囲内で給付額の減額を行うことは許容されていたとする前掲・早稲田大学事件・高判など参照。
[26] 当該条項が存在しない場合と比較して，条項使用者の相手方の利益を信義則に反する程度に害するものは無効である，とされる。柿田徳宏「約款〜広く取引社会全般に影響を及ぼす条項リストの具体化が焦点」銀行法務21 711号（2010）22頁参照。
[27] なお早稲田大学事件・高判は，「契約の性質上団体的規律による画一的な処理がなされるものである以上，……（同意がなくとも）給付を変更できる」こと等を根拠として消費契約10条の類推適用を否定する。
[28] 毛塚勝利「労働契約法の成立が与える労使関係法への影響と今後の課題」季労221号（2008）30頁は，そのような実務的正当性根拠すら，個別的雇用管理が進む中でその虚構性が顕わになりはじめていると指摘する。

ても，権利が確定している「受給者」との関係ではなお慎重にならざるをえない。また②についても，変更条項のような，一方当事者に一方的に有利な規定についてもそのように言えるのかは疑問が残る（後述）。制度的契約論についても，「開示」に代わりうるほどの同意や手順の内容，また，同意や手順があれば開示のレベルが低くてもよいのかといった点がはっきりしない。このように見ていくと，裁判例，学説，実務が，受給者減額の直接的根拠と解してきた変更条項自体に，そもそも本当に効力を認めてよいのか，という疑問が生じてくる。

もっとも，(ii)の構成にも疑問はある。①については，不当条項や不意打ち条項は，そもそも両当事者の信義則を損なうものであることからすると，変更条項自体が即座に信義則違反を構成するのかという疑問が残るし，②についても，長い将来（場合によっては終身）にわたって支給が継続する関係において，受給者にもその効力が全く及ばないといえるのかという疑問が呈されている[29]。

そこで変更条項の有効性を導く立論が他にないのか，少し試論的に検討してみる。

1つ目は，受給者減額を「賃金の一部放棄」（変更条項でその可能性を事前に合意しておく）と見る構成である。自社年金給付を「賃金」といいうるかという点に目をつぶれば，「一部放棄」という構成自体は成り立ちそうにも思える。しかしながら，減額自体は「一部放棄」としての側面を持ちうるとしても，そもそも，労働者の生活を維持する基礎である賃金（に準じた金銭債権）の，一部放棄（の可能性）を事前に合意しておくということ自体がそもそも許されるのであろうか。また，シンガー・ソーイング・メシーン事件（最判昭48・1・19民集27巻1号27頁）で示されたような，「明示の合意」および「合理的理由の存在」を効力要件にするとしても，ほとんどの変更条項が極めて抽象的な文言で，要件・効果も明定されていないことに鑑みれば，そのような要件を満たすケースは実際にはほとんどありえないであろう。

2つ目は，変更条項を，「将来的減額権」を予め使用者に留保したものとみる構成である。「将来的減額権」という権利が，それも抽象的な規定を根拠にそもそも認められるのかは疑問であるが，たとえば内定取消などは「留保解約

---

[29] 高木紘一「判批」労判806号（2001）10頁参照。

権の行使」と解されているので，このような構成も一応は成り立つ可能性がある。しかしながら，内定と自社年金支給とでは「期間」に大きな隔たりがあるし，既に一方の債務（一定期間の労務提供）を終えたうえで権利が発生している自社年金支給契約と，未だ就労を開始していない段階の労働契約とを同列に見ることはやはり困難であろう。また変更条項については要件・効果が明定されていないことは既に述べたとおりであるが，内定取消についてすら，内定通知書記載事由の発生をもって即座に内定取消が可能となるわけではなく，解雇権濫用法理に類する形での合理性・相当性判断がなされるわけであるから，まして要件・効果のはっきりしない抽象的文言の変更条項によって将来的減額権が使用者に発生し，受給権確定後の減額が可能になる，という結論を導くのは困難である[30]。

　繰り返しになるが，いわゆる変更条項は，通常は要件・効果が極めて抽象的なかたちで規定されており，そもそも変更条項にあたるのかはっきりしないケースすらある。また企業年金に限らず，長期的な契約にあたって「とりあえず」このような条項を置くこと自体は必ずしも珍しくないが，数十年前の制度創設時[31]にたまたま設けられ，その後労使双方がその存在を忘れていたような条項の存在を奇貨として，ある日突然受給者減額が行われるというのは，場合によっては信義則違反にすらなりうるのではないだろうか。このように考えていくと，変更条項をおくことが違法とまではいえないものの，これが減額の根拠として当事者を拘束すると解しうるのは，せいぜい，要件・効果が合理的なかたちで明定されており，かつ明らかに当事者間の合意内容となっているといえるような場合に限定されるといわざるを得ない。そして，変更条項の有無および解釈を当然の出発点とする現行の受給者減額法理はその点において大きな理論的課題を抱えており，その意味で根本的な部分からの再構築が求められるのである。

　もっとも，このように解すると，受給者減額が許される余地は極めて限定されてしまう（事情変更法理の要件を満たすような場合のみ）こととなり，それはあま

---

[30] 退職一時金についてであるが，支給要件等から報償ないし恩恵的性格がない退職金である場合，支払い義務を免れる旨の定めないし合意は公序良俗に反し無効であるとされた事案がある（中部ロワイヤル事件・名古屋地判平6・6・3労判680号92頁）。
[31] 「何十年間もそのような条項が使われてこなかった」という時間的経過が，「減額しない」という新たな合意を形成する，という解釈も可能であろう。

第2章　労働契約と労働者人格権

りにも実務的妥当性を無視している、との批判が予想される。この点については後ほど改めて検討することとし、次項では、「変更条項がない場合」の減額の可否可能性を検討する。

(b) 変更条項がない場合

これに対し、変更条項がない場合にはそもそも受給者減額は許されないというのが裁判例・学説の趨勢である。ただ、裁判例の中には、一定の要件下での減額可能性を完全には否定していないものもあるので、以下その構成を概観する。

(i) 減額を可能とする見解

大きくは、①減額にかかる黙示の合意があったとする構成（黙示の合意論）と、②いわゆる事情変更論[32]である。①については、前掲・早稲田大学事件・地判のように、やむをえない事情の下で相当な手続きがなされた場合には支給の減額を承諾していたとして限定的に「黙示の合意」の存在を肯定するものもあるが、結論的にはそのような事情はないとしている。②については、裁判例の中ではその要素の充足を検討するものもあるが、いずれもそのような要件の充足が否定されており、学説も概ね慎重な立場を採っている。

これらに対し、学説の中には、③民法691条（終身定期金契約の解除）の類推適用によって、「元本」相当額の保障があればその部分までの減額は許容しうるのではないか、と指摘するものもある[33]。この説は、同条の「元本」を基準とする発想と同様の視点が、厚年基金等の受給者減額にかかる認可・承認要件にも取り入れられていることを根拠としているようである。裁判例の中には、企業年金はある種の終身定期金契約である旨の主張が受給者側からなされてい

---

[32] (ア)契約成立時に基礎となっていた事情が変更し、(イ)その変更が、当事者の予見した（しえた）ものではなく、(ウ)当事者の責に帰すことのできない事由によって生じたものであり、(エ)事情変更の結果、当初の契約内容に当事者を拘束することが信義則上著しく不当と認められる（拘束の不当性）場合に、契約解除あるいは契約内容改訂が可能になるとする理論。中村肇「近時の『事情変更の原則』論の変容と『事情変更の原則』論の前提の変化について」明治大学法科大学院論集第6号（2009）115頁、最判平9・7・1民集51巻6号2452頁。

[33] 減額分の現価相当額の、一時金での受領選択肢を用意する必要がある、とされる（森戸・前掲注(1)137頁）。この考え方には、森戸教授自身が指摘されるように、「元本」をどのように算定するのか、という点での実務的困難性はあるが、平均余命や市場金利等を用いた立法的対応は不可能ではないであろう。

490

るケースもあるが，両者の類似性は許容されつつ，結論的には否定されている（前掲・早稲田大学事件・高判）。

(ⅱ) 検　討

①の黙示の合意論は，労働事件一般においてもしばしば主張されるが，労働契約関係自体が従属的性質を持つこともあって，裁判所も概ね慎重な姿勢を採っている。自社年金支給契約について考えるに，これを労働契約と同質の従属的性質を持つと解しうるかは微妙であるが，少なくとも「いったん確定したあとの，将来的な減額可能性」について，白紙委任的に「黙示の合意」の存在を認めることは，通常の労働契約以上に困難であろう。

もっとも近時では，とりわけ継続的・組織的契約に関して，契約法理に内在した形でのより深い層における「合意」の存在を指摘する見解（以下，信頼関係的合意論）も登場している。この見解は，当事者の意思の深層に「相互の信頼関係を前提とした意思」を見いだそうとするものであり，契約関係の成立の経緯や時間的経過などによって，契約の拘束力に強弱がありうる（その結果，場合によっては個別合意を必要とする水準に達しうるとする）[34]，とするのが特徴である。

この議論自体は直接的には企業年金を対象としたものではないが，契約の内容ごとに（変更に際しての）合意レベルを設定すべしとする主張は，単純な黙示の合意論に比べ極めて説諭的であり，かつ，厳格な意思主義に立脚した場合の現実的妥当性との衝突にも配慮しているという意味で，受給者減額を考える際にも大きな示唆を与えてくれそうである。ただし「信頼関係的合意」という概念自体が抽象的なものであり，合意レベルの認定次第では結局は黙示の合意論との差がなくなってしまう危険もないとはいえない。

③の「終身定期金契約の類推適用」という構成については，たしかに現行の企業年金制度との整合性を考えれば，一定の説得力を持つようにも思える。ただ，この考え方についても，たとえば「少なくとも，元本相当水準を下回る減額は許されない」といった，立法論的あるいは具体的判断における内容相当性判断の1つの指標としては参考になろうが，「元本を超える部分」については減額が可能なのか，それはなぜかを明確には説明していないように思える。

②の事情変更論については，これを安易に認めることは契約原理そのものを

---

[34] 米津・前掲注(19) 37頁以下参照。

不安定化させかねないため，かねてより学説・判例とも厳格な要件を課してきたところである。しかしながら他方で，内容の改訂を通じて契約を修復し継続させるほうが当事者の利益に資する，という面も否定しがたい。このような観点から近時の民法学においては，事情変更のもう1つの効果として「再交渉義務（当事者が，契約改訂に向けて再交渉を行う義務がある）」が有力に提唱されてきており（民法（債権法）改正をめぐる動きの中でも，再交渉義務を核とした事情変更法理の明文化が検討されている[35]），企業年金の世界でも，受給者減額の場面での「再交渉」を提唱する見解が増えてきている[36]。

たしかに，狭義の事情変更に求められる要件を満たさない場合であっても，長期間の継続的関係を基本とする企業年金のような契約関係においては，相当期間経過後に当事者をとりまく環境が変わることは珍しくない。そしてこのような環境の変化が起こりうるということは，変更条項が置かれていようといまいと，何ら変わりはないのである。もちろん，だからといって「いったん確定した約束」が安易に変更されてよいというわけではないが，変更条項の有無に関わりなく，当事者に「再交渉」を義務付けることで，契約の存続を前提とした契約内容の将来に向かっての形成を認めることは，ひとつの方向性としては十分にありうるであろう。

(3) 小　括

以上の基礎的検討から見えてきたものは，年金支給契約は，受給者との関係では労働契約に付随して締結された権利義務関係であり，その給付の権利性には強弱がありうること，変更条項それ自体に，確定後の権利を事後的・一方的に制限できるほどの法的拘束力を見いだすことは基本的には難しいこと，とはいえ，当事者をとりまく環境がいかに激変しても，変更条項が置かれていないことの一事をもって，契約内容改訂の余地が一切否定されてしまうというのもあまりに硬直的かつ現実性を欠くものであること，これに対して，信頼関係的合意論や，当事者間をとりまく環境等に変化があった場合に減額を含む「再交

---

[35] 民法（債権法）改正検討委員会『債権法改正の基本方針（検討委員会試案）』の【3.1.1.91】【3.1.1.92】，山本豊「事情変更の原則・再交渉義務」法学教室 No. 353（2010）76頁参照。

[36] 森戸・前掲注(1)135頁，角田・畑中・前掲注(14)17頁以下参照。

渉」義務の創設といった近時の議論は1つの有益な方向性を示唆していると思われること，などである。

　これらの特徴を踏まえると，変更条項の存在を重視する現行の受給者減額法理にはやはり根本的な欠点があり，その点をふまえた理論的再構築が必要といわざるを得ないのである。そこで次章では，これらの点を踏まえつつ，受給者減額法理の再構築（要件の組み換え）を試みていくこととしたい。

4　受給者減額法理の再構築に向けた1つの試論

(1)　理論構成の方向性

　信頼関係的合意論や再交渉義務論が1つの有益な方向性を示唆するものであるとしても，受給者減額法理の中に組みこんでいくためには，自社年金の法的・実態的特徴を踏まえたかたちでの理論構成化が必要となる。

(a)　信頼関係的合意論と再交渉

　自社年金制度については，各社ごとに発生要件や給付設計，あるいは当該企業の退職給付全体における位置づけ等が大きく異なっている。受給権の「権利性の強弱」は，まさにこのような実態を反映したものと評価しえよう。

　この権利性の強弱を踏まえつつ立論しようとすると，まず思いつくのは，信頼関係的合意論を根拠に，自社年金の権利性の強弱に応じた「事前の減額合意」を認定する構成である。しかしながら，安易に事前の減額合意を導くのは，いくら信頼関係的合意論に立つとしてもさすがに契約解釈の域を超えるものであり，躊躇せざるをえない。権利性の強弱は肯定するとしても，既に権利が「確定」しているという厳然たる事実はなお重く受け止められなければならないのである。

　では，どう立論すべきか。ここで鍵となるのが，上述した「再交渉義務」である。すなわち，信頼関係的合意の範囲を，「支給開始後の経済環境等の悪化に応じて，再交渉によって契約の存続を図る」というレベルでの合意と認識し，その上で，再交渉によって解決しなかった場合の減額の可否および範囲の妥当性判断の段階において，受給権の権利性の強弱を勘案するのである。このため，本稿の提唱する新たな受給者減額法理においては，求められる再交渉の程度に強弱はあれど，まず再交渉を履践することが必須の第一要件と位置づけられるのである。

(b) 再交渉によっても減額できない部分

　ところで権利性の強弱については上述した社会経済的性格に照らせば，一般論としては権利性は功労報償性が強ければ弱く，賃金後払性が強ければ強い，ということになろう。とはいえ，「功労報償性が何％なら減額は何％可能」といった具体的基準の定立は事実上不可能である。ただ，このような観点から，「再交渉義務の履践があったとしても，妥結に至っていない限りは減額が許されない（明らかに権利性が強い，あるいは権利性を剥奪すべきでない）」部分を確することはある程度可能であろう（この点は後述）。

(c) 必要性や相当性判断の意義

　では，従来行われてきたような，「必要性」や「相当性」といった要素で構成されてきた合理性判断は意味を持たないのか。上述した社会経済的性格は複合的に存在するため，それだけで明確な減額の可否および範囲を画することは上述のとおり困難であるが，種々の要素を総合的に勘案しつつ具体的な減額幅の妥当性を探るということはこれまでの受給者減額法理の中でも相当性判断としてしばしば考慮されてきたし，それはなお有益であろう。また受給者のほとんどは現役時代，企業組織の一員として，主たる生計維持手段は当該企業からの給与のみというかたちで経済的従属性の下に服してきたが，退職後もまた，企業からの自社年金給付が老後の重要な生活設計の糧となっており，その意味で，形を変えた経済的従属性が退職後も依然存在しているのである。そういった関係は減額の可否判断にあってきめ細かく配慮する必要があり，その意味でも従来の必要性・相当性に照らした合理性判断はなお意義を有するものと思われる。

(d) 変更条項の位置づけ

　問題となるのが，それでは「変更条項」には何の法的意味もないということになるのか，という点である。これについては「減額権の根拠」としての法的評価は上述のとおり困難であるが，一応このような条項が置かれていた，という事実は，自社年金給付の権利性の強弱を考えるうえでの1要素としては評価できるのではないか。要するに，このような条項の存在・不存在は，自社年金給付の権利性の判断にあたっての，労働者側（受給者側）の「期待」に強弱を与えるものである，という構成である。ただし，条項が置かれていただけで，即座に減額の可能性を高めると評価すべきではない。最低限，このような条項

が労働者に周知されていたことは当然求められるし，周知されていたとしても，このような条項の存在そのものが「期待」をどこまで削ぐかは，たとえば「雇止めに関しての不更新条項」の効力を巡る議論[37]等を参考に，慎重に判断されるべきである。

(2) 受給者減額法理の再構築に向けて

以上を整理すると，本稿の提唱する新たな受給者減額法理は，①再交渉の履践，②当該自社年金給付の減額不可部分に当たらないかの判断，③減額の合理性判断，の3段階審査からなり，この全てを満たさない減額については無効になる，という構成となろう。ただしその効果は，第1要件の違反は減額自体が絶対的無効となるのに対し，第2・第3要件の違反に関しては，抵触する部分の減額が相対的に無効になると理解されるのである。

最後に，ここまでの検討を踏まえ，本稿の提唱する受給者減額法理の3要件について，可能な範囲で精緻化を試みていくこととしたい。

(a) 再交渉義務の内容と効果

自社年金をとりまく社会経済環境（当該企業の経営状況を含む）が大きく変わった場合には，変更条項の有無・内容にかかわらず，信頼関係的合意を根拠として，原則として両当事者は再交渉義務を負う。両当事者は，誠実な再交渉が義務付けられる反面，企業が再交渉を経ないで一方的に減額・制度改廃（告知を含む）を行うことは許されない。

再交渉のレベルとしては，団体交渉における使用者の誠実交渉義務の議論が参考となろう。即ちまず使用者は，相手方に対し具体的提案およびその論拠を示す十分な客観的資料等を提示し，提案を受けた受給者側はこれを真摯に検討し遅滞なく回答・主張を展開し，それに対して使用者側は再度提案をなし合意に向けた努力をすることになる。十分な討議の結果，両当事者が妥結に至らなかったとしても再交渉義務違反になるわけではないが，当初から妥結・交渉の意図がない場合には再交渉義務違反を構成しよう。受給者側の再交渉応諾義務

---

[37] 不更新条項は雇止め法理の脱法的機能を果たすので無効と解すべきとする説（西谷敏・労働法（日本評論社，2008）440頁），労働者が不更新条項を含むとして提示された契約書に署名等をしていても，不更新の合意を否定したものとして，全国社会保険協会連合会事件・京都地判平13・9・10労判818号35頁等がある。

をどこまで認めるか，義務違反のペナルティをどう考えるかは難問であるが，少なくともこの範囲では受給者側も再交渉応諾義務を負うと解されよう。

問題は，個々の受給者を再交渉の相手方としなければならないのか，という点である。受給者集団を擬制することも考えられるが，受給者の利害関係は個々人ごとにかなり異なるし，労働組合のように，団結権等から集団の意思・統制に従う義務を説明することも困難であるので，安易に受給者集団を擬制することは望ましくない。しかし他方で，受給者が相当多数かつ全国に存在する場合に，企業が全て個々人と交渉することは事実上不可能という面もあるので，たとえば地域ごとに全受給者を対象とした説明会や意見交換会を開催し，その参加者を再交渉義務の相手方と見なすこともやむを得ないであろう（ただし，全受給者が地理的に参加が可能な期間・場所・時間であり，参加できない者にも意見表明手段を用意することを要する）。

上述したように自社年金が老後生活の重要な糧になっていることは否定しがたいし（形を変えた経済的従属性），より重要なことであるが，退職者たる受給者は，法的には既に労働契約関係と切り離され，相手方の（企業年金給付という）債務の履行を受けているだけの身分でありながら，なお企業からの「お願い」に同意しないことに戸惑いを覚え，同意しない受給者は，ともすれば世間から「現役従業員が苦しんでいるのに，会社が困っているのに信じられない輩だ」との批判にさらされる，という実態を看過すべきではない。要するに，法律上の服従義務は全く存在しないにもかかわらず，受給者は退職後も「OB」として「わが社」の意図に従うことが期待されており，それはある種の社会通念（＝公序）にすらなっているのである。これはまさに，退職後もなお実質的には企業共同体の一員として組み込まれており，そしてある種の「従属性」が続いている，ということを意味しよう（受給者減額裁判において，現役従業員とのバランスが争点となることが，このことを端的に物語っている）。これは，労働法学一般において語られる従属性――労働者であることによって当然に導かれる特殊的事実上の従属性や，労働契約の構造上法的に生ずる従属性[38]――として把握することも，また人（格）的従属性，経済的従属性，組織的従属性のいずれかとして理解することも困難であるが，日本的雇用慣行によって巧みにもたらされた，

---

[38] 加藤新平「勞働の従屬性」法学論叢55巻5・6号（1948年）153頁以下，沼田稲次郎「労働の従属性――法的人格者の虚偽性」法律文化4巻11・12合併号（1949）36頁参照。

労働契約関係終了後もなお続く「従属性」(適当な表現が見当たらないが,共同体的従属性とでもいうべきか)として理解すべきである。いずれにせよ,「同意」の評価にあっては,このような企業─受給者の従属的関係を慎重に踏まえることが必要であり,少なくとも同意書を得さえすれば当然に減額が可能になる,などと解釈すべきではない[39]。

とはいえ,同意の可否判断に十分な情報提供がなされており,また,同意回答までに相当の検討期間があり,同意のとり方も社会通念上相当なものであれば,これだけで常に十分条件になるとはいえないまでも受給者が自由意思で同意した場合にまで減額が許されないとはいえないであろう。ただし,減額が許されるとしてもその効果はあくまでも当該受給者についてのみ相対的に発生すると解すべきで,多数受給者が同意したことで不同意者まで拘束されると解すべきではない。これに対しては,ゴネ得を許す,集団的処理になじまないとの批判もありえようが,受ける不利益は個々の受給者ごとに大きく異なることを考慮すればやむをえないし,むしろ就業規則の不利益変更法理においても,かねてよりその「相対的効力」が承認されてきた(みちのく銀行事件・最判平12・9・7労判787号6頁)ことからすれば,さほど違和感はないように思える。また実務的にも,上記の解釈は,同意しない者全てにそれぞれ異なる条件の提示を求めるわけでもないので,過度に当事者の均衡を失するものではないと考える。

なお,再交渉義務とは別に,受給者側は,減額後に社会経済環境が好転した場合の「再交渉権」も有すると考えられる。もちろん,「好転した」かどうかは個々人の感覚に委ねられる部分も少なくないので,受給者1人1人に再交渉権を認めることは現実には困難であろうが,たとえば株主総会への議案提出権(総株主の議決権の10分の1が必要。会社304条)などを参考に,一定の受給者が集団を形成した場合にのみ再交渉権の行使を認めるといった立法的対応は検討に値しよう。ただし,本稿の提唱する3要件審査を経てもなお,自己に対しての減額が不当に生活設計を侵害し,社会通念上も許容されないと客観的合理的にみて明らかである場合には,自己の減額に対しての異議申立権を認めることはあってもよいように思われる。

---

[39] 退職金規定の複数回にわたる不利益変更について,従業員の署名押印ないし手書きの同意がありながらその効力を否定した判決として,協愛事件(大阪地判平21・3・19労判989号80頁)がある。

第2章　労働契約と労働者人格権

(b)　減額不可部分の該当性判断

再交渉を尽くして，一定の減額幅で双方が合意に達すれば問題ないが，通常は合意に達しないため，減額が問題となっている部分について，そもそも減額が不可能な部分でないかの審査が必要となる。具体的に再交渉の履践（上記で述べたような，減額同意があった場合を除く）があっても減額が許されない部分に該当すると考えられるのは，たとえば①本人拠出分，②一時金選択制と併用されている場合には，一時金で受け取っていたとした場合の額（と，これまで受領した年金額との差額[40]）等で，この部分に該当する場合は，狭義の事情変更法理の要件の充足が必要となる。

なお，賃金後払性を強く推認させる事実（一概にはいいきれないが，就業規則上明確な位置づけがある，算定方式が勤続年数や本俸と忠実に連動している，他の退職給付制度がない，有期年金で退職一時金の分割としての側面が強いなどが考えられる）については，再交渉が誠実に履践されていても一切減額が許されないとまではいいがたいので，次に述べる「合理性」要件の中での判断の一要素とすべきであろう。

(c)　減額の合理性判断―必要性，内容相当性

再交渉を尽くしてもなお合意に至らないケースについては，上述の減額不可部分に該当しない部分を除き，信義則に基づく両当事者の利益調整の観点から，減額を正当化するほど高度の必要性や減額内容の相当性があれば，事情変更法理の要件を満たさない場合であっても，減額が許される場合はあると考える。ただし，その必要性や相当性は，「減額の合意があった」と同程度に評価しうるほど「高度の水準」に達していなければならない。

必要性については，まさに企業倒産が不可避であるといったほどの高度の必要性は不要としても，客観的にみて経営危機であり，減額を行わなければまさに従業員の整理解雇が回避できないほどの切迫した必要性が原則として必要であり，単に自社年金制度の維持が困難になったというだけでは不十分と考える。ただ他方で，「わずかな減額で自社年金制度の存続が可能になる」場合までも一切減額は許されないと解するのも企業に酷な面があるため，減額内容や再交渉の程度によって，求められる必要性は相対的に低くなるといえよう。な

---

[40]　ただ②に関しては，年金化することで高利回りでの運用を享受できるというメリットのためにリスクをとって年金化を選んだということに配慮し，一時金相当額よりも1～2割減じて算定するといった技術的対応は検討しうるかもしれない。

お「長期的視点に立つと将来にわたって自社年金制度を維持しがたくなることが明白」といった場合もこれに準じて考えられようが，運用利回りの悪化や従業員構成の変化等はある程度は企業側で予測が立てられる面もあるし，市場環境のよい時代には一定資産をプールすることを通じて企業も運用益の恩恵を被ることができたのであるから，運用環境の悪化によって必要性が当然認められると安易に解すべきではない。

なお，近時しばしば主張される「現役従業員とのバランス」論も，感情論としては全く理解できないわけではないが，現役従業員と受給者とが，直接何らかの契約関係にたっているわけではない以上，法律論としては説得力に欠ける。基本的には，解雇が回避できないほどの切迫した必要性の存在か，高度の内容相当性の充足が認められる場合にはじめて，受給者が減額に一切応じない（同意しない）ことの権利濫用性がかろうじて問題となりうる，といった程度であろう。

内容の相当性については，現在の受給者減額法理は減額後の生活水準への影響を重視し，公的年金とあわせた水準をもって不利益の程度を勘案する傾向にあるが，この点は過度に重視すべきではない。私見[41]によれば，老後生活保障における自社年金（を含む企業年金）の実質的機能は，生存権の確保よりも「老後の人格的自律（自立）の実現」と把握すべきであるから，「世間相場から見てなお高水準」ということのみが，即座に減額内容の相当性を正当化するものではない。それよりもむしろ，経過措置や代償措置を置く，予定利率や給付利率を将来に向けて市場金利に連動させる等の具体的対応が，どの程度不利益を抑制しているかを個別具体的に審査することで相当性を判断すべきである。多数受給者の同意の存在も，内容相当性を推認させる一要素となる余地が全くないわけではないが，上述したように，そもそも「同意」の背景自体における従属性の問題に加え，個々の受給者ごとに生活設計への打撃は異なることからすれば，これを過度に評価すべきではないであろう。

5 おわりに

以上本稿では，現行の受給者減額法理を根本の部分から批判的に検討し，要

---

[41] 河合・前掲注(20) 94頁参照。

件の組み換えを通じての法理再構築を試論的に提唱してきた。本稿の提唱する減額法理が理論的・実務的に耐えうるレベルにあるとは到底思えないが，現行の減額法理の持つ問題点と解決の方向性を少しでも洗い出し，今後の議論を惹起するものとなっていれば幸いである。

労働者人格権の研究 上巻
角田邦重先生古稀記念

2011（平成23）年 3月15日　第1版第1刷発行
1964：P528　¥12000E-014：050-010-005-TG5

編　者　山田省三　石井保雄
発行者　今井　貴　稲葉文子
発行所　株式会社　信　山　社
編集第2部
〒113-0033　東京都文京区本郷 6-2-9-102
Tel 03-3818-1019　Fax 03-3818-0344
henshu@shinzansha.co.jp
東北支店　〒981-0944　宮城県仙台市青葉区子平町11番1号
笠間才木支店　〒309-1611　茨城県笠間市笠間 515-3
Tel 0296-71-9081　Fax 0296-71-9082
笠間来栖支店　〒309-1625　茨城県笠間市来栖 2345-1
Tel 0296-71-0215　Fax 0296-72-5410
出版契約 2011-1964-7-01011　Printed in Japan

Ⓒ 編者, 2011　印刷・製本／ワイズ書籍・渋谷文泉閣
ISBN978-4-7972-1964-7 C3332 分類328.600-d001 労働法
1964-01011：012-050-0150《禁無断複写》

JCOPY〈(社)出版社著作権管理機構 委託出版物〉
本書の無断複写は著作権法上での例外を除き禁じられています。複写される場合は、そのつど事前に、(社)出版社著作権管理機構（電話 03-3513-6969、FAX 03-3513-6979、e-mail: info@jcopy.or.jp）の許諾を得てください。

横井芳弘・篠原敏夫・辻村昌昭編
横井芳弘先生傘寿記念
市民社会の変容と労働法
角田邦重・山田省三著
現代雇用法
□外尾健一著作集□
① 団結権保障の法理Ⅰ
② 団結権保障の法理Ⅱ
③ 労働権保障緒法理Ⅰ
④ 労働権保障の法理Ⅱ
⑤ 日本の労使関係と法
⑥ フランス労働協約法の研究
⑦ フランス労働組合と法
⑧ アメリカのユニオン・ショップ制

毛塚勝利・諏訪康雄・盛　誠吾　監修
□労働法判例総合解説□
道幸哲也著
不当労働行為の成立要件
柳屋孝安著
休憩・休日・変形労働時間制
石橋　洋著
競業避止義務・秘密保持義務

蓼沼謙一著作集
- I 労働法基礎理論
- II 労働団体法論
- III 争議権論(1)
- IV 争議権論(2)
- V 労働保護法論
- VI 労働時間法論(1)
- VII 労働時間法論(2)
- VIII 比較労働法論

別巻 ジンツハイマー・労働法原理〔第2版〕

手塚和彰・中窪裕也 編集代表
変貌する労働と社会システム
手塚和彰著
外国人労働者研究
山川隆一著
不当労働行為争訟法の研究
国際労働関係の法理
山川隆一編
プラクティス労働法
渡辺　章著
労働法講義 上
櫻庭涼子著
年齢差別禁止の法理

道幸哲也著
不当労働行為の行政救済法理
労働組合の変貌と労働関係法
菅野和夫・中嶋士元也・渡辺章 編集代表
山口浩一郎先生古稀記念
友愛と法
土田道夫・荒木尚之・小畑史子 編集代表
中嶋士元也先生還暦記念
労働関係法の現代的展開
西村健一郎・小嶌典明・加藤智章・柳屋孝安 編集代表
下井隆史先生古稀記念
新時代の労働契約法理論
山口浩一郎・渡辺章・菅野和夫・中嶋士元也編
花見忠先生古稀記念
労働関係法の国際的潮流
水野勝先生還暦記念
労働保護法の再生
川口美貴著
国際社会法の研究
土田道夫著
労務指揮権の現代的展開
―労働契約における一方的決定と合意の相克―
高島良一著
出向・移籍の研究
労働法律関係の当事者

野田　進著
労働契約の変更と解雇
―フランスと日本―

柳屋孝安著
現代労働法と労働者概念

大和田敢太著
労働者代表制度と団結権保障

辻村昌昭著
現代労働法学の方法

高橋賢司著
成果主義賃金の研究

中嶋士元也著
労働関係法の解釈基準(上)
労働関係法の解釈基準(下)

水谷英夫著
労働の法

労務・社会保険法研究会著
退職金切り下げの理論と実務
―つまずかない労務管理―

渡辺章・山川隆一編
筑波大学労働判例研究会著
労働時間の法理と実務

ILO著　菅野和夫・ILO東京支局監
世界の労使関係法
―民主主義と社会的安定―

山口浩一郎著
労災補償の諸問題（増補版）
小宮文人著
雇用終了の法理
英国解雇法制の研究
現代イギリス雇用法
イギリス労働法
イギリス労働法入門
テオドール・トーマンドル監修
下井隆史・西村健一郎・村中孝史訳
オーストリア労使関係法
鈴木芳明著
労働組合統制処分論
野川　忍著
外国人労働者法
　　―ドイツの成果と日本の展望―
団体交渉・労使協議制
雇用社会の道しるべ
水谷英夫著
ジェンダーと雇用の法
職場のいじめとパワハラ・リストラQA150
小島妙子著
職場のセクハラ
　　―使用者責任と法―

久保敬治著
フーゴ・ジンツハイマーとドイツ労働法
新版 ある法学者の人生
フーゴジンツハイマー
ブランパン著 小宮文人・濱口桂一郎監訳
ヨーロッパ労働法
ペーター・ハナウ著 手塚和彰訳
ドイツ労働法
王 能君著
就業規則判例法理の研究
―その形式・発展・妥当性・改善―
山下 昇著
中国労働契約法の形成
三柴丈典著
労働安全衛生法論序説
香川孝三著
アジアの労働と法
マレーシア労働関係法論
―アジア法研究の一局面―
長渕満男著
オーストラリア労働法の基軸と展開
レスリー著 岸井貞夫監訳・辻秀典共訳
アメリカ労使関係法
宮島尚史著
就業規則論

日本立法資料全集

労働基準法立法史料研究会編

労働基準法[昭和22年](1) 本法既刊
労働基準法[昭和22年](2) 本法既刊
労働基準法[昭和22年](3)上 本法既刊
労働基準法[昭和22年](3)下 本法既刊
労働基準法［昭和22年］(4)（施行規則・施行令類近刊）
労働基準法［昭和22年］(5)（施行規則・施行令類近刊）
労働基準法［昭和22年］(6)（施行規則・施行令類近刊）

労働組合法立法史料研究会編（未定）

戦前労働組合法案（未定）
旧労働組合法［昭和20年］(1)（未定）
旧労働組合法［昭和20年］(2)（未定）
旧労働組合法［昭和20年］(3)（未定）
労働組合法［昭和24年］(1)（未定）
労働組合法［昭和24年］(2)（未定）
労働組合法［昭和24年］(3)（未定）